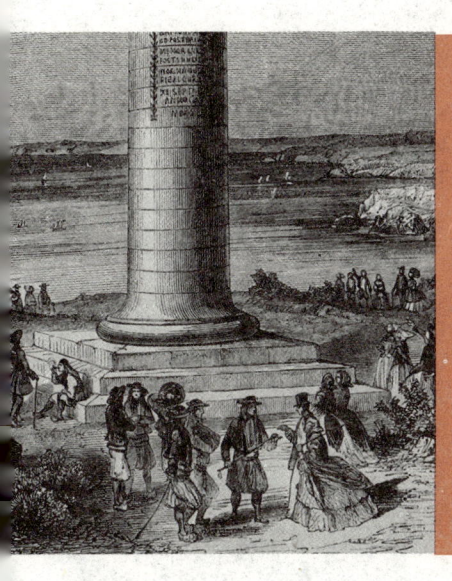

世界五千年

大讲堂双色图文版

刘凤珍◎主编　王晓锋◎编著

中国华侨出版社
北京

图书在版编目（CIP）数据

世界五千年大讲堂/王晓锋编著.—北京：中国华侨出版社，2016.12
（中侨大讲堂/刘凤珍主编）
ISBN 978-7-5113-6513-2

Ⅰ.①世… Ⅱ.①王… Ⅲ.①世界史—通俗读物
Ⅳ.①K109

中国版本图书馆CIP数据核字（2016）第286480号

世界五千年大讲堂

编　　著	王晓锋
出 版 人	刘凤珍
责任编辑	馨　宁
责任校对	王京燕
经　　销	新华书店
开　　本	787毫米×1092毫米　1/16　印张/24　字数/524千字
印　　刷	三河市华润印刷有限公司
版　　次	2018年3月第1版　2018年3月第1次印刷
书　　号	ISBN 978-7-5113-6513-2
定　　价	48.00元

中国华侨出版社　北京市朝阳区静安里26号通成达大厦3层　邮编：100028
法律顾问：陈鹰律师事务所
编辑部：（010）64443056　64443979
发行部：（010）64443051　传真：（010）64439708
网　　址：www.oveaschin.com
E-mail：oveaschin@sina.com

前言 Preface

　　世界历史是一个漫长而又耐人寻味的过程，既有繁荣辉煌，也有曲折艰难，但历史一直坚定地向前发展。过去历史的积累，铸成了今天灿烂的现代文明，而在新的千年中，我们更加需要历史的光辉照亮前方未知的道路。

　　博古通今一直是中国人的追求，因为历史中蕴含着经验与真知。无论是王朝帝国的兴衰成败、历史人物的功过是非，还是重大事件的曲折内幕、伟大创新背后的艰辛……这些历史无不折射出做人与做事的道理。古往今来，大凡有所成就的有识之士，都是博古通今的人。学习历史，从世界历史的兴衰演变中体会生存智慧，从历史人物的叱咤风云中感悟人生真谛。小到个人，是修身齐家、充实自己头脑、得到人生启迪的需要；大到国家，是在世界上立于不败之地的前提。处于民族伟大复兴重要时刻的中国，更要以广阔的视野，从整个世界历史的发展中汲取营养。

　　历史知识的普及对历史读物的通俗性和趣味性提出了很高的要求，从现实中有关世界历史的研究和出版情况来看却并不乐观，过于深奥、抽象的专业史学论著常使普通读者读起来味同嚼蜡。如何使历史从神圣的殿堂走入民间？如何能使人们如欣赏文学作品一般欣赏历史？《世界五千年大讲堂》在此做了有益的尝试。

　　《世界五千年大讲堂》是一部雅俗共赏、老少咸宜的经典历史读物，以其独特的体例、丰富的知识而深受广大读者喜爱，至今畅销不衰，各种不同版本不断涌现。但是，随着社会的发展和文化的繁荣，市场上的许多版本已经不能满足广大读者越来越高的阅读需要，这就要求我们不断进行更新、补充和调整，并注入更多的时代元素。鉴此，我们组织编写了这本《世界五千年大讲堂》，力求在真实性、趣味性和启发性等方面达到一个全新的高度，并通过科学的体例与创新的形式，全方位、新视角、多层面地阐释世界历史。本书具有以下几个特点：

　　一、内容全面，体例科学。全书以时间为序，精选了世界历史上的重大事件、风云人物、辉煌成就、灿烂文化等内容，在保证历史完整与延续的基础上，将其分为古代文明时期、帝国争战时期、中世纪、文艺复兴时期、资产阶级革命时期、工业革命时期、世界大战时期、冷战时期、世界新格局9个篇章，在简要勾勒出历史演进基本脉络的同时，生动再现了世界历史的波澜壮阔，从宏观上把握世界历史，窥斑知豹，进而从中揣摩与品味历史发展的内在规律。在体例编排上，注重各历史事件之间的内在联系和逻辑顺序；同时还有专门内容对正文进行有效补充，简要介绍历史背景，涉及政治、经济、文化、科技等多个领域，使读者能对历史事件的发生、发展情况一目了然。

二、语言通俗，图片丰富。不同于一些板着面孔、带着浓厚说教意味的历史读物，本书以精准生动、通俗易懂的语言鲜活地讲述了一段段历史、一件件大事、一位位名人，不仅是读者学习历史知识的绝佳读本，更是读者汲取睿见卓识、拓展人生阅历的宝库。另外，本书还精选了190多幅内容涵盖面广、表现形式丰富的图片，包括出土文物、历史遗迹、现场照片、人物绘画等，与文字相辅相成，文图对应，将世界历史的丰富与精彩更直观、更真实、更立体地呈现在读者面前，使读者能切实感受到历史的兴衰演变。

三、全新理念，理想读本。凝练生动的文字、多元的视觉元素、精美的双色印刷、全新的视角、科学的体例，结合全面丰富的内容，帮助读者深入了解历史，从不同的角度和崭新的层面去感受历史、思考历史。

目录

❋ 古代文明时期

古埃及王国的统一 2
胡夫金字塔 3
苏美尔城邦的兴衰 5
萨尔贡的征服 6
印度哈拉巴文化 8
最早的起义 10
腓尼基人环航非洲 11
米诺斯的迷宫 13
铁列平改革 14
图特摩斯三世 16
埃赫那吞的宗教改革 18
银板和约 19
图坦哈蒙墓的发掘 21
犹太王大卫 22
荷马和荷马史诗 24
军事强国亚述 25
斯巴达的教育 27
古巴比伦城和空中花园 28
居鲁士大帝 30
大流士一世改革 31
佛教始祖释迦牟尼 33
狼孩与罗马城 34
激战马拉松 35
温泉关之战 37
萨拉米斯海战 38
雅典的民主 40
伯罗奔尼撒战争 41
苏格拉底之死 43
博学的亚里士多德 44
奥林匹亚竞技会 46
和平撤离 47

❋ 帝国争战时期

罗马军团 50
马其顿的年轻统帅 51
征服波斯 52
亚历山大之死 55
孔雀王朝的阿育王 56
第一次布匿战争 58
坎尼之役 59
张骞出使西域 61
斯巴达克起义 62
恺撒大帝 64
埃及女王克里奥帕特拉 66
元首屋大维 67
"魔鬼"尼禄 69
罗马和平 71
耶稣的传说 72
火山灰下的庞贝城 74
君主制的开创 75
君士坦丁大帝 77
匈奴骑兵横扫欧洲大陆 78
民族大迁徙 80
西罗马帝国覆灭 81

❋ 中世纪

法兰克国王克洛维 84
查士丁尼镇压尼卡起义 85

查士丁尼对外扩张	87
戒日王	88
玄奘取经	90
日本大化改新	91
鉴真东渡	93
"医中之王"阿维森纳	95
《一千零一夜》	96
查理大帝	97
诺曼征服战	99
基辅罗斯的盛衰	100
美洲玛雅文化	102
欧洲的教会	103
卡诺莎之行	105
阿维农之囚	106
十字军东征	107
成吉思汗	108
蒙古西征	110
四大汗国	112
德里苏丹国的建立	113
君士坦丁堡的陷落	115
俄罗斯的崛起	117
黑死病肆虐欧洲	118
英法百年战争	120
圣女贞德	121
马可·波罗	123
郑和下西洋	124
玫瑰战争	126

文艺复兴时期

哥伦布发现新大陆	130
麦哲伦环球航行	131
皮萨罗的欺诈	132
殖民掠夺	133
文艺复兴	135
大诗人但丁	136
文艺复兴"美术三杰"	138

马基雅维利和《君主论》	139
圣彼得大教堂	140
马丁·路德与宗教改革	142
闵采尔起义	143
"日内瓦的教皇"加尔文	144
苏莱曼一世的征战	146
丰臣秀吉	147
阿克巴大帝	148
戚继光抗倭	150
利玛窦来华	151
德川幕府	153
哥白尼与《天体运行论》	154
乌托邦	156
鲜花广场上的火刑	157
莎士比亚	158
伽利略的故事	160
笛卡儿和培根	161
哈维和血液循环	163
胡格诺战争	164
"无敌舰队"的覆灭	166
伊凡雷帝	167
尼德兰革命	169
"五月花号"	170
三十年战争	171

资产阶级革命时期

查理一世被押上断头台	174
克伦威尔	175
郑成功收复台湾	176
英荷战争	178
牛顿的发现	179
"太阳王"路易十四	181
彼得大帝改革	182
普鲁士精神	184
英法七年战争	185

叶卡捷琳娜二世	187	法拉第发现电磁感应	238
俄、普、奥三国瓜分波兰	188	达尔文环球考察	239
俄土战争	190	巴斯德发现病菌	241
启蒙运动的先驱伏尔泰	191	诺贝尔与诺贝尔奖	242
富兰克林	193	"发明大王"爱迪生	244
莱克星顿的枪声	194	三国同盟	245
美国《独立宣言》	195	瓜分非洲的柏林会议	246
华盛顿	197	祖鲁战争	248
攻占巴士底狱	199	马赫迪反英大起义	249
路易十六被推上断头台	200	中日甲午战争	251
热月政变	202	八国联军侵华	252
拿破仑	204	美西战争	254
拿破仑兵败莫斯科	205	日俄战争	255
滑铁卢之役	206	居里夫人和镭	256
神圣同盟	208	莱特兄弟造飞机	257
"解放者"玻利瓦尔	210	爱因斯坦提出相对论	259
门罗主义	211		

✺ 工业革命时期

✺ 世界大战时期

瓦特改良蒸汽机	214	三国协约	262
火车和轮船的发明	215	"大棒政策"与"金元外交"	263
工业革命	217	萨拉热窝事件	265
"俄罗斯文学的太阳"普希金	218	施蒂芬计划	267
"乐圣"贝多芬	220	凡尔登"绞肉机"	269
英国宪章运动	221	日德兰大海战	270
席卷欧洲的革命	223	"阿芙乐尔号"的炮声	272
《共产党宣言》	224	车厢里的停战协定	274
第一国际的建立	226	"一切为了东线"	275
鸦片战争	227	巴黎和会	277
印度反英大起义	229	华盛顿会议	279
苏伊士运河	230	新经济政策与苏联成立	281
美国南北战争	231	向罗马进军	283
日本倒幕运动	233	啤酒馆暴动	284
"铁血宰相"俾斯麦	235	《非战公约》	286
普法战争	236	罗斯福新政	287
		"九一八"事变	289

纳粹党上台 …………… 291	华沙条约组织 …………… 332
绥靖政策 ……………… 292	欧洲共同体 ……………… 334
"二二六"兵变 ………… 294	日内瓦会议 ……………… 335
"七七"事变 …………… 295	万隆会议 ………………… 337
轴心国的形成 ………… 297	非洲独立运动 …………… 339
慕尼黑阴谋 …………… 298	猪湾事件 ………………… 341
闪击波兰 ……………… 299	古巴导弹危机 …………… 342
法国沦陷 ……………… 301	不结盟运动 ……………… 343
不列颠之战 …………… 303	布拉格之春 ……………… 345
"巴巴罗莎"计划 ……… 304	越南战争 ………………… 347
偷袭珍珠港 …………… 306	中东战争 ………………… 348
斯大林格勒保卫战 …… 307	阿富汗抗苏战争 ………… 349
中途岛海战 …………… 309	马岛之战 ………………… 351
击溃"沙漠之狐" ……… 310	海湾战争 ………………… 352
德黑兰会议 …………… 312	
诺曼底登陆 …………… 313	## ❋ 世界新格局
雅尔塔会议 …………… 315	东欧剧变 ………………… 356
攻克柏林 ……………… 316	苏联解体 ………………… 358
第一颗原子弹 ………… 318	波黑战争 ………………… 359
日本投降 ……………… 320	北约东扩 ………………… 360
纽伦堡审判和东京审判 … 322	纳尔逊·曼德拉 ………… 361
联合国的成立 ………… 323	科索沃战争 ……………… 363
	"9·11"事件 …………… 364
## ❋ 冷战时期	伊拉克战争 ……………… 366
丘吉尔的"铁幕"演说 … 326	克隆羊多莉 ……………… 367
欧洲复兴计划 ………… 327	神奇的火星车 …………… 369
柏林危机 ……………… 329	比尔·盖茨 ……………… 370
北大西洋公约组织 …… 331	

古代文明时期

人类在长期的生产和生活实践中，不仅创造了物质财富，而且创造了文学、天文、地理、医药、艺术、宗教等原始的精神文明，这些都是群星璀璨的早期文明的主要内容。从人类发展的轨迹看，在原始社会之后的最初的阶级社会中，文明古国是人类初始文明的源头，它们分别是尼罗河畔的古埃及、两河流域的西亚古国、印度河流域的古印度以及古中国、古希腊、古罗马。这时候，人类社会进入了早期文明的繁荣时代。

古埃及王国的统一

古希腊著名的历史学家希罗多德曾说:"埃及是尼罗河的礼物。"事实也证明,没有尼罗河,就没有古埃及的辉煌文明。

尼罗河全长6671千米,是世界第一长河,发源于非洲中部的高原,从南向北,流入地中海。它流经埃及的那一段只占全长的1/6。

一般来说,河水泛滥不是件好事,但对于古埃及人来说,那却是尼罗河赐给他们的礼物。每年的7月,尼罗河的发源地就进入了雨季,暴雨使尼罗河的水位大涨。7月中旬的时候,水势最大,洪水漫过河堤,淹没了尼罗河两岸的沙漠。11月底,洪水渐渐退去,给两岸的土地留下厚厚的肥沃的黑色淤泥,聪明的古埃及人就在这层淤泥上种植庄稼。虽然埃及大部分土地都是沙漠,干旱少雨,但是由于古埃及人靠着尼罗河,根本不用为农业灌溉发愁,所以古埃及人称尼罗河为"母亲河",尼罗河两岸也成了古代著名的粮仓。

古埃及人是由北非的土著人和来自西亚的塞姆人融合形成的。在距今6000年左右,古埃及从原始社会进入了奴隶社会,尼罗河两岸出现了42个奴隶制城邦(以一个城市为中心,连同周围的农村构成的小国)。古埃及人自称之为"斯帕特",古希腊人称之为"诺姆",中国翻译成"洲"。

这些奴隶制城邦经过长期的战争,逐渐形成两个王国。南部尼罗河上游谷地一带的王国叫作上埃及王国,国徽是白色的百合花,保护神是鹰神,国王戴白色的王冠,由22个城邦组成。北部尼罗河下游三角洲一带的王国叫下埃及王国,国徽是蜜蜂,保护神是蛇神,国王戴红色的王冠,由20个城邦组成。

两个王国为了争霸、统一,经常发生战争。大约在公元前3100年,上埃及在国王美尼斯的统治下,逐渐强大起来。美尼斯亲率大军,征讨下埃及,下埃及迎战,两军在尼罗河三角洲展开激战。美尼斯率领军队与下埃及的军队厮杀了三天三夜,终于取得了胜利。下埃及国王和一群俘虏跪在美尼斯面前,双手捧着红色的王冠,毕恭毕敬地献给美尼斯,表示臣服。美尼斯接过王冠,戴在头上,上埃及的军队举起兵器,齐声呐喊,庆祝胜利。从此,埃及成为统一的国家。

为了纪念这次胜利,并加强对下埃及的控制,美尼斯就在决战胜利的地点修建了一座城市——白城,后改称孟菲斯,遗址在今埃及首都开罗附近。美尼斯还派奴隶在白城周围修建了一条堤坝以防止尼罗河泛滥时将城市淹没。埃及统一后,下埃及人从未停止过反抗,直到400年后,统一大业才真正完成。

美尼斯是古埃及第一位国王,他自称"两国的统治者""上下埃及之王",有

古埃及人的后裔

古埃及人的后裔现在叫科普特人(古希腊语中"埃及人"的意思),约占埃及人口的15%,信仰基督教。他们平时讲阿拉伯语,科普特语仅在宗教场合使用。科普特人主要从事商业和技术性工作,前联合国秘书长布特罗斯·加利就是科普特人。

时候戴白冠，有时候戴红冠，有时候两冠合戴，象征着上下埃及的统一。在埃及史上，美尼斯统治的王国被称为"第一王朝"，是古埃及文明兴起的标志。现在，开罗的埃及博物馆里有一块《纳美尔（美尼斯的王衔名）记功石板》，用浮雕记录了美尼斯征服下埃及、建立统一王国的丰功伟绩，这是目前为止埃及发现的最古老的石刻历史记录。因为古埃及的国王被称为法老（原意为宫殿，相当于称呼中国皇帝的"陛下"），所以此后长达3000年的时间被称为法老时代。第三代国王阿哈首次采用王冠、王衔双重体制，就是王冠为红白双冠，王衔是树、蜂双标，分别代表上下埃及，并定都于孟菲斯。从公元前3100年美尼斯统一埃及到公元前332年埃及被亚历山大征服，法老时代的埃及一共经历了31个王朝。

古埃及人拥有辉煌的古代文明。他们创造了象形文字，在天文学、几何学、解剖学、建筑学、历法方面也有很高的成就，对西亚、希腊和欧洲有很大的影响，为人类文明做出了不可磨灭的巨大贡献。在美尼斯之后的2000年里，埃及无论从财富还是从文化角度，都是当时世界上最先进的国家。

胡夫金字塔

埃及有句谚语说：人类惧怕时间，而时间惧怕金字塔。单从字面意义上看，金字塔让我们感到震惊，它的古老似乎已经无法用时间的长短来衡量；再从它的内涵看，它已经成为埃及文明的象征，是人类文明的绝唱，这无疑是时间赋予金字塔的辉煌。可是如果时光倒转到4000多年以前，金字塔不过是埃及国王的坟墓而已。

金字塔及狮身人面像

在古埃及第三王朝之前，埃及法老的坟墓还不是金字塔，而是一种用泥砖建成的长方形的坟墓，古埃及人把它叫作"马斯塔巴"。到了第三王朝时期，法老们本也想将马斯塔巴作为死后的永久性住所的，可是，埃及人在那一时期却产生了国王死后要成为神，他的灵魂要升天的观念。于是，人们在设计法老坟墓时，就把它设计成了角锥体——升天的梯子。这在《金字塔铭文》中是有记载的：为他（法老）建造起上天的天梯，以便他可由此上到天上。《金字塔铭文》中还有这样一句话：天空把自己的光芒伸向你，

古王国时期大事年表

公元前4000年左右，埃及文明开始形成。
公元前3100年左右，美尼斯统一埃及，建都孟菲斯，开始第一王朝。
公元前2600年左右，胡夫金字塔开始建造。
公元前2181年，埃及古王国时期结束，进入第一中间期。

以便你可以去到天上，犹如拉的眼睛一样。"拉"就是古埃及太阳神的名字，也就是说，角锥体金字塔形式又表示对太阳神的崇拜——在金字塔棱线的角度向西方看去，可以看到金字塔就像洒向大地的太阳光芒。

金字塔，在阿拉伯语中意为"方锥体"，是一种方底、尖顶的石砌建筑物，因为它规模宏大，从四面看都呈等腰三角形，很像汉语中的"金"字，所以，中文形象地把它译为"金字塔"。迄今发现的埃及金字塔共约80座，其中最大的胡夫大金字塔，被列为古代世界七大奇迹之首。

胡夫金字塔，位于埃及首都开罗西南约10千米的吉萨高地，它是世界上规模最为宏大，也是较为古老的金字塔，始建于埃及第四王朝第二个法老胡夫统治时期，被认为是胡夫为自己建造的陵墓。根据古埃及宗教理论：人死之后灵魂可以继续存在，只要保护好尸体，3000年以后就会在极乐世界复活并从此获得永生。因此，古埃及的每位法老从登基之日起，便着手为自己修建陵墓，以求死后超度为神。胡夫统治时期正逢古埃及盛世，因此其陵墓规模也空前绝后。

胡夫金字塔原高146.5米，后因顶端受到风雨侵蚀，现在的高度仅为137米，大致相当于40层楼房那么高。在1889年法国巴黎的埃菲尔铁塔建成以前，几千年来它一直是世界上最高的建筑。整个塔身呈正四棱锥形，底面为正方形，占地5公顷，4个斜面分别对着东、西、南、北4个方位，误差不超过3′，底边原长230.35米，由于年深月久的侵蚀，塔身外层石灰石存在一定程度的脱落，目前底边缩短为227米，倾斜角度为51°52′。胡夫金字塔通身由近230万块巨石砌成，每块石头重1.5～160吨，石块的接合面经过认真打磨，表面光滑，角度异常准确，以至于石块间都不用任何黏合物，全部自然拼接，在没有被风蚀、破坏的地方，石缝中连薄薄的刀片也难以插入，可以想见其工艺的精湛。

胡夫金字塔的入口在北侧面，距地面18米，从入口通过甬道可以深入神秘的地下宫殿，该甬道与地平线呈30°夹角，与北极星相对。由此可见，北极星在古埃及人的心目中有着某种特殊的意义。沿甬道上行则能到达法老殡室，殡室长10.43米，宽5.21米，高5.82米，与地面的垂直距离为42.82米，墓室中仅存一具红色花岗岩石棺，别无他物，这也正是后来某些考古学家怀疑金字塔不是作为法老陵墓的一个重要论据。

根据古希腊历史学家希罗多德等人估计，法老胡夫至少动用了10万奴隶，耗时20～30年时间才建造完成金字塔。但最新的权威考古学家发现：金字塔应由劳工建造而非奴隶，其主体部分为贫民和工匠，采用轮流工作制，每个工期约为3个月。因为考古人员在金字塔附近地区发现了建造者们的集体宿舍等生活设施的遗迹和墓地，以及大量用于测算、加工石料的工具（作为随葬品），而奴隶是不会

古王国时期主要人物

美尼斯，上埃及国王，第一次统一上、下埃及，开始第一王朝。

胡夫，埃及法老，其金字塔为世界上最大的金字塔。

哈夫拉，埃及法老，在位期间修建哈夫拉金字塔和狮身人面像。

享有这种待遇的。

胡夫金字塔、哈夫拉金字塔和门卡乌拉金字塔在吉萨高地一字排开,组成灰黄色的金字塔群。这些单纯、高大、厚重的巨大四棱锥体高傲地屹立在浩瀚的沙海中,向世人夸耀着古埃及人在天文学、数学、力学等领域的极高造诣,以及古埃及劳动人民的智慧和伟大。

在哈夫拉金字塔旁边有一座高约20米、长约46米的气势磅礴的狮身人面像,它由来于设计师的灵感。

公元前2500年左右的某天,工匠们正在吉萨高地忙着修建金字塔时,法老哈夫拉前来巡视。一切似乎都很满意,正当法老要转身离开的时候,他看到了一座光秃秃的小山。自己的陵墓旁边竟然有这么一个倒胃口的东西,他很不高兴。建筑师慌忙向他解释:这座小山包的石头里含有贝壳之类的杂质,无法使用,因此放弃了对它的开采。但是,法老不想听这样的解释,他要的是一座完美的、和周围景物协调的金字塔。于是,设计师们开始了苦思冥想——埃及古代神话给了他们灵感。他们把小山包设计成哈夫拉的头像和狮子的身躯,既体现了法老的威严,又显示了狮子的勇猛,法老哈夫拉看后赞不绝口。

苏美尔城邦的兴衰

在亚洲的西部,有两条大河,东边的叫底格里斯河,西边的叫幼发拉底河,它们都发源于今天土耳其境内的亚美尼亚高原,在下游交汇成阿拉伯河,流入波斯湾。希腊人称底格里斯河和幼发拉底河之间的地区为"美索不达米亚",意思是"两河之间的地方",因此这里又叫两河流域。美索不达米亚可以分为南北两部分。北部以亚述城为中心,称为西里西亚,简称亚述,又叫上美索不达米亚,这里地势较高,丘陵起伏;南部以巴比伦城为中心,称为巴比伦尼亚,意为"巴比伦的国土",又称下美索不达米亚,地势较低,湖泊沼泽众多,两条大河在这里交汇,形成三角洲。巴比伦尼亚又分为南北两个地区,北部为阿卡德人居住的地区,南部为苏美尔人居住的地区。每年春天,亚美尼亚高原的积雪融化,两河河水暴涨,美索不达米亚地区洪水泛滥成灾,尤其是地势较低的下游一带,几乎全部被淹没。泛滥的洪水退去之后,留下了大量的淤泥,使两河地区的土地变得非常肥沃,这里的人们和古埃及人一样,享受着大河的恩赐。再加上这里日照充足,水源丰沛,所以庄稼年年丰收,农业非常发达。

美索不达米亚地区最早的文明是由苏美尔人创造出来的。大约在公元前4000年,苏美尔人迁徙到这里。大约在公元前2900年,苏美尔人建立了许多奴隶制城邦,进入全盛时代。这些城邦都是由一个中心城市连同周围的农村组

手持战斧的苏美尔战士

成，面积不大，居民少的两三万人，多的十几万人。每个城市的中心都建有这个城市的保护神的庙宇，城中还建有王宫，周围是城墙。城邦由掌管祭祀的僧侣或国王统治，国王被称为卢伽尔、拍达西、恩或恩西，他的权力受贵族会议和民众会议的制约。城邦的统治阶级是贵族奴隶主，被统治阶级是手工业者（自由民）和奴隶。苏美尔人的城市临河而建，被一片片的湖泊沼泽包围。城市之间都有运河相连，商人们乘着满载货物的大船来往于各个城市之间进行贸易。

随着经济的不断发展，各城邦之间为了争夺奴隶、财富和土地，展开了激烈的战争。这些城邦一面自相残杀，一面抵抗周围山地的民族和来自阿拉伯沙漠的游牧民族的侵扰。苏美尔人中最强大的城邦是乌尔、拉格什、乌鲁克、乌玛，他们之间的战争尤其激烈和残酷。

公元前3000年左右的时候，乌尔是苏美尔地区的一个大都市，号称月神之城。因为月神南娜和他的妻子宁伽尔是乌尔的保护神，他们的庙宇建在乌尔城的中心25米高的3层台阶上，周围是繁华的市场和拥挤的民房。乌尔城大约有3万多人居住，宽阔的护城河同附近的幼发拉底河相连。

苏美尔城邦衰落后，北部阿卡德人在国王萨尔贡一世的率领下，征服了所有苏美尔人的城邦，完成了下美索不达米亚的统一。

苏美尔人创造了非常灿烂的文明。苏美尔人根据月亮的盈亏制定了太阴历，把一年分为12个月，每个月29天或30天，每年354天。他们排干沼泽，开凿沟渠，扩大耕种面积。苏美尔人首先发明了犁，在三角洲富饶肥沃的土地上辛勤耕作，种植小麦和大麦，制作了大量色彩艳丽的各种陶器。他们的数学也达到了极高的水平，计数采用六十进制，1分钟60秒，1小时60分钟，就是从那时沿袭而来的。而一天24小时、360°的圆周也同样来自于苏美尔人的文明。他们还发明了楔形文字，记录下了许多神话和史诗，建立了一套完备的法律体系，著名的《汉谟拉比法典》就是根据苏美尔法典订立的。他们还是最早使用车辆运输的民族，使用牛拉的四轮货车，比古埃及人要早2000多年。

萨尔贡的征服

苏美尔人建立的各个城邦如乌尔、拉格什、乌鲁克、乌玛等，为了争夺霸权、奴隶和财富，混战不止，大大地消耗了自身的实力，这为萨尔贡的统一创造了条件。

萨尔贡是阿卡德人，出生于阿卡德人建立的基什城邦附近，是一个私生子。刚出生不久就被狠心的母亲装在芦苇篮子里，用沥青封好篮子口，丢弃在幼发拉底河里。庆幸的是，萨尔贡没有被淹死，他被来河边取水的宫廷园丁阿基救了起来，收为养子。萨尔贡在养父的抚养下长大成人，并继承了养父的职业。他技艺高超，多才多艺，后来又做了基什国王的厨师。他利用接触国王的机会，处处留心，熟悉了军政事务。基什是阿卡德地区最强大的城邦，不断对外发动战争，成了阿卡德地区的霸主。

当时，苏美尔地区最大的城邦是乌玛。乌玛军队在他们的英勇善战的卢伽尔（国王）扎吉西的率领下，南征北战，基本上统一了苏美尔地区，只剩下拉格什和北部阿卡德地区的基什还没有屈服，仍然在顽强抵抗。为了彻底统一两河流域，卢伽尔扎吉西决心征服这两个城邦。

面对强悍的乌玛军队，基什的贵族们惊慌失措，被打得大败，人民对国王失去信心，国家危在旦夕。公元前2371年，萨尔贡乘机发动武装起义，当上了基什国王。萨尔贡即位后，组建起世界上第一支5400人的常备军，牢牢掌握了军权。由于根基尚未稳固，他仍沿用基什国号。后来，他新建了阿卡德城（今伊拉克首都巴格达附近），并迁都该城，改国号为阿卡德。

拉格什是当时苏美尔地区一个很强大的城邦，包括奴隶在内有15万人。拉格什的军队以步兵为主，分为重装步兵和轻装步兵。军队的基本编制为队，每队有20~30人，按公民的职业编组命名，比如农人队、牧人队等。

纳拉姆辛石碑

这块石碑中，国王纳拉姆辛站在最高处，交战双方的士兵都仰视着这位神态高傲的国王。这一独特的场面通过强调战士与地势的关系，表现出战争双方战势的优劣。

这时，卢伽尔扎吉西正率领乌玛、乌鲁克两个城邦的联军与拉格什激战，双方血战多日，战场上尸骨如山。拉格什军队中的不少队只剩下了几个人，被迫将各种职业的人混编成队继续作战。

被拉格什拖住的卢伽尔扎吉西无力对付萨尔贡，只好派使者前去和萨尔贡谈判。雄心勃勃的萨尔贡当然不会屈服，所以谈判破裂，萨尔贡立即率领军队挥师南下进攻扎吉西。

这时，扎吉西率领的联军已经攻克了拉格什，但拉格什人并没有屈服，仍然在进行着顽强的巷战。听说谈判破裂，扎吉西马上率领大军离开拉格什，北上迎击萨尔贡。卢伽尔扎吉西率领50个苏美尔城邦的联军，大约一两万人，与萨尔贡的5000军队展开决战。萨尔贡虽然在兵力上处于劣势，但军队武器装备精良，训练有素，战斗力很强，而且军队指挥统一，以逸待劳。反观卢伽尔扎吉西的军队，虽然人数众多，但指挥不统一，成分复杂，素质参差不齐，主力又在拉格什征战多日，没有得到充分的休息和补充，已成疲惫之师。而且拉格什人并未屈服，扎吉西是腹背受敌。在战争中，萨尔贡显示出杰出的军事才能，以少胜多，大败苏美尔联军。

苏美尔大事年表

公元前3500年，苏美尔人迈入文明的门槛。
公元前3000年，两河流域出现一系列城邦国家。
公元前24世纪，萨尔贡统一两河流域，建立阿卡德王国。
公元前2113年，乌尔纳木驱走库提人，建立乌尔第三王朝。
公元前18世纪，汉谟拉比统一两河流域，建立巴比伦王国。

> **苏美尔地区主要人物**
>
> 萨尔贡（约公元前2371～公元前2316年），阿卡德国王，第一次统一两河流域。
> 乌尔纳木（约公元前2113～公元前2096年），乌尔王，驱走库提人，建立乌尔第三王朝，颁布世界上第一部法典——《乌尔纳木法典》。
> 汉谟拉比（约公元前1792～公元前1750年），统一两河流域，建立起巴比伦王国，颁布《汉谟拉比法典》。

他用绳子拴在被俘虏的卢伽尔扎吉西的脖子上，牵到神庙里，当作献给恩利尔神的祭品，扎吉西最终被活活烧死。

战胜卢伽尔扎吉西后，萨尔贡乘胜进攻，率领军队继续南下，深入苏美尔各地，经过34次战争，先后战胜了拉格什、乌尔、乌鲁克等城邦，征服了苏美尔，第一次统一了两河流域，建立了强大的阿卡德王国。接着，他又东征西讨，征服了埃兰（今伊朗库齐斯坦一带）、小亚细亚东部、叙利亚、阿拉伯半岛东岸等地，自称"天下四方之王"或"大地之王"。

萨尔贡在征服了苏美尔后，几乎全盘接受了苏美尔的楔形文字和宗教。他以10日行程范围作为1个行政区，派王族子弟和归顺的苏美尔贵族担任总督。他统一了度量衡，大力兴修水利，建立了庞大的灌溉网络，大力发展商业，使阿卡德王国成为当时世界上最富强的国家。

萨尔贡对苏美尔人的征服是有记载的历史上第一次游牧民族对定居的农业文明的征服。在以后的4000多年里，类似的征服在世界各地还发生了许多次，古代史的很大一部分就是由这些入侵构成的。

印度哈拉巴文化

古印度和古埃及、古巴比伦、古代中国并称为古代四大文明古国。古代的印度人民在印度河流域创造了辉煌灿烂的文明。印度河全长3200千米，河水丰沛，印度河冲积平原土地肥沃，适合农业生产，为古印度文明的产生和发展提供了有利的条件。

古印度指今天的印度、巴基斯坦、孟加拉、不丹、尼泊尔等南亚次大陆的国家合称。中国在西汉时称它为"身毒"，东汉时称"天竺"，唐朝时才称它为"印度"。

印度的远古文明直到1922年才被印度考古学家发现。因为遗址最先在哈拉巴（今巴基斯坦旁遮普省境内）发现，所以古印度文明通称为"哈拉巴文化"。由于发现的遗址主要集中在印度河流域，因此又称为"印度河文明"。"哈拉巴文化"陆续发现了250多处遗址，分布的区域十分广大，东起今印度的北方邦，南达今印度的古吉拉特邦，西到今巴基斯坦的俾路支省，北抵今巴基斯坦的旁遮普省，北部以哈拉巴为中心，南部以摩亨佐·达罗（今巴基斯坦信德省境内）为中心，东西约1550千米，南北约1100千米，面积超过古埃及和苏美尔文明的总和。

哈拉巴文化存在的时间约在公元前2300～公元前1750年，大体上与我国文献记载的夏朝（约公元前2070～公元前1600年）同时。

一般认为，哈拉巴文明的创造者是印度的原始居民达罗毗荼人，但也有专家认为是从中亚侵入印度的雅利安人，还有的认为是来自西亚的苏美尔人。根据遗址中出土的人骨和各类人像分析，专家们发现当时印度河流域的居民有蒙古利亚人种、原始澳洲人种和地中海人种等。由此可知，哈拉巴文明是几个种族的人共同创造的文明。

从遗址的发掘来看，哈拉巴文明属于青铜时代的城市文明，哈拉巴和摩亨佐·达罗两座城市的面积和布局很相似，其中摩亨佐·达罗保存得更完整。摩亨佐·达罗城占地约85万平方米，人口大概有3万～4万人，城市分为卫城和下城两部分。卫城有护城河和城墙，城墙上建有塔楼，还有公共建筑和大型粮仓。城中心有一个大水池，专家分析这可能与城中居民举行宗教仪式有关。下城的街道呈南北或东西走向，或平行排列，或直角交叉，建筑物的墙角都砌成圆形。城中街道两旁的房屋一般用烧制的红砖砌成，排列非常整齐，分为居住区、商业区和手工业区，其中有住宅、店铺、饭馆等。从挖掘的墓葬来看，当时已经有了贫富分化。富人住在两三层的楼房里，庭院宽敞，甚至小孩子的玩具上都镶着金银珠宝。而穷人则住在低矮的简陋小屋里，只能使用由泥土和贝壳制的粗劣的生活用品。

哈拉巴文明遗址还出土了大量的铜器和青铜器，如斧、镰、锯、刀、渔叉等，表明当时人们已经学会了冶炼金、银、铜、青铜、铅等金属，但没有发现铁器。居民们以从事农业和畜牧业为生，农作物主要有大麦、小麦、棉花、椰枣等，牲畜主要有牛、羊、马、猪等。

城市的繁荣使哈拉巴文明的商业盛极一时，国际贸易特别频繁。遗址里发现的大量文物充分证明了它与波斯、两河流域、中亚，甚至缅甸、中国都有贸易往来。在波斯湾的巴林岛（古代称为狄尔蒙）发现了许多哈拉巴文明物品，表明巴林岛在当时是美索不达米亚和印度河流域之间进行海运贸易的一个中转站。从楔形文字的记载和两河流域出土的文物来看，当时哈拉巴文明出口的商品主要有铜、木料（如柚木）、石料（如闪长石、雪花石膏）、象牙制品、天青石、红玛瑙、珍珠等。

摩亨佐·达罗的舞者

◆ 吠陀时代 ◆

哈拉巴文化消亡以后，印度进入了"吠陀时代"。之所以称为"吠陀时代"，是因为这一时期丰富的传说资料都收集在"吠陀"文献中，因此得名。"吠陀"的意思是"知识"，是长期积累下来的大量文献汇编，共分4部：《梨俱吠陀》《娑摩吠陀》《夜柔吠陀》《阿达婆吠陀》。其中《梨俱吠陀》时期最早，因此它所反映的时期被称为"早期吠陀"（约公元前14世纪～公元前900年），相应地，其余3部反映的时期称"后期吠陀"（约公元前900～公元前600年）。

哈拉巴文明已经出现了文字，主要刻在石头、陶器和象牙制成的印章上，但这种文字至今没有被解读。

哈拉巴文明存在了几百年之后逐渐衰亡，但衰亡的原因至今还不清楚。有的专家认为是遭到了雅利安人的入侵，因为城市中的巷道和房屋中发现了很多带有刀痕的骸骨，有的骸骨呈痛苦挣扎状，而且城市也遭到了毁坏。有的说是火山爆发，大量的泥浆把城市吞没。还有的说是过度开垦和放牧，导致土地退化，致使哈拉巴文明衰亡。

最早的起义

自从法国历史学家让·弗朗索瓦·商博良破译了古埃及的象形文字后，人们从大量的文献中了解了古埃及的历史。其中珍藏在欧洲的两个博物馆中的两部残缺不全的纸草卷文书，记载了爆发在古埃及世界最早的一次奴隶大起义，这次起义大概发生于公元前1750年。

公元前2400年左右，古埃及的古王国崩溃，又过了300多年，大约在公元前2000年左右，古埃及建立了中王国，定都底比斯。法老、贵族、祭司和奴隶主们对内疯狂地压榨奴隶，获取了大量的财富；对外则发动侵略战争，掠夺邻国的财富。奴隶们再也无法忍受了，一场全国性的大起义终于爆发，同时参加的还有一些同样受剥削、同样活不下去的农民。

由于资料的欠缺，人们无法得知起义领袖的名字，甚至连起义过程的记载也不是很清楚。但从残存的文献上人们依然可以看出这次持续了40年之久的大起义的威力。

起义开始只是一些零星的、分散的暴动，最后才发展成为全国性的大起义。纸草卷上记载："起义者势不可当，像洪水一样包围了首都底比斯。法老的军队被击败了，龟缩到城中不敢迎战。"

"起义者在一小时之内就占领了底比斯城，闯入王宫中大肆抢劫，财宝被抢劫一空，然后四处放火，火光冲天，王宫的大门、石柱、屋子等统统被烧毁，昔日富丽堂皇的王宫只剩下一些残垣断壁……"

"竟然发生了不可思议的事情，法老被起义者抓走了……"

"各地的官员都逃跑了，王宫里的官员都被赶出来，他们威严扫地。"

"昔日庄严肃穆的大审判厅竟然变成了一个任人出入的地方，穷人毫无顾忌地穿梭其中。"

法老

埃及的国王称为"法老"，意为"住在宫殿里的人"。法老是被神化了的统治者，具有至高无上的权力。埃及全国的土地，在名义上都属于法老。法老下设宰相和大臣，主管司法、行政、经济和宗教事务，决策权在法老手中，他们对法老负责。法老还是军队的最高统帅、司法领域的终审法官，是集军、政、法大权于一身的极端专制君主。

"那庄严肃穆的审判厅啊，昔日神圣的法令被起义者随意扔在地上，抛到十字路口，人人践踏，贱如废纸。法官毫无尊严地被赶到全国各地去了。"

"富庶的尼罗河三角洲在哭泣，因为国王的粮仓已经被起义者占领，变成了穷人们的财产了。穷人们纷纷取走其中的粮食。"

"起义者抢走了富人们的财产，分发给穷人们。富人们遭受了重大损失，哭泣不止，而穷人们则欢天喜地。"

"他们（起义者）做成了铜箭，用血来强求面包，法老的军队一败涂地。"

"全国像制作陶器时的轮子一样旋转起来，所有的人都被卷入其中……"

从文献中我们可以看到，起义军只是沉重打击了统治者，剥夺了统治者的财富，但没有建立自己的政权，而且在经济建设方面也毫无建树，没有发展生产，全国发生了大饥荒。

鹰神荷鲁斯栖息在国王哈夫拉的御座上
为了保存这一珍贵的雕像，在哈夫拉死后，侍从们将它深埋于位于吉萨的哈夫拉神庙地下的一个坑中。

文献还记载了这些情况："大河几乎要干涸，河床里的土地比河水还多，人们可以涉水过河。"

"所有的农田里的庄稼都枯萎了，没有人种植、灌溉。人们没有衣服，没有食物，没有油脂，没有奶油……人们食不果腹、衣不遮体，饱受饥饿和寒冷的折磨……"

起义者虽然推翻了法老和奴隶主贵族的反动统治，但没有建设自己的新生活，胜利如同昙花一现般短暂。埃及各地的奴隶主贵族们重新集合力量，向起义者发起了反攻，起义失败了。法老和贵族们又回到了首都底比斯，重新修建了富丽堂皇的王宫，恢复了昔日的荣华富贵。而奴隶和农民依旧终日劳作，受着残酷的剥削。

这次大起义严重削弱了古埃及的实力，亚洲的喜克索人乘虚而入，侵入埃及。喜克索人乘着马车作战，速度很快，旋风般冲入埃及队伍中，冲乱了埃及人的阵形，然后大肆砍杀。埃及人乱作一团，纷纷逃跑。喜克索人又乘胜追击，埃及人死伤惨重。当时的埃及人还不会使用战车作战，只有步兵，而步兵根本无法抵挡冲击力极强的马车。喜克索人占领了埃及大片的领土，掠夺了大量的财富和奴隶，成了埃及的主人。直到150年后，底比斯的统治者阿摩西斯向喜克索人学习，建立了强大的战车部队，并对侵略者们发动了一系列的反攻，才将他们全部赶出埃及，收复了失地，建立了新王国。

腓尼基人环航非洲

腓尼基人是一个相当古老的民族，生活在地中海东岸，大致相当于今天的黎巴嫩和叙利亚沿海一带，曾创造过高度发达的文明，在公元前10～公元前8世纪达到鼎盛。

历史上，腓尼基人开创了举世瞩目的航海业，这跟他们所处的地理环境有很大关系。腓尼基人居住的地方，前面是浩瀚的大海，背靠高大的黎巴嫩山，没有适宜耕作的土地，注定了腓尼基人不能成为农耕民族。他们转而发展手工业，制造出精美的玻璃花瓶、珠宝饰物、金属器皿及各种武器等。要拿这些手工制品与异域民族产品进行交易，就需要腓尼基人在汹涌澎湃的大海上闯出一条路来。

于是，勇敢的腓尼基人驾驶自制的船只向茫茫的地中海开进了。据说，腓尼基人是从埃及人和苏美尔人那里学到的造船工艺。所造的船船身狭长，前端高高翘起，中部建有交叉的桅杆，两侧设双层樯橹，通体看起来轻巧、结实。这种船主要靠船桨划行，有时也能拉起风帆，可同时搭载3～6人。大概由8～10只船组成一支船队。英国大不列颠博物馆珍藏的一块反映腓尼基船队航海盛况的浮雕，栩栩如生地刻画了腓尼基人航海情况。

腓尼基人凭借高超的造船技术和娴熟的驾船技巧，怀着无比坚定的决心，航行到地中海的每一个港口，同当地的居民做各种各样的交易。腓尼基人自产的一种红紫色染料有着很好的销路，以至于古希腊人称腓尼基为"绛紫色的国度"。根据后来史学家考证，腓尼基商人并不局限于地中海，他们的商船队曾经一度穿过直布罗陀海峡，进入波涛汹涌的大西洋，至今该海峡还有以腓尼基神名命名的坐标——美尔卡不塔坐标。腓尼基人由此向北直达今法国的大西洋海岸和英国的不列颠群岛；向南则一直航行到非洲南端的好望角，据说他们还曾环绕整个非洲航行。

在北非，至今流传这样一个故事：古埃及的法老尼科召见了几位腓尼基航海勇士，对他们说："你们腓尼基人自称最善于远航，真是如此吗？你们要说'是'，那么现在你们就进行航行，从埃及出发，沿海岸线一直向前，要保证海岸总在船的左侧，最后回到埃及来见我。到时候我有重赏，如果你们觉得做不到，就实说，我也不惩罚你们，只是以后不要妄自吹嘘善远航了。"法老知道想开辟新航道，要冒很大风险，觉得腓尼基人不会真的去做。没想到这些腓尼基人慨然允诺，接受挑战，而且很快组织起一支船队出发了。3年过去了，他们杳无音讯，法老以为这几个狂妄的腓尼基人早已葬身鱼腹。万没料到3年后的某一天，这几个腓尼基人真的回到了埃及。开始尼科不相信他们，但他们一五一十地向法老讲了沿途见闻，还献上收集到的奇珍异宝，最后法老终于折服了。

腓尼基人环非洲航行，堪称人类航海史上的一次壮举。当时欧洲流行的说法是：大西洋就是世界的尽头，没有人能穿越直布罗陀海峡。但伟大的腓尼基航海勇士却跨越地中海，北抵英吉利，南过好望角，进入印度洋，无愧于世界航海业开拓者的称号。

腓尼基大事年表

公元前3000年，腓尼基相继形成一系列城邦国家。
公元前2100年，腓尼基人被埃及人统治。
公元前2000年，腓尼基人在地中海东部沿岸建立据点，进行商业活动。
公元前1000年，腓尼基人向西部地中海发展。

腓尼基人的航海取得了丰硕的成果，具有十分重要的历史意义。首先，他们为自己建立了海上霸权，垄断了航路和贸易。他们在地中海沿岸建立一系列商站殖民地，其中很多商站发展成著名商城，进而成为强大的城邦国家，如北非的迦太基城（今突尼斯）就一度威胁到罗马的安全。其次，腓尼基人的远航为后来的世界航行提供了第一手航海资料和宝贵的经验，同时扩大了世界各地的经济联系和文化交流。

☀ 米诺斯的迷宫

传说在远古的时代，大海中有一个克里特岛，由一位叫米诺斯的国王统治着。米诺斯的儿子安得洛革斯在雅典参加奥运会时被人谋杀，为了给儿子复仇，米诺斯派兵攻打雅典。神也降罪于雅典，城中到处都是灾荒和瘟疫。雅典人被迫向米诺斯求和，米诺斯要求雅典人每隔9年送7对青年男女到克里特岛。

为什么米诺斯要雅典人送青年男女呢？原来米诺斯在克里特岛建了一座巨大的迷宫，迷宫纵横交错，进去根本别想出来。在迷宫里，米诺斯养了一只人身牛头的吃人怪物——米诺牛。雅典每次送来的7对青年男女都要给米诺牛吃，雅典人深受其害。

26年后，米诺斯派人到雅典索要第三次贡品——7对青年男女，青年男女的家长和他们的孩子抱头痛哭。雅典国王爱琴的儿子提修斯看到人们遭受不幸，心中深感不安。他要求和青年男女一起出发，前往克里特岛，决心杀死米诺牛。

在雅典人的哭声中，载着包括提修斯在内的7对青年男女的帆船缓缓航行，驶向克里特岛。临别前，提修斯和父亲约定，如果杀死了米诺牛，返航时他就把船上的黑帆换成白帆。

提修斯领着青年男女在克里特岛上岸后，来到米诺斯的王宫。在米诺斯国王验收时，他的女儿——美丽聪明的阿里阿德涅公主对英俊潇洒的提修斯一见倾心，与他约会，向提修斯表达了自己的爱慕之情，提修斯也非常喜欢公主。当公主知道提修斯的使命后，表示愿意帮助他杀死米诺牛，并送给他一把威力无边的魔剑和一个线球。

提修斯率领青年男女进入迷宫后，将线球的一端系在迷宫的入口处，然后拿着线团，边走边放线，经过蜿蜒曲折的走廊，进入迷宫。在迷宫深处，提修斯发现了吃人的怪物米诺牛，和它展开了激烈的搏斗。他敏捷地跳起来，一手抓住米诺牛的牛角，一手拿着阿里阿德涅公主给的魔剑，奋力刺进米诺牛的胸膛，将它杀死。然

克里特母神
这位神是米诺斯宗教的核心。落在头上的鸽子象征着她的神圣，手中紧握着扭动的蛇则是提醒信徒记起她与地狱的联系。

米诺斯王宫遗址

米诺斯王宫建于公元前 1700～公元前 1380 年，占地约 16000 平方米，坐落在希腊克里特岛上的克诺索斯古城内。王宫设计巧夺天工，建有 1700 个大小房间，用长廊、门厅、通道和阶梯相连，像一个巨大的迷宫，被认为是米诺斯文化的代表作。

后提修斯率领着青年男女，沿着来时留下的线终于走出了迷宫。

为了防止米诺斯国王的追击，他们凿沉了克里特岛港口所有的船，然后乘着他们来时的帆船返航。提修斯本想带着公主一起回雅典，但这时神要求提修斯必须放弃自己的爱情，否则将惩罚他。提修斯无可奈何，只好将公主留在岛上。沉浸在悲伤之中的提修斯忘了与父亲的约定：将黑帆换成白帆。经过几天的航行，他们回到了祖国雅典。国王站在悬崖上望眼欲穿，等待儿子归来。当他看到归来的帆船仍然挂着黑帆时，以为儿子被米诺牛吃掉了，悲痛欲绝，于是跳海自杀。为了纪念这位爱琴国王，人们就把那片海叫作爱琴海。而那头被提修斯杀死的米诺牛，被神升到了天上，成为冬夜星空中的金牛座。

这个神话故事被写入《荷马史诗》和其他文学作品，人们对米诺斯迷宫非常神往，但大都认为那只是个神话罢了。后来，一个叫阿瑟·伊文思的英国儿童听了这个神话后，深深着迷，立志长大后找到米诺斯迷宫。

1900 年，已经成为考古学家的阿瑟·伊文思率领考古队来到了爱琴海中的克里特岛，寻找传说中的米诺斯迷宫。经过 3 年的发掘，阿瑟·伊文思终于在克里特岛的克诺索斯附近一座叫作凯夫拉山的缓坡上发现了米诺斯王宫的遗址，找到了传说中的米诺斯迷宫。迷宫的墙上有许多壁画，壁画色泽鲜艳，内容丰富。其中有一幅壁画画着斗牛的内容，和神话中所说的迷宫里吃青年男女的人头牛身怪物米诺牛的故事隐隐相符。

地下迷宫的发现，让人们见识了公元前 15 世纪克里特岛曾有过的灿烂文明。这个文明发源于公元前 2600 年左右，于公元前 1700 年左右达到全盛，公元前 1450 年左右突然消失。考古学家认为，当时克里特岛发生了强烈的地震，造成了巨大的损失和人员伤亡，后来又发生了内战，实力大损。北方的希腊人乘机占领了克里特岛，克里特文明灭亡。

铁列平改革

赫梯王国是上古时期西亚地区的一个强国。

赫梯王国最初的领土仅有小亚细亚东部的哈里斯河（今土耳其基齐尔-伊尔马克河）中上游一带，最初的居民是讲赫梯语的哈梯人（又称原始赫梯人）。这里地处高原，雨量很少，不适合农耕，所以哈梯人主要从事畜牧业。大约在公元前 2000 年左右，中亚大草原的涅西特人迁徙到小亚细亚，征服当地的哈梯人，并与之融合，形成了赫梯人。他们的语言是涅西特语，也称赫梯语。赫梯王国多山，矿藏（银、铜、铁等）丰富，具备发展金属冶炼的有利条件，引起邻国亚述的垂涎。公元前 19 世纪，亚述人在赫梯王国境内建立了许多的殖民地城邦。

在公元前 18 世纪，赫梯人建立了几个城邦，并且互相攻打，争夺霸权。其中最大的城邦有库萨尔、涅萨和察尔帕。经过长期的征战，库萨尔王阿尼塔征服了涅萨，俘虏了涅萨王，并定都于此。后来阿尼塔未经战斗，便使普鲁汗达王投降，至此库萨尔成为实力最强的赫梯城邦，为赫梯王国的雏形。随后，赫梯王国开始对外侵略扩张，将亚述人的势力全部排挤出小亚细亚。阿尼塔的继承人拉巴尔纳一世继续征服其他城邦，拉巴尔纳一世的孙子穆尔西里一世时将首都迁到哈梯人的城邦哈图萨斯（今土耳其波尔兹科伊），这标志着涅西特人和哈梯人最终融合。

公元前 1600 年左右，穆尔西里一世率军南下攻克了喜克索人在叙利亚建立的城邦哈尔帕，不久喜克索人就在埃及和赫梯的南北夹击下崩溃，赫梯人乘机占领了叙利亚和巴勒斯坦。此时，古巴比伦王国已经衰落，赫梯人不断南下抢掠，令古巴比伦王国不胜其扰。公元前 1595 年，赫梯人攻克巴比伦城，将财宝洗劫一空，古巴比伦王国灭亡，赫梯回师时又击败了胡里人。从此赫梯威名远震，疆域东至两河流域北部，南达叙利亚，西到地中海，北抵库麦什马哈什河，成为西亚地区的一个大国。

赫梯人每征服一个地区，就派赫梯王国的王子前去统治，所以那里的居民就被称为"王子们的奴隶"。在赫梯王子们的残暴统治下，赫梯统治者和当地居民矛盾很深，终于导致了"王子们的奴隶"起义，但起义在穆尔西里一世和各地王子的联合镇压下失败。

赫梯王室内部矛盾也很尖锐，为了争夺王位，常常自相残杀，连穆尔西里一世都被他的弟弟所杀，赫梯王国在内战和各地的叛乱中度过了几十年。公元前 16 世纪末，铁列平即位。为防止王室骨肉相残和贵族争权夺利，保持国家稳定，铁列平不得不进行改革。改革的主要内容为确定王位继承人制度，铁列平规定，王位应由国王的儿子按长幼顺序来继承，即长子优先，然后才轮到其他的儿子。如果没有儿子，那王位就要由国王长女的丈夫继承，其他人均无权继承王位。这就确立了王位的世袭制，防止了王室的自相残杀和贵族的篡位野心。

他还规定由贵族会议保证王位继承法的贯彻执行。王子犯法，不能株连他的亲属，也不得剥夺他们的财产和奴隶。不经贵族议会同意，国王不能杀害任何一个兄弟姐妹，王室的内部纠纷由贵族会议裁决。铁列平改革标志着赫梯国家形成过程的完成，使赫梯王权得到巩固，国势日益强盛。公元前 15 世纪末至公元前 13 世纪中期，是赫梯王国最强盛的时期。

当时埃及也是中东地区的一个强国，两国为了争夺叙利亚，展开了长期的争霸战争。公元前 1285 年，埃及法老拉美西斯二世亲率由战车和步兵组成的军队攻入

一对恩爱的赫梯夫妇的雕塑被刻在他们自己的石棺上，这样便可以在未来给予他们的灵魂一个栖息之地。

巴勒斯坦，准备夺取叙利亚，赫梯国王穆瓦塔尔率领十几个西亚小国的联军在卡迭石迎战。赫梯人在黄昏时偷袭了埃及人，埃及人猝不及防，损失惨重。后来由于法老预备队及时赶到，才避免了埃及人全军覆没。赫梯人进攻受阻，被迫撤走，埃及人由于伤亡过大，也无力追赶。双方只好讲和，赫梯国王把公主嫁给埃及法老，两国实行和亲。赫梯人在一块银板上面雕刻着双方结束战争、缔结和约的条文，来到埃及首都孟菲斯，两国签订和约。这是我们所知道的有记载的历史上第一个国际条约，称为"银板和约"。

长期与埃及争霸，大大消耗了赫梯的国力。公元前13世纪末，"海上民族"入侵地中海东岸地区，被赫梯征服的小国也纷纷起兵反抗，赫梯王国瓦解，首都哈图萨斯被焚毁。公元前8世纪，残存的赫梯王国被亚述帝国所灭。

图特摩斯三世

图特摩斯三世（约公元前1504～公元前1450年），是古埃及新王国第十八王朝时期一位以尚武著称的法老（公元前1482～公元前1450年在位），后世的历史学家称他为"第一个曾经建立具有任何真正意义的帝国的人，也是第一位世界英雄"。

图特摩斯三世出生于公元前1504年，他是图特摩斯二世和一个叫伊西丝的后妃的儿子。图特摩斯二世体弱多病，所以他的异母妹、王后哈特谢普苏特掌握了实权。哈特谢普苏特认为图特摩斯三世没有纯正的王室血统，不能成为法老，但是图特摩斯二世只有这一个儿子。公元前1504年，图特摩斯二世去世，图特摩斯三世以幼龄即位。王后哈特谢普苏特趁他年幼，独揽大权。4年后，太后暗令阿蒙神庙祭司假传神谕篡位，图特摩斯三世被迫退位，进入阿蒙神庙学习。在阿蒙神庙中，图特摩斯三世如饥似渴地学习，成为一个知识渊博的人。

后来，太后允许他参军。图特摩斯三世经过刻苦练习，成为一个武艺高强的人。他善于骑马射箭，令将士们非常佩服。他从不过问政治，平时也沉默寡言。太后为进一步考验图特摩斯三世，让他率军远征古埃及南部的努比亚（今苏丹）。他指挥有方，大获全胜，凯旋时献上缴获的奇珍异宝，并立即交出兵权。从此，太后不再对他存有戒心。图特摩斯三世趁机训练了一支由自己直接掌控的25000人的军队。

埃及的西亚属地叙利亚和巴勒斯坦在米坦尼王国支持下突然宣布

古埃及墓室壁画复原图
此图描绘的是埃及的一次家庭聚会，父母（左边）正在接受儿女们奉上的各种食物。图中的女子戴着新王国时期流行的长而精致的假发，穿着肥大的长裙。

图特摩斯三世的陵墓

图特摩斯三世去世后，埋在了帝王谷中。为防止盗墓贼盗墓，墓室的入口建在了悬崖上。陵墓内的线条构图十分漂亮，柱子上刻着精美的图案，整个陵墓像一幅巨大的纸草卷画轴。后来陵墓还是被盗了，庆幸的是他的木乃伊由于及时抢救而幸免于难。

脱离埃及独立。太后大惊失色，急忙调兵遣将，准备平叛。图特摩斯三世乘机率军发动政变，杀死太后和她的亲信，夺取了王位。为了报复太后，让她从历史上消失，图特摩斯三世下令将所有太后的石像和刻有太后名字的纪念碑销毁，想把她留下的痕迹从埃及大地上彻底抹去。

图特摩斯三世亲政后，面对的第一拨敌人是西亚以卡捷什国王为首、一共有330个王公和他们的部下参加的反埃及同盟。公元前1482年5月，他亲率大军向卡捷什联盟发起了进攻，双方在巴勒斯坦北部重镇美吉多城展开决定性的战斗。在出征前，埃及军队到美吉多有三条道路可以选择：第一条路是经"大马士革大道"向东，到基松河后再转向北，而后从山路到达美吉多，但这条路路程太长，图特摩斯三世放弃了；第二条路是经阿鲁那抵达美吉多南部，卡捷什同盟军认为埃及军队将从这条路进攻，所以在城南布下重兵。显然，如果埃及军队经此路进攻，必将损失惨重。图特摩斯三世经过深思熟虑后，决定进行一次大冒险，选择另一条崎岖的山路绕到美吉多城北，从背后出其不意地发起攻击。

但这个计划遭到保守的将军们的反对，图特摩斯三世非常生气，说："如果谁害怕，那就回埃及去。"于是将军们不再说话了。黎明时，埃及军队出发，图特摩斯三世走在军队的最前面，经过一天的急行军，埃及军队在傍晚抵达美吉多城北，而敌人丝毫没有觉察。

第二天早上，图特摩斯三世把埃及军队分为一支中间部队和两支侧翼部队，向卡捷什同盟军发起进攻。埃及军队弓箭手在前，步兵居中，最后是500辆快如疾风的骏马驾驶的战车。进攻时，弓箭手们射出一排排遮天蔽日的利箭，敌人死伤无数，阵形大乱。图特摩斯三世看准时机，命令战车以排山倒海之势发起猛攻。当埃及的战车接近敌人的战车时，士兵们在统一号令下同时弯弓搭箭，射向敌人。敌军车阵大乱，埃及步兵随后赶上，配合车兵作战。战场上到处是翻倒的战车、马匹和士兵的尸体，到处可以听到敌人伤兵痛苦的呻吟。如果此时埃及军队乘胜进攻，那么美吉多城必定唾手可得。但埃及士兵只顾抢夺敌人留下金银财物，掠取战利品和捆绑俘虏。结果，一些敌人逃到城墙下抓住城上守兵扔下来的绳索，逃回城去。

图特摩斯三世只好下令围城，埃及人砍光了城郊果园中的果树，断绝了城中的粮食和水源，敌人被迫投降，西亚再次臣服于埃及。

图特摩斯三世在位期间，共取得了17场战役的胜利，后世的历史学家称他为"埃及的拿破仑"。他在位期间，埃及的版图东起西亚地区，南至努比亚境内的尼罗河第四瀑布，西至利比亚，北抵幼发拉底河上游的卡赫美士城，成为历史上第一个地跨北非和西亚的大帝国。

古埃及的宗教神话

奥西里斯原本是农业之神，可是当他被嫉妒的弟弟塞特杀死之后，就变成了地狱之神和重生之神。埃及人认为尼罗河每年的定期泛滥就是其妻子伊西斯纪念他的涕泣之泪。

✹ 埃赫那吞的宗教改革

埃赫那吞原名阿蒙霍特普四世，是古埃及第十八王朝的法老阿蒙霍特普三世的儿子。

埃及阿蒙（埃及人供奉的神）神庙的僧侣自从图特摩斯三世时期起，势力不断膨胀。他们住在高大的神庙中，拥有大片土地和众多的奴隶，还经常干涉朝政，越来越不把法老放在眼里。

当时古埃及全国虽有一个主神阿蒙，但各地还有很多地方神和自然神，崇拜对象也很多，如土地、河流、雨水、泉水、风、雷、电和飞禽走兽等，甚至是一副弓箭、木制雕刻品、一块石头。

后来埃赫那吞的父亲阿蒙霍特普三世退位，埃赫那吞登基，成为埃及法老。埃赫那吞立刻颁布命令将自己偏爱的希利奥波里城的地方神阿吞（太阳神）取代阿蒙成为全国最高的神，全埃及的臣民必须供奉新神，停止供奉其他的神。阿吞神的形象和其他神不同，它不是人或兽的样子，而是一个太阳，太阳中放射出许多手，象征太阳神的光芒。它是创造之神，宇宙之神，世间一切生命之源泉。埃赫那吞还自称是阿吞神唯一的儿子，他和王后尼弗尔提提是阿吞和人民之间的唯一传言人，因此和阿吞一起接受人民的崇拜。他还把自己的名字阿蒙霍特普（阿蒙的钟爱者的意思）改成埃赫那吞（阿吞的光辉的意思），把王后改名为涅菲尔涅菲拉吞（美中之美是阿吞的意思）。过去祭祀阿蒙神有很多繁文缛节，埃赫那吞又下令将祭祀的仪式大大简化。阿吞神庙是一个露天的柱式大厅，祭祀的人们可以直接感受太阳神阿吞的照耀，直接和它进行交流，而不再像过去那样被阻隔在神庙的外面。

在全国推行新神取缔旧神的同时，埃赫那吞开始大力清除阿蒙神庙僧侣的势力。他下令关闭全国各地所有的非阿吞神庙；派大批军队将僧侣赶出神庙，强令还俗为民；将其他神庙的土地和奴隶全部没收，划归阿吞神庙所有；严禁僧侣参政，违反命令的僧侣立即处死。公共建筑物和纪念物上刻的阿蒙的名字必须立即凿掉，推倒一切阿蒙的神像。全国每个城市至少必须建一座阿吞神庙，庙中供奉阿吞神和埃赫那吞及王后的雕像，各级地方官员必须要带头向阿吞神庙献祭，并宣誓永远效忠于英明、伟大的造物主阿吞及法老和王后。

由于首都底比斯的守旧势力太大，埃赫那吞宣布将首都迁到底比斯以北 300 千米、尼罗河东岸的阿马纳摩，为新都定名为"埃赫塔吞"（意为阿吞光辉照耀之地）。

埃赫那吞的宗教改革引起了阿蒙神庙的僧侣们极大的恐慌。看到自己的特权和财产被剥夺，他们急得如热锅上的蚂蚁，于是就请已退位的老法老阿蒙霍特普三世和太后劝劝埃赫那吞，停止宗教改革。

老法老和太后劝埃赫那吞说："孩子，你废除了阿蒙，引起了很多僧侣的不满。现在整个埃及都在议论这件事，闹得沸沸扬扬的，国家已经到了动乱的边缘。你还是悬崖勒马吧！"

埃赫那吞说："尊敬的父王母后，现在绝对不能停止！那些僧侣的势力太大了，嚣张跋扈，为所欲为，还经常干涉朝政，这样下去怎么行啊？如不改革迟早会酿成大祸的！我需要的是一群听从我的命令的僧侣，而不是和我争权的僧侣！"老法老和太后见他主意已定，就不再劝了。

那群僧侣见一计不成，又生一计。为了恢复他们失去的天堂，他们竟丧心病狂，决定刺杀埃赫那吞。

一天，埃赫那吞乘车出宫去阿吞神庙祭祀，突然有一个人跪在车前，说有冤情要向法老陈述。埃赫那吞命令那个人来到自己的车前，派书吏去接状子。书吏还没有走到那人面前，那人猛地从状子中抽出一把锋利的匕首，刺向埃赫那吞。埃赫那吞大惊失色，急忙躲避。法老的卫士怒吼着用手中的长矛将刺客刺死。这件事发生以后，埃赫那吞更加坚定了宗教改革的决心。

公元前 1362 年，埃赫那吞病死。他的后继者很快恢复了旧的传统，阿蒙神又卷土重来，埃赫那吞的宗教改革以失败告终。

埃赫那吞死后，葬在阿马尔纳附近的山谷。由于埃赫那吞的改革触犯了僧侣的利益，他们将埃赫那吞的名字从建筑物上抹去，他的陵墓也遭到严重的洗劫和破坏。他的墓穴中的头像的左眼被挖掉了，装着他的内脏的瓶子也被砸开。

银板和约

公元前 14 世纪，小亚细亚的赫梯人崛起。他们趁埃及因宗教改革发生内乱之机，先后从埃及手中夺取了中东的叙利亚和巴勒斯坦地区，又攻陷古巴比伦帝国的首都巴比伦城（今伊拉克首都巴格达）。埃及法老拉美西斯二世决定夺回失地。

公元前 1285 年的一天，赫梯国王穆瓦塔尔正在和王公大臣们开会，一位书吏跑进来对国王说："陛下，我们派往埃及的间谍回来了，他带回了重要情报！"

"陛下，大事不好！埃及人要来攻打我们！"间谍焦急地说。

"什么！？"间谍的话使在座的大臣们大吃一惊。

"说得详细一点！"国王很快从惊慌中冷静下来。

"埃及法老拉美西斯二世组建了阿蒙军团、赖军团、塞特军团和普塔赫军团四个军团，还有一部分努比亚人、沙尔丹人等组成的雇佣军，共两万多人，近日将进攻我国，企图夺回叙利亚！"间谍一口气说完。

"大家商量一下，我们该如何应敌！"国王扫了王公大臣们一眼。

"埃及人远道而来，长途跋涉，士兵一定非常疲劳。我们应该坚壁清野，以逸待劳，坚守不出，诱敌深入，等埃及人兵疲马困的时候，再给他们致命一击，全歼敌人！"国王的弟弟哈吐什尔说。

"说得不错！"国王满意地点了点头。

经过仔细商议，赫梯国王和王公大臣们制定了扼守叙利亚要塞卡迭石，在城中集结重兵，以逸待劳，诱敌深入，待埃及人进入伏击圈后，再两翼包抄，最终围歼埃及人的作战计划。随后两万多赫梯人集结卡迭石城内外，等待埃及人的到来。

埃及法老拉美西斯二世坐在战车上踌躇满志，埃及的4个军团分成4个梯队前进。拉美西斯二世率阿蒙军团行进在最前面，赖军团、普塔赫军团和塞特军团紧跟其后。当埃及人行进到距卡迭石以南的萨布吐纳渡口时，法老的卫兵报告："报告陛下，有两个赫梯人的逃兵前来投奔我们！"

两个赫梯人交代，赫梯主力还远在卡迭石以北百里之外，在埃及大兵压境的情况下，卡迭石兵微将寡，士气低落。叙利亚的王公们慑于埃及人的军威，都想归顺埃及。

"太好了！来人，传我的命令，我和卫队快速前进拿下卡迭石，其余的兵团继续前进。"法老说完，领着精锐的法老卫队向北狂奔而去。傍晚时，卡迭石已经遥遥在望了。法老命令就地扎营，明天一早入城。

法老正在营中做着入城的美梦，突然卫兵进来报告："陛下，抓住了两个赫梯人的探子！但他们嘴紧得很，什么都不说。"

"给我打！狠狠地打！"法老说。

不一会儿，被打得皮开肉绽的探子老老实实地交代了他们布置的一切。法老听后犹如五雷击顶，原来赫梯人已经趁夜将他们包围了。

"传令下去！立即向南突围！"法老焦急地喊。

埃及人呐喊着，向南拼死冲杀，赫梯人猝不及防，被杀得大败，士兵们四处溃逃。眼看法老就要逃出包围圈，赫梯人在国王的亲自指挥下发起了反冲锋，法老卫队的人数少，抵挡不住，被迫后退，赫梯人占领了埃及人的营地。法老急中生智，把自己养的宠物狮子放了出来，赫梯骑兵的马一见狮子，吓得扭头就跑。法老又命人大撒金银财宝，赫梯士兵一见，丢下兵器争抢财宝，乱作一团，法老趁机逃走。

赫梯国王杀了几个抢金银财宝的士兵，整顿了军纪，向法老发起了追击。正在千钧一发之时，埃及的赖军团、普塔赫

赫梯人的战车模型
这种战车广泛地被其他远东国家仿制，数个世纪里它在交战中起到决定性作用。

军团赶到了，双方展开了激烈的战斗，杀得难分难解，卡迭石城外尸骨如山，血流成河。赫梯人抵挡不住，只好撤退，但埃及人也无力追赶了。

卡迭石大战后，双方又进行了长达16年的战争，两国损耗巨大，无力再战，只好议和。

公元前1269年，赫梯国王死后，他的弟弟哈吐什尔即位，派出使团去埃及讲和。两国在埃及首都孟菲斯签订了和约。和约刻在一块银板之上，因此又叫"银板和约"。银板上写着："伟大而勇敢的赫梯国王哈士西尔"和"伟大而勇敢的埃及法老拉美西斯二世"共同宣誓互相信任，永不交战等内容。和约有18条，是留传至今的最早的一份战争和约。

刻在银板上的和约用赫梯语和当时通用的巴比伦楔形文字书写，法老又将和约内容用埃及象形文字刻在埃及卡纳克和底比斯神庙的墙壁上。后来在赫梯王国首都哈吐沙什遗址中发现了用巴比伦楔形文字书写的泥板副本。

图坦哈蒙墓的发掘

图坦哈蒙是古埃及新王国时期的法老，公元前1361～公元前1352年在位。他原叫图坦卡吞，意思是"阿吞的形象"，后来改名为图坦哈蒙，意思是"阿蒙的形象"，说明他从崇拜阿吞神转为崇拜阿蒙神。公元前1361年，年幼的图坦哈蒙登基，19岁突然神秘地死去。他死以后，重臣埃耶继任为法老，并娶了他的王后。但不久大将军霍连姆赫布将埃耶杀死，成为埃及的法老。古埃及很多的建筑物、文献中，图坦哈蒙的姓名和徽号都被人为地抹去，这使得后世的人们对这位英年早逝的法老知之甚少，甚至连盗墓贼都将他遗忘了……

1922年秋天，英国考古学家霍华德·卡特和卡尔纳·冯伯爵率领一支考古队来到了古埃及法老陵墓最集中的帝王谷。帝王谷位于埃及古底比斯西南的德尔巴哈里山谷中，这里极为隐秘，人迹罕至。古埃及的法老们把自己的陵墓建在帝王谷两旁陡峭的悬崖上，陵墓完工后杀掉所有参与建设的人，所以知道这里的人很少。19世纪初期以来，欧美的考古学家纷纷来到这里，寻找数千年前的法老们的陵墓，但大都空手而归。1881年，德国考古学家布鲁斯在帝王谷的一个山洞里发现了一个巨大的墓葬群，里面有40多具古埃及法老的木乃伊，包括著名的雅赫摩斯一世、图特摩斯三世和拉美西斯二世，成为当时轰动世界的重大考古发现。

卡特和卡尔纳·冯伯爵等人整整考察了5年，才发现图坦哈蒙的陵墓。让他们惊奇的是，这位年轻的法老的陵墓保存得非常完整，从来没有被盗墓贼光顾过。墓室的入口刻着一句令人毛骨悚然的诅咒："死神奥西里斯的使者阿奴比斯，将会用死亡的翅膀接触打扰法老安眠的人。"图坦哈蒙墓室又窄又小，装饰也很潦草，墓穴的壁画上泼溅了许多颜料，好像还没有建好就匆匆下葬了。陪葬品也不是为他专门制作的，这些陪葬品上本来刻着别人的名字，被抹去后再加上图坦哈蒙的名字。他的木乃伊的制作也不像其他法老那样用防腐香料浸体，而是将成桶的香料倒在木乃伊上。但墓室中仍然有为数众多的珍贵的文物，是迄今为止出土文物最多的法老陵墓。图坦哈蒙的陵墓里出土的文物有镶着象牙的箱子、镀金黑檀扇、银喇叭、雪花石膏花瓶、雪花石膏碗、镶着宝石的金指环、项圈和手镯，每一样都价值连城。其中最珍贵的当数图坦哈蒙的金面具。

图坦哈蒙安息在4个大小相套的棺材里，棺材上都镶着各种名贵的宝石，刻着祝愿法老安息的象形文字，每副棺材里都填满了奇珍异宝。最外面的是镶着蓝色洋瓷的金木棺材，第二副和第三副都是色彩艳丽的人形贴金木棺材。最后的人形棺材长1.83米，用22K黄金打造，最厚的地方足有3厘米，重达110.9千克！这个按照图坦哈蒙形象打造的人形棺材，两手交叉在胸前，右手拿着君主的节杖，左手拿着奥西里斯的神鞭，前额上宝石镶成蛇和鹰的形状。在古埃及，蛇是守护法老的神，鹰象征着"太阳神"荷鲁斯，据说它们能够喷出烈火消灭法老的敌人。当卡特等人打开最后一个棺材时，他们都被眼前的景象惊得目瞪口呆！图坦哈蒙的木乃伊用薄薄的布裹着，身上布满了宝石和护身符，戴着一个重达11千克的金面具。金面具"额头"上雕刻着鹰和蛇，用纯金浇铸而成，刻画逼真，做工精巧、栩栩如生，面具由蓝色玻璃、石英石和黑曜石装饰而成，还刻有修剪齐整的胡须，重现了图坦哈蒙生前的面貌，堪称无价之宝。

在图坦哈蒙身边还并排放置了两个婴儿木乃伊，一具约有5个月，另一具显然是一出生就死了，她们都是图坦哈蒙夭折的女儿。除了金棺和金面具外，常常被人提及的还有4个雪花石膏罐子。雪花石膏罐子的盖子上印着图坦哈蒙的头像，里面放着法老的肝、肺、胃和肠子。

图坦哈蒙墓中的稀世珍宝仅清理造册就用了4年的时间，通过这些文物，人们了解到了公元前14世纪埃及法老殡葬的真实情况。

犹太王大卫

4000多年前，一个叫闪族的游牧民族生活在几乎全是沙漠的阿拉伯半岛上，为了生存，他们赶着羊群从一个绿洲走到另一个绿洲。在阿拉伯半岛的北面，两河流域到地中海东岸宛如新月的弧形地区，被称为新月沃地。这里水量丰沛，土地肥沃，草木茂盛，尤其是地中海东岸的巴勒斯坦地区，更是被称为"流着牛奶和蜂蜜的土地"。闪族中一支叫希伯来的部落为了夺取这片土地，和居住在这里的迦南人展开大战，结果被打得大败。

公元前1700年，因遭受严重的旱灾，希伯来人赶着羊群，来到了风调雨顺的埃及，受到统治埃及的喜克索人的优待，居住在尼罗河三角洲一带，变游牧为农耕。

希伯来人在埃及过了几百年的安定生活。不料，生活在尼罗河上游的埃及人打败了喜克索人，将他们全部赶出埃及。"城门失火，殃及池鱼"，希伯来人的地位一落千丈，成为奴隶。公元前1300年，埃及法老拉美西斯二世穷奢极欲，大兴土木，建造富丽堂皇的宫殿，强迫希伯来人从事艰苦的建造和运输工作。几十年后，拉美西斯病死，埃及四周的野蛮人和海盗纷纷入侵，烧杀抢掠，希伯来人在首领摩西率领下，趁机越过红海，逃出埃及。经过辗转迁徙，他们来到巴勒斯坦一带定居下来。

当时巴勒斯坦除了迦南人以外，还有一支从海上迁徙过来的腓力斯人。为了生存，希伯来人同这两个民族展开了激烈的战斗。

公元前1000年的一天，希伯来人在国王扫罗（出身以色列部落）的率领下，在一个山谷和腓力斯人对峙。这时，从腓力斯军营中走出来一个叫哥利亚的壮汉。只见他身材高大，虎背熊腰，身披铠甲，手握长矛。他走到希伯来人的军营前，用长矛指着希伯来人说："来啊，希伯来人！来和我决一死战！如果你们打败了我，我们腓力斯人就全当你们的奴隶。如果我打败了你们，你们就必须成为我们的奴隶！"希伯来人见哥利亚身材高大，都非常害怕，没有一个人敢前去迎战，连希伯来人的首领扫罗也面带惧色。一连几天，哥利亚都在希伯来人的军营前叫阵，腓力斯人也呐喊助威，大骂不敢迎战的希伯来人是胆小鬼。希伯来人又羞又怒，但始终没有一个人敢去迎战。

这时一个叫大卫的牧童来给在军营的3个哥哥送饭。他听到哥利亚的叫骂声后，问哥哥是怎么回事。大卫听完哥哥的讲述，非常生气，说："有什么好怕的？！让我去迎战，杀死那个狂妄的大块头，煞煞腓力斯人的威风！"

国王扫罗对他说："你还是个小孩子，而哥利亚是个大力士，你根本打不过他！"大卫轻蔑地说："没什么好怕的！我放羊的时候，一只狮子来吃我的羊，结果被我赤手空拳打死。难道哥利亚比狮子还厉害吗？"扫罗听了非常吃惊，同意他明天迎战哥利亚。

第二天早晨，大卫去小溪边捡了5块鹅卵石，拿着他的牧羊杖和甩石鞭，走到在希伯来军营前叫阵的哥利亚面前。哥利亚见希伯来人派了一个牧童来迎战，不禁哈哈大笑，对大卫说："你们希伯来人都死绝了吗？怎么派了一个牧童来迎战？你要是不想死的话，还是回去放羊吧！"其他的腓力斯人也哈哈大笑起来。大卫平静地说："你攻击我，用的是长矛；而我攻击你，靠的是上帝。"

哥利亚大喝一声，舞动长矛，冲向大卫。大卫不慌不忙，掏出一块鹅卵石，放在甩石鞭上，然后奋力一甩。"嗖"的一声，鹅卵石像流星一样飞出，正中哥利亚的额头。哥利亚顿时血流如注，惨叫一声，倒地而亡。腓力斯人大吃一惊，希伯来人趁机杀出，大获全胜。

后来扫罗不幸战死，希伯来长老们经过商议，推

大卫像　米开朗琪罗

《大卫》雕塑是一件体现人文精神的不朽杰作。在这件作品中，米开朗琪罗赋予大卫健美的体格与完美的身材，深邃的目光与坚毅的神情又令人物充满了坚定、昂扬、顽强的精神气质，具有强烈的英雄气概。虽然造型非常轻松，但全身饱满、紧绷的肌肉却使蕴含在体内的巨大力量一触即发。

举出身犹太部落的大卫为以色列犹太国王。

大卫登基后，率领军队从石头做的下水道中出其不意地攻占了迦南人的一个叫耶布斯的城市，并改名为"耶路撒冷"（意为大卫城或和平之城），作为以色列犹太王国的首都。

大卫在位约 40 年，打败了周围很多民族。当时，犹太王国国土空前辽阔，盛极一时。

荷马和荷马史诗

荷马是西方古代最伟大的史诗作家，他创作了欧洲历史上最早的文学作品荷马史诗。大约公元前 9 世纪，荷马生于小亚细亚。他自幼双目失明，但听觉异常灵敏，且有一副好嗓子。8 岁时，出于爱好也是为了谋生，他跟从当地著名的一名流浪歌手学艺。经过多年的勤学苦练，荷马成了一名十分出色的盲人歌手。

老师去世后，荷马背着老师留下的七弦竖琴独自一人到各地卖艺。他四处漂泊，几乎踏遍了希腊的每一寸土地。每到一处，他一边弹琴，一边给人们吟唱自己创作的史诗。他的诗在七弦竖琴的伴奏下，美妙动听，情节精彩，很受人们的欢迎。几年下来，荷马成了一个家喻户晓的人物。其他歌手见荷马的史诗那么受欢迎，也争相传唱。这样，荷马的史诗便在民间广泛流传开来。到公元前 6 世纪中叶，雅典城邦的统治者组织学者把口头流传的荷马史诗整理成文字，就是现在人们读到的荷马史诗。

荷马与诸神
在这个公元前 2 世纪晚期以"荷马之神化"著称的浅浮雕中，诗人端坐在浮雕底部左侧的王位上。在"神话神""历史神"率领，"物理神""自然神"陪伴下，这些戏剧人物走向荷马献上祭牲。浮雕上部，宙斯和阿波罗与众缪斯在一起，反映了诸希腊化王国对文学不断增长的兴趣。

荷马史诗包括《伊利亚特》和《奥德赛》两部分，共 48 卷。《伊利亚特》共 24 卷，15693 行，以特洛伊战争为题材，反映了希腊氏族社会转折时期的社会生活图景。特洛伊是小亚细亚西北部的古城，地处海运交通要冲，相当富庶繁荣。传说那里国王的儿子伊罗斯建造了一座坚固的城堡，因此特洛伊又名伊利昂，意思是"伊罗斯的城堡"。而《伊利亚特》的名称就由此而来，意思是"伊利昂之歌"，它讲述的是希腊人对特洛伊的远征中的一场最重要的战役。希腊联军统帅阿伽门农抢了阿波罗神庙祭司的女儿，阿波罗为此用神箭射死了很多希腊人，并把瘟疫降临到了希腊军营。勇猛善战的希腊英雄阿基里斯坚决要求阿伽门农释放祭司的女儿，后来遭到了阿伽门农的羞辱。大怒之下，阿基里斯拒绝出战，希腊人因此屡战屡败。这给了特洛伊人喘息的机会，他们的统帅赫克托尔大举反攻，把希腊人打到了海边，并要乘势烧毁希腊人的舰船。危急时刻，帕特洛克罗斯借用阿基里斯的盔甲

> **荷马时代**
>
> 约公元前12世纪，多利亚人入侵希腊中部和伯罗奔尼撒半岛，毁灭了辉煌一时的迈锡尼文明，使希腊地区的文明出现了长达300多年的倒退，直到公元前8世纪古典时代的希腊诸城邦再度兴起时才结束。这一时期，人们了解历史的主要文献是荷马史诗，因而将其称为"荷马时代"。

和盾牌扰乱了特洛伊人的斗志，并击溃了他们的进攻。但就在反攻到特洛伊城门的时候，赫克托尔杀死了帕特洛克罗斯，并夺走了盔甲和盾牌。亲密战友的死让阿基里斯非常悔恨，他重新上阵，杀死了赫克托尔，为帕特洛克罗斯举行了隆重的葬礼。

《奥德赛》共24卷，12110行，描写的是特洛伊战争结束后，希腊英雄、伊大卡国的奥德赛国王返回故乡和复仇的经历。战争结束后，奥德赛和他的同伴因为遇到风暴而开始了在海上的10年漂流生活，他们先后遇到了食枣人、吃人的独眼巨人、风神和仙女吕普索等人，并被吕普索强留了7年。后来，在大海女神的帮助下，他们漂到了法雅西亚国王的岛上，法雅西亚国王最后帮助他们返回了家乡伊大卡岛。在奥德赛漂流的最后3年中，有100多人聚集在他的家中，向他美丽的妻子珀涅罗珀求婚，但遭到拒绝。这些人终日在王宫宴饮作乐，挥霍奥德赛的财产。奥德赛回到伊大卡岛后，先和儿子见了面，然后化装成乞丐进了自己的王宫，借机逐个杀死了向他妻子求婚的人，夺回了自己的财产，最后与珀涅罗珀团聚，重登伊大卡国的王位。

荷马史诗规模宏大，构思巧妙，结构严谨，语言生动形象，所写人物栩栩如生，具有极高的文学价值。3000多年来，荷马史诗一直在西方的古典文学中享有崇高地位，被认为是欧洲文学的源头。西方许多诗歌、戏剧、小说都取材于荷马史诗，专门研究荷马史诗的著作也不计其数。荷马史诗也是一部反映古希腊从氏族公社时期过渡到奴隶制社会的社会史、风俗史，在历史、地理、考古学和民俗学方面都有很高价值。这部史诗歌颂了许多英雄人物，肯定了人的尊严和价值，体现了人文主义的思想。由于创作了伟大的荷马史诗，荷马名扬千古。

军事强国亚述

亚述人是居住在两河流域北部（今伊拉克摩苏尔地区）的一个由胡里特人和塞姆人融合而成的民族，他们长脸钩鼻、黑头发、毛发较多、皮肤黝黑。

亚述人四周都是强大先进的民族，屡屡遭到他们侵略和压迫，曾先后被苏美尔人、赫梯人统治。为了生存，亚述人形成了强悍好斗的习性。亚述人的居住地有丰富的铁矿，他们在掌握炼铁技术后学会了铸造铁兵器，武器装备比周边其他民族的装备要精良得多。苏美尔人、赫梯人衰落后，亚述人乘势而起，开始四出征伐。

公元前8世纪时，亚述人建立了强大的军队，军队分为车兵、骑兵、重装步

公元前 13 世纪的亚述石碑
亚述王图库尔蒂·尼努尔塔一世在书写之神纳布的祭坛前向文字致敬。

兵、轻装步兵、工兵、辎重兵等。亚述军队装备精良、训练有素，在与周边的民族作战时，他们将各兵种进行编组，互相配合，发挥最大优势，战斗力倍增。如果在行军中遇到河流，亚述人就把充气皮囊连在一起，铺在河面上，一直铺到对岸，在上面再铺上树枝，很快就建成了一座浮桥，使军队可以迅速通过。在攻城时，面对高大的城墙，当时很多民族都望而兴叹，束手无策，但亚述人拥有先进的攻城槌，可以将敌人的城墙撞塌，还有可以投掷巨石和燃烧的油桶的投石机。

凭借强悍的士兵和精良的装备，亚述人征服了大片的领土。公元前 732 年，亚述人又南下击败叙利亚人，包围了叙利亚的首都大马士革。他们将俘虏的叙利亚将军绑在木桩上，打得皮开肉绽，血肉模糊，然后带到大马士革城外，企图吓倒叙利亚人。但叙利亚人凭借高大坚固的城墙拼命抵抗，誓死不降。

亚述王发怒了，大喝一声："把投石机推上来！"士兵们将数十辆投石机推到大马士革城下，然后将巨石和点燃的油桶放在投石机上。投石机上有特制的转盘，士兵们转动转盘，绞动用马鬃和橡树皮编成的绳索。转盘飞快地旋转，士兵们猛一松手，绳索一下子放开，巨石和燃烧的油桶呼啸着飞向大马士革的城墙。"轰！轰！"巨石打在城墙上，尘土飞扬，顿时出现了几个大洞。油桶飞到城内，引燃了很多房屋，引起一片恐慌。

看着千疮百孔的城墙，亚述王得意地哈哈大笑。"把投石机推下去，换攻城槌！"亚述王又下了一道命令。士兵们迅速将投石机撤下，又把攻城槌推了上来。攻城槌是一辆大车，大车上有高大的架子，用铁链悬挂着一根巨大的原木，原木的一端是尖锐的铜头，另一端是一根又粗又韧的皮带。亚述人推着攻城槌来到大马士革城下，叙利亚士兵慌忙向下发射带火的箭，"嗖！嗖！嗖！"火箭像雨点一样射向亚述人和攻城槌。亚述人举起盾牌，挡住了火箭。弓箭手们弯弓搭箭，向城上射去，许多叙利亚士兵中箭坠城，剩下的人纷纷躲到城墙后面。亚述人扑灭了射在攻城槌上的火箭，拉动皮带，然后猛地放手。攻城槌带着巨大的冲击力撞向已经千疮百孔的城墙，"轰隆！轰隆！"眼看城墙就要倒塌了。叙利亚人心急如焚，他们垂下一个大钩子，企图将攻城槌钩翻。亚述人见状，蜂拥而上，抓住大钩子，用力向下拉，城墙上的叙利亚人惨叫着摔下城墙。几十个攻城槌一起撞击城墙，巨大的声音好像天上的雷声。不一会儿，大马士革的城墙坍塌了。

"冲啊！"亚述王大喊。身穿铠甲，头戴铁盔，手拿盾牌和利剑的亚述士兵咆哮着，呐喊着，像洪水一样从城墙的缺口处冲入城内。叙利亚人仍不投降，他们与亚述人进行了激烈巷战，终因寡不敌众而失败。亚述人把俘虏的成年叙利亚男子集中起来，敲碎他们的头颅，割断他们的喉咙，抢走他们的财产和妻女，焚烧他们的房屋。

经过几代人的征战杀伐，亚述帝国的疆域东达波斯湾，南到尼罗河，西抵地中海，北至高加索山，成为一个疆域辽阔的大帝国。由于亚述人的统治极其残暴，激起了被征服的各民族的强烈反抗。公元前612年，米底和巴比伦联军攻陷了亚述首都尼尼微，最后一个亚述王自焚而死，亚述帝国灭亡。

斯巴达的教育

古希腊是由很多城邦组成的。所谓城邦，就是以城市为中心，连同周围的农村组成的国家。古希腊最强大的城邦是雅典和斯巴达。斯巴达位于希腊南部的伯罗奔尼撒半岛的拉哥尼亚地区。拉哥尼亚地区三面环山，一面临海，中间是土地肥沃的平原，适合农业生产，"斯巴达"原意就是"可耕种的平原"。大约在公元前11世纪，一支叫作多利亚人的部落，南下占领拉哥尼亚，征服了当地的居民，并定居在这里，斯巴达人就是多利亚人。

斯巴达全国大约有25万人，分为三类：

第一种是斯巴达人，人数将近3万，属于统治阶级，占有土地和奴隶，不从事任何生产，只进行军事训练。

第二种是庇里阿西人（意为"住在周边的人"），人数约3万，受斯巴达人的统治，属于半自由民，有人身自由但没有公民权，不能参加选举等政治活动。他们居住在城市的周围，拥有土地、店铺，主要从事手工业和商业，给斯巴达人纳税、服役。

第三种人是希洛人，他们是拉哥尼亚的原始居民，被斯巴达人征服后成为奴隶，原来人数不多。后来斯巴达人又征服了邻邦美塞尼亚，将大量的战俘也归为希洛人，希洛人的人数大大增加了，大约有20万。希洛人是斯巴达的国有奴隶，不归个人所有。斯巴达人不能随意处死奴隶，但可以以国家的名义进行集体屠杀。他们被固定在土地上，从事农业劳动，每年将一半收成交给斯巴达人，过着食不果腹、衣不遮体的悲惨生活。

由于斯巴达人人数少，而奴隶众多，强敌环伺，为了防止奴隶反抗和外邦入侵，斯巴达实行了一种独特的政治制度，过着军事化的生活。他们实行"两王制"，就是国家有两个国王，但他们只有在打仗时才拥有无限的权力。打仗时，一位国王担任统帅，另一位国王留守。平时国家事务由30人组成的"长老会议"决定。

战斗中负伤的战士在包扎伤口

为了对付、镇压希洛人不断的起义，全体斯巴达男人都被编入军队，全民皆兵，整个社会就像一个大军营。从20岁起正式成为军人，30岁结婚，但白天仍回兵营，直到60岁才可退伍。

斯巴达人一生下来，他们的父母就用烈酒而不是水给他们洗澡，以检验婴儿的体质。如果婴儿发生抽风或失去知觉，那就任他死去。经过检验之后，斯巴达人的父母还要把婴儿送到长老那里，那些有残疾、瘦弱的或长老认为不健康的婴儿，将会被扔到山谷中。之所以这样，是因为斯巴达人认为只有健康的婴儿才能成长为强壮的战士。

在7岁以前，斯巴达人和父母生活在一起。斯巴达的父母从来不对孩子娇生惯养，而是教育他们知足、愉快，不计较食物的好坏，不怕黑暗，不怕孤独，不啼哭，不吵闹。

7岁以后，斯巴达人离开家庭，编入少年团队接受严格的军事训练。队长是从年满20岁的青年中选拔出来的最勇敢、最坚强的人，孩子们要对他绝对服从，增强勇气、体力和残忍性。他们每天练习跑步、拳击格斗、掷铁饼、击剑等。为了训练孩子们的忍耐性，每年的节日敬神时，都要鞭打他们。孩子们跪在神像前，让成年人用皮鞭用力抽打，不许求饶，不许喊叫，咬牙忍耐。到了12岁以后，训练更加严格。全年无论冬夏，只穿一件单衣，到了冬天他们还要脱光衣服到冰天雪地里跑步，不许打哆嗦，甚至不许表现出畏缩的样子。他们没有被褥，只有一块自己编织的芦苇草垫。他们的食物也很少，根本吃不饱，这是为了训练他们去偷窃——主要是庇里阿西人的食物。如果偷到了，会受到表扬，反之就会受到惩罚。

到了20岁，斯巴达人就结束了教育阶段，成为一名正式的军人，开始接受正规的军事训练。斯巴达人的主要战术是方阵，这种战术不仅要求战士勇敢，还要求相互配合和纪律严明，以保证在战争中进退自如。经过长达10年的训练，到30岁的时候，斯巴达人就可以离开军队结婚了，但还必须参加一个叫"斐迪提亚"的民兵组织，他们15人为一组，平时训练，一起出操，战时一起战斗，直到60岁退役。在战斗前，他们的母亲都会送给他们一面大盾，对他们说要么凯旋而归，要么战死躺在上面。

斯巴达人的独特教育使斯巴达成为希腊数一数二的军事强邦。

✹ 古巴比伦城和空中花园

巴比伦城，曾是两河文明的象征，也是两河文明的发源地。城中的空中花园，更是令人叹为观止。

巴比伦城位于美索不达米亚平原中部，依幼发拉底河而建，在今天的伊拉克首都巴格达以南约90千米的地方。始建于公元前3000年，是古巴比伦王国的政治、经济中心，也是当时的军事要塞。幼发拉底河穿城而过，为城市居民提供了水源和天然的城防屏障。

古巴比伦城总体呈正方形，边长达4千米，该城有一条长达18千米、高约3米的城墙。城墙之间由沟堑相接，并设置300余座塔楼（每隔44米就有一座）以增强防御效果。古巴比伦的城墙还有一个鲜明的特色，它分为内外两重。其中外城墙又分为三重，厚度不均，大约为 3.3～7.8 米，上面建有类似中国长城垛口的战垛，以方便隐蔽射箭。内城墙分为两层，两层中间设有壕沟。巴比伦城也有护城河，是在内、外城之间，河面最宽处达 80 米，最窄的地方也不下 20 米。一旦被敌人攻破外城墙，进入两城墙的中间地带，可以决开幼发拉底河的一处堤坝，放水淹没这一地带，让敌人成为名副其实的"城"中之鳖，真可谓固若金汤。

古巴比伦空中花园
这是后来人们根据文献记载而描绘出的巴比伦空中花园的大致模样。"空中花园"也叫"架空花园"或"悬空花园"，这些称呼都是希腊语"库列马斯图斯"一词的意译，可直译为"梯形高台"。

古巴比伦还有著名的伊什塔尔门和"圣道"。伊什塔尔门是该城的北门，以掌管战争的女神伊什塔尔的名字命名。其门框、横梁和门板都是纯铜浇铸而成，是货真价实的铜墙铁壁。这座城门高可达 12 米，门墙和塔楼上嵌有色彩艳丽的琉璃瓦。整座城门显得雄伟、端庄，而且华丽、辉煌。从伊什塔尔门进去，便是贯穿南北的中央大道——圣道。由于它是供宗教游行专用的，故而得名。整条圣道由一米见方的石板铺砌而成，中央部分为白色和玫瑰色相间排布而成，两侧为红色，石板上刻有宗教铭文。圣道两旁的墙壁上饰有白色、黄色的狮子像。

巴比伦城中最杰出的建筑还当属空中花园，古希腊人称之为世界七大奇观之一。关于花园的修建还有一段动人的故事。

相传，公元前 6 世纪前期，古巴比伦国王尼布甲尼撒二世在位之初娶了米底公主安美依迪丝。由于两国是世交，二人的婚姻是双方的父亲定下的，在今天看来，有包办之嫌。尽管如此，新娘安美依迪丝对尼布甲尼撒印象也不错，只是巴比伦这个鬼地方令她生厌，因为美索不达米亚平原黄土遍地、沙尘满天，有时天气还酷热难耐。而在她的家乡，却是山清水秀，鸟语花香，还拥有郁郁葱葱的森林，且气候宜人。久而久之，王后思乡成病，终日愁苦，一度饮食俱废，花容月貌的王后很快憔悴不堪。为治愈王后的这块"心病"，尼布甲尼撒二世下令建造空中花园，园中的景致均仿照公主的故乡而建。今天的空中花园遗址位于伊拉克首都巴格达以南 90 千米处，由一层一层的平台组成，从台基到顶部逐渐变小。上面种满各种鲜花和林木，其间点缀有亭台、楼阁，最难得的是在 20 多米高的梯形结构的平台上还有溪流和瀑布，来此参观的人们无不啧啧称奇。

居鲁士大帝

公元前7世纪左右，在今天的伊朗高原西部生活着两个部落，北部为米底，南部为波斯。公元前612年，米底和新巴比伦联军，灭亡了残暴的亚述帝国。从此，米底统治了伊朗和亚述，成为西亚的一个强国，波斯人也臣服于它。

一天，米底国王阿斯提阿格斯做了一个梦，梦见女儿曼丹妮的后代成为了亚洲的统治者。于是阿斯提阿格斯没有把女儿嫁给米底贵族，而把她嫁给一个温顺老实的波斯贵族冈比西斯。他认为这样一来就可以高枕无忧了。

曼丹妮怀孕后，阿斯提阿格斯又做了一个梦，梦见一根巨大的葡萄藤从女儿的肚子里长出来，覆盖了整个亚洲。他找来一个僧侣，要他解梦。僧侣说，曼丹妮的后代必将统治亚洲。阿斯提阿格斯非常害怕，下令孩子一出生就立即处死。

不久，曼丹妮生下一个男孩，就是居鲁士。阿斯提阿格斯命令大臣哈尔帕哥斯把孩子带到宫外处死。哈尔帕哥斯不忍心，就把孩子给了一个牧民，让他来执行。牧民的孩子一出生就死了，于是他的妻子就偷梁换柱，瞒过了哈尔帕哥斯，收养了居鲁士。

居鲁士长到10岁的时候，一次和村里的孩子玩游戏。孩子们推举他为"国王"，一个没落贵族的孩子不服，居鲁士就命令"卫兵"鞭打他，后来事情闹大了，连国王都亲自过问，结果发现了居鲁士的身份。阿斯提阿格斯把僧侣找来，僧侣说居鲁士已经在游戏中当了"国王"，就不会在现实中再当国王了。居鲁士因此得以回到波斯，回到了亲生父母的身边。由于哈尔帕哥斯没有完成任务，阿斯提阿格斯非常生气，就下令杀死他的儿子。从此，哈尔帕哥斯对阿斯提阿格斯怀恨在心。

公元前559年，居鲁士统一了波斯的10个部落，成为波斯人的首领。哈尔帕哥斯就秘密联络居鲁士，密谋灭亡米底，为子报仇。

公元前553年，居鲁士决定起兵反抗米底。为了让波斯人团结在自己周围，他命令所有的波斯人都回家取来镰刀，来到一大片长满荆棘的土地上，让他们在一天之内将荆棘清除干净。波斯人不敢违抗命令，只好埋头苦干，一天下来累得要死。

第二天，居鲁士又把波斯人召集到一起，拿出美酒款待他们，波斯人非常高兴。居鲁士高声问："你们喜欢昨天还是今天？"波斯人回答说："我们喜欢今天！"居鲁士乘机说："如果你们愿意听我的命令，那么就会永远和今天一样，反之你们就将会永远和昨天一样！我们波斯人不比米底人差，为什么要受他们压迫？我们要反抗阿斯提阿格斯！"波斯人早就对米底人的统治深恶痛绝，听了居鲁士的话，纷纷响应。阿斯提阿格斯闻讯，急忙令哈尔帕哥斯率军讨伐居鲁士。不料哈尔帕哥斯阵前倒戈，投降了居鲁士。阿斯提阿格斯气急败坏，亲自率军前来，结果战败被俘。

公元前550年，居鲁士正式建立了波斯帝国。波斯的西边是吕底亚国。吕底亚王见波斯崛起，非常害怕，决定趁波斯刚刚立国，一举消灭它。居鲁士率军迎战，吕底亚的骑兵的坐骑是马，而波斯骑兵的坐骑是骆驼。马闻到骆驼身上的刺鼻气味后，掉头就跑，吕底亚军队乱作一团。波斯人乘机进攻，大获全胜，吕底亚国灭亡，成为波斯帝国的一个省。

灭掉吕底亚后，居鲁士又把目光投向了新巴比伦。巴比伦城高大坚固，城墙是用挖护城河的淤泥烧成的砖、中间再加上沥青砌成的，城门用青铜浇铸，所以巴比伦王非常轻敌，认为居鲁士根本无法攻克巴比伦。当时，巴比伦的统治阶级分为王室、贵族和祭司三部分，他们之间争权夺利，钩心斗角。居鲁士得知后，派间谍秘密潜入巴比伦城，送给贵族和祭司很多金银，希望他们能做内应，并允诺城破后保证他们的安全。贵族和祭司见钱眼开，半夜里打开城门，波斯人一拥而入，攻陷了巴比伦城。新巴比伦王国灭亡了，波斯成了西亚的霸主。

为了征服埃及，居鲁士释放了"巴比伦之囚"——犹太人，让他们回去重建耶路撒冷，以此作为西进的跳板。为了消除后顾之忧，居鲁士亲率大军企图征服波斯东面的马萨革泰人，但不幸阵亡，他的儿子冈比西斯二世继任为波斯王。

✹ 大流士一世改革

冈比西斯死后，波斯王位由假扮王子的拜火教僧侣高墨达篡夺。可是，8个月以来，新王从不召见大臣。大臣们虽然都很惧怕他，但对这样奇怪的事情也不免在私底下议论："为什么新国王不在公众场合露面呢？"也有人传说巴尔迪亚就是拜火教僧侣高墨达。就在人们将信将疑的时候，冈比西斯的一个王妃发现新王没有耳朵。她的父亲欧塔涅斯知道后马上断定新王的确是僧侣高墨达，因为居鲁士在位时，这个高墨达由于过失被居鲁士下令割去了双耳。欧塔涅斯把这一消息告诉了另外六名波斯贵族。七个人商议决定发动政变，夺回政权。

没几天新王不是真正王子的消息传遍了整个都城，高墨达也听说了。他见真相已经败露，就仓皇逃走，最后在米底被欧塔涅斯和大流士一世等人杀死。

假王既然已经死了，就得再选出一个人来做国王，七个人经过不停争论，欧塔涅斯决定退出王位的竞争，其余6人商定找一天在郊外集合，谁的马先叫谁就当国王。结果，大流士一世在马夫的帮助下当上了波斯王。

大流士一世继位后，面临着严峻的形势。帝国本部的波斯贵族拥兵自立，自

◆ 波斯的4个国都 ◆

波斯波利斯：波斯波利斯是古代波斯帝国的行宫和灵都（宗教祭祀中心），兴建于公元前518年。大流士一世将波斯波利斯建成一座拥有宏伟巨大宫殿群的城市，整个城市巧妙地利用地形，依山造势，十分雄伟。公元前330年被亚历山大大帝攻占后摧毁。1979年，波斯波利斯古城遗址被列入联合国教科文组织《世界遗产名录》。

苏撒：原为埃兰人的都城，波斯征服埃兰后，为安抚埃兰人，将其升为国都。每年的秋冬季节，波斯君王通常会在苏撒处理军国大政。

埃克巴塔那：原米底王国的重要城市，被波斯帝国占领后定为国都，是君主们发号施令、执行法律和进行外交活动的首都。天气转暖以后，波斯帝王便带着侍从到埃克巴塔那居住。

巴比伦：巴比伦是波斯帝国的经济中心，是帝国的粮仓，也是帝国内陆交通网上的枢纽。在帝国统治时期，巴比伦一直是一座极为繁华的都市。

称是王位的合法继承人，刚被征服的地区也趁机纷纷独立。

大流士一世经过大小 18 场战争，残酷镇压了各地的叛乱，重新统一了帝国。

公元前 520 年 9 月，踌躇满志的大流士一世巡行各地，为了标榜自己，大流士一世在克尔曼沙以东 32 千米的贝希斯顿村旁的悬崖峭壁上刻石记功，留下了著名的《贝希斯顿铭文》。这个铭文的上半部分是大流士一世的雕像，他左脚踏着倒地的高墨达，右手指向波斯人崇拜的光明与幸福之神阿胡拉·马兹达。8 名被绳索绑缚着脖颈的叛乱首领被雕刻得很矮小，与高大伟岸的大流士一世形成鲜明对照。浮雕下半部是铭文，上面写着：

"我，大流士，伟大的王，万邦之王，波斯之王，诸省之王，叙斯塔斯帕之子，阿尔沙马之孙，阿黑门尼德……按阿胡拉·马兹达的意旨，我是国王。"

《贝希斯顿铭文》用波斯、埃兰、巴比伦三种文字刻于贝希斯顿山距地面 105 米高处的悬崖上，宣扬了大流士一世的功业和他的神圣不可侵犯的权力。

稳定了国内局势后，大流士一世把主要精力放在了对外征服上。公元前 517 年，他派兵夺取了印度河流域西北部的地区，建立起帝国的第 20 个行省。公元前 513 年，他率兵亲征黑海北岸，征服了色雷斯，然后海陆两路并进，指向多瑙河下游和黑海北岸的西徐亚人。大流士一世的部队遭到了西徐亚人的有效抵抗，损失 8 万之众，最后被迫撤退。公元前 500 年，大流士一世前往希腊在小亚细亚的殖民城邦米利都，镇压当地反波斯的起义。攻下米利都后，他借口雅典的海军支援了米利都而出兵希腊，从而揭开了长达 50 年的希波战争的序幕。公元前 492 年，大流士一世派他的女婿马尔多尼率战船几百艘出征希腊，但在中途遭遇风暴，损失惨重，无功而返。公元前 490 年，大流士一世再次兴兵从海上进攻希腊，并在马拉松成功登陆，但拥有强大骑兵的波斯军却被全部由步兵组成的雅典军打得惨败而归。虽屡遭挫败，但大流士一世始终没有放弃征服希腊、建立世界帝国的念头，不过时间已经不允许他实现自己的愿望了。公元前 486 年，正当他策划再度出兵希腊时，埃及爆发大规模起义，大流士一世亲自前往镇压，但未成功便去世了。

大流士一世在位期间，为巩固中央集权，他在政治、经济、军事等方面进行了一系列卓有成效的改革。政治上，他在被征服地区普遍设行省、置总督，对行省采用分权但却相互制约的统治方法，同时尊重被征服地区的宗教、法律和习俗，建立起了有效的中央集权体系。经济上，他实行新的税收制度，统一货币和度量衡。军事上，他自任军队最高统帅，各行省军政分权，建立了以波斯人为核心的步兵、骑兵和以腓尼基水手为骨干、拥有 600～1000 艘战船的舰队。为便于调遣各行省军队和传递情报，他不惜重金修筑"御道"，设驿站，备驿马，在波斯全境形成驿道网。驿道虽然是出于行政目的修建的，但也极大地促进了商业的发展。此外，他还派人勘察了从印度河到埃及的航路，开凿了尼罗河支流到红海的运河。大流士一世是世界历史上著名的改革家，他的改革奠定了波斯帝国数百年的基业。

大流士一世在位期间是波斯帝国的鼎盛时期，他征服了印度河流域和巴尔干半岛的色雷斯地区，使波斯帝国成为古代世界第一个地跨亚非欧三大洲的大帝国。

佛教始祖释迦牟尼

列国时代的古印度,小国林立,争战不休。一天,一个贵族青年正在城外游玩。他边走边看,一切对他来说似乎都很新奇似的。正走着,他看见一位衣衫褴褛、步履蹒跚的老人,又走不远,看见一个倒卧在污泥中的病人,再往前走,他还看到了一群鸟正在啄食尸体。他又惊恐,又纳闷,就问路边的人是怎么回事。路人说:"这不是常事吗?难道你没见过?"这个青年还是不明白,难道人的一生必须要经历生老病死的折磨吗?

正琢磨间,一个乞丐模样的人走到了青年的眼前。这个人衣着破烂,但是神情却很悠然自得,自足快乐。青年从随从那得知这是个出家修道的人后,赶忙向修道者行礼,并问他快乐的原因。修道者说:"世事无常,只有出家人可以得到解脱。"

修道者的话一直萦绕在青年的脑际,久久挥之不去。青年人回到宫中的第二天,他的妻子给他生了一个儿子,全城人都为他祝贺,但是他一点都高兴不起来。一连考虑了几个晚上,青年终于下定决心,离开家去修道。他走出国境,在一条河边剃掉自己的头发,做了一个修道者。这个青年就是佛教创始人释迦牟尼。

释迦牟尼原名乔答摩·悉达多。释迦是王族名,意为"能仁",牟尼意为"静默",释迦牟尼的意思是释迦族的寂默贤人。释迦牟尼因为母亲早死,由姨母抚养成人。16岁时和拘利城公主耶输陀罗结婚,生子罗睺罗。但他因为无法理解人类的生老病死,29岁时,放弃了王宫的安逸生活,走上了修道之路。

释迦牟尼始终坚信,世界上应该存在一种永恒的东西,不会因为任何瞬间的痛苦或者死亡而消失。他弃家外出,去寻找这个永恒的"道"。

最初,释迦牟尼向一些著名的婆罗门学者求教,依照他们的说法,做了一名苦行僧,并进行了长达6年的极端艰苦的修行。由于营养不良和过度劳累,某一天夜里,他突然晕倒。醒来后,他意识到苦修并不能得到什么结果。他慢慢走进尼连禅河,用冰冷的河水洗净了身上多年的积垢,又吃了牧女善生送给他的乳粥,身体和精神都得到恢复。在离开尼连禅河前往婆罗捺斯的路上,在一个叫作伽耶的地方,释迦牟尼看到一棵菩提树。他在树下跏趺而坐,发誓"不获佛道,不起此座",想要获得解除人生苦难的终极办法。经过49天的冥思苦想,他终于大彻大悟,领悟到了解脱生死的涅槃之道,创立了佛教。那一年,他35岁。释迦牟尼在菩提树下的思索,构成了以四谛说为核心的佛教最基本的教义。四谛说意为4条真理,即苦谛(人生皆苦)、集谛(苦的原因)、灭谛(彻悟苦的原因,达到"涅槃"的境地)和道谛(通过修道达到"涅槃"的途径),人们通过修行、断惑、涅

释迦牟尼6年苦行

槃，最终成为阿罗汉（"不生"的意思），而不再堕入人世的轮回。

教义创立后，释迦牟尼开始了他的传教生活，先后在婆罗捺斯的鹿野苑、王舍城的竹林精舍、舍卫城的祇园精舍等处说法。由于佛教以"众生平等"为号召，所以很快就得到了广泛的拥护。最早皈依佛教的是两个名叫提谓和婆利迦的商人，接着，曾与释迦牟尼在尼连禅河畔苦修的5个人也成了他的信徒。后来，一些婆罗门教的祭司、释迦牟尼的姨母和儿子都成了他的信徒。在传教的第一年中，他就拥有了信徒1000多人。后来人数更多，其中既有国王、贵族和富豪，也有处于社会底层的贫苦百姓。释迦牟尼被信徒称为"佛陀"（意为"觉者"，汉语简称"佛"），这个新宗教就被称为佛教。

释迦牟尼年届80岁时，他由王舍城出发，准备到拘尸那迦城去说法，途中染病，在拘尸那迦城的跋提河畔两株娑罗树间去世，遗骨火化，得舍利数枚，由信徒们分别拿到各处建塔供奉。后来，他的大弟子迦叶主持召开了第一次佛教会议，在会上弟子们将释迦牟尼的说教整理成文字，成为了佛教中最早的经藏和律藏。以后，佛教向东亚、南亚传播开来，成为世界三大宗教之一。

狼孩与罗马城

希腊人攻陷特洛伊城后，一部分特洛伊人逃了出来，乘船来到了意大利半岛中部的台伯河入海口一带定居下来。这里土地肥沃，森林茂盛，特洛伊人在这里建立了一个城镇，起名叫亚尔巴龙伽。

亚尔巴龙伽国王的弟弟叫阿穆留斯，他野心勃勃，处心积虑地想谋权篡位，取哥哥而代之。终于他发动了政变，流放了哥哥，自己当上了国王。为了防止哥哥的后代夺取王位，他杀死了侄子，强迫侄女去当祭司，当时祭司是不允许结婚的。这样一来，就不会有人和自己争夺王位，可以高枕无忧了。

不料，战神玛尔斯使阿穆留斯的侄女怀孕，并生下了一对孪生子。阿穆留斯知道后又惊又怒，立即下令将侄女处死，并派人将孪生子扔到台伯河里去。

当时台伯河正在泛滥，奉命将孪生子扔到河里去的奴隶，将装有孪生子的篮子放在河边就回去了，他觉得一会儿河水上涨就会把两个孩子淹死。这时，一匹来河边喝水的母狼，听到孪生子的哭声。顺着哭声，母狼来到篮子边。可能是母狼刚刚失去幼崽，见到两个小孩起了怜爱之心，它不仅没有吃他们，还把他们带回山洞，给他们喂奶。

不久，一个牧人经过山洞，发现了孪生子，将他们带回来抚养。经过多方打听，牧人终于得知了孪生子的身世。牧人给两

伊特拉斯坎母狼 青铜雕像 公元前480年

个孩子取名，哥哥叫罗慕路斯，弟弟叫勒莫斯。时间一天天过去，两个孩子渐渐长成健壮的青年。牧人就将他们的身世告诉了兄弟二人，兄弟二人发誓一定要替舅舅和母亲报仇。他们勤奋习武，渐渐地在这一带有了威望，许多人前来投奔。

一次，他们和另外一群牧人发生了冲突。弟弟勒莫斯不幸被抓住了，被押到一个老人面前。老人看见勒莫斯的相貌，突然吃了一惊，问道："孩子，能跟我讲讲你的身世吗？"勒莫斯见老人慈眉善目，没有什么恶意，就把自己的身世告诉了他。老人听完，顿时泪流满面，说："孩子，我就是你的外祖父啊！"

勒莫斯和外祖父经过商议，率领外祖父的人马和哥哥罗慕路斯联合起来，浩浩荡荡地向亚尔巴龙伽进军。许多痛恨阿穆留斯残暴统治的人纷纷拿起武器加入他们的队伍，阿穆留斯很快被处死，兄弟俩的外祖父复位。

可兄弟俩不愿意依靠外祖父，决定另建一座新城。他们把新城的城址选在了母狼喂养他们的台伯河畔的帕拉丁山冈上。新城建好后，在以谁的名字命名的问题上，兄弟俩发生了争执，并展开了决斗。最后，哥哥罗慕路斯杀死了弟弟勒莫斯，将新城以自己的名字命名，取名为罗马城，时间是公元前753年4月21日，这一天成为古罗马人的开国纪念日。

罗马城建立后，很多逃亡者、流浪汉，甚至盗贼都来到这里。他们好勇斗狠，崇尚武力，周围的部落对他们畏而远之。由于罗马城男多女少，罗慕路斯向周围的部落求婚，但都遭到了拒绝。

罗慕路斯无奈，只好使用计谋。他派人向周围的部落发出邀请，希望他们来参加罗马的节日宴会。到了节日那天，周围的部落来了很多人，其中以萨宾人最多。他们又吃又喝，玩得非常高兴，整个罗马城到处欢歌笑语。突然，罗慕路斯发出了号令，罗马人将早已看中的姑娘抢回家去成亲。

这就是关于罗马城的传说。在罗马博物馆里，现在仍保存着一尊铜像：一只母狼瞪着双眼，露着尖牙，警惕地望着前方。在它的身下，有两个男婴正在吃奶。

激战马拉松

波斯帝国从居鲁士起，经过几代人的不断扩张，到了大流士一世时，已经成了一个横跨亚非欧的大帝国。

大流士一世垂涎于希腊城邦的繁荣富庶，于是在公元前492年，派了几百艘战舰、几万多名士兵远征希腊，历史上著名的希波战争爆发了。不料波斯大军在横渡爱琴海时遇上了风暴，战船和士兵全都葬身海底，未经一战就全军覆没。

但波斯王大流士一世并未死心。第二年春天，他派出很多使者到希腊各城邦索要水和土，意思是要他们表示臣服，如果不给就将他们的城邦夷为平地。大多数城邦被波斯的恐吓吓坏了，急忙献上水和土。但希腊城邦中最强大的雅典和斯巴达根本不把波斯放在眼里，雅典人把波斯使者从高山上扔到大海里，斯巴达人把波斯使者押到水井边，指着水井说："水井里有水也有土，你自己去取吧！"说完就把波斯使者扔到了井里。大流士一世得知雅典和斯巴达拒绝投降，非常愤怒，立即下令第二次远征希腊。

当时波斯是横跨亚非欧的大帝国，而雅典和斯巴达则是希腊的两个小小的城邦，实力悬殊，而且雅典和斯巴达之间还很不团结。为了共同抵抗波斯人，雅典派出了长跑健将菲迪皮茨去斯巴达求援。雅典和斯巴达相距 240 千米，菲迪皮茨仅用了两天两夜就赶到了斯巴达。不料斯巴达王说："按照我们的风俗，只有等到月圆才能出兵打仗，否则就会出师不利。"菲迪皮茨动之以情晓之以理，最后苦苦哀求斯巴达王，可斯巴达王就是不同意出兵。菲迪皮茨无可奈何，只好连夜赶回雅典。

这幅画表现了一个希腊人被击倒后反戈一击，举剑砍向波斯人的情景。

当雅典人听到斯巴达人拒绝出兵救援的消息后，他们并没有气馁。雅典执政官发出了全民动员令，甚至连奴隶也编入了军队，积极备战。

公元前 490 年，波斯大军渡过爱琴海，在雅典城外的马拉松平原登陆。当时希腊人的兵役制度是根据公元前 600 年改革家梭伦的法律制定的。雅典人分成四个等级，第一等人是最有钱的人，在军队中担任将领。第二等人是乡村贵族，他们组成骑兵。第三等人是作坊主和富农，他们自己准备兵器和盔甲，在军队中组成重甲兵。他们的武器是长达 2 米的标枪、希腊短剑和盾牌。第四等人是城市中的手工业者和普通的农民，在军队中组成轻甲兵，武器是标枪和弓箭，或者充当海军战船上的划桨手。雅典军队大概有 1 万人，他们都决心保家卫国，愿意与波斯侵略者决一死战，所以士气高昂，战斗力很强。

反观波斯，虽然有 10 万军队，在数量比雅典人多得多，但他们主要是由奴隶和雇佣军（大部分是被征服的希腊人）仓促组成，士气低落，装备很差，纪律松弛。真正称得上精锐的只有波斯王的 1 万御林军。

雅典人在统帅米太亚德的率领下奔赴马拉松，迎战波斯人。马拉松平原三面环山，一面临海，波斯人就在平原上扎营。米太亚德看了地形以后，命令雅典人登上高山，占领制高点。

公元前 490 年 9 月 12 日清晨，决战前夕，米太亚德对雅典人说："雅典是永保自由，还是戴上奴隶的枷锁，就看你们的了。"将士们高呼："誓死不做奴隶！"

雅典人沿着山坡冲下，杀向波斯人的军营，波斯人猝不及防，一片混乱。米太亚德趁机排兵布阵，他将军队主力放在两翼，中间则是战斗力很强的重甲兵。不一会波斯人杀了过来，用骑兵冲击雅典人的重甲兵。雅典人不断后退，波斯人步步进逼，战线不断拉长。米太亚德一声令下，雅典人的两翼的主力杀声震天，夹击波斯人，波斯人大败，损失了 1/3 的兵力，其余的纷纷爬上海边的战船，狼狈逃走，雅典人大获全胜。

米太亚德为了让雅典人尽快知道捷报，派菲迪皮茨去传送消息。菲迪皮茨在战斗中受了伤，从斯巴达回来后又没有得到充分的休息，但他还是毅然接受了任务。他飞快地跑到雅典的中央广场，对等在那里的焦急的雅典人说："大家欢呼吧，我们胜利了！"说完就倒在了地上，再也没有起来。

为了纪念菲迪皮茨，1896 年举行第一届奥运会时，人们把从马拉松到雅典的约 40 千米的长跑定为比赛项目，这就是著名的马拉松长跑。

温泉关之战

波斯王大流士死后，他的儿子薛西斯登上王位。为了实现父亲的遗愿，薛西斯积极备战，发誓要踏平希腊，血洗马拉松战败之耻。

经过多年的准备，公元前 480 年，也就是马拉松之战后的第 10 年，薛西斯动员了波斯帝国的全部兵力，共数十万大军，海陆并进，浩浩荡荡，向希腊杀去。

波斯军队来到赫勒斯滂海峡（今土耳其达达尼尔海峡）时，薛西斯下令修建浮桥。埃及人和腓尼基人很快各自修建了一座索桥，不料这时狂风大作，将索桥刮断。薛西斯大怒，将架桥的埃及人和腓尼基人全部处死。他还下令把铁索抛进海里，想要锁住大海，并派人鞭打大海 300 下，以报复大海阻止他前进。

工匠们将 360 艘木船排在一起，用粗大的绳索相连，在上面铺上木板，两边安上栏杆以防人马落水，架成了一座浮桥。波斯王薛西斯乘坐由 8 匹白马拉的战车，在 1 万头戴花环的御林军——"不死军"的护卫下，趾高气扬地跨过海峡，其余的波斯大军用了七天七夜才全部渡过海峡。

波斯大军跨过海峡后，迅速席卷了北希腊，直逼中希腊。在大敌当前的情况下，希腊各城邦团结起来。30 多个希腊城邦组成抵抗波斯联盟，推举陆军最强大的斯巴达为盟主，斯巴达国王列奥尼达担任统帅，组建希腊联军（实际组织者是雅典），迎战波斯。

公元前 480 年 6 月，波斯军队来到希腊北部的德摩比勒隘口。德摩比勒隘口是北希腊通往中希腊的唯一通道，它西面是陡峭的高山，东面是一片通到大海的沼泽，最狭窄处仅能通过一辆战车，可谓"一夫当关，万夫莫开"，非常险要。因为关前有两个硫黄温泉，所以又叫温泉关。当时希腊人正在举行奥林匹亚运动会，按照风俗习惯，运动会高于一切，在运动会期间禁止一切战争。所以温泉关只有 7000 名战士守卫。斯巴达国王列奥尼达听到波斯人逼近的消息后，急忙率 300 名勇士赶来支援。他将 6000 名战士部署在温泉关一线，1000 名战士部署在温泉关后面的小道，以防波斯人从背后偷袭。

薛西斯写信给列奥尼达，说波斯军队多得很，射出去的箭遮天蔽日，企图吓倒希腊人。斯巴达人哈哈大笑说："那真是太好了，我们可以在阴凉地里杀个痛快

列奥尼达在温泉关战役中

在温泉关战役中被敌人重重包围时，列奥尼达解散了他的部队，只留下300名近卫队员战斗到全军覆没。关于斯巴达人永不投降的传说就来源于他的事迹。

了！"薛西斯派探子去侦察希腊人的情况，探子回来禀报说，希腊人把武器堆在一边，有的梳理头发，有的做操，丝毫没有打仗的样子。薛西斯感到很奇怪，一个希腊叛徒说："这是斯巴达人的风俗，表示他们要决一死战了。"薛西斯冷哼一声，认为这点儿人根本不可能和他的大军相抗衡。

薛西斯下令进攻，波斯人一拥而上，企图夺取隘口。斯巴达人居高临下，手持长矛，向波斯人猛刺。由于山道狭窄，无法发挥波斯军队人多的优势，一批又一批的波斯人死在山道上，尸体堆成了一座小山，仍然没有攻下关口。薛西斯大怒，命令自己的"不死军"前去进攻，结果还是无法攻克。

正在薛西斯一筹莫展之时，那个希腊叛徒说："尊敬的大王，我知道有一条路可以绕到温泉关的后面。"薛西斯闻讯大喜，急忙命令叛徒带路，派一部分波斯军队连夜偷袭。由于防守小路的希腊人连续几天没有战斗，所以都放松了警惕，直到黎明时波斯人的脚步声才将他们吵醒。希腊人慌忙拿起武器抵抗，但由于寡不敌众，被迫撤走。波斯人也不追赶，而是赶往温泉关，夹击斯巴达人。列奥尼达见大势已去，为了保存实力就命令其他城邦的希腊人撤退，而留下300名斯巴达勇士拖住敌人。

腹背受敌的斯巴达人宁死不屈，他们占据一个小丘，拼死抵抗。长矛折断了，就用短剑，短剑折断了就用石头砸、用拳打、用脚踢、用牙咬。斯巴达人没有一个投降，没有一个逃跑，最后全部壮烈牺牲。

后人在温泉关竖立了一个狮子石像，纪念那些阵亡的斯巴达勇士，上面刻着："来往的过客啊，请带话给斯巴达人。我们忠实地遵守了诺言，为国捐躯，长眠于此。"

萨拉米斯海战

攻占温泉关以后，波斯陆军直扑雅典城。但是，在那里他们却什么都没见到，整座城池空空如也。波斯王薛西斯不由得大为恼怒，一气之下让人将这座当时最大、最富庶的城市置于火海之中。

雅典城的居民怎么突然消失了呢？原来，雅典和其他城邦的人都接受了海军统帅提米斯托克利的建议，所有的妇女儿童都坐船到亚哥斯的特洛辛和本国的萨拉米斯岛上去躲避，所有的男人都乘着战船，集中到萨拉米斯海湾。当时希腊流传着太阳神的一个预言：希腊的命运要靠木墙才能拯救。根据这个预言，提米斯托克利认为希腊的未来在海上，太阳神所说的木墙就是指大船。

与此同时，波斯海军来到雅典的外港比里尤斯，它与直扑雅典的波斯陆军遥相呼应，那势头简直就要踏平整个希腊。

面对波斯军队的嚣张气焰，集中在雅典城南萨拉米斯海湾的希腊联合舰队对能否打败波斯大军毫无信心，有些城邦的人甚至打算把船驶离海湾，去保卫自己的家乡。

在此危急时刻，提米斯托克利召开军事会议，商讨作战方略。在会上，提米斯托克利说希腊联军完全有战胜波斯大军的可能，但前提是把战船集中在萨拉米斯海湾和波斯海军决战。他的依据是波斯战舰笨重，而港湾狭窄水浅，就算波斯军队在数量上占优势，但是在这种情况下他们的优势根本就无法发挥出来，况且，波斯水手们也不熟悉海湾水情和航路。而希腊人正相反，战船体积小，机动灵活，适合在这个狭窄的浅水湾中作战，加上水兵们在本国海湾作战，熟悉水情、航路，能充分发挥力量。

公元前480年9月20日，萨拉米斯海战正式开始。

欧利拜德斯按照提米斯托克利的建议，立即进行战争准备。他派遣科林斯支队据守西面海峡，斯巴达战舰为右翼，雅典战舰为左翼，其他城邦的战舰在中央，开始向波斯海军发起攻击。

薛西斯封锁萨拉米斯海峡后，首先派800艘先锋战舰分成三列一字摆开，向萨拉米斯海峡东端进攻。可是，海峡中间的普西塔利亚岛打乱了波斯军的阵形，波斯海军只好将纵队一分为二进行攻击，再加上波斯战船体大笨重，在狭窄的海湾运转困难，前进不得，后退无路，自相碰撞，乱作一团。

相反，希腊军舰却能在波斯军舰中任意穿梭。因为，希腊战舰大多是三层桨军舰，这样的战舰既快速，又灵活。

希腊联军抓住时机，充分发挥自己战舰的优势，猛烈攻击波斯舰队。雅典的每艘战舰上载有18个陆战队员，他们不断地向敌舰发射火箭、投掷石块。波斯战舰陷入一片火海，波斯人惊恐万分。更令波斯人惊慌的是雅典船只坚固的构造和特殊结构。雅典战舰船头镶嵌铜冲角，船身安装一根5米的包铜横木。它们用铜冲角把波斯战舰撞得支离破碎；当它们紧贴波斯战舰飞速冲过时，横木像锋利

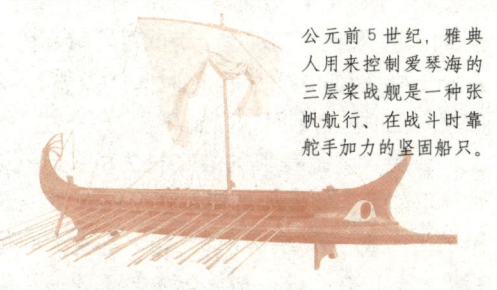

公元前5世纪，雅典人用来控制爱琴海的三层桨战舰是一种张帆航行、在战斗时靠舵手加力的坚固船只。

的刀子一样削断敌舰的木桨。波斯军队只能被动挨打了。

经过七八个小时的激战，萨拉米斯海战结束。希腊联军大获全胜，击沉波斯战舰 200 余艘，缴获 50 余艘，希腊舰队仅损失 40 艘战船。

此后，以雅典为首的希腊转入进攻，并乘机扩张海上势力，逐渐建立起雅典在爱琴海的霸权。

公元前 449 年，希腊和波斯在波斯首都签署了《卡利亚斯和约》，希波战争结束。

萨拉米斯海战是世界上最早的大规模海战，是希波战争的转折点，是世界海战史上以少胜多、以弱胜强的典型战例。这一战役使希腊人取得了制海权，而波斯人走向了衰落。

雅典的民主

希波战争结束后，希腊进入了最发达、最繁荣的时期，历史学家把这个时期称为希腊历史上的"黄金时代"。在希腊的城邦中，又以雅典最为发达繁荣。

在希波战争时，以雅典海军为主力的希腊海军大败波斯海军。战后，雅典控制了爱琴海沿岸地区，组建海上同盟——提洛同盟，势力扩展到地中海和黑海沿岸，成了一个海上霸主。随着海上势力的扩张，雅典获取了大量的奴隶，各行各业广泛使用奴隶劳动，经济得到了快速发展。整个雅典的奴隶曾经达到 40 万，占了人口的绝大多数。

在当时的雅典，除了奴隶和奴隶主之间的矛盾以外，还有奴隶主内部的贵族派（贵族奴隶主）与民主派（工商业奴隶主）和自由民之间的矛盾。贵族派极力限制民主派和自由民的权力，维护自己的既得利益，而民主派和自由民则千方百计地要扩大自己的权力，削弱贵族派的权力。当时雅典当政的是著名的政治家伯里克利，他虽然出身贵族，但却站在民主派一边，经过几个回合的较量，在广大雅典公民的支持下，由贵族派把持的掌握雅典大权的元老院不得不将权力移交给民主派控制的公民大会。

伯里克利为了了解民意，经常深入广大的群众，和他们交谈，倾听他们的意见。遇到和他不同意见的人当众辱骂他，他也不生气，也不逮捕对方。一天下午，一个贵族跟在他后面，指着他大骂："你这个疯子！你这个混蛋！你出身贵族，却忘掉了自己的阶级，反倒去向那些下等的百姓献媚！"这个贵族一直跟着伯里克利，边走边骂，直到伯里克利的家门口。这时天已经黑了，伯里克利让仆人举着火把把那个贵族送回家。在伯里克利时期，雅典达到了全盛，所以这一段时期又称为"伯里克利时代"。

公民大会是雅典的最高权力机关，凡是年满 20 岁的雅典男性公民都有权参加，但妇女、奴隶和外邦人则无权参加。每 10 天公民大会都要举行一次会议，讨论关于内政、外交、战争、和平等重大问题，每一个公民都可以上台发表自己的意见。会议开始前，祭坛上先要杀死一头牲畜，然后由祭司拿着绕场一圈，以消除不洁。接着会议主持人登台宣读提案，再由支持或反对提案的人轮番上台发表演讲。台下的听众则用欢呼和嘘声来表示赞成和反对，但绝不能打断发言者的演讲，否则将会被驱逐出会场，甚至罚款。上台演讲的人也要尊重别人，不得侮辱和诽谤在场的人，否则会被禁止发言和剥夺荣誉。如果几个人同时要求发言，则将按年龄大小排序。它的常设机构是500人会议，成员由贵族奴隶主、工商业奴隶主和自由民组成。公民大会最重要的会议是选举大会。到了这天，会场上座无虚席，雅典人都以平生没有担任过任何公职为耻，所以参选的热情非常高涨。以前雅典的法官、军人、议员和公职人员都没有薪俸，连当兵都要自己购买盔甲、武器和马匹，所以这些职位都被有钱人把持着。伯里克利执政后，宣布军人和公职人员由国家发给薪俸，这样一来，普通公民就可以担任法官、军人、议员和其他公职人员了，这就扩大了普通公民的民主权利。选举大会主要选举10名将军、10名步兵统帅、2名骑兵统帅和1名司库员。这些职位涉及军队和国库，非常重要，当大会主持人念到候选人名字时，公民举手表决，得票最多的人当选。另外，其他的官员如执政官、法官、监狱官等，用抽签的方式决定。

抽签在神庙中进行。神庙中放着两个箱子，一个箱子里放着候选人的名字，另一个箱子里放着黑豆和白豆。抽签时，主持人先抽出一个候选人的名单，在另一个箱子里拿一个豆子。如果拿到的是白豆，那么这个候选人就当选了，反之就是落选。

在选举大会两个月后，原来的公职人员开始向新当选的公职人员移交权力。

雅典的民主制度在当时属于一种非常进步的制度，但仍是奴隶制下的民主，归根到底是为统治阶级服务的，具有很大的局限性。

伯罗奔尼撒战争

希波战争后，雅典不断向外扩张，并把提洛同盟成员国变成自己的附庸，控制爱琴海，形成与斯巴达争霸希腊的局面。斯巴达则针锋相对，与雅典争相干预他邦内政，冲突不断发生。公元前435年，科林斯与其殖民地克基拉发生争端。公元前433年，雅典出兵援助克基拉，逼科林斯退兵。公元前432年，雅典以科林斯殖民地波提狄亚隶属提洛同盟为由，要求它与科林斯断绝关系，双方矛盾加剧。同年秋，伯罗奔尼撒同盟各邦开会，在科林斯代表鼓动下，要求

伯罗奔尼撒战争绘画
几乎所有希腊的城邦都参加了这场战争，其战场涉及了当时整个希腊语世界。这场战争结束了雅典的黄金时代，结束了希腊的民主时代，极大地改变了希腊国家的命运。

雅典放弃对提洛同盟的领导权，遭拒绝。

面对与雅典的争端，斯巴达决定采取发挥陆军优势、鼓动提洛同盟成员国叛离、削弱和孤立雅典的战争策略，因为，斯巴达训练有素的重甲方阵步军和骑兵在陆战中将占有绝对的优势。

公元前431年，伯罗奔尼撒同盟成员底比斯袭击雅典盟邦布拉底引发战火。5月，斯巴达国王率领精锐部队6万余人，大举向阿提卡进军，伯罗奔尼撒战争全面爆发。

雅典的统帅伯里克利是位杰出的政治家和军事家，他对局势认识很清楚。他知道，要想在战争中胜利或逼和斯巴达，必须避其长击其短。于是，他采取陆上取守势、海上则取攻势的对策，命令陆战队以守为主，派舰船侵袭伯罗奔尼撒半岛沿海地区。

就在斯巴达不断对阿提卡进攻时，雅典的海军在伯罗奔尼撒半岛开始登陆，严密封锁伯罗奔尼撒半岛海岸港口，断绝斯巴达海上与外界的联系，并煽动斯巴达的奴隶希洛人举行起义，使斯巴达陆上进攻受到极大牵制。整个战争按照雅典人的预想进行。

但不幸却降临在雅典人头上，公元前430年，雅典城内发生严重瘟疫，死者甚众，雅典统帅伯里克利也在这场瘟疫中丧生。他的去世使雅典从防御战争变成新任统帅克里昂主张的侵略性战争。公元前425年，雅典海军占领了美塞尼亚西岸的皮洛斯及其附近的斯法克蒂里亚小岛，斯巴达陷入困境。为避开强大的雅典海军主力，斯巴达国王命令柏拉西达将军率领一支精锐部队由小道穿过希腊半岛，向北绕到雅典背后进行攻击，对雅典同盟进行说服，并攻下安菲波利斯。

公元前422年，双方在安菲波利斯展开对决。斯巴达骑兵一举杀死雅典统帅克里昂，但斯巴达统帅伯拉西达也在乱军中被杀死。

双方失去统帅，战争只好暂时停止。公元前421年，雅典主和派首领尼西亚斯与斯巴达缔结《尼西亚斯和约》。和约规定：交战双方退出各自占领地，交换战俘，保持50年和平。

然而，导致战争的基本矛盾依然存在，雅典和斯巴达在希腊争霸的野心并没有消除。和约签订的第6个年头，雅典调集134艘三桨战船、130艘运输船、5100名重步兵、1300名弓弩手共约2.7万人，组成雄壮的远征军由亚西比德统率向西西里进发。

但惊人的意外发生了，雅典方面突然命令亚西比德回国受审。原来，雅典城内的海尔梅斯神像被人毁掉，亚西比德因一贯不敬神而被诬陷，还将被判处死刑。亚西比德一怒之下逃往斯巴达。对雅典战略战术一清二楚的亚西比德的投降使战势发生了转变，斯巴达在埃皮波拉伊重创雅典军。雅典军无奈只好撤军，但撤军当晚发生月食，相信月食会带来凶险的雅典士兵不肯登船撤退。斯巴达抓住时机，封锁港口，切断陆上要道，包围了雅典军队。公元前413年9月，雅典全军覆没，经此严重打击，雅典渐失其海上优势。

公元前411年，雅典海军在阿拜多斯，次年在基齐库斯，先后打败斯巴达海军。斯巴达则寻求波斯援助，增建舰队，要与雅典海军做最后的较量。公元前

405年，斯巴达海军在波斯人的援助下一举全歼雅典海军，从此斯巴达成为希腊的霸权国。公元前404年，雅典投降，被迫接受屈辱的和约：取消雅典海上同盟（即提洛同盟）；拆毁长墙工事；除保留12艘警备舰外，其余的全部交出。

伯罗奔尼撒战争使斯巴达成为希腊的霸权国，但整个希腊遭到严重破坏，繁荣富强的希腊从此一蹶不振。这场战争是希腊城邦开始衰亡的标志，是古典时代的结束。

但斯巴达的霸权没有维持多久，由于斯巴达对其他城邦的肆意压榨，再加上波斯的挑拨离间，希腊各城邦之间陷入了长期的内战，最终都被希腊北部的马其顿王国征服。

苏格拉底之死

公元前399年6月一天的傍晚，在雅典监狱中，一位年届七旬的老人与妻子、家属做最后的道别。这位老人，散发赤足，衣衫褴褛，但是神情却非常镇定，丝毫看不出将要被处以死刑。妻子和家属走后，他又与几个朋友交流起来。

不知过了多久，一个狱卒端着一杯毒酒走了进来，老人接过杯子一饮而尽，然后，安详地躺在床上。突然，他好像想起了什么似的，翻了个身面向他的朋友说："我曾吃过邻居的一只鸡，还没给钱，请替我还给他。"说完永远地闭上了双眼。

这位老人就是大哲学家苏格拉底。苏格拉底到底是什么原因被判处死刑的呢？

苏格拉底（公元前469～公元前399年），既是古希腊著名的哲学家，又是一位个性鲜明、从古至今毁誉不一的著名历史人物。他的父亲是石匠和雕刻匠，母亲是接生婆，一家人生活十分贫困。

苏格拉底生活在雅典由盛转衰的时期，雅典人在经历过一段繁荣富足的生活后，开始变得奢侈淫逸、道德败坏，经常和周边城市发生战争。19岁时，苏格拉底第一次参加战争，那是为了保卫雅典。他在战场上表现得十分英勇，曾三次冒死救出他的战友。和他一起作战的战友都说，与苏格拉底在一起就会感到安全。从战场上回来后，苏格拉底开始对雅典城的状况进行深入思考。苏格拉底认为要想改变雅典的衰颓现状，就必须先提高雅典人的道德水平，造就治国人才。于是，苏格拉底开始研究哲学并从事教育工作。他培养出许多有成就的人，如柏拉图、色诺芬等著名的哲学家。

为了提高自己的学识，苏格拉底潜心读书，他读遍希腊的政治、历史书籍，眼界变得十分开阔。不过苏格拉底并不满足于书本上的知识，他觉得要想从整体上提高自己，还得不断吸取别人的思想。于是，他四处去拜访当时有名的学者，还不断地请别人到自己家中来谈天。当时，苏格拉底已经娶妻生子，由于他整天总是忙着做学问，没有时间帮妻子做家务、照看孩子，这使得整天忙碌的妻子对他十分不满。

一次，妻子正在洗衣服，刚会走路的儿子因没人照看，在一边大声哭。妻子便大声喊正在和两个学者交流学问的苏格拉底去看一下。苏格拉底谈到了兴头上,根本没听见妻子叫他。暴躁的妻子控制不住心中的怒火,便将一盆洗衣水向苏格拉底泼去。客人感到非常尴尬,然而浑身湿淋淋的苏格拉底却幽默地对客人说:"没事,雷声过后,必有大雨嘛!"接着,他抖了抖身上的水,继续刚才的话题。

成名以后的苏格拉底依然过着艰苦的生活。一年四季他都穿着一件普通的单衣,经常赤着脚,吃饭也不讲究,所有精力都用来做学问。他经常公开发表演说或与人辩论,辩论中他经常采用问答形式帮助对方纠正、放弃原来的错误观念,启发人们进行思考。

公元前404年,伯罗奔尼撒战争以雅典的失败而告终,"三十僭主"的统治取代了民主政体,依靠雇佣军起家的克利提阿斯成了最高统治者。

克利提阿斯是苏格拉底的学生。有一次,为了霸占一个富人的财产,克利提阿斯让苏格拉底带4个人去逮捕那个人。苏格拉底当众违逆了克利提阿斯的命令,并且拂袖而去。不仅如此,苏格拉底还多次在公开场合谴责克利提阿斯的暴行。这无疑会惹恼克利提阿斯,于是,苏格拉底被勒令不准再接近青年。对于克利提阿斯的命令与恐吓,苏格拉底根本不加理睬。

后来,"三十僭主"的统治被推翻了,民主派重掌政权。苏格拉底被人诬告与克利提阿斯关系密切,反对民主政治,用邪说毒害青年,苏格拉底因此被捕入狱。大约公元前399年,苏格拉底因"不敬国家所奉的神,并且宣传其他的新神,败坏青年"的罪名被判处死罪。其实,说到被判入狱的真正原因,是他的言论自由的主张与雅典民主制度发生了严重冲突。

按照古希腊的民主制度,每一位雅典公民都能够充分地行使自己的权利,政府还在关键性投票中采用给予参与者一天口粮的方式鼓励公民参与。审判苏格拉底的是由501个雅典普通公民组成的陪审法院,也就是公民大会。苏格拉底的审判大会经历了初审和复审,初审中500个公民进行了投票,结果以280票对220票判处苏格拉底有罪;复审是决定苏格拉底是否该判死刑。复审之前,苏格拉底有为自己脱罪的辩护权利,但苏格拉底的临终辩词不但没有说服希腊民众,相反还激怒了他们,结果是360票对140票判苏格拉底死罪。

收监期间,苏格拉底的朋友买通了狱卒,劝他逃走,但他决定献身,拒不逃走。最后在狱中服毒受死,终年71岁。

作为一个伟大的哲学家,苏格拉底使哲学真正在人们生活中发挥了作用,为欧洲哲学研究开创了一个新的领域,对后世的西方哲学产生了极大的影响。

博学的亚里士多德

一位学生问老师:"老师,运动的来源是什么?"老师答道:"犁耕地的运动来源于农夫的手;农夫手的运动来源于他的大脑;大脑的运动来源于他的食欲;食欲来源于人的本能;而本能只能是来源于神。"这位机智的老师就是被恩格斯称为"最博学的人"的亚里士多德。

亚里士多德（公元前384～公元前322年）出生、成长在一个充满着高贵而又有医学气氛的家庭。依照传统，亚里士多德本该继承父亲的衣钵，但他却在医药的熏陶中，表现出对科学的爱好。公元前367年，亚里士多德拜柏拉图为师，进入柏拉图的学园，钻研各种知识长达20年之久，成为同学中的佼佼者，被柏拉图称为"学园的精英"。柏拉图去世后，亚里士多德来到小亚细亚的阿索斯城，在城主赫尔麦阿伊斯的宫廷做客，并娶了城主的侄女皮提阿斯为妻，生有一女，与自己的母亲同名。皮提阿斯死后，亚里士多德与他的侍女赫尔皮利斯同居，得一子，取名尼科马霍斯。

亚里士多德的思想影响之大超越了时代和流派，他的《诗学》被认为是西方美学的重要奠基之作。

公元前342年，亚里士多德被聘为马其顿国王腓力二世的儿子、13岁的王子亚历山大的老师。公元前335年，亚里士多德结束了在马其顿的寓居生活，回到希腊，在雅典阿波罗圣林的吕克昂体育场开办了一所学园，并得到了已经继任马其顿国王的亚历山大的巨额经费支持。因为他经常率领弟子在学园的林荫道上边散步、边讲课，所以他的学派被称为"逍遥学派"。亚里士多德大部分作品就是在他主持学园的13个年头里完成的。

亚里士多德是古代世界中最博学的人。他创造性地总结了前人的研究成果，对当时已知的各个学科如伦理学、政治学、经济学、战略学、修辞学、文学、物理学、医学等都做出了有意义的探索，并开辟了逻辑学、动物学等新领域。可以毫不夸张地说，亚里士多德的研究成果代表了古希腊科学的最高水平。

作为形式逻辑的创始人，亚里士多德提出了归纳和演绎的思维方法，提出并阐释了同一律、矛盾律和排中律这些思维的基本规律，他所规定或发现的原则和范畴及所使用的某些专门词语，至今仍为逻辑学教科书所采用。作为动物学的开创者，他的许多观察和实验，得到了后来的生物学家和医学家的首肯。林耐和居维叶是达尔文所崇拜的偶像，但达尔文说，这两人比起亚里士多德，只不过是小学生而已。在哲学上，亚里士多德肯定客观世界是真实存在的，认为人类的认识来源于对外界事物的感觉。他创立了自己的"四因说"（质料因、动力因、形式因和目的因），认为一切事物的产生、运动和发展，都不外是这4种原因的作用的结果。在政治学方面，亚里士多德详细地比较研究了君主、贵族、共和、僭主、寡头和平民6种政体，他主张法治，认为"法律是不受情欲影响的理智"。文学方面，他广泛考察了美学和文艺理论的一系列问题，如文艺的产生和分类、文艺与现实的关系等，认为文艺有深刻的社会意义。此外，亚里士多德的学说对基督教影响甚巨，13世纪中期，亚里士多德的著作成为英、法、德、意等地区基督教学校的必修科目，而14世纪巴黎的文教法令则规定，学校除《圣经》外，所有的世俗知识都应该在亚里士多德的著作中寻求指导。

公元前 323 年，亚历山大大帝病死后，雅典成为当时反马其顿运动的中心。由于是亚历山大的老师，亚里士多德被迫从雅典出逃，后避难于卡尔基，并于次年辞世，享年 63 岁。

亚里士多德对世界的贡献是空前绝后的，绝对称得上是伟大的、百科全书式的科学大师。因此，后人将他与其师柏拉图还有苏格拉底并称为"古希腊三贤"，也有人将这三人喻为古希腊科学史上的三座高峰。

奥林匹亚竞技会

公元前 480 年 6 月，波斯王薛西斯率领大军横扫希腊北部，逼近温泉关。他惊讶地发现只有几千希腊人守卫在这里，一个希腊叛徒告诉他："希腊人正在举行奥林匹亚竞技会，在此期间希腊人禁止一切战争。"薛西斯才恍然大悟。

古希腊的奥林匹亚竞技会起源于公元前 776 年，这也成为希腊纪年的开始，每隔 4 年在希腊南部的奥林匹亚举行，在此期间，希腊各城邦一律休战，甚至在外敌入侵时也将竞技会放在第一位。

关于奥林匹亚竞技会的来源，有好几个传说。第一个传说是宙斯的儿子大力神赫拉克勒斯同别的神打仗，获得了胜利，就在奥林匹亚举行祭祀父亲宙斯的盛会。结果在会上，赫拉克勒斯与兄弟们争吵起来，发生争斗，后来就演变成奥林匹亚竞技会。

第二个传说是古希腊伊利斯城邦国王依斐多在位时，因与斯巴达争夺奥林匹亚而爆发战争，人民苦不堪言。依斐多便向太阳神阿波罗祈祷，希望停止战争。阿波罗告诉他，只要在奥林匹亚举行竞技会，就可免除战争之苦。于是战争双方订立《神圣休战条约》，将奥林匹亚定为竞技场与和平圣地，提倡"不用武器和流血，而用力量和灵敏来确立人的尊严"。条约规定在竞技会举行期间，希腊各城邦都要实行"神圣休战"，如果有人或城邦挑起战争，将受到严厉惩罚，从此开始了 4 年一次的奥林匹亚竞技会。

第三个传说流传最广，传说伊利斯国王的女儿希波达弥亚，以美貌闻名希腊，很多希腊青年前来求婚。但神警告伊利斯国王，如果他的女儿结婚，那么他就会死，于是国王决定杀死所有求婚者。国王向求婚者们说，要娶公主必须和他赛车，谁赢了他就可以娶公主，但在比赛时被他追上将会被他的长矛刺死。仗着从战神那儿得来的宝马，国王接连刺死了 13 个失败者。海神的儿子珀罗普斯对希波达弥亚一见倾心，决定冒险。他说人总是要死的，与其

帕拉伊斯特拉遗址
奥林匹亚考古遗址中的许多建筑和设施都是为体育竞赛修建的。帕拉伊斯特拉是一座四边形建筑，里面有用柱廊围成的供训练用的中庭，中庭四周有浴室、更衣室等设施。

愁苦地坐等暮年的到来而一事无成，不如去做一次光荣的冒险。海神被儿子感动了，送给他"永不疲倦"的四马飞车。国王的车夫同情珀罗普斯，在国王的马车上做了手脚，结果在比赛时，国王翻车摔死，珀罗普斯取得了胜利，娶希波达弥亚为妻，并成了伊利斯国王。为了庆祝胜利，珀罗普斯在奥林匹亚的宙斯神庙前举行了盛大的竞技会，传说这就是第一届奥林匹亚竞技会。

奥林匹亚竞技会在开赛前，要先在希腊神话的主神宙斯的神庙前举行盛大的祭祀，然后再开始竞技。参加比赛的人必须是希腊人，妇女、奴隶、犯叛国罪者、对神不敬者和外国人都无权参加。最早的竞技项目只有一项200码（约182米）的短跑，后来逐渐增加了摔跤、铁饼、标枪、跳远、射箭、赛马和赛车等项目。其中最受观众欢迎的是赛车，比赛时，骏马奔腾，车轮滚滚，观众欢呼不已，方圆几十里都可以感受到热烈的气氛。但由于比赛规定参赛选手必须自备马匹和车辆，所以只有贵族和富人才能参加。

比赛结束后，人们把用月桂枝叶编成的桂冠戴在获胜者头上，以示祝贺。戴桂冠的胜利者比戴王冠的国王还要受人尊敬，在竞技会闭幕式上，将举行盛大的宴会来款待他们。获胜者回到自己的城邦后，人民将他看作凯旋的英雄，有的城邦还专门举行凯旋式，让他们像征服者那样入城。如果是一个雅典人获胜，他还可以获得500银币的奖励。

由于奥林匹亚竞技会上的选手们都赤身竞技，所以严禁妇女观看和参赛。一经发现，妇女将会被抛下悬崖。传说有个名叫费列尼卡的妇女，出身于体育世家。她身体强壮，喜爱竞技，是儿子的角力教练。当她的儿子进入角力决赛时，她非常激动，女扮男装到赛场观看。最终她的儿子获得冠军，她情不自禁地跑向竞技场向儿子祝贺。结果暴露了自己的身份，招致杀身之祸。后来因为她家世代对竞技会做出过巨大贡献，才免于一死。

394年，信奉基督教的罗马皇帝狄奥多西认为奥林匹亚竞技会是异教徒活动，所以下令禁止举办。直到1896年，追述古希腊竞技精神的奥林匹克运动会才再次举行。

和平撤离

公元前494年的一天，一队愤怒的罗马人携带武器和生活用品浩浩荡荡离开罗马城，向城东的圣山走去。

"哼！太令人气愤了！一个不把保卫者当公民的城市，有什么值得留恋的！我们离开这里，寻找新生活！"一个罗马人气愤地说。

"我们拼命作战，保卫罗马，可战利品却全被那些贵族占有！我们在前线浴血奋战的时候，他们还在家里享福呢！凭什么！"另一个罗马人也很气愤。

"走！离开罗马！再有外敌入侵，让那些贵族自己去保卫吧！"这队罗马人边走边说。看到他们离开罗马，其他的罗马平民也加入了他们的行列。

这是怎么回事呢？原来罗马城经过不断发展，一小部分富裕的平民上升为贵族，而罗马城中人数最多的是平民，平时发动对外战争和保卫罗马主要靠的是平民组成的罗马军团。罗马实行的是公民兵制，每一个平民都要参军。罗马为了扩张，对外战争不断，平民们常年在战场上奋勇杀敌，流血牺牲。他们的田地无人耕种，应缴纳的赋税无法完成，欠下大量债务，不少战士的家庭破产。但是，贵族们却想方设法剥削平民，使他们破产。这样，他们就可以占有平民的土地，甚至把他们变成自己的奴隶。

终于，平民们实在无法忍受了，纷纷结队出走，就出现了本文开始时的一幕。平民的大量撤离，大大削弱了罗马的武装力量，北方的高卢人得知这一消息，立即派大军南下，进攻罗马。这一下子罗马贵族可慌了神，他们急忙派代表去和平民们谈判。

通过多次的协商，平民与贵族达成协议：罗马政府设置保民官和平民大会。罗马保民官从平民中选举，其职责是保障平民的权利。他的人身权利神圣不可侵犯，任何人不得伤害。保民官权力极大，有权出席元老院会议，否决任何人的裁判和提议。后来，平民又获得了担任市政官、军团司令官的权利。平民大会起初只对平民有效，经过斗争，贵族们最终承认平民大会决议对全体罗马人生效。和平撤离取得了初步的胜利。

平民的权利虽然有了一定的保障，但在实际生活中，贵族侵犯平民利益的事情还是经常发生。平民一旦与贵族发生争执，就得依据罗马的传统习惯（有法律效力）进行处理，而习惯的解释权掌握在罗马贵族手里，这对平民相当不利。

公元前462年，罗马保民官建议，编纂一部成文法典，建设公平的法律制度。提议遭到罗马贵族的反对，为了支持保民官，也是为了争取更多的权利，平民们再一次选择了撤离。经过多次的斗争和反复的谈判，罗马贵族终于妥协。公元前450年，罗马制定并颁布了著名的《十二铜表法》，它是罗马传统习惯的汇编，虽然维护的是罗马贵族的利益，但成文法的公布，有效地限制了贵族们对法律的任意曲解，这在人类历史上是一个伟大的进步。

平民的斗争与贵族的妥协，提高了国家的凝聚力，罗马走向强大。此后100多年间，罗马不断发动对外战争，征服了大量的部落，疆域不断扩大。随着社会财富的增加，平民与贵族的矛盾转移到经济领域，平民们经过10年斗争，公元前367年，罗马通过了李锡尼和赛克斯都法案，其内容为：平民所欠债务，已付利息作为偿还本金计算，未偿还部分分3年归还；占有公有地的最高限额为500犹格；两个执政官之一须为平民担任。这一法案的通过，是平民斗争的重大胜利，平民由此获得了担任罗马所有高级官职的权利。

公元前287年，平民举行了最后一次撤离，罗马贵族再一次妥协。这次斗争的结果是颁布了一项法律，重申平民会议对全体公民都有法律效力，平民对贵族的斗争取得了巨大的胜利。

帝国争战时期

　　在亚洲、地中海区域等地兴起的一些奴隶制国家的基础上,经过长时间的分化组合,终于形成了秦汉帝国、波斯帝国、亚历山大帝国、安息帝国、贵霜帝国、罗马帝国等一些地域辽阔的中央集权的专制帝国。

　　这些帝国大都是依靠武力建立起来的,虽然它们的建立过程给被征服地区的人民带来了灾难,破坏了各民族独立发展的历史进程,但在另一方面却使世界各地的政治、经济和文化的联系更进一步加强,加速了人类历史从分散走向整体的进程。同样,在各种矛盾激化的情况下,这些帝国最终又走向解体和灭亡。

罗马军团

王政时代，罗马军队主要是由氏族部落组成，有3000步兵和300骑兵。公元前6世纪，罗马人学会了重装步兵方阵。塞尔维乌斯按照地域和财产进行改革，建立了公民兵制，规定凡是17~60岁的罗马公民都有自备武器服兵役的义务，这样就扩大和改组了军队。

共和国初期，罗马军队分为两个军团，分别由两个执政官指挥。每个军团的主力是3000重装步兵，另外还配有少量轻装步兵和骑兵。

公元前4世纪，为了适应长期战争的需要，罗马著名军事统帅卡路米斯进行了军事改革，开始实行军饷制。罗马军团被分成30个连队，每个连队有两个百人队。同时，他废除了原来按财产等级列队的传统，按照年龄和经验把军队分为投枪兵、主力兵和后备兵，排成三队。第一排是年轻的投枪兵，第二排是有经验的主力兵，第三排是最有经验的老兵。作战时，第一排的投枪兵先向敌人投掷长枪，这种长枪长达2米，装着锋利的金属矛头，再加上强大的冲击力，足以刺穿敌人的盾牌和铠甲。投枪兵投掷完长枪后，迅速后撤。第二排主力兵上前手持盾牌和利剑，同敌人展开厮杀。如果不能取胜，那么最有经验和战斗力最强的老兵们就投入战斗。

罗马军队有一个规定，军队在野外宿营时，哪怕是只住一晚也必须挖壕沟，筑高墙，以防备敌人偷袭。他们纪律严明，如果有人胆敢违抗命令，立即处死。打仗时，如果全队都当了逃兵，那么罗马将军就将他们排成一排，每隔9个人处死1个。如果作战有功，不管是士兵还是军官，都有赏赐。

公元前2世纪，罗马占领迦太基后，将那里变成了罗马的阿非利加行省。罗马的商人来到这里掠夺搜刮，并向紧邻迦太基的努米比亚国渗透，激起了当地人民的强烈愤怒。努米比亚国王朱古达派军队对当地的罗马人大肆屠杀，于是罗马向努米比亚宣战。朱古达用金钱贿赂罗马将领，罗马士兵为了金钱甚至把武器卖给努米比亚人。这场战争一连拖了好几年，罗马始终无法战胜努米比亚，引起了罗马民众的强烈不满。罗马贵族马略当选为罗马执政官，并担任军事统帅。

为了战胜努米比亚，马略进行了一系列的军事改革：一、用募兵制代替征兵制。当时罗马平民要有一定的财

罗马战车
这种战车并没有在战争中大量使用，它只是用于公众娱乐，这种娱乐在罗马帝国中的主要城市举办。

产才能当兵，符合这一要求的人并不多。为了扩大兵源，马略采用了募兵制，吸引了大批的无产者参军。二、延长服兵役的时间。以前打仗的时候，罗马军队都是临时征集的，打完仗后就解散回家。公民服完16次兵役后就解除义务。马略将公民的兵役时间规定为16年，这就将民兵变成了职业化军人。三、给士兵发军饷。士兵服兵役期间，必须脱离生产，为了使士兵的生活有保障，马略规定士兵可以从国家那里领取军饷。战争胜利后，士兵还可以获得战利品。四、有了充足的兵源后，马略对罗马的军团制度进行了大规模调整。用联队军团代替了三列军团。五、改进武器装备，给重甲兵配备标枪和短剑。六、严格训练，最大限度增强军队的战斗力。

经过改革，马略率领罗马军团很快战胜了努米比亚，接着又战胜了日耳曼人，镇压了西西里岛的奴隶起义。罗马就凭着这支勇猛作战的军队征服了地中海沿岸的土地，将地中海变成了罗马的内陆湖，成了一个横跨亚非欧三大洲的大帝国。

✹ 马其顿的年轻统帅

马其顿原来是希腊北部一个落后的奴隶制王国，它积极吸收与它相邻的先进希腊文化和技术，采用希腊文字，逐渐强大起来。公元前4世纪，马其顿国王腓力二世征服了国内没有降服的部落，占领了沿海的海港，实力越来越强。

亚历山大头像

有一次，腓力二世买了一匹高头大马，在城郊的练马场试马。许多骑手都轮番上阵，企图驯服这匹烈马。但骑手们一骑上马背，烈马就前蹄腾空，又蹦又跳，狂嘶不已，将骑手一个个摔倒在地，在场的人都哈哈大笑。腓力二世见没有一个人能驯服这匹烈马，正想下令让人牵走，忽然听到身旁12岁的儿子亚历山大说："不是驯服不了，只是因为他们的胆子太小了。"腓力二世生气地说："不许讥笑比你年长的人！因为你也驯服不了！""我去试试！"，腓力二世正想阻止，但亚历山大已经向烈马跑去了。

亚历山大一手牵着缰绳，一手轻轻抚摸着马的鬃毛。他发现马非常害怕自己的影子，就慢慢地把马头转过来朝向太阳。突然，亚历山大以迅雷不及掩耳之势一跃而起，跳上了马背。受惊的烈马立而起，仰天长嘶，企图将亚历山大掀下马背，但亚历山大牢牢地抓着缰绳，双腿紧紧夹着马腹，稳如泰山。烈马又开始疯狂跳跃，在场的人脸都吓白了，可亚历山大却毫无惧色。烈马长嘶一声，风驰电掣般向远方跑去，眨眼间就消失在人们的视线中。腓力二世焦急万分，急忙派人前去追赶。过了一会儿，满身大汗的亚历山大骑着马回来了，那匹烈马十分驯服地听从他的指挥，全场的人都惊呆了。从此，腓力二世决定将胆识过人的亚历山大培养成自己的接班人。

腓力二世不惜重金，请全希腊最著名的学者亚里士多德担任亚历山大的家庭教师。亚里士多德努力教导他去热爱希腊文化，征服科学的世界，但亚历山大想征服的却是现实中的世界。他非常喜欢读荷马史诗，枕边就放着《伊利亚特》。亚历山大最崇拜希腊神话中的英雄阿基里斯，希望有朝一日能像他一样，建立丰功伟绩。

当时希腊各城邦内战不止，实力受到严重的削弱。腓力二世看准时机，发动战争，企图征服全希腊，成为希腊之王。公元前338年，腓力二世和亚历山大与雅典和底比斯两个城邦的军队在希腊中部的喀罗尼亚相遇。交战前，马其顿排成了一个16排的方阵。方阵中的每个士兵都一手拿着一面可以遮住全身的大盾，一手拿着一根长达5米的长矛。后排的士兵将长矛放在前排士兵的肩上，前方和两侧是骑兵。腓力二世将马其顿的骑兵集合起来，形成强大的进攻力量。他亲自担任统帅，指挥右翼，任命亚历山大为副统帅，指挥左翼。

战斗开始后，双方杀得难分难解。底比斯的"神圣部队"突破了腓力二世的右翼，贪功冒进，导致战线拉长。亚历山大抓住战机，率领骑兵迅猛出击，将希腊人打得大败。这场战争后，希腊人再也无力抵抗马其顿人了，希腊并入了马其顿王国。公元前336年，腓力二世在女儿的婚礼上不幸遇刺身亡，年仅20岁的亚历山大继任为马其顿国王。

希腊各城邦见腓力二世死了，纷纷摆脱马其顿，宣告独立。年轻的亚历山大此时显示出了他的雄才大略，他迅速平定了宫廷内乱，镇压了国内叛乱的部族，随后将矛头指向了反叛的希腊城邦。

当时希腊各城邦分为反马其顿派和亲马其顿派。反马其顿派希望重获独立，而亲马其顿派则希望马其顿统一希腊，然后远征东方，掠夺波斯的财富。亚历山大亲率大军进攻反马其顿的底比斯城邦，将它变成一堆瓦砾，把城中居民统统变卖为奴隶。希腊各城邦害怕了，又纷纷表示归附。

公元前334年，亚历山大率领3.5万军队和160艘战舰远征波斯。临行前，他将自己的所有财产都分给将士。将士们问他："陛下，您把财产都分给我们，那您给自己留下了什么呢？"

"希望！"亚历山大说，"我把希望留给自己，它将带给我无穷无尽的财富！"

将士们被亚历山大的豪言壮语感动，他们齐声呐喊，誓死追随亚历山大，从此踏上远征之路。

征服波斯

公元前334年，亚历山大率领一支包括步兵3万人、骑兵5000人和160艘战舰组成的马其顿和希腊各邦联军，浩浩荡荡地渡过赫勒斯滂海峡，登陆小亚细亚，踏上了波斯的领土。

当时波斯国王大流士三世昏庸无能，国内政治腐败，内部矛盾重重。大流士三世闻讯大为惊恐，急忙派2万波斯人和2万希腊雇佣军前去迎战。两军

在马尔马拉海南岸的格拉尼科斯附近交战，波斯军队占据了河对岸的高地，以逸待劳。亚历山大不顾部队长途跋涉的疲劳，率军强行过河，向波斯军队发起进攻。波斯军队一触即

这是一幅表现不戴头盔的亚历山大大帝追击大流士战马的图画。

溃，士兵们纷纷逃亡，2000人被俘，而亚历山大的军队只损失了百余人。

首战告捷后，亚历山大继续南下，扩大战果。公元前333年，亚历山大在伊苏斯迎战大流士三世亲自率领的16万波斯大军。大流士三世率领军队迂回到亚历山大的后方，企图围歼亚历山大。在这危急时刻，亚历山大当机立断，亲自率领精锐骑兵，向大流士三世率领的中军发起冲锋。马其顿骑兵锐不可当，势如破竹，波斯人或死或逃。大流士三世吓得魂飞魄散，急忙掉转马头，落荒而逃，连自己的弓、盾和王袍都丢掉了。其他的波斯将领见国王跑了，都无心再战，也纷纷逃亡。远征军趁机大举进攻，大获全胜。这场战役，波斯人损失了10万步兵、骑兵，辎重全部丧失，连大流士的母亲、妻子和两个女儿也被俘虏，而远征军仅损失5000人。亚历山大看到大流士三世豪华的帐篷后，羡慕不已，说："这才像个国王啊。"这场战役后，远征军获得战争主动权。

为了赎回自己的母亲和妻女，大流士三世派使者前去觐见亚历山大。使者战战兢兢地说："尊敬的亚历山大陛下，为了两国的和平，我们大流士三世陛下愿意将我们美丽的公主嫁给您，并将幼发拉底河以西的全部领土和10000塔兰特作为嫁妆，请求您放回我们大流士三世的母亲和妻女，并各自停战。不知陛下意下如何？"

亚历山大还没有回答，一旁的大将帕曼纽两眼放光，兴奋地说："这么丰厚的条件！如果我是亚历山大，我肯定会同意的！"

亚历山大轻蔑地看了他一眼说："可惜我不是愚蠢的帕曼纽。我是亚历山大，我不会答应的。我要的是整个波斯帝国，而不是部分！我要做全亚洲的统治者！回去告诉大流士，要么投降，要么继续和我战斗！"使者灰溜溜地回去了。

公元前332年，亚历山大沿地中海东岸挥军南下，进入埃及，将埃及从波斯人的手中解放出来。埃及祭司为了表达对亚历山大的感激之情，宣布他为"阿蒙神之子"，亚历山大又自封为埃及法老，还在尼罗河口兴建一座城市，并以自己的名字命名，这就是今天的亚历山大港。

战败的大流士逃到幼发拉底河，在这里重整旧部，又招募军队，准备与亚历山大决一死战。公元前331年10月1日，在尼尼微附近的高加米拉原野，大流

士三世的军队与亚历山大军队再次相遇。大流士三世对此役做了充分的准备，他调集4万骑兵，100万步兵，还有200辆装有刀剑的战车及15头战象，布置于开阔的高加米拉平原。大流士三世认为这是最适宜骑兵、战车作战的地方，他命令士兵铲平地面，移走障碍物，高加米拉平原显得更加空旷了。大流士三世吸取了伊苏斯战役的教训，还给士兵配备了更长的矛，并在战车上装备长刀，试图突破亚历山大的方阵。

大流士三世将军队分为两个方阵排列：第一方阵为主力部队，排成前后两条战线。战线的左、右翼骑兵和步兵混合在一起，中央由大流士亲率皇族弓箭兵、步兵和骑兵及其他城邦联军组成纵深队形。第二方阵排列在第一方阵正前方。方阵的中央为15头战象和50辆战车，大流士三世的御林军骑兵紧跟其后；方阵左翼为100辆战车及西亚骑兵；右翼为50辆战车及亚美尼亚和卡帕多西亚骑兵。

亚历山大趁大流士三世尚在设防之际，亲率一支精锐骑兵勘察地形，巡视敌情，把敌军的战略部署搞得清清楚楚。后方部队则一边加固防御工事，一边休养整顿。

当波斯和马其顿军队接近时，亚历山大并没有直接进攻，而是向波斯军的左翼斜向移动。大流士三世担心亚历山大攻击左翼，也跟着平行移动。渐渐地，队伍走出了波斯人特意平整过的地带。这时大流士三世开始警觉起来，他担心精心准备的战车失去作用，便立即命令左翼部队赶紧绕过亚历山大的右翼，阻止其继续右移。双方侧翼骑兵开始了激战。数量明显占优的波斯军，因为骑兵和马匹都有铠甲保护，致使亚历山大骑兵伤亡惨重，败下阵来。亚历山大急忙调骑兵支援，勇猛的骑士连续向波斯军左翼发起冲锋，终于将敌人击退。

大流士三世看到其左翼的激战正酣，趁势发动长刀战车冲向对方的方阵，试图冲散敌人。当他们接近时，马其顿方阵前方的弓弩手、标枪手上前迎战，有效地阻止了大流士三世的进攻。

大流士三世下令右翼开始进攻敌人左翼，亚历山大则命令攻击那些迂回到马其顿右翼的敌军，两翼骑兵的进攻使大流士三世中央部队现出了一个漏洞。

亚历山大帝国大事年表

公元前336年，腓力二世遇刺身亡，亚历山大继位。
公元前334年，亚历山大开始东征。
公元前334年5月，格拉尼科斯河战役，粉碎波斯军约4万人的阻击。
公元前333年10月，伊苏斯战役，击败大流士三世指挥的16万大军。
公元前332年，攻克提尔，彻底摧毁了波斯海军基地。
公元前332年11月，占领埃及。
公元前331年10月，高加米拉决战，彻底消灭波斯主力。
公元前329年，侵入巴克特里亚。
公元前327年，侵入印度。
公元前326年4月，消灭波鲁斯王国军队2万余人，迫使国王投降。
公元前325年，亚历山大东征结束。
公元前324年春，返抵巴比伦。
公元前323年，亚历山大大帝暴辛，帝国解体。

亚历山大亲自率领马其顿方阵和骑兵，还有预备方阵向内旋转，形成一个劈尖，直插大流士三世的阵营。波斯军顿时乱了阵脚，被冲得七零八落，再也组织不起有效的进攻。大流士三世见大势已去，仓皇逃走。

公元前330年春，亚历山大引兵北上追击大流士三世，大流士三世被其部将谋杀，古波斯帝国阿黑门尼德王朝灭亡。

亚历山大之死

大流士三世死后，波斯帝国灭亡，亚历山大的军队占领了波斯全境。按理说，以进攻波斯为目标的东征该结束了，但是，亚历山大的野心太大，仅仅占领波斯不能让他满足，他要征服世界，他要做万王之王。于是，他借口追击波斯残余势力继续率军东进，于公元前329年侵入巴克特里亚，抓获背叛并杀死大流士

在一次突围中，亚历山大骑着布斯法鲁斯率军粉碎了波斯军队的进攻。该雕像见于他的下属西顿王的石棺。

三世的拜苏斯，将他处死。中亚地区的各民族都骁勇善战，他们不服从亚历山大，不断反抗。花费了两年多的时间，亚历山大才将各地的反抗镇压下去。

安定好中亚后，公元前327年，亚历山大率军3万沿喀布尔河经开伯尔山口侵入印度。当时的印度，小国林立，内斗不止。印度河上游的旦叉始罗王与东邻的波鲁斯王严重不合，看亚历山大兵强马壮，旦叉始罗王便给他送来金银、牛羊、粮食，引诱亚历山大进攻波鲁斯。公元前325年4月，亚历山大从上游偷渡成功，在卢姆河畔消灭波鲁斯王大军2万余人，波鲁斯王投降。远征军抵达希发西斯河时，军中疫病流行，多年远途苦战加上久别故乡的疲惫，使将士们再也不愿前进了。亚历山大下令东进，但反复劝说，众将士仍不肯接受命令。无奈之下，亚历山大大帝被迫停止东征，传令撤军。公元前324年春，东征军返回巴比伦。

通过10年的征战，亚历山大建立起幅员空前的大帝国，帝国西起巴尔干半岛、尼罗河，东至印度河这一广袤地域，建都巴比伦。

亚历山大热爱希腊文化，在远征之前，他认为，只有希腊才是文明开化的民族，其他民族都是没有开化的野蛮民族；希腊文化是世界上最优秀的文化，其他地区没有真正的文化可言。因此，他东征的一个重大使命就是传播希腊文化，让世界上的其他民族共浴希腊文明的光辉。在东征过程中，他沿途建设了许多希腊风格城市，有好几座还是以他自己的名字命名的，最著名的是埃及的亚历山大城，今天已经发展为埃及最大的海港。

但是，世界并不像亚历山大想象的一样，东方民族也同样是富有智慧和创造

> **亚历山大的遗产**
>
> 英雄长逝，靠武力征服建立起来的庞大的亚历山大帝国也随之瓦解。他的部将展开争权斗争，经长期混战，在原来帝国版图内形成了几个独立的王国，主要有马其顿王国、埃及的托勒密王国和西亚塞琉古王国。其中西亚塞琉古王国领域最大。它们分别在公元前168年、公元前30年、公元前64年并入罗马的版图。

力的，也同样创造了灿烂的文明。亚历山大在东征时开始认识到这些，并逐步痴迷于东方文化。波斯人的君主体制，东方的奢华宫殿，东方的宗教都曾打动过他。因此，在传播希腊文化的同时，他也尊重其他地区的文化，并努力推动不同文化间的交流。为推动各民族的交流与信任，他自己就娶了大夏贵族罗可珊娜、波斯王大流士的女儿斯塔提拉等。他还鼓励马其顿将士和东方女子结婚，并宣布这样可以享受免税权利。他曾在苏撒举办盛大奢华的婚礼，那是他和斯塔提拉的婚礼，同时也是1万多名将士与东方女子的婚礼，亚历山大向这些新人们赠送了许多礼物。

从印度退兵后，亚历山大并不甘心，他在巴比伦整编军队，计划征服印度，进军迦太基，入侵罗马。但天并不遂人愿，公元前323年，这位不可一世的大帝突然死亡。关于他的死，众说纷纭，至今尚未有定论，成为历史上最大的悬案之一。亚历山大之死，大体有三种说法：第一种看法认为亚历山大长期在沼泽地区作战而染上恶性疾病去世；第二种看法是在首都巴比伦，亚历山大在一次宴会上喝得大醉以后，突然发烧，从此一病不起，不久去世；第三种说法是被部将安提帕特鲁毒死。

亚历山大是世界历史上最伟大的人物之一，也是最具传奇色彩的、富有戏剧性的人物。他胸襟博大，满腔热情，充满了穿凿世界的朝气；他英勇善战，无往不胜，建立起不朽的事业；他年轻有为，英气勃勃，但又英年早逝，为后人留下许多想象。亚历山大的远征和亚历山大帝国的建立，当时给被征服地的人民带来灾难，但从历史角度看，它促进了东西方的文化交流，促进了东西方民族的了解与融合，推动了历史的发展。

☀ 孔雀王朝的阿育王

阿育王是古印度摩揭陀国孔雀王朝的第三代国王，他笃信佛教，所以被佛教典籍称为"无忧王"。

公元前327年，马其顿帝国亚历山大大帝率军越过兴都库什山脉，入侵古印度，遭到印度人的顽强抵抗。公元前325年，亚历山大从印度河流域退走，但他在旁遮普设立了总督，并留下了一支军队。

当时恒河平原最强大的国家是难陀王统治下的摩揭陀国。公元前327年，该国出身刹帝利的一个名叫旃陀罗·笈多的贵族青年，组织了一支抗击马其顿的军队。公元前324年，他率军直抵摩揭陀国首都华氏城（今印度巴特那），推翻了难陀王的统治，定都华氏城。因为他出身于一个饲养孔雀的家族，所以就把他建立的新王朝叫作孔雀王朝。旃陀罗·笈多建国后大肆对外扩张，吞并周边许多国家。孔雀王朝的版图不断扩大，军事势力也很强，拥有3万骑兵、60万步兵和9000头战象。

公元前298年，旃陀罗·笈多逝世，他的儿子频头娑罗登基。频头娑罗在位期间，继续对外扩张，消灭了16个大城君主，继续扩大帝国的版图。但这时孔雀王朝的统治并不稳定，各地经常发生叛乱。

公元前273年，频头娑罗病逝，死前没有立太子，为了夺取王位，王子和公主们展开了残酷的厮杀。

王子之一的阿育王18岁时，被父王任命为阿般提省总督。不久西北部重镇叉始罗城叛乱，他又被任命为该地总督，率军前往镇压，叉始罗城闻风而降，从此阿育王崭露头角，积累了政治资本。父王病逝后，阿育王在大臣们的支持下，加入了争夺王位的斗争。经过4年的拼杀，阿育王杀死了99个兄弟姐妹，最终获得了胜利。公元前269年，阿育王举行了灌顶仪式（印度当时的登基仪式），成为孔雀王朝的第三代君主。

阿育王残暴成性，杀人无数。即位后，他专门挑选最凶恶的酷吏设立了"人间地狱"，残害国内百姓。对外则沿着祖父和父亲的步伐，继续对外侵略扩张，征服了湿婆国等很多国家。其中南征羯陵伽的战争，最为激烈。

羯陵伽位于今孟加拉湾沿岸，是古印度的一个强国，拥有骑兵1万，步兵6万，战象几百头，而且经济繁荣，海外贸易十分发达。公元前262年，阿育王率大军亲征羯陵伽。羯陵伽虽然实力强大，但面对实力数倍于己的孔雀王朝，最终还是失败了。15万羯陵伽人被俘，10万人被杀。杀人如麻的阿育王看到尸骨如山、血流成河的场面，也十分震惊。羯陵伽被征服后，孔雀王朝的领土又进一步扩大。整个南亚次大陆，东临阿撒姆西界，南至迈索尔，西抵兴都库什山，北起喜马拉雅山南麓，除了南端外，全部成为孔雀王朝的领土。孔雀王朝成为印度历史上第一个基本统一印度的王朝。

羯陵伽战争中尸山血海的惨状对阿育王震撼极大，他深感痛悔，从小埋藏在心中的佛性，终于被恻隐之心唤醒。战争结束后，他与佛教高僧优波毯多次长谈，大受感召，决心皈依佛教。此后阿育王转变了原有的治国方针，宣布以后不再发动战争。他发布敕令说：他对自己在同羯陵伽的战争中所犯下的罪过"深感悔恨"，今后"战鼓的响声"沉寂了，代替它的将是"法的声音"。

阿育王宣布佛教为印度的国教，下令在印度各地竖立石柱、开

印度阿育王石柱　公元前3世纪
这块光滑异常的沙岩石柱是阿育王下令在今尼泊尔边境附近修建的佛教建筑，石柱顶部刻有一头威武的坐狮。阿育王下令将他的佛教谕令刻在石柱或岩壁上，以此来晓谕广大疆域内的臣民们。

凿石壁，将他的诏令刻在上面。他还召集大批佛教高僧，编纂整理佛经，在各地修建了许多寺院和佛塔。同时派出王子和公主在内的大批使者和僧侣到邻国去传教。在他的支持下，佛教日益传播，后来还传到了锡兰（今斯里兰卡）、埃及、叙利亚、缅甸、泰国和中国等地，成为世界性的宗教。对佛教发展历史来说，阿育王是仅次于释迦牟尼的重要人物。

第一次布匿战争

迦太基人是地中海西岸腓尼基人的后代。公元前4世纪，地中海的贸易被希腊人控制着，迦太基人就和罗马人结盟，共同对付希腊人。击败了希腊人后，为了争夺富庶的西西里岛和地中海的霸权，迦太基和罗马反目成仇，进行了三次大战。罗马人把迦太基人叫作布匿人，所以这三场战争在历史上被称为"布匿战争"。

罗马对外扩张时期，改进了战术，大量使用弓箭和投枪等投射武器，可以在远离敌阵的地方杀伤敌方阵中士兵。先前，罗马人曾排出长矛方阵与高卢人作战，当高卢的剑盾兵攻破了罗马人的侧翼后，罗马军队毫无反抗能力，只能在阵位上被杀死。这次惨败令罗马人意识到，长矛阵如果被突破就很难抵抗剑兵的进攻。于是，他们对方阵进行了革命性的改进，推演出罗马小步兵方阵的战术。

公元前275年，罗马人击败皮洛士以后，很快统一了意大利半岛。随后，他们开始越过海峡，向海外扩张。公元前264年，西西里岛上的两个小城邦叙拉古和墨西拿发生争端，迦太基和罗马同时介入，双方为了各自的利益互不相让，展开激战。凭借战斗力极强的罗马军团，罗马人占领了富庶的西西里岛的大部分，并于公元前262年攻占了迦太基在西西里岛西南岸的据点阿格里真托，但西西里岛西部和沿海的一些要塞仍控制在迦太基人手中，他们凭着海军优势封锁了西西里海岸和意大利半岛。

罗马人在陆上的胜利，并不能击败迦太基的海上舰队。公元前261年，罗马人做了极为勇敢的决定，迅速建立一支拥有120艘大型战舰的海军。公元前260年，尚未成熟的罗马海军企图攻占梅萨纳，结果失败。这使罗马人认识到不做战术改良是战胜不了在海军方面训练有素、机动性和作战经验都优于自己的迦太基军队的。

如何在海战中发挥出罗马军团的陆上优势呢？

罗马人发明了新的海上战术：他们在战船上装一个在桥板顶端下面安有长钉的木板

布匿战争的受害者
这是拜占庭壁画中的局部，描绘了罗马大军攻破叙拉古城时，古希腊物理学家阿基米德仍沉醉于数学的研究之中，他双手保护着正在使用的计算工具，有些惊慌失措。

桥，也叫接舷吊桥，又称"乌鸦"。前进时，木板桥可以直立起来，用来阻挡敌人投掷的武器；接近敌船时，板桥可以左右摆动，当它落在敌船甲板上时，钉子马上把敌人船只抓住。这时，罗马军团就可以迅速通过板桥，与对方展开肉搏战。

　　罗马人对所有战船做了改进后，便开始向西西里北部进发，在米列海（今米拉附近）与迦太基海军相遇。用这种木板桥，罗马兵团把迦太基将士打得落花流水，这一次战役使罗马不仅在陆上，而且在海上也成了强国。

　　公元前256年，罗马人派出一支拥有约5万人、330艘战船的庞大军队，开始进攻迦太基。不甘失败的迦太基海军调集更庞大的舰队在埃克诺穆斯海角攻击罗马战船，可是当两军遭遇时，"乌鸦"板桥又显示出了极大的威力，迦太基损失惨重。但是，远征迦太基本土的罗马陆军惨败，统帅雷古卢斯被俘获。前来接应的罗马海军收拾残兵败将，然后返航。不幸的是，罗马舰队在回国途中遭到暴风雨的袭击，损失惨重。罗马人进军非洲的计划虽然失败，但他们击败了迦太基强大的海军，获得了中部地中海的控制权。

　　公元前242年，罗马统帅卡托拉斯指挥200艘战船向西西里岛的利利贝奥和德里帕那发起突然进攻。迦太基闻讯非常震惊，立即派400艘战船出海，企图夺回这些港口。两军在爱加特斯岛附近展开激战，虽然迦太基战舰数量占优，但罗马"乌鸦"战船击沉迦太基战舰50艘，降俘70艘。结果，罗马大胜，迦太基被迫求和。

　　根据和约，迦太基把西西里岛及其与意大利之间的岛屿全部让给罗马，并赔款3200塔兰特。第一次布匿战争以迦太基的失败而告终。

坎尼之役

　　第一次布匿战争以迦太基的失败告终，迦太基被迫割让西西里岛，并付给罗马大量的赔款。但迦太基人不甘心失败，他们卧薪尝胆，决心再与罗马一争高下。公元前237年，迦太基统帅哈密尔卡带着自己的儿子汉尼拔来到西班牙建立新迦太基城，作为反击罗马的基地。为了复仇，哈密尔卡对儿子进行了严格的训练。汉尼拔9岁时，父亲命令他跪在祭坛前发誓：决不与罗马人为友，一定要为迦太基报仇。在父亲和姐夫的教导下，汉尼拔成长为一名优秀的统帅。他胆识过人，足智多谋，而且善于用兵，深受部下的爱戴。有人曾这样描述汉

第三次布匿战争

　　第二次布匿战争之后，罗马与迦太基休战了50多年。公元前149年，罗马见迦太基通过贸易逐渐恢复了元气，非常担心迦太基复兴。于是要求迦太基放弃港口城市，搬入北非内陆，这一要求遭到断然拒绝。罗马立即对迦太基宣战，出兵8.4万，围攻迦太基城。迦太基人奋起抵抗，罗马人无法取胜。公元前147年，罗马执政官小西庇阿亲临前线指挥，断绝迦太基与外界的联系。第二年春天，罗马人发动总攻，攻克迦太基。迦太基港口被毁灭，5万残存居民沦为奴隶，罗马完全吞并了迦太基。

尼拔：没有一种劳苦可以让他身体疲倦和精神沮丧，酷暑和寒冬他都可以忍受。深夜里，他经常裹着一个薄毯子和普通士兵睡在一起。无论是在骑兵还是在步兵中，总是冲在最前面。战斗时，他总是第一个投入战斗。战斗结束后，他总是最后一个离开战场。

后来父亲战死，25岁的汉尼拔成了迦太基驻西班牙的最高统帅。完成了作战准备后，汉尼拔开始进攻罗马在西班牙的盟友——萨贡姆城。罗马对汉尼拔发出警告，但汉尼拔不屑一顾，很快攻占了萨贡姆城。公元前218年，罗马对迦太基宣战，第二次布匿战争开始。

汉尼拔闪电般地击败了在西班牙的罗马人，随后，率领5万步兵、1.2万骑兵和37头战象，从新迦太基城出发，开始了远征。当他们到达意大利北部时，全军只剩下2万步兵，6000多没有马的骑兵和1头战象了。与罗马有仇的高卢人纷纷加入汉尼拔的队伍。

经过短暂的修整，汉尼拔的大军主动出击。罗马人惊慌失措，以为汉尼拔是从天而降，仓促迎战，结果被打得大败，连罗马人的执政官都被杀死。

公元前216年，8万罗马大军与6万汉尼拔大军在坎尼（今意大利奥凡托河入海口附近）相遇，一场大战不可避免。战前，汉尼拔派500名士兵前去诈降，罗马人将他们缴械后安置到了罗马人的阵后。汉尼拔将战斗力较弱的步兵摆在中央，两翼则配备战斗力较强的骑兵。整个汉尼拔大军呈月牙状分布，突出的一面朝向罗马人，背靠大海列阵。战斗开始后，罗马人向汉尼拔发起了猛烈进攻，迦太基步兵抵挡不住逐渐后撤，而骑兵则坚守阵地。月牙阵突出的部分慢慢收缩，罗马人进入了口袋阵。这时，汉尼拔立即指挥两翼精锐骑兵迅速向罗马人的后方包抄，步兵停止后退，开始反攻。先前诈降的500名迦太基士兵也从怀里掏出匕首，杀向罗马人，堵住罗马人的退路。排山倒海一样的迦太基骑兵迅速击败了罗马人的骑兵，开始猛攻罗马人的中央步兵。罗马人顿时陷入了重重包围之中。恰在这时，猛烈的海风吹来，扬起了满天尘土，迷住了罗马人的眼睛。几万罗马人乱成一团，不成阵式，根本无法发挥出战斗力。罗马人向前受大风的阻挡和迦太基步兵的反击，两翼受到迦太基骑兵的夹击，后面又遭到迦太基士兵的进攻，溃不成军。

这场战役整整持续了12个小时，直到黄昏后才结束。罗马人有5.4万人战死，1.8万人被俘，1.4万人突围逃走，而汉尼拔只损失了6000人。坎尼战

汉尼拔的"坦克"
最著名的战象属于迦太基统帅汉尼拔。公元前216年，在意大利东南部与罗马人进行的坎尼战役中，他使用了从西班牙带来的大象。

役成为历史上著名的以少胜多的辉煌战役。

后来，罗马人改变战略，开始进攻迦太基本土，汉尼拔被迫回援，结果战败，第二次布匿战争又以迦太基的失败告终。汉尼拔为了躲避罗马人的追杀，四处逃亡，最后被逼自杀。52年后，罗马人发动了第三次布匿战争，彻底灭亡了迦太基。

张骞出使西域

中国汉武帝时的张骞，曾两次出使西域，开辟了丝绸之路，加强了中原与西域的联系，促进了西汉王朝和中、西亚各国经济文化的交流和发展。张骞凿通西域，在中国历史、亚洲历史以及东西方交通史上，都有着深远的意义和巨大影响。

西汉时期，北方的游牧民族匈奴一直是西汉最大的威胁。他们不断地南下，掠夺人口、牲畜和财物，侵扰汉朝的北部边境，有一次甚至逼近首都长安附近的甘泉宫。汉朝虽想进行军事反击，但由于汉初实力不够而无法实现，因此，一直以和亲的方式羁縻匈奴。到了汉武帝的时候，汉朝进入全盛时期，国富兵强，汉武帝开始筹划反击匈奴。

恰逢匈奴单于杀死游牧民族大月氏的王，继位者很想报杀父之仇。汉武帝探知这一消息，决定利用这一有利时机，派人去联络大月氏，夹击匈奴。公元前139年，在汉武帝身边担任郎官的张骞毛遂自荐，带领堂邑父和随从100多人，第一次出使西域。

张骞此行充满了危险。当时匈奴的势力已经延伸到西域，控制了天山一带和塔里木盆地的东北部以及河西走廊地区。河西走廊是通往大月氏的唯一通道，张骞一行刚一进入，就遇见匈奴骑兵。张骞等人被捕后，匈奴兵来夺张骞的旌旗，张骞义正词严地说："旌旗是我出国的凭证，你们胆敢侮辱我！"匈奴兵无奈，只好把他押去见单于。单于扣下张骞、堂邑父以及他们所带财物，把他的随行人员分到各个部落去当奴隶。匈奴人不断地提审盘问张骞，却一无所得。单于软硬兼施，下令把张骞和堂邑父押送到匈奴西边的游牧地区，表面上优礼相待，暗地里则严加看管，还指派一名美女给张骞当妻子。

但张骞不忘使命，公元前129年，他抛下妻儿，逃离匈奴，继续西行，终于到达了大月氏。可是西迁的大月氏征服了富饶的大夏以后，已不想再与匈奴交战了。张骞在大夏地区考察了一年多，起程回汉。归途中虽然改走天山南路，但还是不幸地再次被匈奴俘获，又被扣留了一年多。直到公元前126年，张骞等人才趁着匈奴内乱，带着妻子和儿子逃了出来，回到汉朝。

张骞第一次出使西域，虽然没有完成使命，但是却开辟了举世闻名的丝绸之路，为进一步发展汉朝和西方之间的友好关系，促进国际间的经济文化交流，做出了不可磨灭的巨大贡献。

丝绸之路的开辟，使得西域的葡萄、苜蓿、胡桃、芝麻、石榴、黄瓜、大蒜、胡萝卜、蚕豆等，在中原地区生根落户；西方的毛皮、毛织品、玻璃以及名马、骆驼、狮子、鸵鸟等珍禽异兽也都源源东来；中原地区的丝绸、铁器、农产品、铸铁技术、井渠灌溉方法等也相继传到了西域、波斯、印度等地。这种频繁的经济、文化交流促进了西域的进步，也极大地丰富了中原人民的物质文化生活。

公元前122年，张骞在汉武帝的支持下，连续派出了十几批使者试图打通去往身毒（印度的古称）的道路，继续寻找前往西方的道路。这一举动虽然没有达到预期效果，却恢复了内地和西南的交通，加强了汉族和西南各少数民族之间的友好关系，为后来汉朝开发经营西南地区奠定了基础。

汉朝取得对匈奴战争的胜利后，为了进一步发展汉朝和西域各族的友好关系，加强和中亚、西亚各国的联系，孤立打击匈奴在西域的残存势力，张骞于公元前119年建议汉武帝联合乌孙，共同对付匈奴。汉武帝采纳了他的建议，再次派他出使西域。但是由于乌孙的内乱，汉乌联合之事被搁置下来。张骞只好派部属分别前往大宛、康居、大月氏、大夏、安息等地访问考察。公元前115年，张骞回到汉朝，第二年就去世了。

张骞是一位卓越的探险家、一位英勇的将军。在汉匈战争中，他凭借自己的西域经验，寻找水源和草地，指点行军路线，为汉军的胜利屡立大功，被封为博望侯。

后来，汉朝不仅和乌孙结成了同盟，还在西域设置了行政机构西域都护府，对西域地区进行管辖。汉朝和西域各国也建立起友好的关系。

斯巴达克起义

公元前2世纪，罗马横跨欧、亚、非三大洲。连年的扩张使大批的战俘和被征服的居民成为罗马人的奴隶，奴隶们被称为"会说话的工具"。奴隶主为了取乐，建造巨大的角斗场，强迫角斗士手握利剑、匕首，相互拼杀，或者让角斗士与狮子等猛兽搏斗。一场角斗戏下来，场上留下的是一具具奴隶尸体。

公元前80年，希腊东北部的色雷斯（今保加利亚、土耳其的欧洲部分）被罗马征服，战将斯巴达克被俘后沦为奴隶，成为一名供罗马贵族娱乐的角斗士。在卡普亚城一所角斗士学校，斯巴达克遭受了非人的待遇。公元前73年，在忍无可忍的情况下，斯巴达克向他的伙伴们说："宁为自由战死在沙场，不为贵族老爷们取乐而死于角斗场。"角斗士们在斯巴达克的鼓动下，拿起厨房里的刀和铁叉，为了争取自由，斯巴达克秘密带领78名角斗士杀死卫兵，逃到维苏威深山里，斯巴达克被推选为起义首领。斯巴达克起义爆发后，许多逃亡的奴隶和农民纷纷加入，起义军很快发展到1万人。起义军不断出击，势力日益壮大起来，影响范围也越来越广。

得知奴隶起义的消息，罗马元老院急忙派克狄乌斯率3000人前去围剿。维苏威山是断崖山，山后是悬崖峭壁，克狄乌斯封锁了山路，企图把起义军困死在山上。斯巴达克一边命人在前面吸引敌人的注意力，一边命主力用野葡萄藤编成绳梯，夜里顺着绳梯下山，绕到敌后，向正在沉睡的罗马军队发动进攻。罗马军在起义军的突然袭击下乱作一团，溃不成军，克狄乌斯慌忙逃脱。起义军名声大振，队伍进一步扩大。

起义军队伍壮大起来后，斯巴达克决定将队伍转移到罗马兵力较弱的意大利北部。罗马元老院命瓦利尼乌斯率领1.2万大军分三路截击。斯巴达克采取各个击破的策略，先后打败两路大军。两路失败的罗马军与第三路军汇合后继续反攻，将起义军困在山洞里，起义军正好得到了休整机会。休整完毕，起义军在营中点起篝火，吹响号角，迷惑敌人，然后趁夜色从崎岖的小道突破重围。天亮后，罗马军才知中计，急忙追赶。起义军又利用有利地势设下埋伏，打了罗马军队一个措手不及。

公元前72年，斯巴达克的军队发展到1.2万人，斯巴达克按照罗马军队的形式对部队进行了改编，除了由数个军团组成的步兵外，还建立了骑兵、侦察兵、通信兵和小型辎重部队。此外，斯巴达克还组织制造武器，对士兵进行训练，并制定了严格的兵营和行军生活规章。起义军声威大震，控制了整个坎佩尼亚平原。斯巴达克决定继续北上，但和他的副手克里克苏产生分歧，克里克苏拒绝北上，带领部分人马原地留守。

斯巴达克雕像

罗马元老院对起义军的发展极为担忧，遂命两个军团对起义军进行围剿。罗马军首先给了留守的克里克苏部致命一击，克里克苏阵亡。然后，又兵分两路夹击斯巴达克军。斯巴达克集中兵力先打击堵截的罗马军团，后乘胜回头对追兵发起了猛攻，罗马军团再次惨败。

取得这场胜利后，斯巴达克不再向北转移，而是挥师南下，向西西里岛进军。罗马元老院惊慌失措，派克拉苏统帅6个军团约9万人镇压起义军。这时斯巴达克大军已挺进到意大利半岛的南部，准备从这里渡海去西西里岛，到那里建立政权。但是被西西里收买而毁约的海盗没有给他们提供船只，斯巴达克只好组织起义军编制木筏，海上的风暴又使他放弃了这个计划。这时罗马大军赶到，在起义军后方挖了一条大壕沟，切断了起义军退路。起义军回师反攻，用土和树木填平了壕沟，突破罗马军队的防线，但起义军也损失惨重，2/3的战士牺牲。

公元前71年春，起义军试图占领意大利南部的重要港口布尔的西，乘船渡海驶向希腊，进而到色雷斯。罗马元老院想尽快将起义镇压下去，就分别从西班牙和色雷斯将庞培的大军和路库鲁斯的部队调来增援克拉苏。为了不让罗马军队会合，斯巴达克决定对克拉苏的军队发起总决战。

在阿普里亚省南部的激战中，斯巴达克军队虽在数量上比罗马军队少得多，但他们仍然英勇战斗。斯巴达克身先士卒，骑在马上左冲右突，杀伤两名罗马军官。他决心杀死克拉苏，但由于大腿受了重伤，只好在地上屈着一条腿继续战斗。

在罗马军队的疯狂围攻下，6万名起义者战死，斯巴达克也壮烈牺牲。此后，斯巴达克的余部继续战斗达10年之久。

斯巴达克起义虽然失败，但它沉重地打击了罗马统治，对罗马的政治、经济、军事都产生了深远的影响，其不畏强暴、前仆后继寻求解放的斗争精神谱写了奴隶解放的光辉诗篇。

恺撒大帝

"今天的收获真不小，竟然抓到了一个衣着如此光鲜的'贵重货'。"地中海的海盗们高兴极了。海盗们知道这个穿着华贵衣服的人就是这伙人的头，于是就对其他被俘的人说："你们赶紧回去取20塔兰特，然后来赎回你们的主人。"这位被称为主人的人听了海盗的话，不慌不忙地说："我的身价应值50塔兰特。"

海盗得到钱后，果然把这个衣着光鲜的家伙给放了。这一回，这个人反倒不依不饶地说："你们听着，将来我要率领一支舰队消灭你们。"海盗们不以为然。几年后，这股海盗果真被一支舰队打败了。临死时，海盗们认出了那个下达"把他们钉在十字架上"命令的人，正是他们曾经俘获并向他索要20塔兰特的衣着光鲜的人。

这位海盗的俘虏，就是古罗马共和国末期著名的统帅和政治家恺撒（约公元前100～公元前44年）。在历史上，能同时拥有政治、军事、文学、雄辩等诸多才能于一身的人，除了恺撒之外，恐怕再找不出第二个人了。

恺撒是古罗马历史上最有成就的伟人，有人断言，若不是他在英年时突然被刺身亡，罗马的历史将可能改写，甚至他的成就将可能超过著名的马其顿国王亚历山大大帝。

恺撒生性好学，加之出身贵族，所以自幼就受到了非常良好的教育。他跟随一位高卢人老师学习了拉丁文、希腊文和修辞学，这位老师对他的性格塑造有着不可磨灭的影响。少年时期的恺撒就怀有非凡的抱负和志向，他幻想权力和荣誉，希望为风云变幻的罗马共和国建功立业，13岁时，他就当选为朱庇特神（即宙斯）的祭司。公元前84年，恺撒奉父命与珂西斯汀结婚，父亲去世后，他与珂西斯汀离婚，另娶了当时平民党的领导者金拉的女儿可妮丽娜为妻。独裁者苏拉在取得统治权后，杀死了自己的政敌金拉，但他非常赏识年轻有为的

独裁者苏拉

苏拉（公元前138～公元前78年），古罗马军事家、政治家。早年为马略部将，曾参加朱古达战争和罗马对日耳曼人的战争。公元前88年，苏拉当选为执政官。此后，他与马略反目成仇。公元前87年，苏拉率军远征东方，马略和金拉乘机夺权，苏拉在战场上获胜后率军回师意大利，击败反对派。公元前82年，苏拉占领罗马城，彻底肃清了马略和金拉的追随者，迫使公民大会选举他为无任期限制的独裁官，集军政大权于一身。他将没收的土地划为12万块，分给老兵，由此获得了军队的支持。苏拉依靠军队实行独裁，沉重打击了共和制，为以后恺撒等人的独裁开了先河。

恺撒，要求恺撒和可妮丽娜离婚，被恺撒拒绝。一气之下，苏拉没收了恺撒的世袭财产和他妻子的嫁妆，并且要处死恺撒，恺撒闻讯，逃离罗马，直到公元前78年苏拉死后，才返回罗马。

回到罗马后，恺撒迅速在政坛崛起，以雄辩、慷慨、热心公务的作风和改革派的形象赢得了公众的好感，并在广大平民和部分上层人士中赢得威望。公元前73年，他被选入最高祭司团，此后，又历任财政官、市政官、大祭司长、大法官等高级职务，并于公元前60年与担任执政官的庞培和克拉苏结成"三头同盟"。在后两者的支持下，恺撒于公元前59年登上了罗马执政官的宝座，任满后出任高卢总督（公元前58～公元前49年）。就任高卢总督期间，恺撒建立起了一支能征善战、完全听命于自己的强大的军队，这支军队征服了高卢全境，越过莱茵河奔袭德意志地区，并两次渡海侵入不列颠群岛，为恺撒赢得了赫赫战功。恺撒势力的迅速增长，引起了元老院贵族的惊恐。

克拉苏死后，庞培与元老院合谋，企图解除恺撒的军权。恺撒决定兵戎相见，经过5年内战（公元前49～公元前45年），他消灭了以庞培为首的敌对势力，征服了罗马全境，被宣布为独裁者，获得了至高无上的统治权力，成为没有君主称号的君主。凭借手中的权力，恺撒进行了包括土地制度、公民权、吏治法纪和政治体制在内的多方改革，建立起高度的中央集权，初步形成了一个以罗马为中心的庞大帝国，而且其中的一些措施对后世影响深远。他曾让属下在墙上写出罗马发生的重大事件和元老院会议的报告书，成为现代报纸最原始的雏形；他主持制定的儒略历，有些国家到20世纪还在应用，而现行的国际通用的公历也是在这个历法的基础上改革而成的；他曾为当时众多的马车制定单向通行的制度，成为现代交通管理的溯源；他所写的《高卢战记》更是为后人留下了了解当时外高卢、莱茵河东岸的山川形势、风俗人情等的第一手材料。

恺撒的独裁权力始终为元老院的贵族反对派所不满，于是他们勾结起来预谋刺杀恺撒。

公元前44年3月15日，恺撒没带卫队，只身一人来到元老院开会。当他落座后，一个刺客假装汇报情况来到他面前，突然拔出藏在胸前的匕首刺向恺撒。

伟大的征服者——恺撒
画面中心恺撒用一只手托起地球，象征着世界在握，他的败敌被他的马踩于蹄下，左侧一些手持镰刀的人物象征着死亡，右侧恺撒身后飞舞的人暗示着他伟大的征服。

恺撒毫无防备，应声倒地。其他阴谋者一拥而上，连刺恺撒 23 刀。当恺撒看到他最宠爱的义子布鲁图也持刀向他刺来时，便绝望地喊道："孩子，连你也要杀我吗？"然后便不再抵抗，用长袍把头蒙住，任由大家刺杀，至死维护自己的尊严。

恺撒虽然死了，但罗马帝国的车轮已经运转起来，恺撒的甥孙、年轻的屋大维最终取得了罗马的统治权，成为罗马历史上第一个皇帝，被尊称为"奥古斯都"（神圣之意），开创了罗马帝国。

埃及女王克里奥帕特拉

克里奥帕特拉是埃及托勒密王朝的国王托勒密十二世的女儿，传说她出生时，整个王宫一片红光。埃及的预言家们预言这个女孩将会是托勒密王朝甚至是古埃及的一位重要人物，埃及的生死存亡都将寄托在她身上。国王和王后听了非常高兴，他们对克里奥帕特拉非常宠爱。父母的娇生惯养，使她从小就有很强的占有欲。她聪明美丽，受过良好的宫廷教育，会说很多种语言。

托勒密十二世去世后，按照埃及的规定，克里奥帕特拉与弟弟托勒密十三世结婚，共同统治埃及。托勒密十三世是个懦弱无能的人，精明能干的克里奥帕特拉一点都不喜欢他。由于性格不合，两人经常发生冲突。克里奥帕特拉想大权独揽，与托勒密十三世发生了激烈的权力争夺。在这场斗争中，克里奥帕特拉失败了，被迫逃亡叙利亚。但克里奥帕特拉不甘心失败，她积极地招兵买马，时刻准备杀回埃及。

公元前 48 年，罗马大将庞培与恺撒争权，失败后逃到埃及。恺撒追击庞培，率军来到埃及。克里奥帕特拉闻讯回国，打算借助罗马人的力量重登埃及王位。一天晚上，恺撒正在亚历山大城的豪华宫殿里看书，一个侍卫进来禀报说："尊敬的将军，埃及女王派人送给您一张毛毯。"恺撒让侍卫送进来。侍卫转过身拍了拍手，只见两个埃及人扛着一卷毛毯走了进来，然后放在地上就退了出去。这时，毛毯慢慢展开，恺撒惊奇地发现，里面竟然出现一个绝色的美人。恺撒屏退左右，毯中人向他自我介绍，说自己就是埃及女王克里奥帕特拉。恺撒早就听说埃及女王是个美人，今夜一见，果然名不虚传。恺撒礼貌地问："尊敬的女王陛下，您这么晚找我有什么事？"克里奥帕特拉也不绕弯子，直截了当地说："我是想让你帮我重登埃及王位。"克里奥帕特拉美丽的容颜、曼妙的身姿、迷人的微笑，在灯光的映照下犹如仙女下凡，恺撒立刻就爱上了女王。罗马军队轻而易举地击败了托勒密十三世的军队，在恺撒的扶植下，克里奥帕特拉重登王位，成为大权独揽、至高无上的埃及女王。

后来恺撒回师，克里奥帕特拉也来到了罗马。克里奥帕特拉坐在巨大的狮身人面像的模型上，由很多侍卫抬着经过凯旋门时，整个罗马都轰动了。罗马人倾城而出，争相目睹女王的风采。克里奥帕特拉为恺撒生了一个儿子，取名"小恺撒"。克里奥帕特拉和她的孩子住在罗马郊外的别墅，恺撒经常去那儿看望他们。

不料几年后，恺撒遇刺身亡，女王伤心地回到了埃及。

恺撒死后，女王急于再找一个靠山，她看上了原恺撒手下的大将安东尼。此时的安东尼已经是罗马政坛上的三巨头之一，手握大权，管辖着罗马的东方行省。一天，安东尼率领军队来到埃及，传唤女王，要质问她为什么在为恺撒报仇的事上没有尽心尽力。

当埃及女王的金色大船一靠岸，安东尼远远地看见了女王的绝世容颜，顿时神魂颠倒，他将自己的衣服整理了很多遍才登上女王的大船。一见到美丽的女王，安东尼顿时将质问女王的事情抛到了九霄云外，很快坠入情网。不久，女王给安东尼生了一对双胞胎，安东尼将罗马的领土封给了埃及女王的儿子。这一行为引起了罗马人的强烈愤怒，他们纷纷指责安东尼是卖国贼，要求出兵讨伐他，恺撒的甥孙屋大维趁机率领军队讨伐安东尼。

公元前31年，安东尼和女王的联军在亚克兴海与屋大维展开激战，双方杀得难解难分。正在这时，女王突然率领自己的60多艘战舰撤退，安东尼见女王离去，斗志全无，也率领舰队返航。安东尼的很多部下见状，都投降了屋大维。

第二年夏天，屋大维率领大军在埃及登陆，绝望的安东尼拔剑自杀，克里奥帕特拉被俘。她还想用自己的美色诱惑屋大维，可屋大维对她不屑一顾，并扬言要把她押回罗马游街示众。克里奥帕特拉不愿受辱，想一死了之。她恳求自己死后能和安东尼合葬在一起，屋大维答应了。克里奥帕特拉在自己的王宫里，打扮得漂漂亮亮，平静地躺在象牙床上，将一条小毒蛇放在自己身上。小毒蛇轻轻咬了女王一口，不一会儿，38岁的女王就永远闭上了眼睛。

埃及托勒密王朝

亚历山大帝国解体后，原亚历山大的部将托勒密·索特尔自立为埃及国王，定都亚历山大里亚，从此埃及进入了托勒密王朝时期。托勒密王朝全盛时拥有包括埃及本土、地中海部分岛屿、小亚细亚一部分、叙利亚和巴勒斯坦部分地区。它的统治阶级主要是希腊人和马其顿人，他们控制了国家从中央到地方的各级政权。由于长期同塞琉古王国和马其顿王国争霸，再加上奴隶起义不断，托勒密王朝逐渐走向衰落。公元前30年，托勒密王朝被罗马所灭。

元首屋大维

"我接受了一座用砖建造的罗马城，却留下一座大理石的城。"这是罗马帝国的创建者奥古斯都充满自豪感时说的一句话。奥古斯都平生的志向就是要让罗马人从战争中解放出来，"永远过和平的生活"。他也的确实现了自己的诺言，在他统治的42年里，古罗马经济进入了史上最繁荣的时期。鉴于他伟大的功绩，14年8月，当他死去时，罗马元老院将他列入了"神"的行列，并且将8月称为"奥古斯都"，以纪念他。

奥古斯都原名盖乌斯·屋大维，奥古斯都是罗马元老院授予他的尊号，是神圣、庄严、伟大的意思。屋大维4岁时，父亲去世，他的母亲改嫁给马尔库斯·腓力普斯，从此，屋大维由继父抚养。12岁时，他在外祖母尤利娅的葬礼上致悼词，第一次在公众场合露面。15岁时，他被选入大祭司团。恺撒被刺时，他19岁，正在阿波罗尼亚城（今阿尔巴尼亚境内）接受教育，为恺撒远征帕提亚（今伊朗一带）做准备。恺撒在遗嘱里将自己财产的3/4赠予了屋大维，并将屋大维立为自己的继承人。

得悉恺撒的死讯后，屋大维返回罗马，利用恺撒对自己的恩宠及恺撒的影响力开始了谋求罗马统治权的活动。他向恺撒的部将、当时掌握实权的执政官安东尼提出继承恺撒权力的要求，但遭到拒绝。

屋大维知道要想获得政权，必须拥有一支属于自己的军队。为此，他四处募集资金，甚至拍卖家产，招募恺撒旧部，不到一年的时间，屋大维便建立了自己的军事力量。公元前43年，他趁安东尼出兵在外，率军进入罗马，获得了元老院的支持。此后，屋大维、安东尼、雷必达三位实力相当的人物达成协议，缔结盟约，共同执政，史称"后三头"政治同盟。在清除了一系列反对势力后，后三头重新划分势力范围，屋大维用计剥夺了雷必达的权力，兼并了他的军队，成为罗马实力最强的人物。公元前42年，拥有罗马东方行省的安东尼来到埃及，拜倒在埃及女王克里奥帕特拉的石榴裙下。不久，克里奥帕特拉为他生下一对双胞胎，高兴过头的安东尼竟然宣布把罗马的东方行省赠给克里奥帕特拉及其子女。这一行为激起了绝大多数罗马人的愤慨。

罗马元老院和人民大会不能容忍安东尼，宣布剥夺他的权力，并授权屋大维率兵讨伐。公元前31年，屋大维与安东尼在亚克兴海决战，安东尼失败，逃回埃及后自杀。屋大维进军埃及，克里奥帕特拉企图笼络屋大维，失败后也自杀身亡，埃及成为罗马的一个行省。公元前29年，屋大维肃清了自己的敌对势力，成为罗马唯一的统治者。

凯旋罗马后，屋大维接受了"元老院首席公民"（即元首）和"元帅"的称号，并于公元前28年当选为罗马执政官。与恺撒不同的是，屋大维在共和政府的形式下进行了实质上的独裁统治，这成为他在罗马执政42年的重要原因。公元前27年1月13日，他召开元老院会议，在会上宣布交出独裁权力并恢复"共和国"制度，此举使心怀感激的元老院在三天后授给他"奥古斯都"的尊号。但是，他又装作应元老院和人民的请求，接受了完全违背共和制原则的绝对权力，创立了独裁的元首制。公元前13年，奥古斯都被选为祭司长，成了罗马宗教的首脑。这样，他

屋大维像
这个踌躇满志的青年，19岁时继承恺撒的伟业，31岁时统治世界，治理罗马帝国达半个世纪之久。这尊大理石雕像雕刻的屋大维显得平静而庄严，做出凯旋的胜利姿势，其脚边的丘比特象征着他伟大的诞生。

> **亚克兴海战**
>
> 公元前31年,屋大维率军8万、战船400艘东征,安东尼和埃及女王率军10万人、战船500艘迎战。双方在亚克兴海对阵。屋大维占领科孚岛和莱夫卡斯岛,对安东尼军南北夹击,并派战船袭扰安东尼的后方补给线。安东尼见形势不利,便决心在海上与屋大维决战。双方采用的都是左、中、右三翼编成一线展开的阵形,安东尼首先率右翼编队迂回敌方左翼,女王率预备队尾随接应,屋大维则派海军名将阿格里帕指挥左翼编队迎战。阿格里帕的左翼编队充分发挥船体轻、航速快、机动灵活的优势,与安东尼大型舰船作战。激战中,安东尼中央和右翼编队部分船只见势掉头回航,不明真相的埃及女王也下令舰队脱离战场。安东尼见状,无心再战,下令撤退。这一战,安东尼损失战船300余艘,陆军全部投降,从此丧失了与屋大维争霸的实力。

总揽了行政、军事、司法和宗教大权,实际上成为罗马帝国的第一个皇帝,那一年,他36岁。

建立元首制后,奥古斯都将罗马各行省分为由元老院任命总督管辖的元老院行省和直属元首的行省,同时继承了恺撒的制度,在行省中推行自治市制度,把公民权授予行省上层分子,又将大批退伍士兵移居各行省,从而大大加强了对全国各个地区的控制力度。奥古斯都建立了一支强大的正规化的常备军,依靠这支军队,征服了高卢和西班牙,占领了从莱茵河到易北河的全部地区,把地中海变成了罗马的内湖,极大拓展了帝国的疆域。

尽管奥古斯都比较长寿,但他却一直受到疾病的困扰和折磨。他患有严重的皮肤病、风湿病、关节炎等多种疾病,怕冷却又不敢晒太阳。他饮食清淡,遇有宴会,他要么预先吃饱,要么宴会后单独再吃,而不动宴席上的东西。像中古的圣哲一样,他用精神支持肉体,建立了自己的千秋伟业。

14年,奥古斯都巡视南意大利,在路上因病死去,享年77岁。

"魔鬼"尼禄

37年12月,尼禄出生于罗马。他的父亲是一个臭名昭著的大贪官,母亲阿格里披娜是罗马皇帝的侄女。3岁的时候,尼禄的父亲病死,他的母亲用美色诱惑自己的叔叔,当上了皇后。

阿格里披娜是一个野心勃勃、权力欲极强的女人,她处心积虑怂恿老皇帝将太子废掉,立尼禄为太子。为了让尼禄的地位更巩固,她又撺掇老皇帝将公主屋大维娅嫁给了尼禄。

阿格里披娜以为这样一来,只要老皇帝一死,罗马皇帝的宝座就是尼禄的。但事情的发展并不如意,老皇帝的身体非常健康,并且经常怀念被废的太子。阿格里披娜急得团团转,最后她竟勾结近卫军将老皇帝毒死。就这样,年仅17岁的尼禄登基,成为罗马皇帝。

尼禄在元老院的第一篇演说受到了元老们的普遍称赞,元老们一致认为尼禄将是一个非常有作为的皇帝,罗马帝国的一个新的黄金时代即将到来。尼禄上台后，起初施行仁政，下令禁止血腥的竞技，废除极刑，减少赋税，允许奴隶们控诉虐待他们的主人等，他甚至宽恕写诗讽刺他的诗人，赦免阴谋反对他的人。

尼禄当上皇帝后，阿格里披娜得意扬扬，以为整个罗马都是她的了。她平时专横跋扈，不可一世，经常干涉朝政和尼禄的生活。尼禄不喜欢自己的妻子，而喜欢一个美丽的女奴隶。他的母亲斥责他，尼禄生气地说："我是罗马皇帝，我想怎么样就怎么样！"

尼禄自杀
尼禄的残暴使他众叛亲离，在"祖国之敌"的声讨中，这位帝国皇帝无奈地选择了自杀。此画表现了尼禄临死前近臣惊乱的情景。

阿格里披娜大怒说："你别忘了，是谁让你当上皇帝的！我能让你当上皇帝，也能让你哥哥当上皇帝！"尼禄惊恐万分，彻夜难眠，便下令将他的哥哥秘密处死。为了消除后患，尼禄又决定对自己的母亲下毒手。

一天，尼禄扶着母亲登上一艘豪华的大船上，给母亲说了很多好话，还亲自斟酒，不停地道歉。阿格里披娜非常高兴，认为儿子回心转意了。尼禄走后不久，"轰"的一声巨响，船身猛地倾斜到一边，吓得阿格里披娜魂飞魄散，急忙跳水逃生，游了半天才上岸，在众人的搀扶下，回到了自己的别墅。惊魂未定的阿格里披娜还没来得及喘口气，几个五大三粗的士兵就闯入别墅，大声说："我们奉皇帝之命前来杀你！"阿格里披娜还没来得及说话，一把锋利的刀就插进了她的胸膛。派人杀死了自己的母亲后，尼禄又派人杀死了老师和妻子。从此以后，再也无人能节制他，尼禄性格大变，整天过着荒淫无耻的生活。

64年夏季的一天，精神极度空虚的尼禄做了一个令人震惊的举动：火烧罗马城。全罗马城14个区有10个区都燃起了熊熊烈火，罗马人奔跑着、惊呼着，仿佛世界末日来临。尼禄站在皇宫的最高处，看着满城冲天大火的壮观景象，兴奋得手舞足蹈。他不仅不派人去救火，反而触景生情，用忧伤的语调高声朗诵特洛伊毁灭的诗篇。

大火过后，人民无处安身，生活在饥寒交迫之中。可尼禄根本不管这些，下令修建自己的皇宫。皇宫内部用金银珠宝装饰得富丽堂皇，餐厅里有镶着象牙的可以转动的天花板，不停地撒下花瓣和香水。浴池可以引进海水，也可以引进泉水。当这座富丽堂皇、豪华别致的建筑竣工后，尼禄兴奋地说道："这才像个人住的地方啊。"

人民猜测是尼禄放火烧毁了罗马，纷纷议论。尼禄非常生气，派士兵杀死了很多非议他的人，并嫁祸基督徒，大肆迫害他们。

尼禄觉得自己是个艺术家，经常上台表演。他在皇宫举办了很多场豪华演出，自己扮演朗诵者、歌手、演奏师甚至角斗士登台表演。在演出时，他下令紧闭剧场大门，不许观众中途退场。观众们实在无法忍受他那刺耳的歌声和拙劣的演技，纷纷翻墙逃跑。

尼禄见在罗马没有人"欣赏"他的"才华"，就率领庞大的剧团到希腊去演出。希腊人赞扬了他，尼禄非常高兴，觉得希腊人懂艺术，就赐予希腊自治权。

罗马人再也无法忍受尼禄的暴政了。68年，罗马的西班牙和高卢行省的总督号召人民起来反抗，尼禄的近卫军也纷纷响应。众叛亲离的尼禄逃出罗马城，在郊外的一所别墅中自杀。临死前，尼禄仰天长叹："一个多么伟大的艺术家就要死了！"

罗马和平

14年，罗马第一任皇帝屋大维死后，他的养子提比略继位，从此罗马帝国开始了帝位传承制。1～2世纪，罗马帝国主要经历了三个王朝：朱里亚·克劳狄王朝、弗拉维王朝和安敦尼王朝。这三个王朝是罗马帝国的鼎盛时期，被称为"罗马和平"。

在这一时期，罗马的生产工具和技术有了很大的提高。农业出现了带轮子的犁和割谷机。工业上出现了水磨，大大减轻了人力和畜力的劳动强度。在矿山中开始使用人工排水的机械。手工业的发展尤为显著，不仅门类增多，而且分工十分精细。传统的手工业，比如阿列提乌姆的制陶业、阿普亚的青铜制造业、莫纳德的制灯业等规模不断扩大，产量很多，远销各地。玻璃制造业也得到了大力推广，同时出现了丝织业。在这一时期，除了罗马城外还出现了很多大城市，比如不列颠的伦丁尼姆（今伦敦）、高卢的鲁格敦（今里昂）等，迦太基等一些曾被摧毁的城市也开始恢复，阿普亚和那不勒斯是手工业和商业的中心，而亚历山大里亚（今埃及的亚历山大港）则是商品的集散地和内外贸易的枢纽。首都罗马成了整个帝国的交通中枢，它和许多大城市都有道路相连，西方谚语"条条大道通罗马"就是从那时流传下来的。

当时罗马对外有三条贸易通道。第一条是从意大利半岛经海路来到亚历山大港，登岸后由陆路经过红海东岸阿拉伯半岛上的也门，然后乘着船借着季风抵达印度，最后再把印度的宝石、香料和纺织品运回罗马。第二条是

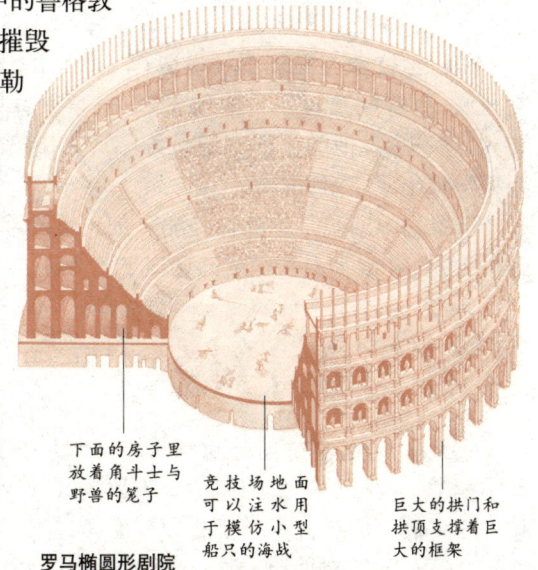

下面的房子里放着角斗士与野兽的笼子

竞技场地面可以注水用于模仿小型船只的海战

巨大的拱门和拱顶支撑着巨大的框架

罗马椭圆形剧院

罗马皇帝举行大型活动来博取罗马人民的欢心。罗马城的椭圆形剧院是最大的。它在80年开放，能够容纳5万名观众一起看角斗士的表演。

北上到达北海和波罗的海沿岸，用罗马的金属制品换取这里的琥珀、奴隶和毛皮。第三条是通过丝绸之路与中国进行贸易往来。中国的丝绸在罗马属于奢侈品，罗马的上流社会以穿中国丝绸制的衣服为荣。每逢庆典和节日，罗马的贵族和富人都会身穿绫罗绸缎出席。

罗马的文化也取得了辉煌的成就。当时的诗人备受皇帝的宠爱，社会地位很高。其中最有名的有三位诗人：维吉尔、贺拉斯和奥维德。维吉尔一生虽然只写了三部作品，但影响巨大。其中以他模仿荷马史诗写成的《埃涅阿斯纪》最为著名。《埃涅阿斯纪》讲的是特洛伊王子在特洛伊被攻陷后，带着族人千辛万苦，漂洋过海来到意大利半岛，经过了一系列的战争，创建罗马城的故事。贺拉斯擅长写讽刺诗和抒情诗，他的抒情诗《颂歌》堪称抒情诗的典范。奥维德以写爱情诗见长，他的代表作是以古希腊罗马的神话为题材的《变形记》。此外，历史学家李维等人呕心沥血，写成了《罗马史》，时间跨度从罗马的起源到图拉真皇帝，所记历史长达900年。书中还记述了罗马起源和王政时代的传说，地中海周围国家的情况以及罗马征服这些国家的过程，具有很高的史学价值。

罗马的建筑艺术是人类艺术的瑰宝。现存的最著名的罗马建筑是建于81年的提图斯皇帝凯旋门。它是为纪念罗马镇压犹太人而建的，在高达24米的浮雕板上，雕刻着罗马皇帝乘坐四轮马车凯旋的情景。而竖立在罗马广场上的图拉真记功柱，一共刻了两千多个人物，描绘了图拉真皇帝的赫赫战功，是罗马石刻艺术中的珍品。

罗马椭圆形剧院是现存罗马建筑中最壮观的。它建于80年，剧场内不仅可以表演陆战，舞台还可以灌上水，表演海战，所以又有水陆剧场之称。剧院共分4层，有80个出口，能容纳5万观众。站在剧院的最高处，整个罗马的景色尽收眼底。

在科学技术方面，罗马也取得了很大的成就。农业学家科路美拉写了《论农业》、斯特拉波写了《地理志》，科学家普林尼写了长达37卷、百科全书式的《自然史》。他为了详细记录维苏威火山喷发的情景，亲临现场，不幸遇难，为科学献出了宝贵的生命。

但罗马的繁荣是建立在残酷剥削奴隶的基础上的，这种繁荣维持不了多久。到了2世纪末，罗马帝国就开始出现了危机。

耶稣的传说

公元前1世纪左右，巴勒斯坦的犹太人在罗马帝国的统治下过着悲惨的生活。为了摆脱被奴役被压迫的地位，犹太人多次举行起义，但都遭到了残酷的镇压。起义的失败，使犹太人变得悲观、失望，陷入了苦闷之中。他们感到前途渺茫，非常渴望有一个救世主降临。犹太人有自己的宗教——犹太教，信奉上帝耶和华。许多犹太人坚信上帝看到他创造的人类所受的苦难太多，就会派他的儿子——救世主耶稣降临人间，把人类拯救出苦海，将他们带到幸福快乐的天堂。

巴勒斯坦有一个少女叫玛丽亚，她和木匠约瑟已经订婚，但是还没有出嫁就怀孕了。约瑟非常生气，嫌玛丽亚不守妇道。一天晚上，约瑟做了一个梦，梦见一个天使对他说，玛丽亚是受上帝的圣灵感动而怀孕的。她怀的是上帝的儿子，名叫耶稣，他是人类的救世主，将来会拯救人类。于是约瑟就娶玛丽亚为妻。

后来罗马帝国皇帝下令所有的人必须回到原籍办理户口登记，约瑟是伯利恒人，所以他带着怀孕的玛丽亚赶回故乡。一天夜里，他们回到了伯利恒，但所有的客店都住满了人，天气非常寒冷，他们只好来到了一座马厩里避寒。就在这座马厩里，玛丽亚生下了一个男婴，约瑟给他起名叫耶稣。耶稣出生的那天夜里，天上有颗明亮的星星落了下来，几个东方的博士看到后，高兴地说："救世主降生到人间来了。"

不料这件事被罗马的巴勒斯坦总督知道了，他认为这件事是有些人在故意蛊惑人心，制造混乱，于是下令将全巴勒斯坦地区两岁以下的男孩全部杀死。约瑟和玛丽亚得知这个消息后，抱着耶稣逃到了埃及。

很多年过去了，耶稣长大成人，开始在西亚地区漫游。一天，他走到约旦河边，遇见了约翰，约翰给耶稣进行了洗礼。据说接受了洗礼，就是接受了上帝的圣灵。

耶稣接受了种种常人无法忍受的考验，终于，他的头顶出现了一个巨大的光环，这样，人们在夜里很远的地方就可以看见他。从此，耶稣自称是上帝的儿子，到处传教，免费给百姓治病，不断地为人民做好事。慢慢地，崇拜他的人越来越多，信教的人也越来越多，他就从信仰者中招收了12位门徒。

耶稣带着12个门徒四处传教。一次，他们乘船出海，遇上了大风暴。船颠簸得很厉害，眼看就要翻了，12个门徒都非常害怕。可是耶稣却面无惧色，安慰门徒们说："不要怕。"耶稣走到船头，对大海说："快平静吧。"话音刚落，大海就风平浪静了，大家转危为安。

一天，耶稣和门徒们来到一座城市。这座城里的人们饱受疾病和饥饿的折磨，耶稣就开始给他们治病。令人吃惊的是，耶稣也不问病人得了什么病，用手一摸病人就痊愈了。耶稣用手摸了一个哑巴，哑巴竟然能开口说话了。给人们治完病后，耶稣让门徒们拿东西给人们吃。他的门徒只有5个饼和两条鱼，而要吃饭的却有5000人。耶稣接过饼和鱼，用手一掰，一个就变成了两个。耶稣不停地掰，门徒们不停地分给人们吃。等5000人都吃饱了，剩下的饼和鱼还装了12个大篮子。

由于信仰耶稣的人越来越多，遭到了官吏和祭司的嫉恨。他们用30块银币收买了耶稣的门徒犹大，准备逮捕耶稣。那天耶稣和门徒们吃晚饭时，耶稣平静地说："你们当中有人出卖了我。"门徒们都十分惊慌，犹大做贼心虚故意问："您说的是我吗？"耶稣说："是的。"犹大低下头，一声不吭。

第二天，耶稣和12个门徒一起出去，官吏和祭司带着很多人拿着刀枪围了上来。犹大向他

耶稣赠饼的神迹绘画

们使了个眼色，然后跪在耶稣面前，由此打手们认出了谁是耶稣，就一拥而上，将他带走了。

耶稣被捕后，以"自称犹太王"的罪名，受尽了打骂和侮辱，被钉死十字架上。与他同时钉死的，还有两个强盗。

三天后，耶稣复活升天。后来基督教把过了春分月圆后的第一个星期日定为"复活节"，又把耶稣的生日（12月25日）定为"圣诞节"。

火山灰下的庞贝城

庞贝城坐落在意大利半岛西海岸的平原上，离罗马大概有240千米。这里风景如画，气候温和，公元前6世纪，人们就在这里修建了庞贝城。人们在庞贝城外开垦土地，种植橄榄、柠檬、葡萄等农作物，生活美满幸福。但美中不足的是，城北有一座休眠火山——维苏威火山。62年，意大利发生过一次地震，庞贝城的一些建筑受到了损坏。但人们没有太在意，修复建筑后依然生活在这里。

79年8月24日的午后，灾难突然降临，维苏威火山竟然爆发了。火山口喷出滚滚的浓烟，直入云霄，中间还夹杂着巨大的石块和大量的灰尘，并且不停地发出震耳欲聋的爆炸声。顷刻间，天昏地暗，地动山摇，仿佛世界末日来临了一样。原先风平浪静的那不勒斯湾的海水激荡起来，巨大的海浪疯狂地拍打着陆地。从火山口喷出的熔岩，落到地上时已经变成了坚硬的石块，整个地区都被石块和灰尘覆盖。接着下起了倾盆大雨，大雨又引发了山洪暴发。山洪夹杂着无数的石块、泥土，形成一股巨大的泥石流，向坐落在低处的庞贝城冲来。庞贝城的居民很快从震惊中清醒过来，他们哭喊着争相逃命，有两万人逃到了外地，还有两千人不幸葬身泥石流，庞贝城也被泥石流所吞没。与庞贝城同时被泥石流淹没的还有城北的两个小镇，一个叫赫库兰尼姆，一个叫斯台比亚，它们从此消失于历史之中。

在此后的1000多年里，人们渐渐遗忘了庞贝古城，只是在翻阅古罗马历史文献和传说中，知道历史上曾有过这么一个古城，但它的地理位置在哪里，是什么样子的，人们一无所知。

1720年的一天，一群意大利农民在维苏威火山附近挖渠。突然，"当啷"一声，铁锹似乎碰到了东西。一个农民捡起那个挖出来的东西一看，兴奋地大叫："金币！我挖到了金币！"大家一听，都扔掉手中的工具跑过来看。

很快，维苏威火山下挖出金币的消息就传开了。人们一窝蜂似的来到这里挖

赫库兰尼姆

赫库兰尼姆位于维苏威火山西麓，西临那不勒斯湾，距那不勒斯10千米。79年，与庞贝城一起为维苏威火山大喷发所湮没。1709年被发现，古城筑于一块高地上，四周建有城墙，城外有两条溪流，面积共有11.84公顷，估计当时人口有5000人。现在在废墟上建立了城市雷西纳。

宝贝，挖出了很多东西，有古罗马时期的钱币、陶器、经过雕琢的大理石碎块等。直到 1748 年有人挖出了一块刻有"庞贝"字样的石块，人们才知道，这下面就是罗马古城——庞贝。意大利政府立即组织人员进行有计划的挖掘。

1927 年，又挖掘出了庞贝城北的赫库兰尼姆和斯台比亚。经过 200 多年断断续续的挖掘，庞贝——这座在地下沉睡了近 1900 年的古城终于重见天日。

由于整个庞贝城被 6 米厚的火山灰、熔岩和泥石掩埋、封闭，防止了风化，所以城市里的建筑、街道、物品大都完整无损地保存下来了。今天，庞贝古城已经成了意大利的一个著名旅游景点。当人们走进这座庞贝古城，仿佛是乘坐时间机器回到了古罗马时代。

阿波罗神庙和维苏威火山
在远处巍然屹立的维苏威火山的衬托下，古老神庙前的雕像似乎在述说那段不幸的历史。

庞贝城遗址面积大约有 1.8 平方千米，四面石砌的城墙共长 4800 多米，有 8 座城门和 16 个塔楼。城内南北和东西走向各有两条大街，使全城呈井字状，分为 9 个街区。街道宽 10 米，每个十字路口都有雕花石砌成的水池，池里的水是从城外的山上通过渡槽引入城中的。大街两旁有酒馆、商店、水果摊、手工作坊等。由于年代久远，货架上的商品、水果早已风干，青铜制品也锈迹斑斑了。

城西南有一个长方形的广场，广场附近是庞贝城的政治、经济和宗教中心，有议会厅、法院、监狱、神庙，还有商人们签合同的场所。广场东南是两座公共建筑：竞技场和大剧院。这两个建筑规模很大，尤其是竞技场，足以容下两万人，相当于全城的人口。

庞贝古城中最使人震惊的是那些受难者的石膏像。当年火山爆发时，来不及逃走的人们被泥石流吞没，窒息而死。时间久了，人体就枯干了、消失了，只剩下一些空壳。考古学家将石膏浆灌到里面，制成了很多和真人一样大小的石膏像。这些石膏像逼真地反映了当时遇难者的各种神情，许多人绝望地掩面哭泣，一个小女孩紧紧地抱着妈妈，一个乞丐茫然地站在街头……

庞贝古城渐渐地掀开了它的神秘面纱，向人们展现出了 1 世纪时罗马帝国城市的基本面貌。

✵ 君主制的开创

屋大维开创的罗马帝国，我们虽然称领导人为"皇帝"，但实际上，直到戴克里先执政之时，才将"元首"改为"皇帝"，正式确立了君主制。而此时的罗马帝国，已经蒙上了衰败的阴影。1～2世纪，罗马帝国强盛一时，可惜好景不长，罗马帝国出现了严重的危机，经济凋敝，政局动荡。但罗马皇帝为了炫耀帝国的富足，还经常在各种节日和纪念日举行盛大的庆祝活动。106年，罗马皇帝图拉真为纪念他在达西亚的胜利，竟然连续举行了123天的节日娱乐。皇宫里更是腐化堕落，仅御用美容师就有数百人之多。上行下效，罗马的各级官员和富人们也都挥金如土，过着穷奢极欲、荒淫无度的生活。

与此同时，统治者内部争权夺利的斗争也越来越激烈。今天一个皇帝刚上台，结果明天就被杀掉了，又重新换了一个皇帝。在235年以后的50年中，竟一连换了10个皇帝，罗马帝国的衰落已经无可挽回了。

284年深秋，一个阳光灿烂的午后，小亚细亚北部的一条大路上，一支罗马大军正在返乡的途中，他们从波斯人那里掠夺了大量的金银财宝和其他物品，每个人都发了大财。但不幸的是御驾亲征的皇帝凯旋途中病死，而继位不到一个月的新帝也得了重病，不得不蒙着被子躺在担架上，让几个士兵抬着走。一路上，士兵们一直闻到一股臭味，但始终不知道从哪里发出的，大家都很纳闷。

"快走！快走！"近卫军长官阿培尔骑着马来到在担架旁，对抬担架的士兵大声呵斥，"要是你们走得慢，耽误了皇帝的病情，小心你们的脑袋。"阿培尔恶狠狠地说。几个抬担架的士兵敢怒不敢言，只好加快了脚步。"等等"，阿培尔忽然翻身下马，轻轻地揭开了被子一角，往里面看了看。就在阿培尔揭开被子的时候，那几个抬担架的士兵闻到一股强烈的臭味。虽然现在已经是深秋了，但天气依然很热，臭味显得越发强烈。

傍晚，大军来到尼科美地城休息。一个抬担架的士兵悄悄地问同伴："你说奇怪不奇怪，皇帝既不吃药又不吃东西，病能好吗？"另一个士兵想了想，来到担架旁边说："陛下，你想吃点什么？"但用被子蒙着的皇帝丝毫没有反应。这名士兵小心翼翼地揭开被子一看，不由得惊呼："啊！皇帝陛下死了！"附近的士兵一听到喊声，都围了过来。原来一路上的臭味，是皇帝的尸体发出来的。

"是谁杀害了皇帝？把凶手找出来！"士兵们怒吼着，纷纷要求严惩凶手。

阿培尔走过来，向士兵大吼道："吵什么吵？！难道你们想造反吗？皇帝死了重选一个不就行了。谁要再敢闹事，就地处决！现在马上回营房去！"士兵们都默不作声。

这时皇帝卫队长戴克里先冷笑着："阿培尔，你说得轻巧！该处决的不是别人，而是你！是你杀死了两位皇帝！"阿培尔见自己的罪行暴露，拔出宝剑刺向戴克里先。戴克里先毫不示弱，拔剑迎战，将阿培尔杀死。戴克里先的举动赢得了士兵们的拥护，被拥立为罗马帝国的新皇帝。

戴克里先当上皇帝后，没有返回罗马，而是在尼科

四帝雕像
在内忧外患的危机中，戴克里先取消元首制，创立了"四帝共治制"，分管帝国的东西两半。图中前面两位是戴克里先和马克西米连，二人共同称帝，统治罗马西部。

美地城大兴土木，以此为首都，建造了奢华的皇宫。戴克里先被奉为天神，皇权也大大加强了，"元首"的称号正式改称为君主。这种君主制成了罗马帝国后期相袭的一种统治形式。

戴克里先无力应付频繁的奴隶起义和外族入侵，就委托好友马克西米连治理帝国的西部，马克西米连定都意大利的米兰。于是罗马帝国就出现了两个皇帝，一切命令都用他们的名义发出。后来，他们又让自己的女婿担任自己的副职，各自统治罗马帝国的一部分，历史上称为"四帝共治制"。这种制度虽然不利于中央集权，但却巩固了边疆，扩大了领土。

305年，戴克里先和马克西米连同时退位。继承戴克里先帝位的君士坦丁于330年把首都迁到拜占廷，改名为君士坦丁堡（今土耳其伊斯坦布尔），号称"新罗马"。395年，罗马帝国分裂为东、西两个帝国，即以君士坦丁堡为首都的东罗马帝国（又称拜占廷帝国）和以罗马城为首都的西罗马帝国。

君士坦丁大帝

312年的一天夜里，正在为第二天的大战而忧心忡忡的君士坦丁，站在罗马附近的米尔维亚桥上眺望着星空。突然，他看到苍茫的天空中出现了4个火红色的十字架，还伴随着这样的字样：依靠此，你将大获全胜。

这个情节是那么遥远而虚幻，以至于后人对它的真实性产生怀疑。但是，不管它是真是假，的确从那一年之后，世界历史发生了一个影响极为深远的变化，并且这个变化就来源于君士坦丁。

君士坦丁是私生子，出生于280年，父亲是位著名的将军，后来被士兵拥立为"奥古斯都"，母亲是一个小旅店的女仆。他小时候没有受过多少教育，只懂得一些希腊文。十几岁他就随父亲从军，参加抵御蛮族入侵的战争。由于有勇有谋，他很快就成长为一名高级将领。306年，父亲死后，君士坦丁继任"奥古斯都"。此时罗马帝国出现两个奥古斯都并存的局面，君士坦丁是西部奥古斯都，东部奥古斯都为李锡尼。

313年，君士坦丁与李锡尼在米兰会晤，共同颁布了著名的《米兰敕令》。米兰敕令承认基督教的合法地位，并归还以前没收的财产。从此，基督教由受迫害的秘密宗教转变为受政府保护的合法化宗教，迅速在罗马帝国传播开来。此后，君士坦丁与李锡尼为争夺统治权，324年，君士坦丁击败李锡尼，成为唯一的奥古斯都，重新统一了罗马帝国。

君士坦丁夺取全国政权后，在行政、军事、宗教等方面进行了一系列改革，以加强中央集权的专制统治。他取消以前的四帝共治制，委派自己的亲信治理帝国各个部分，加强对地方的控制。他在行省中施行军政分开的政策，军事首长直接向皇帝负责，从而使皇帝完全掌握了军事大权。宗教方面，他对基督教进行保护和利用，把基督教变为帝国政权的可靠支柱。323年，为了解决基督教的内部纷争，君士坦丁在尼西亚召集了基督教第一次宗教大集结，统一了基督教的教义和组织，使基督教成为维护专制统治的工具。通过这一系列措施，君士坦丁把罗马的君主专制制度提高到一个新阶段。

随着帝国重心的东移，君士坦丁于330年把首都从罗马迁到东方的拜占庭，取名君士坦丁堡，意为君士坦丁之城。为营建新都，他大兴土木，从帝国各地调集石料、木料，用于建造宫殿、教堂、图书馆和大学等。他还大力提倡文学和艺术，采用各种措施吸引世界各地的杰出人才来到君士坦丁堡，使君士坦丁堡成为当时的文化中心。此后，君士坦丁堡一直是东部罗马帝国的首都。

政治上风光无限的君士坦丁，在家庭生活中却很不幸。他娶了两个妻子，第一个妻子明妮弗纳为他生了大儿子卡洛斯普士后便死去，第二个妻子弗西蒂生有三男三女。326年，弗西蒂向君士坦丁哭诉，说卡洛斯普士调戏自己，君士坦丁一怒之下杀了卡洛斯普士。在得知弗西蒂所说的不符合事实后，他又杀了弗西蒂。除杀了儿子和妻子之外，君士坦丁还以"谋反罪"处死了妹妹的儿子。

君士坦丁在统治期间，虽然宣布基督教合法，鼓励臣民们与他一同接受这个新信仰，但从没有公开承认自己是基督徒。直到337年5月22日，君士坦丁身患重病，自知将不久于人世，才请了一位基督教牧师给自己洗礼，据说是为了借此洗净一生的罪恶。然后，这位疲惫不堪的君主，脱去了皇帝的紫袍，换上初信圣徒所穿的白长衣，安然辞世。

君士坦丁的专制统治与改革措施，使罗马帝国得到暂时的稳定，但无法挽救罗马奴隶制社会的没落。君士坦丁死后，统治集团内部发生争夺帝位的长期混战，到狄奥多西一世时才重新恢复统一。395年，狄奥多西一世死后把帝国分给两个儿子，由此罗马帝国正式分裂为以君士坦丁堡为都城的东罗马帝国和以罗马为都城的西罗马帝国。476年，日益衰落的西罗马帝国被日耳曼人所灭，而东罗马帝国转入封建社会后，又继续存在了近千年。

匈奴骑兵横扫欧洲大陆

匈奴是中国北方的一个少数民族，在与汉朝的长期战争中元气大伤，分裂为南匈奴和北匈奴两部。南匈奴归附汉朝，北匈奴在汉朝的打击下，被迫于91年开始西迁。

匈奴人来到中亚后，在这里停留了很多年，恢复了元气后继续西迁，闯入了欧洲，开始了征服的步伐。首当其冲的是阿兰人。阿兰人是一支游牧民族，在伏尔加河和顿河之间建立了强大的王国。阿兰王倾全国之兵在顿河沿岸与匈奴人展开大战，但以战车为主力的阿兰人敌不过灵活勇敢的匈奴骑兵，阿兰人惨败，阿兰王战死，阿兰国灭亡，整个欧洲为之震动。

匈奴人的铁蹄并没有停下来，在欧洲人还没有来得及为阿兰的灭亡哀悼时，大难已经临头了。阿兰国西面是东哥特王国，东哥特老国王赫曼立克急忙组织军队抵抗。匈奴人身材矮小，但结实粗壮，擅长骑马作战，来去如风。他们远处箭射，近处刀砍，打得过就打，打不过就跑，不以逃跑为耻辱。东哥特人身材高大，他们打仗时组成一个方阵，远时投掷长矛，近时用长剑劈砍。在灵活机动的匈奴骑兵面前，这种方阵只有挨打的份。结果东哥特人全军覆没，老国王赫曼立克自杀。赫曼立克之子呼纳蒙特率部投降，其余的人向西逃到了西哥特王国。匈奴人尾随而来。

西哥特国王阿撒那立克从逃来的东哥特人口中得知东哥特亡国后，立刻在德聂斯德河组织防御，企图阻止匈奴人渡河。不料匈奴人识破了阿撒那立克的计谋，兵分两路，一部分假装渡河，一部分绕到河的上游偷渡，然后沿河而下夜袭敌营，打了西哥特人一个措手不及。西哥特人急忙遣使请求罗马皇帝让他们进入罗马帝国避难。在得到许可后，大约20余万众渡过多瑙河进入罗马境内。

匈奴王阿提拉
古罗马帝国一度受到边境部落的袭击，其中最主要的是被称为"天降之灾"的阿提拉率领的匈奴人。

匈奴人攻占匈牙利草原后，暂时在那里定居下来。5世纪初，匈奴人渡过多瑙河，进攻东罗马帝国的色雷斯地区。东罗马帝国的色雷斯总督抵挡不住，向匈奴国王乌尔丁乞和。乌尔丁在接见他时，趾高气扬地指着太阳说："凡是太阳所能照射到的地方，只要我愿意，都能征服。"后来匈奴人还打到了东罗马首都君士坦丁堡城下，迫使东罗马帝国签订了城下之盟，答应从431年起，每年向匈奴进贡黄金350磅（4年后，增至700磅），将大片领土割让给匈奴，并允许匈奴人在多瑙河边一些东罗马城市进行互市。

444年，匈奴帝国正式建立。它的疆域横跨亚、欧两洲，东起咸海，南到巴尔干半岛，西至莱茵河，北抵波罗的海，首都在今天匈牙利的布达佩斯一带。当时欧洲各个国家每年都派使者来向匈奴王进贡，以祈求得到平安。

449年，西罗马帝国皇帝瓦伦提尼安的妹妹奥诺莉娅和侍卫长私通被人发现，愤怒的瓦伦提尼安将她囚禁到一个修道院里。奥诺莉娅暗中写信给匈奴大帝阿提拉，并赠送了一个戒指，表示自己对他的仰慕之情并愿意以身相许。早已对富庶的西罗马帝国垂涎三尺的阿提拉立刻向西罗马皇帝提出要与奥诺莉娅结婚，并要西罗马帝国割让一半的国土作为嫁妆。这个要求遭到西罗马皇帝的拒绝，阿提拉以此为借口，率领50万大军发动了对西罗马的战争。

阿兰人

阿兰是中亚地区的古代游牧民族，又称奄蔡，阿兰为其音译。西汉时期，该民族在咸海西北、里海北部草原游牧；东汉时期被康居国征服。后来，与中国作战失败的北匈奴西迁，阿兰人也随之逐渐西迁。三四世纪时，一部分阿兰人来到欧洲，在伏尔加河与顿河之间地区定居并建立政权，另一部分则留在高加索以北地区。4世纪中期，匈奴人打垮居住在欧洲的阿兰人。5世纪中期，匈奴王阿提拉挟裹阿兰人西征。匈奴帝国解体后，阿兰人逐渐与欧洲居民融合。

西罗马皇帝也不甘示弱，联合日耳曼各部落在高卢的沙隆与匈奴人展开了一场大战。为了生存，日耳曼人尤其是西哥特人拼死作战，与匈奴人杀得难分难解。匈奴人向罗马联军射出了遮天蔽日的箭雨，然后骑兵风驰电掣般地插入联军阵中。西哥特人的老国王中箭而死，西哥特人悲愤异常，个个都奋不顾身，冲上前去与匈奴人拼命。战斗持续了仅仅5个小时，双方就战死了16万人。阿提拉见难以取胜，遂率军回国。

453年夏天，阿提拉突然病死。他的儿子们争权夺势，互相厮杀，匈奴帝国也随之瓦解。

民族大迁徙

罗马人征服高卢之后，在帝国的北部，相当于今天欧洲的北起波罗的海、南到多瑙河、西至莱茵河、东至维斯杜拉河之间的广大地区，生活着日耳曼人，人口大约有500多万。那时，他们还处于原始社会阶段，以畜牧业、狩猎为生，相对于罗马人来说，他们要落后得多，所以被称为"蛮族"。

日耳曼人分为很多部落，有东哥特人、西哥特人、汪达尔人、盎格鲁人、撒克逊人、勃艮第人、法兰克人等。在罗马帝国强大的时候，为了保障自身的安全，罗马人有时主动出击，攻打日耳曼人；有时又允许一部分日耳曼人进入北部边境，帮助罗马人守卫边疆；有时不断挑拨离间日耳曼各部落之间的关系，让他们自相残杀。在与罗马人的接触中，日耳曼人逐渐掌握了先进的生产工具和武器，生产力水平不断提高。随着人口的增加，为了生存和满足自己对财富的渴望，日耳曼各部落的首领率领族人不断袭击已经衰落的罗马帝国。

首先进入罗马的是西哥特人。当时，来自东方的匈奴人击败了东哥特人，继续向西进军。西哥特人犹如惊弓之鸟，在得到罗马皇帝瓦伦斯的允许后，他们渡过多瑙河进入罗马帝国避难，从此掀开了欧洲民族大迁徙的序幕。

迁入罗马帝国的西哥特人经常受到罗马官员的欺压，378年，忍无可忍的西哥特人举行了武装起义。罗马皇帝瓦伦斯亲自率兵镇压，结果在亚得里亚堡（今土耳其埃迪尔内）全军覆没，自己也被西哥特人所杀，全欧洲为之震惊。这一仗，打破了罗马人不可战胜的神话，大大鼓舞了其他日耳曼部落的信心。这次起义虽然被后继的罗马皇帝狄奥多西镇压，但罗马帝国已无力彻底消灭西哥特人，狄奥多西只好极力笼络西哥特人，准许他们定居巴尔干半岛，并保证供给足够的粮

罗马的末日
绘画表现的是410年，西哥特人劫掠罗马城的惊恐场面。这座曾经征服世界的城市，如今也走向了末日。

食。395年，狄奥多西去世，罗马帝国分裂为东、西两个帝国，西哥特人在首领阿拉里克的率领下趁机再次起义，在马其顿和希腊大肆掠夺。

401年，阿拉里克率领西哥特人进军意大利半岛。罗马帝国虽然已经衰落了，但意大利本土一直是安全的。西哥特人的到来，令罗马人大为惊恐。罗马将军斯底里哥调集了许多军队，终于赶跑了阿拉里克，罗马人这才长出一口气。410年，阿拉里克率领西哥特人卷土重来，这一次，他攻克了罗马。西哥特人在罗马城中大肆劫掠了三天三夜，扬长而去。阿拉里克死后，继任的阿多尔福与罗马言和，并接受了罗马将军的封号。412年，西哥特人进军高卢，占领了南高卢的阿奎丹地区，不久又占领了西班牙。419年，西哥特人建立了以图卢兹为中心的第一个"蛮族"王国——西哥特王国。从此，西哥特人结束了长达半个世纪的迁徙，在南高卢和西班牙定居下来。

在罗马人和西哥特人交战的时候，另一支日耳曼部落汪达尔人乘虚而入，抢掠了高卢后，进入西班牙定居。416年，西哥特人向汪达尔人发动进攻，汪达尔人抵挡不住，只好渡过直布罗陀海峡，进入北非。经过10年的征战，汪达尔人战胜了那里的罗马军队，占领了罗马的阿非利加行省，定都迦太基，建立了汪达尔王国。此后，汪达尔人又占领了西西里岛、撒丁岛、科西嘉岛等地。455年，汪达尔人渡海攻克了罗马城，将全城的文物破坏殆尽。

法兰克人和勃艮第人则越过莱茵河，进入高卢。457年，勃艮第人在高卢东南部建立了勃艮第王国，定都里昂。486年，法兰克人在首领克洛维率领下，击败罗马军队，占据高卢北部，建立法兰克王国。

5世纪中叶，盎格鲁人、撒克逊人横渡英吉利海峡，在大不列颠岛登陆，打败了当地的凯尔特人，占据大不列颠岛的东部和南部，建立许多小王国。

匈奴帝国灭亡后，东哥特人获得独立。他们进军意大利，占领了拉文那一带，建立东哥特王国，后被拜占庭帝国所灭。

568年，伦巴第人又占领意大利半岛的北部，建立了伦巴第王国，定都拉文那，为欧洲民族大迁徙画上了一个句号。

西罗马帝国覆灭

罗马城虽然经过了蛮族的两次洗劫，但还拥有很多金银财宝，很多蛮族还想再去抢劫，比如北非的汪达尔人。

汪达尔人不是北非的土著居民，他们是日耳曼人的一支，原来居住在斯堪的那维亚半岛南部。3世纪的时候，他们南下中欧，重金贿赂罗马皇帝君士坦丁，获得了在罗马帝国境内居住的权力。后来匈奴人来到欧洲，汪达尔人被迫西迁，加入了民族大迁徙的洪流之中。他们先是来到高卢境内，接着又翻越了比利牛斯山，到达西班牙，摧毁了当地的罗马政权，在那里建立了汪达尔王国。

416年，西哥特人进攻西班牙，汪达尔人被迫南迁。当时，汪达尔人的首领名叫盖赛里克，身材不高，但足智多谋。他决定避开势力强大的西哥特人，转移到罗马人统治力量薄弱的北非地区。

到达北非后，汪达尔人一路向东，沿途烧杀抢掠。当时北非的柏柏尔人正在反抗罗马人，他们把汪达尔人视为解放者，积极支持汪达尔人同罗马人作战，使罗马人在北非的政权土崩瓦解。438年，汪达尔人占领了北非的迦太基，并建都于此，建立了汪达尔王国。北非是罗马的粮食供应地，这里沦陷后，罗马顿时出现了粮荒，而汪达尔人则势力大增。罗马人被迫同汪达尔人签订条约，承认他们对北非地区的占领，还把罗马的公主嫁给汪达尔王子。

但盖赛里克并不满足，他占领了罗马在非洲的全部领土后，把目光投向了罗马城，他想像阿拉里克一样攻陷罗马城，掠夺财富。为此，盖赛里克建立了一支强大的舰队，并日夜不停地训练。汪达尔人的舰队相继占领了撒丁岛、西西里岛等地中海主要岛屿，成为继迦太基和罗马之后的地中海霸主。

455年，盖赛里克率领庞大的汪达尔舰队开始渡海北征，进攻罗马城。当汪达尔人的舰队到达台伯河的入海口处时，整个罗马城陷入了一片恐慌之中。

几辆豪华的马车从罗马皇宫疾驶而出，向城门口冲去。

"开门！快开门！"西罗马皇帝从马车中伸出头，对守门的卫兵大声说。

这时旁边的罗马人认出了皇帝，大喊："不好了！皇帝要逃跑了！"很多罗马人听到喊声赶了过来，将皇帝的车队围得水泄不通。

"让开！让开！"西罗马皇帝愤怒地大喊大叫。

"你不能走！你是罗马皇帝！你必须带领我们抵抗汪达尔人，和罗马共存亡！"一个罗马人义愤填膺地说。

"罗马守不住了，你们也快跑吧！开门！快开门！"西罗马皇帝急不可待地说。愤怒了的罗马人一拥而上，将皇帝活活打死。

很快，汪达尔人的舰队就来到罗马城下。此时的罗马人早已没有了他们祖先当年的勇武，汪达尔人很快就攻克了罗马，并在城中开始了大规模抢劫。皇宫、国库、教堂、富人的宅邸甚至一般人的家都被汪达尔人洗劫一空。他们把掠夺来的金银财宝、丝绸、瓷器、华丽的装饰品装满了他们的大船，并且将3万罗马人掠为奴隶，盖赛里克还抢走了罗马公主。最后汪达尔人四处放火，将罗马城付之一炬。几百年来，罗马人留下的无数建筑珍品和文明成果就这样被熊熊大火吞没。罗马，这座昔日繁华富丽的城市，在经历了这场浩劫之后已是满目疮痍，一片凄凉。后来的欧洲把疯狂破坏文明成果的野蛮行为称为"汪达尔主义"。

此时的西罗马帝国已经四分五裂，勃艮第人占领了高卢，西哥特人占据着西班牙，汪达尔人统治着北非，意大利半岛被东哥特人控制着，连西罗马皇帝都是东哥特人的傀儡。

476年，日耳曼雇佣军的长官奥多里克废黜了最后一个罗马皇帝罗慕洛·奥古斯都，西罗马帝国灭亡。年轻的罗慕洛·奥古斯都手中没有一兵一卒，他无力反抗，只好命随从把东西搬上车，默默地离开了皇宫。

中世纪

中世纪始于 5 世纪，迄于 15 世纪，横跨历史长河 1000 年，在罗马帝国古老的黄金时代和文艺复兴的新黄金时代之间，构成了人类社会最重要的转型期。波澜壮阔的民族大迁徙使人类社会开始从分散走向整体，同时，国家和社会体制也发生了变化。封建化的兴起与早期封建国家的建立，奠定了近代世界历史格局的基础，人类历史开始进入一个新的发展时期。

法兰克国王克洛维

墨洛温王朝时期精美的首饰

法兰克人是日耳曼人的一支,生活在罗马帝国的北方。3世纪中叶,法兰克人不断渡过莱茵河,闯入罗马帝国境内,大肆屠杀抢掠,让罗马人很是头疼。但同时也有些法兰克人被罗马人招募,充当雇佣兵。4世纪时,法兰克人分为两支:一支是海滨法兰克人(萨利克法兰克人),住在莱茵河口附近和索姆河流域;另一支是河滨法兰克人(里普阿尔法兰克人),住在以今德国科隆为中心的莱茵河两岸。"法兰克"在日耳曼语中是"大胆"的意思,法兰克人都是不怕死的勇士,他们打起仗来个个奋不顾身。墨洛温家族是法兰克人中最尊贵的家族,他们都长发披肩,以显示自己的高贵。

5世纪前期,当时高卢中北部包括巴黎在内广大区域,由西罗马帝国的将军西阿格里乌斯统治着。这里与意大利的联系早被切断,实际上已经独立,西阿格里乌斯自称"罗马人的王"。

481年,15岁的克洛维在父亲死后,成为了法兰克人的首领。克洛维像多数法兰克人一样强悍好斗,以战斗作为自己的爱好和事业。他性格残忍,善于玩权术,经常果断铲除威胁自己的人,同时具有一个政治家的长远的战略眼光。

486年,一支海滨法兰克人在克洛维率领下越过阿登森林(在今比利时境内)南下,联合另一支海滨法兰克人,在苏瓦松击败西阿格里乌斯的军队。西阿格里乌斯仓皇南逃,投奔了西哥特人。克洛维派使者前去索要西阿格里乌斯,西哥特人把他套上镣铐送交克洛维。击败西阿格里乌斯后,克洛维占领了包括巴黎和卢瓦尔河以北大片土地,建立了法兰克王国,他本人也从一个部落联盟首领变成真正的国王,开始了以他非常受人尊敬的祖父墨洛温名字命名的墨洛温王朝。

法兰克王国的建立标志着法兰克人从部落联盟演化到了国家阶段,而克洛维也从一个部落首领变成了国王。著名的"苏瓦松花瓶"故事反映了这一过程。

一次,克洛维的部下洗劫了兰斯教堂,抢走了教堂的大量财物。兰斯教堂的主教找到克洛维,希望他能够归还一个被奉为圣杯的大花瓶。克洛维说:"我们法兰克人要在苏瓦松分配战利品,如果我抽签抽中的是那只花瓶的话,一定奉还。"到了苏瓦松,所有的战利品都摆在地上。在分配战利品时,克洛维对在场的法兰克人说:"我勇敢的战士们,我请求你们在我抽到的东西之外,再把那个花瓶给我。"许多法兰克人都说:"可以,尊敬的国王。所有的战利品都是您的,只要您认为合适,您就取走吧!因为谁也没有强大到敢向您说个不字。"但一个战士站出来说:"除非你抽到花瓶,否则你根本无权得到这只花瓶!"说完挥起斧头将花瓶砍了个稀巴烂。

一年后，克洛维命令军队全副武装到校场集合，以检阅军队。克洛维走到打碎花瓶的那个战士面前时，看了看他的武器，故意生气地说："谁带来的武器也不像你的武器那样保管不当，无论是你的投枪还是斧头，都无法使用。"说完克洛维拿起那个战士的斧头扔到了地上。在那个战士弯腰去捡拾斧头时，克洛维抡起自己的斧头，劈开他的头，那名战士当场横尸校场，在场的法兰克人无不震惊。克洛维对着尸体说："你在苏瓦松的时候就是这样对待花瓶的。"由此，克洛维树立了自己的权威，从一个部落联盟首领变成了一个具有生杀予夺大权的国王。

27岁的时候，克洛维和信奉基督教的勃艮第公主结婚，但那时他本人并不是基督徒。496年，克洛维与阿勒曼人激战时，身陷重围。绝望中，他想到了上帝，于是他跪下向上帝祈祷，发誓如果能够转败为胜，他将带领全体法兰克人皈依基督教。奇迹发生了，阿勒曼人发生内乱，杀死了阿勒曼国王，并且全部向克洛维投降。克洛维大为惊奇，认为是上帝在帮助自己，于是在当年圣诞节率领3000名法兰克战士接受了洗礼，皈依基督教。从此，克洛维受到了罗马教会的大力支持，他继续扩张，几乎占领整个高卢。

法兰克王国大事年表

481年，克洛维建立法兰克王国，开始墨洛温王朝。
496年，克洛维皈依基督教。
715年，查理·马特任墨洛温宫相。
751年，矮子丕平建立加洛林王朝。
768年，查理即位。
774年，查理征服伦巴第人，控制北意大利。
800年，教皇为查理行加冕礼，法兰克王国发展为查理曼帝国。
843年，法兰克王国（查理曼帝国）分裂。

查士丁尼镇压尼卡起义

395年，罗马皇帝狄奥多西去世。临死前，他把罗马帝国分为东、西两个部分，让自己的两个儿子各自为帝。

西罗马帝国的首都仍然在罗马，领土包括现在的意大利、法国、英国、伊比利亚半岛、奥地利、匈牙利以及北非的阿尔及利亚、突尼斯、利比亚。

东罗马帝国定都君士坦丁堡（原名拜占廷，今土耳其伊斯坦布尔），所以又叫拜占廷帝国。东罗马帝国统治着从黑海到亚得里亚海之间的广大地区，包括东南欧一带、巴尔干半岛、小亚细亚、中东地区和外高加索一部分。

476年，西罗马帝国灭亡，而东罗马帝国却继续存在了将近1000年。

君士坦丁堡位于亚、欧两洲的交界处，扼守从黑海进入地中海的大门，地理位置十分重要。当西欧陷入混乱与纷争的时候，东罗马帝国依然非常强盛，君士坦丁堡当时有80万人口，是世界上最大的城市之一，海外贸易非常发达，城内的建筑辉煌壮丽，港口停泊着来自世界各国的船只，出现了一片繁荣景象。

但君士坦丁堡里的很多手工业者和城市贫民在皇帝查士丁尼和他的一大群贪官污吏的统治下仍然过着悲惨的生活，他们生活艰辛，毫无政治权利可言，只有从古罗马时期流传下来的市民娱乐活动才能使他们享有片刻的欢乐。

当时最大的市民娱乐活动是马车比赛。无论是皇帝、贵族、地主、商人还是普通市民，都非常喜欢。每次比赛的时候，从皇帝到市民都聚集到能容纳五六万人的赛车场观看比赛。在东罗马帝国，皇帝的地位是至高无上的，平时人们见了他都要跪下磕头，吻他的靴子。只有到了马车比赛的时候，群众才可以趁机大声喊叫，表达对他的不满。

马车是分队进行比赛的，车夫们都穿着不同颜色的衣服，有蓝色、绿色、红色等，人们也分别支持不同的队。渐渐的，这种支持变成了政治派别。其中蓝队的支持者是元老贵族和地主，而绿队的支持者则是大商人和高利贷者。这两派都有广大的群众支持，这些群众憎恨皇室和各级官僚，每次比赛的时候，他们就联合起来，大声吵闹，矛头直指那些臭名昭著的贪官污吏，赛车场渐渐变成了群众游行示威的场所。

拜占廷武士像

532年的一天，查士丁尼带着皇后和文武百官来参加赛车会。皇帝属于蓝派，所以绿派的群众就向他高喊"尼卡！尼卡！(胜利的意思)"想打掉皇帝的威风。许多平日里备受欺压的群众也纷纷站起身来，高举着拳头，挥舞着手臂，高喊打倒贪官污吏的口号。全场的局势快要失控了，一场政治风暴即将来临。查士丁尼见状，急忙令卫兵逮捕了几个带头的群众。这一下全体群众都被激怒了，他们起来齐声高喊"尼卡！尼卡！"上前和士兵搏斗。群众冲出赛车场，拿起刀枪火把，冲进政府、教堂和贵族的房屋，四处点火。著名的索菲亚大教堂、宙克西普浴池甚至一部分皇宫建筑都被点燃。起义的群众还冲进监狱，释放了所有被关押的老百姓。人们手拿刀枪，高举火把，围着皇宫高呼，要求处死那些臭名昭著的大贪官。躲在皇宫中的查士丁尼无奈，只好将那几个贪官免职，但群众并没有散去。

查士丁尼见局势失控，就决定逃走，但遭到了皇后的反对，大臣们也提醒皇帝，城外还有忠于皇帝的大军。查士丁尼急忙派人偷偷溜出城，命令驻扎在城外的刚从波斯前线回来的贝利萨留将军和正从外地赶来的蒙德将军进城镇压起义。查士丁尼假装对群众闹事不介意，通告全城起义的群众，请大家欣赏一场更大规模的马车比赛。起义者上了当，来到了赛车场。贝利萨留和蒙德率领着军队秘密进城，将赛车场团团围住，贝利萨留抽出宝剑，下令士兵屠杀在赛车场内的起义者。这些装备精良、训练有素的士兵，挥舞着大刀长矛，疯狂地向起义者砍去。一时间，赛车场内惨叫声、呻吟声汇成了一片，大地上鲜血横流。一些逃出场外的起义者又遭到了蒙德率领的军队的屠杀。那一夜，有4万起义者被杀害，君士坦丁堡成了人间地狱，"尼卡"起义就这样失败了。从此以后，拜占廷帝国处于查士丁尼更加残酷的统治之中。

查士丁尼对外扩张

西罗马帝国灭亡后，东罗马帝国皇帝就以罗马帝国的继承者自居，并以恢复古罗马帝国的版图为己任。当时被视为"蛮族"的日耳曼人在原西罗马帝国的领土上建立了很多小王国，他们信奉基督教的阿利乌斯教派，这是自认为信奉基督教正统、以基督教正统保护者自居的东罗马皇帝所不能容忍的。查士丁尼即位后，立志消灭信仰异端的蛮族国家，实现罗马帝国在政治和宗教上的统一。

东罗马帝国是古罗马帝国工商业繁荣的地区，首都君士坦丁堡位于亚欧两洲的交界处，可以收取高额的过路费，丝绸专卖使政府获利丰厚。查士丁尼又在全国征收土地税，每年可得黄金3000磅，使得东罗马帝国的经济实力非常强大。经过多年的准备，查士丁尼开始了自己雄心勃勃的收复罗马帝国计划，发动了大规模的战争。

为了解除后顾之忧，查士丁尼不惜赔款1.1万磅黄金，与波斯签订了"永久和约"。稳定了东方后，查士丁尼开始对西方发动大规模的战争。当时西部的蛮族国家，如汪达尔王国、东哥特王国、法兰克王国等国动荡不安，国内矛盾十分尖锐。这些蛮族王国文化落后，所以他们努力学习罗马的先进文化，受罗马文化影响很深，以至于他们认为罗马皇帝是人间的上帝。在东罗马帝国大军兵临城下的时候，他们不是联合起来共同对敌，反而互相掣肘，自相残杀。

533年，查士丁尼派大将贝利萨留率领1.6万人从君士坦丁堡出发，开始了长达20多年的征服战争。

贝利萨留大军的矛头首先指向的是北非的汪达尔王国。汪达尔人本来与东罗马帝国签订过和平条约，两国长期以来平安无事。但信仰阿利乌斯教派的汪达尔人无法容忍信仰基督教正统的罗马人，所以对汪达尔王国境内的罗马人大肆迫害，有的关进监狱，有的卖为奴隶，并没收了罗马人的土地和财产。很多罗马人纷纷逃到君士坦丁堡，向查士丁尼求救，希望他能消灭蛮族、铲除异端，这正好给了查士丁尼一个发动战争的借口。

贝利萨留率领军队在北非登陆，向汪达尔王国的首都迦太基推进。此前，汪达尔国王盖利麦一直没有认真备战，听到东罗马人登陆的消息才匆忙率军前去迎战，双方在迦太基城附近展开决战。开始的时候汪达尔人占了上风，但盖利麦的兄弟不幸阵亡，悲伤过度的盖利麦抱着弟弟的尸体号啕大哭，竟然放弃了军队的指挥权。失去指挥的汪达尔大军顿时

10世纪的拜占廷士兵，身着罗马"战裙"、护心，头戴铁盔，兵器在握，随时准备投入战斗。

> **永久和约**
>
> 6世纪初，波斯与拜占廷在领土问题上的矛盾激化，边境冲突不断。527年查士丁尼一世即位后，任命贝利萨留为统帅，与波斯开战。战争初期，拜占廷军失利。530年，波斯集中4万精兵进攻美索不达米亚重镇德拉。贝利萨留指挥训练很差的罗马人和雇佣兵一举挫败波斯军。翌年，双方转战叙利亚，互有胜负。查士丁尼为从日耳曼人手中夺回原属西罗马帝国的西欧、北非疆土，决定与波斯和解。532年，查士丁尼以向波斯赔款1.1万磅黄金为条件，与波斯王库斯鲁一世缔结停止战争的和约，史称"永久和约"。

陷入了一片混乱之中，贝利萨留趁机发起反攻，东罗马人反败为胜。此后，汪达尔人再次进攻东罗马人，又遭失败。东罗马人攻陷迦太基，汪达尔王国灭亡。盖利麦逃到努米比亚，投奔了柏柏尔人。

查士丁尼把被汪达尔人剥夺的罗马人的财产全部归还，恢复了古罗马时代的旧制度。

征服汪达尔之后，查士丁尼又把矛头转向了东哥特王国。535年，查士丁尼以调解东哥特王国内部纷争和解救因不同信仰而被迫害的罗马人为借口，出兵被东哥特人占领的意大利。贝利萨留率领8000人先占领了西西里岛，很快又登陆意大利半岛。东哥特国王迪奥达特惊慌失措，想向东罗马人投降，结果被部下所杀。东哥特人推举将军维提格斯为新国王。维提格斯决定避敌锋锐，率主力撤到北方的首都拉文那。536年12月，贝利萨留进军罗马，教皇和居民开城投降。

537年2月，维提格斯率军南下围攻罗马，贝利萨留坚守不战。东哥特人久攻不克，士气低落，再加上军中瘟疫，只好撤退。540年，贝利萨留率军北上，攻陷东哥特首都拉文那，俘虏维提格斯。545年，东哥特人在新国王托提拉的率领下攻陷罗马，但他却向查士丁尼求和，这给了东罗马人以喘息之机。552年，东罗马人在意大利中部塔地那战役大败东哥特人，托提拉阵亡。554年，东罗马人彻底消灭了东哥特的残部，收复了整个意大利半岛。同年，东罗马帝国又利用西哥特王国的内讧，占领了西班牙的东南沿海地区。至此，东罗马帝国恢复了大部分罗马帝国的版图。但东罗马军队在意大利疯狂的搜刮掠夺，不仅遭到蛮族而且也遭到罗马人的痛恨。

565年查士丁尼去世。不久，东罗马帝国被征服地区大都丧失。

戒日王

笈多王朝灭亡后，印度又陷入小国林立、混战不止的局面。经过多年的战争，出现了四大强国：以德里为中心的坦尼沙王国、以曲女城为中心的穆里克王国、恒河三角洲的高达王国和昌巴尔河流域的摩腊婆王国。其中坦尼沙和穆里克为一方，高达和摩腊婆结盟。

戒日王是坦尼沙国王波罗·瓦尔那的次子，他有一个哥哥和一个姐姐，哥哥罗贾伐弹那英勇善战，姐姐拉芝修黎嫁给了穆里克国王格拉巴伐尔曼，两国关系更加紧密。

604年，年仅15岁的戒日王随哥哥罗贾伐弹那率军征伐侵扰王国西部的白匈奴，不料老国王波罗·瓦尔那突然病逝。高达王国和摩腊婆王国联合起来，趁机进攻坦尼沙王国的盟国穆里克王国，穆里克国王格拉巴伐尔曼战败被杀，戒日王的姐姐、王后拉芝修黎被俘，穆里克王国灭亡。两国军队继续推进，直逼坦尼沙国。在这危急时刻，戒日王随哥哥罗贾伐弹那立即率军快速返回德里，罗贾伐弹那继承王位，率骑兵进攻曲女城，戒日王留守国内。罗贾伐弹那英

在佛教流行的同时，印度教也重新崛起。

勇善战，高达和摩腊婆联军大败。于是就派使者前去假装求和，毫无政治斗争经验的罗贾伐弹那放松了警惕，结果被高达国王设赏迦派人暗杀。坦尼沙军队顿时群龙无首，两国趁机发起进攻，坦尼沙军队由胜转败。

留守国内的戒日王立即登基，倾全国之兵与两国联军决一死战。在国破家亡的危局面前，坦尼沙士兵以一当十，奋勇作战，两国联军大败。就在戒日王取得节节胜利的时候，忽然得到姐姐拉芝修黎逃脱的消息。戒日王立即率兵撤出战场，四处寻找姐姐，终于在文迪亚山林中找到了她。没有了后顾之忧的戒日王率军重返战场，一再击败两国联军。穆里克王国复国，由戒日王的姐姐拉芝修黎担任女王，实权由戒日王掌握。612年，坦尼沙王国和穆里克王国正式合并，戒日王任国王，并迁都曲女城，这一年就是戒日王朝的开端。

为了报姐夫、哥哥被杀之仇和统一印度，戒日王积极扩充军备。他将全国军队分为象兵、车兵、骑兵和步兵四大兵种。象兵以大象为主要作战工具，大象身上披着厚厚的铠甲，象背上坐着一个象夫，指挥大象。作战时，象夫发号施令，一群大象嘶吼着，向敌人冲去。遇到敌人的步兵或骑兵，大象用鼻子卷起来一甩，就能将敌人摔出几丈远。

车兵是由4匹马拉着一辆车，车夫负责驾车，车上的士兵在敌人离得远时放箭，离得近时用长矛和刀剑劈刺。

骑兵和步兵都是身强力壮的年轻人，他们身穿重甲，手持盾牌和锋利的刀剑，勇猛善战。

凭借着这样一支军队，戒日王南征北战，四处征讨，开始了轰轰烈烈的统一

戒日王朝大事年表

604年，坦尼沙王病逝，国家被敌国侵犯。
606年，坦泥沙王之子戒日王即位。
612年，戒日王朝建立。
620～634年，出兵德干半岛，失败。
637年，戒日王吞并孟加拉地区。
642年，戒日王在首都曲女城为中国唐朝高僧玄奘举行无遮大会。
647年，戒日王死，戒日帝国瓦解。

印度的战争。位于印度东北的迦摩缕波王国和印度西部的伐腊比王国先后投降，但戒日王在进攻高达王国时遇到了激烈的抵抗。经过激战，戒日王朝的军队杀死高达国王设赏迦，高达国灭亡，戒日王统一了北印度。

随后，戒日王又把目光投向了南印度的遮娄其王国。戒日王率军抵达那马达河，遮娄其国王补罗稽舍二世率军严防死守，大败戒日王。戒日王只好与补罗稽舍二世议和，约定两国以那马达河为界，随后率军返回北印度，从此以后再也没有南征。但戒日王建立的戒日帝国是继孔雀王朝、笈多王朝之后又一个基本统一北印度的政权，在印度历史上他是与孔雀王朝的阿育王、笈多王朝的海护王齐名的人物。

戒日王笃信佛教，在全国各地建了大量的佛寺、佛塔，仅首都曲女城就建了100座佛寺。当时佛教各派别争论不休。戒日王就每5年举行一次"无遮大会"（宗教大会），让他们辩论。来自唐朝的高僧玄奘在大会上驳倒了所有的僧人，取得胜利。

641～647年，戒日王多次派使臣出使唐朝，唐太宗也派王玄策等外交使团回访，戒日王亲自出迎，接受国书，并赠给中国火珠、郁金香和菩提树等。

647年，戒日王去世，国内大乱，宰相阿罗那顺趁机篡位，戒日帝国瓦解，北印度再次陷入分裂状态。

玄奘取经

玄奘从小聪明颖悟，对佛学非常感兴趣。父亲去世后，经常跟着在洛阳净土寺出家的哥哥去听高僧说法，逐渐有了出家的念头。玄奘13岁时，在净土寺剃度为僧，开始学习佛法。18岁时，玄奘为了躲避战乱辗转到了成都。5年后，东出剑门、三峡，开始到各地访求良师益友。10年后，玄奘已经精通了许多佛教典籍。627年，玄奘为了彻底解决对佛教教义的疑问，在没有拿到通关证件的情况下，孤身一人踏上了西去印度求取佛法真经的万里征程。

玄奘西行，先后经过凉州、瓜州、玉门关、伊吾、高昌、焉耆、屈支、素叶、铁门关、吐火罗国等地，一路上风餐露宿，翻山越岭，穿越戈壁滩、大沙漠，最后终于到达了北印度边境。

当时的印度分为东、西、南、北、中五部分，玄奘先到北印度的佛教圣地犍陀罗国，又长途跋涉来到上座部佛教的发源地迦湿弥罗国。玄奘在王城的韬耶因陀罗寺住了两年，向一位年近古稀的高僧学习上座部经典、声明学（语言文字学）和因明学（逻辑学），并遍读寺中的佛经。离开迦湿弥罗国后，玄奘途经戒日王朝国都曲女城，最后到达印度最大的佛教寺院、印度佛教的最高学府、学术文化的中心——那烂陀寺。在这里，玄奘拜寺院德高望重的住持戒贤法师为师，潜心研究佛法，学习《瑜伽论》。遍读所有的经论后，玄奘辞别戒贤法师到各地去游学。640年，玄奘回到那烂陀寺，戒贤法师让他主持全寺的讲席。

在此期间还发生了一件让玄奘名震异域的大事。641年，上座部大师借戒日王出征之机，著《破大乘论》讽刺大乘教义，引发了佛教界的辩论大会。玄奘用梵文写了《制恶见论》，指出《破大乘论》中的谬误。玄奘还被大家推举为主讲人，印度18个国家的各教派僧侣教徒6000多人前来赴会，赶来听中国的法师玄奘讲经说法的多达5万余人。

玄奘将《制恶见论》挂在会场门口，依照印度的习惯声明："如果有人能找出一处谬误，当斩首以谢。"结果无人能够反驳玄奘，印度人对玄奘都心悦诚服。

于是，戒日王按照印度习俗，让辩论胜利者玄奘骑象游行一周。

之后不久，玄奘踏上归途。645年，终于回到了阔别10多年的长安，并在弘福寺开始了大规模的佛经翻译事业。

玄奘像

玄奘不仅精通佛教教义，而且通晓梵文。他遵循"既须求真，又须喻俗"的翻译原则，用了19年时间，主持翻译了佛教经论74部，1300多万字，是中国佛教翻译史上翻译最多的一个人，开启了我国翻译史的新时代。玄奘翻译的佛经不仅丰富了我国的文化宝库，还为印度保存了许多珍贵资料，他将印度本土已经失传的《大乘起信论》由中文翻译成梵文，再传回印度，并应印度迦摩缕波国王之请，将中国古代的哲学巨著《老子》译成梵文，传到印度。玄奘的译著成为中印两大民族的共同遗产。

玄奘的《大唐西域记》记载了他亲身游历过的110个国家，以及他听说的28个国家的山川形势、地理位置、历史沿革、风土人情、宗教物产等，是研究中亚、南亚等国古代历史地理的重要文献。书中奇异惊险的故事成为作家们创作的素材，他们据此创作出许多文学作品，如：《唐三藏西天取经》《西游记》等。近代的考古学者还曾经依据《大唐西域记》的记载，发掘出王舍城、那烂陀寺等遗迹，对于研究中亚、南亚的历史有着不可替代的重要意义。

玄奘毕生致力于佛教教义的研究和佛经翻译事业，为我国以及世界佛教的发展做出了巨大贡献。我国的法相宗就是在他的影响下出现的，而日、韩等国的法相宗也深受他的影响。

664年，玄奘病逝。

日本大化改新

日本位于东海之中，是由本州、九州、四国等大岛和很多小岛组成的岛国。3世纪以后，本州岛出现了一个较强大的国家大和，它的最高统治者自称天皇。经过不断扩张，大和逐渐占领了很多地区。到5世纪时，大和已经统一了日本的大部分地区，定都平城京（今日本奈良）。

7世纪的时候，大和国的朝政被权臣苏我家族把持着。苏我家族的族长苏我虾夷和他的儿子苏我入鹿架空天皇，疯狂兼并土地，激起了其他贵族，尤其是皇极女天皇的儿子——中大兄皇子的强烈不满。中大兄皇子经常接触一些从唐朝回来的留学生，从他们口中，中大兄皇子得知了唐朝的中央集权和繁荣富强，心中非常向往。为了夺回政权，中大兄皇子联络了一些同样对苏我家族势力不满的大臣，开始密谋除去苏我家族的势力。

　　645年六月，高句丽、新罗和百济三国的使者前来给大和国天皇进贡贡品。文武百官身穿朝服，肃立在两旁。大殿上只有天皇、苏我虾夷和苏我入鹿坐着。

　　这时，老奸巨猾的苏我虾夷忽然发现中大兄皇子没来，就懒洋洋地问皇极女天皇："中大兄皇子怎么没来啊？"

　　"哦，可能一会儿就到吧。"天皇有些害怕地说。

　　苏我虾夷早就知道中大兄皇子对自己家族把持朝政不满，又听说中大兄皇子最近在一个寺院操练军队，心中突然有一种不祥的预感。他站起身，说自己身体不适，要回去了。

　　临走时，他回头向儿子苏我入鹿使了个眼色，意思是要他注意点。苏我入鹿微微点了点头。

　　"使臣到！"随着朝官的禀报，大殿上鼓乐齐鸣，大臣们立在两旁。三国使者捧着贡品缓缓走进大殿。这时，苏我入鹿发现中大兄皇子竟然跟着三国使者一起走了进来。中大兄一走进大殿，就高声命令侍卫把大殿的大门关上，任何人不得进出。

　　"你在搞什么名堂！"苏我入鹿非常生气，站起来大声斥责中大兄皇子。

　　中大兄皇子也不答话，猛地拔出刀，冲上前去，向苏我入鹿猛砍。苏我入鹿大吃一惊，急忙拔刀自卫。没过几个回合，苏我入鹿的刀就被中大兄皇子震落。苏我入鹿见大势不好，急忙向门口冲去，中大兄皇子一个箭步冲上去，将刀刺入了他的后背。苏我入鹿惨叫一声，趴在地上一动不动。

　　大殿上的文武百官吓得脸色都白了，躲在角落里恐惧地看着这一幕，简直不敢相信自己的眼睛。三国使者捧着贡品，立在大殿上吓得一动都不敢动。杀死苏我入鹿后，中大兄皇子大喊一声，大殿外的侍卫一拥而入，将投靠苏我家族的大臣五花大绑，押了下去。

　　中大兄皇子笑着对三国使者说："现在没事了，给天皇献贡品吧。"三国使者

天皇

　　天皇是对日本最高统治者的称呼，是日本国家的标志。原来日本国王的正式称呼是"大王"，607年，日本推古天皇派小野妹子出使隋朝，在国书中有"东天皇敬白西皇帝"的句子，这是日本首次使用"天皇"一词。日本古代天皇制从593年推古天皇即位至今，约有1400多年。在漫长的历史中，天皇一直处于象征地位，是贵族和幕府将军的傀儡，实际掌权的时间不多。第二次世界大战后，日本《宪法》第1条规定：天皇是日本国家和国民统合的象征。无实权，且不具有选举、被选举、纳税、户籍等一切公民权。

这才哆哆嗦嗦地走上前，给天皇献上贡品后，急急忙忙退出了大殿。

中大兄皇子立即冲出大殿，跨上战马，率领宫廷卫队直奔苏我家，同时派人占领京城的交通要道。苏我虾夷的家臣和卫队早就不满他们父子的恶行，见了中大兄皇子的军队一哄而散，众叛亲离的苏我虾夷在绝望中自杀。

政变后的第三天，中大兄皇子逼迫自己的母亲皇极女天皇退位，拥立自己的舅舅登基，就是孝德天皇，自己以皇太子的身份摄政，开始启用从唐朝归来的留学生。孝德天皇即位后，迁都难波（今日本大阪），仿效唐朝建年号"大化"。

646年，孝德天皇颁布《改新诏书》，仿效唐朝进行改革，史称"大化改新"。新政权废除了奴隶主贵族世袭制，改为封建的中央集权官僚制度；废除奴隶主贵族私自占有土地和拥有部民（奴隶）的制度，土地收归国有，贵族以后从国家那里领取俸禄，部民改称公民，从属国家；建立从中央到地方的行政组织和军事、交通制度，将兵权收归国有；实行班田收授法，每6年授田一次，土地不得买卖，死后国家收回，受田人必须承担一定的租税和徭役。

大化改新是日本历史上的一个重要事件。通过大化改新，抑制了奴隶主贵族的特权，解放了部民，完善了国家制度，促进了日本生产力的发展，是日本从奴隶社会走向封建社会的转折点。

鉴真东渡

鉴真（687～763年），俗姓淳于，扬州江阳（今江苏扬州）人。他父亲是个虔诚的佛教居士，经常到扬州大云寺拜佛。在家庭的影响下，鉴真从小就对佛教产生浓厚兴趣。

鉴真14岁那年，有一次随父亲到大云寺拜佛，被庄重、慈祥的佛像所感动，随即向父亲提出要求出家为僧。父亲见他心意已决，就同意了。于是鉴真拜大云寺智满禅师为师，法名鉴真。18岁又拜道岸律师为师，立志弘扬佛法。两年后，鉴真随道岸律师到长安、洛阳与高僧学习佛法。在学习佛法的同时，他对建筑、医药等也很有研究。在长安期间，鉴真还曾入宫为唐中宗讲佛法。

26岁的时候，鉴真回到了扬州。此时，他已经成为对佛学具有很深造诣的高僧，担任扬州大明寺住持。他还筹划修缮了崇福寺、奉法寺的大殿。鉴真在扬州当了40年的住持，弘扬佛法，收了4万门徒，弟子遍布江南，其中不少人成为高僧，江淮人称他为"授大师。"

唐朝时候，中国在各方面都领先于世界，所以世界上很多国家都派留学生来中国学习。日本经常向唐朝派遣唐使，每次都有很多留学生随同前来，返回时也都有学成的留学生一同回国。每次随遣唐使来中国的留学生少的一二十人，多的二三十人。这些留学生在中国少的住上几年，多的甚至住了40年。他们回国后，大力传播中国的先进文化，积极推动日本社会文化的发展。

天宝元年（742年），日本的两位僧人荣睿、普照随遣唐使来到中国学习佛法。

一次偶然的机会，他们认识了鉴真的徒弟道航，知道了鉴真。两人特地从长安赶到扬州拜见鉴真。听了鉴真大师宣讲的佛法后，荣睿和普照大为感动，十分敬服。从此两人就在扬州住了下来，随鉴真学习佛法。在学习的过程中，两人越发感到鉴真见识的渊博，于是萌生了请鉴真到日本传播佛法的想法。两人向鉴真说了他们的心愿，当时鉴真已经55岁了，为了弘扬佛法，传播中国的先进文化，欣然接受了邀请，决定东渡日本。

第一次东渡是在742年冬。鉴真和21名弟子，以及4名日本僧人准备东渡。当时唐朝政府严禁私自出国，但日本僧人有宰相李林甫的公函，因此地方官员没有阻拦。临行前，鉴真的弟子道航和师弟如海开玩笑说："只有我们这些修行深的人才可以去弘扬佛法，像你这样修行浅的就不要去了。"如海听了非常生气，就跑到官府诬告道航等人出海是为了勾结海盗攻打扬州。官府大惊，逮捕了所有的僧人，虽然后来查明真相，但是却没收了船只。第一次东渡就这样失败了。

第二次东渡是在744年，鉴真和14名僧人，85名工匠，买了一艘船，再次出海。结果刚到长江口就被风浪打沉，船修复出海后又遭大风，漂到舟山群岛一小岛，5天后他们返回余姚（今浙江宁波）阿育王寺。由于各地寺院纷纷邀请鉴真前去讲法，第二次东渡也搁下了。

第三次东渡。越州（今浙江绍兴）僧人为了挽留鉴真，向官府控告日本僧人荣睿，官府将荣睿投入大牢。鉴真只好作罢。

第四次东渡。鉴真的徒弟灵佑担心师父安危，苦劝官府，希望官府能够阻拦。结果在官府的阻拦下，鉴真又没有去成。

第五次东渡。鉴真等人乘船出海，结果遇上大风，将他们吹到了海南岛。1年多之后，鉴真等人才返回扬州。5次东渡的挫折，再加上鉴真已是63岁的老人，他得了眼病，不久就失明了。但鉴真志向不改，发誓一定要去日本。

753年，鉴真终于随日本遣唐使一起抵达日本，受到日本举国上下的热烈欢迎。日本天皇封他为大僧都，成为日本律宗（佛教的一支）始祖。

鉴真到日本后，除了传播佛法，他随行的人员还将中华建筑、医药、雕刻、绘画等技术传授给日本人，日本医道把鉴真奉为医药始祖，药袋上都贴有鉴真的图像。鉴真在日本生活了10年，于763年在日本首都奈良唐招提寺面向西方安详圆寂，终年76岁。

郭沫若曾写诗称赞："鉴真盲目航东海，一片精诚照太清。舍己为人传道艺，唐风洋溢奈良城。"

☀ "医中之王"阿维森纳

阿维森纳又名伊本·西拿，980年出生在阿拉伯帝国布哈拉（今中亚乌兹别克斯坦境内）附近的一个小镇上，他的父亲是一名有学识的税务官。阿维森纳兄弟三人，他排行老二。

阿维森纳从小就聪明好学，10岁的时候，他就学完了学校里的所有课程，并能背诵许多阿拉伯文学著作。后来在一位哲学老师的指导下，阿维森纳开始学习古希腊的医学、数学、哲学和天文学著作，为日后成为一名著名的医学家打下了坚实的基础。

由于阿维森纳聪明过人，再加上他勤奋努力，16岁的时候已经成为一个小有名气的医生了。一次，国王突然得了一种奇怪的病，整天胡言乱语，疯疯癫癫。御医们绞尽脑汁，使出浑身解数也没有治好国王的病。王室又派人从各地请来许多名医，还是没有治好国王的病。当时年仅18岁的阿维森纳听说后，自告奋勇前往王宫，请求给国王治病。很多行医几十年的著名医生都没有办法，更何况一个十八九岁的年轻人？王宫的侍卫根本不让阿维森纳进去，任凭他怎么说也不行。阿维森纳只好拿出纸和笔，将药方写下来，请侍卫传给御医。侍卫见他态度诚恳，就将药方传了进去。御医们一看，非常吃惊，急忙让侍卫把阿维森纳带进来。在阿维森纳的治疗下，不几天，国王的病就大大减轻，一个月后彻底好了。

为了感谢阿维森纳，国王任命他为御医，并赐给他很多金钱。阿维森纳请求国王允许他去王宫的图书馆读书，国王答应了。在当时，只有非常有学问的人才可能进入王室图书馆。阿维森纳抓住这个机会，每天很早就来到图书馆，直到天黑才回去。困了，就小睡一会儿；渴了，就喝点果酒；饿了，就吃点东西；天黑了，点根蜡烛继续学习。在不长的时间内，阿维森纳就把图书馆里所有的书都看完了。从此以后，阿维森纳的学识更加渊博，医术更加高明。人们纷纷来找他看病，连很多有名的医生也前来向他学习。后来这座图书馆发生了火灾，成千上万册的图书被烧毁。人们虽然很惋惜，但也感到非常庆幸，都说："智慧的宝藏并没有毁灭，它早已转移到'学者大师'阿维森纳的大脑中去了。"

后来布哈拉遇到了战乱，阿维森纳背井离乡，开始了长达15年的四处流浪、江湖行医的生活。1014年，阿维森纳定居哈马丹（在今伊朗境内）。国王的侄子

《医典》

阿维森纳的《医典》是阿拉伯医学的结晶，是一部医学百科全书。它不仅有医学原理和治疗方法，还有药学部分。药学部分分析了760多种药物的药效，为后人提供了丰富的参考。《医典》对当时的一些疑难杂症进行了精辟的论述，如脑膜炎、中风和胃溃疡等。他还论述了水流和土壤在传播疾病时所起的作用，提出传播肺结核、鼠疫、天花等病的是肉眼看不见的病原体的"细菌学说"。《医典》被翻译成拉丁文、希伯来文和英文等多种文字，在西方影响深远。一直到17世纪，《医典》都是欧洲各国医学院的主要医学教科书和参考书。

阿维森纳

阿维森纳是一位在阿拉伯帝国工作的波斯人。他的著作《医典》在若干世纪里被阿拉伯国家和欧洲的人们广为使用。

得了怪病，整天躺在床上不吃不喝，只是望着天花板发呆。王宫里的御医们都束手无策，只好请阿维森纳来。阿维森纳坐在王侄的床边一边给他号脉，一边让一个熟悉哈马丹情况的人大声说出每条大街小巷的名字。当说到一条大街时，王侄的脉搏突然剧烈跳动了一下。阿维森纳让那人把这条街上的人名挨个说一遍。当说到一个姑娘的名字时，王侄的脉搏跳得更剧烈了。阿维森纳站起身，对国王说："这个年轻人得了相思病，最好的治疗方法就是让他和心爱的人结婚，否则他就会因为悲伤而死去。"国王听了，只好同意。王侄听说可以和自己心爱的人结婚的消息，病很快就痊愈了。王宫里的御医对阿维森纳佩服得五体投地。

国王听说阿维森纳非常博学，就任命他为宰相。但由于他为人刚正不阿，不善于应酬，因此得罪了朝中权贵，经常受到排挤。有一次，国家发生动乱，王室卫队诬陷他暗藏奸党，突然闯进他家，把财物洗劫一空。幸好阿维森纳从后门逃走，才逃过一劫。国王死后，王子们为争夺王位展开激烈的斗争。有人指控阿维森纳不信真主，散布邪教，他因此入狱。直到新国王登基，查明真相后，才被释放出来。出狱后，阿维森纳被任命为国王的随从医官和科学顾问。

为了探索医学的奥秘和解除人们的痛苦，阿维森纳笔耕不辍。他先后写成《医典》《活着的人们，死亡之子》《指导大全》和《心脏病的治疗》等几十种作品。晚年，他白日行医，给人治病和著书立说，晚上给徒弟们上课。由于劳累过度，再加上经常亲身试药，他的身体日渐衰弱。1037年，阿维森纳以军医的身份随军出征，不幸病死，年仅57岁。至今伊朗的哈马丹还有他的坟墓。

《一千零一夜》

古时候，在中国和印度之间有个叫萨桑的岛国，国王叫山鲁亚。一天，国王看见王后和奴仆们说笑，怀疑王后有不贞行为，于是就杀掉了她。从此以后，国王每天都要娶一个新娘，第二天早晨就把新娘杀死。

就这样国王一连娶了1000个女子，又杀了1000个女子。老百姓纷纷带着女儿逃出京城。国王命令宰相每天要送一个女子进宫，否则就将他治罪。可有女儿的老百姓早已逃得一干二净，去哪里找啊？宰相愁眉苦脸地回到家里，他的女儿桑鲁卓问道："爸爸，你遇到什么事了？"

宰相说："国王要每天娶一个新娘子，可有女儿的人家都逃走了，我去哪里去找啊？"

桑鲁卓不仅美貌出众，而且博学多才，非常聪明。为了救父亲和国内年轻的姐妹，她毅然要求进宫。宰相起初不同意，但看到女儿心意已决，只好同意。

到了晚上，桑鲁卓对国王说："尊敬的陛下，请允许我给您讲一个故事吧。"国王答应了。桑鲁卓就开始讲故事，国王被故事曲折动人的情节深深打动了，故事还没有讲完，天就亮了。桑鲁卓对国王说："尊敬的国王，如果您能够开恩不杀我的话，那么明天晚上我会给您把故事讲完，还要再讲一个更精彩的故事！"国王同意了。

到了晚上，桑鲁卓给国王把昨晚的故事讲完，接着又讲了一个精彩的故事，国王听得入迷了，讲到最精彩处，恰好又到了天亮。桑鲁卓又说："尊敬的国王，如果您能开恩不杀我的话，明天晚上我会给您讲完，再讲一个更精彩的故事。"国王为了听故事，又没有杀桑鲁卓。从此以后，桑鲁卓每天夜里都给国王讲一个曲折离奇、引人入胜的故事，一直讲了1001夜。终于，国王幡然醒悟，发誓以后再也不乱杀人了，随即册封桑鲁卓为皇后，并与她白头偕老。

后人就把桑鲁卓讲的故事收集起来，编成了《一千零一夜》，我国又称为《天方夜谭》。

举世闻名的阿拉伯文学是世界文学艺术宝库之一，其中对世界文学有重要贡献的要数《一千零一夜》。它是中世纪中期近东各国、阿拉伯地区广大艺人、文人、学士经过几百年收集、加工、提炼、编纂而成的。这部书以6世纪的波斯故事为线索，吸收了印度、希腊、希伯来、埃及等地的童话和寓言故事，到15世纪末编定成为一部童话和故事集。其中的故事很富于启迪意义，在许多篇章中歌颂了劳动人民纯朴善良的高尚品质和爱憎分明的感情，揭露和鞭笞了封建社会的黑暗。《一千零一夜》描述的新兴阿拉伯商人经商航海、追求财富的冒险故事也精彩纷呈。同时，也反映了当时人民的社会生活与风俗习惯，是研究阿拉伯历史的宝贵参考资料。可以说，《一千零一夜》是世界文学史上的一颗明珠，它对后来西方各国的文学、音乐、戏剧和绘画都产生了深远的影响。

《一千零一夜》中有很多精彩的故事，比如《阿拉丁和神灯》《阿里巴巴和四十大盗》《渔夫和魔鬼》《辛伯达航海旅行记》等，都是其中的名篇。

查理大帝

圣诞节之夜，罗马圣彼得大教堂灯火辉煌，装饰一新。随着庄严的音乐声响起，高大魁梧、仪态威严的国王开始在圣坛前做祈祷。站在一旁的教皇把一顶金冠戴在了他的头上，并带头高呼："上帝为查理皇帝加冕，敬祝他万寿无疆和永远胜利！"众位教士也跟着欢呼起来。这就是当时开始称霸西欧的法兰克国王查理一世加冕的盛况。

查理，或称查理曼，出生于742年，其父丕平当时是法兰克王国墨洛温王朝的宫相（相当于中国的宰相）。丕平是位很有谋略的政治家，在他的影响下，查理从小便渴望拥有权力。751年，丕平建立了加洛林王朝，查理和哥哥卡洛曼一起被确立为王位继承人。查理经常随父亲四处征战，积累了丰富的军事经验。768年，他的父亲患水肿病死于巴黎，留下查理和卡洛曼两个儿子，法兰克人召开民众大会，推举这两兄弟为国王，平分全部国土。但卡洛曼放弃了对王国的监管，进修道院当了僧侣，三年后去世。771年，查理被拥戴为法兰克唯一的国王。

查理大帝崇尚武力，8世纪，他曾向南征服伦巴德武士，向北打败了撒克逊人，是欧洲历史上最伟大的政治人物之一。

查理对基督教极为热诚和虔信，在他统治时期，曾下令教会和修院办学，并在宫中成立学院，广泛招聘僧侣学者前来讲学。他还从中等人家和低微门第人家中挑选子弟，与贵族子弟共同接受教育。甚至任命出身贫穷，学习优异的青年教士为主教。

查理不仅大力推行文化教育，他本人也酷爱学术。他喜欢历史，研究天文学，还向旅行家学习地理知识，并喜欢听文法演讲，甚至编了一本日耳曼语文法。他曾经与聘请来的各国著名学者组成小团体，与其中每个成员都平等相待、自由交往，并以绰号代替真名，查理就给自己取了一个"戴维德"的名字。

在定都亚琛后，他大兴土木，修建了许多金碧辉煌的宫殿和教堂，所有的大理石柱都是从遥远的罗马等地拆除古代建筑运来的。随着建筑的兴盛，绘画、雕刻等艺术也有所发展。查理还派人搜集和抄写了许多拉丁文和希腊文手稿，虽然他对抄本内容一无所知，但为后代保留了许多古典作家的著作。因为查理大帝统治的王朝叫加洛林王朝，所以后来的历史学家又把查理时代的文化繁荣称为"加洛林文化"。

查理统治法兰克王国时期，开始了大规模的领土扩张行动。他是个典型的中世纪骑士，身材魁梧，精力过人，从不知疲劳，把一生的大部分时间都用在了战争上。他一生共发动了50多次远征，并亲自参加了其中30次远征。

774年，查理出兵意大利北部，征服了伦巴德人。随后他又跨过易北河，与撒克逊人展开了长达33年的拉锯式战争，并最后征服撒克逊人，迫使他们改信基督教。对撒克逊人的征服使基督教的传播范围空前扩大，查理在基督教世界的威望也与日俱增。778年，查理率军进入伊比利亚半岛，打败统治西班牙的阿拉伯人，攻克巴塞罗那城。

通过几十年的征战，法兰克王国领土已经扩大到了相当于今天的法国、瑞士、荷兰、比利时、奥地利以及德国、意大利的大部分地区，成为当时欧洲空前强大的国家。800年，查理进军罗马，援救被罗马贵族驱逐的教皇利奥三世，并被教皇加冕为罗马人的皇帝。从此，法兰克王国成为"查理帝国"，查理国王则成了"查理大帝"。他把自己的帝国当作了古代罗马帝国的继续，有些历史学家甚至认为，查理的加冕标志着神圣罗马帝国的诞生。

到晚年时，他的军队已无力再继续征伐，甚至对阿拉伯人的侵扰也无能为力。年迈的查理已无当年的雄心壮志，把希望寄托在儿子身上。814年，查理大帝因病逝世，他的儿子"虔诚者"路易继位。"虔诚者"路易死后不久，他的三个儿子缔结和约，把帝国一分为三。以后的西欧几个主要国家就是在此基础上逐渐发展起来的：东法兰克王国形成了以后的德国，西法兰克形成了以后的法国，东、西部之间偏南的地区形成了以后的意大利。法兰克人的语言也出现明显的分化，逐步形成了法语、德语和其他西欧国家的民族语言。

诺曼征服战

英国自789年便成为维京人疯狂劫掠的目标，1013年，丹麦王斯汶大举入侵不列颠，攻占了伦敦，建立了包括英国、丹麦和挪威在内的北欧帝国。丹麦王国衰落后，长期流亡在诺曼底的英国王子爱德华被迎回英国，继承了王位。爱德华曾宣誓永葆童贞，因而没有儿子，在表弟诺曼底公爵威廉访问英国时，爱德华将王位继承权暗许给威廉，但在他临终时，却由哈罗德继承了王位。诺曼底公爵威廉听说后极不甘心，决定以武力夺回王位继承权。

威廉以讨伐背信弃义的篡位者为名在欧洲各国进行游说，得到了教皇、神圣罗马帝国皇帝和丹麦国王的支持，教皇还赐给他一面神圣的"圣旗"。不久，威廉便组织了一支6000余人的军队，其中有2000余名骑兵、3000余名步兵和450艘战舰。整个部队集结在索姆河口的圣瓦莱里，只等风向转南即可出发。

1066年9月27日，威廉下令横渡英吉利海峡，向英国挺进。而这时，英国国王哈罗德正在约克庆祝胜利。原来，当威廉正积极准备攻打英国的时候，挪威国王哈拉尔和托斯蒂格联合在一起，入侵英格兰北部的约克。托斯蒂格想向哈罗德要求王位的继承权，而哈拉尔却想趁火打劫。他们一路烧杀抢掠，向约克前进。哈罗德听到哈拉尔入侵的消息后，立即率兵救援约克。经过一场苦战，敌军全部被歼，哈拉尔和托斯蒂格也被杀。

9月28日，威廉顺利渡过海峡并在佩文西登陆，在黑斯廷斯建立营地，并开始向四周洗劫，用来补给。10月1日，哈罗德闻讯赶紧率领亲兵返回伦敦，11月13日夜，哈罗德率领各地兵力6000余人，到达巴特尔，并占据了附近的一个高地，威廉的军队也向这边前进。14日，双方会战开始，哈罗德在山冈的顶部指挥，两侧是他的亲兵，山脊的两翼则主要为民兵。为防止骑兵的冲击，哈罗德将士兵组成一个"防盾的墙壁"，两翼又有险陡的洼地防止敌人迂回攻击，这样，

在一副以鲸鱼骨雕成的早期盎格鲁－撒克逊基督徒的棺材上，留有罗马异教与基督教的奇异混合的象征符号，显示了8世纪早期不列颠文化中的复杂性。

哈罗德军队就能有效地维持阵形。威廉将部队排成左中右三部分，每一部分又有三个梯队，前面为弓弩兵，中间是重装备步兵，后面为骑兵，而队伍的正前方，打出了教皇赐予的"圣旗"。

威廉军队开始缓缓向山坡进攻，直扑英军的盾墙。两军接近时，威廉军前面的弓弩手开始进攻，但由于地势处下风，并没有给对方造成太多的伤亡。而英勇的英军则向威廉军投掷长矛、标枪和石块，犹如疾雨，对威廉军造成极大的威胁，造成了严重伤亡。威廉军左路兵向山坡进攻，敌人突然从上而下猛攻下来，左路军队随之溃逃，对中路军的士气造成了很大影响。威廉重新排好阵形，让骑兵分成小队，试图攻破盾墙，但英军的步兵手持战斧，打得诺曼骑兵纷纷落马，败阵而逃。

威廉见无法攻破盾墙，急中生智，决定佯退，以引诱敌人离开山坡。他先让步兵撤回安全地带，再让骑兵引诱敌人。原本占上风的哈罗德见敌人伤亡惨重开始全线撤退，认为这是消灭威廉的大好机会。于是，哈罗德命军队全线压上，向前迅速追击。威廉继续后退，从谷底退向山坡，步兵却向两侧转移。等到占据居高临下的有利地势后，威廉立即下令进行反攻。这时，英军的盾墙因为移动而漏洞百出。诺曼军一鼓作气杀入敌军，哈罗德猝不及防，被砍死。失去主帅的英军溃不成军，威廉最终赢得了会战的胜利。

接着，威廉大军直逼伦敦，势不可当。伦敦早已做好了投降的准备，威廉如愿以偿地登上了英国的王位。

诺曼征服战后，封建制度移植到英国，英国建立起中央集权政府。从此，英国历史上的诺曼王朝开始了。

基辅罗斯的盛衰

斯拉夫人是居住在欧洲的一个古老的民族。他们身材高大，吃苦耐劳，在八九世纪的时候，他们建立了很多以城市为中心的公国（国家元首是公爵，又称大公），其中以北部的诺夫哥罗德公国最强大。

9世纪末，诺夫哥罗德公国的大公奥列格率领大军南下，攻占了基辅，并占领了附近的广大地区，建立了基辅罗斯（罗斯是斯拉夫人的自称），就任第一任"罗斯大公"。奥列格凭借着强大的武力不断向外扩张，占领了大片的领土，使基辅罗斯成为欧洲的一个强国。他死后，继任的是伊戈尔。伊戈尔为了对外继续武力扩张，对内残酷剥削，激起了老百姓的强烈不满。

每年冬季，伊戈尔都要带着大批士兵到各个村子挨家挨户地征收毛皮、蜂蜜、粮食等"贡物"，然后在第二年春天乘船顺着第聂伯河而下，运到拜占廷去卖，换取丝绸、呢绒、香料和金银器皿等物。

945年的一天，伊戈尔又带领士兵去村子里征收"贡物"。士兵们把大量的贡物装上车准备返回基辅的时候，伊戈尔脸上露出了不满的神情："今年的贡物怎么这么少？走，再去村子里转转去。"说完带着几个士兵再次来到村子里。

村民看到伊戈尔又回来了，都非常气愤。一个老人说："豺狼都有来找牛羊的习惯，乡亲们，你们说我们该怎么办？"

"杀死这群恶狼！"村民们都愤怒地说。

当伊戈尔发现一大群村民拿着斧头、大棒向他冲过来，还抖着威风说："你们想干什么？想造反吗？"话刚落音，村民们就围着伊戈尔和几个士兵你一斧头、我一棒子将他们打得稀烂，伊戈尔当场毙命。

这是位于伯利恒的圣诞大教堂中的圣母与圣子像，类似的圣像所引发的矛盾成为从726年开始分裂拜占廷帝国的主要原因。这一年，皇帝利奥三世谴责那些对圣像的盲目崇拜者。东正教徒因此事陷入严重的分裂中，直到843年官方恢复圣像崇拜为止。

伊戈尔死后，他的妻子奥莉佳摄政。她是个心狠手辣的女人，派出了大批军队，血洗了村庄，将老幼妇孺统统杀死，将年轻人统统卖为奴隶，最后将村庄付之一炬，烧成了灰烬。伊戈尔的儿子斯维亚托斯拉夫长大后成为基辅罗斯的大公。他比伊戈尔更崇尚武力，据说他剃着光头，只留一撮头发，耳朵上戴着一个大耳环，狰狞可怕。他经常拿着一把大刀率领士兵动征西讨，来去如风，打仗时他从来不带辎重和炊具，就靠掠夺。他身体强壮，常常以马鞍为枕头，席地而睡，吃半生不熟的马肉。

967年，斯维亚托斯拉夫和拜占廷帝国结盟，共同攻打保加利亚，大获全胜，占领了保加利亚的首都。斯维亚托斯拉夫被胜利冲昏了头脑，他妄想在保加利亚的首都住下来，然后再进攻拜占廷帝国和西欧。

"到那个时候，希腊的黄金、捷克的白银、匈牙利的战马、拜占廷的丝绸……一切好东西都任我享用！哈哈哈哈！"他有点得意忘形。

但是拜占廷帝国的突袭打碎了斯维亚托斯拉夫的美梦。原来拜占廷帝国一直对基辅罗斯充满戒心，害怕它强大后会进攻自己，于是派遣军队袭击了他们。斯维亚托斯拉夫没有防备，仓促迎战，被打得大败，只好率领残兵败将狼狈逃回基辅。

为了解决后患，拜占廷帝国把斯维亚托斯拉夫的行踪告诉了基辅罗斯的敌人突厥人。突厥人在半路上伏击了斯维亚托斯拉夫，这支刚被打败的军队根本无力迎战，结果全军覆没。突厥人还将斯维亚托斯拉夫的头割下来，当成盛酒的容器。

从此以后，基辅罗斯元气大伤，一蹶不振，国家分裂成三个小国，混战达40多年，同时南方草原的突厥人也不断袭击他们，掠夺他们的财产，杀死他们的人民，给罗斯人带来深重的灾难。

在突厥人的打击下，基辅罗斯最终解体了，分裂成了许多公国。13世纪时，基辅罗斯被蒙古人征服。

美洲玛雅文化

玛雅人是印第安人的一支，生活在今墨西哥南部的尤卡坦半岛和中美洲一带，创造了辉煌的文明。

玛雅人是美洲唯一留下文字的民族。早在1世纪的时候，玛雅人就已经发明了象形文字。玛雅人的词汇非常丰富，大概有3000多个，是一种非常成熟的文字。当时文字被祭司垄断，祭司用头发制成毛笔，用无花果树的树皮做成纸，将他们的历法、编年史、祈祷文、风俗、科学、神话等记录下来。可惜的是，西班牙入侵美洲后，认为玛雅人的书是"魔鬼的书籍"，强迫玛雅人将他们的历史文献交上来，然后付之一炬，给后世的研究工作造成了无可挽回的巨大损失，现在存留下来的玛雅文抄本仅有3部。除了这3本书之外，考古学家们还在玛雅古城的废墟中挖掘出了大量的石碑，古城中城墙上、宫殿上、庙宇中还刻有大量的文字。

蒂卡尔一号神庙遗址
早在公元前9世纪蒂卡尔已经形成村落，公元前6世纪开始建立城邦，直到公元前3世纪，这里一直是玛雅人重要的祭祀中心。

玛雅人的天文学知识非常丰富。他们已经计算出太阳年的时间是365.2420日，这个结果在当时是遥遥领先于世界其他民族的。玛雅人将一年分为18个月，每个月20天，另外还有5天禁忌日，一共365天。墨西哥海岸的玛雅人金字塔中供奉着365个神像，象征着一年365天。玛雅人的历法与农业息息相关，分为"播种月""收割月""举火月"（用火烧荒地）等。他们可以精确地算出日食发生的时间，可以算出月亮和星星的运转周期。而且玛雅人测出金星的运转周期为584天，比现在科学家测出的583.92天只差了一点点。

在数学方面，玛雅人也取得了辉煌的成就。他们用点表示一，用横表示五，画一个贝壳表示"零"。玛雅人的"零"的概念虽然比印度人要晚，但却比欧洲人早800多年。当欧洲人还在将165记成"100加上60再加上5"的时候，玛雅人已经开始直接使用"1、6、5"三个符号表示了。

玛雅人在农业上为世界人民做出了巨大的贡献。他们培植出了玉米、西红柿、土豆、红薯、辣椒、南瓜等农作物。后来，这些农作物传遍了全世界。

在建筑方面，玛雅人也成就非凡。在古埃及，金字塔是法老的坟墓，而玛雅人的金字塔则是祭坛。玛雅金字塔高达几十米，全部用巨大的石头砌成，四周有阶梯，装饰着精美的浮雕，一直通到塔顶，塔顶是祭祀用的祭坛。在发掘的一座玛雅人城市的中央广场周围，建造有四座高大的神庙，最高的达75米。神庙呈三角形，顶上建有一座神殿，气势雄伟。玛雅人每隔20年就在城市里竖立一根石柱，上面刻满了象形文字，记载了这20年里发生的大事。迄今为止，一共发现了几百个柱子，最早的石柱建于292年。800年后，玛雅文明突然衰落，再没有竖立石柱。此后，玛雅文字失传，玛雅人的后代在文化方面已经退化，对他们伟大祖先创造的辉煌文化一无所知。

玛雅文明是美洲古代印第安文明的杰出代表，吸引着一代又一代的历史学家前去研究。

欧洲的教会

在古代东方，皇帝、国王是一国之主，说一不二。但在中世纪的欧洲，势力最大的不是皇帝、国王，而是教皇。为什么会出现这种情况呢？

罗马帝国的末期，罗马皇帝为了从精神上控制人民，巩固自己的统治，大力宣传基督教。基督教因此发展很快，传遍了罗马帝国全境，并按照罗马帝国的行省分为很多个教区。其中首都罗马教区的地位最高，它的教长称为教皇。罗马帝国灭亡以后，欧洲进入了中世纪。在中世纪，欧洲各个王国之间和内部混战不休，社会动荡，局势混乱。由于欧洲的各个民族都信奉基督教，教会在人民中的影响很大，有时只有教会才能组织起群众。在基督教的传说中，耶稣最重要的门徒彼得是第一任教皇。耶稣把象征统治世界的钥匙交给他时说："凡是你在地上捆绑的，上帝都要捆绑，凡是你在地上释放的，上帝都要释放。"每一个基督教徒都要对耶稣的话绝对服从，所以教徒们也绝对服从教皇。

各国国王为了维持自己的统治，纷纷支持教会。法兰克的"矮子丕平"在教皇和教会的支持下，当上了法兰克王国的国王。为了报答教皇，他两次进军意大利，击败了威胁教皇的伦巴德人，把占领的伦巴德王国的领土献给教皇，教皇就在这块土地上建立了教皇国，史称"丕平献土"。从此以后，教皇既是基督教的最高领袖，又是教皇国的君主，势力更加强大了。800年的圣诞节，丕平

这个装饰豪华的《福音书》象牙装订板制作于9世纪中叶。

的儿子查理来到罗马的圣彼得大教堂。在他祈祷的时候，教皇突然把一顶皇冠戴在查理的头上，并大声宣布："上帝为查理皇帝加冕，祝他万寿无疆，保佑他永远胜利！"查理又惊又喜，从此以后就正式称为皇帝，成为教皇的忠实保护者。

中世纪的时候，欧洲人绝大多数目不识丁，甚至连国王、贵族都不会写自己的名字。在识字的人中，教士占了大多数。他们以《圣经》为最高真理，只传播符合基督教教义的文化知识，所有的文学、艺术、法律、哲学，统统都是为教会和神学服务的。一个人从出生、长大、成年、结婚、生子、老死，处处都要受到教会的控制。如果有人胆敢违反教会的教条，将会寸步难行，甚至会被关进教会的监狱，处以残酷的刑罚。最严重的惩罚是被开除教籍，如果一个人失去教籍，那么这个人就会失去一切社会关系和地位，失去一切保障。普通老百姓要是失去了教籍，就会倾家荡产；国王失去了教籍，就会失去王位，所以每个人都害怕教皇。

由于以上种种原因，教皇凌驾于欧洲各国皇帝、国王之上。皇帝、国王登基，必须由教皇进行加冕才算合法；与教皇同行时，教皇骑马，皇帝和国王则要步行。觐见教皇时，皇帝、国王必须下跪行礼，以示尊敬。

教皇任命了很多教区的主教，在各国建立了很多教堂、修道院和神学院。行走于中世纪的城市和乡村，最高大、最宏伟的建筑就是教堂。教皇不仅直接统治着教皇国，他还通过各国的主教霸占了西欧各国1/3的最好的土地，残酷地剥削耕种这些土地上的农民。每年各国的居民都要向教皇缴纳"什一税"，就是每人把收入的1/10交给教会，还要应付教会的种种临时摊派。为了聚敛钱财，教士们挖空心思搜刮人民的钱财，"赎罪券"就是其中之一。按基督教的说法，人生来就是有罪的，要想死后进入天堂，必须忏悔并做善功赎罪，但仅有这些还是不够的，所以必须购买赎罪券来弥补。在西欧各国，尤其是富裕的德意志地区，教士们走街串巷，像小贩一样高声叫卖赎罪券。教士们说，购买赎罪券后，将钱币投入教会的钱箱中，当听到"叮当"一声时，这个人的灵魂

就得救了。教皇和教士们靠剥削和欺骗，聚敛了大量的钱财，过着非常奢侈的生活。

教皇和教会在中世纪不断发展壮大，成为西欧封建社会的支柱和最大的封建主。

卡诺莎之行

在中世纪的欧洲，原先各国主教的任免权都掌握在各国皇帝、国王的手里，罗马教廷无权干涉。对此，罗马教廷一直心怀不满，时刻想改变这种状况。1056年，年仅6岁的亨利登上德国皇帝的宝座，他就是亨利四世。罗马教廷欺负亨利四世年纪小，就趁机反对德国皇帝任免主教，以削弱德国皇帝的权力。1073年，新当选的教皇格列高利七世发布教皇令，宣布教皇的权力高于一切，不仅可以任免主教，还可以惩罚、审判和任免皇帝、国王，但谁也不能审判教皇。西欧各国的皇帝、国王虽然对此不满，但由于害怕教皇的强大势力，只好表示赞成。当亨利四世23岁时，年轻气盛的他再也无法忍受教皇对自己的限制了，于是一场教皇的教权和皇帝的王权之间的激烈冲突爆发了。

1075年，亨利四世无视教皇禁止各国国王任免主教的禁令，一口气任命很多德国境内的主教。教皇得知后，写信给亨利四世，要他立即撤销委任，并写信忏悔，否则就开除他的教籍。亨利四世对此不屑一顾，还召开宗教大会，宣布废黜教皇，并写信辱骂教皇。教皇大怒，宣布开除亨利的教籍，剥夺他的皇帝资格，并号召德国人和西欧各国反对亨利。德国国内一些反对亨利四世的贵族和教士纷纷站出来，要求亨利放弃皇帝的职位，宣布效忠教皇，并且在一年内求得教皇的赦免令，否则就将剥夺他的皇帝资格。这时西欧各国的国王也纷纷表示拥护教皇，反对亨利四世，亨利四世一下子陷入了四面楚歌的境地。不久亨利四世听到了一个更不幸的消息：教皇已经到达意大利北部的卡诺莎城堡，等候德国反对亨利的贵族派军队来接他去参加制裁亨利的会议。

亨利四世冷静地分析了一下自己目前的处境，觉得现在还没有同教皇抗衡的能力，眼下最要紧的就是保住自己的皇位。

1077年1月，亨利四世带着妻儿和几个贵族，前去卡诺莎城堡向教皇谢罪求饶。当时大雪纷飞，寒风呼啸，滴水成冰，亨利等人艰

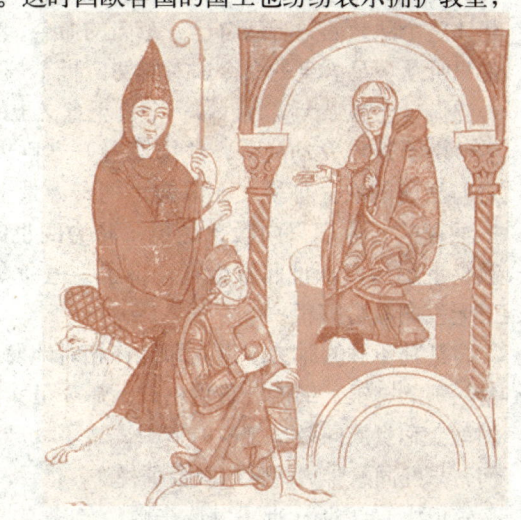

亨利四世跪求教皇

难地翻过阿尔卑斯山，来到了卡诺莎城堡。按照当时谢罪的规定，亨利摘下了皮帽、脱掉了大衣和靴子，披上了一条忏悔罪人用的麻衣，跪在城堡外的雪地里，向教皇忏悔。

连续三天，亨利在冰天雪地里冻得瑟瑟发抖，痛哭流涕地表示对教皇忏悔。到了第四天，教皇才勉强接见亨利。

看着跪在地上的亨利，教皇仍旧怒气难消。他冷哼一声说："我已经开除了你的教籍，你不是已经废黜了我、骂我是假僧侣吗？那你还来干什么？"

亨利诚惶诚恐地说："尊敬的教皇，我已经承认自己的错误了。我是特地赶来向您忏悔的，请您原谅我的无知和狂妄，请您宽恕我。我已经撤销了冒犯您的命令，并写了服从您的保证书，请您过目。"说完，亨利从怀中掏出几张纸，哆哆嗦嗦递给教皇。

教皇这才满意，在场的主教和贵族也都纷纷表示愿意为亨利作证。亨利当场写了一份誓词，表示永远忠于上帝，永远忠于教皇。恢复教籍后，亨利就离开了卡诺莎城堡，回德国去了。在西方，"卡诺莎之行"就是投降的代名词。

回到德国以后，亨利卧薪尝胆，力量逐渐壮大，消灭了德国境内的反对势力。1080年，感到上当的教皇又一次开除了亨利的教籍。这时，羽翼丰满的亨利也再次宣布废黜教皇，并率兵进攻意大利，围攻罗马。教皇仓皇南逃，不久病死。

阿维农之囚

13世纪的时候，西欧的国家特别是法国崛起了。法国国王腓力四世凭借强大的武力，强行夺取了很多公爵的领地，进一步扩大了王权。腓力四世野心勃勃，想让整个法兰西只听从自己一个人的命令。但法国人都信仰天主教，很多传教士都只听从罗马教皇的命令，对腓力四世不屑一顾，这让腓力四世非常恼火。他决心凭借自己的强大实力，做一个真正意义上的法国国王！

由于连年发动战争，法国军费开支巨大。为了弥补军费开支，腓力四世决定向法国的教会征税。在以前，拥有大量土地和财产的教会是不向所在国的国王纳税的，他们只向教皇纳税，腓力四世的这个决定大大损害了教皇的利益。教皇卜尼法斯八世非常生气，下了一道命令，重申教会只向教皇纳税，各国国王无权向教会征税。

桀骜不驯的腓力四世立即针锋相对地发布了一道命令，没有国王的许可，严禁法国的金银、马匹、货物出口。命令虽然没有提到教皇，但实际上却切断了法国教会和贵族向教皇缴税的道路，断了教皇在法国的财源。卜尼法斯八世无可奈何，只好同意腓力四世向教会征税。

但卜尼法斯八世不甘心失败，他决心捍卫教皇的利益，而腓力四世也不满足自己取得利益，还想进一步扩大。于是，教皇的神权和国王的王权之间的斗争更加激烈。腓力四世准备制定一个法令，以限制教皇在法国境内的权力。卜尼法斯八世听说后，急忙派法国的大主教前去干涉。法国大主教仗着有教皇撑腰，狐假虎威，在腓力四世面前趾高气扬，不可一世。腓力四世刚开始默不作声，后来实在忍无可忍，下令士兵把大主教抓起来，投入了监狱，随后交给法庭审判。

听到这个消息后，卜尼法斯八世气得七窍生烟。他一连发了三道教皇令，指责腓力四世犯了严重错误，声称只有罗马教廷才有权力审判大主教，并宣布取消腓力四世向教会征税的特权。腓力四世也不甘示弱，他当众烧掉了教皇令，并向在场的所有人郑重宣布：从今以后，除了上帝，他和他的子孙决不屈服于任何外来的势力。

为了彻底让法国的教会势力服从于国王，1302年，腓力四世在巴黎圣母院召开了法国历史上第一次由贵族、教士和市民三个等级参加的会议。在会议上，腓力联合贵族和市民两个阶级，迫使教士们向国王效忠。

卜尼法斯八世气急败坏，立即下令开除腓力四世的教籍。不料，腓力四世根本不吃这一套，他列举了卜尼法斯八世的29条罪状，宣布要以法国国王的名义在法国审判教皇，并派军队去罗马逮捕教皇。

1303年9月的一天，卜尼法斯八世正在开会，准备对腓力四世进行惩罚。正在这时，一群法国士兵闯了进来。领头的法国军官说："奉法国国王的命令，我们要逮捕教皇卜尼法斯八世去法国受审！"整整三天，卜尼法斯八世脸色苍白，浑身颤抖，躺在床上不吃不喝，受尽了法国人的侮辱和戏弄。虽然后来他被营救出来了，但由于气愤、惊吓和刺激，75岁高龄的卜尼法斯八世不久就死了。当时的人们这样评价他：爬上教皇位子的时候像只狐狸，行使职权的时候像头狮子，死的时候却像条狗。

在和教皇斗争中大获全胜的腓力四世并不满足，他把法国籍的一个大主教扶上教皇的位置，即克雷芒五世，从此教皇成了腓力四世的傀儡。克雷芒五世长期居住在法国而不回罗马，后来索性将罗马教廷迁到了法国南部的小城阿维农。从此，罗马教廷凌驾于国王之上的时代一去不复返了。历史学家把70多年里居住在阿维农的7位教皇称为"阿维农之囚"。

十字军东征

十字军东征是11世纪末～13世纪末，西欧基督教国家以收复圣地耶路撒冷为由，对中近东地区发动的一系列军事远征，口号是从异教徒手中夺回圣地耶路撒冷。实际上，西欧天主教会、封建主和威尼斯等城市富商是企图扩张教会势力，掠夺东方财富，控制地中海东部商业，不少受骗参加的农民则是幻想摆脱封建压迫，另觅出路。因参加远征者的军服上缝有十字标记，故称十字军。

从1096～1291年的近200年间，十字军共进行了8次远征。1071年，塞尔柱突厥人先后占领了叙利亚和巴勒斯坦地区。1085年和1092年又相继占领了安提阿和尼西亚。从西欧到耶路撒冷朝圣的道路因此受到威胁，贸易也受到影响。1095年拜占廷皇帝阿列克修一世向西方求援，罗马教皇乌尔班二世也想借此机会提高教皇的权威，遂于1095年11月召开克莱蒙会议，号召基督徒向耶路撒冷进发，收复圣地，并以教皇的名义向参战者颁发大赦。教皇的号召得到西欧基督教国家响应和支持。第一次远征于次年开始，远征的人数最多，以农民为主的这支队伍虽然受到重大损失，到小亚细亚时被突厥人消灭殆尽，但由法、意王公贵族组成的四支骑士十字军，却相继攻陷尼西亚和安提阿，并于1099年占领耶路撒冷，屠杀城中居民7万多人。其后，十字军在其占领地区按法兰西模式建立了耶路撒冷（拉丁）王国。

1144年，希腊的埃德萨被占领，耶路撒冷（拉丁）王国向西方求援。教皇尤金尼乌斯随即号召发动第二次东征。十字军进抵小亚细亚时被挫败，余部在进攻大马士革时再遭惨败。1174年萨拉丁建立萨拉丁帝国，统一了埃及和叙利亚。

1187年萨拉丁攻占了耶路撒冷，教皇克勒芒三世得知后，敦促德、法、英三国国王组成十字军进行第三次东征。这次队伍因内部不和，虽攻占了阿占城，但终无力收复耶路撒冷。

第四次十字军东征由教皇英诺森三世于1202年发动。最初攻打的目标是埃及，后在威尼斯的怂恿下，转而攻打威尼斯的商业劲敌，即信仰基督教的拜占廷。1204年十字军攻陷君士坦丁堡，大肆焚掠达一周之久，无数艺术瑰宝毁于一旦。十字军还在巴尔干半岛南部建立了拉丁帝国，强迫东派教会接受罗马的统辖。

第五次东征（1218～1221年）、第六次东征（1228～1229年）和第七次东征（1248～1254年）均以埃及为进攻目标，但最后均告失败。第八次十字军由法王路易九世率领，在突尼斯登陆，但不久军中瘟疫流行，十字军军士大批死亡，路易九世也染疫而死，残部撤回欧洲。次年英王再次发动十字军东征，但终无所获。

后来，十字军历次占领的据点受到埃及、苏丹的不断打击，1291年十字军的最后一个据点阿克城陷落，标志着十字军的彻底失败。

成吉思汗

1162年，铁木真出生在蒙古草原尼伦部贵族孛儿只斤氏家族。铁木真的父亲也速该因为作战英勇，被推举为尼伦诸部的领袖，后来在部落的仇杀中丧命，孛儿只斤家族败落，铁木真一家陷入困境。

铁木真的青少年时期是在动荡不安和极端艰苦的条件下度过的。当时，草原诸部混战不已，彼此相互仇杀。在这样的环境中，铁木真养成了坚毅、果敢的性格，并练就了强健的体魄、超群的武艺和过人的才智。1180年，年轻的铁木真已经远近闻名。为了重振家业，铁木真去找父亲的安答（结义兄弟）、克烈部首领脱里汗。在脱里汗的庇护下，铁木真开始积聚力量，势力迅速壮大。

成吉思汗陵内供奉的马鞍与蒙古刀

铁木真的崛起引起了乞颜部贵族扎木合的忌恨，虽然他曾与铁木真结为安答。1190年，扎木合与泰赤乌等13部联合起来，组成2万多联军，进攻铁木真。铁木真探知消息，将部众集中起来，列成13翼，与扎木合联军决战，这就是著名的"十三翼之战"。一场激战过后，铁木真失利，退避于斡难河谷地。扎木合领军返回本部后，将俘虏分为70大锅煮杀，引起了很多部落不满，不少人转而投奔铁木真。铁木真虽然战败，却得到民众拥护，兵力得以迅速壮大。

1196年，铁木真联合脱里汗，配合金国军队，在斡里札河围歼了反叛金国的塔塔儿部，杀死了他们的首领，报了杀父之仇。战后，金国封脱里汗为王（脱里汗从此称王汗），授铁木真以察兀忽鲁官职，铁木真名声大振。此后，他又战胜了蔑儿乞等部，攻取呼伦贝尔草原。1202年，铁木真彻底歼灭塔塔儿部，占领了西起斡难河，东到兴安岭的广大地区。

1203年，和铁木真以父子相称的王汗开始进攻铁木真。铁木真与王汗大战于合兰真沙陀，这是铁木真生平最艰苦的一次战斗。结果铁木真大败，只带领19人落荒而逃。逃亡途中经过班朱尼河时，铁木真和伙伴们饮河水立誓："如果我建立大业，一定和追随我到此的兄弟同甘共苦，如果违背誓言，就像这河水一样。"这就是蒙古历史上著名的"班朱尼河之誓"。

1204年，铁木真征服蒙古草原上唯一能和自己对抗的乃蛮部的首领太阳罕。1206年，统一了西起阿尔泰山，东到兴安岭的整个蒙古草原。各部贵族在斡难河源头举行盛大集会，推举铁木真为大汗，称其为"成吉思汗"，建立了强大的蒙古帝国。

成吉思汗的黄金家族是蒙古国的最高统治集团，拥有全部的土地和百姓。他按照分配家产的方式，将百姓和土地分给自己的子弟亲族。成吉思汗推广了千户制度，将全蒙古的百姓划分为95千户，任命蒙古的开国功臣以及原来的各部贵族担任那颜（意为千户长），世袭管领。为了维护自己至高无上的统治地位，成吉思汗还建立了一支由大汗直接控制的人数达1万人的常备护卫军，这支强大的护卫军成为巩固蒙古帝国、进行对外战争的有利工具。

成吉思汗还根据畏兀儿文字创造了蒙古文字，用这种畏兀儿蒙古文发布命令，登记户口，编订法律，大大加强了统治，推进了蒙古文化的发展。

成吉思汗又任命自己的养子失吉忽秃忽为大断事官，负责分配民户，后来又让他掌管审讯刑狱等司法事务。成吉思汗还制定了蒙古法律"大札撒"，作为全部蒙古人民都要遵守的准则。法律的制定，对于安定社会、加强蒙古政权的统治起到了积极的作用。

蒙古帝国建立之后，成吉思汗开始向外扩张。他先后3次入侵西夏，迫使西夏称臣纳贡，并随同蒙古一同进攻金国。1211年，成吉思汗南下进攻金国，1215年，攻占了中都燕京。

1219年，成吉思汗踏上征讨花剌子模的万里西征之路。1221年，成吉思汗占领花剌子模全境以及中亚的许多地区。在击破花剌子模后大军继续西进，征服阿塞拜疆，横扫伊拉克，兵锋直指多瑙河流域。1225年，持续7年的西征结束，成吉思汗回到蒙古。

1226年，成吉思汗再次进攻西夏。1227年七月，成吉思汗病死军中。成吉思汗死后，他的子孙们继续他未竟的事业，攻灭西夏、金国、南宋，建立起一个空前庞大的大帝国。元朝建立后，追尊成吉思汗为元太祖。

✷ 蒙古西征

1206年，蒙古各部落首领在斡难河畔召开大会，推举铁木真为大汗，尊称成吉思汗，建立了大蒙古国。蒙古国建立后，以成吉思汗为首的蒙古贵族不断发动掠夺战争，用兵的主要方向是南下与西征，南下攻击的主要目标是金和南宋，西

多瑙河上的战斗
图中戴头盔的匈牙利人试图阻挡轻装上阵、以强弓为武器的蒙古军过河，1241～1242年，成吉思汗的子孙已将帝国疆域拓展到了欧洲的中部。

征则是征服中亚、东欧各国。

1219年，为了剿灭乃蛮部的残余势力，征服西域强国花剌子模，成吉思汗带着4个儿子术赤、察合台、窝阔台、拖雷，以及大将速不台、哲别开始了西征。蒙古20万大军长驱直入，在额尔齐斯河流域分进合击，先后攻占布哈拉、花剌子模新都撒马尔罕、讹答剌与毡的城。花剌子模国王摩诃末西逃，成吉思汗令速不台、哲别等穷追不舍。后来，摩诃末病死在里海的一个小岛上，摩诃末的儿子札阑丁在呼罗珊一带继续抵抗。为了剿灭札阑丁，1221年，成吉思汗大军渡过阿姆河，占领塔里寒城。他以塔里寒城为根据地，派出两路大军，分别进攻呼罗珊、乌尔根奇。拖雷率兵进攻呼罗珊，相继攻陷尼沙不儿、也里城；察合台与窝阔台攻陷乌尔根奇。两路大军完成任务后，都回到塔里寒城与成吉思汗会师。然后，各路大军在成吉思汗的率领下，继续追击札阑丁，在印度河击败其余众。札阑丁孤身一人逃跑，花剌子模灭亡。1223年，蒙古大军在西追札阑丁的同时，还深入罗斯，大败敌军，罗斯诸王公几乎全部被杀。1225年，成吉思汗凯旋东归，将本土及新征服所得的西域土地分封给自己的几个儿子。

1227年，成吉思汗去世，成吉思汗的第三子窝阔台继任大汗。1234年，窝阔台集结诸王大臣召开会议，商讨西征大事。窝阔台派兵分别攻打波斯（今伊朗）和钦察、不里阿耳等部，基本上征服了波斯全境。1235年，由于进攻钦察的军队受阻，窝阔台派遣其兄术赤之子拔都，率50万大军增援。西征军一路势如破竹，很快就彻底消灭了花剌子模，杀死札阑丁。1237年底，拔都又率大军，继续西进，大举进攻罗斯，相继攻陷莫斯科、基辅诸城。1240年，拔都分兵数路继续向欧洲腹地挺进，进攻孛烈儿（今波兰）、马扎尔（今匈牙利）。1241年，北路蒙军在波兰西南部的利格尼兹，大破波兰与日耳曼的联军；中路蒙军主力由拔都亲自率领，进击匈牙利，大获全胜，兵锋直指意大利的威尼斯。全欧震惊，西方诸国惶惶不可终日，称之为"黄祸"。1241年年底，窝阔台驾崩的消息传到军中，拔都率军从巴尔干撤回到伏尔加河流域，以萨莱为都城，在伏尔加河畔建立了钦察汗国。

1251年，蒙哥即大汗位。1253年，蒙哥派弟弟旭烈兀率军发起了第三次西征。这次西征的目标是消灭西南亚地区的木剌夷国（今里海南岸的伊朗北部）。1257年，蒙军荡平木剌夷，挥师继续西进，直指黑衣大食首都巴格达。1257年冬，旭烈兀三路大军围攻巴格达，于第二年初攻陷该城，屠杀80万人，消灭了有500年历

绍约河之战

1241年2月，7万蒙古大军离开南罗斯的营地，进攻中欧。这支蒙古大军兵分两路，北路军2万人在拜答儿和开都的指挥下北进波兰，切断对匈牙利的一切支援。拔都和速不台指挥5万主力部队，于3月12日进攻匈牙利。匈牙利国王贝拉四世率领约6万多大军从佩斯出发，迎战蒙古主力。蒙古军诱敌深入，在绍约河畔击败匈军。匈军余部扎营抗拒，速不台指挥蒙军故意在包围圈上留下一个明显的缺口。匈军士兵从这个缺口突围，蒙军沿着匈军逃军的侧翼密集射击，几乎全歼匈军，蒙古军大获全胜。

史的黑衣大食。此后旭烈兀又率兵攻陷阿拉伯的圣地麦加，攻占大马士革，其前锋部队曾渡海到达富浪（今地中海东部的塞浦路斯岛）。

后来由于蒙古军队被埃及军队打败，旭烈兀才被迫停止西进，留居帖必力思，建立了伊儿汗国。

成吉思汗和他的继承者以剽悍的武功征服了欧亚广大地区，以蒙古为中心，建立起由钦察汗国、察合台汗国、窝阔台汗国、伊儿汗国组成的横跨欧亚大陆的国家，形成世界历史上前所未有的大帝国。

四大汗国

经过三次西征，蒙古人占领了大片的土地，建立了4个汗国：钦察汗国、察合台汗国、窝阔台汗国和伊儿汗国。

钦察汗国，又称金帐汗国，是成吉思汗长子术赤的封地，疆域东起额尔齐斯河，南抵高加索山，西至多瑙河，北到北极圈，建都于伏尔加河下游的萨莱城（今俄罗斯阿斯特拉罕）。俄罗斯各公国必须向金帐汗进贡。金帐汗利用俄罗斯大公们之间的矛盾，经常挑拨离间，以巩固自己的统治。14世纪后期，汗国内部阶级矛盾和民族矛盾激化，再加上内讧不断，力量大大削弱。莫斯科大公底米特里·顿斯科伊和帖木儿又不断进攻。俄罗斯各城邦逐渐统一，力量大大增强，而金帐汗国却分裂成喀山汗国、克里米亚汗国、西伯利亚汗国、阿斯特拉罕汗国等几个小汗国。1502年后，这些小汗国相继被俄罗斯吞并，钦察汗国灭亡。

察合台汗国，是成吉思汗次子察合台封地，疆域主要在天山南北，最强盛时东起吐鲁番、罗布泊，南抵兴都库什山脉，西达阿姆河，北到塔尔巴哈台山，定都虎牙思（今新疆霍城县水定镇）。察合台汗国为了掠夺财富和占有牧场，与元

正在安营扎寨的蒙古人。这些生产力落后的蒙古征服者，只是一味地征战，相较于历史的进程而言，这种毁灭性的征服严重干扰了被征服地区封建社会的发展。

朝和伊尔汗国发生了旷日持久的战争，结果被打败。1314年，怯伯成为察合台汗，他主动与元朝恢复了友好关系，从此两国使节来往不断。怯伯把国都迁到了撒马尔罕，他提倡农业，实行改革，而他哥哥也先不花汗则坚持游牧传统，于是察合台汗国分裂为东、西两部。东部以阿力麻里为中心，包括喀什、吐鲁番等地区；西部以撒马尔罕为中心，统治中亚地区。东察合台汗国从1348年建国，到1514年被叶尔羌汗国取代，立国166年。西察合台汗国在1370年被帖木儿汗国所灭。

窝阔台汗国，是成吉思汗第三个儿子窝阔台的封地，疆域包括有额尔齐斯河上游和巴尔喀什湖以东地区，定都叶密里（今新疆额敏县）。1229年，窝阔台继大汗位，将封地赐给他的儿子贵由。1251年，蒙哥汗即位后，窝阔台的后代因曾反对蒙哥，封地被分割。窝阔台的儿子合丹得到别失八里，灭里得到额尔齐斯河之地，窝阔台之孙脱脱分得叶密里，海都分得海押立之地。1260年，忽必烈称帝后，海都与争夺汗位失败的阿里不哥联合，共同反对忽必烈。1301年，海都兵败，不久死去，他的儿子们为了争夺汗位而自相残杀，国势逐渐衰落。1309年，察合台汗也先不花击败窝阔汗察八儿，察八儿逃到元朝，窝阔台汗国并入察合台汗国。

伊儿汗国，又称伊利汗国，是成吉思汗幼子拖雷的儿子旭烈兀西征后建立的，疆域东起阿姆河，南至波斯湾，西临地中海，北到里海、黑海、高加索，包括今伊朗、伊拉克、阿塞拜疆、格鲁吉亚、亚美尼亚和土库曼斯坦等国，阿富汗西部的赫拉特王国和小亚细亚的罗姆苏丹国都是伊尔汗的属国，定都蔑剌哈。1265年，旭烈兀之子阿八哈继位，定都大不里士，以蔑剌哈为陪都。

在第七代伊儿合赞汗（1295～1304年）在位时，伊儿汗国的国势达到极盛。他进行了一系列改革，后改名为马哈茂德，称素丹。合赞汗死后不久，伊儿汗国就陷入混乱。在争权夺利的混战中，伊儿汗国境内出现了许多小国：贾拉尔国占有今伊拉克、阿塞拜疆、摩苏尔和迪亚巴克儿；克尔特国占有赫拉特和呼罗珊部分地区；穆札法尔国占有法尔斯、克尔曼和库尔德斯坦；赛尔别达尔国占有呼罗珊北部。1380年以后，这些小国家先后被新兴的帖木儿帝国灭亡。

德里苏丹国的建立

12世纪中期，古尔王朝兴起于阿富汗西部，定都赫拉特。经过历代君主的不断扩张，古尔王朝的苏丹成为了阿富汗和西北印度的统治者。1192年，古尔王朝苏丹穆罕默德（穆伊兹·乌丁）率领大军越过旁遮普，东征印度。印度的王公们联合起来，抵御穆罕默德大军。在塔拉罗里战役中，穆罕默德大军击败了印度联军，占领德里，随即征服了恒河与朱木拿河之间的广大地区。穆罕默德派手下大将巴克提亚·卡尔

全盛时期的德里苏丹国依靠贸易积累了大量财富。

其继续东征，1200年征服印度东北部，占领比哈尔和孟加拉。至此，印度德干高原以北地区都处于古尔王朝的统治之下。古尔王朝对印度的征服，为德里苏丹国的建立铺平了道路。

1206年，古尔王朝苏丹穆罕默德遇刺身死。他没有儿子，古尔王朝发生分裂。统治北印度的总督、穆罕默德的部将顾特布－乌德－丁·艾贝克以德里为中心，自立为苏丹，建立了德里苏丹国。德里苏丹国先后经历了5个王朝：奴隶王朝（1206～1290年）、卡尔基王朝（1290～1320年）、图格拉王朝（1320～1414年）、赛义德王朝（1414～1451年）和罗第王朝（1451～1526年），最后被莫卧儿帝国所灭。

德里苏丹国的第二任苏丹伊杜米斯，被后世誉为德里苏丹国的真正奠基人。他先后平定了旁遮普和孟加拉的贵族以及拉其普特印度教王公的叛乱，征服了瓜寥尔和马尔瓦地区。到卡尔基王朝时期，苏丹阿拉·乌丁整顿财政，加强中央集权，建立起多达47万人的精锐骑兵部队。他派兵消灭了古吉拉特和拉其普特地区的印度教王公割据势力，然后率军越过文迪亚山，征服了那里信奉印度教的4个王国，使德干高原成为德里苏丹国的领土。图格拉王朝苏丹穆罕默德·图格拉在位期间是德里苏丹国的鼎盛时期，他曾4次派大军远征南印度，一度占领科佛里河以南的大片地区，行省增加到23个，但由于他的横征暴敛，激起了当地人民的强烈反抗，德里苏丹国的军队被迫退到了科佛里河以北。德里苏丹国最强大时的疆域东起孟加拉，南达科佛里河，西抵印度河流域，北到克什米尔地区。

德里苏丹国兴起之时，正值蒙古人扩张之际，两个强国之间的战争不可避免。1221年，成吉思汗率领蒙古军队出现于印度西北边境，并不断深入，进攻印度西北部，在信德和旁遮普地区大肆掳掠。但是来自寒冷干燥的蒙古高原的蒙古士兵非常不适应印度炎热潮湿的气候，蒙古军屡遭挫折，成吉思汗只好撤军。1279年和1285年，蒙古军队卷土重来，再次入侵印度西北部。卡尔基王朝苏丹阿拉·乌丁率军与蒙古人大战，终于击退入侵印度的蒙古军队。

自古以来，外族不断从印度西北山口入侵，这些外族占领印度后，随着时间的推移大都与当地居民融合或被同化。但德里苏丹国的统治者不但没有被当地的印度教文化同化，反而不断扩大其自身文化的影响。德里苏丹国的统治阶级是突厥人、阿富汗人和波斯人组成的以"四十大家族"为核心军事贵族集团，他们占有大量的土地，并以大量的中亚外族雇佣军作为统治支柱。他们对被统治阶级——印度教封建主和广大居民采取歧视和迫害等高压统治政策，用强征人头税等手段来强迫他们改自己的教派，刺激了印度人民的民族感情和宗教情绪。在当时，如果一个印度教王公想要担任国家要职，必须更改教派，否则只能担任乡镇一级的小官。德里苏丹国的这些政策使国内民族、宗教和阶级矛盾十分尖锐，人民起义和宗教运动此起彼伏。

君士坦丁堡的陷落

在奥斯曼帝国的蚕食下，拜占廷帝国只剩下一个城市，就是首都君士坦丁堡，但奥斯曼土耳其的苏丹穆罕默德二世仍不满意，时刻想占领这座繁华的城市。

1453年，穆罕默德二世率领20万大军和数百艘战船围攻君士坦丁堡。君士坦丁堡位于欧洲大陆的东南端，北临金角湾，南靠马尔马拉海，东面与亚洲的小亚细亚半岛隔海相望，西面与陆地相连，地势十分险要。大敌当前，君士坦丁堡的军民更是尽一切力量加固首都防御工事，除了在西面筑了两条坚固的城墙外，还在城墙上每隔100米修建一个碉堡，墙下挖了很深的护城河。在城北金角湾的入口处，他们用粗大的铁索封住海面，使任何船只都无法进入，在城东、城南临海的地方，他们也修建了高大的城墙。

4月6日，穆罕默德二世拒绝了拜占廷皇帝君士坦丁的求和，下令攻城。随着一阵阵震耳欲聋的巨响，一颗颗重达500千克的巨石从土耳其人的大炮中发出，重重地砸在君士坦丁堡的城墙上，高大坚固的城墙顿时出现了一个个的大坑。"冲啊！"数万土耳其士兵肩扛粗大的木头，滚动着木桶，向护城河冲去，企图填平护城河，为大军攻城铺平道路。"射击！快射击！"城墙上的拜占廷军官不住地大声催促士兵反击。拜占廷士兵趴在城墙上，躲在堡垒中，用火药枪、火炮、投石机、标枪、弓箭等向城下密密麻麻的不断涌过来的土耳其人疯狂射击。没有任何防护措施的土耳其人惨叫着，纷纷倒地而亡，剩下的吓得急忙扔掉木头扭头逃回本阵。城墙下尸骨如山，血流成河，那些重伤躺在地上的土耳其人还在发出阵阵痛苦的呻吟，城墙上的拜占廷士兵一片欢腾。

看到这一幕，穆罕默德二世知道正面强攻是不行了，必须另想办法。于是他下令挖地道，准备潜入城中，打拜占廷人个措手不及。不料，地

苏丹穆罕默德二世像

道还没有挖到城中，就被拜占廷人发觉，拜占廷人用炸药破坏了地道。

此后4艘拉丁船和1艘希腊船企图冲过土耳其人的封锁线，支援拜占廷。穆罕默德二世下令海军将他们击沉，土耳其人派出140多艘战舰前去拦截，结果反被击沉了很多艘，而敌军的5艘船却顺利地进入君士坦丁堡。城中军民见来了援兵和给养，士气大振。

穆罕默德二世把海军司令叫来，臭骂了一顿，并宣布把他撤职。海军司令一听，顿时慌了神，急忙说："尊敬的苏丹，千万别撤我的职，给我一个赎罪的机会，我知道怎么攻克君士坦丁堡！""怎么攻克？"苏丹问。"用海军从金角湾进去！""胡说八道！金角湾有铁索，怎么进？"苏丹非常生气。"有办法，金角湾北边是由热那亚商人守卫的加拉太镇，与君士坦丁堡隔海相望。热那亚商人都是些见钱眼开的财迷，只要我们给他们大量的贿赂，就可以从加拉太镇进入金角湾。""好，就照你的主意办，先不撤你的职。"

土耳其人和热那亚人经过秘密协商，达成了协议，热那亚人同意土耳其人从加拉太镇经过。一天晚上，土耳其人的80艘战船来到加拉太镇。他们在岸上用木板铺设了一条道路，上面涂满了牛油羊油，以减少摩擦。经过一夜的努力，这些战船终于从陆路通过了加拉太镇，进入了金角湾。

第二天早晨，守卫君士坦丁堡北墙的士兵发现了土耳其人的战舰，大吃一惊。在苏丹的亲自指挥下，土耳其士兵在炮火的掩护下，一次接一次地冲锋。君士坦丁堡内的所有教堂的钟声都敲响了，拜占廷皇帝亲自登上城头，激励士兵拼死作战。可就在这时，一件不可思议的事情发生了。一群士兵从城墙上的小门出击，返回后忘了将门锁紧！土耳其人发现了拜占廷人这一致命疏忽，他们立即结集重兵，猛攻这个小门，终于攻进这座城市。

土耳其人进城后，疯狂地屠杀城中的居民，四处抢劫，很多豪华的建筑都被他们付之一炬。不过穆罕默德二世并没有毁灭这个城市，抢掠过后，他把奥斯曼帝国的首都迁到这里，改名为伊斯坦布尔。

穆罕默德二世

穆罕默德二世（1432~1481年），奥斯曼帝国苏丹。穆拉德二世的第四子，从小受到了良好的宫廷教育。他是一位尚武的苏丹，在他在位的30年间，率军亲征26次，征服巴尔干半岛，占领了爱琴海中大部分岛屿，创建了横跨欧亚大陆的奥斯曼土耳其帝国。于1453年攻占君士坦丁堡，灭亡了延续1000多年的拜占廷帝国。穆罕默德二世非常重视发展文化教育事业，在伊斯坦布尔等地建立学校、图书馆，他在位时期编成了奥斯曼帝国的第一部成文法典。1481年5月，正当他准备出征罗得岛时，被长子巴耶塞特毒死。

俄罗斯的崛起

1240年，蒙古西征军在成吉思汗的孙子拔都的率领下攻占了基辅罗斯的首都基辅。1242年，占领了俄罗斯大部分土地的拔都建立了庞大的钦察汗国，许多俄罗斯的小公国被迫向他屈服。因为蒙古人住在金色的大帐中，所以俄罗斯人又把钦察汗国称为"金帐汗国"。

金帐汗国中，蒙古人只占少数，俄罗斯人占大多数。为了有效统治俄罗斯，拔都就以册封全俄罗斯大公的封号为诱饵，挑拨离间，使各个小国之间不合，甚至互相攻打，借此铲除反抗蒙古的势力，巩固自己的统治。归顺的小国王公们接受金帐汗国的敕令，向金帐汗国缴税、服兵役。为了向金帐汗国缴税和满足自己的奢侈生活，大公们竭力搜刮老百姓，老百姓们苦不堪言。

1327年的一天，一支蒙古军队来到伏尔加一带，这里是全俄罗斯大公亚历山大统治的地方。蒙古人一到这里就开始抢夺老百姓的财产，老百姓纷纷拿起武器抵抗。亚历山大也忍无可忍了，他亲自率领军队攻击蒙古人。蒙古人死伤惨重，狼狈逃走。金帐汗大怒，决定派军队讨伐亚历山大。

这时，莫斯科大公伊凡匆匆赶来求见。

"你来有什么事？"金帐汗问。

"无比尊敬的金帐汗，您千万不要为了亚历山大那个混蛋生气。为了表示我的忠心，我愿意率领我的军队和其他大公的军队为您讨伐他。此外这是孝敬您的礼物。"伊凡说完，献上了很多金银财宝。

金帐汗一看，非常高兴，说："好，打败了亚历山大，我就封你为全俄罗斯大公，让你替我收税！"

伊凡率领军队很快打败了亚历山大。亚历山大被处死后，伊凡如愿以偿地被封为全俄罗斯大公。从此，他利用手中掌握的收税权力中饱私囊，还帮助金帐汗去镇压别的小公国，同时扩大了自己的领土。到他死的时候，莫斯科公国已经成为俄罗斯最强大的公国了。到了伊凡的孙子季米特里·顿斯特伊担任大公的时候，莫斯科公国的势力又进一步发展，领土面积进一步扩大。这时的金帐汗国却四分五裂，蒙古王公们为了争夺大汗之位混战不止。季米特里决定趁金帐汗国内乱之机举兵反抗，摆脱蒙古人的统治。他率兵赶跑了莫斯科公国内的蒙古人，宣布独立。金帐汗国的大汗马麦汗非常恼火，决定教训教训季米特里。

这三幅图表现了16世纪上半期俄罗斯人民的生活情景，他们或骑马，或乘雪橇，或坐四轮马车外出旅行。

1380年9月，马麦汗率领15万大军大举进攻莫斯科公国，季米特里率领10万大军迎战。两军在顿河南岸的库里可沃平原相遇。战前季米特里仔细观察了一下地形，库里可沃平原不大，中间是沼泽，四周是山冈和森林，不利于蒙古骑兵发挥优势。季米特里利用地形精心摆兵布阵，他将军队一字排开，中间是主力，两边是两翼，中间主力前面是先锋部队，他还将一支精锐的骑兵埋伏在敌人后方的森林里。

　　清晨的大雾刚刚散去，蒙古军队就呐喊着向俄罗斯人杀过来。俄罗斯士兵群情振奋，勇敢地冲向蒙古人。两军杀在一起，难分难解。季米特里身穿厚厚的铠甲，挥舞着大刀，奋勇杀敌。渐渐地蒙古人占据了优势，击溃了俄罗斯人的两翼，并集中兵力向中间主力进攻。俄罗斯主力步步后退，将蒙古人引到了沼泽地带。泥泞的沼泽大大延缓了蒙古人的攻势，季米特里趁机组织俄罗斯军队反攻。

　　埋伏在森林中的俄罗斯骑兵看到蒙古人陷入沼泽、阵形有些混乱，俄罗斯骑兵指挥官果断下令出击。蒙古人根本没有料到自己背后还有一支伏兵，顿时军心大乱。在俄罗斯人的前后夹击下，蒙古人大败而逃，这场战役最终以俄罗斯人的胜利而告终。库里可沃之战表明，俄罗斯人是可以战胜蒙古人的。到了15世纪，莫斯科的伊凡三世统一了俄罗斯，并最终击败蒙古人，结束了金帐汗国对俄罗斯长达两个半世纪的统治。16世纪，俄罗斯已成为欧洲的一个强国。

黑死病肆虐欧洲

　　1345年的一天，蒙古大军围攻克里米亚半岛的卡法城，城中的意大利商人和拜占廷军队凭借着高大的城墙拼命抵抗。整整一年过去了，蒙古人始终没有攻下。

　　后来卡法的守军发现蒙古人的进攻势头越来越弱，最后竟然停止了攻击。蒙古人在搞什么鬼？卡法守军百思不得其解。不过卡法守军丝毫不敢放松警惕，认为这很可能是蒙古人在为发动一场更猛烈的进攻做准备。

　　果然，没过几天，蒙古人再次对卡法城发动攻击。不过这次蒙古人没像以前几次那样爬上云梯攻城，而是在城下摆了好几排高大的投石机。

　　"发射！"随着蒙古将军一声令下，"嗖嗖

感染瘟疫的人随时随地寻求救助，这个不幸的家庭寄希望于牧师的祈祷。

嗖"一颗又一颗的炮弹,向卡法城飞来。卡法守军看到炮弹时非常吃惊,原来这些"炮弹"不是巨大的石头而是一具具发黑的死尸!不一会儿,卡法城里就堆满了很多发臭的死尸。蒙古人发射完这些"炮弹"后,就迅速撤退了。这些腐烂的黑色尸体严重污染了卡法城的水源和空气,过了不久,很多人出现寒战、头痛等症状,再过一两天,病人便开始发热、昏迷,皮肤大面积出血,身上长了很多疮,呼吸越来越困难。患病的人快的两三天,慢的四五天就死了,死后皮肤呈黑紫色,因此这种可怕的疾病得名"黑死病"。当时的人们并不知道这是由老鼠传播的鼠疫——一种由鼠疫杆菌引起的烈性传染病。

卡法城变成了人间地狱,城中的大街小巷到处都有黑色的死尸,到处都是痛苦的呻吟和绝望的哭嚎。幸存的意大利商人披着黑纱,急忙乘船逃回意大利。但他们万万没有想到,一群携带黑死病菌的老鼠也爬上了船,躲在货舱里,跟随他们来到了意大利。

意大利人很快就知道了黑死病的事,因此拒绝他们的船靠岸。只有西西里岛的墨西拿港允许他们短暂停留,船上的老鼠跑到了岛上,黑死病首先在这里传播开来。因为墨西拿港是一个大港口,每天都有很多其他欧洲国家的商船靠岸,这些老鼠又登上这些船,来到欧洲各国。于是,一场大规模的黑死病开始在欧洲迅速传播。

其实,黑死病能在欧洲迅速传播,和当时欧洲人恶劣的生活条件是分不开的。那时,就连罗马、巴黎、伦敦这些大城市,也都是污水横流,垃圾、粪便和动物的死尸随意丢弃,臭气熏天,卫生状况非常差,这就为传染病的传播提供了有利条件。城市中除了贵族和有钱人外,绝大多数平民都生活在拥挤不堪、通风不畅的狭小房间里,很多人挤在一张床上,甚至有的人家连床都没有。当时的人也很少洗澡,从贵族到农民,很多人的身上跳蚤、虱子乱蹦乱跳。

此外由于基督徒极端仇视猫,他们认为猫是魔鬼的化身,因此蛊惑欧洲人对猫进行疯狂屠杀,致使猫几乎灭绝。老鼠没有了天敌,得以大量繁殖。

当时的医学水平根本无法治愈黑死病,一旦染病只能等死。人们把染病者关进屋子里,把门和窗全部钉死,让他们在里面饿死。有的人结成一个个的小社区,过与世隔绝的生活,拒绝听任何关于死亡与疾病的消息。有的人则认为反正是死,不如及时行乐。他们不舍昼夜地寻欢作乐,饮酒高歌,醉生梦死。有的人手拿香花、香草或香水到户外去散步,认为这些香味可以治疗疾病。也有一些人抛弃了他们的城市、家园、居所、亲戚、财产,独自逃到外国或乡下去避难。而罗马教皇则坐在熊熊烈火中间,以此来隔绝黑死病的侵袭。由于欧洲的犹太人懂得隔离传染病人的医学常识,所以死的人较少。一些别有用心的基督徒就诬蔑犹太人和魔鬼勾结,带来了黑死病,大肆屠杀犹太人。整个欧洲简直是一副世界末日的景象。

据统计,在14世纪的100年中,黑死病在欧洲共夺去了2500多万人的生命,再加上饥饿和战争,大约有2/3的欧洲人死亡。

英法百年战争

11世纪，威廉征服英国成为英国国王后，通过联姻和继承，英王在法国占有广阔的领地。12世纪以来，法国逐渐收回被英国占领的部分地区，力图把英国人从领土上驱逐出去，双方的矛盾越来越尖锐。富庶的佛兰德尔曾被法国夺回，但仍与英国保持密切的联系，对佛兰德尔的争夺成为双方斗争的焦点。1328年，没有儿子的法王查理四世去世，英王爱德华三世凭借自己是法王腓力四世外甥的身份要求法国王位继承权。这样，为争夺法国的王位继承权，双方开始出兵作战，拉开了英法百年战争的序幕。

1337年11月，英王爱德华三世率军入侵法国。对于岛国英国来讲，制海权是入侵法国成败的关键。1340年6月，爱德华三世率领250艘战舰、约1.5万人攻击斯鲁斯海里的法国舰队，法国舰队闻讯急忙出海迎战。拥有380艘战舰和2.5万人的法国舰队向英国舰队压过来。爱德华三世不敢硬碰，指挥舰队开始有条不紊地佯退。见敌船要逃，法国舰队急速追击，阵形开始紊乱。英军舰队突然调转船头，向法军冲去。虽然数量处于劣势，但英国海军却有更丰富的海战经验，法国舰船几乎全军覆没。英国夺得了制海权，为陆上战争解除了后顾之忧。

1346年，丧失海军的法王腓力六世大怒，他将自己精锐的重装骑兵派到前线，想用强硬的马蹄把英军踏得粉身碎骨。而当时的英国以步兵为主，根本没有与之相抗衡的骑兵。号称6万余人的法国骑兵在克雷西与2万英军步兵相遇。英王爱德华三世命令部队放慢进攻速度，引诱敌人来攻。当两队尚有一定距离时，英军强弓手开弓放箭，箭雨向法国骑士飞去。原来，英军为对付身披铠甲的法国骑士，偷偷制造了一种秘密武器——大弓，这种弓箭射程远、射速快、精确

"百年战争"中发生在斯鲁斯港口外的大规模海战。

度高，能在较远处射穿骑士的铠甲。法军被箭雨打乱了阵脚，溃不成军。英国步兵抓住时机猛攻上去，与敌人展开白刃格斗。身着笨重铠甲的法军陷入被动，很快被英军击败。英军控制了陆上进攻的主动权，一举占领了法国的门户诺曼底，不久又攻占了重要港口加来。英国的弓箭让法军吃尽了苦头，从卢瓦尔河至比利牛斯山以南的领土都为英国人所有。

为抵抗英国的侵略，夺回丧失的土地，后来的法王查理五世改编军队，整顿税制，还任命迪盖克兰担任总司令。迪盖克兰指挥法军避开英军的锋芒，采用消耗、突袭和游击战术，发挥新组建的步兵、野战炮兵以及新舰队的威力，使英军节节败退，陷入困境。法国趁势夺回大片领土，并恢复了骑兵建制。

在战争中，法国内部矛盾日益加剧，贵族争权夺利，农民起义不断。刚登上英国王位的亨利五世乘机重燃战火，不久法国的半壁江山又沦入英军手中。英军继续向南推进，开始围攻通往法国南方的门户要塞奥尔良，法国贵族却没有一个敢去解围。

农民出身的少女贞德以神遣的救国天使名分，手持一把剑和一面旗帜带领法军冲进英军营中。贞德的勇气鼓舞着法军，他们顽强拼杀，一次次击败英军的进攻。法军击溃英军，被围困长达7个月之久的奥尔良城得救了。战争由此开始向有利于法军的方向发展，1453年，法军夺回了所有被攻占的地区，英国被迫投降。

英法百年战争给法国人民带来深重灾难，但促进了法国民族意识的觉醒；同时使英国放弃了谋求大陆的企图，转而走向海洋扩张的道路。

圣女贞德

1428年，英军联合法国的叛徒集团勃艮第党人向法国发动了大规模进攻，占领了法国北方的大片领土，并包围了法国南方的门户奥尔良城。当时的情况非常危急，一旦奥尔良失守，法国南方就有全部沦陷的危险。而法国以查理王子为首的统治集团却对此束手无策，只知道逃跑。

在这种情况下，法国姑娘贞德挺身而出。贞德是法国东部洛林地区栋雷米村的一个普普通通的乡下姑娘。她没有上过学，从小就帮着家里干农活、放羊。在童年时代，贞德亲眼看见了英国侵略军的暴行，从小就树立了反抗侵略的信念，她还曾参加家乡的游击队，同英军英勇作战。

听说奥尔良被围后，贞德心急如焚，她决定去找查理王子。1429年4月的一天，卫兵向正在喝闷酒的查理报告说有个乡下姑娘要见他。"不见不见！"查理不耐烦地摆摆手。过了一会儿，卫兵又来报告说那个姑娘非要见他不可，说她是为解奥尔良之围而来的。

"什么？一个乡下姑娘居然能解奥尔良之围？好，让她进来。"查理冷笑着说。

不一会儿，贞德走了进来。"你叫什么名字？"查理问。

"我叫贞德。"贞德回答。

"你能解奥尔良之围？"

"是的，我能。"贞德坚定地说。

"你凭什么这么说？"查理疑惑地问道。

"凭殿下您、伟大的法国人民和我的爱国热情。"

当时查理的处境非常糟糕，贞德的到来给他带来了一丝希望，于是他就让贞德带领6000法军去奥尔良。

贞德身穿男子的服装，披着白色的铠甲，腰配长剑，骑着高头大马，率领大军浩浩荡荡地进军奥尔良。当时英国人已经在奥尔良城外修建了很多堡垒，将奥尔良围得水泄不通。看到这种情景，很多军官和士兵都有些泄气，觉得别说解围，就算冲进去都是不可能的。

看到这种情况，贞德鼓励大家说："大家不要灰心。堡垒是死的，人是活的。只要我们有信心，一定可以战胜敌人，攻克堡垒。"

贞德随即率领法军向英军进攻。贞德左手拿着旗帜，右手拿着宝剑，身先士卒，杀入敌阵。在她的鼓舞和带领下，法军将士个个英勇杀敌，攻克了一个又一个的堡垒。一次，贞德率军攻打一个高大坚固的堡垒时，像往常一样冲在最前面，结果不幸被敌人射了一箭，贞德因失血过多而昏迷，部下急忙把她抬到后方。战斗一直从早晨持续到傍晚，法军伤亡很大，可仍然没有攻克堡垒。昏迷中的贞德听到战场上激烈的厮杀声，突然惊醒过来，她忍着伤痛，翻身上马，又呐喊着冲向堡垒。法军见贞德这样奋不顾身，士气大振，个个争先恐后，终于攻下了堡垒。英军见大势已去，只好灰溜溜地逃走了。

贞德率领大军雄赳赳气昂昂地进入奥尔良，城中的军民夹道欢迎，发出阵阵欢呼。城中教堂的钟声响彻云霄，人们整夜高唱赞美诗。奥尔良胜利的消息传出后，整个法国沸腾了，人们都亲切地称贞德为"奥尔良的女儿"。

奥尔良大捷后，贞德决定保护查理王子到兰斯城的教堂去登基，因为按照当时的规定，国王必须在那里登基才算合法。

贞德说出自己的计划后，查理和他的大臣们又一次惊呆了。因为当时兰斯城在英国人手中，去兰斯城无异于一场远征。在贞德的一再坚持下，查理只好勉强同意。贞德率领法军一路攻城略地，所向披靡，很快就攻占了兰斯城。查理在兰斯大教堂正式登基，成为法国国王，史称查理七世。

查理七世登基后，觉得自己的地位稳固了，又看到贞德在人民中的威信越来

圣女贞德节

1431年5月30日早晨，在鲁昂，贞德被无情的火焰吞噬了。23年后，贞德的家属向教会申请，要求重新审查贞德案件。1456年，罗马教廷审查后确认，贞德是无罪的，所谓异端的罪名，全属无中生有，从而撤销对她的判决。1920年，贞德被罗马教廷封为圣女，不久，巴黎高等法院做出规定：每年5月的第2个星期日为法国贞德节。

越高,渐渐地不再重用贞德了。同时查理七世手下的大臣们非常嫉妒贞德的功劳,害怕她夺走自己的地位,因此想方设法排挤她。

贞德要求率军收复巴黎,查理七世勉强同意,但只给了她很少的军队。因为敌众我寡,贞德在巴黎城下被打败,被迫撤退到巴黎南面的康边城。英军紧追不舍,在贞德准备退回康边城的时候,城中守军突然关上了城门,贞德被与英军勾结的勃艮第党人俘虏了。

勃艮第党人以1万金币的高价将贞德卖给了英国人,但查理七世却无动于衷,根本不去营救。被俘的贞德坚贞不屈,后来被英国人以女巫的罪名活活烧死。在贞德爱国精神的感召下,法国人民纷纷拿起武器,最终赶跑了英军,收复了全部国土。

马可·波罗

1254年,马可·波罗出生在意大利威尼斯的一个商人家庭。他的父亲和叔叔都曾到中国经商,在元大都(今北京)还见过忽必烈大汗。忽必烈写了一封信,让他们转交给罗马教皇。他们回来后,天天给小马可·波罗讲述东方的见闻,小马可·波罗简直听得入迷了。1271年,马可·波罗的父亲和叔叔拿着教皇的复信和给忽必烈的礼物准备再次去中国。马可·波罗缠着他们,非要和他们一起去中国。父亲和叔叔没办法,只好同意了。

马可·波罗等人乘船离开威尼斯,向南进入地中海,然后到达了伊拉克。本来他们想从波斯湾的出海口霍尔木兹乘船去中国的,但是一连几个月都没有遇上一艘去中国的船,他们只好改为走陆路。马可·波罗等人向东穿越了广袤荒凉的伊朗大荒漠,翻过了冰天雪地的帕米尔高原,克服了疾病、饥饿,躲过了凶残的强盗和野兽,经过4年的长途跋涉,终于来到了中国新疆的喀什。

在喀什,马可·波罗看到了大片的葡萄园和果园,人们的生活非常丰裕,他当时觉得喀什就是世界上最富裕的城市。没过多久,他们便启程继续向东,先是来到了盛产美玉的和田,然后又穿越了塔克拉玛干大沙漠,来到了敦煌。在敦煌,马可·波罗欣赏到了精美绝伦的壁画和佛像雕刻。几天后,他们经过玉门关,看到了宏伟的万里长城,进入了河西走廊,来到了元上都(今内蒙古正蓝旗境内),见到了元世祖忽必烈。他们向元世祖献上了教皇的回信和礼物,并向元世祖介绍了马可·波罗,忽必烈热情地接待了他们。忽必烈对聪敏的马可·波罗非常赏识,邀请他来到宫中讲述一路上的见闻。不久,马可·波罗和父亲、叔叔陪忽必烈一起返回了元大都。

当第一眼见到元大都时,马可·波罗简直惊呆了!在后来的《马可·波罗游记》中,他写道:"我从来没有见过这么伟大的都城。"元大都城郭高大方正,城内街道笔直纵横,来来往往的人们川流不息,街上的店铺一个挨一个,叫卖声此起彼伏。每天全国、甚至全世界的货物都涌进这座城市,从日用百货到珍奇异宝无所

马可·波罗像

不有,光是生丝每天就运进1000车!而在当时的西欧,生丝简直和黄金等价。

很快,马可·波罗就随忽必烈来到了皇宫。马可·波罗觉得皇宫简直举世无双:高大的宫殿、汉白玉砌成的栏杆、金碧辉煌的壁画、晶莹剔透的釉瓦……这简直是神仙住的地方!

由于忽必烈的赏识,马可·波罗留在元大都当了官。聪明的他很快就学会了蒙古语和汉语。除了大都,马可·波罗还游历了很多地方。涿州的绫罗绸缎、太原的军火、西安的工商业、成都的集市都给他留下了深刻的印象。最令马可·波罗震惊的是,在中国,丝绸随处可见,连老百姓都穿着丝绸做的衣服,这在欧洲简直是不可想象的。因为丝绸在欧洲非常昂贵,只有帝王、贵族和大商人才买得起。马可·波罗认为,中国是世界上最强大最富裕的国家,远远超过欧洲和世界其他国家。

在中国,马可·波罗还见到了许多欧洲没有的新鲜事物,其中他最为称赞的就是驿道。元朝时,从大都到全国各地,都有驿道相连,驿道边种植着树木,每隔二三十里就在路边设立一个驿站,有专人负责更换马匹和提供食宿。中央政府的命令和地方的紧急情况可以很快通过驿道传达和接到。让马可·波罗吃惊的是华北的中国人居然不用木柴生火做饭,而是使用"黑色的石头"(煤),中国人还使用纸币进行购物,这在欧洲也是不可想象的。

马可·波罗还到过江南,听到过"上有天堂,下有苏杭"这句话,他游览了杭州以后说:"杭州是世界上最繁华最富裕的城市!"

1292年,马可·波罗等人奉命护送公主去伊儿汗国结婚。这时他们已经离家17年了,马可·波罗表示想回国,忽必烈同意了,并赐给他们大量的金银珠宝。到了伊儿汗国完成了使命后,马可·波罗等人就启程回到威尼斯。后来威尼斯和热那亚发生了战争,马可·波罗捐钱制造了一艘战船,亲自担任船长参加战斗,结果不幸被俘,被关进了监狱。在狱中,马可·波罗遇见了一个作家,就把自己在东方的经历讲了出来,这位作家边听边记录,后来出版了《马可·波罗游记》。这本书在欧洲广为流传,激起了欧洲人对东方的向往,为新航路的开辟和新大陆的发现提供了动力。

郑和下西洋

郑和本姓马,祖先是西域人,后来迁居昆明。明朝初年,郑和入宫做了内监,成为燕王朱棣的侍从。后因在"靖难之役"中立功,朱棣登基成为明成祖,赐他姓郑,并做了太监总管。

明成祖即位后,明朝成为当时生产力最发达、经济实力最雄厚的国家之一。为了树立和扩大明朝在海外的威望和影响,恢复和发展同海外各国的友好关系和贸易往来,明成祖决定派郑和率领船队远赴西洋。

1405年,郑和率领船队,带着大量的丝绸、瓷器、粮食等物资,开始了第一次远航。这次远航途经满剌加(今马六甲),最终到达印度半岛西南著名的大商港的古里(今卡利卡特)。在满剌加和古里,他受到了两地国王的欢迎,宣读了明朝皇帝的国书,向两位国王赠送了礼物,并分别在两国立碑纪念。郑和还在满剌加建立了仓库,存放货物,作为远航途中的一个中转站。

郑和回国途中路过三佛齐国时,遭到了当地恶霸酋长陈祖义的袭击,郑和一举消灭了陈祖义,为海上往来的客商除掉了一大祸害,使这一带的海域畅通无阻。1407年,郑和结束了第一次远航,顺利回到南京。

同年,郑和船队从刘家港启航,开始了第二次下西洋。船队经过占城,到达爪哇国。当时,爪哇国西王和东王之间发生战争,郑和船队的人员上岸进行贸易时,被西王的士兵杀死了170多人,郑和立即率军登陆,保护船队成员和当地华侨。西王自知理亏,就派使臣随郑和到明朝谢罪。此后,爪哇一直和明朝保持着友好往来。

离开爪哇之后,郑和又到了暹罗,然后前往柯枝国。柯枝是古代印度对外贸易的重要海港,和中国一直保持着友好关系。郑和船队的商人们用中国的丝绸、瓷器等和柯枝商人进行贸易,收购胡椒和各种珍宝。离开柯枝,郑和又率领船队南下来到了锡兰。郑和向锡兰王递交了国书,赠送了礼物,还在锡兰山立佛寺立了一块纪念石碑。1409年夏,郑和结束了第二次远航,回到了南京。

1409年秋,明成祖又派郑和三下西洋。郑和船队首先到达占城,离开占城后,郑和再次到达锡兰。

当时的锡兰国王极其凶残贪婪,他听说郑和船队携带大量珠宝财物,就想把船上的东西据为己有。他打算让自己的儿子找机会逮捕郑和等人,好向明朝政府敲诈勒索,同时派军队到海边去抢劫明朝的船队。但是,他的诡计被郑和识破,郑和巧妙地避开锡兰人的袭击,迅速带兵包围了锡兰王的王宫,俘虏了锡兰王,并押送回国。明成祖宽宏大量,又派人把他送了回去,两国重归于好。

1411年,郑和第三次远洋归来,19个国家的使节随同他一起到明朝来访问,明朝的对外关系达到了一个高潮。

郑和三下西洋基本打通了中国沿海通往印度半岛的航线,为了进一步打通去往波斯湾各国的航路,1412年,明成祖又派郑和第四次远航,横渡印度洋,前往波斯湾。郑和先到达占城,又访问了东南亚诸国,并到了苏门答腊。在苏门答腊,郑和帮助苏门答腊国王稳定了国内局势,原先所建的仓库也得到了保障。

郑和船队在古里略加休整后,横渡印度洋,来到波斯湾口的忽鲁谟斯,受到国王和百姓的隆重欢迎。当地人奔走相告,争相用珊瑚、珍珠、宝石等交换中国的丝绸、瓷器。国王还派出使臣带了狮子、鸵鸟、长颈鹿等珍禽异兽和许多的珍

郑和像

宝，随同郑和一起回访中国，此后，两国的经济文化交流更加频繁了。回国途中，郑和还到了美丽的海岛国家溜山国（今马尔代夫）。

1421年，郑和第六次下西洋，绕过了阿拉伯半岛，经红海岸边的阿丹国，又一直向南航行，到达了非洲东部海岸。郑和的船队经过东非红海沿岸的刺撒，绕过非洲东北角，继续南行，到了木骨都索（今索马里首都摩加迪沙）。

郑和到达麻林（今肯尼亚）之后，由于那里全是热带雨林，渺无人烟，最终放弃前行，从麻林启航回国。郑和回来时，有16个国家的使臣随他到中国访问。此后，明成祖又派郑和带着国书和大量的礼物，率领船队护送这些使臣回去。于是，郑和的船队再次来到非洲东海岸各国。郑和船队的两次到来，对这些国家产生了很大的影响，对增进中非人民的友谊，促进彼此之间的经济文化交流，都有着重要的意义。

明成祖病逝后，即位的明仁宗下令停止下西洋，明朝对西洋各国的政治影响也随之减弱，海外贸易开始衰落。1430年，为了改变这种局面，明宣宗再次派已经60岁的郑和第七次下西洋。第七次下西洋，郑和几乎走遍了南海、北印度洋沿岸各国、阿拉伯半岛和非洲东岸的国家。1433年，郑和船队在满剌加装载货物，返航回国。

郑和七下西洋是世界航海史上空前的壮举，他加强了海上丝绸之路，扩大了明朝对外的影响。他的足迹遍及今天的东南亚、印度洋沿岸和非洲东海岸的30多个国家和地区，扩大了中国和这些国家的贸易往来，促进了彼此之间的经济文化交流。

郑和的航线被绘制成《郑和航海图》，这是我国第一份远洋航海图，不仅丰富了我国人民的地理知识，对后世的航海事业也产生了很大的影响。郑和的随员写的《瀛涯胜览》、《星槎胜览》《西洋番国志》等书，也成为世界航海史、地理学史以及中外交通史的重要文献。

玫瑰战争

百年战争失败后，英国国内各阶层矛盾越来越尖锐，英国皇室内部争斗更为激烈。在这种长期的争斗中，英国皇族后裔的两个家族逐渐形成了两大对立的贵族集团：一是以红玫瑰为标志的兰开斯特派，它代表着西北经济落后地区的贵族集团；一是以白玫瑰为标志的约克派，它代表着东南部经济比较发达地区的贵族集团。围绕着英国王位继承权问题，两大集团进行了激烈的争夺，英国朝政更为混乱。

约克公爵理查企图夺取王位，1455年5月22日于圣奥尔本斯击败兰开斯特家族的武装，战争开始。约克公爵联合沃里克伯爵等贵族从南方调遣3000人发起对兰开斯特派的进攻。兰开斯特家族出身的国王亨利六世和王后玛格丽特率军队2000余人在圣奥尔本斯迎战。约克军密集的弓箭和火炮打败了国王军队，国王受伤后被俘，而王后玛格丽特则逃到了苏格兰。约克公爵迫使国王承认他为王位继承人，玛格丽特闻讯大怒，从苏格兰借兵反攻约克，双方在威克菲尔德展开激战。人数占优的玛格丽特军一举击败约克军，并将约克及其次子杀死，把他的首级扣上纸做的王冠悬挂示众。

约克公爵的死，使约克派贵族的拥护者极为愤怒，他们拥立约克公爵的儿子爱德华为王，称为爱德华四世。在沃里克伯爵的帮助下，1461年3月，爱德华四世率领4万余人向北进军，攻打玛格丽特。玛格丽特带军6万迎击，两军在陶顿相遇。

陶顿位于地势较高的山丘上，玛格丽特的军队居高临下，地势较为有利。但是，这一天却刮起强劲的南风，雪暴风狂，使人睁不开眼睛。同时，玛格丽特军枪炮的射程和威力也因逆风而大打折扣。爱德华四世却正好相反，虽然处于地势较低之处，但风雪却使他们的弓箭枪炮威力大增。借着风势，爱德华向山上发起猛攻，兰开斯特军损失惨重。虽说占有人数上的优势，但恶劣的自然条件却抑制了玛格丽特的军队。

为了扭转被动的防守局面，玛格丽特下令向山下的敌人发动反攻，双方在风雪中展开肉搏。一直激战到傍晚，仍然未分出胜负。突然，玛格丽特军队的侧翼开始骚动。原来，爱德华四世的后续部队赶到，并从防守较弱的敌军侧翼进行猛攻。玛格丽特军队发生混乱，无法抵挡。爱德华四世率领将士一鼓作气，一直追杀到深夜。玛格丽特趁乱带着亨利六世和幼子又一次逃往苏格兰。1465年，亨利六世再次被俘，被爱德华四世囚禁在伦敦塔，基本肃清了兰开斯特派的势力。

约克派掌握政权后，内部的矛盾开始显露出来，国王爱德华四世与实权人物沃里克伯爵产生了不可调和的冲突。沃里克发动反叛，把爱德华俘获，关在监狱里。爱德华出狱后又重新组织力量，一举将沃里克赶到法国。沃里克便与兰开斯特家族结成联盟，并在法国的支持下，卷土重来，爱德华不得不逃亡到他妹夫勃艮第公爵那里。

沃里克掌权后，英国人民对他的统治极为反感，国内矛盾再一次升温。爱德华抓住这一有利时机，于1471年3月亲率军队在尼巴特和沃里克展开决战。这天浓雾迷漫，仅有9000人的爱德华决定以先发制人的战术突袭敌人，于是他率部队提前出发，而沃里克想依靠2万人的绝对优势采取迂回战术夹击敌人。激战开始后，浓雾使双方分不清敌我，死伤惨重。爱德华趁势猛攻，沃里克在交战中被杀。兰开斯特的军队抵挡不住，几乎全军覆没。爱德华抓住了王后玛格丽特，并将她和她的幼子及许多兰开斯特派贵族杀死，只有兰开斯特的远亲亨利·都铎逃脱。

　　1485年，亨利·都铎率军击败英王查理三世并将其杀死，结束了历时30年的玫瑰之战，都铎登上王位后，与爱德华四世的长女伊丽莎白结婚，至此两大家族重新修好。

　　玫瑰战争是贵族自己实施的大手术，使英国两大家族为首的贵族几乎全部消亡，新兴贵族和资产阶级的力量逐渐发展起来，政治也逐渐统一。

文艺复兴时期

地理大发现促进了资本主义萌芽的成长,同时沟通了东西两半球及局部地区彼此间的经济交往,世界市场开始形成,新兴资产阶级拥有了广阔的活动空间。文艺复兴所涌现出的资产阶级新文化思潮与地理大发现相互呼应,改变了人们的观念和生活方式,成为资本主义发展的精神动力。紧随着文艺复兴的是宗教改革,是一场规模更大、影响更广泛的新兴资产阶级的反封建斗争,宗教改革的烽火在整个西欧点燃。宗教改革进一步瓦解了中世纪的封建结构,确定了新兴资产阶级在政治上、经济上和思想上的统治地位。

哥伦布发现新大陆

哥伦布（1451～1506年）出生于意大利的热那亚城，那里航海业发达，年轻的哥伦布热衷于航海和冒险，这些条件为其日后的远航打下了基础。

15、16世纪的欧洲，地圆学说已广为传播。人们相信从欧洲海岸出发一直向西，便可以到达东方。《马可·波罗游记》把东方描写为遍地是黄金和香料的天堂。当时的欧洲，随着商品经济的发展和资本主义萌芽的出现，发生了所谓的"货币危机"，即作为币材的黄金、白银严重匮乏。许多欧洲人狂热地想到东方去攫取黄金，以圆自己的发财梦，哥伦布便是其中的代表人物。

梦想归梦想，去东方在当时可不是一件容易的事。传统的东西之间陆上贸易通道已被崛起的奥斯曼土耳其帝国隔断，地中海上的通路又为阿拉伯人把持。欧洲人要圆自己的梦，必须开辟新船路。可喜的是此时中国的指南针业已传入欧洲，而欧洲的造船业也达到相当的水平。这时年富力强的哥伦布认为条件已经成熟，决定进行一次远航。

第一次航行并不顺利，首要的问题是找不到赞助支持者。1486年，哥伦布就向西班牙王室提出了自己的设想，直到1492年才获批准。在西班牙王室支持下，哥伦布于当年的8月3日率领3艘帆船和87名水手从巴罗士港出发，向正西驶去。经过两个多月的颠簸，哥伦布一行终于发现了一片陆地，草木葱茏。他们欣喜地上岸，并将其命名为圣萨尔瓦多，意为救世主。这个岛屿就是巴哈马群岛中的一个，现名为华特霖岛。这时哥伦布犯了一个错误，他以为已经到了印度，就没有再向西，而是转道向南，沿着海岸线，陆续到达了今天的古巴和海地。他称这一带的土著民族为印第安人（即印度人），并了解了他们的风土人情，只是没有找到大量的黄金。

虽然没有直接获取黄金，但哥伦布也不虚此行。他一上岸就与当地的土著进行欺诈性贸易，以各种废旧物品换取他们珍奇、贵重的财物。而善良的土著人待之如上宾，主动帮助他们适应当地的生活方式，如建筑房屋、采集和狩猎等。这些野心勃勃的殖民者却在站稳脚跟后，对当地人进行疯狂掠夺和残酷的压榨。临走的时候，还掳走了10名印第安人。就这样，哥伦布及其船队于1493年的3月15日回到出发地巴罗士港，向人们宣布他已找到去东方的新航路。哥伦布由此受到国王的嘉奖，平步青云地跻身贵族行列。

不久，尝到甜头的西班牙王室有

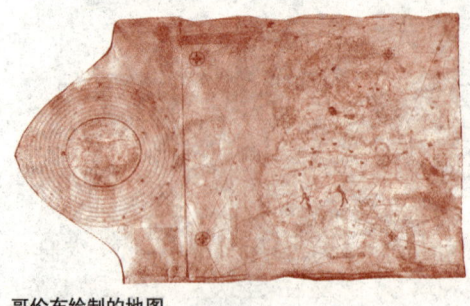

哥伦布绘制的地图
这张地图直到19世纪才为人所知，据说是哥伦布绘制的，但仍有许多疑点，因为图中的冰岛和法罗群岛位置颠倒，而哥伦布是不至于犯这种错误的。因此，究竟作者是不是哥伦布，还不能妄下断言。

意让哥伦布再度远航。第二次航行，哥伦布到达海地和多米尼加等地区。之后哥伦布又两次航行美洲，但最终也未能给西班牙王室带回可观的黄金，终于受到冷落。1506年的5月21日，哥伦布在西班牙的巴利亚多利德郁郁而终。

哥伦布发现了美洲新大陆，但到死都认为自己到了印度，今天的东印度群岛的名称即来源于此。美洲的发现开拓了人们的眼界，使世界逐步连为一体，对于扩大世界范围内的交流和推动人类文明进步有一定积极意义；同时也引发了欧洲大规模的殖民扩张，给当地的人民带来空前的灾难。

麦哲伦环球航行

费尔南多·麦哲伦，世界著名航海家，出身于葡萄牙贵族。10岁左右时，他被父亲送入王宫服役，1492年成为王后的侍从。16岁时，他进入葡萄牙国家航海事务厅，因而熟悉了航海事务的各项工作。1505年，麦哲伦参加了一支前往印度探险的远征队，不久因心理素质好、组织能力突出被推举为船长。此后，麦哲伦带领船员多次到东南亚一带探险和游历，积累了丰

费尔南多·麦哲伦像

富的航海知识和航海经验。他根据古希腊人所提出的地球是圆形的说法，坚信穿过美洲东面的大洋就能到达东南亚，于是决定做一次环球航行。

麦哲伦先求助于葡萄牙王室，未果，转而向西班牙国王请求资助。西班牙国王查理虽然在口头上表示坚决支持麦哲伦的探险计划，但在实际行动中并不慷慨，只给了他少量资金。由于资金紧张，麦哲伦只购买了5艘破旧不堪的船只，最大的载重量只有120吨，最少的仅75吨。这些航船很难经受住大风浪的考验，被人们戏称为"漂浮的棺材"，但这些并没有破坏麦哲伦的计划。

麦哲伦率领一支由5艘帆船和来自9个国家的近270名水手组成的船队，于1519年9月20日从西班牙塞维利亚港出发，向西驶入大西洋。6天以后到达特内里费岛，稍事休整，10月3日继续向巴西远航，途中曾在几内亚海岸停靠，终于在11月29日驶抵圣奥古斯丁角西南方27里格处（里格，长度单位）。之后，船队继续向南，次年的3月到达阿根廷南部的圣朱利安港。当时的自然条件对航行极为不利，寒冷的天气使得缺衣少食的船员开始怀疑此行的价值，人心不稳，最终发生了3名船长叛乱事件。麦哲伦凭其卓越的领导才能，果断地平息了反乱，处死了肇事者。船队在圣朱利安港一直待到这一年的8月，为的是等待气候的好转。

根据麦哲伦等人的航海日志，船队于1520年8月24日离开圣朱利安港南下，10月21日绕过了维尔京角进入了智利南端的一道海峡（后被命名为麦哲伦海峡）。由于该海峡水流湍急，麦哲伦的船队只得小心翼翼地探索前进，经过20多天他们才驶出海峡，在此期间有两条船沉没。10月28日，麦哲伦等人出了海峡西口进入"南面的海"，有趣的是在这片海域的110天航行竟然没有遇上过巨

浪，故而船员称之为"太平洋"。由于长时间的暴晒，船上的柏油融化，饮用水蒸发殆尽，食物也变质甚至生了蛆虫。船员无奈之下只得以牛皮绳和舱中的老鼠充饥。其艰难困苦可见一斑，但最危险的时刻还没有到来。

经过严重的减员之后，麦哲伦的船队于1521年3月抵达马里亚纳群岛中的关岛。在这里船员们获得梦寐以求的新鲜食物，他们感觉自己好像进入了天堂。他们停下来休整了一段时间以恢复体力，之后他们继续向西航行，到达了菲律宾群岛。

在登上菲律宾群岛的马克坦岛后不久，这些殖民者的本来面目就显露出来。麦哲伦妄图利用岛上两部落的矛盾来控制这块富饶的土地，不料在帮助其中一个部落进攻另一个部落时，被土著人杀死。

麦哲伦死后，环球航行面临夭折的危险，幸好麦哲伦的得力助手埃里·卡诺带领余下的两船逃离虎口，他们穿过马六甲海峡进入印度洋，这时仅有的两只船又被葡萄牙海军俘去一只。埃尔·卡诺只好带领仅存的"维多利亚"号绕过好望角，回到西班牙的塞维利亚港，已是1522年的9月8日。经过3年多的航行，原来浩浩荡荡的船队只剩下一艘船和18名船员，可见这次航行代价之惨重。

历时3年有余的环球航行，以铁的事实证明了地球是圆的，使天圆地方说不攻自破，同时也使世界的形势大大改观，宣布了一个新时代的到来。麦哲伦等人为世界航海史、科学史做出巨大贡献；同时，客观上也给殖民主义扩张开辟了广阔的道路。

✹ 皮萨罗的欺诈

地理大发现之后，西班牙大肆搜刮殖民地的金银珠宝和丰富物产，后来，追名逐利的西班牙冒险家把目光转向南美。南美印加人在太平洋沿岸、安第斯山脉西侧建立了印加帝国，它包括今天的秘鲁、厄瓜多尔和玻利维亚西部以及智利北部地区，疆域辽阔，资源物产极为丰富。

1522年，目不识丁的冒险家弗朗西斯科·皮萨罗得知印加帝国的存在后，暴露了贪得无厌、奸诈狡猾、野心勃勃的本性，决心征服印加帝国。

1528年，皮萨罗成功登上秘鲁海岸，并满载黄金等物产而归。次年，西班牙政府授权他征服印加帝国。1531年1月，年已56岁的皮萨罗率领由180人、2门大炮和27匹马组成的远征军从巴拿马启航，开始了他的征服历程。

1532年，皮萨罗登上秘鲁海岸后，率领他的小部队沿安第斯山脉向内地深入。当时，印加帝国正处于内乱纷争之中，掌握帝国军权的阿塔瓦尔帕，杀害他的哥哥印加皇帝，自行称帝。忙于内乱的他并没有对外来入侵

阿塔瓦尔帕肖像

做什么防御。了解情况后的皮萨罗，根据印加帝国高度的中央集权制、皇帝被人们神圣化的特点，决定采用捕获阿塔瓦尔帕，然后折服印加的方法。当时，阿塔瓦尔帕正在卡赛马卡城，皮萨罗遂命令部队向该城进发。

皮萨罗率军抵达卡赛马卡城下，于11月16日邀请阿塔瓦尔帕前来赴会。虽然皮萨罗从登陆第一天就暴露出罪恶目的和他的极度残忍的本性，但阿塔瓦尔帕并没有防备，带领5000名手无寸铁的侍从前来赴会。埋伏在周围的西班牙步兵和骑兵，在炮火的配合下突然伏击走进包围圈的印加人，皮萨罗趁势上前，挥舞佩剑，擒获印加皇帝。皇帝的侍从也全在西班牙人的刀剑、枪炮中阵亡。

一切和皮萨罗预料的一样，因为阿塔瓦尔帕被囚禁，印加人对西班牙的入侵没有做出任何反抗。为了赎回自己的皇帝，印加人在一间6.7米长、5.2米宽的屋子里堆满黄金，并交给皮萨罗。皮萨罗只拿出小部分交给西班牙政府，其余的都私分了。几个月后，皮萨罗背信弃义，处决了阿塔瓦尔帕。

印加人金像

1533年11月15日，皮萨罗率领部队进入印加首都库斯科。印加人习惯了服从的生活，没有了皇帝使他们不知所措，陷入无政府状态，所以皮萨罗并没有遇到抵抗。他洗劫完城池后，便任命曼科为印加新皇帝，扶植他作为傀儡。1535年，皮萨罗建立利马市，后来，该市成为秘鲁的首都。

1536年，不甘心成为傀儡的曼科逃跑，并积极组织原印加军队数万人，反抗西班牙人的殖民统治。这时西班牙内部因利益分配不公矛盾激化，皮萨罗最亲密的同事阿尔玛格罗密谋叛乱，于1537年被皮萨罗处死。但贪婪、残酷的皮萨罗并没有解决好这一问题，内部积怨越来越深。1541年，阿尔玛格罗的追随者再次叛乱，闯入皮萨罗在利马的邸宅，用利剑刺进他的喉咙。

虽然内部发生叛乱，但西班牙人并没有因此而停止对印加人的镇压。1572年，西班牙人摧毁了曼科在维尔卡班巴河上游的避难所，印加人的反抗被平息，印加帝国灭亡。皮萨罗的征服创造了仅用180人征服600万人的帝国的奇迹。

印加帝国灭亡后，美洲重要的印第安文明中心被毁灭，印第安人的历史进程被迫转向。整个拉美地区都被纳入到殖民主义和商业化的轨道上，西班牙成为中南美洲的统治者。

殖民掠夺

殖民主义者用征服、奴役甚至消灭殖民地人民的残酷手段积累了巨额财富。殖民掠夺给亚、非、拉人民带来了深重的灾难，严重阻碍了这些国家和地区的发展进程。

新航路开辟后，葡萄牙和西班牙这两个中央集权制的封建国家积极向外扩张，最早走上了殖民侵略之路。

从 15 世纪起，葡萄牙人就在非洲西海岸的几内亚、刚果、安哥拉等地设立了殖民侵略据点。16 世纪初期，葡萄牙殖民者又占领了东非海岸的莫桑比克、索法拉、基尔瓦、蒙巴萨和桑给巴尔等地，并将这些据点作为从西欧到东方这条漫长航线上的补给站。1506 年和 1508 年，葡萄牙先后占领了亚丁湾入口处的索科特拉岛和波斯湾入口处的霍尔木兹岛这两个海上交通要津，从而控制了连接红海和亚洲南部的海路。1509 年，葡萄牙人在阿拉伯海的第乌港附近击败了数量上占优势的穆斯林舰队，进而确立了印度洋上的海上霸权。为了控制印度，夺取卡利卡特的企图虽然失败了，但葡萄牙于 1510 年攻占了果阿，建立了自己在东方的殖民总部。接着入侵了锡兰（今斯里兰卡）。1511 年，它夺去了马六甲，这是通往东南亚的交通咽喉。后来，葡萄牙人继续侵占了印度西海岸的第乌、达曼及孟买。此外，还在苏门答腊、爪哇、加里曼丹及摩鹿加群岛（今马鲁古群岛）建立商站。在中国又夺取了澳门，作为经营东亚贸易的中心。葡萄牙人还到达了日本，并于 1548 年在日本的九州设立第一个欧洲人的商站。这样，葡萄牙就成为垄断欧亚之间及中国、日本和菲律宾之间贸易的霸主。

葡萄牙扩张的主要方向是非洲和亚洲诸国，但它也入侵了美洲新大陆。1500 年，葡萄牙一支远征队准备去印度，但在途中因赤道海流的冲击而偏离轨道，漂流到了南美洲的巴西。这样，巴西就成了葡萄牙的殖民地。

西班牙在海外建立的殖民地，要比葡萄牙的殖民地大得多，其主体部分在美洲新大陆。新大陆盛产金银，与东方香料有同等或更大的价值，因此西班牙便把主要注意力集中到这里。

哥伦布发现美洲，揭开了西班牙殖民者远征美洲的序幕。从 15 世纪末到 16 世纪初，西班牙人首先把加勒比海和西印度群岛纳入自己的势力范围，先后在海地、牙买加、波多黎各等地建立殖民据点，并以此为基地开始对中南美洲广大地区进行武力征服。1521 年，西班牙贵族科泰斯率军征服墨西哥，摧毁了印第安人古代文明的中心——"阿兹特克帝国"。1533 年，西班牙冒险家皮萨罗率军占领了印加人的首府库斯科，使印第安人古代文明的另一中心"印加帝国"也惨遭涂炭，从此沦为西班牙的殖民地。此后，西班牙殖民者在不足 20 年的时间内，相继征服了厄瓜多尔、乌拉圭、玻利维亚、哥伦比亚、阿根廷等地。到 16 世纪中叶，除葡属巴西外，整个中南美洲几乎全部成为西班牙的殖民地，西班牙在中南美洲建立起庞大的殖民帝国。西班牙在当地设立殖民政府，委派总督治理，并向殖民地大量移民。贵族、商人、僧侣纷纷涌入美洲，大肆掠夺印第安人的土地和财富，建立封建的大地产制。

从早期殖民征服的目的来看，西、葡两国王室积极组织和支持海外探险活动，大肆进行殖民掠夺，主要是为了扩大封建统治范围。葡萄牙人早在沿着非洲西海岸探险时，就宣布西非为葡萄牙王室所有，并求得罗马教皇认可。

自哥伦布首航之后，西班牙派出的所有远征队每到一地，就将该地宣布为西班牙王室的财产，这都是典型的封建殖民侵略。

从早期殖民征服导致的直接后果来说，在海外，葡萄牙沿亚非海岸线建立了一个个殖民据点，控制了东西方商路，进行封建性的掠夺贸易。而西班牙不仅在中南美洲建立了庞大的殖民帝国，还将本国的封建制度移植到殖民地，建立了封建的大地产制。在国内，两国在殖民征服过程中掠夺了大量财富，使本国封建统治阶级有牢固的物质基础，当西欧其他国家的封建制度日趋解体时，西班牙和葡萄牙的封建制度却一度得到加强。两国将掠夺所得的金银财富大量用于维持庞大的官僚机构和对外的征服战争，同时，王室、贵族和商人将大量的钱财花在进口各种商品上，以满足其奢侈的生活享受。因此，这些钱财不仅没有在两国起到资本原始积累的作用，反而打击了本国工业，延缓了资本主义发展的进程，使其很快丧失了殖民优势。

文艺复兴

14世纪前后，意大利半岛出现了一些城市，比如佛罗伦萨、威尼斯和热那亚等。这些城市有发达的商业和手工工场，是欧洲经济最发达的地区，产生了商人和工场场主等新兴的资产阶级。他们渴望摆脱中世纪神学对人们精神的控制，要求以人为中心，而不是以神为中心，渴望享受世俗的快乐，追求人生的幸福。

14世纪末，奥斯曼帝国攻陷了东罗马帝国的首都君士坦丁堡，东罗马帝国灭亡。许多东罗马的学者带着大批的古希腊古罗马文学、历史、哲学等书籍和艺术品，逃往西欧避难，其中有很多人逃到了意大利。一些逃到佛罗伦萨的东罗马学者在当地开办了一所叫"希腊学院"的学校，专门讲授古希腊的辉煌文明和文化，这让当时只知道《圣经》的佛罗伦萨人耳目一新。后来意大利和欧洲其他地区也开办了很多类似的学校。欧洲人发现古希腊文明的一切竟然是那么美好，中世纪的一切是那么丑恶，因此许多学者呼吁复兴古希腊古罗马的文化艺术，得到了新兴资产阶级的支持，欧洲掀起了一场声势浩大的"希腊热"浪潮，当时的人们把这场运动称为"文艺复兴"。

文艺复兴之所以首先发生在意大利，是因为意大利在地理和文化上是古罗马的继承者，古罗马的文明在意大利保存的最多、也最完整。古罗马人是意大利人的祖先，复兴祖先的文化艺术，对意大利人来说是一件非常光荣的事。

文艺复兴的先驱是但丁。但丁在他的长诗《神曲》中描写自己在古罗马诗人维吉尔和自己恋人的带领下游历了地狱、炼狱和天堂，在

水城威尼斯
威尼斯是由商人贵族统治的城市，是欧洲经济最发达的地区，新兴的商人和工场主等资产阶级渴望摆脱中世纪神学对人们精神的控制。

地狱里但丁看到了很多历史上的盗贼、暴君和恶人在这里受苦,甚至当时还活着的教皇也在这里有一个位置,而那些高尚的君主和圣贤则在天堂中享福。《神曲》将批判的矛头直指天主教会,表达了诗人对它的厌恶之情,但丁因此被誉为中世纪最后一名诗人和新时代第一位诗人。

14世纪的一天,一个年轻人不顾修道士的阻挠,闯入罗马附近的一个修道院的藏书室中。这个修道院是在罗马帝国灭亡后不久建立起来的,它的藏书室中收藏了很多古罗马的书籍。但在漫长的中世纪,没有一个修道士对这些书感兴趣,所以也就没有人去翻阅它们。年轻人推开早已腐烂不堪的木头门,看见一屋子的珍贵书籍上落了厚厚的灰尘。他擦去这些灰尘,发现了很多珍贵的古书,甚至还有许多早已失传的书。看到这一切,年轻人兴奋得又哭又笑,随后赶来的修道士都觉得这个人的精神不正常。他顾不上那些修道士的抗议和呵斥,就开始埋头整理这些无价之宝。

这个年轻人就是文艺复兴的著名代表之一、意大利小说家、佛罗伦萨人薄伽丘。当时佛罗伦萨是个城市共和国,它的工商业是欧洲最发达的。经济的发达也带动了文化的发达,佛罗伦萨第一个高举"文艺复兴"的大旗,开展了反教会反封建的新文化运动。薄伽丘满怀激情,投入到了这场轰轰烈烈的运动中。他创作的小说集《十日谈》以佛罗伦萨黑死病大流行为背景,讲的是3个女子和7个男子躲到一个乡间别墅,为了打发时间,每人每天讲一个故事,一共讲了10天。这些故事有的是薄伽丘自己的见闻,有的是各地的奇谈传说,对当时的国王、贵族、教会等势力的腐朽黑暗大加讽刺,揭露了他们的虚伪本质。因此薄伽丘备受教会势力的咒骂攻击,他一度想烧毁自己的著作,幸亏好朋友彼特拉克劝阻,才使《十日谈》得以保存下来。

薄伽丘的好朋友彼特拉克被称为"人文主义之父",他提出了要在思想上摆脱封建主义的束缚,要一切以人为中心,要关心人、尊重人,给人以自由。彼特拉克强烈反对天主教会以神为中心的封建教义,反对人一生下来就有罪的说法,他认为人应该掌握自己的命运,人是伟大的,应该享受人生的快乐。彼特拉克第一次提出了以人为中心的"人文主义"进步思想。

文艺复兴预示中世纪"黑暗时代"的结束。后来,文艺复兴逐渐从意大利向欧洲其他国家扩展,文艺复兴的领域也由原来的文学扩展到美术、医学、天文学、航海等,极大地促进了欧洲的发展,使欧洲成为近代最发达的地区。

大诗人但丁

但丁出生于意大利的佛罗伦萨,父母早亡,由姐姐抚养长大。10岁前,他就读完了古罗马作家维吉尔、奥维德和贺拉斯等人的作品,对维吉尔推崇备至,视之为理性的象征和引导自己走出人生迷途的第一位导师。12岁时,他拜意大利著名学者布鲁内托·拉蒂尼为师,学习修辞学、神学、诗学、古典文学、政治、历史和哲学。拉蒂尼对但丁影响很大,被他称为"伟大的导师""有父亲般的形象"。但丁的青年时代是在读书中度过的,他勤奋好学,求知欲十分强烈,曾经到帕多瓦、波伦那和巴黎等地的大学深造,对美术、音乐、诗学、修辞学、古典文学、哲学、神学、伦理学、历史、天文、地理和政治都有很深的研究,成为了一个多才多艺、学识渊博的学者。

少年时,但丁曾经历了一场刻骨铭心的爱情。有一位名叫贝雅特里齐的少女,她端庄、贞淑与优雅的气质令但丁一见钟情,再不能忘。遗憾的是贝雅特里齐后来遵从父命嫁给一位银行家,婚后数年竟因病夭亡。哀伤不已的但丁将自己几年来陆续写给贝雅特里齐的31首抒情诗以及散文整理在一起,取名《新生》结集出版。诗中抒发了诗人对少女深挚的感情,纯真的爱恋和绵绵无尽的思念,风格清新自然,细腻委婉,是欧洲文学史上第一部剖露心迹、公开隐秘情感的自传性诗作。1291年,在亲友的撮合下,但丁与盖玛结婚,生有两男一女。

手持《神曲》的但丁像

但丁不是一位只埋头于故纸堆的学究,他积极投身于争取共和和自由的政治斗争。但丁的故乡佛罗伦萨是欧洲最早出现资本主义萌芽的城市之一,也是新兴的资产阶级同封建贵族激烈斗争的中心。但丁在青年时代就加入了代表资产阶级利益的归尔弗党,参加反对封建贵族和罗马教皇专制统治的政治斗争。1300年,归尔弗党建立了佛罗伦萨共和国,但丁被任命为最高行政会议6大行政官之一。但共和国不久后失败,但丁遭到放逐,从此再也没有回到佛罗伦萨。在流放期间,但丁创作了《飨宴》《论俗语》《帝制论》3部作品。《飨宴》介绍了从古至今的科学文化知识,激烈批判封建等级观念,是意大利第一部用俗语写的学术性著作;《论俗语》论述了意大利各地区方言的历史演变与特点,为意大利民族语言的发展奠定了理论基础;《帝制论》第一次从理论上阐述了政教分离、反对教皇干涉政治的观点,向封建神权勇敢地提出挑战。

意大利北部名城拉韦纳的君主是位很有文化修养的骑士,他非常仰慕但丁的文学才华,邀请但丁到拉韦纳去定居。但丁到拉韦纳后,创作了他一生中最伟大的著作《神曲》。《神曲》是一部采用中世纪梦幻文学形式写成的长诗,描写诗人梦幻游历"地狱""炼狱""天堂"三界的经过。但丁在诗中对教会的贪婪腐化和封建统治的黑暗残暴进行了无情抨击,赞美现实生活并强调人的价值,体现了人文主义的新思想,为文艺复兴运动的兴起开辟了道路。《神曲》是用意大利方言写成的,为意大利文学语言奠定了基础,因此但丁被意大利人称为民族诗人。

晚年时,但丁与妻子盖玛和已经长大成人的三个孩子在拉韦纳团圆,得享天伦之乐。1321年秋,但丁不幸染上疟疾,不久便去世,享年56岁。但丁在世时,一直希望能够重回故乡，但未能如愿。但他坚信等《神曲》全书出版后，佛罗伦萨人民会请他返回故里，并给他戴上桂冠，因此还婉言谢绝了波伦那大学授予他的桂冠诗人称号。他死后，被拉韦纳人民戴上桂冠，隆重安葬。

几世纪后，佛罗伦萨人想把但丁的遗骸迁回故乡，市政府甚至在圣克洛斯教堂为他修筑了一座高大的墓冢。但迁葬一事遭到了拉韦纳人民的坚决反对，他们认为但丁是他们的光荣。结果直到现在，佛罗伦萨的但丁墓仍然是一座空穴。

文艺复兴"美术三杰"

蒙娜丽莎　达·芬奇
现藏于巴黎卢浮宫。

16世纪，文艺复兴运动逐步走向繁荣，意大利涌现出很多著名的艺术家、文学家和科学家，其中达·芬奇、拉斐尔和米开朗琪罗被称为"文艺复兴美术三杰"。

达·芬奇是佛罗伦萨人，他学识渊博，多才多艺，被认为是世界上智商最高的人，他在多个领域都有所建树，但使他闻名于世的是他的绘画。

达·芬奇的代表作是为米兰的圣玛利亚修道院画的壁画《最后的晚餐》和肖像画《蒙娜丽莎》。《最后的晚餐》取材于《圣经》，描绘了耶稣在被捕前的一个晚上吃晚餐时，对12个门徒说："你们当中有人出卖了我。"12个门徒顿时震惊了，他们有的愤怒，有的怀疑，有的极力表示自己清白，有的询问，有的计论，只有一个人紧握着钱袋，惊慌失措，身体后仰，他就是收了敌人银币后出卖耶稣的叛徒犹大。达·芬奇将这12个不同性格的人，描绘得惟妙惟肖，以艺术的手法谴责了叛徒犹大的卑鄙行为。这幅画是世界绘画史上的经典之作，1980年，《最后的晚餐》被列为世界文化遗产。相传在画这幅画时还有一个有趣的故事。达·芬奇为了画好耶稣，就去找了一个相貌端庄的模特，照着模特的样子画。画好以后，达·芬奇非常满意，就给了模特一大笔钱。几年后，达·芬奇要画犹大，就去找了一个相貌猥琐的乞丐，照他的样子画了犹大。没想到，乞丐放声大哭，对达·芬奇说："是你害了我！我就是以前的那个模特，你给了我一大笔钱后，我就开始过起奢侈的生活，但很快就把钱花光了，只好当了乞丐。"达·芬奇听了感慨不已。

有一天，一个富商请达·芬奇给他的妻子画像。这位贵妇人刚刚失去了小女儿，心里万分悲痛。达·芬奇为了让她微笑，特意请来一个喜剧演员，给她讲笑话，做各种滑稽的动作，这位贵妇人终于微微一笑。达·芬奇抓住这一刹那的微笑，一气呵成，终于画出了杰作《蒙娜丽莎》。

米开朗琪罗·波纳罗蒂出生于阿雷佐附近的卡普雷塞。他年轻的时候，有一次，一位公爵请他和达·芬奇各自创作一幅古代佛罗伦萨人反抗外敌侵略的画。当时达·芬奇已经是非常有名的画家了，但米开朗琪罗的构思和创作还是获得人们的认可与好评。米开朗琪罗的画表现的是佛罗伦萨人正在河里洗澡，听见了军号声，他们匆忙上岸，穿上衣服，拿起武器奔向战场，表现了佛罗伦萨人奋不顾身保卫祖国的英雄气概。

米开朗琪罗还是个雕塑家，他的代表作是《大卫》。《大卫》取材于《圣经》，雕像雕塑了一个健壮的青年，目光炯炯有神，表现了战胜敌人的必胜信心。《大卫》像完成后，佛罗伦萨人将之竖立在城中，作为保卫佛罗伦萨城的英雄象征。后来他还应罗马教皇之请，为西斯廷教堂绘制天顶画。

拉斐尔·桑乔出生在意大利东部的乌尔比诺城，他的父亲是一位画家，受父亲的影响，拉斐尔从小就非常喜欢画画。21岁的时候，拉斐尔来到佛罗伦萨，仔细观摩达·芬奇和米开朗琪罗等人的作品，进步很快。他的性情平和、文雅，他的画也一样。后来受教皇的聘请，拉斐尔为梵蒂冈创作了很多宗教画。以前的宗教画都非常呆板，拉斐尔别出心裁，将文艺复兴中的古典艺术思想注入宗教画中，使这些宗教画看上去充满了人文主义色彩。在他创作的名画《雅典学派》中，巨大建筑物的一重重拱门由近及远，柏拉图和亚里士多德边走边谈，周围是苏格拉底、阿基米德等人，象征着古希腊文明后继有人。拉斐尔37岁就去世了，但他的天才创作为他赢得了"画圣"的称号。

马基雅维利和《君主论》

14～16世纪，随着资本主义的萌芽和发展，意大利出现了复兴古代希腊和罗马的思想和文化的运动，称为文艺复兴运动。这场运动以人文主义为指导思想，是资产阶级的思想解放运动。马基雅维利是文艺复兴时期著名的政治思想家。

马基雅维利1469年出生于意大利的佛罗伦萨一个世家大族。早在13世纪时，这个家族中就有许多人担任政府要职，马基雅维利的家庭属于这个家族中最贫寒的一支，他的父亲也曾担任政府公职，但因无力偿还债务而被罢免。由于家境清寒，他从小就没有受过多少正规教育，但在父母的严格教育和家庭的熏陶下，他从少年时代起就阅读了大量的书籍，并养成了独立思考的习惯，当时，他因才识过人而备受称赞。

1494年，佛罗伦萨爆发了反对美第奇家族专制统治的起义，25岁的马基雅维利积极地参加这场斗争。起义胜利后，佛罗伦萨建立了共和国政府，29岁的马基雅维利被任命为佛罗伦萨共和国最高行政机关"自由安全十人委员会"的国务秘书，主管外交和军事，负责起草政府文件等工作，并曾多次出使意大利各邦和法、德等国。1501年，马基雅维利与玛丽特·考尔西尼结婚，生育了5个孩子。1502年，马基雅维利担任佛罗伦萨共和国执政官索代里尼的助手，帮他整顿军队。1512年，美第奇家族在西班牙的支持下重新掌权，共和国被推翻。作为索代里尼的亲信，马基雅维利遭到逮捕和监禁，结束了政治生涯。不久后他获释，从此栖身于佛罗伦萨郊区的一座别墅里，开始著书立说。

马基雅维利于1513年完成了《君主论》。《君主论》是马基雅维利献给洛伦佐·美第奇的小册子。但是这本书的由来却与瓦伦丁公爵恺撒·博贾有关。1502年，马基雅维利以特使身份见到了名噪一时的瓦伦丁公爵恺撒·博贾。此人是一个精通政治权术的君主，为了一己私利，不惜残害亲骨肉，谋害亲兄弟。他用十分谦恭的礼节对待政敌，深藏自己的用意，一旦取得对方的信任，就无情地绞杀他们。当人民起来造反时，他派酷吏血腥镇压，而和平到来时，又把他派去镇压起义的官吏处死，以平民愤。恺撒·博贾给马基雅维利留下了深刻的印象，他认为只有这样的君主，才能实现意大利的统一，并把恺撒·博贾作为《君主论》中完美的君主的典型。

《君主论》是马基雅维利对意大利数百年政治实践与激烈革命的总结，也是作者从政10多年经验教训的理论结晶。他认为共和政体是最好的国家形式，但又认为共和制度无力消除意大利四分五裂的局面，只有建立拥有无限权力的君主政体才能使臣民服从，抵御强敌入侵。他强调为达目的可以不择手段，诸如权术政治、残暴、欺诈、伪善、背信弃义等，只要是有助于君主统治的就都是正当的。这一思想被后人称为"马基雅维利主义"，马基雅维利的学说奠定了现代政治哲学的基础。

《君主论》无疑是政治学领域中最有影响力的著作之一。作为第一部政治禁书，《君主论》在人类思想史上一方面受着无情的诋毁，另一面却又备受称道，在问世的400多年来，一直为政治家、谋略家、野心家们所关注。直到20世纪后期，人们才开始以科学的态度对待它，并认为它是人类有史以来对政治斗争技巧的最独到、最精辟、最诚实的"验尸报告"，而马基雅维利也被称为是第一位将政治学和伦理学分家的政治思想家。

1527年，佛罗伦萨再次发生起义，重新建立了共和国。马基雅维利试图东山再起，于是给新政府写信，希望获得职位。但他的要求遭到拒绝，在失望和苦闷中，马基雅维利郁郁而终。

圣彼得大教堂

圣彼得大教堂是世界上最大的教堂，却坐落在世界上最小的国家梵蒂冈。圣彼得大教堂从1506开始兴建，意大利最优秀的建筑师勃拉芒特、米开朗琪罗、德拉·波尔塔和卡洛·马泰尔都相继主持过设计和施工，直到1626年11月18日才正式宣告落成，断断续续修建了120年。

圣彼得大教堂的椭圆形广场是巴洛克风格的，由巴洛克风格大师贝尔尼尼设计。巴洛克在西班牙语里的意思是"不圆的珍珠"，引申为豪华奢侈。广场中心是一座尖塔，以尖塔为圆心，8条通道伸向广场，四周围着圆形廊柱，非常壮观。每逢重大节日，教皇就在这里举行弥撒。从高处俯瞰，柱廊犹如教皇伸出的一双手臂，将所有参加弥撒的信徒拥入自己的怀抱。

圣彼得大教堂位于广场的西南，宽 18.7 米、长 133 米，教堂圆顶的十字塔尖距地面 133 米。踏着台阶，经过一排高大的石柱，走进大门，步入教堂，就进入了可以容纳 5 万人的大厅。教堂的墙壁和天花板都用大理石镀金装饰，非常奢华，四周全是琳琅满目的艺术珍品，屋顶和四壁都是以《圣经》为题材的绘画，其中不少出自名家之手。

大厅的四周有很多小房间，同样富丽堂皇。意大利文艺复兴时期的著名艺术家如米开朗琪罗、拉斐尔等人的许多绘画和雕刻作品都珍藏在这里。这些艺术珍品中最引人瞩目的是 3 件雕刻艺术杰作：

一是米开朗琪罗的雕塑作品《哀悼基督》。圣母怀抱死去的儿子悲痛万分，令人无比震撼。

二是贝尔尼尼雕制的青铜华盖。它由 4 根铜柱支撑，有 5 层楼那么高。华盖前的半圆形栏杆上燃着 99 盏长明灯，下面是祭坛和圣彼得的坟墓。教皇在这座祭坛上，面对东升的旭日，为朝圣者举行弥撒。

三是圣彼得宝座，也是贝尔尼尼设计的一件镀金的青铜宝座。宝座上是装饰着荣耀龛和象牙饰物的木椅，椅背上有两个手持开启天国的钥匙和教皇皇冠的小天使。传说这把木椅是第一任教皇圣彼得的宝座。

大厅上是一个直径达 42 米的圆形穹顶，令人叹为观止。站在米开朗琪罗设计的穹隆顶下抬头向上望去，让人感到大厅内的一切都显得非常渺小。

彼得是耶稣的 12 个门徒中与他关系最亲密和忠诚的门徒。据说圣彼得就埋在这座教堂内。罗马天主教神学界认为彼得是圣彼得大教堂的第一任首领和教会第一任大主教。在教堂内有圣彼得的铜制雕像，传说抚摸他的右脚能得到神的保佑，所以很多游客都纷纷抚摸他的右脚，现在它的右脚已明显小于左脚。

圣彼得大教堂的前身是一座旧教堂，1447 年，尼古拉五世当选为教皇。他年轻的时候在博洛尼亚大学读书，非常喜欢古希腊文化和古希腊风格的建筑。他曾说："有了钱，就要把它用在建筑和书籍上。"当上教皇后，他终于可以实现自己的理想了。他派人到欧洲各地去搜集古代哲学家和文学家的书籍，充实梵蒂冈的图书馆，又请了很多学者翻译古希腊的著作，梵蒂冈成为当时欧洲古典文化的中心。尼古拉五世聘请当时的著名诗人和建筑学家阿尔伯第担任改建罗马城的总建筑师。在阿尔伯第的主持下，拆除了旧教堂。可惜没过多久，尼古拉五世就去世了，后几任教皇热衷于扩张领土，兴建新

圣彼得大教堂

教皇国梵蒂冈的圣彼得大教堂是世界上最大的教堂。教堂由拱廊相连的 5 个建筑群组成，东西长 187 米，南北宽 137 米，圆穹隆直径达 42 米。

教堂的事就被耽搁下来了。

1503年，朱利乌斯二世当选教皇，他大力主张恢复古希腊古罗马的各种艺术，使当时意大利的文艺复兴运动达到顶峰，圣彼得大教堂又开始兴建。朱利乌斯二世聘请大画家勃拉芒特为总建筑师，并为新教堂举行了奠基仪式。两年后，著名画家拉斐尔来到罗马，朱利乌斯二世就请他主持大教堂的设计。拉斐尔主持了12年，一直到他去世。1547年，米开朗琪罗又担任了大教堂的总设计师。由于此时米开朗琪罗年事已高，所以就请了画家小沙迦洛来主持大教堂的工程。经过几代人的艰苦努力，大教堂的主体工程终于完成了。由于罗马战乱频繁，大教堂的广场直到17世纪20年代，才在贝尔尼尼的主持下最终完成。

圣彼得大教堂是意大利人民辛勤劳动的结果和智慧的结晶，今天它已经成为全世界基督徒们瞻仰的圣地。

马丁·路德与宗教改革

马丁·路德是著名的宗教改革家。他出生于德国萨克森州的埃斯勒本，两岁那年举家迁往曼斯费尔德。父亲汉斯·路德当矿工，靠租用领主的三座小熔炉起家。马丁·路德的父母都是虔诚的基督教徒，所以他从小就接受了严格的宗教教育。1501年春，他进入当时德意志最著名的埃尔富特大学，在1502年秋获得文学学士学位，1505年，又以优异成绩取得硕士学位。在大学期间，他开始受到反对罗马教皇的世俗思想的影响。

大学毕业后不久，22岁的马丁·路德不顾亲友的反对，进入奥斯定会修道院当修士，希望通过苦修让上帝赦免自己的罪行。1512年，他获得维滕贝格大学的神学博士学位，并成为该校的一名教授。1512～1513年间，他逐步确立了自己"因信称义"的宗教学说。他认为一个人灵魂的获救只需靠个人虔诚的信仰，根本不需要外在的善功及教会的权威。这一学说一反天主教的救赎理论，从根本上否定了教会和僧侣阶层对社会的统治权。

德意志当时深受罗马教皇的盘剥，每年都要向教皇上缴30万古尔登（当时的一种货币单位）的宗教税。1517年万圣节前夕，教皇又派人到德意志大量兜售"赎罪券"，宣称只要交钱上帝就会免除其罪行。马丁·路德对教皇的做法非常不满，于是写了《九十五条论纲》，张贴在维登堡卡斯尔教堂的大门上。

1530年，神圣罗马帝国皇帝做出试图与改革者和解的最后尝试，路德派教徒正在与罗马天主教教徒讨论一些有争议的论点。

在《九十五条论纲》中，他痛斥教皇兜

售"赎罪券"的做法，提出"信仰耶稣即可得救"的原则，反对用金钱赎罪的方法。《九十五条论纲》引起了强烈反响，激发了人民对教权至高无上的怨愤和反对，点燃了德国宗教改革的火焰，使路德一时成为德意志民族的代言人。1519年，罗马教会的神学家约翰·艾克同马丁·路德在莱比锡展开了大论战，这场大辩论，成为路德宗教改革生涯中的一次重大转机。1520年，为了更加广泛地传播自己的思想，马丁·路德撰写了一系列文章和小册子，发表了被称为宗教改革三大论著的《致德意志贵族公开书》《教会被囚于巴比伦》《基督徒的自由》。这年6月2日，教皇颁布敕令，希望马丁·路德能在60天内撤回《九十五条论纲》中的41条，否则就开除他的教籍。路德不为所动，公开把教皇的敕令付之一炬。

1521年，路德参加了由德皇召集的沃尔姆斯帝国会议。

之前，友人曾劝路德不要前往，担心他会惹来杀身之祸。但路德说："即使沃尔姆斯的魔鬼有如房顶上的瓦片那样多，我还是要坦然前往。"在100多名萨克森贵族的伴随下，在沿路凯旋式的迎送行列中，路德到达了沃尔姆斯。他拒绝承认错误，义正词严地为自己申辩，得到沃尔姆斯全市人民的同情与支持。他在会上郑重宣称："我坚持己见，决不反悔！"与罗马教廷彻底决裂。德皇无计可施，只好放了路德，但代表教皇开除了路德的教籍。

为了避免遭到教会的迫害，路德隐居到瓦特堡，从事《圣经》的德文翻译工作。1525年，42岁的路德与一位叛逃的修女波拉结婚，以实际行动向天主教的禁欲主义发起了挑战。1543年，路德翻译的德文版《圣经》面世了，在书中，路德恢复了早期基督教民主、平等的精神，为人民提供了对抗天主教会的思想武器。他还把自己"信仰耶稣即可得救"的主张加入其中，成为基督新教的主要教义。此外，他翻译的《圣经》使用的是德国语言，这种统一的语言成为联系分裂的德意志各邦的重要纽带。

1546年2月，路德因病去世，被葬于维登堡大教堂墓地，享年63岁。他死后，他所创立的基督新教在欧洲各国传播开来，掀起一场轰轰烈烈的宗教改革运动。

闵采尔起义

16世纪初，德意志教会力量横行无忌，他们以出售神职为由，敲诈勒索，贪污受贿，过着奢侈糜烂的生活。他们巧立名目、中饱私囊，聚敛暴行引起社会的极大愤慨；而各封建主仗着自己的权势，强占土地，乱设高额税赋，掳掠民财，横行霸道，农民赖以生存的土地和财产逐渐集中到教会和封建贵族手中。穷困的生活和繁重的劳役引起农民的强烈不满和反抗，他们纷纷组织起来，掀起了农民反抗教会与封建主的起义高潮。

随着德意志内部矛盾的日益尖锐，燃烧着对宗教势力和封建主怒火的农民，在南部秘密成立了"鞋会"，他们以画着一只鞋子的旗帜为会旗，开始了对穿着长靴的贵族的对抗。他们每年都聚集到一起，杀贪官和贵族、砸教堂、均分财产和土地。

但是，每一次都被封建主和教会残酷镇压了，这更激发了德意志农民对他们的仇视。

托马斯·闵采尔是一位下层的神甫，他目睹了教会上层的腐败和堕落，坚决反对教皇的放任自流和奢侈，反对一切压迫和剥削。他积极传播自己的思想，信徒遍布许多城镇。1524年，封建主和教会对农民的奴役更为残暴，农民无法忍受非人的劳役，于是在托马斯·闵采尔的领导下，士瓦本南部的农民拒绝了贵族们的劳役，集结在一起，发动了大规模的起义。他们冲进封建主的庄园，占领和捣毁寺院与城堡，强迫封建主交出粮食和土地。他们以推翻封建制度为口号，提出了自己的纲领——《书简》。士瓦本贵族们对农民的起义极为恐慌，他们假意与农民谈判，暗地里却调集军队，镇压起义军。闵采尔知道上当后，立即拒绝了谈判，指挥起义军攻占城市，抢夺敌人的武器，杀富济贫。周边的农民及农奴闻讯纷纷来投，不久起义军席卷士瓦本地区，人数猛增至4万人。1525年3月，起义军领袖们在闵采尔的领导下，于梅明根集会，制定起义军的斗争纲领《十二条》。纲领规定收回贵族霸占的农民土地，恢复被压迫农奴的人身自由，限制地租和劳役等。这个纲领部分地反映了农民的利益要求。

闵采尔又来到图林根，在缪尔豪森城领导起义。起义军一举冲进贵族们的庭院，攻占了教堂、城市、城堡和修道院，焚烧封建主的建筑，分掉了贵族的土地和财物，推翻了缪尔豪森城内的贵族统治。闵采尔在这里建立了没有领主，财产公有，人人平等的"永久议会"。闵采尔被选为主席，缪尔豪森城成为了德意志中部农民起义的中心。许多骑士开始加入到起义军的队伍里，许多城市也倒向起义军。

封建主和教会见农民起义军的发展势头迅猛，极为惊慌，他们集结军队，在特鲁赫泽斯的率领下，开始对起义军进行围剿镇压。狡猾的特鲁赫泽斯看到起义军队伍分散，并且组成人员极复杂，于是他一面拉拢只想利用起义来实现自己利益、对起义态度不坚决的人，进行假谈判，争取时间；一面组织武力对付起义军。使起义军队伍人心涣散，战斗力大为削弱。特鲁赫泽斯抓住时机，采用突然袭击、各个击破的策略，向起义军发起了猛烈的攻击，本来思想动摇的士兵纷纷背叛起义。弗兰科尼亚等各地的起义被镇压。闵采尔率领8000余起义军于1525年5月在缪尔豪森和封建主5万大军展开最后的决战。

面对兵力处于绝对优势的敌人，闵采尔毫不畏惧，率领起义军一马当先向敌人冲去。由于起义军没经过系统训练，武器落后，最后寡不敌众，败于敌军。闵采尔被俘后被处以极刑，起义失败。

德意志农民起义，从根本上动摇了天主教在德意志的统治地位，促进了整个欧洲的宗教改革和文艺复兴运动的深入发展，推动了社会的前进。

✵ "日内瓦的教皇" 加尔文

加尔文（1509～1564年），出生于法国巴黎附近的努瓦永，父亲曾任主教秘书，是一所小教堂的辩护，颇有名望。母亲是一旅店主的女儿，不幸早逝。继母作风严厉，据说对加尔文忧郁个性的形成有很大影响。

1528年，加尔文顺从父意，进入奥尔良大学学习法律。在大学里，加尔文迷上了神学，受到了路德宗思想的吸引。1531年，父亲去世后，他决定去巴黎专攻神学。他在巴黎研究了希腊文、希伯来文和拉丁文《圣经》，要求按照古代基督教的面貌改造罗马教会，逐渐倾向于宗教改革，1534年，加尔文成为路德宗教徒。

由于遭受巴黎当局的迫害，加尔文在1534年10月逃到了瑞士的巴塞尔，化名卢卡纽斯，继续研究路德宗的著作和《圣经》。1536年，他的《基督教原理》出版，此书初版时仅有6章，到1559年最后修订版时达到80章，是加尔文毕生研究新教和在日内瓦从事宗教政治活动的全面总结，成为宗教改革时期一部影响最大的新教百科全书。1536年，加尔文的足迹延伸到了日内瓦，这里成为他日后宗教改革的大本营。

法国宗教改革家约翰·加尔文主张严格的新教教义，清教徒遵循了这一点。加尔文在瑞士的日内瓦获得机会将自己的思想付诸实施，加尔文在这里担任首牧达28年之久。

围绕加尔文的思想，形成了加尔文教。加尔文主张信仰得救，主张简化教会组织，规定教职人员只能从信徒中民主选举产生，从而彻底改革了教会组织。在加尔文教里，长老的地位十分突出，被称为是宗教改革的警察，因此加尔文教也称长老会。1541年重回日内瓦后，加尔文开始了自己的改革。他首先把教会从罗马教皇的制约下解脱出来，使其不再受制于罗马教皇，也不再受制于诸侯。由长老、市议员和市政官等组成的宗教法庭成为日内瓦的最高行政机构。加尔文本人虽然不是宗教法庭的正式成员，但他经常出席法庭例会，是法庭的实际负责人。以此为基础，日内瓦发生了根本性的转变，成了一个政教合一的神权共和国，国家法律和宗教纪律成为约束人们行为的两条准绳，加尔文也成了日内瓦城高高在上的主宰。不论是城内的教会，还是行政当局都要拜伏在他的法杖之下。日内瓦成为了新教的罗马，而加尔文也成了"日内瓦的教皇"。1540年，加尔文和一位穷寡妇意勒蕾结婚，育有一子，但没有成年就夭亡了。1549年，意勒蕾也死了，此后他没有再娶。

加尔文对自己的工作抱着一种苦修而不求安逸的精神。他一生都在不断地修订《基督教原理》，使其不断完善。从初版至最后修订版历时20多年，篇幅扩充了15倍之多。在最后的修正版，他把这部书修剪到各部分都配合得很好，如同一棵生长匀称的大树，枝叶繁茂，果实累累。他的勤勉让那些关心他的人都奇怪为什么"有如此坚强高贵心性的人会有如此脆弱的身体"。当他病症加重时，仍然没有人能劝他休息，即使不得不暂时放下工作，他也在家里给造访的人解答问题，而从不顾及自己虚弱的身体。

晚年的加尔文体弱多病,他在1564年4月25日立下遗嘱。在遗嘱中,对他能荣膺上帝拣选,得享永恒光荣这一点,充满了自信。在经过了多天的病痛折磨和无数次的祷告后,他于5月27日逝世,享年56岁。

加尔文在成为万人景仰的人物的过程中,也做过让后人为之遗憾的事情。塞尔维特是西班牙著名的人文主义者,血液循环论的发现者之一,因为批判《圣经》而长期遭到罗马教会的迫害。他同加尔文是多年的朋友,两人常有通信往来。后来,他在日内瓦被捕,加尔文亲自审讯,以死刑逼他承认错误。塞尔维特拒不屈从,最后被加尔文处以死刑。

苏莱曼一世的征战

苏莱曼是奥斯曼土耳其苏丹塞里姆一世的独生子。他出生于1494年,这一年不仅很有纪念意义,而且他本人又是奥斯曼土耳其帝国的第10任君主,所以奥斯曼人都认为他必将成为一个伟大的君主,将会统治整个世界。

1509年,15岁的苏莱曼奉父亲的命令,在知识渊博、经验丰富的大臣的陪同下,离开首都宫廷的舒适生活,到外省去做总督。在大臣们的精心辅佐下,苏莱曼学到了很多治国安邦的经验。父亲率军远征的时候,他就代替父亲管理国政。

1520年,塞里姆一世去世,26岁的苏莱曼即位为苏丹,后世称为苏莱曼一世。就在奥斯曼帝国的国势蒸蒸日上的时候,欧洲的基督教国家却是一片混乱。各国为了土地和财富,混战不休,自相残杀。这给了苏莱曼一个扬名立万的大好时机。

苏莱曼决定进攻欧洲的门户——贝尔格莱德。贝尔格莱德位于欧洲巴尔干半岛的中心位置,处于匈牙利人的统治之下。如果占领了贝尔格莱德,就可以向北进入欧洲的心脏地带,甚至占领整个欧洲。苏莱曼的前几任苏丹曾率兵攻打过贝尔格莱德,但都惨败而回。1521年8月,苏莱曼率领10万大军,动用了数万马匹和骆驼,运载了大量的粮草、军械,大举进攻贝尔格莱德。匈牙利人躲在又高又厚的城墙后面,严阵以待。苏莱曼没有让士兵们一味硬攻,而是调集了数百门大炮,将贝尔格莱德团团围住,然后下令狂轰。霎时间,贝尔格莱德上空硝烟弥漫,炮声震耳欲聋。高大的城墙被打得千疮百孔,摇摇欲坠。匈牙利人实在抵挡不住了,只好弃城逃跑。就这样,苏莱曼占领了进攻欧洲的门户,贝尔格莱德之战也成为奥斯曼土耳其帝国扩张史上的骄傲之战。

第二年6月,苏莱曼又在小亚细亚结集了10万大军和300艘战舰,进攻地中海的罗得岛。罗得岛位于小亚细亚和奥斯曼帝国的领土埃及的航线之间,被信仰基督教的圣约翰骑士团占领,他们经常派战舰拦截奥斯曼帝国的航船。前几任苏丹也都曾攻打罗得岛,想拔掉这颗眼中钉、肉中刺,但由于罗得岛地势险要,圣约翰骑士团作战顽强,都无功而返。罗得岛上有600名骑士,6000名士兵,士兵又分为长矛兵和火枪兵。虽然他们人数较少，孤军奋战，没有援军和物资补给，但由于火炮配置合理，弹药充足，又有一支灵活机动、火力强大的海军，因此有恃无恐。1522年6月，10万奥斯曼大军在罗得岛登陆。这支大军装备精良，训练有素，配有炮兵和工兵。奥斯曼军队首先炮击罗得岛上的碉堡，罗得岛守军立即反击。由于罗得岛守军藏在坚固的碉堡中，所以伤亡很小，再加上守军战前已对火炮射程内的每个目标都进行了十分认真的测量，所以炮兵发射的每发炮弹都能准确命中目标，在旷野中没有掩护措施的奥斯曼人伤亡惨重。为了扭转不利的局面，奥斯曼军工兵开始挖掘地道，埋设地雷，企图炸塌城墙。8月，奥斯曼工兵把城墙炸开了一个缺口，大军一拥而入，但遭到了守军的顽强抵抗，大败而回。随后的几个月里，奥斯曼军从城墙的缺口处多次攻入城中，被守军击退。但奥斯曼军在人数上占压倒性优势，而守军每伤亡一人，战斗力就减少一分，无法得到补充。随着士兵伤亡的增加，守军的压力越来越大，外面没有援军，内部人员、弹药的消耗也得不到补充，守军处境日益艰难。相反，奥斯曼的兵源和物资源源不断运抵罗得岛。在圣诞节前夕，经过谈判，圣约翰骑士团表示可以有条件地放下武器离开。由于奥斯曼伤亡人数已经达到了5万人，所以苏莱曼同意了。由此，罗得岛划入奥斯曼帝国的版图。

苏莱曼一生进行了13次亲征，在欧洲文献中，他被称为"苏莱曼大帝"。在他统治时期，奥斯曼帝国的国力达到了顶峰。

丰臣秀吉

1467年，日本进入了"战国时代"。当时日本列岛分为几十个诸侯国，各国诸侯为了争夺地盘和权利，展开了旷日持久的大混战。包括京都在内的许多繁华的城市被付之一炬，百姓们流离失所，苦不堪言。

16世纪中期的时候，日本本州岛中部的尾张中村（今日本名古屋一带）在织田信长的统治下，逐渐强大起来。当时绝大部分日本人都信佛教，排斥外来宗教，但织田信长受传教士的影响优待天主教。别的诸侯军队都使用的是大刀长矛，而他从传教士手中买来了大量的火枪装备军队。在诸侯国中，武田家的骑兵号称天下无敌。1575年，武田家的武田胜赖进攻织田信长的盟友德川家康，德川家康抵挡不住，向织田信长求援。织田信长率领自己的火枪兵前来增援。武田胜赖率骑兵进攻织田信长，织田信长让火枪兵躲在防马栅后面，用火枪向武田军的骑兵射击。在火枪兵的打击下，武田胜赖的骑兵几乎全军覆没，许多大将战死。此战以后，诸侯中再也没有人能和织田信长相抗衡了。织田信长花了11年的时间，基本统一了中部日本。1568年，织田信长进入京都，混战了100多年的"战国时代"结束。

1582年，织田信长手下的大将明智光秀发动叛乱，织田信长在京都本能寺自杀，日本全国又陷入了混乱之中。织田信长手下另一名大将丰臣秀吉率领军队杀死了明智光秀，成为了日本的实际统治者。

1537年，丰臣秀吉出生于尾张中村的一个农民家庭，后来成为织田信长的侍卫。丰臣秀吉随着织田信长南征北战，立下了赫赫战功，受到了织田信长的重用。平定了明智光秀的叛乱后，丰臣秀吉打着拥护天皇的旗号，率领织田信长留下的20多万军队经过8年的苦战，终于平定了日本各地的叛乱，完成了统一。

为了名正言顺地统治日本，丰臣秀吉下了一道命令，把全国的能工巧匠全都征集到京都。当时的京都已经是一片废墟了，丰臣秀吉决定建造一座自古以来最富丽堂皇的京城。几年后，新京城终于建好，丰臣秀吉在京城里为自己修建了豪华府邸，取名为"聚乐第"。

一天，丰臣秀吉把天皇、皇后和皇子们请到聚乐第，然后下令全国的大名（诸侯）们前来觐见。丰臣秀吉身穿绣金的衣服，率领文武百官和大名们叩见天皇。天皇心里很明白，现在丰臣秀吉大权在握，自己只不过是个任他操纵的傀儡而已。丰臣秀吉只是想假借天皇的名义，来威慑诸侯罢了，于是天皇就将他封为"关白"。"关白"在日本是丞相的意思。当诸侯朝拜完天皇之后，丰臣秀吉就以关白的身份发了第一道命令："从此以后，我们要一心一意拥戴天皇，服从关白。"得意扬扬的丰臣秀吉下令大宴群臣，一连进行了5天，比以往天皇的排场还大。

丰臣秀吉和织田信长不一样，他认为天主教是外来宗教，信奉洋教会受洋人控制，于是下令驱赶传教士，拆毁教堂，强迫基督徒改信佛教。他下了一道命令："为了弘扬佛教，我决定铸造一尊大铁佛。所以老百姓必须将自己家中的刀、枪等武器上缴官府，以备铸佛之用，限期30天，违令者严惩不贷。"其实丰臣秀吉是假借铸造大佛来收缴藏在民间的武器，以防止老百姓和武士们造反。

在内战中所向无敌的丰臣秀吉野心膨胀，认为朝鲜和中国也和国内的诸侯们一样不堪一击。他计划先出兵占领朝鲜，再占领中国，迁都北京，然后再征服印度，最后统治全世界。

1591年，丰臣秀吉纠集了20万人，700艘战船，悍然发动了侵朝战争。由于朝鲜已经好几百年没有打仗了，所以军备非常松弛，结果被日军打得大败，朝鲜的首都汉城和很多重要的城市都失陷了，朝鲜国急忙派使者向中国明朝的皇帝求援。

在中朝联军的打击下，日军连连失败，最后丰臣秀吉忧郁而死。

阿克巴大帝

莫卧儿帝国的第三个帝王是阿克巴大帝。他是巴布尔的孙子，阿克巴是伟大的意思。阿克巴是印度历史上的一位伟大的君主，可以和阿育王相媲美。他在位期间不断扩张，到他去世时，莫卧儿帝国的版图东起布拉马普特拉河，南到哥达瓦利河上游，西起喀尔，北抵克什米尔，成为印度历史上一个空前庞大的帝国。

1566年，14岁的阿克巴即位后不久，前苏尔王朝的贵族阿迪尔沙和喜穆率军3万、战象1500头卷土重来，企图恢复苏尔王朝。莫卧儿军大败，重要城市阿格拉和德里相继失陷。阿克巴和宰相培拉姆汗不甘失败，立即率领2万骑兵反攻德里，两军展开了决战。刚开始时，喜穆依靠优势兵力和众多的战象占了上风，莫卧儿军节节败退。阿克巴和培拉姆汗立即调整战术，派大军迂回到敌人的两翼攻击，牵制敌人推进，同时率主力进行反攻，给敌人制造混乱。为了对付敌人的战象，阿克巴指挥战士们向战象发炮，令弓箭手射火箭。这战术果然有效，战象害怕火，见了炮火和火箭只有四处狂奔，根本不听指挥，敌人的阵势大乱。阿克巴趁机下令进攻，杀死了喜穆手下的两员大将。为了扭转不利战局，喜穆亲自上马率军反攻，阿克巴弯弓搭箭，"嗖"的一声，羽箭射中了喜穆的眼睛，喜穆惨叫一声，倒地而亡。苏尔军见主帅战死，顿时斗志全无，纷纷扔下兵器四散而逃，莫卧儿军乘胜追击，取得了最后的胜利。通过这场战役，莫卧儿人彻底战胜了苏尔人，莫卧儿帝国确立了对印度的统治，并开始了对外扩张。

阿克巴登基时才14岁，朝政大权完全掌握在宰相培拉姆汗手里。宰相认为阿克巴是一个小孩子，根本不把他放在眼里，利用手中的大权，任人唯亲，排斥异己，甚至连阿克巴的好友都处死，还企图篡位。18岁的时候，阿克巴对飞扬跋扈的培拉姆汗再也无法容忍了，下令将他处死，自己亲自掌握了朝政。

阿克巴亲政后，一些贵族很不满意，在各地发动叛乱，严重威胁了阿克巴的王位和国家的稳定。阿克巴亲自率兵镇压，终于平息了叛乱，巩固了自己的王位。为了警告叛乱者，他下令将两千多名叛乱者的头骨筑成了一座令人毛骨悚然的头骨塔。

印度是一个多宗教的国家，大多数平民信奉印度教，此外还有佛教、锡克教等。各个宗教之间冲突不断，经常发生流血冲突，阿克巴对此头痛不已。为了制止这类事件的发生，阿克巴宣布宗教自由，各个宗教平等，他任命了很多印度教徒做官，并娶了一位印度教贵族的女儿为王后。

为了根除宗教冲突，1581年阿克巴自己创立了一个宗教——"圣教"。阿克巴是这个宗教的教主，圣教徒相遇后都高呼"阿克巴"。圣教没有寺庙，也不用祈祷，只是要求平时多做好事，爱护动物就可以了。这个宗教虽然没有流行，但却缓解了印度的宗教矛盾。

阿克巴对社会上的一些陈规陋习厌恶痛绝，屡次下令改正。当时印度有一种非常野蛮、非常残酷的风俗，就是丈夫死了，妻子必须跳入火中殉葬，这种风俗当然也在阿克巴禁止的范围之内。

一次，一个官员向他报告："启禀陛下，孟加拉已故总督的妻子明天要跳火殉葬！"阿克巴知道孟加拉总督的妻子是一位非常聪明能干的女人，她绝不会主动要求跳火殉葬

巴布尔像
巴布尔是伟大的统治者和军事家，印度莫卧儿帝国的建立者，同时还是位文学家。

的，一定是有人在逼她。

第二天，阿克巴早早地带着侍卫来到了孟加拉总督的家。这时院子里已经燃起了熊熊大火，四周站满了人，一个穿着华丽衣服的女子正在哭泣。

阿克巴走到总督妻子面前，问道："你跳火殉葬，是自愿的吗？"总督妻子哭着连连摇头说："不是啊，陛下！是我丈夫的哥哥逼我殉葬的，他怕我分丈夫的财产！"

"哼！"阿克巴冷哼一声，瞪总督哥哥一眼，总督哥哥跪在地上吓得浑身打颤。阿克巴大声对在场的人说："现在我下令，从今以后，谁再强迫寡妇跳火殉葬，一律处死！"在场的所有的人齐声附和，手忙脚乱地把火扑灭，扶着总督夫人进屋去了。

在英明的阿克巴统治下，莫卧儿帝国逐渐强盛。

戚继光抗倭

明世宗时期，我国东南沿海经常遭到日本海盗（即倭寇）的侵扰，再加上中国的土豪、奸商与之勾结，坑害百姓，使得沿海一带鸡犬不宁，陷入严重的倭患之中。

尤其有一年，中国海盗汪直、徐海勾结倭寇在浙江、江苏沿海登陆，竟然抢掠了几十个城市。明世宗很是发愁，他找来严嵩想办法，严嵩的同党赵文华却出了个馊主意——向东海祷告，求海神爷保佑。愚蠢的明世宗居然相信这种鬼话，真的派人到浙江去祭拜海神。

此法自然不会有什么效果，朝廷就派熟悉沿海防务的老将俞大猷去抗击倭寇。没想到，俞大猷打了几个胜仗后，竟被赵文华陷害坐了牢，倭寇又猖獗起来。1553年，朝廷又委派新近提拔的都指挥佥事戚继光，管理登州等三营及三营所辖25个卫所，负责山东全省的抗倭工作。

戚继光像

戚继光，字元敬，号南塘，晚号孟诸。生于山东济宁，卒于登州。他出身将门，自幼勤奋习武，立志报国。1544年，17岁的戚继光接任了父亲的职务，任登州卫指挥佥事。次年，分管屯田，后率众戍守蓟门（今北京昌平西北），1548年，戚继光调戍蓟门。1549年，戚继光中武举，翌年，奉诏督防京城九门。

"封侯非我意，但愿海波平"。到了浙江以后，戚继光大力加强海防，在抗击倭寇方面取得了明显的成效。1555年，还因足智多谋升任都司参将，镇守宁波、绍兴、台州三府，并在龙山、缙云、桐岭与倭寇三战中介取得了胜利。但他没有被胜利冲昏头脑，而是意识到明军的腐败无能，难以担当抗倭重任，于是上书请求招募人马，训练新军。

1559年，戚继光在义乌招募农民、矿工3000多人，按年龄和身材配发兵器，编组训练。他针对沿海地形多沼泽、倭寇分散，充分利用明军兵器多样的特点，创立攻防兼宜的"鸳鸯阵"，以12人为1队，长短兵器结合，攻守兼顾，因敌因地巧妙变换阵形，屡败倭寇。他训练的部队被老百姓亲切称为"戚家军"，威名大震。1561年，万余倭寇乘数百艘舰船侵扰浙东的象山、宁海、桃渚。戚继光沉着应战，确立"大创尽歼"的方略，集中兵力，各个击破，九战皆胜，斩杀、俘虏倭寇4000余人，史称"台州大捷"。

　　台州之战以后，浙江的倭患基本解除，但福建的倭患却日趋严重。戚继光不顾鞍马劳顿，旋即率精兵6000入闽抗倭。1562年，他乘退潮的时机率将士携稻草盖淤泥，涉水奇袭横屿岛倭寇巢穴，斩杀倭寇2600余人，以得胜之兵攻占牛田。倭寇胆战心惊，称之为"戚虎"。接着他又和福建总兵俞大猷、广东总兵刘显等人取得平海卫大捷、仙游大捷。1563年，大量倭寇包围兴化，以平海卫为中心建立巢穴。戚继光再次赴义乌募兵1万人，奉命与俞大猷、刘显协同作战，攻克平海卫，斩杀倭寇2200余人，缴获器械3900余件，救出被掠男女3000余人。不久，戚继光升福建总兵，督理福建及浙江温州、金华两府的水陆军务。

　　到1566年，戚继光彻底肃清了我国东南沿海的倭寇，戚家军威震中国海疆，保证了福建和广东沿海一带的社会安宁，他也因此成为我国历史上杰出的民族英雄。

　　戚继光不仅是一位战功赫赫的爱国名将，同时还是一位杰出的兵器制造专家。他一生在军事上有不少创造发明。为了防止鞑靼和朵颜等的入侵，戚继光53岁时发明了埋在地下、不用人工点燃、让敌人自己踏上就会自动爆炸的新式杀伤武器，叫作"自犯钢轮火"。这就是世界上最早的地雷，比欧洲人发明地雷大约要早300年左右。

　　戚继光为保卫大明王朝的边疆奋斗了40多年，南征北战、出生入死，被称为我国"古来少有的一位常胜将军"。他智勇兼备，多谋善断，练兵有方。此外，他还著有《纪效新书》《练兵实纪》两部兵书，这是他多年选兵、练兵及指挥打仗的经验总结，是杰出的军事理论著作，为后世的兵家必读书目。

利玛窦来华

　　1601年的一天，万历皇帝发现皇宫里的自鸣钟到时间却没有响，就问旁边的太监："今天这个西洋自鸣钟怎么没有响啊？"

　　"可能又坏了。"太监说。

　　"那还不去请利玛窦来修！"

　　太监随即出宫，请来了利玛窦。利玛窦登上专门为自鸣钟建的钟楼，仔细检查了一下，然后拿出工具，这里拧拧，那里敲敲。过了一会儿，自鸣钟又开始响起来，清脆的声音传遍了整个皇宫。

　　"真太谢谢您了。"太监笑着说。

　　"没什么。公公，我送给皇上的望远镜，皇上还喜欢吧？"利玛窦笑着问。

"皇上可喜欢了,经常拿着望远镜站在高处向远处看。我也看过几回,这玩意可真神奇啊。大老远的东西用望远镜一看,就跟在眼前似的,好像人一伸手就能够着。"太监一脸的兴奋,回味无穷地说。

"公公要是喜欢,下次我进宫的时候也给您带一个。"

"哎哟,那可太谢谢您了!"

这个利玛窦是意大利人,他的意大利名字叫玛提欧·利奇,1552年出生于意大利马尔凯州马切拉塔城的一个名门望族。少年时代,利玛窦在当地的耶稣会学校学习。16岁的时候,利玛窦又去了罗马学习法律。在求学期间,兴趣广泛的利玛窦学习了大量的天文、地理、数学等方面的知识,成为一个知识渊博的人。1571年,他加入耶稣会,在罗马学院受神职教育。1578年,利玛窦参加第30批耶稣会传教士远征队,从葡萄牙首都里斯本出发,前往印度和东亚地区传教。船队在海上经过了6个月的颠簸,终于到达了印度的果阿。1582年,利玛窦前往澳门,准备进入中国传教。在澳门,利玛窦学习了汉语。

1583年,利玛窦和另一名传教士罗明坚获得明朝政府的批准,进入中国内地。他们首先来到广东肇庆,在这里建了一所教堂,开始传教。当地的官员对他们比较友善,但老百姓对他们非常反感,经常闯入教堂,将里面的东西砸烂毁坏。虽然当地衙门抓捕了一些人,但依然没有改变老百姓对他们的敌视态度。

为了让老百姓更好地了解自己,利玛窦开始改变策略。他穿上儒生的衣服,读中国儒家的经典,结交当地的士大夫和儒生。他给自己起了个中国名字利玛窦,字西泰,号清泰、西江,中国士大夫尊称他为"泰西儒士"。

利玛窦将中国的四书、五经翻译成拉丁文。一次,在当地儒生的聚会上,他当众表演了自己记忆法,令在场的人大为惊奇,很多人都纷纷向他求教,利玛窦一下子成了当地的名人。他还展示了西方的科技产品,如望远镜、三棱镜、地图等。这些东西在西方司空见惯,但到了中国却成了非常稀奇和贵重的东西,引起了官员和知识分子的极大兴趣。为了和他们搞好关系,利玛窦就将这些东西送给他们,和很多人交上了朋友。

1601年,利玛窦来到北京,觐见了万历帝,进贡了自鸣钟、望远镜、地图等物品,引起了万历帝极大的兴趣。万历帝还专门为自鸣钟修建了一座钟塔。

在和利玛窦交往的人中,徐光启是最著名的一位。他是翰林院进士,对西方的自然科学知识非常感兴趣。为了向利玛窦学习这些知识,徐光启皈依了天主教。从此,每天上午,徐光启去翰林院办公,下午就到教堂学习。

利玛窦和徐光启一起翻译了古希腊数学家欧几里得的著作,徐光启把它的名字翻译成"几何",这就是现在我们数学课上几何这门学科的来历。

"两条线同一走向,你觉得应该翻译成什么好呢?"利玛窦问。

"嗯,就叫平行线吧。"徐光启想了想说。

"那么这个呢?一个角两边垂直,一个角大,一个角小,该怎么翻译啊?"

"就叫'直角''钝角'和'锐角'吧。"徐光启说。

现在我们学的数学上的名词术语,除了上面提到的外,还有"平面""三角形""直径""外切""对角线"等,都是徐光启翻译命名的。他和利玛窦整整花了两年的时间,将《几何原本》的前6卷翻译成了汉语,并于1607年正式出版,这是用中文翻译出版的第一部西方科学著作。利玛窦虽然是来中国传教的,但他传播了大量的西方科学知识,促进了东西方文明的发展。1610年,利玛窦在北京去世。

德川幕府

丰臣秀吉死后,他的儿子丰臣秀赖年纪还小,原来归顺丰臣秀吉的德川家康起了反叛之心。

1598年丰臣秀吉死后,他的部下分裂为石田三成、小西行长为首的官僚派和加藤清正、福岛正则为首的武将派。实力最强的首席大老(辅佐丰臣秀赖的最高执政官)德川家康为取丰臣家而代之,利用两派不和迫使武将派归顺了自己,然后率领10万军队,于1600年6月进攻官僚派,石田三成和小西行长组成8万人的大军迎战。9月,两军交战于关原(今日本岐阜县不破郡)。由于官僚派的大将小早川秀秋临阵倒戈,投降了德川家康,导致官僚派惨败,石田三成和小西行长被俘。德川家康把他们处以极刑,90多个参加官僚派的大名的领地被没收,丰臣秀赖也被降为一般的大名,德川家康开始称霸全国。

1603年,天皇封德川家康为"征夷大将军",德川家康在江户(今日本东京)建立了幕府,成为了日本实际的统治者。从此日本开始了德川幕府(又称江户幕府)时代。

随着德川家康一天天衰老,丰臣秀赖一天天长大。德川家康为了自己家族的利益,决定消灭丰臣秀赖,永绝后患。丰臣秀赖也不甘示弱,为了击败德川家康,他招募了大量的武士,决心与德川家康决一雌雄。在关原之战中,很多参加官僚派的大名失去领地,很多武士失去了生活来源,因此他们非常憎恨德川家康。当丰臣秀赖在大阪发出招募武士的消息后,很快有10万名武士前来投奔。1615年夏天,德川家康率领大军进攻大阪,丰臣秀赖拼死抵抗,但最终大阪还是被攻陷,丰臣秀赖自杀。

德川家康为了巩固和强化自己的统治,建立了完整的幕藩体制。幕即是德川幕府,是中央政府机关,幕府将军是日本的最高统治者,统治着全国200多个藩国。天皇只是名义上的国家元首,没有任何实权。

德川家康的一位将领与大阪城堡的守卫者搏斗。丰臣秀吉之子丰臣秀赖在堡垒里坚守很长时间,最后被迫自杀。

只是个傀儡。藩就是藩国，是幕府将军封给各地大名的土地和统治机构。藩国的统治者是大名，他们要绝对服从幕府将军和他颁布的各项法令，但在藩国内，他们享有很高的自治权，拥有政治、军事、司法和税收等大权，甚至还拥有自己的武装。日本实际上是由幕府和藩国共同构成的封建国家，这就是所谓的幕藩体制。

德川幕府把当时的日本人分成4个等级：士、农、工、商。士就是武士，是日本的统治阶级。农是农民，工是工匠，商是商人，他们都被统治阶级剥夺了一切政治权利。

德川幕府时期的主要的生产资料——土地，全部属于幕府和藩国所有。这些封建领主把土地分成很多份地让农民耕种，农民要向领主缴纳地租，地租约占他们全部收成的40%，此外还必须服各种多如牛毛的徭役。德川幕府建立后，日本结束了长期的战乱，国内一片和平景象，农业逐步恢复，工商业也开始快速发展，新兴城市不断出现，原有的许多城市的规模日益扩大，出现了繁荣景象。到了18世纪初，德川幕府的所在地江户的人口已达百万，大阪和京都的人口也超过了30万。城市中出现了一些主要为统治阶级服务的商业和金融机构，这时候一些大商人、高利贷者也相继涌现，并享有极大的特权，大阪的鸿池和江户的三井是当时全国最富有的高利贷者。

在对外关系上，德川幕府发布锁国令，实行锁国政策，禁止日本船只出海贸易，严格限制日本与海外交往，只同中国、朝鲜和西方的荷兰保持一定的贸易关系，并对到达日本的外国船只进行监视，严格控制它们的贸易活动。德川幕府实行锁国政策主要是为了巩固自己的统治，防止沿海的藩国通过海外贸易获取大量的资金，用以购买武器；同时也为了防止西方殖民主义的渗透，维护日本的独立。锁国政策实行了200多年，使日本成为一个闭关自守的国家，几乎处于一种与世隔绝的状态，割断了日本经济同世界经济的联系，造成了日本的落后，严重阻碍了日本资本主义的发展，使日本被西方国家远远地抛到了后面，为19世纪中期的全面挨打局面埋下了隐患。

哥白尼与《天体运行论》

哥白尼出生于波兰的富商家庭，他10岁丧父，由舅父瓦琴洛德大主教抚养，受到了良好的教育。他少年时代就对天文学有浓厚兴趣，中学时，在老师指导下，制造了一具按照日影确定时刻的日晷。1491年，哥白尼以优异成绩考入克拉科夫大学，学校的人文主义者、数学家和天文学家布鲁楚斯基对他影响很大，哥白尼经常向这位学者请教天文学和数学方面的问题，还学会了用天文仪器观测天象。

大学毕业后，哥白尼在舅父的资助下前往意大利。1497～1500年，他在博洛尼亚大学读书，除教会法规外，还同时研究多种学科，尤其是数学和天文学，并与该校的天文学教授、意大利文艺复兴运动领导人之一的诺瓦拉交往甚密，他们时常一起观测宇宙，记录数据，研讨前人有关天文学的著作。哥白尼了解到，

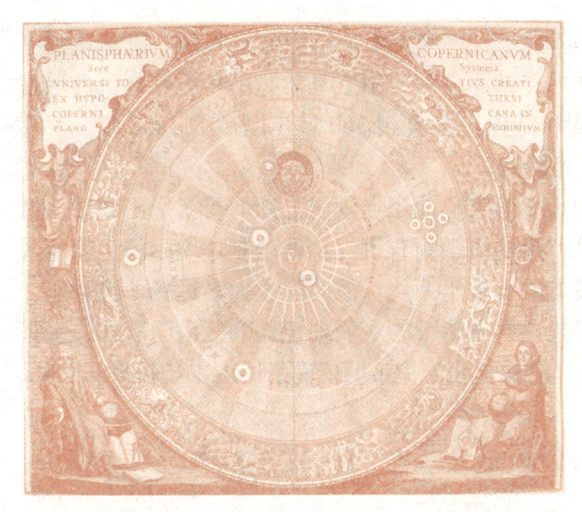

波兰天文学家尼古拉·哥白尼率先提出了行星围绕太阳运转的看法，在此之前，天文学家遵循的是托勒密的观点：地球是宇宙的中心。终其一生，哥白尼都是教会人士，直到去世之前，他才于1543年发表了自己的极易引发争论的看法。

早在公元前3世纪，古希腊天文学家阿利斯塔克就曾提出过地球绕太阳运行的概念，并首先测定了太阳和月亮对地球距离的近似比值，但后来遭到宗教势力的反对。为了直接阅读这类著作，哥白尼学会了希腊文。天文测量的实践和对前人著述的钻研，使他对地球中心说产生了怀疑。地球中心说是古希腊哲学家亚里士多德提出来的，2世纪，罗马天文学家托勒密又加以推演论证，使它进一步系统化了。地心说认为地球静止不动地居于宇宙中心，日月星辰都围绕地球运转，这一学说被基督教会奉为真理，成为神权统治的重要理论基础。

1506年，哥白尼回到祖国，在弗罗恩堡大教堂担任教士，这使他有了一定的社会地位和物资保障，得以继续从事天文学和科学实验活动。为了研究方便，他特意选择了教堂围墙上的箭楼做宿舍兼工作室，他在里面设置了一个小小的天文台，用自制的简陋仪器，开始了长达30年的天体观测。正是在这里，他写下了震惊世界的巨著《天体运行论》，而其中选用的27个观测事例，有25个是他在这个箭楼上观测记录的。《天体运行论》共有6卷，在书中，哥白尼大胆地提出："太阳是宇宙的中心，所有行星都围绕太阳运转；地球不是宇宙的中心，而是绕太阳运转的一颗普通行星。""人们每天看到的太阳由东向西运行，是因为地球每昼夜自转一周的缘故，而不是太阳在移动。""天上的星体不断移动，是因为地球本身在转动，而不是星体围绕着静止的地球转动。""火星、木星等行星在天空中有时顺行，有时逆行，是因为它们各依自己的轨道绕太阳转动，而不是因为它们行踪诡秘。""月亮是地球的卫星，一个月绕地球转一周。"

哥白尼的太阳中心说，科学地阐明了天体运行的现象，推翻了长期以来居于统治地位的地球中心说，从根本上否定了基督教关于上帝创造一切的谬论。尽管他的学说仍然坚持宇宙中心和宇宙有限论，但却把天文学从宗教神学的束缚中解放出来，实现了天文学的根本变革，在近代科学的发展上具有划时代的意义。

然而，这本伟大著作的面世确是相当曲折的。哥白尼深深了解自己学说的颠覆性影响，慑于教会的强大力量，他迟迟没有将书稿送去付印出版。直到他病重时，才由唯一的弟子雷提卡斯将书稿送至德意志的纽伦堡出版。1543年5月24日，70岁的哥白尼终于收到了《天体运行论》的样书，那时他的眼睛已经失明，据说他只用手摸了摸书的封面，就与世长辞了。《天体运行论》出版后，果然遭到了罗马教廷的激烈反对，被列为禁书，就连宗教改革家马丁·路德也辱骂哥白尼是个傻子，居然想推翻《圣经》的权威论证。直到300多年以后的1882年，罗马教皇才最终承认了哥白尼学说是正确的。

哥白尼不仅仅是一位伟大的天文学家，他还在众多方面取得了突出成绩。他精通拉丁文和希腊文，对古希腊罗马的文学颇有研究；他绘制过埃尔门兰德地区的地图，设计过埃尔门兰德各城市的自来水系统；他的医术大名远扬，连教区外的人也常来请他治病；他甚至写过一本《货币的一般理论》的经济学著作，主张实行货币改革，限制货币发行量，以抑制因为货币贬值而给国内市场带来的混乱。

乌托邦

托马斯·莫尔于1478年2月7日出生在英国伦敦一个富裕的家庭，他的父亲曾担任过英国皇家高等法院的法官。12岁时，按照当时给名人当侍从的社会风气，莫尔被父亲送到坎特伯雷大主教约翰·摩顿家当侍从。摩顿既是学识渊博的学者、律师、建筑师，又是阅历丰富的政治家、外交家。莫尔耳濡目染，再加上他聪明伶俐，勤奋好学，进步非常快。摩顿曾向他的朋友说："在我们桌子旁服侍的这个孩子将会成为一个出类拔萃的人物。"当时拉丁文是通往上层社会的通行证，所以14岁时，莫尔又被送到伦敦的圣安东尼学校学习拉丁文。1492年，莫尔进入牛津大学攻读古典文学。他在这里广泛阅读了很多古希腊哲学家和当代人文主义者的作品，其中柏拉图的思想对莫尔产生了巨大的影响，使他成为了一个人文主义者。后来莫尔转学法律，成为一名正直的律师，获得了很高威望并当选为议员。此后，莫尔步步高升，被封为爵士，担任过下院议长、英国大法官，成为仅次于英国国王的重要人物。后来由于莫尔反对英国国王亨利八世成为英国宗教领袖而被处死。

莫尔所处时代的英国处于亨利八世的统治之下，王室贪得无厌，对外侵略扩张，官员欺上瞒下，贪污腐败成风，贵族和大商人勾结政府，欺压百姓。当时贵族和大商人为了养羊获取高额利润，将成千上万的农民赶走，霸占他们的土地。被驱赶的老百姓到处流浪，不是被饿死，就是沦为强盗。莫尔对社会现状极为不满，于是就写了《乌托邦》一书来讽刺黑暗的现实和寄托自己的理想。

《乌托邦》的全名是《关于最完美的国

《乌托邦》插图

不劳而获、战火纷飞、尔虞我诈，这种现象在乌托邦是难以觅寻到的。由于莫尔不承认亨利八世为宗教领袖，因此被处以绞刑。

家制度和乌托邦新岛的既有益又有趣的金书》，"乌托邦"这个词来源于希腊语，意思是"没有的地方"。这本书采用了莫尔和一个水手对话的形式，讲述水手在奇异的岛国——乌托邦的生动有趣的见闻。

乌托邦是个大岛屿，全岛有54个城市，每个城市分4个区，各个区中每30户选举一名低级官员，再从10名低级官员中选举一名高级官员。乌托邦的首都亚马乌罗提城在岛的中央，这样便于各个城市的代表开会。乌托邦的全国最高机构是元老院，代表由岛上54座城市派出3名经验丰富的公民组成，每年更换一次，商讨关系到全岛公共利益的事务。元老院选举一人担任国王，国王是终身制，但如果国王虐待人民，可以弹劾他。政府除了偶尔组织人民反抗外来侵略外，其余职能都是组织社会生产劳动和安排人民生活。各级官员除了调解民事纠纷外，也要参加劳动。

乌托邦的土地、生产工具、房屋、财产归全民所有，生活用品按需分配。在平等基础上实行生产公有和消费公有。乌托邦男女平等，妇女有受教育权、婚姻自主，和男子一样参加社会劳动，享有和男子一样的政治权力。在乌托邦，农业受到高度重视，但农业不是一种职业，而是一种义务劳动。乌托邦的每个公民都必须从事两年的义务劳动，然后回到城市从事一门手艺。只有特别喜欢和擅长农业劳动的人才能申请延长劳动时间。但如果碰上农忙，就要安排城里的人去乡村劳动。他们每天工作6个小时，其余的时间归个人支配。人们的服装样式基本上都一样，只有男式女式、已婚未婚的分别。公民就餐在公共食堂，看病到公共医院。乌托邦物资充足，生活富裕，这里没有盗贼，也没有乞丐。乌托邦的人勤奋敬业，生活简朴，遵守法令，乐于助人，鄙视游手好闲和奢侈腐化。乌托邦禁止嫖赌、饮酒、欺骗、阴谋、虐待等恶行。乌托邦没有货币，没有商品，人们视金银如粪土，把金银做成粪桶溺盆等。在信仰方面，乌托邦信仰自由。

乌托邦还非常重视教育和科学研究，每个儿童必须上学，不仅要进行知识方面的培养，还要进行道德方面的培养。从事科学研究的人可以不参加劳动，但如果不能胜任，就要被安排去劳动。相反，如果从事劳动的人有特长，那么也可以去参加科学研究。

《乌托邦》是世界上第一部空想社会主义名著，影响了后来的傅立叶、圣西门和欧文等空想社会主义者。空想社会主义也是马克思的科学社会主义的来源之一。

鲜花广场上的火刑

1600年2月17日，罗马鲜花广场，烈火与浓烟吞噬了一个伟大的生命。在生命的最后时刻，殉道者对全世界发出响亮的号召："火并不能把我征服，未来的世界会了解我，知道我的价值！"这位伟大的殉道者就是文艺复兴时期意大利最著名的天文学家、科学家——乔尔丹诺·布鲁诺。

布鲁诺1548年出生于意大利那不勒斯附近诺拉镇的一个贫苦农民家庭，17岁时进圣多米尼加修道院。命运似乎要安排布鲁诺为宗教而献身，投入上帝的怀抱，可是自幼性格倔强、善于独立思考的布鲁诺却走向了另一面：他读了大量书籍，自学了多门学科的知识，特别是天文学。当他读了哥白尼的《天体运行论》之后，更看到科学的光明。对于黑暗的基督教神学世界，他嗤之以鼻，他要为科学的胜利进军摇旗呐喊。

布鲁诺不惮于公布自己的天文学、哲学见解。在《挪亚方舟》一文中，布鲁诺不但讥讽了权威的亚里士多德，甚至直接抨击了《圣经》和罗马教廷。当时布鲁诺还是一名修道士，他这种离经叛道的举动引来了宗教卫道士们的围攻，但都被他一一挫败。渐渐地，罗马教廷不能再容忍这样一个"异端分子"挖断自己的根基，于是派人监视其言行。布鲁诺被迫流亡海外，先后辗转于瑞士、法、英、奥地利、匈牙利和捷克、斯洛伐克等国。流亡生活并没能使他火热的内心世界有丝毫降温，他到处演讲，宣传哥白尼的日心说，痛斥基督教神学的愚昧和专横，点燃了无数青年学生和进步人士心中的科学之火，科学的种子撒遍了欧洲大陆。

经过对自己演说的整理，1584年，布鲁诺写成《论无限宇宙和世界》一书。书中系统阐述了自己的无限宇宙论的思想，高度评价了哥白尼的日心说。他写道，"宇宙是个宏伟的肖像，是个独一无二的自然，借助于全部物质的种、主要本原和总和，它也是它所可能是的一切，既不能给它增添什么，也不能从它拿去任一形式。"布鲁诺认为宇宙是无限大的、物质的，包含着无数像太阳一样发光发热的恒星。同时太阳仅仅是太阳系的中心而已，并不是宇宙的核心。布鲁诺还做出超越时空的预言：生命不仅存在于地球，在遥远的其他行星上也可能有生命的踪迹。

束缚人们思想达几千年之久的"球壳"，就这样被布鲁诺打碎了。布鲁诺的卓越思想让同时代的人茫然、震惊，他们认为布鲁诺的思想简直是"骇人听闻"，就连被尊为"天空立法者"的天文学家开普勒都无法接受。罗马教廷更是被布鲁诺的思想和言论吓得瑟瑟发抖，他们不择手段地收买布鲁诺的朋友，将布鲁诺诱骗回国，并于1592年5月23日逮捕了他，把他囚禁在宗教裁判所的监狱里。

布鲁诺锒铛入狱，但他不改初衷，在他看来，真理终将战胜邪恶。宗教裁判所对其施尽酷刑，也没使勇士屈服，就转而利诱："只要你公开表示认罪和忏悔……给你安排一个令人羡慕的高位。"布鲁诺却轻蔑道："这正体现了你们内心的虚弱和恐慌！"主教恼羞成怒："你执迷不悟，等待你的只有火刑。"布鲁诺则平静却有力地说："真理面前，我绝不退让半步。"在经受了8年之久的接连不断的审讯和折磨后，布鲁诺在鲜花广场的火海中走完了他短暂而光辉的一生。

布鲁诺虽然被处死了，但其为科学献身的精神却获得永生。后来，人们在鲜花广场为这位科学的殉道者树立了纪念碑。

莎士比亚

莎士比亚的父亲早年是自耕农，1551年迁居到斯特拉特福镇，开了一家经销皮革制品兼营农产品的店铺，1557年同当地的富家女儿玛丽·阿登结婚，生了8

个子女，存活 5 人，莎士比亚排行老大。4 岁时，他的父亲被选为"市政厅首脑"，成了拥有 2000 多居民、20 家旅馆和酒店的斯特拉特福镇镇长。7 岁时，他开始上学，学习拉丁语、文学和修辞学。1578 年，父亲经商失利，莎士比亚只好辍学帮助父亲打理生意。虽然莎士比亚只读过 7 年书，但掌握了丰富的修辞、历史和古典文学知识。18 岁时，他与邻乡富裕农民的女儿安·哈瑟维结婚，三年后已有 3 个孩子。莎士比亚对自己的婚事常常感到遗憾，他的妻子比他大 8 岁，而他认为"女人应该与比自己年纪大的男子结婚"。

1586 年，莎士比亚来到伦敦，在一家剧院门口当马夫，侍候骑马前来看戏的富人。

莎士比亚蜡像

他头脑灵活，口齿伶俐，工作之余，还悄悄地看舞台上的演出，并坚持自学文学、历史、哲学等课程，同时自修了希腊文和拉丁文。当剧团需要临时演员时，他就演一些配角，不久就被剧团吸收为正式演员。那时候，伦敦的剧团对剧本的需求非常迫切。因为一个戏要是不受观众喜欢，马上就要停演，需要再上演新戏。莎士比亚在学习演技的同时，也开始编写一些剧本。27 岁那年，他写了历史剧《亨利六世》三部曲，展示出了自己的才华。剧本上演后，大受观众欢迎，莎士比亚逐渐在伦敦戏剧界站稳了脚跟。1596 年，他在南安普敦伯爵亨利·娄赛斯雷的帮助下，替父亲申请并获得了家徽，于是莎士比亚家成了当地世袭的乡绅，以后他又在家乡购置了房产和地产。

莎士比亚一生共写了两部长篇叙事诗，37 个剧本、154 首十四行诗和一些杂诗，代表作品众多。以 1600 年为界，莎士比亚的作品分为前后期，前期的基调是乐观的，所写 9 部历史剧反映了英国民族国家的形成过程，表达了反对封建割据，拥护中央集权的君主专制制度，希望实现开明君主统治的愿望。这个时期的悲、喜剧更多地表现了人文主义者的理想。以"爱征服一切"为主题，悲剧《罗密欧与朱丽叶》反映了爱情、理想与封建偏见的冲突，赞美了青年纯真的爱情。《威尼斯商人》则描写了旧式高利贷商人与新兴工商业资本家之间的矛盾。1601～1607 年是莎士比亚创作最辉煌的时期，这个时期莎士比亚的作品以悲剧为主，是封建社会后期激烈的阶级斗争的反映。《哈姆雷特》以 12 世纪丹麦史的一个复仇故事为主题，揭露宫廷的仇杀，认为整个世界都成了一座监狱。《李尔王》则描写了社会正义与权威之间的矛盾。莎士比亚的戏剧处处体现了人文主义思想，使他成为英国文艺复兴运动的代表性人物。除戏剧外，莎士比亚的十四行诗大都是写给他一个理想中的情人的，在表达爱情中流露出对生活的肯定，要求个性解放。

1610 年前后，莎士比亚回到故乡，开始享受田园生活，安度晚年。

莎士比亚成名时所受到的尊重远不如今天，当时的剧作家都是受过高等教育的大学精英分子，他们对来自农村、学历浅薄的莎士比亚突然成为剧坛的明星深感不安，羞与为伍。名噪一时的戏剧作家格林在写给同行的信中公开攻击莎士比亚是一只"青云直上的乌鸦，利用我们的羽毛美化自己，用演员外衣掩盖起虎狼之心"，还辱骂莎士比亚"自以为写了几句虚夸的无韵诗就能同你们中最优秀的人媲美，他是地地道道的打杂工，却自以为在英国只有他才能'震撼舞台'。"

1616年初，莎士比亚因病逝世。在他的墓碑上刻着这样的碑文："看在上帝的面上，请不要动我的坟墓，妄动者将遭到诅咒，保护者将受到祝福。"

伽利略的故事

实践出真知，谁要是违背了这条真理，谁就注定要在科学面前栽上一跤，哲学大师亚里士多德也不能例外。

亚里士多德曾做出这样一个著名论断：两个铁球，其中一个是另一个重量的10倍。如果两个铁球在同一高度同时落下，那么重的铁球落地速度必然是轻的铁球的10倍。这话并不难理解：重的物体当然比轻的物体先着地，这还用问吗？而且这话是大师说的，人们对此深信不疑。而一个十七八岁的毛头小伙子偏不信这一套，招来人们一阵又一阵的冷嘲热讽。

这个毛头小伙子就是18岁的伽利略，在1590年的一天，他当众宣布自己要检验一下圣哲的话，地点就选在著名的比萨斜塔。这天天气格外晴朗，好像老天也要见证一下这个历史时刻。消息传出，人们奔走相告。时过不久，比萨斜塔周围便密密麻麻地挤满了人，就像今天的重大赛事要开场一样。

伽利略带着他的助手，信心十足地步入斜塔，然后快步走上塔的最高层。他环视四周，人们的面孔有的充满惊奇，有的则略带嘲讽，还有的漠然以待。伽利略不慌不忙将器具一一取出。这些器具包括一个沙漏（用于计时），一个铁盒，底部可以自动打开，还有两个分别重为10千克和1千克的铁球。伽利略的助手将这两个铁球装入盒子，然后将盒子水平端起，探身到栏杆的外侧。最后由伽利略在众目睽睽之下按动按钮，盒子的底部打开，两个铁球同时从盒中脱落，自由落向地面。这时成千上万的人全都屏住呼吸，目光随着铁球

审判伽利略
伽利略于1632年出版了《关于托勒密和哥白尼两大世界体系对话》，提出了全新的宇宙论。结果宗教裁判所命令伽利略说清楚自己为什么质疑传统的观念。最终伽利略被迫宣称地球是宇宙中静止不动的中心。

向下移动，在铁球从铁盒落到地面的短暂间隔中，人群异常安静，地上连掉一根针都能听到。短暂的十几秒钟过去了，只听"咚"的一声，两个铁球同时砸到了地面上，时间不差分毫。平静的人群立即沸腾了，有的人对着塔上的伽利略欢呼，有的人惊得合不拢嘴，那副神情分明在说："原来亚里士多德也有错的时候！"伽利略则浑身轻松，心满意足地微笑着。

自由落体实验在人们的一片沸腾声中结束了，亚里士多德的"落体运动法则"不攻自破。可敬的伽利略并没有为这点小小成绩（在他看来，这仅仅是一点小小的成绩）而飘飘然，从塔上下来，他就投入到新的科学研究中。

凭着这种追求真理、尊重实践的科学精神，伽利略又接连做出一系列的重大发现。1608年，有一位荷兰的光学家，无意之中将两张玻璃片组合起来，竟能将远处的景物看得好像就在眼前一样。这项惊人的发现立刻吸引了伽利略的注意。根据他的推想，望远镜的两个透镜必须一个是凸透镜，一个是凹透镜。于是，他成功地制造了一个能放大两三倍的望远镜。之后，伽利略经过一次又一次改进，最后制造出一架可以放大32倍的望远镜。他将望远镜送给威尼斯的市议会，市议会对他的成就非常赞赏，对这位杰出的物理学家刮目相看，立刻决议增加他的薪水，并且承认其地位为终身职业，这是许多教授梦寐以求的。

在一个晴朗的夜里，伽利略用望远镜去观察月亮。那个时候，人们依照亚里士多德的学说及圣经的教义，认为月亮是完美无缺的，表面是完全光滑的银白色。可是伽利略透过这支简陋的望远镜，发现月亮和地球一样，有高山也有深谷，既不平滑，也不光洁。他又用这架望远镜去看银河，发现银河竟是由无数的小星球组合而成的，因为有的星球离开地球太远，若不借助望远镜，便无法看得真切。

一次，伽利略在教堂里祈祷完之后，就坐在长凳上看远处的景物。他的视野中浮过雪白的大理石柱、美丽的祭坛……突然，教堂的执事进来破坏了沉静的氛围，原来他来点教堂的灯，这种灯是用长绳系在天花板上的。当这位执事点灯时，不小心碰动了它。借助惯性，吊灯就一左一右地摆个不停。这时，伽利略的注意力又转移到灯上，目光随着吊灯左右摆动。突然，伽利略发现一个有趣的现象，尽管吊灯摆动的幅度越来越少，但完成摆动周期所花的时间始终未变，当时他测定时间是靠脉搏的频率。伽利略由此发现了钟摆的等时性原理。

除了这些发现，伽利略还著有《论运动》《关于托勒密和哥白尼两大世界体系对话》《关于两门新科学的对话与数学对话集》等科学专著。伽利略为科学事业做出巨大贡献，被称为近代自然科学的奠基人。

笛卡儿和培根

1596年3月31日，勒内·笛卡儿出生在法国拉爱城一个贵族家庭。他出生3天后，母亲就去世了，幸亏保姆细心照料，笛卡儿才得以转危为安，勒内在法语中就是"重生"的意思。笛卡儿的父亲是一名法官，使他在富裕的生活中度过了无忧无虑的童年。他幼年体弱多病，但对周围的事物充满了好奇，经常问这问那，有时候连父亲都回答不上来他的问题。父亲见他很有哲学家的气质，亲昵地叫他"小哲学家"。

8岁的时候，笛卡儿被父亲送进了拉·弗雷士的耶稣会公学读书。由于笛卡儿从小体弱多病，所以校长特许他如果感到身体不舒服，可以躺在宿舍里休息，不用去教室上课。然而小笛卡儿并不借此偷懒睡觉，他总是微闭着双眼，回忆老师教的知识和自己读到过的书上的内容。在他的枕边总是堆放着一堆哲学、数学、天文学和历史等方面的书籍。笛卡儿在学校学习非常刻苦，成绩名列前茅，20岁的时候，他以优异的成绩获得了法学博士学位，去巴黎当了一名律师。

1628年，笛卡儿到荷兰当了一名军官。一天，他在大街上散步，看见一群人围着墙上贴着的一张纸议论纷纷。笛卡儿凑了过去看了看，这张纸上的字是用当地的佛兰芒语写成的，好像是一道数学难题。笛卡儿不懂佛兰芒语，只好干瞪眼。这时旁边的一位中年人看见他一副跃跃欲试的样子，就说："怎么？年轻人，你想试试？"笛卡儿说："好啊，不过我不懂佛兰芒语，你能帮我翻译一下吗？"中年人用法语给他翻译了一遍。笛卡儿记下后就回到了军营里。第二天，笛卡儿拿了一张纸，找到那个中年人，对他说："你看，我解出来了！"中年人一看，大吃一惊。这个中年人就是著名的数学家贝克曼，从此以后两人就成为了好朋友。

1649年10月，笛卡儿应瑞典女王的邀请来到瑞典首都斯德哥尔摩，为女王讲授哲学和数学。但体弱多病的笛卡儿非常不适应瑞典的寒冷气候，很快就病倒了。1650年2月11日，笛卡儿与世长辞。

笛卡儿是17世纪的欧洲哲学界和科学界最有影响的伟人之一，被誉为"近代科学的始祖"。

弗朗西斯·培根，1561年1月22日出生于英国伦敦一个贵族家庭。他的父亲是大法官，曾担任过英国女王的掌玺大臣，母亲出身贵族，精通多门外语，翻译过很多外国名著，受父母和家庭的影响，聪明过人的培根从小就喜欢读书。他家餐厅的墙壁上挂着一个写着"教育使人进步"的条幅，培根就在这样的富裕的、充满教育氛围的环境中长大。

培根从小体弱多病，但他非常喜欢学习，喜欢思考，经常一个人坐在角落里静静地读书。一次，父亲带他到王宫去玩，遇见了英国女王伊丽莎白。女王问了他很多问题，小培根回答得非常庄重得体，女王非常喜欢他，叫他"小掌玺大臣"。一次，女王问他："我的小掌玺大臣，你几岁了？"培根眼珠一转，巧妙地回答道："我只比陛下您的幸福朝代小两岁。"女王听了，非常高兴。

12岁那年，培根破格进入英国名校剑桥大学学习，他系统学习了哲学、语法、逻辑、修辞等课程，广泛阅读了古希腊哲学家柏拉图、亚里士多德等人的著作，这使他的知识结构更加系统全面。但当时剑桥大学讲授的都是一些经院派哲学，将亚里士多德的话奉为经典，学校里充斥着神学的辩论。培根对这种远离科学、远离实际的氛围非常厌恶，经常一个人在校园里散步，思考社会的真谛和人生的意义。

　　1597 年，培根出版了《论说文集》一书，这本书一出版就引起了轰动，多次出版。1620 年，培根又出版了《新工具论》一书，在书中，他提出了"知识就是力量"的口号。培根在哲学史和科学史上具有划时代的重要地位，是英国唯物主义和现代试验科学的始祖。

哈维和血液循环

　　威廉·哈维（1578～1657 年）出生在英国肯特郡的一个富裕家庭，他从小好学，读小学时，他就以优异的成绩名列前茅，尤以英语和拉丁语最为突出。他 10 岁时进入坎特伯雷王家学校，16 岁时进入剑桥大学，并在 3 年后获得文学学士学位。1597 年，哈维进入意大利的帕多瓦大学学习医学，1602 年以优异的成绩获得医学博士学位，教授们在他的学位证书上写下了这样的赞语："威廉·哈维以突出的学习成绩和不平凡的才能引人注目，并获得本校讲授解剖学、医学和外科教授们的赞扬。"学成归国后不久，哈维和伊丽莎白女王的御医朗斯托洛·白劳恩的女儿结为伉俪。母校剑桥大学为表彰他在留学中所取得的卓越成绩，也授予他博士学位。两年后，英国皇家医学院又选举他为委员，又过了几年，哈维被委任为圣巴托罗缪医院的医师。

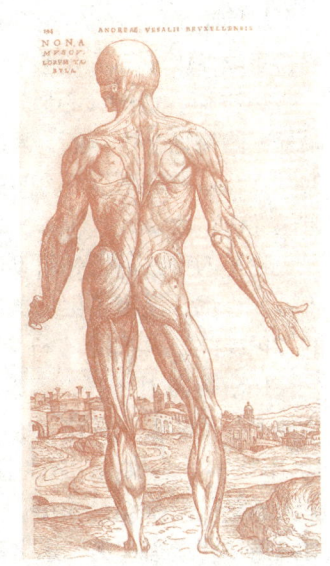

16 世纪，安德烈·维萨里的研究使科学家和医生得到了清晰的人体解剖图。17 世纪，对人体的了解深入到内部，特别从血液循环系统的研究为代表。

　　早在公元前 2 世纪，古罗马的神医盖仑提出了一种血液循环理论，他认为血液在人体内像潮水一样流动之后，便消失在人体四周，并把血液运动解释为是上帝的安排。他的这一理论被教会当作不可侵犯的真理，一直到 16 世纪时，才受到怀疑和挑战。享有"解剖学之父"美誉的比利时医生维萨里和发现血液小循环系统的西班牙医生塞尔维特相继批判了盖仑的学说，但他们也为此付出了生命的代价。维萨里受到宗教裁判所的迫害，被判处死刑；塞尔维特在日内瓦被当作"异教徒"活活烧死。半个世纪之后，哈维决心弄清人体血液的奥秘，他动手在自己家中建立起了实验室，开始了艰苦的探索。

　　他先是用的兔子和蛇，之后又扩展到其他 40 余种动物。在解剖这些活体动物之后，他发现心脏的作用就像一个水泵，它专门输出血液，这些血液凭借其收缩压力流遍全身。这时他又产生了第二个疑问：心脏中的血液又是从哪儿来的呢，是自己造出来的吗？

　　通过进一步研究，哈维终于发现：心脏本身不具备造血机能，而仅仅是一个中转站和动力站而已。血液被心肌压出，沿动脉血管流向身体各个组织、器官，之后再经静脉管回流心脏，周而复始，循环往复。这就是著名的哈维血液循环理论。为了证明这一理论的正确性,哈维又进行了相关实验。他请一些体型较瘦的人作为实验对象,先把他们的静脉扎紧,结果近心端的血管瘪了下去;然后再扎起动脉,却发现近心端的血管膨胀起来,而远心端的血管瘪了下来。这充分说明:血液从心脏流出,经动脉到达全身各处,又从静脉回流心脏。

尽管哈维的科学结论有充分的事实依据,可还是没有被当时的学术界、医学界、宗教界认可,甚至遭到非议和攻击。

1628年,他的《心血运行论》在德国的法兰克福出版,这部只有72页和两幅插图的惊世之作,虽然堪称为生理学由蒙昧走向科学的转折点,但是却因为他的观点与权威理论不符,而被称为荒谬的言论和无稽之谈。不过还好,因为他的御医身份,教会虽然气恼,却也奈何不了他。

晚年的哈维刻苦钻研动物生殖和发育问题,在1651年又出版了《论动物的生殖》一书,提出了生物器官的"渐成论",否认了那种认为各个器官同时形成的"预成论"。英国皇家科学院为表彰他的功绩,特地为他建造了一座铜像。

1657年6月3日,哈维因脑血栓突发病逝于伦敦,享年80岁。皇家医学院为他举行了隆重的葬礼,将他葬在伦敦以北80千米处哈维家族的墓地。1883年10月18日,皇家医学院为他举行了迁葬仪式,将他的遗骨重新安葬在汉普斯台德大教堂的哈维纪念馆中。在他的墓地上竖起一块石碑,上面的题词是:"发现血液循环,造福人类,永垂不朽!"

胡格诺战争

胡格诺战争是法国天主教势力同新教胡格诺派(即加尔文派)之间进行的一场长期战争。它虽然带有明显的宗教色彩,但就其性质和内容而言,则是法国的一场内战。

在中世纪的法国,王权与贵族割据势力不断斗争,由于经济利益和宗教信仰的不同,反对王权专制的贵族逐渐分为两个集团:一个是以王室近亲吉斯公爵和洛林红衣主教查理为首的强大的天主教集团,他们对国王有举足轻重的影响;一个是以波旁家族的孔代亲王、纳瓦尔国王亨利、海军上将科利尼为代表的新教胡格诺派集团。

胡格诺战争的直接导火索是"瓦西镇屠杀"。早在16世纪40年代,亨利二世就曾让特别法庭以惩办异端为名,将大批胡格诺派教徒处以火刑。1559年,弗朗索瓦二世继位后,因为他的年纪太轻,大权旁落到了吉斯家族手中,致使新旧教派冲突加剧。1562年3月1日,胡格诺教徒正在瓦西镇举行宗教仪式,吉斯公爵率军队赶到,大肆屠杀,胡格诺教徒死伤将近200人。

1562年12月,天主教与胡格诺教在德勒交战,这一战中,天主教徒的将领蒙朗西被俘,元帅安德烈战死。1563年2月,在奥尔良一战中,吉斯公爵被暗杀,而胡格诺派的纳瓦尔国王安托万在鲁昂之围中战死。1563年3月,王后卡特琳发布"安布瓦斯敕令",给了新教徒信仰自由和在指定地区举行宗教仪式的自由。

1567年9月,新教胡格诺派包围巴黎。11月,双方在圣德尼交战,德国新教派兵驰援法国新教,使胡格诺派兵力得以增强,战胜了天主教派。1568年,法国天主教和宫廷被迫签订《隆朱莫条约》。9月,在天主教的压力之下,查理九世撤销宗教宽容敕令。1569年3月,新教军队在雅尔纳克被天主教军队击败,孔代战死。1570年,为了缓和两派关系,太后卡特琳签署"日耳曼敕令",新教徒又获得了有限的信教自由。

1572年8月23日,吉斯公爵之子亨利乘胡格诺派的重要人物聚集巴黎庆祝其领袖婚礼之机,以巴黎各教堂的钟声为号,率军对胡格诺教派进行突然袭击,杀死胡格诺教徒2000多人。由于24日正值圣巴托罗缪节,因此这一血腥的夜晚在历史上被称为"圣巴托罗缪之夜"。这次大屠杀后,胡格诺派在法国南部和西南部组成联邦共和国,并于1575年发动全面起义,很快席卷了法国南部的大部分地区。

1576年5月,法王亨利三世签署"博利厄敕令",给予新教在一切城市举行宗教仪式的自由。天主教徒对此强烈不满,吉斯公爵亨利成立天主教神圣同盟,两派战争又起。1577年9月,战败的胡格诺派与天主教派缔结"贝日拉克和约",使"博利厄敕令"中给予新教的自由和权利得到了限制。

1585年,得到西班牙支持的吉斯公爵亨利在南特重建天主教同盟,亨利三世也撤销两次敕令,胡格诺派则在波旁家庭的纳瓦尔国王亨利的带领下,于1587年在库拉特击败天主教军队。

1588年5月,吉斯公爵亨利进入巴黎城,包围王室所在的卢浮宫,亨利三世逃出巴黎,并签署敕令满足天主教的一切要求。同年12月,吉斯公爵和天主教所有首领被国王近卫军暗杀,巴黎发生暴乱,成立了以吉斯家族为首的新政权,亨利三世不得不与波旁家族结盟。1589年,纳瓦尔国王亨利在亨利三世被刺杀后成为法王亨利四世。

天主教派拒不承认亨利四世的法王地位,所以亨利四世无法进入巴黎,而当时法国90%以上的人口都信仰天主教。1593年7月25日,在重压和形势的逼迫之下,亨利四世在圣德尼大教堂改信天主教,并与天主教达成休战协定。

1594年3月22日,亨利四世进入巴黎,并于1598年4月颁布"南特敕令",宣布天主教为国教,胡格诺派在法国全境有信

1572年8月23日,法国国王下令展开圣巴托罗缪日大屠杀,大量胡格诺教徒被杀,然而这却使南北矛盾更加尖锐。

教的自由，"南特敕令"保留了胡格诺教派的一些特权，打破了天主教一统天下的局面，而至此，持续30多年的胡格诺战争结束了。

"无敌舰队"的覆灭

自哥伦布发现新大陆后，西班牙凭借强大的海上势力，在美洲占领了广大地域，掠夺了大量财富，并将殖民势力扩展到欧、亚、非、美四大洲。此时，英国正处于资本主义发展阶段，急需大量的原料和财富，也开始积极推行殖民政策，向外扩张。西班牙是海上霸主，这给英国的对外扩张带来极大的阻碍，于是两国的矛盾冲突日益尖锐。

为和西班牙争夺海上的霸权，英王伊丽莎白采取各种措施加快海军的建设，同时利用海盗来抢劫西班牙从各地掠来的财物，从而威胁西班牙在海上的贸易垄断地位。西班牙对此极为恼火，怀着侵占英国的目的，想把苏格兰女王玛丽扶上英国的王位。1587年3月，伊丽莎白下令处决了玛丽。海上的不断侵扰和玛丽之死，使愤怒的西班牙国王腓力二世准备以武力征服英国。

1588年2月，西班牙国王腓力二世命西多尼亚公爵为统帅，率领130余艘船、3万余人、2431门火炮组成庞大舰队远征英国。英国接到情报后，积极备战。伊丽莎白命霍华德勋爵为统帅，德雷克为副手，并对英国舰船船身、船楼、船体及炮台、火炮做了相应的改进。英舰船体矮且狭长，重心较低，目标小，灵活性强，速度快。船上装载的火炮数量多，射程比西班牙的重炮远。

7月中旬，在一座座堡垒似的西班牙战舰上挤满了步兵，西多尼亚欲利用步兵数量上的优势，运用传统战法，冲撞敌舰，并钩住它们，然后登船与敌人进行肉搏战。但英军快速灵活，伺机攻击，始终保持敌炮射程范围之外的距离，利用自己炮火射程远的优势不断袭击敌船，消耗对方的火药，使他们时刻处于警备状态。当西班牙舰队到达尼德兰加莱附近时，并未得到计划好的帕尔马公爵的船只、人员及弹药的补给。

7月29日凌晨，英国在8艘旧船内装满硫黄柴草等易燃物品，船身涂满柏油。点燃后，8只火船像8条火龙顺风而下，向西班牙舰队急驰而去。在黎明的宁静中，西班牙哨兵发现几道火舌向他们冲来，立即发出警报。顿时，西班牙舰队乱作一团，一些木壳船已经被大火点燃。西多尼亚公爵忙命令各舰船砍断锚索，想等到火船过去再占领这个投锚地。但恐慌的西班牙人乱成一片，他们只顾夺路奔逃，致使船只相互碰撞，甚至大打出手，而被砍断锚索的舰船只能随风沿着海岸向东北漂流。西多尼亚只好命旗舰圣马丁号起锚向漂流的船只追去。

画中描绘了1588年侵入英国的西班牙"无敌舰队"，在英国舰队的炮火轰击下仓促撤退的情景。

海盗王德雷克

德雷克本是奴隶贩子出身，但他发现直接抢劫比做生意来钱更快，于是就进入了海盗行列。由于胆大心细，德雷克在海盗界很快就闯出了名堂，成为伊丽莎白一世私人赞助的海盗，每次他抢劫回来，都会拿出10%的战利品孝敬女王。在对无敌舰队的战斗中，德雷克作为分舰队司令，为战争的胜利立下了大功。德雷克还是个成功的航海家，他于1580年继麦哲伦之后再次完成环球航行，而且沿途狠狠打击了西班牙人。德雷克的威名让西班牙人闻风丧胆，对他又恨又怕。德雷克的海盗活动为英国建立海上霸权起了很大的推动作用。

德雷克、霍金斯等人继续全速向西班牙舰队追去。英军开始向敌人发火，许多船只纷纷中弹起火，而西班牙的重炮却很难击中目标，步兵和重炮无法充分发挥作用。英国凭借船身矮小，灵活自如，对敌船猛烈地袭击。他们巧妙配合，相互策应，使散开的西班牙战舰更为混乱。激烈的战斗持续了近一天，英军的损失极小，而西班牙舰队却受到严重的摧残，舰船被打得支离破碎，旗舰被击沉，损伤30余艘船只，16艘成为了英军的战利品，剩余的伤兵残船在西多尼亚的领导下被迫退出英吉利海峡。

不甘心失败的西多尼亚带领残部决定再度控制英吉利海峡，但风向始终没有转向有利于他的方向，再加上没有船只、人员及弹药的供给，他只好放弃并绕道北海退回西班牙。途中他们又遭到风暴的袭击，1588年10月，当他们返回西班牙时，仅剩43艘残破船只。

这场海战是历史上第一次全凭舰炮制胜的海战，舰船的机动性和火炮优势取代了传统的战法。同时英军的胜利使西班牙一蹶不振，英国成为新的海上霸主。

伊凡雷帝

1530年8月25日，俄罗斯首都莫斯科克里姆林宫诞生了一位王子，取名伊凡。这时，天空突然想起了阵阵雷声，紧接着一道闪电击中了克里姆林宫。莫斯科人惊恐万分，俄罗斯大公瓦西里三世派人到俄罗斯东边的喀山汗国，请求喀山大汗解释这个天象。善解天象的喀山大汗的妻子说："沙皇已经出生，他生下来就有两排牙齿，一排用来吞食我们，一排用来吞食你们。"

1533年，瓦西里三世去世，年仅3岁的伊凡继位，称伊凡四世。瓦西里三世的几个弟弟见伊凡四世年幼，根本不把他放在眼里，经常在他面前大吵大闹，甚至公开侮辱他。伊凡四世8岁时，这些大贵族又毒死了代他摄政的母亲，可怜的伊凡一下子成了孤儿，那些大贵族就更加肆无忌惮了。年幼的伊凡四世对那些贵族无可奈何，只好把怨气发泄到小动物身上。他经常残忍地拔掉小鸟的羽毛、挖掉小鸟的眼睛，看着它们痛苦地慢慢死去，而他却开心大笑。有时候伊凡四世抱着小猫、小狗，从塔楼上扔下去，看着它们摔死，从中寻找乐趣。

1547年，伊凡17岁了，莫斯科克里姆林宫大教堂为他举行了隆重的加冕仪式，大主教马卡林把从东罗马帝国传下来的皇冠戴在他头上。为表明自己已拥有无限的权力，伊凡四世不再满足大公的称号，他自称"沙皇"。沙皇起源于古罗马帝国皇帝的称号"恺撒"（俄语里的"沙"是从拉丁文"恺撒"转音而来），沙皇也就是皇帝。伊凡四世成了俄国第一位沙皇。

伊凡四世虽然贵为沙皇，但朝政大权还掌握在他的舅舅、大贵族格林斯基手里。格林斯基专横独断，横征暴敛，弄得人们怨声载道。

伊凡四世加冕半年后，莫斯科城内突然发生了一场大火，火势非常凶猛，烧毁了大半个城市。莫斯科人纷纷传说这是格林斯基放的火，愤怒的人民自发组织起来，冲进格林斯基的家，杀死了遇见的所有格林斯基的家人，并将他家洗劫一空。后来又冲进克里姆林宫，继续追杀格林斯基家的人。直到伊凡四世发话说要严惩格林斯基，人们才逐渐散去。

这件事把伊凡四世吓坏了，从那以后，伊凡四世得出了一个教训："今后再也不能把政权交给大贵族掌握了，必须由自己亲自掌握。"他积极拉拢中小贵族和商人，成立了属于自己的特辖军，疯狂地屠杀了4000名大贵族，加强了中央集权，同时颁布了《兵役条例》，增强了军事实力。

为了满足中小贵族和商人对土地和财富的渴望，伊凡四世发动了对喀山汗国的战争。喀山汗国是从金帐汗国分裂出来的一个小国，这里土地肥沃，物产丰富，商业繁荣，俄罗斯曾对其发动过很多次侵略战争，结果都失败了。伊凡曾经发动过3次侵略喀山汗国的战争，结果也是大败而回。这次，伊凡四世亲自率领15万大军，带着150门大炮，杀气腾腾地来到喀山城下。

当时喀山只有3万守军，使用的是落后的火绳枪，更糟糕的是喀山城的城墙还是木头的。

伊凡四世仗着优势兵力，要喀山人投降，但被喀山人严词拒绝了。恼羞成怒的伊凡四世疯狂地命令炮兵们开炮。俄军的炮弹一颗接一颗落在喀山城的城墙上，城墙上顿时燃起了大火。喀山军民一面灭火一面继续向俄军射击，并派出游击队骚扰俄军。一个月过去了，喀山城依然耸立着。

伊凡四世令俄军抓了几百个喀山老百姓，押到喀山城下，声称要是不投降就将他们全部杀死，但又一次被喀山守军拒绝了。伊凡四世残忍地下令将几百个老百姓全部杀死，这不但没有吓倒喀山守军，反而激起了他们对侵略者更大的仇恨。

后来俄军挖了一条地道，一直通到喀山城墙下，然后放上炸药，将一段城墙炸塌，如狼似虎的俄军从坍塌的城墙处一拥而入，终于攻入了喀山城。喀山守军全部被杀，妇女、儿童被卖为奴隶，喀山居民的财产被洗劫一空。就这样，俄罗斯吞并了喀山汗国。

波克洛夫大教堂
教堂为纪念1552年伊凡占领喀山而建。据说教堂竣工时，伊凡弄瞎了所有参与兴建该教堂的建筑师，因为他不想让他们建造出比这更富丽堂皇的其他建筑。

伊凡四世一生都在尔虞我诈、钩心斗角的宫廷政治中度过，因而养成了多疑、残暴的性格，动不动就大发雷霆，随意杀人，一次他在盛怒之下竟然打死了自己的儿子，所以历史上称他为"伊凡雷帝"。

尼德兰革命

随着欧洲文艺复兴和科学技术的发展，资产阶级慢慢登上历史舞台。1556年，包括荷兰、比利时、卢森堡和法国东北部的尼德兰地区，因王朝联姻和王位继承关系，归属了西班牙。西班牙对尼德兰推行封建专制制度，对尼德兰人民进行残酷奴役和剥削，造成手工工场倒闭、工人失业，极大地扼制了资本主义经济的发展。西班牙专制还体现在教会迫害上：查理一世曾在尼德兰设立宗教裁判所，颁布"血腥诏令"，残酷迫害新教徒；腓力二世加强教会权力，命令尼德兰总督一切重大事务都要听从教会首领格伦维尔的意见，并且拒绝从尼德兰各地撤走西班牙军队。西班牙的专制行为引起尼德兰人民的极度不满和抗议。

面对西班牙的专制统治和宗教迫害，以宗教斗争为先导的尼德兰民众反封建斗争逐步高涨。激进的加尔文教教徒迅速增多，并不时地同当局和教会发生冲突。腓力二世只好表面答应群众的要求，但是暗地里却在秘密制订残酷镇压尼德兰革命势力的计划。1566年，尼德兰贵族也向西班牙国王请愿，要求废除宗教裁判所，缓和镇压异端的政策。在没有任何收获的情况下，贵族中的激进派加入到加尔文教会和革命群众的行列，一场大的革命风暴即将来临。

1566年8月，一名叫马特的制帽工人，掀起了破坏圣像、圣徒遗骨和祭坛的运动，并得到广大人民群众的支持，安特卫普、瓦朗西安爆发了起义。1567年，腓力二世命阿尔法为总督，率军进驻尼德兰，开始了对异教徒和起义军的血腥镇压，一些贵族和资产阶级也被杀害。由工人、农民和革命资产阶级分子构成的起义军和激进的加尔文教徒转移到森林里和海上，组成"森林乞丐"和"海上乞丐"，展开游击战，神出鬼没地袭击西班牙军队，奏响了荷兰革命的交响曲。1568年，奥兰治亲王威廉从国外组织一支雇佣军，但终因势单力薄而被阿尔法击败。1572年4月，在森林乞丐和海上乞丐影响下，尼德兰北方各省均发生起义，致使阿尔法军力分散。海上乞丐趁机率领装有枪炮的轻便船猛攻泽兰省的布里尔，守卫的西班牙军遭受重创。起义军又一举将西班牙军从北部大部分地区驱逐出去，并占领了荷兰省和泽兰省，建立了自己的根据地，威廉被推选为执政。

阿尔法极为恼火，他开始集中兵力镇压北部起义军。1572年12月，阿尔法大军挺进到哈勒姆，几次强攻都以失败告终。于是阿尔法改变策略，包围哈勒姆，切断所有通道，封锁城池，断绝城内的一切供给，并不时进行佯攻，消耗城内的弹药，8个月后终于攻陷哈勒姆城。攻占了哈勒姆城后，阿尔法开始攻打荷兰的莱顿城。莱顿城地势险要，防御工事坚固，易守难攻。阿尔法继续采用封锁战术。城民和起义军坚持了近一年，基本上到了弹尽粮绝的地步。阿尔法感觉时机成熟，开始发起总攻，但城内剩余的弹药仍使阿尔法惨败。于是阿尔法试图诱降起义军，遭到拒绝。

海上乞丐这时赶来救援，游击队在海坝上挖了16处缺口，海水顺势涌向莱顿城，莱顿城外一片汪洋，本来就伤亡惨重而士气低落的西班牙人在海水中仓皇撤退。

1576年9月4日，布鲁塞尔举行起义，起义军占领了国务委员会大厦，西班牙在尼德兰南部的统治被推翻了。

1576年11月，以威廉为代表的北方起义军和南方起义军签订协定，首先驱逐西班牙人，成立政府，再解决双方在宗教问题上的分歧。1581年，北方7省联合成立荷兰共和国，宣布废黜腓力二世。而坚持妥协的南方起义军却遭到西班牙军队的镇压而失败。1609年1月9日，西班牙国王和荷兰共和国签订协议，承认了荷兰的独立。

尼德兰革命建立了第一个资产阶级共和国，它使荷兰人民推翻了西班牙的专制统治，争取到民族独立。

"五月花号"

16世纪末到17世纪，英国的一些基督徒发起了一场轰轰烈烈的宗教改革运动，宣布脱离英国国教，另立教会，主张清除英国国教内部的天主教残余影响，这些基督徒被称为清教徒。但是到了17世纪中叶，英国议会通过了《信奉国教法》，英国政府和教会势力开始迫害清教徒。清教徒只好逃到信奉新教的荷兰避难。但是在荷兰，清教徒不仅受到宗教迫害，而且还受到了战争的折磨。为了彻底逃脱宗教迫害的魔爪，他们想再次迁徙。

清教徒把目光投向了当时刚刚发现不久的新大陆。新大陆地域辽阔，物产丰富，人烟稀少，正是清教徒们理想的迁徙地。1620年9月，清教徒的领袖布雷德福率领101名同伴，登上了一艘帆船——"五月花号"，向新大陆驶去。由于形势所迫，他们航行的季节是一年中最糟的渡洋季节，大海上风急浪高，"五月花号"像狂风暴雨中的一片树叶，随波逐流。很长一段时间内，清教徒们都躲在船舱内，不敢登上甲板。经过了66天的航行后，"五月花号"抵达北美大陆的科德角，就是今天美国马萨诸塞州的普利茅斯港。有意思的是，在这次危险的航行中，只有一人死亡，但又诞生了一名婴儿，所以到达美洲的人数仍然是102人。清教徒们手画十字，衷心感谢上帝。

面对这片陌生的土地，清教徒们不敢随便上岸，而是先派出了一个侦察队。过了几天，侦察队回来了，他们欣喜地告诉大家，在大陆上发现了一个适合居住的"天堂"。这个"天堂"就是今天的普利茅斯港，非常适合"五月花号"停泊，附近有一个渔场，有丰富的海产品。岸上不远处连绵起伏的小山，把这块土地环绕起来。一条小溪从山上流下来，汇入大海，可以提供充足的淡水。除此以外，还有一片片开垦过的肥沃农田，整整齐齐地排列着。农田旁边是一间间可以遮寒避暑的房屋……但奇怪的是，这里一个人都没有，难道是上帝赐给他们的？后来他们才了解到，这里原来是一个人口稠密的印第安村庄，但几年前天花流行，全村人都不幸病死了。

欢天喜地的清教徒们来到这个村庄，开始了他们的新生活，但生活并不像他们想象的那样美好。这些新来的移民缺少必要的农具和生活用具，在繁重的劳动下，很多人都累倒了，再加上缺医少药，很多人病死，冬天到了，从大西洋吹来阵阵的寒风，冻死了很多缺少棉衣棉被的清教徒，102个移民只剩下50个了。移民们简直要绝望了。

1620年9月，清教徒们在长老布雷德福的率领下搭乘"五月花号"从英国普利茅斯扬帆起航移民新大陆。图中描绘的是1620年11月21日"五月花号"在科德角抛锚泊岸时的情景。

就在这时，一个印第安人来到了村庄。他是临近村子人，奉酋长之命来看看这里的情况，移民们仿佛看见了救星一样，他们向这个印第安人诉说着他们面临的困难。印第安人脸上流露出无限的怜悯和同情，表示一定会帮助他们。几天后，这名印第安人和他的酋长马萨索德带着很多人，拿着很多生活用品再次来到了移民的村庄。酋长是个非常热情的人，他对移民的到来表示欢迎，送给他们许多生活用品，并派来了最有经验的印第安人，教他们种地、捕鱼、打猎和饲养火鸡等。

在印第安人的无私帮助下，移民们获得了大丰收，渡过了难关，生活逐渐安定下来。秋收后，为了感谢上帝，布雷德福宣布从今以后，每年11月的最后一个星期四定为感恩节。当然，他还邀请了帮助他们渡过难关的真正"上帝"——热情、好客、无私的印第安人。马萨索德和很多印第安人前来参加节日，他们送来了5只鹿作为礼物。移民们大摆筵席，餐桌上摆满了山珍海味和用玉米、南瓜、笋瓜、火鸡等做成的美味佳肴。他们又吃又喝，唱歌跳舞，一连庆祝了三天。后来感恩节成了美国最大的一个传统节日。

随着清教徒不断移民，实力越来越大。他们站稳脚跟后，开始抢夺印第安人的土地，屠杀印第安人。原来北美有150万印第安人，后来只剩下30万了。这些剩下的印第安人被他们赶进了西部荒凉、贫瘠的"保留地"。这真是对感恩节的莫大讽刺！

三十年战争

16世纪后期到17世纪初，欧洲社会资产阶级势力抬头，资产阶级新贵族和封建专制相对立，各国都有政治经济矛盾冲突，封建王朝及诸侯的领土之争以及宗教派别的矛盾也日益尖锐。欧洲各国逐渐形成两大对立集团：哈布斯堡集团和反哈布斯堡集团。以宗教改革而形成的新教派联合在反哈布斯堡集团旗下，力图建立中央集权的天主教派联合在以德国皇室哈布斯堡家族为首的哈布斯堡集团旗下，两大集团矛盾日益激化。

1526年，捷克重新并入"神圣罗马帝国"，德皇（属哈布斯堡王朝）兼为捷克国王，但捷克有宗教自决、政治自治的自由。当马提亚继位以后，他指任斐迪南为捷克国王，并企图恢复天主教在捷克的统治地位，德皇的这一决定遭到了捷克人民的强烈反对。1618年，愤怒的捷克人冲进王宫，把国王的两个钦差从窗口扔了出去，这一"掷出窗外事件"引发了1618～1648年哈布斯堡王朝同盟（天主教同盟）和反哈布斯堡王朝同盟（新教同盟）两个庞大的强国集团为争夺欧洲霸权而进行的第一次全欧性战争——三十年战争。

为了使战争有个领导核心，捷克议会选举新教同盟首领巴拉丁选帝侯腓特烈为国王。在腓特烈的带领下，捷克军队开始的进军比较顺利，到6月时已经打到了维也纳城下。惊慌失措的斐迪南不得不求救于天主教同盟。在蒂利伯爵的率领下，天主教同盟的2.5万人马于1620年11月8日开进捷克，并在布拉格附近的白山与捷克和巴拉丁联军交战。捷克和巴拉丁联军战败，腓特烈逃往荷兰，西班牙占领巴拉丁，捷克被并入了奥地利，德国则取得了3/4的封建主土地。

为了抑制天主教同盟的继续胜利，法国首相黎塞留于1625年倡议英国、荷兰、丹麦结成反哈布斯堡联盟。随后，丹麦国王利斯丁四世联合德国北部新教诸侯向德皇宣战，英国也出兵捷克。德皇任命捷克贵族华伦斯坦为总司令率军抵抗反哈布斯堡联盟。1626年4月，华伦斯坦率军与英军在德绍交战，英军战败，丹麦军队被孤立。8月，蒂利伯爵率军击败丹麦军，收复了被丹麦军占领的卢特城。华伦斯坦军和蒂利伯爵的军队会合，两军挺进丹麦日德兰半岛。丹麦国王于1629年在律贝克与德国签订和约，在和约中保证以后不再干涉德国内务。

德皇一直打算在波罗的海建立一支强大的舰队，而一旦这支舰队成立，直接受到威胁的就是瑞典。在法国的援助下，1630年7月，瑞典国王古斯塔夫率军在奥得河口登陆，天主教联军受挫。1631年9月17日，蒂利伯爵在布赖滕费尔德会战中被瑞典－撒克逊联军击败，联军直抵莱茵河畔，并于1632年初占领美因茨。在1633年春的莱希河会战中，蒂利伯爵被击毙。4月，联军又攻陷了奥根斯堡和慕尼黑。11月，在吕岑会战中，瑞典国王古斯塔夫阵亡，这使得一路胜利的瑞典军丧失了前进的势头。在1634年9月的诺德林根会战中，德军联合西班牙大败瑞典军，并一直乘胜追击到波罗的海沿岸。

1635年5月，法国对西班牙宣战。法国的参战，给天主教同盟以重创。1643年5月19日，法国孔代亲王率法军和西班牙军在法国北部边境要地罗克鲁瓦遭遇，法军取得了决定性胜利，此时的瑞典军队也是捷报频传。1648年5月，在楚斯马斯豪森会战中，法瑞联军大败天主教军队，早已疲于应付的哈布斯堡王朝无力再战。1643年，丹麦由于嫉妒瑞典取得的胜利而袭击瑞典后方，经过3年战争，丹麦被迫求和。1648年，交战双方签订《威斯特伐利亚条约》，三十年战争至此结束。

战后的德国满目疮痍，分裂为300个大大小小的诸侯国，神圣罗马帝国事实上不再存在了；西班牙也失去一等强国的地位；法国从德国得到大片土地，成为欧洲霸主；瑞典也得到波罗的海沿岸地区，成为北欧强国；荷兰正式独立。新教得到承认，路德宗和卡尔文宗地位平等。

资产阶级革命时期

　　15～19世纪，资本主义来临，人类历史发生了重大转折。西欧社会经济、政治和文化各方面发生了质的变化。资本主义在欧美诸国的胜利和统治地位的确立，是通过一系列资产阶级革命和改革完成的。这场席卷欧美大陆的革命风暴，以排山倒海之势给封建专制统治以致命打击，欧美主要国家建立起资本主义经济政治制度。资产阶级革命的胜利，为资本主义的发展扫清了道路，为工业革命的发生准备了条件。

查理一世被押上断头台

新航路开辟以后，大西洋上的岛国英国因为地处美洲和欧洲大陆之间，所以发展得很快，出现了很多资产阶级新贵族（靠经营工商业致富的贵族）。但以国王查理一世为代表的封建势力还想维持落后的封建统治，疯狂搜刮资产阶级的钱财，激起了资产阶级的强烈不满。由资产阶级组成的议会为了自己的利益千方百计限制国王的权力，但国王对议会根本不屑一顾，议会和国王之间的冲突不可避免。

1640年10月，议会突然逮捕了国王查理一世的两个亲信斯特拉夫伯爵和罗德大主教，并判处他们死刑。查理一世得知后，大发雷霆。第二天，查理一世带着卫队冲进议会，对议会首领说："我以国王的身份命令你们立即释放斯特拉夫伯爵和罗德大主教！""这根本不可能！"议会首领的态度也很强硬，很多议员围了上来，向国王提出抗议。查理一世见势不妙，赶紧逃出了议会。

1640年11月，为了筹措军费镇压苏格兰人的起义，查理一世被迫召开议会，企图通过新的征税法案。议员们不但没有通过法案，反而趁机提出要求限制国王的权力。这一要求得到了广大工商业者、市民和农民的支持。查理一世恼羞成怒，亲自率领卫队闯进议会准备逮捕反对最激烈的5名议员。但这5名议员早已听到了风声，躲了起来，查理一世扑了个空。第二天，查理一世下令全城搜捕，但国王的卫队遭到了人民的阻拦，伦敦周围农村的农民也纷纷进城，表示拥护议会，连伦敦市长也反对逮捕这5名议员，查理一世在伦敦陷入了孤立。

几天以后，查理一世逃出了伦敦，来到了英格兰北部的约克郡，准备纠集忠于自己的军队，讨伐议会。1642年8月22日，查理一世率领军队在诺丁汉升起了军旗，正式宣布讨伐议会。

消息传到伦敦后，议会慌忙组织军队抵抗。当时英格兰北部和西部的封建贵族拥护国王，参加了国王军。而在工商业比较发达的包括伦敦在内的英格兰东南部，很多资产阶级新贵族、市民和农民都表示拥护议会。内战开始后，由于国王军训练有素，临时拼凑起来的议会军接连战败，国王军一直打到离伦敦很近的牛津。伦敦城内的议员们乱成一团，有的主张坚决抵抗，有的主张逃跑，有的主张和国王议和。这时议会军统帅克伦威尔挺身而出，强烈谴责逃跑和议和的人，主张同国王军决战，早已没有主意的议员们只好表示同意。

克伦威尔是一个新贵族的儿子。内战爆发后，他招募了60名农民组成了骑兵，加入了议会军同国王军作战。由于他的军队纪律严明，作战勇敢，屡建战功，人数也不断增加，所以很快就得到了议会军广大官兵的拥护，克伦威尔也成了议会军的

查理一世像

统帅。

1644 年 7 月的一个傍晚，在约克城西郊的马斯顿草原，国王军和议会军展开了决战。国王军有 1.1 万名步兵和 7000 名骑兵，议会军有 2 万名步兵和 7000 名骑兵。国王军的统帅鲁波特望着黑压压的议会军，问侍从："克伦威尔也来了吗？"侍从说："是的，他来了。"鲁波特听了长长地叹了一口气，因为他知道克伦威尔能征善战，再加上议会军人数比国王军多，这场仗很难取胜。正当他准备去吃晚饭的时候，议会军分三路，呐喊着向国王军发起了冲锋，这是鲁波特始料不及的，他慌忙部署军队迎战。在他的指挥下，国王军打退了议会军的左翼。就在这时，克伦威尔率领着精锐骑兵向鲁波特杀来。鲁波特吓得掉转马头，狼狈逃走了。国王军顿时大乱，议会军趁机发起总攻，国王军大败。第二年夏天，议会军抓住了查理一世。但他很快逃了出来，又发动第二次内战，结果又被打败，再次成为俘虏。

1649 年 1 月 30 日，伦敦法庭宣布查理一世是"暴君、叛徒、杀人犯和人民公敌"，宣布对他处以死刑。一身黑衣的查理一世早已没有的昔日趾高气扬的模样，他脸色苍白，目光呆滞，浑身颤抖。刽子手举起手中锋利的斧头向查理一世的脖子用力砍去，查理一世的头颅滚落到地上，沾满了泥水，人民发出一阵欢呼。此后，英国成立了共和国，资产阶级革命取得了成功。

克伦威尔

曾经有议员这样描述克伦威尔："他穿着非常普通的衣服……他的亚麻布并不很清洁……衣服上总有一小点瑕疵，或两三点血迹，他的脸肿胀而有血色，他的声音'尖锐而不和谐'，脾气'过度暴躁'，他说话的时候，常常引用《圣经》，所讲的话就是法律。"但正是这样一个没有受过相当教育的甚至有点粗俗的家伙，以自己的传奇经历，一步步地成为了主宰英国的最有权势的人，成为英国革命中的主导人物之一。

克伦威尔回忆自己的家庭时曾说："我生来就是个绅士，地位既非显赫，也非默默无闻。"克伦威尔于 1599 年出生于英国的亨廷登，他的父亲是亨廷登市议会的议员。他小时候任性乖张，非常淘气。17 岁时进入剑桥大学学习，受到了很多清教徒思想的影响。但由于父亲的去世，他被迫弃学，返回家中照顾家庭。两年后，他又在伦敦学习法律。21 岁时，他与伊丽莎白·波琪结婚，伊丽莎白是商人的女儿，为克伦威尔带来了一笔可观的嫁妆，而且是位能干的主妇。克伦威尔在当地逐渐建立了自己的声望，28 岁时，被选为亨廷登郡的代表出席国会。

1642 年，国王的军队与议会的军队打起了内战，克伦威尔坚决地站在议会一边。他回家乡招募了一支骑兵队，这支军队训练有素，英勇善战，被人们称为"铁骑军"。内战初期，议会军因没有强有力的领导而屡遭败绩。但克伦威尔的出现改变了这种局面，他率领铁骑军于 1644 年赢得了具有转折作用的马斯顿草原战役的胜利，此后议会军节节胜利。1645 年，议会军改组成"新模范军"，由战功显赫的克伦威尔出任副总司令。克伦威尔虽然只是副总司令，但因总司令无能，他掌握着实际指挥权。1645年，"新模范军"在纳斯比战役中歼灭国王军的主力。次年，国王的大本营牛津被攻克，内战以议会军的胜利而告终。克伦

在战斗中，克伦威尔领导着"新模范军"奋勇杀敌。

威尔在内战中战功卓越，凭借军事实力掌握了英国的统治权。

1649年1月30日，克伦威尔处死了在内战中被俘虏的国王查理一世。随后他平定了各地的叛乱，稳定了国内局势。9月，他率军出征爱尔兰和苏格兰。3年后，爱尔兰和苏格兰都被纳入克伦威尔的统治之下。1653年12月16日，克伦威尔在人们的欢呼声中就任英格兰、苏格兰、爱尔兰的护国主，并担任军队的统帅，建立了军事独裁政权。克伦威尔当政期间，在外交上取得一系列成就：打败横行海上一个多世纪的荷兰，使荷兰人被迫接受《航海条例》；垄断了葡萄牙殖民地的对外贸易；使丹麦承认英国船只有权自由出入波罗的海；夺得西班牙在加勒比海上的奴隶贸易中心牙买加。

1657年，英国国会呈递《恭顺的请愿建议书》，请克伦威尔就任英国国王。克伦威尔虽然婉言谢绝了这一请求，但却把护国主制改为世袭，成了英国实际上的无冕之王。1658年，克伦威尔在白金汉宫病逝，被葬于威斯敏斯特大教堂。两年后，新选举产生的国会决定欢迎查理一世的儿子回国继承王位，克伦威尔殚精竭虑推翻的斯图亚特王朝复辟。

郑成功收复台湾

明末政治腐败，武备废弛，台湾、澎湖的防卫力量逐渐削弱，给外敌窥伺造成可乘之机。自从通往东方的新航线被发现后，葡萄牙、西班牙、荷兰等西方殖民主义势力为争夺殖民地，纷纷东来。17世纪初，荷兰东印度公司在巴达维亚（今印尼雅加达）成立后，加强了对中国的经济掠夺和武力侵略。1624年，荷兰在台湾南部的台江登陆，1642年，荷军在台湾北部击败西班牙殖民军，霸占了整个台湾。荷兰殖民者的残暴统治不断激起台湾人民的强烈反抗。而此时，以抗清为己任的郑成功已占据了长江口以南的广大海域。为了驱逐荷兰殖民者，建立稳固的抗清基地，郑成功决意收复台湾。

从1661年初开始，郑成功开始储备粮饷，练兵造船，侦察敌情，在军事和经济上都做了周密充分的准备。而且他还制定了收复台湾的作战方针：首先攻打澎湖，作为前进基地，通过鹿耳门港，于台江实施登陆作战，切断台湾城与赤嵌

城两地荷军的联系，分别予以围歼，以收复台湾全岛。

1661年2月，郑成功从厦门移驻金门，将出征舰队分两批出发。3月23日，郑成功亲率2.5万人从金门出发，24日到达澎湖，因荷军兵力薄弱，郑军很快占领了澎湖。30日，郑成功留下3000兵力驻守澎湖，亲率舰队于4月1日抵鹿耳门港外。郑成功乘海潮大涨，率队进发，顺利通过鹿耳门狭窄的北航道，进入内海，避开敌人的火力，将舰船分布在台江之中。荷兰军队来不及调整部署，只好仓促出动夹板船到海面阻击郑军，郑军水师冲过荷军防线，先在赤嵌城以北的禾寮港登陆，接着在鹿耳门方向成功登陆。

荷兰殖民者在台湾岛上修筑了两个据点：赤嵌城（今台湾台南）和台湾城（今台湾台南安平）。郑成功军队成功登陆禾寮港后，包围了赤嵌城，并割断了赤嵌城与台湾城之间的联系。当时，防守赤嵌城的荷军司令官描难实叮自恃装备优良，城堡坚固，根本没有把郑成功的军队放在眼里。虽然郑军武器装备落后，但却训练有素，纪律严明，士气高昂，十分英勇。

郑成功采用先弱后强、分割包围，各个击破的方针，首先对赤嵌城发起猛攻。描难实叮命令荷军用大炮和洋枪回击，海上的荷兰战船也向郑成功的船队开火。台湾人民见郑军的大炮难以攻下赤嵌城，便向郑成功献计：赤嵌城中的水源只有一个，在城外的高山上，如果断其水源，城中乏水，人心动摇，那时再攻打就相当容易了。郑成功采纳了这一建议，果然，几日以后，描难实叮在走投无路的情况下，出城投降，赤嵌城被郑军收复。

郑成功派描难实叮去台湾城招降荷兰总督揆一，但揆一拒不投降，并派人去巴达维亚请援军。郑成功率军攻城，荷军炮火猛烈，久攻不下，郑成功决定对台湾城实行围困战略，在城外修筑深沟高垒，使敌方炮火的威力难以发挥。同时，郑成功到台湾各地宣传收复台湾的宗旨，把带来的耕牛农具发给农民，台湾人民纷纷支持郑成功的爱国正义行动。

5月2日，第二批郑军6000人在黄安等将领的率领下，乘船抵达台湾，郑军的供给得到补充。7月，荷军分水、陆两路向郑军发起进攻。海上，荷舰企图迂回到郑军后侧，焚烧船只，却被郑军包围，双方展开激战，荷军战败，只有少数幸存舰船逃往巴达维亚。陆上，荷军的进攻同样遭到失败。此后，荷军再也不敢轻易与郑军交战。

几个月的围困，使台湾城缺粮缺水，仅死伤的荷军就有1600多人，余下的兵士也陷入饥荒和混乱之中，次年1月25日，郑成功命令发起总攻，揆一见大势已去，于2月1日宣布投降。盘踞台湾达38年之久的荷兰殖民者最后被驱逐出了中国的领土。

荷兰殖民者投降图

英荷战争

17世纪上半叶,荷兰完成了资产阶级革命,实现了民族独立,经济得到迅速发展,海外扩张和贸易成效显著。当时荷兰拥有商船1.6万艘,占世界商船总吨位的3/4。荷兰人垄断了世界贸易,五大洲的各个角落都留下荷兰商人的足迹,被誉为"海上马车夫"。不久,英国资产阶级革命取得胜利,为掠夺资本,统治者迫切需要海外扩张,扩大海上贸易。海上霸主荷兰就成为英国的最大威胁和障碍,两国之间的利益冲突日益尖锐。

1649年,克伦威尔政府加快海军建设,建造安装60~80门炮的巨型战舰,并于1651年颁布《航海条例》,禁止荷兰参与英国贸易,严重打击了荷兰利益。1652年5月,双方舰队发生冲突。7月8日,英国舰队司令布莱克下令封锁多佛尔海峡,切断荷兰在海上与外界的联系。

镶金蜗牛
荷兰国土面积虽然少,但它的国民四出探险,取得无数财富,供国内的资产阶级玩乐。

荷兰对英国的行为极为愤怒,采用强大军舰护送商船强行突围。8月26日,荷兰商船在海军将领赖特率领的军舰掩护下驶往英吉利海峡。40余艘英国舰进行阻击,赖特命军舰分进合击,利用数量优势重创英军,顺利通过英吉利海峡。封锁失利后,英军增加封锁兵力。1653年2月,荷兰统帅特普罗率领80余艘战舰护送商船回国,行至波特兰海域,遭到70余艘英国战舰的袭击。双方势均力敌,展开对攻。一时间,海面上水花四溅,硝烟弥漫。激烈的海战一直持续了三天,双方都付出了巨大的代价。特普罗虽然突破了封锁,但制海权被英国海军夺走,对荷兰的封锁更为严密。

依靠殖民与海上贸易发展起来的荷兰,受到英国的严密封锁,经济开始陷入瘫痪,这促使荷兰一定要与英国决一死战。1653年6月,特普罗率领104艘荷兰舰船试图打破英国封锁,布莱克组织115艘英舰应敌。战斗一开始,双方就展开了混战,巨型的英舰虽在体形上优于敌人,但船体小而灵活的荷兰军舰在空隙中穿梭,也没让英军占太多的便宜。时间一长,装有较先进火炮,且数量和质量都优于对手的英国军舰慢慢占了上风。天黑时,英国舰队的援军赶到,损失惨重的荷兰舰队被迫退到佛兰德浅海。英军舰船因体积巨大,吃水较深而无法追击。这次海战的胜利,使英国对荷兰的封锁更加猖狂。不甘心失败的荷兰又调集舰队,在特普罗的指挥下大举反扑英国舰队。8月10日,激战开始,英国舰队充分发挥先进火炮的威力,与荷兰军舰进行周旋。特普罗在激战中中弹身亡,荷兰军舰乱作一团。英军抓住时机进行痛击,荷兰军队伤亡惨重。1654年4月,荷兰被迫与英国缔结和约，同意支付巨额赔款，承认英国海上霸主的地位。

取得制海权的英国开始对外殖民扩张，1664年，英国攻占了荷兰在北美和西非的殖民地。1665年2月，意欲复仇的荷兰向英国宣战。荷兰海军上将赖特率军很快夺回西非被英军占领的殖民地。但6月在洛斯托夫特海战中又被英国约克公爵击败。此时，法国、丹麦等国对英国的迅速扩张极为害怕，于是与荷兰结成反英同盟，提供各种支援。1666年6月11日，赖特再次组织84艘战舰，装备较先进的大炮4600门和2.2万大军，向敌人反扑。在敦刻尔克海与蒙克和鲁珀特率领的英国舰队遭遇，双方展开对攻战。赖特凭借数量的优势包围了英军。英军四面受敌，伤亡和损失很大。荷兰乘胜追击，沿泰晤士河而上，攻打英国首都伦敦。1667年6月，赖特乘黑夜利用涨潮之机冲入泰晤士河，炮轰伦敦，严密封锁泰晤士河口。英国人惊慌失措，被迫与荷兰和谈，在海上贸易权方面做出了让步。

1672年，为了各自利益，英、法联合对荷兰宣战。荷兰人打开水坝，迫使法军撤兵，英国海军也被击败。随后两年里，英、法不能协调一致，英军陷入孤立。长期的战争使英、荷双方国力大减，无力再战，1674年2月双方签订和约，恢复了战前状态。

三次英荷战争使荷兰实力削弱，"海上马车夫"由英国取而代之，英国成了海上霸主。这次战争，也使人们认识到海军的战略价值。

牛顿的发现

1643年，牛顿降生于英格兰北部伍尔索普镇的一户农家。父亲在牛顿还没出生时就去世了，母亲为了生存，改嫁给邻村的牧师巴顿，牛顿被留给了年迈的外祖母。不幸的童年使牛顿形成了沉默寡言、腼腆和孤僻的性格。但牛顿爱好思考，喜欢动手做木匠活，这无疑为以后从事实验研究工作打下了基础。

《自然哲学的数学原理》一书被评价为科学史上最伟大的著作，在这本书中，牛顿为以后300年的力学研究打下了基础。

12岁时，牛顿来到离家不远的格兰山镇上的金格斯中学，寄宿在克拉克的药店楼上。他用木箱和玻璃瓶做成水钟，控制时间，每天黎明时水钟按时滴水到他的脸上，把他叫醒。

牛顿的母亲原希望他成为一个农民，能赡养家庭，但牛顿本人却无意于此。14岁时的牛顿充满理想，不停地思考各种问题，他在自家的石墙上刻了太阳钟，争分夺秒地学习。有一次，他在暴风雨中跑来跑去测验风力，浇得浑身湿透。他的母亲怕他真的疯了，只好放弃了让他成为农民的念头，叫他继续读书。

随着年岁增大，牛顿越发爱好读书、喜欢沉思、做科学小试验。牛顿在中学时代学习成绩并不出众，只是对自然现象有好奇心，他分门别类地记读书心得，又喜欢别出心裁地做些小工具、小试验。1661年，牛顿经过数年的勤奋学习，终于考入剑桥大学，并获"减费生"资格。1664年成为奖学金获得者，1665年获学士学位。一位叫巴罗的学者发现牛顿是个人才，举荐他为研究生，把牛顿引向了自然科学的王国。1665年1月，牛顿完成大学学业，在巴罗的推荐下，继续留在学校做研究。但刚过半年，伦敦就爆发了大规模的黑死病，剑桥全校暂时停课，牛顿回到了故乡。

1665～1666年，牛顿认真总结了前人的科学研究方法并加以运用，很快就研究出了二项式定理，制定出微积分，用三棱镜把白光分解成七色光并确定了每种颜色光的折射率，他还继承了笛卡儿把地上的力学应用于天体现象的想法来探索行星椭圆轨道问题，试图把苹果落地与月亮绕地联系起来。1667年，牛顿重返剑桥大学，在巴罗教授指导下继续从事科学研究。1669年，巴罗教授推荐他担任"卢卡斯数学讲座"教授，26岁的牛顿担任此职一直到53岁。1672年，他被接纳为伦敦皇家学会会员。1687年，《自然哲学的数学原理》这一划时代的著作问世，该书以牛顿的三大运动定律和万有引力定律为基础，建立了完美的力学理论体系，说明了当时人们所能理解的一切力学现象，解决了行星运动、落体运动、振子运动、微粒运动、声音和波、潮涨潮落以及地球的扁圆形状等各式各样的问题。在以后的200多年中，再也没有人补充任何本质上的东西，直到20世纪量子论和相对论的出现，才使力学的范畴扩大。

牛顿虽然在年轻时就成了享誉欧洲的大科学家，但在生活上并不富裕，一生中大部分时间是在贫困中度过的。1696年，他的一位同学蒙格特担任英国财政大臣，任命牛顿为造币厂的副厂长。牛顿经过两三年努力，很快解决了英国的币制混乱问题，并在1699年升任造币厂厂长。此后他的生活有所改善，年薪2000英镑，是在剑桥当教授时的10倍。

1727年3月，84岁的牛顿出席了皇家学会例会后，这位一生不知疲倦的科学家突然发病，于3月31日与世长辞。他的临终遗言是："我不知道世上的人对我怎样评价。我却这样认为：我好像是在海滨上玩耍的孩子，时而拾到几块莹洁的石子，时而拾到几块美丽的贝壳并为之欢欣。那浩瀚的真理的海洋仍展现在面前。"

牛顿的骨灰被安葬在威斯敏斯特教堂，威斯敏斯特教堂是英国历代君主举行加冕仪式的地方，牛顿是第一位以科学家身份安葬在此的人。

英国皇家学会

1660年，斯图亚特王朝复辟后，伦敦成为英国学术研究的中心。为了组织好学术研究，伦敦的科学家们在当年11月提出成立一个促进数学和物理研究的学院，推选约翰·威尔金斯为主席，并向查理二世递交了申请。不久查理二世批准了申请，并担任了该学会的保护人。该学会虽然经由皇家批准成立，但在组织上是一个独立自由的社团，在制定章程和吸收新会员时不受任何政府机构的干扰。英国皇家学会每年3月的第3个星期三召开选举年会。自1915年开始，该学会的会长均由诺贝尔奖获得者担任。英国皇家学会在英国起着国家科学院的作用，促进了英国自然科学的发展，享有极高的国际声誉。

"太阳王"路易十四

为什么路易十四被称为"太阳王"呢？那是因为成年后的路易十四，无论言行起居还是穿着服饰，都极其优雅而庄严。他好大喜功，喜欢人们叫他"大皇帝"(Grand Monarch)。他选择太阳为他本人特殊的标识，是因为太阳是天体中最明亮的。人们目睹路易十四高高坐在镀金的宝座上，光辉四射，又怎能不俯首帖耳，顶礼膜拜？

凡尔赛宫外景

说到路易十四，还不由让人想起法国的香水，法国香水工业之所以那么发达，路易十四功不可没。

法国人原先不洗澡，就是国王也不例外。他们宁愿一天换几套衣服，也不愿意用香皂洗澡，因为他们认为多洗澡不好，认为香皂有毒。由此可想而知他们身上的味儿该有多难闻，路易十三就曾被称为"臭王"。到了路易十四时，他为了不让别人闻到自己身上的臭味，就大量地使用香水，还用混合了葡萄酒的水洗手和漱口，再用洒了香水的干布擦。在香水这方面，他很讲究，让人每天都配制出一种他喜欢的香水来。不仅自己用，他还命令他的臣民不擦香水就不许出入公共场合，还要不时地更换香水。就这样，法国的香水工业迅速地发展起来。

这个故事只不过是路易十四的一个逸闻趣事，和他的一生相比，实在是微不足道。由于父亲早逝，路易十四在5岁时就继承了王位。当时表面上由母后安娜执政，但实权却掌握在首相马扎然手中。年幼的路易十四曾经历了由法院贵族和资产阶级领导的反抗政府的"投石党运动"，跟随朝廷逃离巴黎，并遭到追捕。这个事件对他亲政后加强王权、削弱高等法院的权力和实行钳制贵族的政策有深刻的影响。

1661年马扎然死后，路易十四开始亲政。他事事躬亲，称自己为从事"国王的职业"。刚一上台，他就判处不可一世的财政总监福凯终身监禁，然后打击高等法院的权威，又把一切介于君主和庶民之间的承上启下的权力机构撇在一边，通过种种措施，空前加强了中央专制王权。在他亲政的55年（1661~1715年）中，法国一度称霸欧洲，这一时期后来被伏尔泰称为"路易十四的世纪"。

在国内经济领域，路易十四推行科尔伯的重商主义政策，大力修建基础设施，降低税率，奖励工业生产，积极从事对外贸易，造就了法国经济的繁荣。路易十四拥有一支自罗马帝国以来欧洲人数最多、最强大的常备军，1672年，陆军人数达到12万，1690年超过30万，几乎相当于欧洲其他国家军队人数的总和。依靠这支军队，他打败了法国的传统敌人德意志和西班牙，与诸多的欧洲国家结成同盟关系，使法国处于优势地位，以至于没有任何障碍能够限制这个年轻国王的行动。当时似乎只有荷兰这个贸易强国可与法国匹敌，但它却由法国王室的支系支配着。在思想文化领域，他大力推行"君权神授"思想，宣称"朕即国家"，树立起无上的权威，在宫廷里被称为"太阳王"。同时，他对文学艺术和科学给予资助，先后成立了法兰西科学院、法兰西建筑科学院和法兰西喜剧院，兴建了华丽堂皇的凡尔赛宫。在他统治时期，古典主义的戏剧、美学、建筑、雕塑和绘画艺术都大放异彩，出现了像法国喜剧创始人莫里哀、古典主义美学家布瓦洛、寓言作家拉·封丹、建筑艺术家克洛德·贝洛等一大批艺术大师。

但是，路易十四的强权统治也造成了深刻的社会危机。他在55年中打了32年仗，连绵不断的对外战争和豪华无度的宫廷开支，使法国的人力和财力日趋枯竭，在他统治的后期，法国相继爆发了规模巨大的起义。1715年，曾称雄一时的路易十四在人民群众的一片怨声中死去。

彼得大帝改革

彼得大帝是俄国历史上最杰出的沙皇之一，他为俄国夺得几代人梦寐以求的出海口，他的改革使贫穷落后的俄国走上近代化强国之路。

俄罗斯人普遍把胡须这种"上帝赐予的饰物"当作自豪的标志，有一把宽阔密实而且完整的大胡子被认为是威严和端庄的表征。可是，为了改变社会风气，彼得决定先从俄罗斯人的胡须开刀。他宣布剪胡子是全体居民的义务，并亲自动手剪掉了一些高级军官的胡须。但改革在民间却遇到很大阻力，于是，彼得设立了"胡须税"：留须权可以花钱购买，富商留胡须要付很大一笔钱，即每年100卢布；领主和官员每年要付60卢布；其他居民要付30卢布；农民每次进出城要付1戈比。有一种专门制造的金属小牌，作为缴纳胡须税的收条。留胡子的人把小牌挂在脖子上，它的正面画着短鬓和胡须的标记，同时写着"须税付讫"的字样。

这是彼得大帝改革中的一个插曲。

彼得出生于1672年，10岁时，彼得被拥立为"第二沙皇"，与同父异母的哥哥伊凡共享皇位。彼得年幼，伊凡愚钝，异母姐姐索菲娅公主掌管朝政。彼得只得随母亲隐居到莫斯科的郊区，在那里和小伙伴们玩军事游戏，建立起两个童子军团，这两个军团后来成为他执政后

彼得大帝是18世纪初期俄罗斯的统治者，俄国历史上被尊为大帝的第一人。他全力以赴地将封闭保守的俄罗斯转变成一个真正的帝国。

近卫军的中坚力量。小彼得经常和外国侨民来往，向他们学习数学、航海等知识，受到了西欧文化的影响。1689 年，彼得同贵族之女叶多夫金·洛普辛娜结婚，1696 年又提出离婚，并把妻子送进了修道院。1712 年，彼得同女奴叶卡捷琳娜结婚，后者在彼得死后，成为俄国的第一个女皇。

1689 年，彼得夺取政权，他把国事交给母亲和舅舅等亲信管理，自己仍然操练童子军团，一直到 1694 年母亲去世后，他才开始亲政。彼得是一位野心勃勃的皇帝，1695 年，他亲政不久就率 3 万大军进攻顿河河口的亚速，但由于没有海军而失败。第二年春天，不甘失败的彼得指挥一支仓促建立的舰队再围亚速，土耳其被迫投降。虽然占领了亚速，却暴露了俄国在军事上的落后。于是他在 1697 年派遣一个使团前往欧洲考察，学习航海、造船和外语。彼得自己也化名加入使团，他沿途参观工场、码头、大学，拜访过大科学家牛顿，还曾在荷兰的造船厂当学徒。第二年夏天，彼得担心国内发生叛乱而回国。1700 年，彼得发动对瑞典的突然袭击，但由于俄国的落后，在纳尔瓦大战中被瑞典打得大败。

图为彼得大帝剪须运动中的一个场面。由于公众对剪须存在抵触情绪，彼得大帝恩准付出高额税款的人可以不剪须。而那些做出这种选择的人要佩戴上题有"已付钱"字样的大纪念章。

为了实现富国强兵，彼得在经济、政治、军事、文化等方面推行了一系列欧化政策，使俄国迅速成为欧洲强国。

在经济方面，彼得大力发展工业，为俄国的强盛奠定了工业基础。他积极建造基础设施，建设通商口岸，发展国内贸易，并实行保护关税政策，奖励输出，限制输入。军事方面，他建立了一支由步、骑、炮、工组成的 20 万人的正规陆军和一支由 48 艘战舰、大批快艇和近 3 万名水兵组成的海军舰队。文化教育方面，他建立了众多培养专门人才的学校，并派遣留学生到西欧学习，规定贵族子弟必须接受教育，必须学会算术和一门外语。此外，他还建立了俄国的第一个印刷所、博物馆、图书馆以及剧院，创建了第一份全俄报纸《新闻报》，并亲任主编，又于 1724 年开始筹建俄罗斯科学院。政治上，他把宗教权控制在国家和自己手中，改革了行政管理制度，加强了中央集权。这些改革改变了俄国生产力水平低，工商业和文化不发达的局面，为俄国跻身于欧洲强国之列奠定了基础。

在国内改革的同时，彼得发动了连绵不断的战争，从东南西北各个方向拓展了俄国的领土，他在具有战略意义的涅瓦河口修建了彼得堡要塞，建造起木屋城堡，并在 1713 年把首都由莫斯科迁往彼得堡。1714 年，俄军占领瑞典首都斯德哥尔摩。1721 年，瑞典被迫与俄国签订和约，把波罗的海的里加湾、芬兰湾及沿岸的爱沙尼亚、拉脱维亚等地割让给俄国。在不到 20 年的时间里，彼得把彼得堡由几个小村庄变成了拥有 7 万人的大城市。1721 年 10 月，为了表彰他的功绩，参政院授予他"皇帝"和"祖国之父"的称号，俄国国号也改为俄罗斯帝国。

1725 年 2 月 28 日，彼得大帝在彼得堡去世，享年 53 岁。

普鲁士精神

普鲁士是神圣罗马帝国的一个小诸侯国，本来并不强大，但国王威廉一世励精图治，扩充军备，逐渐成为欧洲的一个军事强国。威廉一世自称"士兵国王"，认为一个国王必须是一个优秀的军事家。他加重赋税，扩充军队，强迫农民当兵，把普鲁士军队从 4 万人增加到 9 万人，还参加了反对瑞典霸权的北方战争。

但令威廉一世头疼的是他的儿子腓特烈，他不喜欢军事而喜欢音乐。腓特烈从小就受到法国文化的熏陶，一心想当个音乐家和哲学家。他不仅能熟练地吹奏横笛，自己作曲，还写了很多优美的诗。威廉一世非常生气，认为他学的都是些没用的东西，因此腓特烈和父亲发生了激烈的冲突，并和好朋友准备逃到英国去，结果半路被拦截了。威廉一世把他关了起来，后来腓特烈终于屈服，表示愿意学习军事，这才获得了自由。

从这幅腓特烈大帝晚年肖像中可以看出，他已老态龙钟。74 岁时，他因在倾盆大雨中检阅部队而感染风寒病故。而后的德国人深情地怀念这位饱受忧虑折磨的国父。

1740 年，威廉一世去世，腓特烈即位，被称为腓特烈二世。腓特烈二世即位后，不再沉溺于文学艺术，而是勤于政事，励精图治，他每天早晨四五点就起床，一直工作到深夜。平时穿的衣服也是普通的士兵服，仅仅在参加庆典时才穿上一件外袍。腓特烈生活简朴，他的官员的薪俸也很少，他要求官员必须严格遵守法律，严惩贪污。在当时，欧洲各国贪污腐败成风，只有普鲁士官员清廉。

为了增强国力，腓特烈二世颁布了一系列的法律，大力发展经济，他组织人员改造河流，排干沼泽，给农民提供牲畜和种子，发放贷款。在矿产丰富的西里西亚地区建立矿场，在柏林建了很多工厂。

普鲁士的崛起是和拥有一支强大的军队分不开的。腓特烈二世把军队建设看得高于一切，他将原来 9 万人的军队扩充到 20 多万，把国家 4/5 的收入都用于军费开支。普鲁士军队装备精良，训练有素，纪律严明。腓特烈二世率领他的军队四处征战，夺取了大片土地。1740 年，他刚即位就加入了法国组织的反奥同盟，发动了对奥地利的战争。经过两次战争，普鲁士占领了奥地利最富庶、工业最发达的西里西亚，摘取了"奥地利王冠上的明珠"，获得了 3.5 万平方千米的土地，国土面积增加了 1/3，实力大增。在 1756～1763 年的英法七年战争期间，普鲁士联合英国，同法国、奥地利、俄国作战，虽然首都柏林一度被俄国占领，但后来却反败为胜，巩固了自己的领土，一跃成为欧洲的强国之一。1772年，腓特烈二世又勾结奥地利和俄国瓜分波兰，夺取了3.6万平方千米的土地。法国一位高级官员惊叹说："别的国家都是拥有一支军队，而普鲁士则是军队拥有一个国家！"

腓特烈二世是欧洲历史上的名将，他毕生从事战略战术方面的研究，创造了多种战术。其中最有名的就是"线形战术"，当时欧洲军队使用的火枪一次只能发射一发子弹，发射第一颗子弹后，要退出弹壳装第二颗子弹，中间间隔了一段时间。腓特烈二世将士兵排列成三排，第一排士兵卧倒，第二排士兵单腿跪下，第三排士兵站立。当第一排的士兵射击时，第二、第三排的士兵装子弹。第二、第三排的士兵发射时第一排的士兵装子弹，如此反复循环，可以不停射击，杀伤力很大。靠着这种战术，腓特烈二世打了很多胜仗。

但在与俄国作战时，他的这种战术却遭到了失败。原来俄国骑兵的速度很快，像一阵风似的就冲到了普鲁士军队的阵地，普鲁士士兵根本就来不及装子弹，因此遭到了惨败。

腓特烈二世从失败中吸取教训，得出了战争的关键在于速度。他又设计了一种新的战术，首先用大炮猛轰敌人的阵地，其次派骑兵冲锋，最后步兵上前巩固成果。这种炮兵、骑兵和步兵相结合的战术成为近代战争史上最有效的进攻手段。

1786年8月17日，腓特烈二世去世，他被尊为"大帝"。在他临死前，神父布道说："人赤条条地来，又赤条条地去。"腓特烈二世挣扎着坐起来，大喊："我不要赤条条地去，我要穿上我的军装！"后来拿破仑来到他的墓前，对手下的将军说："如果他还活着，我们根本就来不了柏林。"

英法七年战争

18世纪前期，英、法为争夺殖民地和制海权而矛盾重重；奥地利和普鲁士为争夺萨克森、波兰等地区和德意志诸侯国的霸主地位，斗争日益激烈；俄罗斯先后战败瑞典和土耳其，成为欧洲强国，但普鲁士的强大成为俄进一步南下扩张的严重障碍；瑞典想从普鲁士手中夺取波美拉尼亚。在这种情况下，各国积极展开外交，寻求同盟，欧洲逐渐形成以英、普为首和以法、奥、俄为首的两大同盟集团，战争不可避免。

1756年7月，法奥俄同盟反普呼声高涨。普鲁士国王腓特烈为防止反普势

普鲁士的腓特烈大帝胜利返回首都柏林。

力联合，决定采取主动进攻，争取战争的主动权。他把军队分成4路，用3路大军防守和牵制俄国，他亲率第4路大军于1756年8月28日对萨克森发动突然攻击，一举攻占了德累斯顿，封锁了皮尔那，迫使萨克森投降。前来支援的奥军被普军在罗布西兹击溃，普军乘胜进攻布拉格。

普军入侵萨克森，法、俄等国极为震怒。于是，法奥俄联盟决定出动50万大军围攻普军。面对联军的大举围攻，腓特烈并不害怕，他频频调动军队，抗击各路敌军。

11月5日，普军和联军在罗斯巴赫附近相遇。联军统帅索拜斯凭借兵力优势，想迂回侧翼突击，力求速战。腓特烈识破敌方意图后，立即命令部队移师贾纳斯山上。索拜斯误以为普军在全面撤退，下令全面追击。联军的整个队形杂乱无序，盲目进攻，预备队也冲到前面，侧翼完全暴露出来，给普军的进攻提供了明确的目标。

负责监视的4000名普军骑兵在联军攻近时，如尖楔一般插入敌人的正面和右翼。贾纳斯山上的普军炮兵同时向联军发出猛烈的火力，撕开了联军的整个队形。在普军的攻击下，联军溃败，损失8000余人，普军仅伤亡500余人。

贾纳斯山大战结束后，腓特烈并没有宿营过冬，而是采取突袭策略，连连打击联军。12月4日，联军在鲁腾占领了一个较好的防御性阵地，沿着阵地，联军排列阵形长达8千米，兵力是普军的3倍。5日凌晨，对地形极为熟悉的腓特烈发现敌人阵地过长的弱点，于是派小股骑兵佯攻联军的右翼，把优势兵力隐蔽起来，以防止暴露作战意图。受到攻击的右翼联军误认为是普主力军，遂从预备队和左翼调兵支援，左翼兵力薄弱。腓特烈立即命主力军由4支纵队变为2支纵队，采用斜切战斗队形向敌人左翼发起突然袭击。局部人数占优的普军使联军阵形大乱，不久便溃不成军，普军骑兵趁势猛冲敌人阵地。双方激战至夜幕降临，联军全部崩溃，其中奥军遭到毁灭性的打击。随后的时间里，普军和联军互有胜负。

1759年8月12日，俄奥两军联合在普鲁士腹地库勒尔斯多夫与普军展开会战。仅有2.6万人的普军仍采用主动出击策略，向拥有7万余人的俄奥联军阵地发起长达3个小时的猛烈炮轰，随后以斜切队形发起进攻，顺利夺取了米尔山阵地，向联军中央阵地发起冲击。联军被迫顽强防守，猛烈的炮火阻击住普军精锐骑兵的进攻。接着，联军展开猛烈的反攻。已精疲力竭的普军抵挡不住敌人的冲击，纷纷逃离战场。

这次战役成为七年战争的转折点，从此，普军元气大伤，被迫转入战略防御。战争随后又拖了4年之久，双方各有胜负。同时，英、法的海上战争也十分激烈，各国之间争战不休，欧洲陷入一片混战之中。1762年，英国人背弃了普鲁士，率先与法国单独缔结停战协议，使普鲁士陷入孤立。交战各国这时都已筋疲力尽，无心再战，遂相继签订停战协议，一场规模浩大、席卷欧洲的战争宣告结束。

七年战争使英国真正成为海上霸主；法国受到削弱；俄国加强了在欧洲强国

地位；普鲁士的特殊地位在德意志得以巩固，欧洲格局发生了较大变化。

叶卡捷琳娜二世

叶卡捷琳娜二世本名叫索菲娅·弗里德里克·奥古斯特，是德意志一个小公爵的女儿。幼年时，索菲娅受到法国启蒙思想家的影响，经常给孟德斯鸠写信。这种书信往来持续了很长时间，后来她当女皇后仍是这样。1744年，15岁的索菲娅随母亲来到俄国，改名为叶卡捷琳娜·阿里克塞耶芙娜，并在第二年同后来的沙皇彼得三世结婚。

叶卡捷琳娜来到一个完全陌生的环境中，与丈夫彼得的关系又不好，因此常感到孤独寂寞。她把时间用在读书和了解俄国上，为自己积累了丰富的知识。同时她也处心积虑地积蓄力量，取得了俄国贵族和军队的支持。1762年，叶卡捷琳娜在近卫军军官的支持下发动政变，囚禁了继位仅半年时间的丈夫彼得三世，三天后又将其杀害，自己登上了俄国沙皇的宝座。

叶卡捷琳娜即位后的国内形势很不稳定，反对她篡位的贵族大有人在，但她采取了一系列维护贵族特权、加强贵族专政、巩固农奴制度的措施，稳定了自己的政权基础。她把俄罗斯的农奴制度推广到乌克兰、白俄罗斯和波罗的海沿岸广大被征服的地区，并规定农奴是地主的私有财产，可以随意买卖。她还把大量国有农民连同土地赠送给贵族，这样到18世纪初，全国人口的49%已变成农奴，叶卡捷琳娜在位期间也是俄国农奴制高速发展时期。

同时，她改革了中央和地方的政权机关，建立起高度集中的专制制度，采取一系列措施鼓励工商业的发展，使俄罗斯帝国的国力在彼得一世后再次获得了迅速发展，进入了鼎盛时期。她还接受了法国启蒙思想家的"开明专制"的政治主张，和伏尔泰、狄德罗等法国思想家交往密切，在1767年夏天召集"新法典起草委员会"会议，宣扬了自己的君主专制、严厉的法治主义以及法律面前人人平等的思想。由于她的卓越才能和成就，她成为继彼得一世后第二个被俄国贵族授予"大帝"称号的沙皇。

巩固政权之后，叶卡捷琳娜二世继承彼得大帝的衣钵，开始大举对外扩张。她在1768~1774年和1787~1791年两次发动对土耳其的战争，夺取了亚速海及黑海沿岸地区，兼并克里米亚汗国，并取得黑海至地中海的航行权。她还3次参加瓜分波兰，为俄国取得第聂伯河以西的乌克兰、

圣彼得堡皇宫前的阅兵式

白俄罗斯、立陶宛等地。到 18 世纪末，俄国虽然在政治、经济、文化上仍大大落后于西方国家，可是由于辽阔的幅员与强大的军力，它却已跻身于欧洲列强之列了。

连续多年的对外战争，消耗了俄罗斯帝国大量的财力物力，而这些负担都转嫁到农民身上。在叶卡捷琳娜二世的纵容下，贵族们穷凶极恶地压榨农民，终于在 1773 年酿成俄国历史上最大规模的普加乔夫农民起义。叶卡捷琳娜二世利用起义军缺乏统一指挥、各自为战的弱点，用了两年多时间就镇压了这次起义。

叶卡捷琳娜二世无疑是俄国历史上最野心勃勃的皇帝之一。她在 48 岁时有了第一个孙子，取名为亚历山大，意思是希望孙子学习古代的亚历山大大帝，使俄国成为横跨亚、非、欧三大洲的大帝国；50 岁时有了第二个孙子，取名康斯坦丁，希望他成为君士坦丁堡的征服者。她甚至说："要是我能活到两百岁，整个欧洲都是俄国的。"

叶卡捷琳娜二世晚年还念念不忘建立俄国的世界霸权，企图建立一个包括 6 个都城（彼得堡、莫斯科、柏林、维也纳、君士坦丁堡、阿斯特拉罕）的俄罗斯帝国，而且要侵入波斯、中国和印度。可是她的野心未能实现，1796 年 11 月 17 日，她因为中风去世，享年 67 岁。

俄、普、奥三国瓜分波兰

波兰大诗人密茨凯维奇在《给波兰母亲》一诗中写道："虽然一切民族、国家、教派都彼此相爱，／虽然全世界都在高唱着和平，／但你的孩子却只有殉难的死亡，／只有不能获得光荣的战争。"这首诗反映了多灾多难的波兰人民在外国占领者的铁蹄下的悲惨命运和痛苦呻吟。

波兰人祖先是来赫人，属于西斯拉夫人的一支，居住在维斯瓦河与奥得河一带。9 世纪时，波兰建国，成立了皮亚斯特王朝。966 年，波兰人接受了基督教。1320 年，斡凯塔克一统波兰地区，加冕为波兰国王。1386 年，立陶宛与波兰合并，成为一个欧洲大国，定都华沙。1683 年，土耳其大军围攻维也纳，波兰国王索比斯基亲自率领波兰骑兵救援，与奥地利军队联合，大败土耳其人，拯救了整个欧洲。

但到了 17 世纪中叶，波兰开始衰落。国内农奴制盛行，严重制约了经济的

大诗人密茨凯维奇

密茨凯维奇是波兰历史上最伟大的诗人。波兰的近代史就是一部屈辱史，密茨凯维奇对此感到痛心疾首，他将满腔悲愤倾注在笔下，写成了一篇篇动人的诗篇。密茨凯维奇在中学任教期间加入了波兰青年爱国组织"爱学社"，他的爱国活动引起了俄国的注意，于是被流放到俄国。在那里，他结识了很多俄国文学家。后来他定居巴黎，1848 年意大利革命爆发后，密茨凯维奇组织了一支小部队参战，但不幸失败。1855 年不幸逝世。

波兰首都华沙今景

发展。在政治上,波兰处于分裂、割据的状态,没有建立一个强有力的中央集权政府。波兰实行的是"自由选王制"(国王由议会选举产生,外国人也有资格参选),这导致波兰王位频繁更迭,很多外国人当上了波兰国王,在1572～1795年中的11位国王里竟有7名外国人!另外,波兰议会的"自由否决权"制度(议会决议只要有一人反对就不能通过)使波兰无法进行有效统治,很多会议根本达不成任何决议。混乱中的波兰日益衰落,成为强邻侵略的目标。

波兰西临普鲁士,南临奥地利,东面与沙皇俄国接壤。这一时期的三国国力蒸蒸日上,对土地和财富有着强烈的渴望,衰弱的波兰自然成为他们掠夺的对象。普鲁士、奥地利和沙俄联合起来,先后3次瓜分波兰。

第一次是在1772年。沙俄女皇叶卡捷琳娜二世把波兰视为沙俄通向西欧路上的障碍,总想除之而后快。普鲁士、奥地利两国也对波兰虎视眈眈。1763年10月,波兰国王奥古斯都三世去世,沙俄女皇叶卡捷琳娜二世强迫波兰议会选举亲俄大贵族波尼亚托夫斯基为新国王,以方便控制波兰。面对严重的民族危机,部分波兰爱国贵族掀起爱国革新运动,并于次年2月发动了反俄起义。沙俄趁机出兵,镇压了起义,大力扶植亲俄派贵族,普、奥也同时出兵入侵波兰。1772年8月,俄、普、奥三国在沙俄首都圣彼得堡签订瓜分波兰的条约。根据条约,沙俄得到了第聂伯河中游和西德维纳河以东的地区,普鲁士得到了西普鲁士省(但泽除外),奥地利得到了加里西亚地区(克拉科夫除外)。波兰丧失了35%的领土和33%的人口。

面对严峻的形势,部分爱国贵族主张进行改革,制定新宪法,废除"自由否决权"。这损害了很多亲俄大贵族的利益,引起了他们的不满。于是他们向沙俄求援,沙俄和普鲁士随即派兵侵入波兰,扼杀了这次改革。1793年,俄、普再次瓜分波兰。沙俄得到了德涅斯特河上游以北、西德维纳河中游以南和第聂伯河以西的大片领土,普鲁士得到了但泽和波兹南等城市在内的土地。奥地利因正在和法国作战,所以没有参加。

在这种亡国灭种的危急时刻,1794年,在波兰民族英雄塔代乌士·科希秋什科和扬·基林斯基等人的领导下,克拉科夫地区的波兰人举行了大规模的武装起义,点燃了反抗外国侵略的第一把大火。起义军推翻了懦弱无能的国王,建立起临时政府。但随后俄普联军进攻波兰,镇压起义。起义军宁死不屈,同外国侵略者展开了殊死搏斗。在激战中,科希秋什科不幸坠马被俘,身负重伤的扬·基林斯基被起义者埋在堆积如山的尸体中,但也被敌人搜出,押解到圣彼得堡。其

— 189 —

他的起义军被流放到冰天雪地的西伯利亚，遭受非人的折磨。

在镇压波兰起义后，1795年10月，俄、普、奥三国签订协定，对波兰进行了第三次瓜分，将波兰瓜分完毕。在瓜分波兰过程中，沙俄占领的土地最多，达46万平方千米，占原波兰领土的62%，普鲁士占领了14万平方千米，占原波兰领土的20%，奥地利占领了12万平方千米，占原波兰领土的18%。波兰从此在欧洲版图上消失了100多年，直到第一次世界大战后才复国。

俄土战争

俄国随着势力的增强，对外扩张的野心越来越大。1768～1774年的俄土战争，虽然使俄国取得了黑海的控制权，但进一步南下的野心并没就此而止。1777年4月，俄军又攻克了克里木，占领了整个库班地区，随后又向格鲁吉亚挺进。奥斯曼土耳其面对咄咄逼人的俄国也不甘示弱，强烈要求俄国归还其土地，并声明格鲁吉亚是土耳其的属地，还对进出海峡的俄国商船进行严格检查和限制。俄国并不理会，积极进行外交活动，准备对土耳其发动战争，土耳其也与瑞典结盟做好应战准备。

为赢得战争的主动权，土耳其舰队企图在金布恩登陆，攻击俄军。1787年9月2日，土耳其舰队向停泊在金布恩附近海域的俄国两艘巡逻舰发起袭击，俄舰队立即向敌人反击，在要塞炮兵积极配合下，击退了敌人的进攻。10月12日，5000名土耳其士兵在炮火的掩护下再次从金布恩强行登陆，准备攻占要塞。守城的苏沃洛夫是位杰出的军事指挥家，他率领防守军奋勇拼杀，击退敌人的进攻，并乘胜追击，几乎全歼敌人，给土耳其一记重创，打乱了土耳其的作战部署。

1788年1月，按照和约，俄国盟国奥地利宣布对土开战。6月，波将金指挥俄主力部队分水陆两路围攻战略要地奥恰科夫。7月14日，双方舰队在费多尼亚岛遭遇，展开激战。俄军抢占上风，痛击敌舰，陆上继续对奥恰科夫进行围困。12月17日俄军发起总攻，激战数小时，奥恰科夫被攻克。俄军围攻奥恰科夫之时，瑞典对俄宣战，准备从波罗的海进攻圣彼得堡，遭到俄舰队的阻击，虽未分胜负，但登陆计划被打乱。瑞典国王只好率3.6万人从陆上进攻彼得堡，但队内芬兰籍官兵拒绝越境作战，瑞典计划再次破产，只好带兵回国。

1789年7月，俄、奥两军会师。8月1日，在福克沙尼遭到土骑兵的袭击。土骑兵依托森林的掩护，与联军周旋。苏沃洛夫一面从正面

克里姆林宫炮王
这门口径89厘米的巨型大炮重约40吨，拥有当时世界上最为强大的火力，是克里姆林宫的保护神。

牵制敌人，一面指挥联军向森林的两侧迂回，直扑敌人阵营。经过 10 小时的激战，消灭敌人 1500 余人。奥地利军队驻守福克沙尼，9 月，土耳其主力反扑而至，福克沙尼告急。18 日，苏沃洛夫率领 7000 余人隐蔽行军，与奥地利军会合，于 21 日夜偷渡雷姆纳河。次日凌晨向土军阵地发起突然袭击，雷姆尼克会战开始。土军虽然经过 12 小时的顽强抵抗，但最终放弃阵地溃退，土耳其的整个计划被打乱。俄军趁势一举攻克了宾杰拉，阿克尔曼城不战而降，俄军控制了整个摩尔多瓦。

1790 年，瑞典企图进攻圣彼得堡的计划破灭，双方海战势均力敌，不分胜负，便与俄签订和约。9 月，奥地利也因种种原因单独与土耳其签订停战和约。俄土双方都失去盟军后，战争也进入关键阶段。

10 月中旬，俄陆军向伊兹梅尔挺进。伊兹梅尔位于多瑙河左岸，防御工事坚固，它控制着多瑙河下游，直接威胁俄军的侧翼和后方，战略位置极为重要。12 月，苏沃洛夫指挥陆军 3.1 万余人开始了对伊兹梅尔的围攻。土耳其守兵有 3.5 万人，大炮 265 门，再加上坚固的防御，俄军连续强攻两次，都被敌人猛烈的炮火击退。苏沃洛夫对伊兹梅尔周围地形及敌人的防守情况进行详细侦察。18 日，苏沃洛夫给土耳其首领发一封劝降信，意欲从思想上动摇敌人，但遭到拒绝。于是他兵分三路，从东南西三个方向同时发起猛攻。南面防御较为薄弱，他把 2/3 的兵力和 3/4 的火炮集中在南路。22 日凌晨，俄军在黑暗和浓雾的掩护下开始排兵布阵，三路大军同时发起猛攻。守城土军主动出击，向俄军猛烈开火，但土军的被动局面始终未扭转。8 时许，城池被攻破，土耳其士兵顽强地与敌人展开激烈的巷战。16 时战斗结束，土耳其士兵死的死、降的降，全军覆没，俄军也付出 1 万人的惨重代价。

主力尽失的土耳其在随后的战斗中屡战屡败，被迫于 1792 年 1 月与俄签订《雅西和约》，土耳其承认沙俄兼并克里木，也放弃了格鲁吉亚。

俄土战争实现了沙俄称雄黑海的野心，从而为其进一步向巴尔干、地中海和中亚方向的侵略扩张创造了有利形势。

☀ 启蒙运动的先驱伏尔泰

伏尔泰是 18 世纪法国启蒙运动杰出的哲学家、政治活动家、文学家。伏尔泰的原名是 F.M.阿鲁埃。1694 年，伏尔泰出生于富裕的中产阶级家庭。父亲是法院公证人，母亲在他 7 岁时去世。10 岁时，伏尔泰进入了耶稣会主办的大路易中学读书，12 岁时已会作诗，并爱读反对宗教、宣扬自由的书。1711 年 8 月，中学毕业后，迫于父亲的压力，伏尔泰又学了两年法律。但他却爱好文学，时常作诗，出入于豪贵门第。从 1714 年初开始，伏尔泰开始做见习律师。从这时起，伏尔泰开始写时政讽刺诗。

1717 年 5 月 17 日，伏尔泰因一首涉及摄政王并预言"法国将要死亡"的诗歌《幼主》，遭到逮捕并被关进了巴士底狱。他在狱中完成了悲剧《俄狄浦斯》，出狱后，

普鲁士的腓特烈大帝同他的宾客——被放逐的法国哲学家伏尔泰——一同在无忧宫中散步。

他用"伏尔泰"的笔名出版了这部悲剧,剧本在巴黎上演,大受欢迎,伏尔泰由此一举成名。1721年,他完成了史诗《亨利亚特》。这部史诗引起了较大的反响,但却没有得到官方的出版许可。

1725年,伏尔泰侨居英国,在那里研究了哲学家洛克和科学家牛顿的作品,完成了两部历史著作《论法兰西内战》和《查理十二史》。著名的悲剧《布鲁图斯》也是在这时完成的,为1789年法国资产阶级革命做了舆论准备。1729年下半年,伏尔泰完成了另一部史诗《奥尔良少女》,重新塑造了法兰西民族女英雄贞德的形象。

1734年,在里昂出版了不朽的世界名著《哲学通信》。这部著作以书信体裁介绍英国的政治、哲学、科学和宗教等情况,抨击君主专制制度和法国的教派斗争,宣传唯物论思想,引起了极大的轰动。法院将这本书判为禁书,全部焚毁,而伏尔泰也被迫隐居。

在避居期间,伏尔泰又匿名发表了《形而上学论》《牛顿哲学原理》等著作,同样猛烈地攻击封建制度和教会的统治。后来,他得到法国宫廷的重用,1745年被路易十五任命为编纂法兰西王国历史的史官,次年又被选为法兰西学院院士。但他因触犯了权贵大臣,不久被迫离开巴黎。

1750年6月,伏尔泰离开巴黎到普鲁士,成为无忧宫的宠客。1751年,他完成历史著作《路易十四时代》。1752年,他与普鲁士国王在思想观点上发生冲突,两人关系破裂。伏尔泰于1753年离开了普鲁士。从此,他决心再也不同任何君主来往。1754年,他前往瑞士。

1755年,他在瑞士边境的凡尔纳购置了一座城堡,并在这里度过了后半生。定居凡尔纳后,伏尔泰积极投身于启蒙运动,继续宣传自己的民主思想,抨击封建统治者和教会的罪恶,评论法国社会发生的各种事件。当时启蒙的代表人物如卢梭、狄德罗、爱尔维修等人,都公认伏尔泰是他们的老师,对他推崇备至。在启蒙思想家中,伏尔泰的文学作品数量最多,成就也最高,各种体例几乎无所不包。在剧本方面,他最著称的有悲剧《欧第柏》《布鲁杜斯》《伊雷娜》等和喜剧《放荡的儿子》《一个苏格兰女人》等;在诗篇方面,他最著称的有史诗《亨利亚特》《奥尔良少女》等;在小说方面最著称的有《老实人或乐观主义》《天真汉》等。他才思敏捷、妙语连珠、文笔锋利、词句精练,善于以机智的讽刺打击敌人,在字里行间充满着嬉笑怒骂的哲言。

1755年11月,葡萄牙首都里斯本的两次地震在思想家中引起了混乱。伏尔泰写了两首哲理诗,《里斯本的灾难》和《自然法则》,遭到卢梭的批评。1758 年 7 月,《瑞士报》刊登文章攻击伏尔泰,称他即使不是无神论者,也是被自然神的兴趣冲昏头脑的疯子。12 月,伏尔泰在同一刊物上发表了《斥一篇匿名文章》,公开向宗教势力挑战。1759 年,伏尔泰完成《老实人或乐观主义》一书,给了天主教会以毁灭性的打击。

这期间,伏尔泰完成了他一生中最激进的论著——《哲学辞典》和《有四十金币的人》。这标志着他思想的转变和成熟。伏尔泰的活动动摇了专制制度、天主教会的威信以及整个封建制度的全部体系,他的威信越来越高。

1772 年,老年伏尔泰又投入到保卫人权、消灭败类的战斗中。他用真名发表了《关于康普小姐诉论的哲学思考》,要求恢复"南特敕令"给予新教徒的权利。1775 年,伏尔泰写了《理性史赞》,概述了近代历史,他乐观地预言开明的理性取得最后胜利的日子就要到来。

1778 年,84 岁的伏尔泰回到巴黎,受到了人们的热烈欢迎。巴黎剧院上演了他的新作悲剧《伊雷娜》,演员们在舞台上抬出他的大理石半身像,还为石像举行了加桂冠的仪式。同年 5 月 30 日,伏尔泰因病逝世。

富兰克林

富兰克林一生只在学校读了近两年书。12 岁时,他到哥哥詹姆士经营的小印刷所,当了五六年的印刷工人。他利用工作之便,结识了几家书店的学徒,将书店的书在晚间借来,通宵达旦地阅读,第二天清晨归还。14 岁起,他开始练习写作。1721 年,他开始经常给《新英格兰》报投稿,得到好评。

富兰克林半身塑像

1723 年,富兰克林离开了波士顿,先后在费城和伦敦的印刷厂当工人。1726 年回到费城后,他已经掌握了精湛的印刷技术,开始独立经营印刷所,在 1729 年创办《宾夕法尼亚报》,亲自撰写文章,内容以艺术、科学为主,每周一期,一直延续了 18 年之久。他还在费城和几个青年创办了"共读社"进行自学。经过一年的努力,在 1731 年创办了北美的第一个公共图书馆。这个会社在 1743 年改称"美洲哲学会",1749 年发展成为费拉德尔菲尔学院,以后又改称为宾夕法尼亚大学。他还在费城办过不少公益事业,如创办消防队、医院和警察机构,修筑道路等。

富兰克林时时关注大自然,从事科学研究。他的突出贡献之一是在电学方面。通过著名的电风筝实验,富兰克林证实了自然雷电的存在和性质,发明了避雷针,并因此被英国皇家学会聘请为会员。他和剑桥大学的哈特莱共同利用醚的蒸发得到 $-25℃$ 的低温,创立了蒸发制冷的理论。他对气象、地质、声学及海洋航行等方面都有研究,并取得了不少成就。

富兰克林也是美国历史上杰出的政治家。从1757年到1775年，他几次作为北美殖民地代表到英国谈判。独立战争爆发后，他参加了第二届大陆会议和《独立宣言》的起草工作。1776年，已经70岁的富兰克林出使法国，赢得了法国和欧洲人民对北美独立战争的支援。在他于1785年从法国回国前夕，路易十六把自己的四周嵌满珍珠的肖像赠给他，以表彰他在外交上的杰出成就。回国后，他被选为宾夕法尼亚州州长。1787年，81岁高龄的他作为最重要的委员之一，积极参加制定美国宪法的工作，并组织了反对奴役黑人的运动。

1790年4月17日夜里11点，富兰克林溘然逝去，享年84岁。他生前威名赫赫，死后的墓碑上只刻着这样几个字："印刷工富兰克林。"

莱克星顿的枪声

从16世纪开始，北美洲逐渐成为欧洲列强的殖民地，各国都有移民移居北美。经过100余年的发展，美利坚民族渐渐形成。18世纪中叶，英国在北美大西洋沿岸建立了13个殖民地，并阻止当地资本主义经济的发展，企图把这些殖民地变成英国工业品的销售市场和廉价原料的供应地，加大对殖民地的掠夺与压榨。英法七年战争结束后，英国在殖民地增加税收，控制出海权，把战争损失转嫁到北美人民的身上，双方矛盾日益激化。英国为独占西部，禁止向西移民，切断了北美人民的谋生之路，同时也限制了资产阶级对西部的开发，北美人民不断掀起反抗，从经济、政治斗争渐渐演变成武装冲突。

1774年9月5日，英属殖民地代表在费城成立"大陆会议"，并秘密组织民兵武装，在康科德备有军需物资库。这一消息被英殖民者麻省总督盖奇知道后，于1775年4月18日派史密斯上校带兵收缴。民兵在莱克星顿打响了第一枪，牺牲了18人。毁掉军需物资的英军在撤退时受到全莱克星顿人民武装的包围，英军且战且退，伤亡259人。

莱克星顿的枪声是美国独立战争开始的标志，它震动了整个北美殖民地。民兵迅速集合起来，包围了波士顿。5月10日，大陆会议在费城召开第二次会议，决定成立一支真正的革命军队——大陆军，由华盛顿任总司令。

缺枪少弹的大陆军凭借满腔热情，攻占了加拿大的蒙特利尔，打退了波士顿的英军，击败了南部查尔斯顿的殖民者。1776年7月2日，大陆会议通过了《独立宣言》，大陆军成为合众国武装，整个北美殖民地人民情绪激昂。华盛顿率领军队接连取得胜利，

1775年4月18日黎明，莱克星顿的枪声揭开了北美独立战争的序幕。

迫使英军退出新泽西州中西部。

英军欲以加拿大为基地，先平定北部新英格兰和纽约的美军，再向中南部推进。伯戈因遂带领加拿大英军南下，计划与纽约豪的驻军会合。但豪改变计划南下，伯戈因失去接应，新英格兰境内的民兵不断阻击和骚扰，伯戈因无法获得充足的补给，行动迟缓。

1777年9月19日，处于困境的伯戈因决定放弃交通线，以破釜沉舟之势向南进发，在弗里曼农庄向美军发起进攻。美军的顽抗使英军损失惨重，伤亡600余人。10月7日，英军再次进攻，又遭到美军痛击，伯戈因被迫撤退。10月12日，退到萨拉托加附近的伯戈因发现被追击的美军包围，只好投降。16日，与美签订《萨拉托加条约》。

萨拉托加的胜利，是美国独立战争的转折点。国际反英势力纷纷支援美国，法、西、荷等国相继对英宣战，英国在国际上处于孤立状态。

英军将战略重心转移到南方，先征服佐治亚州，又逼降查尔斯顿的美军，随后攻占了南卡罗莱纳。1780年12月，华盛顿任命洛林为南部美军总司令。洛林将部队分散开来，展开游击战。1781年1月17日，在考彭斯歼灭英军1100人。3月15日，在吉尔福德重创英军。同时，法国舰队在海上与英军周旋，也大大牵制了英军的陆上攻势。

4月，美军在法、西、荷等国海上舰队的配合下，开始大规模反攻，迫使英军退守海岸线。8月，英统帅康沃利斯将南部主力集中在弗吉尼亚半岛上的约克敦，以便与纽约驻军相互策应。华盛顿率领美法联军1.6万余人，从水陆各方包围了约克敦，切断了英军与纽约驻军的联系。10月9日，联军发起总攻，分别从左右两方同时向约克敦发炮。火炮的巨大吼声持续了十八九个小时，英军逐渐支持不住。16日，试图从海上逃跑的英军又因暴风吹散了准备好的船只而无法撤离。17日，失去反攻能力的英军只好投降。

1783年9月3日，美英签订和约，英国承认美国独立。美国独立战争宣告结束。

美国独立战争打碎了英国的殖民统治，实现了美国独立，掀起了美洲殖民地人民谋求独立的革命浪潮，开创了资产阶级革命的新纪元。

美国《独立宣言》

1743年4月13日，杰斐逊出生于弗吉尼亚。杰斐逊的父母对子女的教育非常重视，让他接受了良好的教育。杰斐逊少年时就通晓拉丁文和希腊文，阅读了很多古典名作。1760年，杰斐逊考上了威廉·玛丽学院。在求学期间，他每天学习达15个小时，浏览了很多启蒙运动时期英法大思想家、大哲学家的作品，视野日益开阔，思想日渐深刻，为他成为美国历史上出类拔萃的人物奠定了基础。1767年，杰斐逊取得了律师资格，后来又当选为斐吉尼亚议员，开始从政。

随着北美殖民地经济的快速发展和英国对殖民地剥削日益加重，北美人民

和英国宗主国的矛盾日益尖锐。起初杰斐逊并没有产生独立的念头,后来他看了一本宣扬独立的小册子《常识》。《常识》的作者大声疾呼,北美殖民地的前途和命运在于摆脱英国的殖民统治宣告独立。当时殖民地人民反英斗争日益高涨,杰斐逊也投身于北美独立运动的洪流之中。

《独立宣言》公开宣读后,激动的纽约市民冲到百老汇街尾的滚木球游戏草坪,捣毁乔治三世的塑像。

1776年6月7日,在费城举行的第二届大陆会议上,弗吉尼亚代表理查德·亨利·李提出了一个议案,要求解除对英国国王的一切效忠,争取外国政府的援助,殖民地成立一个独立自主的国家。经过简短的讨论,大会决定任命托马斯·杰斐逊、约翰·阿丹姆斯、本杰明·富兰克林、罗杰·谢尔曼和罗伯特·李文斯顿5人组成一个委员会,负责起草一份宣言,宣布与英国决裂。虽然其他几人都比杰斐逊年长,但大家都一致推举他为执笔人。

从6月11日到28日,在两个多星期的时间里,33岁的杰斐逊把自己关在屋子里,奋笔疾书。他绞尽脑汁,反复修改,仔细推敲,以求尽善尽美。在杰斐逊写《独立宣言》期间,他的母亲和一个孩子刚刚去世,妻子又卧病在床。杰斐逊强忍着内心的巨大痛苦,以坚强的毅力,完成了这一庄严、艰巨而又伟大的任务。7月4日,经过大陆会议短暂讨论和修改后,13块殖民地的56名代表在《独立宣言》上郑重签字,正式批准通过。

7月8日,在宾夕法尼亚州大会堂的院子里,大陆会议向群众宣读了《独立宣言》。群众纷纷将帽子、鲜花抛到空中,大声欢呼。广场上礼炮齐鸣,军队列

美国国会

美国国会大厦位于首都华盛顿,1793年开始建造。原先的部分具有欧洲文艺复兴的风格,主体建筑是圆形的大殿,上方的拱顶则是罗马式的。在美国南北战争中遭到破坏,不久又进行了重建。现在所看到的建筑高65米,位于国会山上,中央大楼的拱顶上有华盛顿雕像。整座建筑庄严伟岸,代表了美国的国家权威。

按照美国宪法的规定,美国的国会由参众两院组成。参众两院互相合作,互相制约。起初,国会议员平均由3万选民中选举出一名,1929年起,国会总人数限在435名。国会众议院的最高领导人是议长,他负责各个委员会的工作。众议院的职责是对总统和各国家部门提出的议案进行讨论、决策和批准,而参议院是对总统和国家各部门的工作业绩进行考察和审议。总统的权力与国会的权力旗鼓相当,但国会可依法行使弹劾总统的权力,品行或业绩不好的总统也会因此下台。美国行使最高国家权力的人是总统,选举总统的时间和投票日期必须由议会决定。总统四年一届,可连任两届。总统有任命各部正副部长和最高一级官员的权力,但必须由国会批准。国会对总统的职责实行监督。

队游行。教堂的钟声响了一整天，一直持续到深夜。

《独立宣言》第一部分深受启蒙运动中法国哲学家卢梭的"社会契约论"和英国哲学家洛克的"天赋人权说"的影响，阐述了人生而平等，造物主赋予人们固有的、不可转让的权力，包括生存权、自由权和追求幸福的权力。主权在民，人民根据契约组成国家。第二部分谴责了英国在殖民地的残暴统治和肆意掠夺，已经成为迫害人民的政府，阐述了殖民地人民要求独立的原因。它痛斥英王乔治三世的种种罪行："他拒绝批准对公共福利有用和必要的法律，屡次解散州议会；派遣大批官员和军队控制殖民地的人民，搜刮民脂民膏；任意向殖民地人民征税；掠夺殖民地的船舶，骚扰沿海地区，焚毁城镇和乡村，杀害人民。"第三部分向全世界庄严宣布："我们以善良的殖民地人民的名义，向全世界郑重宣布，我们这些联合起来的殖民地从此成为、而且名正言顺地成为独立自主的美利坚合众国。从今以后，取消一切向英国王室效忠的义务，断绝一切和大不列颠的政治关系。我们是自由独立的国家，拥有宣战、结盟、缔约、通商以及一切独立国家所拥有的权力。"

《独立宣言》的发表，对号召北美人民同英国殖民者进行斗争以获取独立起到了巨大作用，为独立战争提供了理论基础，充分表明了殖民地人民建立自己的独立国家的决心，是殖民地人民走向成熟的里程碑。《独立宣言》是资产阶级思想史上的重要文献，被马克思称为"世界上第一个人权宣言"。

华盛顿

在讲究礼节这方面，美国首任总统华盛顿是出了名的。少年时，他为了使自己显得温文尔雅，编写过非常周密详尽的《待人接物行为准则》。成年后，他对自己的形象更是严格要求。他的丝线长袜和带银扣的鞋子是从英国进口的，无论在什么情况下他总忘不了修饰头发。在总统任期内，他拒绝在办公室和别人握手，觉得这种亲热礼节有失总统的尊严。因此，他总是以点头来代替握手。

华盛顿1732年出生于弗吉尼亚，父亲早年去世，后由哥哥劳伦斯抚养长大。大约七八岁时，他的哥哥劳伦斯从英国学成归来，兄弟俩虽然年龄相差14岁，但感情相当融洽。学识过人、风度翩翩、富于男子气概的哥哥成为了华盛顿心目中的偶像。后来哥哥整备行装，奔赴西印度群岛战场，他开始从哥哥的信中和其他来源了解到一些战斗故事，从那时起，华盛顿的一切游戏都带有了军事色彩，同学们成了士兵，自己则成了总司令。

乔治·华盛顿塑像

美国总统制

> 美国是三权分立的国家，其中行政权归总统，总统任期为4年，先是由各政党提出候选人，基本上最终当选的只有民主党和共和党两个政党的候选人。两党候选人到全国各地演讲拉选票，以取得选民的支持。总统选举投票采用选举人制，也就是一个州算多少票，如果候选人获得了该州大多数选民的支持，这个州的选举人票就全归他所有。等50个州投票完毕后，谁获得选举人票多，谁就当选。美国宪法起初没有规定总统连任次数限制，只是凭借惯例，一个人只连任两届。但是富兰克林·罗斯福打破了这个惯例，连任了四届总统。后来美国议会制定了宪法修正案，从法律上规定一个人最多担任两届总统。美国总统同时也是全国军队总司令，在关键时刻拥有很大的权力，但平时约束很大。

华盛顿没有上过大学，但他勤奋上进，自学成才。16岁时，华盛顿在哥哥的帮助下成为土地测量员。1752年，劳伦斯去世，华盛顿继承了哥哥的遗产，成为大种植园主。同年，他担任了弗吉尼亚民兵少校副官长，开始了军旅生涯。1758年，他当选为弗吉尼亚议员，翌年与富孀马撒·丹特里奇结婚，获得大批奴隶和大片土地。

1773年，发生著名的波士顿倾茶事件，英国和北美大陆之间的矛盾冲突明了化。华盛顿果断地意识到，除了完全独立，北美大陆别无出路。1774年9月5日，在费城召开了第一届大陆会议。华盛顿作为弗吉尼亚议会的代表，身着戎装出席了会议，在他的大力促成下，大会通过了不惜以武装抵抗作为最后手段的决议。当时的北美大陆没有海军，也没有像样的陆军，却要面对号称"日不落帝国"的世界霸主英国，做出这样的决定是需要相当的勇气的。1775年4月18日，莱克星顿响起了枪声，美国独立战争开始。同年5月10日，第二届大陆会议在费城举行，大会决定成立由华盛顿任总司令的大陆军。

尽管大陆军在初期取得了一些胜利，但与英国军队相比，敌强我弱的形势显而易见。在保卫纽约的战役中，大陆军差点全军覆没。1776年冬天，大陆军陷入了异常艰难的局面。在危急时刻，华盛顿孤注一掷，率兵偷袭了特伦敦镇的普鲁士雇佣军，以2死3伤的代价歼敌千余，大振军威。1777年的秋天，在经历了众多的艰难困苦之后，萨拉托加战役打响。在哈得逊河西岸高地，英国名将伯戈因的8000余人部队受到了大陆军的两翼夹击，被迫投降。这次大捷促成了1778年2月的美法结盟，美国开始逐渐掌握了战争主动权。1781年10月19日，美国独立战争以美国的胜利而告终。

战争结束后，华盛顿拒绝了奖赏，回到了自己的庄园。但初生的美国离不开他，1787年，华盛顿再入政坛，主持召开了制宪会议，制定了沿用至今的美国宪法。1789年，华盛顿当选为美国第一任总统。在就任美国总统期间，他认为自己可以与世界上的任何一位国王相媲美，但又始终把自己看作是美国人民的"最恭顺的公仆"。

1796年9月17日，即将离任的华盛顿发表了著名的"告别辞"。"告别辞"呼吁全国要保持团结，珍视联邦，反对以一个党派的意志来代替国家意志，指出美国的外交政策应是"避免与国外世界的任何一部分永久结盟"。"告别辞"是华盛顿政治经验的总结，标志着"孤立主义"的开端，对美国以后历届政府的外交政策产生了深远影响。

在两届任期（1789～1797年）结束后，华盛顿坚决拒绝了再次连任。1799年，华盛顿因患喉头炎去世，享年67岁。他在神志清醒的最后时刻，说了这样一句话："我是在艰苦奋斗之后了此一生的。"

攻占巴士底狱

在巴黎东南的圣安东街，有一座高大的城堡，它就是巴士底狱。巴士底狱建于1382年，起初是为了抵抗英国人而建的堡垒，后来由于巴黎的扩大逐渐成为巴黎市区的建筑，改为王家监狱。这座阴森恐怖的城堡有高高的石墙，城墙上有8座塔楼，每个塔楼的顶端都安放着一尊大炮，虎视眈眈地对着整个巴黎。巴士底狱四周有一条宽25米的壕沟环绕，只有通过吊桥才能进入。几百年来，法国的官吏和密探，可以不经任何法律就逮捕反对国王、反对贵族、反对专制主义的人，把他们投入巴士底狱。在法国人民眼里，巴士底狱就是封建专制的象征。

18世纪的法国，国民分为三个等级，第一等级是教士，第二等级是贵族，第三等级是资产阶级、城市平民、工人和农民。第一、第二等级的人数只占全国人口的1%，但他们有权有势，占有全国1/3的土地，却不用缴税。他们还利用他们手中的权力，提高税收，设置关卡，千方百计地剥削人民，引起了广大人民的不满。

1789年5月，法国国王路易十六为了榨取更多的钱供他挥霍，召开了三级会议。第三等级的代表识破了他的诡计，趁机提出要求限制国王的权力，把三级会议变成国家的最高权力机关，这理所当然遭到了路易十六的拒绝。于是第三等级的代表宣布退出三级会议，成立国民大会，后来又改为制宪会议。听到这个消息后，路易十六暴跳如雷，秘密调集军队进入巴黎，准备逮捕第三等级的代表。

巴黎人民得知这一消息后，群情激愤，怒不可遏。1789年7月13日，巴黎人民手拿大刀、长矛、火枪，举行了声势浩大的起义。起义军迅速占领了巴黎的军火库，夺取了好几万支火枪和几门大炮。惊慌失措的路易十六急忙派军队前去镇压，但被起义军打得大败。仅一天的时间，起义军就控制了全城，只剩下市东南的巴士底狱了。

7月14日，巴黎群众高呼："到巴士底狱去！"起义军从四面八方赶来，包围了巴黎最后一座封建堡垒。巴士底狱守备司令德·洛纳被潮水一样涌来的起义

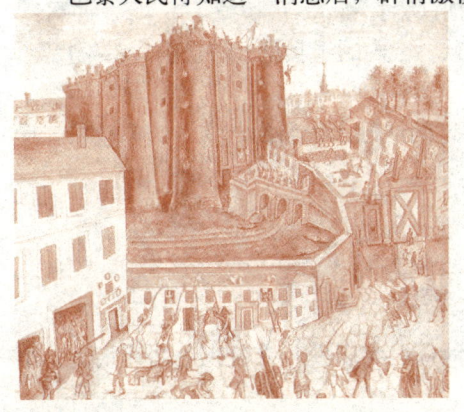

表现巴黎人民攻占巴士底狱的图画

巴士底狱

巴士底狱虽然是一个关押政治犯的监狱，但它的条件并没有想象中那么恶劣，囚犯之间可以互相串门，条件好的还可以带仆人进去，饮食也相当好，除了没有自由之外，什么都有。巴士底狱并不光关押些政治犯，很多头脑发热的贵族青年也常被送到里面去吸取些经验教训，比如伏尔泰就两次被关了进去。当然，巴士底狱也经常关押一些比较顽固的政治犯，那些人的待遇就差多了，经常有人被活活折磨得发疯，而且一关就是几十年甚至一辈子。谁也不知道巴士底狱里面关押了多少人，由于它的神秘，人们一直把它当成封建专制的象征。所以在法国大革命时期，人们把攻占巴士底狱看成是革命胜利的标志。

军吓破了胆，急忙命令士兵绞起铁索，升起吊桥。为了减少伤亡，起义军派了几个代表，举着白旗，去同巴士底狱守备司令德·洛纳谈判，希望他投降。但丧心病狂的德·洛纳竟然命令巴士底狱的士兵向代表们开枪。巴黎人民被彻底激怒了，立即向巴士底狱发起了猛攻。巴士底狱的士兵从城墙上向起义军开火，并用塔楼上的大炮轰击。起义军冒着敌人的炮火前进，他们抬着云梯，越过壕沟，奋不顾身地攻城。但由于敌人的火力太猛，起义军损失惨重，被迫撤退。起义军从四周的街垒向巴士底狱射击，但由于距离太远，对守军构不成威胁。

"我们也要有大炮！"大家齐声说。很快，起义军找到了几门旧大炮，上面生满了铁锈。一个叫肖莱的酒商自告奋勇来当炮手。"轰轰轰"，一排排的炮弹带着起义军的怒火打在城墙上，人民发出阵阵欢呼。但旧大炮的威力太小了，只打掉了一些石屑，在厚厚的城墙面前，实在是微不足道。巴士底狱的守军大声嘲笑起义军。

有几个勇敢的人拿着铁锹、铁镐、火把和炸药，冒死冲到巴士底狱的城墙下，想在墙上挖个洞，然后用炸药炸塌城墙。但他们还没来得及行动，就被城墙上的士兵打死了。

"我们需要真正的大炮和炮手！"大家又分头去找，过了一会儿，找来了一门威力巨大的大炮。炮手们调整好角度，把炮弹放到大炮里，点燃火绳，"轰"的一声，大炮发出一声怒吼，威力巨大的炮弹重重地撞在城墙上，发出震耳欲聋的爆炸，城墙一下子就掉了一大块。人们发出阵阵欢呼。"轰轰轰！"炮手们一刻也不停，继续发炮。"咣当"一声，一颗炮弹把铁索打断了，吊桥掉了下来。"冲啊！"起义军发起冲锋，踏着吊桥冲进了巴士底狱，城内的士兵见大势已去，纷纷投降，而德·洛纳被愤怒的起义军活活打死。

占领巴士底狱的消息传到全国后，各地的法国人民纷纷起义，夺取政权。后来7月14日被定为法国国庆日。

路易十六被推上断头台

1791年6月20日夜，一辆马车悄悄地从巴黎出发，乘着夜色向北疾驶，第二天早晨，马车来到了北方边境小镇发棱。

"请出示你的护照！"边境驿长德鲁埃拦住了马车。

"我们是俄国人！这是我和我妻子的护照。"车上一个戴眼镜的胖子一边说一边把护照递了出去。发棱镇的居民从来没有见过这么豪华的马车，纷纷上前围观。德鲁埃仔细地看了看护照，没错，是俄国大使馆签发的。但这个戴眼镜的胖子和车上的贵妇人有些眼熟，他们是谁呢？突然，德鲁埃想起来了，他们是国王路易十六和王后！

"你们是国王路易十六和王后！"德鲁埃对那个胖子大声喊道。

戴眼镜的胖子正是法国国王路易十六。见有人认出了自己，他慌忙驾着马车，夺路而逃。"站住！快拦住他们！"德鲁埃大声喊。他急忙跳上一匹马，追了上去。小镇的人们也发出阵阵怒吼，纷纷追赶马车。

"停车！停车！否则我就开枪了！"赶上马车后，德鲁埃拔出手枪，指着驾车的路易十六说。

实在没办法，路易十六只好停了下来。过了不一会儿，赶上来的群众将马车围得水泄不通，路易十六和王后吓得躲在马车里不敢出来。最后，在当地国民卫队的押送下，路易十六和王后只好灰溜溜地返回了巴黎。一路上，群众的骂声不绝于耳。

路易十六为什么要出逃呢？路易十六是个昏庸无能的国王，他不理朝政，只喜欢打猎和修锁。每次在国务会议上，他都打瞌睡。在巴黎，供他打猎用的马就有1800匹，各地的备用马有1200匹。他还经常把一些锁匠召进宫，交流修锁的经验，法国人民戏称他为："我们的锁匠国王。"他的王后玛丽是奥地利皇帝的妹妹，是个挥霍无度、奢侈成性的人，弄得国库一贫如洗，法国人称她为"亏空夫人""赤字王后"。有一年，法国闹饥荒，很多老百姓都没有面包吃。大臣向她报告情况，她竟然吃惊地说："没有面包吃？那为什么不吃点心？"令大臣哭笑不得。

法国大革命爆发后，面对汹涌澎湃的革命形势，路易十六吓破了胆子。他出于无奈，只好发表声明，表示拥护革命，并给欧洲各国发了通告。奥地利和普鲁士害怕本国人民也像法国人一样，推翻自己的统治，决定联合起来，镇压法国大革命。奥地利和普鲁士号召欧洲的君主联合出兵，进攻巴黎。

路易十六当然不是真心拥护革命，他做梦都想恢复自己的统治。私下里他给欧洲各国的君主写信，秘密派人出国，告诉欧洲各国的君主，不要相信他的公开声明，因为那是在革命人民的压力下说的。他请求欧洲各国出兵干涉，甚至不惜割让领土作为代价。法国王后玛丽给她的哥哥奥地利皇帝写信说："武力已经摧毁了一切，现在只有武力才能恢复一切。"

当欧洲各国的君主正在商量出兵干涉的时候，路易十六和王后实在等不及了，就决定出逃到外国，然后再

1793年1月21日，路易十六作为"民族的叛徒""人类自由的敌人"而被送上断头台。

率领保王军和外国干涉军打回巴黎。不料事情败露，于是出现了本文开头的那一幕。

普奥干涉军很快就来到法国边境，法国人民立即组织军队抵抗。路易十六和玛丽得知后欣喜若狂，他们秘密派人将法军的作战计划和军事机密送给了敌人，并设法拖延军需品和军火的生产，策动法军的高级军官投敌。法军节节败退，外国干涉军一直打到巴黎附近。

渐渐的，巴黎人民发现，失败都是路易十六和王后搞的鬼！愤怒的巴黎人民发动起义，将国王和王后关押起来，紧接着又处决了大批的反革命分子。没有了这两个叛徒的捣乱，巩固了国内局势。法国人民纷纷组织义勇军，奔赴前线，同外国干涉军浴血奋战，终于在瓦尔密大获全胜，挽救了法国，挽救了革命。

1792年9月22日，法国成立了共和国，废除了君主制。在如何处置路易十六上，最高权力机关国民大会发生了严重分歧。激进的雅各宾派说路易十六是叛徒、暴君和卖国贼，坚决要求处死国王，保守的吉伦特派则坚决反对。就在两派争执不下的时候，人们在王宫发现了一个秘密保险柜，里面全是国王通敌叛国和镇压革命的计划。这一下，吉伦特派哑口无言了。

1793年1月21日，在滂沱大雨中，路易十六被押上了断头台。当刽子手砍掉暴君的头时，围观的群众发出阵阵欢呼。不久，王后玛丽也被处死。

☀ 热月政变

1789年7月14日巴黎人民起义，推翻了路易十六的统治，代表大资产阶级利益的君主立宪派上台执政。他们制定了宪法，保留了国王。路易十六通敌叛国后，巴黎人民再次发动起义，推翻了君主立宪派，代表工商业资产阶级的吉伦特派的上台执政（因为这一派中大多数人来自吉伦特省）。吉伦特派上台后，宣布废除君主制，成立共和国，史称法兰西第一共和国。不久，路易十六被处死。

吉伦特派上台执政后，开始奉行对外侵略扩张的政策。法军占领了比利时，并挺进意大利和德意志。但法国国内物价飞涨，人民怨声载道，可吉伦特派为了维护本阶级的利益，却拒绝采取强硬手段来解决日益严重的危机，商人们囤积居奇，不肯出售粮食和日用品，企图获取高额利润。人民生活困苦不堪，全国到处都

这是塔萨厄尔的一幅画作，表现的是1794年7月27日夜政变的情景。当时，雅各宾派领袖罗伯斯庇尔以及与他关系密切的政治盟友遭到逮捕，并被处以死刑。这一事件标志着由罗伯斯庇尔发起的、目的在于清除王权制度遗留的恐怖统治结束。

雅各宾派

法国大革命时期参加雅各宾俱乐部的资产阶级激进派政治团体。1789年常在雅各宾修道院集会，故名。开始时成分较复杂，1791年7月和1792年10月，立宪派和吉伦特派先后分裂出去，雅各宾派成为以罗伯斯庇尔为代表的激进的资产阶级革命民主派。1793年6月，推翻吉伦特派的统治，取得政权。在内忧外患异常严重的形势下，雅各宾派政府实行恐怖统治，组织爱国力量，严厉打击国内外反革命势力，限制资产阶级投机活动，规定物价的最高限额，消灭封建制度，赢得了革命的胜利。但雅各宾派内部意见不一。丹东派在1793年秋冬主张放松恐怖统治，埃贝尔派则主张更严厉地推行恐怖政策。罗伯斯庇尔在1794年3～4月间先后镇压了两派领导人。7月27日的热月政变结束了雅各宾派政权。11月，热月党封闭了雅各宾俱乐部。

是抢粮事件，社会动荡不安。

处死路易十六后，普鲁士、奥地利、西班牙和英国组成"反法联盟"向法国大举进攻。由于失去了人民的支持，法军节节败退。国内的形势也很严峻，保王党四处闹事，全国大约有2/3的郡发生了叛乱，尤其是南方的万第省尤为严重。吉伦特派束手无策，为了自己的利益，竟然向以前的革命盟友雅各宾派举起了屠刀。他们借口保卫国民公会，防止"破坏秩序者"，从外省调来了1万国民警卫队，让他们在巴黎游行，反对雅各宾派。但没有多久，警卫队看清了吉伦特派的真面目，转而支持雅各宾派。

吉伦特派的倒行逆施激起了人民的强烈不满，英勇的巴黎人民发动第三次起义，推翻了吉伦特派的统治，推举雅各宾派上台。

雅各宾派上台后，国内外形势非常严峻。国内的保王党在很多地区发动叛乱，并宣布在押的路易十六的儿子查理为法国国王，称路易十七。战局继续恶化，普鲁士、奥地利、西班牙和英国等国从西、北、南三面进攻法国。吉伦特派不甘心失败，派一个女特务刺杀了雅各宾派的首领之一——马拉。

在危急关头，雅各宾派的首领罗伯斯庇尔迅速采取了一系列的措施，比如宣布将逃亡贵族的土地分成小块，出售给农民，以取得他们的支持；废除一切封建特权；严厉打击囤积居奇的商人；发布全民动员令，积极抵抗外敌。为了镇压猖獗的反革命活动，雅各宾派颁布了《惩治嫌疑犯法令》，同时规定了40种生活必需品的最高价格，以打击囤积居奇。这就是法国大革命史上赫赫有名的"恐怖统治"。

恐怖统治是在历史特定条件下的一种特殊手段。实行恐怖统治后，群众踊跃参军，积极参加镇压国内的叛徒和抵御外国军队。很快，国内保王党的叛乱和吉伦特派的反革命活动被镇压下去了，外国军队也被赶跑了。一大批奸商被处决，物价很快稳定下来。

国内外局势稳定下来之后，雅各宾派却陷入了内斗之中，分成了左中右三派。左派的首领艾贝尔主张进一步实行极端恐怖政策，攻击罗伯斯庇尔的政策不够彻底，并想发动政变，结果被罗伯斯庇尔送上了断头台。右派首领丹东为革命做出过巨大贡献，他主张"爱惜人民的鲜血"，停止恐怖政策，结果被罗伯斯庇尔以通敌叛国罪也送上了断头台。反对派虽然被镇压了，但罗伯斯庇尔更加势单力薄了。

雅各宾派的左右两派的残余势力和吉伦特派联合起来，准备推翻罗伯斯庇尔。由于恐怖政策经常滥杀无辜，遭到了人民的反对，罗伯斯庇尔也渐渐失去了人民的支持。

1794年法兰西共和国历热月的一天，国民大会又一次召开了会议。在会议上，很多代表纷纷走上演讲台，发表演讲，批评雅各宾派的恐怖政策。他们一个比一个激动，最后大喊："打倒暴君罗伯斯庇尔""逮捕罗伯斯庇尔"。雅各宾派的代表非常愤怒，他们纷纷要求发言，但都被议长拒绝，最后罗伯斯庇尔要求发言，结果也被拒绝。

罗伯斯庇尔被宪兵投进了监狱，巴黎人民很快把他救了出来。这时罗伯斯庇尔在是否发动起义的问题上犹豫不决，群众大失所望，纷纷回家。很快罗伯斯庇尔再次被捕，并被送上了断头台。历史上把这次政变叫作"热月政变"。

拿破仑

拿破仑在一次与敌军作战时，遭遇顽强的抵抗，队伍损失惨重，形势十分危险。拿破仑也因一时不慎掉入泥潭，被弄得满身泥巴，狼狈不堪。

可此时的拿破仑却很乐观，内心只有一个信念，那就是无论如何也要打赢这场战斗。只听他大吼一声："冲啊！"他手下的士兵看到他那副滑稽模样，忍不住都哈哈大笑起来，但同时也被拿破仑的乐观自信所鼓舞。一时间，战士们群情激昂，奋勇争先，终于取得了战斗的最后胜利。

这是广泛流传的拿破仑的故事。在这个故事中我们不难看到拿破仑永不言败的精神，或许正是这种精神鼓舞着拿破仑创造了一个非比寻常的精彩人生。

在卡罗的8个子女中，老二拿破仑总是显得与众不同。他并不是一个讨人喜欢的孩子，身材矮小、体格瘦弱、外表非常笨拙，一开口就显得有些蠢。但他的权威令孩子们折服，连哥哥也对他俯首帖耳。1779年，拿破仑进入布伦纳军校学习，这是一所贵族学校，由于拿破仑来自乡下，所以他经常受到同学们的鄙视和嘲笑。但是拿破仑学习成绩很好，尤其是历史课，他对法国的历史事件、历史人物、历史发展了如指掌，这也成了他以后引以为豪的资本。

拿破仑像

在布伦纳军校的一年冬天，雪下得很大。百无聊赖之际，拿破仑想出了一个新花样。他带领大家在大院子的雪地里扫出通道，建立碉堡，挖掘壕沟，垒起胸墙。当工程完成后，他指挥大家进行模拟攻防军事游戏。战斗持续了15天之久，而拿破仑就此成了学校里的英雄人物。

15岁那年，拿破仑进入巴黎陆军学校学习，学习时间虽然只有两年，但他却深深受到了法国启蒙思想的影响。从巴黎陆军学校毕业后，拿破仑当上了一名炮兵少尉，1791年晋升为中尉，次年又被提升为上尉。当时正值法国大革命期间,所谓时势造英雄,拿破仑抓住了机遇,迅速脱颖而出。1793年,法国保王党人在英国和西班牙的大力支持下,占领了法国南部重镇土伦,共和军久攻不克。拿破仑奉命参加土伦战役,任炮兵指挥,并晋级为上校。依靠拿破仑指挥的炮兵部队,共和军终于攻占了土伦。此役使拿破仑声名大振,不久他被破格提升为准将。1795年,他的炮兵部队在巴黎再建奇功,以5000人之力击溃了两万多名叛乱分子,这之后,拿破仑被任命为法国"内防军"副司令。后来,他又被派往意大利和埃及战场作战。此时的拿破仑已非昔日可比,他以不断的军事胜利证明了自己的实力。1799年,拿破仑从战场上悄然返回法国,发动了"雾月政变",从此处在法国权力的顶峰,终于在1804年加冕称帝,即拿破仑一世,法国进入了法兰西第一帝国时期。

拿破仑执政时期,通过内政外交方面的努力,使法国迅速走向强盛。他着力打击教会势力,镇压反叛势力,采取各种积极政策推动经济发展,并主持制定了《民法典》,又称《拿破仑法典》。《拿破仑法典》将法国大革命的成果以宪法形式确定下来,对法国及其他资本主义国家的立法产生了深远影响。在对外战争上,拿破仑领导的军队几乎击败了所有的欧洲大国,推动了法国大革命的思想在欧洲的传播。

但是侵略俄国的惨败使法国元气大伤,并给其他敌对国家造成了可乘之机。1814年的莱比锡战役是拿破仑军事史的一个转折点——他第一次败给了反法联盟。之后,反法联军占领巴黎,拿破仑被流放到地中海的厄尔巴岛。1815年,拿破仑成功逃出流放地,返回法国,受到了热烈欢迎并迅速恢复了权力。但此时的法国已经雄风不再,经历了滑铁卢战役的惨败后,拿破仑永远退出了历史舞台。他被流放到大西洋中的圣赫勒拿岛,于1821年去世,终年52岁。

✹ 拿破仑兵败莫斯科

19世纪初,拿破仑几乎征服欧洲各国,但英国始终不与法国议和。拿破仑为毁掉英国人的贸易体系,实行高压政策,使欧洲各国断绝与英国的经济交往,对英实行经济封锁。面临经济破产的英国认识到只有引诱俄国脱离欧洲大陆组织,英国才会有生机,否则英国只有屈服。在英国的说服下,沙皇接受了英国的货物。拿破仑对俄国的行为极为不满,为报复沙俄,拿破仑兼并了由沙俄支持的赛尔登公国,开始对俄加强封锁。这使沙皇大怒,俄法关系迅速恶化。俄方要求法军撤到赛得河以西,遭到拿破仑的拒绝。拿破仑意识到战争不可避免,遂组织兵力东征俄罗斯。

1812年6月24日,拿破仑调集大军68万人,火炮1400门,渡过尼门河,开始对俄国的入侵。拿破仑计划在维尔纽斯及其以东地区歼灭敌人主力。面对咄咄逼人的庞大法军,俄军采取主动撤退策略,法军紧紧追赶,但每次都落空。

俄军后退的同时,沿途实行坚壁清野,以阻滞法军前进。随着法军的快速深入,前后方出现脱节,补给发生困难。拿破仑命令部队停止前进,进行休整。这时,俄两路大军在斯摩棱斯克会合,组织防御工事。获得供给的拿破仑迅速向该地进军。8月16日，双方在斯摩棱斯克展开激战。俄军在法军猛烈的攻势下，顽强地抵挡三天后，终于招架不住，弃城继续后退。俄军只退不打，俄国内部舆论哗然，怨声载道。8月29日，沙皇任命库图佐夫为总司令对抗法军。深知撤退是正确决策的库图佐夫迫于舆论和沙皇的压力，决定与敌人展开一场会战。他把阵地选择在莫斯科以西124千米的博罗迪诺村附近。库尔干纳亚高地高踞周围地形之上，视野开阔，前方宽8千米，右翼为莫斯科河，左翼为难以通行的森林，后方是森林和灌木林，可隐藏预备军。在阵地上，俄军构筑了多面堡和钝角堡等完备的防御工事。库图佐夫企图以积极的防御手段达到最大程度地杀伤敌人之目的。

9月7日，拿破仑率领13万大军开始进攻，在这种对己不利的地形上交战，拿破仑失去了军队的机动性，从两翼迂回包围阵地也是不可能的。如果从南纵深迂回，只能分散削弱兵力，可能导致被各个击破。拿破仑只好采取正面突击，他选择比较狭窄的地段，采取突破敌人防线直插敌后方的策略，实施强攻。

会战开始，双方都以炮兵对射发起进攻。在炮兵的掩护下，凶猛的法军使俄军退过科洛恰河，法军遂紧追过去，遭到猛烈火力的反攻，又被迫退回。凌晨6时，法军向钝角堡猛攻，虽说人数及火力都占优势，但法国军仍被击退。7时许，法军又开始新一轮进攻，攻占了左边的一个钝角堡，俄军又以勇猛的反击夺回，双方这时都加强了兵力。法军对左右两个钝角堡发动第3次攻击，俄军也不甘示弱，抵抗极为顽强，堡垒几易其手。这也显示出库图佐夫排兵布阵的艺术：他把俄军战斗队形纵深配置，纵深达3~4千米，使步兵、骑兵和炮兵之间配合默契，保障了积极防御的坚固性，使法军几次易得手后又被迫放弃。双方进退反复，短兵相接，展开肉搏战。

为彻底突破俄军防线，拿破仑调集兵力实行猛攻。库图佐夫在此危急时刻，果断决定调强大的预备军袭击敌人左翼。战斗持续到18时，俄军仍坚守阵地，法军也没取得决定性胜利，但双方都付出惨重代价。法军伤亡2.8万人，俄军则为4.5万人。拿破仑遂退回出发阵地。

战后，库图佐夫将俄军撤回内地，坚壁清野积聚力量。9月14日，拿破仑进占已成废墟的莫斯科。10月18日，俄军大举反攻，法军节节败退。到12月，法军损失50多万人，拿破仑的侵俄战争以惨败而告结束。

拿破仑在俄国的失败使法国损失惨重，成为欧洲再次爆发反拿破仑战争的导火索，也成了拿破仑军队覆灭的标志。

✴ 滑铁卢之役

1812年9月7日，拿破仑东征俄国，在博罗迪诺会战中损失惨重，元气大伤。兵败莫斯科成为欧洲重掀反对拿破仑的战争导火线。1813年前，法国达到鼎盛时期，在欧洲居于征服者的地位，但反叛的种子也洒遍了整个欧洲。

与此同时，俄国沙皇也想彻底歼灭拿破仑，于是1813年2月，俄国与普鲁士结盟，英国、西班牙、葡萄牙、瑞典和奥地利也相继加入，范围更广的第六次反法联盟结成。面对这样巨大的变局，拿破仑迅速组建新军，做好对反法同盟的作战准备。

　　1813年5月中旬，拿破仑准备妥当，仍采取主动出击，先发制人的策略，开始向德累斯顿和莱比锡进军。途中，在加卡和包岑分别与俄普联军相遇，经过激战，联军败退。虽然法军取胜，但损失很大，惨重的伤亡使善于进攻的拿破仑

这幅画表现了1815年6月18日进行的滑铁卢战役中晚8时许的紧张情景。

被迫改变策略。此后，他分兵坚守德累斯顿到易北河一线的各要塞。8月26日，联军开始进攻德累斯顿，人数多于法军一倍的联军从两面围攻。拿破仑亲自指挥，坚固的防御工事和积极的反攻，使联军遭到惨败，联军围攻两天未果后撤退。联军的波希米亚军团绕过德累斯顿，西里西亚军团西渡易北河分别从南北两面夹击莱比锡。

　　10月16日，联军兵分几路发起进攻，莱比锡战役开始。双方炮火相互对射达5小时之久，联军的各个军团开始步步为营，向莱比锡压缩。第1军团的右翼纵队攻占了制高点科尔姆山，左翼纵队经过激战拿下了马克莱只格城，而孔讷维茨和莱斯尼希两渡口的争夺也异常激烈。法骑兵在炮兵的配合下，一度将联军队形打乱，步兵随即反攻。联军也不示弱，调集部队迎击，配置于步兵之间的炮兵奋勇击敌，下午5时法军被打退。双方损失惨重，伤亡均在2万人左右。18日，联军从东南北三面向法军猛攻，法军被迫放弃阵地，从联军较薄弱的地方逃出战场。

　　1814年，联军攻进法国本土，并约定不单独与法议和。3月20日，联军对巴黎形成包围之势，之后，拿破仑被迫与联军签订《枫丹白露条约》，并宣告退位，被软禁到厄尔巴岛，波旁王朝重新统治法国。

　　联军在利益分配上矛盾重重。1815年1月，英、奥、法等国密约向实力大增的俄国宣战。这消息很快传到拿破仑耳中，他秘密回国。法国人民不满意波旁

● 格鲁希的错误 ●

　　格鲁希是拿破仑手下的一名元帅，拿破仑东山再起后，几名老将不愿再出山，于是拿破仑只好对格鲁希委以重任，将1/3的兵力交给他，命令他负责拖住普鲁士军队。但是格鲁希并没有完成使命，虽然他率兵重创了普鲁士军队，但没有将其歼灭，反而让普军得到了喘息的机会，重新集结起来开赴滑铁卢。虽然格鲁希收到了很多滑铁卢发生激战的情报，但是过于谨慎的他却没有采取行动，如果他能及时改变主意开赴滑铁卢的话，战争的结局很可能就是另外一个样子了。最后普鲁士军队及时赶到，联合英军将拿破仑击败。当法军战败的消息传到格鲁希耳朵里的时候，他才知道自己错过了一个多么重大的机会。

王朝的统治，在旧部的支持下，拿破仑又顺利地登上帝位。

这使整个欧洲震惊，3月25日，因利益分配不均而争吵的联军又站在了一起，宣布成立第七次反法同盟，由英国的威灵顿公爵任统帅，迅速集大军64.5万人，分头向法国进攻。拿破仑到5月底也召集了28.4万的正规陆军和22.2万人的补助兵力。

拿破仑意识到如果联军几大军团会合一处，后果就不堪设想。他根据比利时的联军战线分布过长的情况，决定采取主动进攻、集中优势兵力各个击破。6月12日，拿破仑进至比利时，对驻守在利尼附近的英普联军实施突然袭击，普军大败。17日，拿破仑错误地让军队休息了一天，并决定18日同英军元帅威灵顿指挥的英荷联军在滑铁卢（今布鲁塞尔以南20千米）展开大决战。而威灵顿指挥的英军早已修了坚固的工事，等待拿破仑。

6月18日，拿破仑指挥军队进攻，滑铁卢战役打响。拿破仑拥有270门大炮，但前一天晚上的大雨，使地面泥泞不堪，笨重的大炮只有一小部分进入阵地。11时，法炮兵首先发炮，接着双方对射，对峙到下午1时，拿破仑派兵佯攻英军右翼，以牵制敌人的主要兵力，使中央薄弱后加以主攻。但佯攻效果并不明显，拿破仑只好从中央发起总攻。双方僵持不下时，被击散的普军重新集结，出现在法军身后，拿破仑急命两军团堵截。威灵顿精神大振，英军的士气猛涨。战至下午6时许，法军已疲惫不堪。8时许，威灵顿下令反攻，在联军的夹击下，法军支持不住，全面溃败，拿破仑趁乱逃出战场。此战法军伤亡严重，损失3万余人。6月21日，拿破仑败退巴黎。6月22日，联军攻进巴黎，拿破仑被迫再次宣布退位，并被流放到南大西洋的圣赫勒拿岛，6年后病逝。

这场战争标志着拿破仑时代的结束，但它动摇了欧洲封建制度政体，为欧洲各国的资本主义发展奠定了基础。

神圣同盟

1815年6月22日，拿破仑在滑铁卢战役失败后宣布退位，被囚禁到大西洋的圣赫勒拿岛，"百日王朝"灭亡。路易十六的弟弟路易十八在外国军队的保护下，返回巴黎，登上国王的宝座，波旁王朝复辟。

为了清除法国大革命对欧洲各国的影响，在奥地利首相兼外交大臣梅特涅的建议下，欧洲各国在奥地利首都召开了一次会议，史称"维也纳会议"。

当时欧洲所有参加对法国作战的国家都派代表参加了会议，除了奥地利、普鲁士、俄罗斯和英国外，西班牙、葡萄牙、瑞典等国也派代表参加，共有200多人。维也纳会议的东道主是奥地利皇帝弗兰西斯一世，会议由梅特涅主持。这200多人当然地位是不平等的，会议主要由梅特涅、俄国沙皇亚历山大一世、英国外交大臣卡斯尔瑞和普鲁士首相哈登堡操纵。另外，法国外交大臣塔列朗也发挥了重要作用，他公开声称："我什么也不要，可我给你们带来了最重要的原则——正统原则！"正统原则被各大国接受，成了维也纳会议的指导原则。后来他也挤进了核心会议，维

梅特涅

梅特涅是奥地利首相，他是贵族出身，所以当法国大革命爆发的时候，他对其一直持敌视态度。进入19世纪后，他先后在多个国家担任过公使，并于1809年担任了奥地利外交大臣。在法国对奥地利虎视眈眈的时候，梅特涅努力促成了奥地利公主和拿破仑的婚姻，从而挽救了奥地利。拿破仑侵俄失败后，梅特涅亲自促成了第六次反法同盟，取得了莱比锡会战的胜利。在维也纳会议上，梅特涅奉行大国均势原则，并积极推动建立神圣同盟。梅特涅的施政手段相当反动，疯狂迫害革命者。1848年革命时期，梅特涅被赶下台，从此失去了政治地位。

也纳会议由四国操纵变成了五国操纵。

维也纳会议其实就是一个分赃会议。四大国在打败拿破仑后，开始瓜分拿破仑帝国的领土，并着手恢复被法国大革命破坏的旧的欧洲封建秩序，使很多被拿破仑推翻的封建王朝复辟。此外，防止法国东山再起也是这次会议的目的之一。

在维也纳会议上，梅特涅纵横捭阖，多方周旋，出尽了风头，扩大了奥地利的影响，被人们称为"蝴蝶大使"。会议厅原来有3个门，为了笼络其他大国，梅特涅又叫人开了两个门，让五国首脑每人都能风风光光地进入会场。在大会上，五国代表为了自己的利益互不相让，争得面红耳赤。每当这时，梅特涅就站起来打圆场，让各国代表们去参加豪华的舞会、宴会和去郊外打猎，梅特涅趁机派特工去他们的住处翻阅他们的信件和文件。各国代表也不是傻瓜，他们玩归玩，但在谈判桌上一点也不退让。结果维也纳会议竟然开了8个月，被当时的欧洲人戏称为"老太婆会议"。

维也纳会议后，为了贯彻落实会议达成的各项协议，维护欧洲各封建王朝的反动秩序，早就想当欧洲宪兵的俄国沙皇亚历山大一世又提议建立"神圣同盟"。所谓"神圣同盟"，就是在所谓神圣的宗教的崇高真理和正义的、基督教博爱与和平的箴言指导下，欧洲各国建立的一个同盟，在国内发生什么革命、暴动时，各国互相支援。亚历山大一世亲自起草了神圣同盟的有关文件和草案，并派人到欧洲各国广泛宣传。其实早在1804年和1812年，亚历山大一世就提出要在基督教的名义下把欧洲各国联合起来。打败拿破仑的百日王朝后，在巴黎又一次提了出来。一开始，各国的国王和大臣都不拿神圣同盟当回事，认为这只是一些空洞的漂亮话而已。英国外交大臣卡斯尔瑞对此不屑一顾，讽刺亚历山大一世是在妄想和胡言乱语。奥地利首相梅特涅也认为亚历山大一世不过是在唱高调，根本不具有可操作性。

但是后来，欧洲各国的君主和政治要人意识到亚历山大一世是多么的"伟大"，"神圣同盟"的建议是多么的"伟大"！神圣同盟可以维护他们的统治秩序，保障他们的利益，如果几个强大的国家联合起来，什么革命，什么暴动，都不用怕了，就算出10个拿破仑都不在话下。于是1815年9月，俄罗斯、奥地利和普鲁士三国在巴黎成立了"神圣同盟"，后来欧洲各国也相继加入，"神圣同盟"其实成了"所有的欧洲君主在沙皇的领导下压迫本国人民的一个大阴谋"。1815年，英国、俄罗斯、奥地利和普鲁士又签订了四国同盟条约，这其实是神圣同盟的一个补充。不久，法国又申请加入，四国同盟变成了五国同盟。梅特涅成了这两个组织的核心人物，他自任"扑灭革命之火的消防队长",咒骂革命人民是"一条吞噬社会秩序的九头蛇"。他在德意志境内巡视时,像个高傲的皇帝。梅特涅狂妄地叫嚣:"一切革命的乌合之众都将匍匐在我的脚下。"但30多年后,一场遍及欧洲的大革命就彻底摧毁了欧洲的封建旧秩序。

"解放者"玻利瓦尔

西蒙·玻利瓦尔于1783年出生在西班牙殖民地委内瑞拉加拉加斯的一个西班牙血统的贵族家庭。1799年,他去西班牙首都马德里留学。在留学期间,他阅读了大量的启蒙运动的思想家约翰·洛克、卢梭、伏尔泰和孟德斯鸠等人的著作,这对他的思想有很大的影响。

一天,他穿着华丽的南美洲贵族的衣服骑着马在街上闲逛。"小子,下来!"突然一个街头的警察对他大声吼道。"为什么?"玻利瓦尔非常困惑。在家乡,他是贵族,非常受人尊敬。可在西班牙,一个普普通通的小警察竟然对他这么无礼。"这是西班牙,不是南美洲殖民地,你少在这里耀武扬威!下来!"警察一下子就把玻利瓦尔从马上拽了下来。这件事让玻利瓦尔深受刺激,他深深地感觉到殖民地的人民在西班牙人的眼中是多么的没有尊严,像一个普通的西班牙小警察都可以随随便便地侮辱他这样一个贵族,那更不要提普通的殖民地人民了。从那时起,玻利瓦尔就立志一定要推翻西班牙的殖民统治。在罗马的圣山萨克罗山的山顶,他大声发誓:"为了上帝,为了我的祖国,为了我的尊严。我发誓,只要西班牙政权的殖民枷锁还套在我们身上,我就要不停地战斗。"1807年,他返回南美洲,途中经过美国,亲眼看到独立自由的美国人民的幸福生活,更坚定了他推翻西班牙殖民者的决心。

回到委内瑞拉后,他散尽家财,结交有识之士,开始进行反对西班牙殖民者的斗争。1810~1812年,委内瑞拉第一共和国成立,玻利瓦尔成为领导人之一。但在西班牙人的进攻下,第一共和国很快失败。玻利瓦尔重新组织力量,继续斗争。1813年,他率领起义军打败了殖民军,解放了加拉加斯等地区,建立了委内瑞拉第二共和国,被授予了"解放者"的称号。但不久,第二共和国又失败了,玻利瓦尔不得不流亡到海地。

海地是拉丁美洲第一个独立的殖民地国家,因此海地人民积极支持玻利瓦尔的独立事业,给他提供了大量的援助。海地总统送给玻利瓦尔7艘大船和大量的武器弹药,助其再次返回南美大陆。这次,玻利瓦尔吸取了以前失败的教训,他没有去同装备精良的西班牙人打硬仗,而是转战于西班牙人统治薄弱的农村地区去发展力量。玻利瓦尔宣布没收西班牙王室和反动派的财产和土地,把大量的土地分给参加起义的战士,并宣布解放黑奴,取消印第安人的人头税并保证分给他们土地。这使他得到了人民的广泛支持,他的队伍里有白人、黑人和印第安人,但大家都团结一致,为推翻西班牙人的统治而奋斗。

这是一幅1825年的象征画,用以纪念秘鲁独立解放运动领袖玻利瓦尔。

为了出其不意地打击西班牙人,玻利瓦尔决定翻越安第斯山,去进攻秘鲁的西班牙人。起义军穿越了茂密的原始森林,在齐腰深的水里前进了七天七夜。张着血盆大口的鳄鱼、会放电的电鳗、成群结队的食人鱼经常袭扰他们,但起义军斗志昂扬,毫不退缩。安第斯山高耸入云,山下是烈日炎炎,山上是风雪交加,还不时传来阵阵美洲虎的吼叫,令人毛骨悚然。起义军毫不畏惧,小心翼翼地沿着山上的羊肠小道前进。到了高处,由于高原缺氧,很多在平原上长大的战士感到头晕目眩,站立不稳,在战友们的惊呼声中栽下悬崖。一些有经验的战士催促甚至打骂那些休息的战友,因为他们知道,在高原缺氧的地方躺下休息会让很多人在不知不觉中死去。这时又下起了大雪,战士们裹着毛毯仍然冻得瑟瑟发抖,但没有一个人打退堂鼓,手拉着手一步步前进。起义军经历了千辛万苦,终于翻越了安第斯山,战士们高声欢呼,他们像下山的猛虎一样,高呼着"独立万岁!""自由万岁!""消灭西班牙殖民者!"向西班牙人发起了猛烈的进攻。西班牙人根本毫无防备,纷纷扔下武器,狼狈逃窜。玻利瓦尔乘胜进军,一举攻克了波哥大,解放了哥伦比亚地区。接着,玻利瓦尔又率领大军横扫委内瑞拉,西班牙军望风而逃,不堪一击。起义军浩浩荡荡地开进首都加拉加斯,解放了全国。

1819年,包括哥伦比亚、委内瑞拉和厄瓜多尔在内的"大哥伦比亚共和国"成立,玻利瓦尔被选为总统。1826年,南美洲彻底解放。

门罗主义

维也纳会议之后,欧洲列强忙于重建统治秩序。与此同时,西半球经历着另一场巨变:年轻的美国在第二次对英国战争(1812～1814年)后,进入了一个新的历史时期。在经济上,美国启动了工业革命的进程;在政治上,资产阶级和种植园奴隶主的联合政权得到加强。美国外交政策的目标处在从争取和维护海上贸易自由权到维护大陆扩张"自由权"的转折时期。与此同时,拉丁美洲人民反对西班牙和葡萄牙殖民统治的民族解放运动一浪高过一浪。到1821年为止,西属美洲已诞生阿根廷、智利、哥伦比亚、墨西哥和秘鲁5个独立的国家。在拉丁美洲各国独立运动全面走向胜利的形势下,以绞杀革命为己任的欧洲神圣同盟万分惶恐,多次召开会议,图谋镇压拉丁美洲革命。

1821年9月,俄国沙皇亚历山大一世颁布敕令,宣称从白令海到北纬51度的美洲西岸间100海里的水域归属俄国的势力范围。俄国的触角已伸到靠近美国疆域的俄勒冈地区，其贸易据点向南延伸到圣弗朗西斯科海湾。

为争夺新兴的拉美市场，英、美之间也进行着激烈的经济争夺战。1822年8月，英国外交大臣乔治·坎宁从维护工商业资产阶级利益的立场出发，极力主张维持欧洲的均势，借以保持英国的优势地位。

坎宁把均势体系的范围扩展到美洲，这便同美国自建国以来实行的孤立主义的外交政策形成了对立。

1823年8月，坎宁接见美国公使理查德·拉什，建议英美两国共同发表宣言，保证不侵占拉美的任何部分，不允许将原西属殖民地的任何部分向其他国家转让。接到拉什的报告后，从同年11月7日起，美国总统詹姆斯·门罗多次召开内阁会议，研究坎宁的建议和美国的对策。

1823年12月，门罗总统向国会发表国情咨文，较为全面地阐述了美国对拉丁美洲的政策。它主要包含三项基本原则："美洲体系原则""互不干涉原则"和"非殖民原则"。这三项原则是美国对拉美政策体系的概括，也体现了美国同欧洲列强之间的分歧。

门罗咨文宣称："神圣同盟各国的政治制度与美洲根本不同，这种不同产生于它们各自不相同的政体。"这实际上就是作为美国对拉美政策的理论基础的"美洲体系原则"。"美洲体系"表现在这几个方面：第一，除继续鼓吹美洲和欧洲在地理上的"天然隔绝"外，进一步强调二者在政体上的区别；第二，从追求美国一国的孤立，扩大为追求整个美洲的孤立，在美洲和欧洲之间建起藩篱；第三，不再只力求不介入欧洲事务，而是要将欧洲势力从美洲这个"集体孤立圈"中排斥出去。这个原则并不表明美洲国家在地理、政治和经济利益方面的共同利益，而是表现了美国一国的扩张利益。"美洲是美洲人的美洲"实际上意味着"美洲是美国人的美洲"。说到底，"美洲体系"不过是美国的殖民体系罢了。

门罗咨文发表后，并未引起国际社会的普遍重视，国内新闻媒体对它也没有特殊的关注。"门罗主义"在当时对于防止欧洲列强染指拉丁美洲起了一定的遏制作用，使拉丁美洲各国的独立得到巩固。其后，经过历届美国政府的发挥，逐渐成为美国实现对外扩张战略得心应手的工具。

门罗召开内阁会议

詹姆斯·门罗（1816～1824年执政）为了反对沙俄由阿拉斯加南下扩张以及英国和"神圣同盟"插足拉丁美洲，于1823年12月2日在致国会的咨文中阐述美国对外政策原则时宣称："美国不干涉欧洲事务和任何欧洲国家在美洲现存的殖民地和保护国，但任何欧洲列强都不得干涉西半球的事务，否则就是对美国安全的威胁和不友好的表现。"

工业革命时期

　　工业革命首先开始于英国，之后又发展到欧亚其他地区，从而引起广泛而深刻的社会变革，对人类社会产生了极其深远的影响。工业革命首先是一场空前规模的技术革命，使社会生产力取得了惊人的发展。其次，工业革命促成了无产阶级的形成，使社会日益分裂成资产阶级和无产阶级两个对立的阶级。同时，工业革命也将原有的亚欧大陆农耕世界发展水平大体平衡的局面打破了，在工业革命的冲击下，世界各国各地区都卷入资本主义世界的经济体系中。

瓦特改良蒸汽机

提起蒸汽机,人人都知道那是瓦特发明的,但这并不等于在瓦特之前就没有使用蒸汽的机械。其实,蒸汽机的发明也经历了一个产生、发展和逐步完善的过程。

传说,古埃及早在公元前2世纪便出现了利用蒸汽驱动球体的机械装置,只是年代太过久远,具体情况已无从考证。又有记载说1世纪,古希腊发明家希罗曾用蒸汽做动力开动玩具,大画家达·芬奇也用画笔描绘过用蒸汽开动大炮的情景。

较为确切地使用蒸汽作动力还应是从近代开始。1698年,英国工程师萨弗里发明了使用蒸汽驱动的抽水机。1712年,英国的纽科门发明了效率更高的蒸汽机,可以用活塞把水和冷凝蒸汽隔开。事实上,瓦特发明蒸汽机就是从改进纽科门蒸汽机开始的。

纽科门蒸汽机在生产领域的广泛使用,激起了人们的关注,这其中当然也包括詹姆士·瓦特。机会只赋予有准备的人,而瓦特就是这样一个有准备的人。

詹姆士·瓦特,1736年1月19日出生于苏格兰的格里诺克一个机械师家庭。他从小就迷恋机械制造。由于家道中落,瓦特中学刚毕业便去伦敦学习制造机械的手艺。他天资聪颖又勤奋刻苦,用1年时间学会了别人用4年才能学会的技艺。然后瓦特在家乡的格拉斯哥大学谋了一份仪器修理师的差使。

瓦特借修理教学仪器的机会结识了许多科学家,如布莱克教授和罗比逊等人,经常与他们一起探讨仪器、机械方面的问题。1764年的一天,格拉斯哥大学的一台纽科门蒸汽机模型送到瓦特这里要求修理。瓦特不但修好机器,还对机械的构造和工作原理产生极大的兴趣。他找到了布莱克教授,与之共同研究减少纽科门蒸汽机耗煤量,提高其效率的方案。后来瓦特发现纽科门蒸汽机的汽缸和冷凝器没有分开,造成了热能的极大浪费,找到了症结之后,瓦特便开始改造纽科门蒸汽机的试验。

他筹措了一些资金,租了一间实验室,开始试制具有冷热两个容器的蒸汽机。他想,这样一来负责做功的汽缸始终是热的,而蒸汽冷凝的过程在另一个容器中完成,如此便可避免同一汽缸反复冷热交替,节约了热能。经过多次实验,多次失败,瓦特最终完成了一台具有实用价值的单作用式蒸汽机,并申请了专利保护。

为了在更大范围内推广自己的新发明,瓦特用自己设计的蒸汽机与纽科门蒸汽机当众比赛抽水。结果用同样多的煤,瓦特蒸汽机抽水量是纽科门蒸汽机的5倍。人们看

蒸汽机采煤

蒸汽时代的到来,使英国工业获得前所未有的发展,煤作为机械工业所必需的原材料正被大规模开采。

> **特列维迪克**
>
> 特列维迪克是一个机械师，他对机械发明很有兴趣。瓦特发明蒸汽机后，他就开始设想用蒸汽机为动力来推动马车行进，投身到这个发明之中。很快，他就试制出一辆蒸汽机车。但是这辆车的性能很差，不具备实用价值。当他第二次试制的时候，本来试验很成功，机车的性能提高了不少，但是当他把机车弄到仓库的时候忘了关开关，结果机车蒸汽机里的水被烧干后引起了一场大火，机车被烧坏了。后来特列维迪克又试制了几辆蒸汽机车，但性能都不如第二次的好，很快，他钱花光了，只好停止了试验，把实验资料和机车卖给了别人，黯然退出了火车发明者的行列。

到了瓦特蒸汽机的优势，纷纷以它替代了纽科门蒸汽机。

瓦特没有就此罢手，而是吸收了德国科学家利用进排气阀使汽缸往复运动的原理，用飞轮和曲拐把活塞的往复运动变成圆周运动，可惜该技术已被皮卡德抢先申请了专利权。但他另谋出路，用行星齿轮结构把往复运动变成了圆周运动，终于1781年10月获得了双作用式蒸汽机的专利权。

瓦特再接再厉，1784年用飞轮解决了转动的稳定性问题，获得了蒸汽机方面的第三个专利，两年以后他又着手进行了蒸汽机配气结构，从而获得第四个专利。瓦特不间断地努力，还发明了压力表保证了机器运行的安全。最终于1794年彻底完成了双作用式蒸汽机的发明改造，因为这一年皮卡德专利期满，瓦特将行星齿轮结构改装为曲柄连杆结构，使蒸汽机达到比较完善的地步。

瓦特为了保护自己专利的收益权，多次与人对簿公堂。1781年，洪布劳尔发明了"双筒蒸汽机"，瓦特认为其中引用了自己的专利，就向法院提出控告，结果阻止了这一发明的推广。特列维迪克发明了"高压蒸汽机"，瓦特也坚决反对，要求国会宣布其危险和非法。他的助手试验用蒸汽机来驱动客车，也得不到他的支持，直到晚年，瓦特都对蒸汽机车抱着敌视态度。

尽管如此，蒸汽机的发明与改良，使工业革命迅速展开，并波及美、德、法等国。瓦特为人类进步事业做出了不可磨灭的贡献，国际单位制中以"瓦特"作为功率单位就是为了纪念这位发明家。

火车和轮船的发明

瓦特改良蒸汽机后，很多人想："要是把蒸汽机用到交通工具上，大大提高速度，那该多好啊。"

1789年，一个叫富尔顿的美国年轻人抵达英国，登门拜访了瓦特，向他说了自己想把蒸汽机用到船上的想法。

1803年的一天，天气晴朗，万里无云，富尔顿决定在法国巴黎的塞纳河上进行试航。富尔顿的蒸汽轮船是一艘长约21米、宽约2.5米的大船，与别的船不同的是，它的上面装着一台8马力的蒸汽机。

刚开始，这艘大船在塞纳河上吐气冒烟，摇摇晃晃地走着，但过不长时间就不动了。在两岸围观的人大声嘲笑富尔顿，称这艘轮船为"富尔顿的蠢物"。第一次试航就在人们的哄笑声中结束了。

　　但富尔顿并没有因为一次失败而泄气。为了继续研究，他四处求援，甚至找到了拿破仑。结果拿破仑认为他是个骗子，把他轰了出去。最后富尔顿得到了美国政府和企业家的援助。有了资金的富尔顿，把自己的全部精力都投入到了研究之中。他在每一次失败之后，总是告诉自己："一旦蒸汽动力船研制成功，将是世界船舶史上最伟大的发明之一。我一定能行！"

　　1807年，在美国纽约的哈得孙河上，富尔顿再次试航。这次的蒸汽轮船被命名为"克莱蒙特"号。这艘蒸汽轮船长45米，宽4米，没有橹、帆和桅杆，只有一根大烟囱，船体两侧各有一个大水车式的轮子。两岸围观的人们还依旧把它称为"富尔顿的蠢物"。

火箭式发动机

斯蒂芬森著名的火箭式发动机是一个圆筒，在它的驱动下，轮子基本上能够与地平线保持一致，这一发明是如此实用，以至于很轻易地就夺得了1829年首届火车速度试验赛冠军。

　　在两岸观众的目光下，"克莱蒙特"号冒着滚滚浓烟，以每小时9千米的速度飞快地离开了码头。观众看到"富尔顿的蠢物"以超过一般帆船的速度前进时，发出一片欢呼声。在船尾亲自操作的富尔顿看到这情景，激动地流下了热泪。

　　但不到一会儿，"克莱蒙特"号又不动了，满头大汗的富尔顿和助手们急急忙忙拿着工具，很快就修好了。"克莱蒙特"号的机器发出巨大的轰鸣声，这时岸上一位贵妇人惊叫起来："天哪，那蠢物又动了！"排除了小故障的"克莱蒙特号"又开始破浪前进。

　　在当时，从纽约到哈得孙河上游的小城阿尔巴巴，全程航行一共240千米。普通的帆船，即使是顺风，也要两天两夜，但"克莱蒙特"号无论是否顺风，只需要32小时。后来，富尔顿被人们称为"轮船之父"。

　　蒸汽轮船的成功，大大激发了人们的发明创造热情。蒸汽机可以用到船上，提高水上运输工具的速度，如果也能用到陆地的交通工具上，提高速度，那该多好啊！于是很多人开始研究如何将蒸汽机用在陆地工具上。

　　1781年，乔治·斯蒂芬森出生在英国一个贫穷矿工家庭。14岁的时候，斯蒂芬森当上了一名见习司炉工。他很喜欢这个工作，经常认真地擦洗机器，清洁零部件。经过多次拆装，他逐渐掌握了机器的结构和制图等方面的知识。忙碌了一天后，他还去上夜校，提高自己的文化知识。后来，斯蒂芬森也投入了蒸汽机车的研究中。

　　1814年，斯蒂芬森制造出了在铁路上行驶的蒸汽机车。但这辆蒸汽机车构造简单、震动厉害、速度缓慢，有人驾着一辆马车和火车赛跑，讥笑斯蒂芬森："你的火车怎么还没马车跑得快呀？"附近的农民责怪他的火车声响又尖又大，把附近的牛都吓跑了，跟他吵架，找他算账。

面对这些困难，斯蒂芬森没有灰心，他进行了一系列改进，减小了机车发出的声音，增大了锅炉的火力，提高了机轮的运转速度。1825年9月，他又进行试车表演了。又有一个人骑着一匹快马，要和斯蒂芬森比赛，他以为蒸汽机车根本比不上他的骏马。但蒸汽机车拖着30多节车厢，载着400多位乘客，以每小时20多千米的速度飞快前进，很快就把马车甩到了后面。由于蒸汽机车在刚发明的时候是用煤做燃料，经常从烟囱中冒出火星，所以人们就把蒸汽机车叫作火车，这个名称一直沿用到今天。

工业革命

工业革命是指欧洲资本主义的机器大工业代替个体手工业工场的革命，也称产业革命或第一次科技革命。它既是生产技术的革命，又是社会生产关系的重大变革，开始于18世纪60～80年代，结束于19世纪末。

工业革命首先发生在英国。当时的英国推翻了封建专制，建立了资产阶级政权，英国政府制定了一系列法律来促进资本主义的发展。在国内，英国进行了圈地运动，大量的生产资料聚集在少数资本家手里，消灭了自给自足的小农经济，大批失去土地的农民被迫走进城市和工厂，成为工人，为资本家提供了充足的劳动力。

18世纪中叶，英国战胜了西班牙、荷兰和法国，成为海上霸主，取得了大量的殖民地，为本国的资本主义发展提供了用之不竭的工业原料和广阔的工业品销售市场。英国人还通过贩卖黑奴牟取了暴利，积攒了大量的资金。这一切，为工业革命的发展提供了充足的条件。

由于国内外市场的迅速扩大，对工业品的需求量大大超过了手工工场所能生产的数量，因此资本家们迫切需要生产技术变革。

首先进行技术变革的是棉纺织业。英国占领印度以后，大量的印度廉价棉布被贩卖到英国。为了生存，英国纺织工场的工场主们就开始想办法，改进生产技术，降低成本。当时英国的织布技术很落后，纺织工人一会儿拿着梭子从左手抛到右，一会儿又拿着梭子从右手抛到左，一天也织不了几尺布。1733年，一个叫凯伊的工程师发明了飞梭，用绳子一拉，梭子很快就飞了过去，织布的速度一下子提高了好几倍。

日不落的大英帝国

英国本来只是一个盘踞在英伦三岛上的小国家，但是随着资本主义的发展，再加上地处海岛，本土很少受到外来侵略，所以国力越来越强。1588年，英国打败了无敌舰队，初步建立了海上霸权。随后英国又打败了荷兰和法国，抢夺了不少殖民地。英国开办的东印度公司通过各种卑鄙手段，最后终于完全控制了印度全境。英国是工业革命的先驱者，所以在工业革命中受益最多，国力也最强大。后来英国在各个大洲都拥有了自己的殖民地，不管在什么时候，太阳光总能照到英国殖民地的土地上，英国人因此骄傲地宣称：在大英帝国的土地上，太阳是永远不会落下来的。

织布的技术提高了，但纺纱还是原来的速度，棉纱一下子供不应求，英国的织布场都出现了"棉纱荒"。英国的"艺术与工业奖励协会"用高额奖金来奖励发明新型纺纱机的人。有个叫哈格里夫的织工，偶然发现他的妻子珍妮失手将手摇纺车打翻在地，可纺车仍然转个不停。哈格里夫大受启发，他想，纺车有这么大的力，为什么不让它带更多的纱锭？于是他设计了一个可以同时带动8个纱锭的纺车，纺纱的效率一下子提高了8倍。他把这项发明归功于自己的妻子珍妮，所以就给这个纺车起名为"珍妮纺纱机"。后来经过改进，珍妮纺纱机能纺出80～130根纱锭。但珍妮纺纱机是人工操作，很费力气，1769年，阿克莱特发明了水力纺纱机。

棉纺织业的技术革命推动了其他行业的发展，其中最重要的是交通运输、钢铁、采矿和机器制造等部门的技术变革。

由于水力纺纱机要建在有水的地方，受到地域和气候的限制，这为瓦特发明蒸汽机创造了条件。瓦特在总结了前人科研成功的基础上改良了蒸汽机，并很快投入使用。1784年，英国建成了第一个蒸汽机纺纱厂。蒸汽机的发明是科学史上划时代的成就，从此资本主义工业生产开始迅速发展起来。

18世纪中叶以前，英国炼铁的燃料主要是木炭，这耗费了大量的木材，炼铁业受到很大的限制。1784年，工程师科特发明了一种以煤为燃料的煤铁炉，使炼铁业的功率提高了15倍。1785年，英国建立了第一座近代化炼铁厂，英国近代钢铁工业建立起来了。炼铁业的发展，促使了采矿业的发展，蒸汽机也广泛用于采矿业。1815年，维纳发明了安全灯，使地下瓦斯爆炸的危险大大减小，煤的产量大大增加。

工业的发展开始促使运输业发展。1807年，富尔顿发明了轮船。1840年，英国第一个轮船航运公司成立。1814年，斯蒂芬森发明了火车，英国随即出现了修建铁路的狂潮，到了1850年，英国已经建成了数千千米的铁路。

工业革命使英国获得了"世界工厂"的称号，成为世界头号强国，加强了它的海上霸主地位。英国凭借强大的实力，加紧殖民扩张，攫取了大量的利益。

后来，工业革命从英国传到了欧洲大陆，19世纪的时候又传到北美地区，促进了这些地区的生产力的发展，帮助这里的新兴资产阶级打击封建势力，夺取了政权。但同时，西方资本主义国家凭借强大的势力，四处侵略扩张，给亚、非、拉人民带来了深重的灾难。

"俄罗斯文学的太阳"普希金

亚历山大·谢尔盖耶维奇·普希金是俄国伟大诗人、俄罗斯近代文学奠基人，被称为"俄罗斯文学之父"和"俄罗斯文学的太阳"。1799年，普希金出生于莫斯科一个贵族家庭。他的父亲有很多藏书，叔叔是个有名的诗人，所以家里经常有一些俄国文化名流来做客，普希金就在这种浓厚的文化气息里长大。他的保姆经常给他讲俄罗斯的民间故事，小普希金听得非常入迷。优裕的家庭条件给他提供了很好的教育，普希金很小的时候就开始跟家庭老师学习法语，七八岁就学着写诗，并能讲一口流利的法语。平时不上课的时候，普希金就一头扎进家里的藏书室，废寝忘食地阅读父亲的藏书。12岁时，普希金进入圣彼得堡的学校学习。在那里，他从进步教师身上接受了不少自由主义思想，阅读了大量的启蒙运动时期的著作。1812年，拿破仑入侵俄国，卫国战争爆发，俄国人民视死如归的战斗精神深深震撼了普希金。他怀着激动的心情，写了很多爱国诗篇。这时，普希金在校内外已经是一个小有名气的诗人了，很受当时俄国著名作家杰尔查文、茹科夫斯基等人的器重。

1817年，18岁的普希金从学校毕业，进入了外交部工作。这一时期，普希金的政治生活和

普希金像

文化生活都很活跃；他写了大量歌颂自由的诗篇，并结交了很多十二月党人。普希金还写了很多讽刺沙皇专制的诗篇，很受人们的欢迎，人们争相传阅、抄写和朗诵。不料，这些诗传到皇宫里，大大激怒了沙皇。于是，普希金被调到俄罗斯南部去当差，其实是一种变相流放。

在南方，普希金游览了高耸的高加索山，来到了浩渺的黑海沿岸，接触了大量的劳动人民，亲眼看到了他们受到的苦难，这大大激发了他的创作热情。在此期间，普希金创作了大量的抒情诗和长诗，著名的长诗《茨冈》就是在这里写成的。

1825年12月，十二月党人在圣彼得堡发动起义，企图推翻沙皇的统治，结果不幸失败了，许多人被流放到了西伯利亚。沙皇一面举起屠刀屠杀十二月党人，一面假惺惺地拉拢与十二月党人关系密切的普希金，把他叫到了圣彼得堡。"如果你在圣彼得堡，你会不会和十二月党人一起参加叛乱？"沙皇问普希金。

"是的。陛下，我会的！"普希金坚定地说。

沙皇非常生气，就命令人秘密监视普希金，经常拆看他的信件。

一天，普希金在一个朋友家聚会时遇见了玛利亚，她的丈夫因为参加十二月党人起义被流放到了西伯利亚。玛利亚决心放弃圣彼得堡的舒适生活，去西伯利亚与爱人共度艰苦的岁月，普希金深受感动。回到家，他写下了著名的诗篇《致西伯利亚囚徒》：沉重的枷锁会掉下／阴暗的牢笼会打开／自由会在门口欢迎你们／弟兄们会把利剑送到你们手上！普希金把这首诗送给玛利亚，要她带给在西

十二月党人起义

1825年12月1日，沙皇亚历山大一世突然去世，由于没有留下诏书，针对谁是皇位继承人这个问题引起了一阵混乱。当时一批有正义感的近卫军军官决定利用这个形势发动起义，这批军官虽然是贵族出身，但他们反对万恶的农奴制和封建专制，渴望获得民主和自由。所以他们决定带领俄国奔向自由，于是就发动了起义。由于起义是在12月发动的，所以称他们为十二月党人。起义获得了很多老百姓的支持，但刚即位的沙皇尼古拉一世却不慌不忙地调动军队前去镇压，由于起义军领袖特鲁别茨科依临阵脱逃，起义军群龙无首，很快就被驱散，无数十二月党人惨遭杀害。

伯利亚的十二月党人，给他们鼓舞和力量。

沙皇看普希金的妻子娜塔莉亚长得非常漂亮，就起了非分之想。他封普希金为宫廷近侍，这样就可以经常让普希金夫妇出席宫廷舞会。为了达到自己不可告人的目的，沙皇怂恿流亡到俄国的法国人丹特士整天去纠缠娜塔莉亚，并让他诽谤普希金。

一天，普希金接到了一封侮辱他的匿名信，这封信还寄给了普希金的好几个朋友。普希金怒不可遏，决定找丹特士决斗。

1837年2月8日，在圣彼得堡郊外，普希金和丹特士展开了决斗。一个人在地上画了一条线，两人各离这条线十步远。丹特士首先开枪，射中了普希金的腹部。普希金顿时血流如注，倒在了地上。他咬紧牙关，奋力向丹特士开了一枪，可惜只打中了丹特士的右手。普希金失血过多，昏迷不醒，朋友们急忙把他送回家。两天后，普希金去世，年仅38岁。普希金的遗体从圣彼得堡运往他先前流放时住过的米依洛夫斯基村，葬在圣山（今名普希金山）镇教堂墓地、他的母亲的墓旁。

❋ "乐圣"贝多芬

贝多芬的童年很不幸，由于父亲酗酒，他常常从警察手里接过烂醉如泥的父亲，从未享受过家庭的温情。当父亲发现贝多芬有音乐天赋时，就企图把他变成摇钱树，强迫幼小的贝多芬练习繁重的琴艺，而且常常在三更半夜醉酒回家后把贝多芬从床上拖起来练琴。8岁时，贝多芬被父亲拉着沿莱茵河卖艺，11岁就开始在剧院的乐队里工作。他母亲在1787年去世后，父亲就更加放肆了，几乎每晚都烂醉归来，身为长子的贝多芬，只好挑起了养家的重担，抚养两个弟弟。他受聘为宫廷的古钢琴与风琴乐师，兼做钢琴家庭教师。

1792年，贝多芬前往维也纳，先后受教于音乐家海顿、作曲家申克、音乐理论大师布列希贝克以及作曲家萨里耶等名师。1795年，他在维也纳举行了第一次音乐会，弹奏了自己创作的"第二号钢琴协奏曲"，折服了维也纳的贵族和市民。

正当贝多芬充满热情地为自己的理想而拼搏的时候，不幸却降临了。1796年，贝多芬听力开始下降。到32岁的时候，贝多芬已经完全失去了听力。这对于一个音乐家来说简直是致命的打击，贝多芬陷入了极度痛苦中。他消沉过，甚至曾经想结束自己的生命，但多年来在生活中磨炼出的坚毅倔强的性格和对于音乐的热爱，使贝多芬在不幸的命运面前挺了下来。他渐渐振作起来，开始克服种种困难进行艰难创作。

由于听不到声音，他就用牙咬着根小棍，再把木棍支在乐器上，靠木棍的震动状况来感觉声音的大小。不能听到自己创作曲子的好坏，他就一遍遍地在钢琴前弹奏，通过琴键的跳动来感受音乐的曲谱。由于长时间弹钢琴，他的手指都起了水泡。他不知疲倦地进行创作，对自己的作品要求也十分高，一首曲子经常修改很多次，如我们今天听到的他为歌剧《菲德里奥》第二幕作的序曲，竟改写过18次。在贝多芬与病魔进行顽强斗争的过程中，他的音乐创作也最终趋于成熟，他摆脱了以前音乐创作中的许多框框，塑造了自己独特的艺术风格。贝多芬在后半生30年的无声世界创作了大量音乐史上不朽的作品，如著名的9部交响曲等。

1801年，他与一个17岁的少女朱丽叶塔·古奇阿蒂相恋，著名的钢琴奏鸣曲《月光》就是他们相恋的作品。但古奇阿蒂在两年后离开了他，嫁给了一位伯爵。1806年，贝多芬再次恋爱了，对方是丹兰斯，古奇阿蒂的表妹，两人在那一年订了婚，但这场爱情也只维持了4年，丹兰斯也离开了贝多芬。再次遭受失恋打击的贝多芬变得更加不修边幅，行为举止也更加放肆。1809年，拿破仑攻占维也纳，贝多芬的保护人和朋友纷纷逃难，他陷入了孤独与经济拮据的双重困境之中。但他还是完成了《庄严弥撒曲》和《第九交响曲》。尤其是后者演出的成功，为他带来了一生最大的荣耀与欢欣。

贝多芬像

1827年3月26日，在维也纳的春雷骤雨中，贝多芬辞别了人世，享年57岁，约有两万多的维也纳市民参加了他的葬礼。

贝多芬还是一位民主人士，这一点从《第三交响曲》的由来就可以看出来。1804年，贝多芬完成了《第三交响曲》。这首曲子原本是写给拿破仑的，贝多芬在作品扉页上还写下了"献给拿破仑·波拿巴"几个大字。但是，就在作品完成的这一年，拿破仑做了让贝多芬失望的事情——抛弃共和制，当了皇帝。贝多芬一气之下，就把这首曲子改为了"英雄交响曲——纪念一位伟人！"

英国宪章运动

19世纪30年代，英国完成了工业革命，社会日益分裂成资产阶级和无产阶级两大阶级。富有的资产阶级掌握了国家政权，为了维护自己的利益，他们制定了一系列的法律。而广大的无产阶级深受资产阶级的剥削，在政治上毫无权力，在经济上处于贫困状态。工人们每天要工作16～18个小时，资本家还大量雇佣低工资的女工和童工。工人们居住的条件也非常恶劣，他们的房屋狭小、肮脏，居住区里卫生条件很差，伤寒、疟疾、肺病等疾病流行。一个英国政府官员在视察了格拉斯哥城的工人居住区后说："15～20个工人们挤在一间小屋子里，躺在地板上，他们的被子竟然是半腐烂的麦秸秆混着破布条""房屋肮脏、潮湿，马都不能拴到里面"。

为了摆脱悲惨的生活，从19世纪20年代开始，工人们就不断举行大规模的游行示威。1836年，英国伦敦一个叫洛维特的木匠，发起成立了"伦敦工人协会"，号召工人们争取选举权，选出能代表自己利益的人去做议员，为工人说话。"伦

西里西亚纺织工人起义表明了工人阶级的觉醒。

敦工人协会"提出了6点主张：第一，凡是年满21岁，身体健康、没有刑事犯罪记录的男子都应该拥有选举权；第二，选举时必须秘密投票；第三，全国各选区应该按照当地的居民人数排定，选区选出的议员名额也应当与人数相适应；第四，国会每年改选一次；第五，取消对候选人的财产资格限制；第六，如果议员当选，应该发薪金。宪章运动从此开始。

1838年，这6项主张以法案的形式公布，被命名为《人民宪章》。《人民宪章》一经公布，就受到了广大工人的热烈欢迎，宪章运动很快从伦敦扩展到全国各地。工人们在各地举行大规模的集会，经常有四五万人参加，有的集会甚至多达10万人。他们高举着火把，发表战斗性的演说，甚至高呼斗争口号："武装起来！"一个工人领袖在演说中说："普选权问题，归根到底是刀子和叉子的问题，是面包和乳酪的问题！"

1839年2月4日，第一届宪章运动代表大会在伦敦召开，定名为宪章派工会会议。会议一致决定在5月5日采取和平请愿的方法，向议会递交请愿书。有的代表提出，如果议会拒绝请愿书，和平请愿失败，那就举行武装暴动。当时在请愿书上签字的人超过了125万，请愿书重达300千克，工人们把它放在装饰着彩旗的担架上，抬到了议会。7月12日，议会拒绝了请愿书提出的要求。政府随即派出了大量的军警对工人们进行镇压。

和平请愿活动失败后，愤怒的工人们举行了武装暴动。1839年11月，英国南威尔士1000多名矿工，手拿木棍、长矛和短枪等简陋武器，向南约克郡进军。政府立即派出大量军警前去镇压。在达纽波特，军警向工人们疯狂射击，很多工人倒在了血泊中。工人们没有被敌人的残暴吓倒，他们沉着迎战，顽强抵抗。20多分钟后，由于寡不敌众而遭到失败。政府以此为借口逮捕了宪章派领导人欧康纳，宪章派工会被迫解散。

3年后，欧康纳出狱。在他的领导下，拥护《人民宪章》的工人们组成了一个全国宪章派协会，入会者达5万多人。1842年，他们再次向议会递交请愿书。请愿书的内容除了以前的6条内容外，又增加了要求废除教会的"什一税"和"新贫民法"的内容。请愿书有300万人签字（约占当时英国成年男子的一半），再次要求议会将《人民宪章》定为法律。请愿书指出："议会既不是由人民选出来的，也不是由人民做主的。它只为少数人的利益服务，而对多数人的贫困、苦难和愿望置之不理""英国的统治者穷奢极欲，被统治者饥寒交迫"。（当时英国女王每天的收入是164镑17先令60便士，她的丈夫亚尔伯特亲王每天的收入是104镑20先令，而广大普通工人每天每人的收入只有两便士。）但这次请愿再次被议会否决。此后，英国各地罢工活动此起彼伏。

最终，宪章运动还是被镇压，但英国政府不得不颁布了一些改善工人劳动状况的法令，在一定程度上缓解了英国社会的阶级矛盾。

席卷欧洲的革命

19世纪40年代中期，随着工业革命的扩展，欧洲大陆的资本主义得到迅速发展，新兴的工业资产阶级力量日益壮大，但在政治上他们仍然处于无权或少权状态，政权被封建落后势力所把持，深受他们的压迫，这些封建势力成了资本主义发展的绊脚石。另外，深受外族压迫的东南欧各国都希望推翻外国统治、取得民族独立。

1845年，欧洲大陆普遍发生了马铃薯病虫害（当时马铃薯是欧洲人的主要口粮），各国相继出现了农业歉收，许多地方出现饥荒。1847年，欧洲又发生了经济危机，很多工厂倒闭，大量的工人失业。广大人民群众的生活状况日趋恶化，社会动荡不安，欧洲大陆的阶级矛盾和民族矛盾迅速激化。

当时的意大利半岛分裂为许多封建小国，他们都直接或间接地受制于奥地利，这种分裂状态和外族统治严重阻碍了意大利资本主义的发展。1848年1月，西西里岛首府巴勒莫的人民首先发动了起义，揭开了1848年欧洲革命的序幕。经过激战，起义者击败了国王的军队，建立了资产阶级临时政府。在巴勒莫起义的影响下，意大利的米兰、威尼斯等地也相继爆发了反对奥地利统治的起义。撒丁、那不勒斯、托斯卡纳的封建小国的统治者也向奥地利宣战，意大利半岛革命形势高涨。1849年2月9日，以马志尼为首的罗马共和国宣告成立。7月3日，法国、奥地利和两西西里王国出动军队，颠覆了罗马共和国。后来由于各小国封建统治者的背叛，革命形势急转直下。8月22日，奥地利军队攻陷威尼斯，意大利革命失败。

在意大利的影响下，1848年，欧洲各国相继爆发了大规模的革命。当时的法国处于代表金融资产阶级利益的七月王朝的统治之下，这引起了工业资产阶级的不满。于是工业资产阶级和广大人民联合起来，于2月22日在巴黎群众发动了起义。经过两昼夜的激烈战斗，起义军攻占王宫，法国国王路易·菲利浦出逃，起义军成立了临时政府，宣布废除君主制，建立共和国，史称法兰西第二共和国。但胜利果实被资产阶级篡取，他们下令解散国家工厂，并把工厂中的工人编入军队或驱赶到外省去做苦工。工人们忍无可忍，

这是自由主义改革家们印发的宣传单上的插图。1848年的普鲁士首都柏林，挥动着警棍的警察驱散了人们的一次游行示威。

被迫举行了六月起义,但遭到了政府军的残酷镇压,起义失败。

德意志在1848年以前是一个由35个邦和4个自由市组成的四分五裂的联邦国家,这种分裂的状况和意大利一样,严重地阻碍着资本主义的发展。德意志的巴登公国首先爆发革命,并迅速波及到了很多地区,纷纷成立了资产阶级政府。3月13日,普鲁士王国首都柏林的工人、市民和大学生举行示威游行,并同普鲁士军队展开激烈战斗。普鲁士国王威廉四世调动大批军队,向起义军发起猛攻。经过激烈战斗,普鲁士军队被迫撤出柏林,威廉四世同意召开有资产阶级参加的议会。3月29日,资产阶级首领康普豪森组阁,柏林三月革命的胜利果实落入资产阶级手中。

东南欧也爆发了反对外国统治的民族解放运动,其中以匈牙利的革命最为声势浩大。当时匈牙利处于奥地利的统治之下,1848年3月15日,佩斯人民在革命家裴多菲的领导下,强迫市长在实行资产阶级改革的政治纲领《十二条》上签字,不久革命群众控制了首都。革命者向奥地利皇帝提出建立匈牙利独立政府和废除封建制度的要求。奥皇非常敌视匈牙利革命,他调集了大批反革命军队进攻匈牙利,并于1849年1月5日攻陷匈牙利首都。匈牙利政府迁到德布勒森。不久,匈牙利起义军展开反攻,取得节节胜利。4月14日,匈牙利议会发表《独立宣言》,宣布匈牙利独立。5月21日,匈牙利起义军收复了布达佩斯。为了镇压匈牙利革命,奥地利勾结沙俄,共同出兵。沙俄出动了14万大军入侵匈牙利,20万奥地利军队也对匈牙利发起了猖獗的进攻,匈牙利处于腹背受敌的境地。由于双方军事力量相差悬殊,再加上匈牙利内部右翼分子叛变,匈牙利军队遭到惨败,匈牙利革命失败。

匈牙利革命的失败标志着欧洲1848年革命的结束。镇压了匈牙利革命后,沙俄又相继镇压了罗马尼亚、捷克等国的革命运动,成为欧洲宪兵和镇压东欧民族解放运动的刽子手。

《共产党宣言》

随着欧洲工人运动的蓬勃发展,一种代表工人利益、科学指导工人争取解放的思想应运而生,它就是马克思、恩格斯创立的科学社会主义。

1847年春季的一天,一位青年来到比利时首都布鲁塞尔的同盟街5号。他仔细看了一下门牌号,整理了一下衣服,走上前去,轻轻敲了下门。

过了一会儿,一个留着大胡子的人打开门,看见一个陌生人站在门外,他问道:"请问您找哪位?"这个大胡子就是马克思。

"请允许自我介绍一下,我叫莫尔,是受正义者同盟的委托前来拜访您的。"那位青年说道。

"哦,欢迎,快请进。"马克思非常热情。

当时欧洲有很多工人团体和社会主义小组,正义者同盟是影响较大的一个国际组织,在欧洲各国都有会员。莫尔就是正义者同盟的领导人之一。

坐下之后，莫尔打开皮包，掏出一封信，对马克思说："马克思先生，这是我们全体正义者同盟领导人签名的委托书，想请您和恩格斯先生为我们写一个宣言。"

1847年夏天，正义者同盟在英国首都伦敦召开了第一次代表大会，恩格斯出席了会议，而马克思由于经济原因没能出席会议。大会根据马克思和恩格斯的提议，将正义者同盟改为共产主义者同盟，并将原来的口号"人人皆兄弟"改为"全世界无产者联合起来"。恩格斯为同盟起草了新《章程》。新《章程》的第一条就明确规定了共产主义者同盟的目的：推翻资产阶级政府，建立无产阶级专政，消灭旧的阶级对立的资产阶级社会，建立没有阶级、没有私有制的新社会。从此，一个崭新的无产阶级政党——共产主义者同盟诞生了！

马克思像　　　　恩格斯像

为了躲避反动的资产阶级政府的迫害，正义者同盟的活动都是在地下进行的。共产主义者同盟成立后，开始在工人中大力宣传，扩大影响。马克思、恩格斯在比利时首都布鲁塞尔组织了一个"工人教育协会"，并把《德意志—布鲁塞尔报》作为共产主义者同盟的宣传阵地，用来传播共产主义思想，教育广大的工人和群众。

1847年底，共产主义者同盟在伦敦召开了第二次代表大会。在大会上，代表们觉得应该用宣言的形式写一个纲领。大会结束后，马克思和恩格斯受代表们的委托，经过紧张的工作，合写了《共产党宣言》。

《共产党宣言》中，第一，马克思和恩格斯用辩证唯物主义的科学理论阐述了资本主义必将灭亡和共产主义必将胜利的科学结论，指出生产关系一定要适应生产力的客观规律；第二，无产阶级的伟大使命是推翻资本主义，建立社会主义和共产主义，无产阶级是资本主义的掘墓人；第三，共产党是无产阶级的先锋队，没有共产党的领导，无产阶级不可能取得胜利；第四，批判了形形色色的假"社会主义"和假"共产主义"。在《共产党宣言》的最后，马克思、恩格斯用豪迈的口吻向全世界宣布："让统治阶级在共产主义者革命面前发抖吧。无产者在这个革命中失去的只是锁链。他们获得的将是整个世界。"

1848年2月，《共产党宣言》在伦敦正式出版，并很快翻译成了多种文字在

● 三大空想社会主义者 ●

三大空想社会主义者分别是圣西门、傅立叶和欧文。圣西门非常痛恨剥削制度，他提出了实业制度，在这个制度下，每个人都要劳动，按劳取酬，圣西门的这个理论成为科学社会主义的理论来源之一。傅立叶和圣西门一样，都是法国人，他的理论是一种和谐制度，即建立协助社，同样是每个人都要劳动，除了按劳取酬之外，还要按资本和技能获得报酬。傅立叶还组织过试验，但由于他的想法不切实际，很快就失败了。空想社会主义者所做的最大试验是欧文在美国所为，为此他投入了巨额财产，但试验最终失败。空想社会主义者们的失败是必然的，因为他们的设想缺乏现实基础，但他们的理论却成了科学社会主义的理论来源。

世界各国传播。《共产党宣言》是马克思、恩格斯的重要著作之一，是无产阶级革命政党的第一个完整理论，是共产主义运动的第一个纲领性文件。它的发表，标志着马克思主义的诞生。

第一国际的建立

1863年，波兰爆发了反对沙皇俄国残暴统治的民族起义。沙皇俄国惊恐万分，派出了大量的军队对起义者进行血腥镇压。沙俄军队的野蛮行径，引起了欧洲人民的强烈愤怒。

英国和法国的工人首先掀起了声援波兰人民独立起义的运动。英国全国工人组织"工联"举行了大规模的游行集会，强烈要求英国政府对沙俄施加压力，但英国首相帕麦斯以需要法国政府也同意为由拒绝了工人的要求。于是英国工人会议通过了致法国工人的《呼吁书》，呼吁法国工人和英国工人团结起来，共同战斗，并建议召开全欧洲工人参加的国际会议。

1864年9月28日，英国首都伦敦的圣马丁大教堂内挂满了欧洲各国的旗帜，来自欧洲各国的工人代表济济一堂，大家情绪非常激动，一致声援波兰人民反抗沙皇统治的斗争。在大会上，英国工人代表首先宣读了《英国工人致法国工人书》，号召"为了工人的事业，各国人民必须团结起来！"紧接着，法国工人也宣读了《法国工人致英国兄弟书》："全世界的工人必须团结起来，筑起一道坚不可摧的堤坝，坚决反对把人们分成两个阶级——饥肠辘辘的平民和脑满肠肥的官吏——的害人制度。我们要团结起来，只有自己才能拯救自己。"马克思作为德国代表也出席了大会。

大会根据法国工人代表的提议，决定建立国际工人组织，即"第一国际"，成立一个由英、法、德、意等国工人代表组成的临时中央委员会（后改为总委会）。马克思被选为委员并担任德国通讯社书记。

大会原先决定由中央委员会领导起草第一国际的纲领和章程，马克思因为生病而未能参加起草。不料，各国工人代表之间产生了严重分歧，闹出了一场风波。

英国代表在起草纲领时，把改善工人阶级的经济利益放在首位，要求提高工人阶级地位而斗争；意大利代表则想把意大利工人协会的章程作为第一国际的章程，甚至想成立一个以意大利人为首的"欧洲工人阶级中央政府"。这就明显偏向意大利工人，会在第一国际中造成不和甚至是分裂。不管是英国代表还是意大利代表，

马克思与恩格斯对第一国际的成立起到了重要的指导作用。

他们所提出的问题都是围绕经济利益而提出的，根本没有涉及工人阶级要求的政治地位问题。他们还没有意识到工人的政治利益才是最根本的利益，工人阶级有了政治地位作保障，包括经济问题在内的其他一切问题会很好解决。

看到这乱哄哄的场面，德国代表写信把情况告诉马克思，马克思接到信后，非常着急。他意识到，如果再这样下去的话会产生严重的分裂，会背离建立第一国际的意义。10月18日，马克思带病前来参加会议。

马克思不顾疾病缠身，认真地阅读和修改了所有文件。经过了七天七夜的努力，马克思向总委员会提交了修改后的文件。文件共两份：《第一国际成立宣言》和《第一国际共同章程》。

总委会随即召开全体会议，会议一致通过了马克思修改后的《第一国际成立宣言》和《第一国际共同章程》。

《第一国际成立宣言》是第一国际的纲领性文件，它说："夺取政权已成为工人阶级的伟大使命。"各国的工人阶级要团结起来，形成一支强有力的队伍，这样才能战胜资产阶级，消灭阶级统治和实现劳动资料公有，使工人得到彻底的解放。在《第一国际成立宣言》的最后，马克思用了《共产党宣言》的口号："全世界无产者，联合起来！"

第一国际成立后，开始组织各国工人开展运动，欧洲各国的工人运动此起彼伏。1866年英国裁缝工人大罢工，1867年法国青铜工人大罢工，1868年瑞士日内瓦建筑工人大罢工。在第一国际的大力支持下，这些罢工都取得了胜利。

第一国际在支持各国工人争取自己的权益的同时，也在同各种机会主义和无政府主义进行了艰苦的斗争。这些斗争主要是与普鲁东主义和巴枯宁主义的斗争。在这些斗争中，马克思针锋相对，痛斥他们的谬论，揭露他们企图夺取第一国际领导权的阴谋。在马克思等人的坚决斗争下，他们都遭到了可耻的失败。

战胜了普鲁东主义和巴枯宁主义，第一国际不断发展壮大，团结各国的工人阶级，大力支持各国工人的运动。在世界各国的工人运动中，第一国际起到了巨大的作用。

鸦片战争

当英、美、法、日等列强进行如火如荼的资本主义革命时，清政府正闭关锁国，自以为"天朝上国"，不思改革，使中国在世界上落伍了。英国通过鸦片贸易从中国攫取了大量白银，同时使中国军民身衰体弱，统治阶级有识之士纷纷要求禁销鸦片。

1839年，湖广总督、钦差大臣林则徐奉命于1月底到达广州，他一方面整顿海防，一方面宣布收缴鸦片。3月，英国鸦片贩子被迫交出烟土237万余斤。6月3日，林则徐下令把这些鸦片在虎门海滩当众销毁，以示中国政府禁烟的决心。

英国政府以此为借口向中国发动了战争，于1840年2月，以懿律和义律为正副全权代表，懿律为侵华英军总司令，出兵中国。6月，英国舰船40余艘、士兵4000多名先后到达澳门附近海面，鸦片战争爆发。懿律率英军进犯广州海口，看到广州军民早已严密布防，遂转攻厦门，又被邓廷桢击退。7月，英军北上攻占定海作为军事据点。8月，英舰抵达天津大沽口外，道光帝慑于英军武力，又为投降派的劝说所动摇，遂改变态度，罢免了林则徐，改派直隶总督琦善为钦差大臣，去天津和英军谈判。而此时英军因夏秋换季，疾疫流行，遂放弃定海，于9月中旬南返，双方议定在广州谈判。琦善到广州后，一反林则徐所为，命令撤除海防水勇，镇压抗英群众，一心议和。1840年12月，琦善与义律在广州开始谈判，英军趁中方海防松懈无备之际，于1841年1月7日发动突袭，攻陷了虎门附近的沙角、大角两炮台，并单方面宣布签订《穿鼻草约》，1月26日，英军攻占了香港。

道光帝得知琦善开门揖盗，丢失两炮台后，下令锁拿琦善，并向英国宣战，派侍卫内大臣奕山为靖逆将军，调兵万余赴粤抗英。英军先发制人，出动海陆军攻虎门，广州提督关天培亲率清兵迎击，清军刀矛不敌英军坚枪利炮，关天培中弹牺牲。2月26日，英军攻占虎门炮台，溯珠江直逼广州。4月，奕山率大军抵广州，5月24日英军进攻广州，一路占领城西南的商馆，一路由城西北登陆，包抄城北高地，不久攻占城东北各炮台，并炮击广州城。奕山执行"防民甚于防寇"的方针，对英军侵略消极抵抗，在英军迅猛攻势下，他与英人签订《广州和约》并征得道光帝批准，以缴600万元换得英军撤出广州地区。

与清政府妥协投降态度相反，广州三元里人民在广州北郊牛栏冈附近同窜入这里的千余英军英勇作战，打死打伤英军数十人，并把四方炮台围得水泄不通，在广州知府的调停下，英军才得以解围。

英政府并不满意懿律和义律在中国获得的权益，改派璞鼎查（后来的首任港督）为全权代表来华，扩大侵略战争。1841年8月21日，璞鼎查率37艘舰船，陆军2500人离香港北上，攻破厦门，占据鼓浪屿；9月，英军再次攻陷定海，定海总兵葛云飞英勇殉国。10月，英军攻占镇海，钦差大臣、两江总督裕谦战死，英军旋占宁波城。道光帝闻讯大惊，忙派吏部尚书、大学士奕经调兵赴浙以收复失地。1842年3月，奕经在准备不充分的情况下全面反击，清军数战不利，撤回原地。

战败消息传到京师，朝野上下震动，道光帝无奈，只得派盛京将军耆英和伊里布赴浙向英军请和。璞鼎查不理会耆英的乞和，继续深入，1842年5月18日，英军攻取浙江平湖乍浦镇，6月16日攻吴淞口，

签署《南京条约》时的情景

吴淞炮台守将陈化成壮烈牺牲，宝山、上海沦陷。英军溯长江而上，于7月21日进攻镇江，8月，英舰陆续到达南京下关江面。清政府已无心再战，遂接受英方停战的条件，29日，中英在英军舰"汉华丽号"上，耆英、伊里布与璞鼎查签订了中国近代史上第一个不平等条约《南京条约》，鸦片战争以清政府的惨败而告终。

鸦片战争标志着中国开始逐步陷入半殖民地半封建社会，打开了中国近代史的序幕，昭示了"落后就要挨打"的深刻道理。

印度反英大起义

19世纪初，伴随着工业革命，英国工业资本发展迅速，使得英国对殖民地的剥削与资本掠夺进一步加大。印度是英国统治下的一个半殖民半封建社会，殖民者把印度变成了倾销产品的市场和原料基地，使印度当地的手工业者破产失业，给广大农民和手工业者带来深重灾难，也直接影响到一些封建主的利益。印度各阶层与英国殖民者之间的矛盾日益尖锐，全国到处弥漫着反英抗英的吼声，民族起义在秘密酝酿之中。

1857年初，殖民者不顾印度人的宗教信仰，用牛油涂在子弹上，出身印度教徒的士兵们满腔怒火。殖民者还不断降低士兵待遇，更激起了他们的仇视。5月10日，驻守在米鲁特的士兵杀死英国军官，首先起义。

当晚，米鲁特起义军向德里进发，在德里城内军民的响应下，11日起义军就攻占了德里。他们焚烧英国军营，严惩英国军官，袭击英国教堂。起义军在这里组建了起义政权，周围农民、手工业者等社会各阶层纷纷加入起义军，起义军人数增至4万余人。英殖民者急调军队，以旁遮普为后方基地，向德里发起进攻。4000余英军于6月8日对德里发起攻势。德里城墙坚固，环城有一条很深很宽的护城河。英军开始时缺少重炮、攻城炮，在起义军的英勇抗击下，英军的每次进攻均被击退。受到挫败的英军并没放弃，他们一面调集重炮，一面和混进起义军内部的封建主勾结，造成起义军内部发生矛盾，实力有所削弱。9月14日，德里城在英殖民军重炮的轰击下被攻陷，起义军在街巷内与敌人展开肉搏战。经过6天的激战，起义军打死敌人5000余人，最终被迫退出德里城，向勒克瑙转移。英殖民者进驻德里后展开了疯狂报复，屠杀起义军2万余人。

1858年3月，勒克瑙成了起义中心，集结起义军20万人。英军获得消息后，立即调集9万大军和180门大炮，向勒克瑙逼近。面对枪炮装备精良的敌人，以马刀为主的起义军不畏强敌，与敌人展开英勇的斗争。在敌人猛烈炮火下，起义军坚守半月之久，终因伤亡惨重

印度兵变

被迫放弃勒克瑙城。3月21日起义军主力开始撤离，随即英军攻陷了勒克瑙城。

3月25日，在休·罗斯爵士的率领下，英殖民军开始了进攻另一个起义中心詹西城。当日，英军对詹西城展开了激烈的炮轰。詹西女王是一位英勇而出色的指挥官，她亲临城头，与起义军并肩作战。在她的影响下，起义军更为顽强勇敢，英军的进攻屡屡受挫。4月1日，2万起义军在坦提亚·多比的率领下，赶往詹西支援解围，但遭到英军的截击而溃败。4日，詹西城内投降主义者叛变，引英军从南门攻进城池。女王大怒，遂亲身挥动武器，带领士兵一起冲锋陷阵，与敌人展开白刃战。顽强的起义军们杀死敌人无数，但终因寡不敌众，大势已去，女王趁夜突出重围。

德里、勒克瑙和詹西三大起义中心相继沦陷，各地起义军先后转入游击战。他们充分利用地形，机动灵活地与英军周旋，在运动中寻找时机打击敌人。

1858年5月，坦提亚·多比和詹西女王分别率领起义军向卡尔皮集结，围攻了瓜寥尔。6月，起义军攻占瓜寥尔，在这里建立临时政权。英殖民者十分恐慌，立即从各地调集军队。6月17日，英军在罗斯的指挥下向瓜寥尔进攻。在城市的东南郊，詹西女王与敌人展开激战。詹西女王始终和士兵在一起奋战，多次对英军发动猛烈的攻击，但遭到敌人炮火的轰炸，起义军伤亡越来越多。最终起义军因腹背受敌而溃败，詹西女王英勇就义，坦提亚·多比率军撤出瓜寥尔。

在英军收买政策下，起义军内部出现叛变，1859年4月，坦提亚被出卖后遇难，印度民族起义最后失败。

这次起义是印度历史上的重要转折点，它沉重地打击了英殖民统治，也加速了印度资本主义的发展，这次民族大起义在亚洲近代史上也占有重要地位。

苏伊士运河

苏伊士运河位于埃及东北部的苏伊士地峡，作为亚、非两大洲的分界线，连接着地中海和红海，战略位置十分重要，拿破仑占领埃及时，就曾萌发开凿运河以沟通两个海域的想法。

1798年，拿破仑征服埃及。在仔细察看埃及的地理位置后，他认为开通一条运河，把地中海和红海连成一体十分必要。因为这样既可以直接攫取印度和远东的财富，又可以切断英国与东方殖民地的联系，削弱它的实力。为此他责成科学顾问对该地区进行勘测。结果这些人得出红海海面比地中海海面高几米的谬论，认为若是开通运河，整个埃及三角洲就会被淹没。无奈之下，拿破仑也只得作罢。

时过不久，拿破仑被纳尔逊领导的英国海军驱逐出这一地区，之后这块宝地也没有得到片刻的安宁。19世纪，被工业革命武装起来的西方列强把殖民魔爪伸向亚非拉的每一个角落。苏伊士地峡处在地中海与红海之间，如果在此开通运河，就可以大大缩短从大西洋到印度洋的航线，如此的经济、政治、军事战略重地早令殖民者垂涎三尺。

1854年，法国殖民者费迪南德·李赛普使用欺诈的手段，得到土耳其的埃及总督赛德帕的信任，与之签订了《关于修建和使用沟通地中海和红海的苏伊士运河及其附属建筑的租让合同》。合同规定，从运河通航之日起，租期99年，期满后归埃及所有；埃及无偿提供开掘运河所需的一切土、石、劳动力；运河是埃及的一部分，运河公司是埃及公司，受埃及法律和习惯所制约。这份合同生效后，1859年4月25日，李赛普组建的"国际苏伊士运河公司"正式开凿苏伊士运河。工程从北端的赛得港开始，沿苏伊士地峡向南推进，到1869年11月凿通了这条长达100多千米的运河。但代价是巨大的，10年间，由于高强度的劳动，低劣的食物，再加上监工的虐待，12万劳工累死在工地上。苏伊士运河中流淌的不仅是红海与地中海的海水，还有成千上万名埃及劳工的血泪。

这条运河开通后，总长达到190.25千米；深为22.5米；允许通过的船只最大吨位为21万吨，满载油轮限速13千米/小时，货舱船限速14千米/小时。

以上性能的这些数据使得它成为世界上最长的无船闸运河，而且航道极为安全，事故发生率几乎为零，并且可以昼夜通航。

如此性能优越的运河，并没有因为埃及人付出了惨重的代价就为他们带来福利，而是长期为西方殖民者所把持。从竣工之日起，运河公司股票的52%就控制在法国资本家手中。1875年，英国政府又巧取豪夺，占有了埃及掌握的15%的股票，控制了公司44%的股权，成为该运河的实际控制者，然后又在1882年派兵强占运河区，长达74年之久。直到1956年，埃及最终才把运河收归国有，这期间英国的船只从本土到海湾国家，航程缩短了46%，从而为以英国为代表的欧洲列强节约了大量费用，缩短了船只的航运周转期。这使得列强更快更多地从东方的殖民地攫取财富，更牢固地控制那里弱小的国家和民族。苏伊士运河因此一度被称为向西方殖民主义输血的主动脉。

1956年，埃及不但将运河收归国有，而且击败了英法和以色列的联合进攻，捍卫了运河主权。但到了1967年，西奈半岛被以色列占领，埃及被迫关闭运河。6年后，埃及收复了西奈部分领土，1975年又重新开放运河。苏伊士运河历经沧桑，最终回到了埃及人手中。

美国南北战争

美国独立后，南北两方沿着不同的体制发展。美国北部工业发展迅速，资本主义生产力得到极大提高。而南部仍是以种植庄园主剥削压榨奴隶为基础的奴隶制。北部工业的发展，需要大量的廉价劳动力、生产原料和商品市场，而大量的奴隶却被南部奴隶主束缚在庄园里，南部的生产原料也多出口到欧洲，并从欧洲进口工业品，这无疑使北方工业得不到足够的原料和劳动力，进口的工业品也冲击着北方的生产。南部的奴隶制严重阻碍了美国资本主义的发展，两种制度之间的矛盾日趋尖锐。

1860年11月，痛恨奴隶制的共和党人林肯当选总统，南部扩展奴隶制度的梦想破灭。为维护自身利益，南部奴隶主发动叛乱。12月20日，南卡罗莱纳州宣布独立，佐治亚、亚拉巴马、密西西比、佛罗里达、路易斯安那和得克萨斯等州也纷纷跟随。1861年1月，南部各州组织"南方同盟"，2月在蒙奇马利成立临时政府，戴维斯当选总统。4月12日，南军不宣而战，攻占了联邦政府军驻地萨姆特要塞，南北战争爆发。

预先对战争做好充分准备的南部诸州开始时进展顺利，采取以攻为守的战略，集中兵力寻歼北军主力。南军迅速占领哈珀斯费里和诺福克海军基地，进驻铁路枢纽马纳萨斯，直接威胁联邦首都华盛顿。北方采取了所谓的"大蛇计划"，把部队分散在较长的战线上，且消极防御，给南军可乘之机，使南军在战场上节节胜利。1862年初，北军沿东西两线发动进攻，除西线格兰特率领的部队解放了肯塔基州和田纳西州大部，取得一定的战果外，在其他战场，南部军队均抢占上风。

面对不断的失利，人民群众强烈要求政府以革命的方式进行战争。林肯当局顺应民意，颁布《宅地法》，规定公民有权获得一份土地。1863年1月1日，正式颁布《解放黑人奴隶宣言》，宣布南部各州的奴隶永远获得自由，并允许黑人参加北方军队，宣言沉重地打击了南部的奴隶制度，奴隶们看到了曙光，纷纷起义，参加北方军队，也极大地调动了北方人民的激情。此举使整个战局发生了变化。

北军采取主动进攻、全面摧毁南军的军队战斗意志和经济基础的战略决策。1863年5月，北方波托马克军团13万人向里士满进军。轻敌的南军多次被击败，北军扭转了战争的被动局面。与此同时，西线的格兰特军团切断南军水上运输线，从水陆同时实施进攻，打通了密西西比河，向南军修筑在密西西比河上的重要堡垒维克斯堡发起总攻，意图把南军分割成东西两部分。防御坚固的维克斯堡控制着整个河面。北军猛烈的炮轰持续了47天，几乎摧毁了要塞的所有防御工事。弹尽粮绝的守兵失去防御能力，于7月4日投降，2.9万人的俘虏创造了南北战争期间俘虏人数最多的纪录。7月8日，北军攻占了哈得孙港，实现了分割南军的目标。9月9日，格兰特命坎伯兰军团向交通枢纽和工业中心查塔努加发起围攻，取得向南部进军的基地。

维克斯堡和查塔努加的大捷，注定了南军败亡的最后命运。

1864年，格兰特被任命为总司令，统

南方联军总司令罗伯特·李将军向格兰特投降。

— 232 —

一指挥北军的战斗。北军发起战略进攻,双方损失惨重。北方人力、财力充沛,能及时补给,南军则兵源枯竭。7月上旬,南军的罗伯特·李派2万余人奔袭华盛顿,因消耗殆尽而全军覆灭。9月,北军西线的谢尔曼攻占了亚特兰大,插入敌人后方。12月21日,占领了萨凡纳,奠定了战胜南部的基础。

1865年,谢尔曼北上,与格兰特形成夹击南军之势,一路势如破竹。4月1日,北军在彼得斯堡附近与南军展开决战,南军遭到惨败。罗伯特·李被迫于9日率领残军2.9万人向格兰特投降,历时4年的内战到此结束。

北军的胜利,恢复和巩固了联邦的统一,摧毁了奴隶制,扫清了美国资本主义发展的障碍。由于新科技的应用为战争史开辟了全新篇章,战争面貌大为改观,后勤供应也更为复杂,这次战争被人们称为"第一次现代化战争"。

日本倒幕运动

19世纪中期以前,日本处于德川幕府的统治之下,实行锁国政策,只和中国、朝鲜和荷兰有贸易往来,对世界的变化一无所知。

1853年7月8日,4艘奇形怪状、黑黝黝的战船出现在日本的江户湾(今东京湾)。它们的烟囱冒着黑烟,发出震耳欲聋的汽笛声,黑洞洞的炮口似乎随时都要发射炮弹。在岸上巡逻的士兵从来没有见过这样的庞然大物,他们吓得禀报上司。经过双方的接触,日本人才知道这是由美国人培里率领的一支舰队,他们来是要向日本递交国书,并要求日本开放通商口岸。日本幕府的官员知道这一消息后迫于美国舰队的军事压力,被迫同意。

明治天皇像

在浦贺附近的久里滨,日本幕府的官员接受了培里递交的国书。在国书中美国人提出了很多要求,如美日缔结通商条约,日本向过往的美国船只提供淡水和煤炭,救助落水的船员等。在美国强大武力的威胁下,日本不敢不同意。为了进一步炫耀美国国威,美国舰队来到江户湾进行了大规模的示威,弄得江户城内人心惶惶。随后,美国舰队扬长而去。

1854年3月,培里率领舰队再次来到日本。双方签订了不平等条约《日美修好条约》,又称《神奈川条约》,日本被迫向美国开放通商口岸和提供最惠国待遇。自从美国与日本签订了不平等条约后,西方国家纷纷前来,强迫日本签订不平等条约,日本逐渐沦为半殖民地。

随着西方势力的侵入,西方的大量廉价的纺织品也大量涌入,日本的传统手工工场纷纷倒闭,大量的农副产品和黄金外流。

面对这种严峻的局势，日本统治阶级出现了两个对立的集团：以幕府将军为首的保守派为了维护自己的利益，主张维持现状，反对改革；以萨摩和长州两藩为首的一些大名主张改革，推翻幕府统治，富国强兵，废除不平等条约。双方发生了激烈的冲突，倒幕派毒死了畏惧幕府的孝明天皇，扶植年幼的明治天皇上台。

1867年10月上旬的一天，在京都（当时天皇所在地）天皇宫中的一间书房里，倒幕派首领大久保利通、西乡隆盛等几个重要人物聚集在一起，商量如何对付幕府。其中一个人说："倒幕要名正言顺，必须取得天皇的支持。"其他人都点头表示同意。几个人商量好了，就派了一个人去向天皇报告。明治天皇虽然只有15岁，但他很有见识，早就对幕府把持朝政表示不满了。于是，他就和倒幕派联合起来共同反对幕府将军德川庆喜。他下了份密诏，密令讨伐德川幕府。大久保利通等人接到密诏，非常高兴。

不料，听到风声的德川庆喜假装辞去幕府将军的职位，主动要求把政权还给天皇。倒幕派看穿了德川庆喜的缓兵之计。他们准备先下手为强，打德川庆喜一个措手不及。

倒幕派连夜调兵遣将，把自己的部队调集到京都，发动了宫廷政变。1868年1月3日，倒幕派率兵包围皇宫，解除德川幕府警卫队的武装。明治天皇和他们召开了御前会议，宣布"王政复古"，收回大权。明治天皇宣布建立由他领导的新政府，委派大久保利通等人主管政事。

气急败坏的德川庆喜连夜逃出京都，退到大阪。他不甘失败，调集忠于他的军队，打着"解救天皇，清除奸臣"的旗号，杀向京都。

大久保利通率领倒幕派的军队，毫不畏惧，沉着应战，在京都附近的鸟羽、伏见两地严阵以待。为了鼓舞士气，明治天皇还亲自到阵前督战。

到了半夜，毫无防备的幕府军刚到这里就遭到了倒幕军大炮的袭击，双方随即展开了厮杀。幕府军虽然人数多，但士气低落，而政府军却斗志旺盛，以一当十。不久，幕府军就败下阵来，纷纷逃跑。

倒幕军乘胜追击，包围德川庆喜的老巢江户。德川庆喜见大势已去，只好向倒幕军投降。至此，统治日本200多年的德川幕府倒台。

幕府彻底倒台以后，明治天皇进行了一系列有利于资本主义的改革，使日本很快走上了资本主义道路，史称"明治维新"。

维新三杰

为倒幕做出最大贡献的无疑是萨摩藩，它贡献了倒幕、维新运动中最出色的三个人：大久保利通、西乡隆盛和木户孝允，这三个人为明治维新做出了突出的贡献，所以称之为"维新三杰"。三人中，大久保利通政治手腕最高明，他坚决反对西乡隆盛的征韩计划，并因此与其决裂。西乡隆盛一气之下回乡造反，最后兵败自杀。木户孝允虽然和大久保利通站在同一战线上，但也遭到排挤，不久也病死了。大久保利通也没过多久好日子，正当他雄心勃勃改革的时候，却被幕府残余分子暗杀。维新三杰虽然都英年早逝，但是日本的维新事业并没有止步，而是继续发展了下去。

"铁血宰相"俾斯麦

一次，俾斯麦乘火车出差，下车后坐在椅子上休息。这时，另外一位旅客坐在了他旁边，并和他攀谈起来。那个旅客问俾斯麦是做什么生意的，当俾斯麦知道对方是皮革商后，也谎称自己是皮革商。临别时，俾斯麦微笑着对那人说："阁下如果以后来柏林，不妨来我的工厂参观，我的工厂在威廉街76号。"（威廉街76号是首相办公室）

那个皮革商打死也不会相信，面前这个和善的人就是有"铁血宰相"之称的俾斯麦。的确，在政治上俾斯麦可没这么温顺，他绝对称得上是一个铁腕人物。

1821年1月，威廉一世加冕为德意志帝国的皇帝，台阶下着白衣者为俾斯麦。

1815年，俾斯麦出生于德国普鲁士勃兰登堡的一个贵族家庭，父亲是政府官员，母亲出生于资产阶级家庭，受过良好的教育，是俾斯麦家族中第一个来自非贵族家庭的妇女。

俾斯麦天资聪颖，学习成绩不错，但常常喜欢和别人打架，蛮横的天性从小就暴露了出来。他在1832年进入哥廷根大学，一年半后转入柏林大学，主攻法律，对历史和外语尤其感兴趣。大学期间，与同学发生过28次决斗。1835年大学毕业后，他在柏林的法院当过见习书记官，但那种琐碎的工作根本不适合他野心的性格，他经常在工作时间骑马出去散心。1838年春天，俾斯麦爱上了一个牧师的女儿，爱得可谓如痴如狂，最后竟然追人家追到了瑞士，但是终究没有成功。后来，在母亲的劝说下，他转到波昂的法院工作，又投效了王家卫队，但是不到一年时间，他就因为冒犯长官而辞职。他在1839年返回故乡，和家人一起经营庄园。1847年，俾斯麦结婚了，夫人是一位虔诚的教徒，在夫人的影响下，俾斯麦逐渐改掉了过去的一些陋习，也成为了一名忠实的信徒。

婚后不久，俾斯麦步入政坛，当选普鲁士联邦议会议员。之后，他逐渐形成了自己的政治信念：第一，最好的政府形式莫过于君主专制；第二，德意志必须在普鲁士的领导下完成统一。1859年，俾斯麦任驻俄公使，1861年改任驻法公使。1862年，他出任普鲁士宰相兼外交大臣，几天后，他发表了著名的"铁血演说"，宣称"当代的重大问题不是用说空话和多数派所能解决的，而必须用铁和血来解决"。俾斯麦"铁血宰相"的称号就是来源于这里。一言以蔽之，他决心用武力

— 235 —

作为解决政治问题的最主要手段,在当时,这主要就是指排除奥地利,由普鲁士领导完成德意志的统一。

俾斯麦通过三次王朝战争实现了统一的目标。第一步,在1864年初挑起对丹麦的战争,把属于丹麦的石勒苏益格和荷尔施泰因两公国(居民多数为德意志人)并入德意志。第二步,在1866年挑起对奥地利的普奥战争。迫使奥地利退出德意志联邦,并建立起在普鲁士领导下的北德意志联邦,统一了德意志北部和中部。第三步,在1870年挑起普法战争,清除统一南德的障碍。这次战争是德国在欧洲崛起的重大转折,强大的法国在色当战役中被彻底击败,法皇拿破仑三世被俘,巴黎被普军占领。1871年1月18日,俾斯麦在法国的凡尔赛宫宣布统一的德意志帝国成立,普鲁士国王威廉一世成了德意志帝国的皇帝,俾斯麦出任帝国宰相,并被授予公爵封号,成为19世纪下半叶欧洲政治舞台上的风云人物。

德国统一后,俾斯麦就显得不那么顺利了,他在国内推行的强硬政策遭到人民的普遍反对,对外与英、法争夺海外殖民地也处处碰壁,又引起容克资产阶级的不满。1888年,威廉二世即位为德国皇帝。威廉二世不同于他的父亲,他野心勃勃、刚愎自用,与俾斯麦在"政策谁做主"的问题上产生了摩擦。1890年3月,威廉二世命令俾斯麦递交辞呈书,俾斯麦在当政28年后下台。1898年7月30日,俾斯麦溘然长逝,享年83岁。

✹ 普法战争

19世纪上半期,德意志是一个由34个独立的国家和4个自由市组成的松散的联邦。这个联邦没有中央政府,没有统一的军队,各国都各自为政,严重阻碍了资本主义的发展。普鲁士和奥地利是德意志各国中最强大的两个国家。普鲁士击败了不愿意统一、只想维持自己在德意志内霸权的奥地利,统一了北德意志,举起了德意志统一的大旗。但当时南德意志的4个邦还处于法国的控制之下,为了德意志的统一,普鲁士首相俾斯麦决定和法国开战。

当时的法国在历史上叫法兰西第二帝国,他的皇帝拿破仑三世叫路易·拿破仑·波拿巴,是拿破仑的侄子。他是个狂妄自大的人,连拿破仑1%的军事才能都没有,但却经常对外发动战争。他公开说:"德意志决不能统一,它应该被分成三部分!"当时法国国内阶级矛盾激化,社会问题多如牛毛,法国的资产阶级为了转移国内人民的注意力,夺取德意志的莱茵河西岸地区;而普鲁士方面视法国为德意志统一的绊脚石,它也企图夺取法国矿产丰富的洛林和阿尔萨斯地区。于是,一场大战不可避免了。

1870年7月19日,法国正式对普鲁士宣战。当时法国有40万军队,拿破仑三世以为凭借自己的强大的军事势力可以很快击败普鲁士。他狂妄地说:"这场战争不过是到柏林的一次军事散步!"可实际情况并非如此。40万法军调到前线的只有20万,而且军队编制混乱,军官找不到士兵,士兵找不到军官,有的将军还远在非洲。狂妄自大的法国将军以为法军必将是在普鲁士境内作战，所以他们只带了普鲁士地图，而没有带本国的边境地图。本来按照原计划，法军在拿破仑三世抵达前线后的第二天就应该向普鲁士进军，但拿破仑三世看到法军装备、粮草严重缺乏，犹豫起来。普鲁士军队趁机结集了40万军队，完成了军事部署。到了宣战的第8天，法军的25万人才来到法普边境。

8月2日，法军攻入普鲁士境内，但立即遭到了普鲁士军队的迎头痛击。8月4日，普鲁士军开始全面反攻，法军全线崩溃，普鲁士攻入法国境内。拿破仑三世见大事不好，急忙把指挥权交给巴赞元帅，自己乘着一辆马车向西狂逃。巴赞在抵抗了一阵后，败退到麦茨要塞，随即被普军包围。法军的麦克马洪率领12万法军退到色当要塞，和早先到这里的拿破仑三世会合。不久，色当也被普军包围。

9月1日早晨，色当大战开始。法军龟缩在坚固的要塞中同普军对抗。普军占领了色当四周的高地，用700门大炮猛轰色当。一时间，色当上空炮声隆隆，炮弹像雨点一样落入色当城内，全城一片火光，到处都是残垣断壁，滚滚浓烟，法军死伤惨重，连麦克马洪元帅也被打伤。

拿破仑三世从来没有见过这种阵势，被普军的强大火力吓得魂飞魄散。他急忙换上一套士兵的服装，跑到麦克马洪的指挥所，战战兢兢地说："元帅，我们还能承受下去吗？"见到拿破仑三世身穿士兵的服装，麦克马洪心里就明白了一大半：皇帝要投降了。他叹了一口气说："陛下，我们孤军奋战。外面没有援军，我们的弹药又不多了，我已身负重伤，无法再继续指挥作战。您来决定吧。"

拿破仑三世说："在现在的情况下，我们已经没有取胜的希望。为了士兵们的生命，我决定同普军谈判。"

下午三点，拿破仑三世在城中的中央塔楼升起了一面白旗，同时派人向普鲁士国王送去了一封投降书。投降书是这样写的："我亲爱的兄弟，我没有死在我的军中，所以我把我的佩剑送给陛下，希望以后能继续做彼此的好兄弟。拿破仑。"

第二天，拿破仑三世正式签署了投降书，他和麦克马洪元帅以及39名将军、10万名士兵做了俘虏，650门大炮和大批的武器辎重落入普军手中。这次战役在法国历史上被称为"色当惨败"。

色当兵败的消息传到巴黎后，愤怒的人民推翻了第二帝国，建立了法兰西第三共和国，结束了法国历史上的王朝统治时代。

1871年普法战争后期，胜利的德国军队群集在巴黎城墙外的废墟上。

法拉第发现电磁感应

工业革命的迅速展开促使人类社会的发展进入快车道，在机械、能源等工业蓬勃发展之时，电气领域也在悄悄酝酿着一场革命。

先是 1800 年，丹麦的奥斯特发现电可以产生磁的效应，接着是法国人毕奥和萨伐尔毕发现奥—萨伐尔定律，然后有了德国物理学家欧姆在 1825 年发表的欧姆定律，揭示了导线中电流和电位差的正比关系。一系列重大发现为电磁感应铺平了道路，最终法拉第完成了这一历史使命。

法拉第，1791 年 9 月 22 日出生于英国的一个铁匠家庭，像与他同时代许多发明家、科学家一样少受教育。法拉第一生中，仅仅在 11 岁时上过一年小学。13 岁时，他到一家文具店打杂，因为做事认真，成为了订书学徒。与众不同的是，这个只读过一年书、知识有限的孩子，却对读书有着浓厚的兴趣。他在工作之余，阅读了大量图书，而这也得到了老板热心的鼓励。法拉第在这家店里做了 7 年工，对化学的兴趣渐渐浓厚起来。

英国物理学家法拉第
他发现了电磁感应现象，使电规模化使用和成为清洁、便宜的动力变成可能。

1812 年的一天，店里的一位顾客送给法拉第一张皇家学术演讲会的门票，主讲人是当时著名的科学家、伦敦皇家学院的化学教授戴维。在听完了戴维的演讲后，法拉第带着听演讲时做的笔记拜见了戴维，请求他给自己一份实验室的工作。不久，他被聘用为戴维的助手。1813 年，戴维夫妇去欧洲大陆游历，法拉第作为秘书随行。这次游历持续了 18 个月，法拉第遇见了许多著名的科学家，如安培、伏特等，深深受到了他们的影响。返回伦敦后，法拉第开始了自己的研究工作，他只要听完教授们的演讲，就马上实地实验，并分门别类地做了详细的实验笔记。到 1860 年前后法拉第的研究活动结束时，他的实验笔记已达到 1.6 万多条，他仔细地依次编号，分订成许多卷，这时他过去当装订工时学会的高超技能派上了用场，这些笔记以及其他在装订成书以前或以后的几百条笔记，都已编成书分卷出版，其中最著名的就是《电学实验研究》。

1821 年，法拉第与令自己一见倾心的沙娜结婚，两人生活得非常幸福。在大约 1830 年以前，法拉第主要是一位化学家，那时他已成为很有成就的专业分析化学和实验顾问，他把自己的丰富经验总结为一本 600 多页的巨著《化学操作》，于 1827 年出版。

受到奥斯特电可以产生磁的启发，法拉第从 1822 年就着手研究把磁转化为电的问题。他先设计了如下实验装置：装置的两端中间以导线连接，并设置一个开关，左端为电源（伏打电池），右端为电流指示器。然后进行实验：接通电源（合上开关），电流指示器指针明显偏转，但很快又恢复到原位。断掉开关，切断电源指针也同样发生偏转,既而复原。实验表明,在"开""关"的时点,指针各发生一次偏转,但都不能保持。法拉第进而用永久磁铁加以验证。1821年10月17日,他完成了一个具有决定意义的实验:取一圆纸筒,在上面绕8匝铜线圈,再接到安培计上。然后将一条形磁铁从线筒一端放入,发现安培计指针偏转,又将磁铁从另一端抽出,指针再次偏转,只是方向相反。这便是发电机的基本原理,今天各种复杂的发电机都是根据这一原理设计制造的。

在总结实验的基础上,法拉第进行了理论分析,他运用的磁力线概念对所谓的"电磁感应"进行解释——感应电流的产生是由导体切割磁力线所致,电流的方向则取决于磁力线被切割的方向。为了便于现实中的操作,法拉第还以左、右手拇指与其他四指的位置特点和依据设定了左手法则和右手法则,至今我们仍在使用。1838年,法拉第又解释了从负电荷或正电荷发出的电力线的感应特点。

法拉第并不满足于已有的贡献,而是进一步将研究领域扩展到电解的规律。在这一过程中,他发现了两个重要的比例关系:由相同电量产生的不同电解产物间有当量关系,电解产物的数量与所耗电量成正比。这两个规律后来称为法拉第电解定律,在电学工业领域获得广泛应用。

法拉第发现电磁感应定律和电解定律之后,一时名扬四海,但他仍然孜孜以求,在物理学领域默默耕耘。他澄清了各种关于电的说法,发现贮存电的方法,继而发现法拉第效应。

法拉第发现的电磁感应原理,连同他的其他贡献共同构成了发电机、电动机发明的基础,使人类从蒸汽时代疾步跨入电气时代。

❋ 达尔文环球考察

达尔文,1809年生于英国的一个医生家庭,8岁时,进入教会学校读书。此时的他,不仅毫无过人之处,而且连日常的诵读都感到困难。他的爱好也与一般儿童不同,他喜欢收集邮票、画片、矿石、钱币等东西,对动植物也有很大的兴趣。9岁时,他进入一所文法学校读书,学习成绩平平,但更专注于以前的兴趣,以至于老师甚至父母都认为他只是一个平庸的孩子。16岁时,他被父亲送到爱丁堡大学学医,但他对于授课内容没有什么兴趣,在两年后转往剑桥大学学习神学,父亲希望他将来成为一个"尊贵的牧师"。可是,达尔文偏偏对生物感兴趣。有一次,达尔文在老树皮中发现了两只奇特的甲虫,他左右手各抓住一只,兴奋地观看起来。突然,树皮里又跳出一只甲虫,达尔文措手不及,就把一只甲虫放在嘴里,伸手又抓到了第三只。哪知嘴里的那只甲虫突然吐出一股辛辣的汁液,把他的舌头蜇得又麻又痛,他这才把口中的虫子吐了出来。后来,人们为了纪念他首先发现的这种甲虫,就把它命名为"达尔文"。

在剑桥的三年里,达尔文与地质学教授塞奇威克和植物学教授亨斯罗结识,更加喜欢上了对自然界的观察和研究,而对神学的学习却没什么进展。当读了洪堡的《南美洲旅行记》和赫胥黎的《自然哲学导言》之后,他已经立志要投身于自然科学研究了。

1831年达尔文大学毕业,经亨斯罗的推荐,以博物学家的身份参加了英国政府组织的"贝尔格号"军舰的环球考察,开始了漫长而又艰苦的环球考察活动。达尔文每到一地总要进行认真的考察研究,采访当地的居民,采集矿物和动植物标本,挖掘生物化石,收集没有记载的新物种,积累了大量资料。

"贝尔格号"到达巴西后,达尔文攀登安第斯山进行科学考察。当爬到海拔4000多米的高度时,他意外地在山顶上发现了贝壳化石。达尔文非常吃惊:"海底的贝壳怎么会跑到高山上了呢?"经过反复思索,他终于明白了地壳升降的道理。

达尔文还敏锐地觉察到了物种在不同地区的变化状况,逐渐对《圣经》中的人类起源说产生了怀疑,并萌发了生物进化论的思想。

这次环球考察在1836年10月结束。结束了旅行,达尔文忙于整理带回来的标本和笔记资料,不经意间,他接触到了马尔萨斯的《人口论》一书。书中提到人口的增长速度要远远快于粮食的增加速度,只有依靠瘟疫和战争等灾难性因素抑制人口过快增长,才能缓解人口与粮食之间的矛盾。这其实言明了种内竞争的必要性,为达尔文进化论思想的形成提供了依据。

达尔文在"贝尔格号"环球考察的基础上,又受到马尔萨斯人口论的影响,经过大量的科学推理和综合分析,关于生物进化思想逐渐成熟起来。终于在1859年发表《物种起源》一书,在学术界引起轩然大波。达尔文的进化论思想可以概括为以下几个方面。

首先,是遗传和变异,他指出,遗传和变异普遍存在于各物种当中,进而推动各种生物进化或灭绝。而遗传和变异也相互作用,有的变异遗传给后代个体,而有的变异就不能,分别称为一定变异和不定变异。关于变异的诱因,达尔文认为是生存环境的变迁,器官的使用程度等。

其次,是自然选择,即所谓物竞天择,适者生存。其实,"自然选择"概念是受了种畜场"人工选择"的影响而提出的,即人工选择是根据人的需要,而自然选择就是根据自然的需要。达尔文通过观察发现大多数生物繁殖过剩,而这些新生个体在残酷的生存竞争中,只能接受自然条件的选择,适者生存。

最后,是性状分歧、种形成、绝灭和系统树生产。生活实践告诉人们,各种动植物可以从一个共同的原始祖先,经过人工选择,从而形成众多性状各异的品

"达尔文的斗犬"

《物种起源》出版后,很多科学家都站在达尔文一边为他摇旗呐喊,其中赫胥黎是最积极的一个,他自称"达尔文的斗犬",随时准备攻击任何反对进化论的人。赫胥黎是第一个提出人是由猿进化而来的人,一次在和英国教会的辩论中,一个教士不怀好意地问他:"请问赫胥黎先生,到底你爷爷那边是猴子呢,还是你奶奶那边是猴子?"台下支持神创论的人顿时拍手叫好,他们以为赫胥黎这下总该无话可说了。但赫胥黎却强忍着怒气回答道:"我从来都不为自己是猴子进化来的而感到羞耻。相反,那种以无知为光荣的人才是最可耻的!"那个教士顿时哑口无言,赫胥黎赢得了辩论的胜利。在赫胥黎等人的推动下,进化论传遍了世界各地,逐渐成为生物学的一个重要分支。

种。在自然界中，这个道理依然适用，一个物种会由于生存条件的差异，形成许多变种、亚种和种。时间久了，同一物种内的亲缘关系，会像一株枝杈众多的大树，即称为系统树。

《物种起源》一书近乎完美地表述了达尔文的进化论思想，对日后的生物学发展具有重要意义，达尔文也因此享誉世界。剑桥大学授予他法学博士的称号，并为此举行了隆重的会议。1878年，他被选为法国科学院植物学部通讯院士，同年又被选为柏林科学院的通讯院士。

1882年4月19日，达尔文在家中去世，享年73岁。送葬时，著名科学家胡克、赫胥黎、华莱士，皇家学会主席拉卜克等人亲扶灵柩。他被安葬在威斯敏斯特大教堂，与牛顿等名人长眠在了一起。

巴斯德发现病菌

路易·巴斯德，1822年出生在法国的多尔，是近代著名的化学家和微生物学的奠基人。

巴斯德家境贫困，靠半工半读于21岁考入巴黎高等师范学院，专攻化学。早期一直致力于晶体结构方面的研究，并取得相当的成就。1854年以后，巴斯德逐步转入微生物学领域。

正在做实验的巴斯德
巴斯德是法国著名的化学家和微生物学家，他通过多次实验发现了物质变酸的原因，为后来在医学上确立热消毒法奠定了基础。

人们很早就在日常生活中，发现做好的饭菜和奶制品等放久会变酸的现象，但不知到底是什么原因使其发生这样的变化。巴斯德于19世纪50年代投入这一问题的研究，他以牛奶为实验对象，准备一份鲜奶和一份变酸的奶，然后分别从中取出少量放到显微镜下观察，结果在两个样本中发现同一种微小的生物，即我们今天所谓的乳酸菌。区别仅在于所含细菌数目不同，鲜奶中的乳酸菌数量明显少于酸牛奶。接着，巴斯德又对新酿造的酒和放置一段时间已变酸的酒进行类似的实验，在两种酒中也发现同样的生物——酵母菌，而且前者所含细菌少于后者。他经过进一步分析、研究，最终确认无论是牛奶还是酒变酸都是因为细菌数量的增加和活动的加强所致。巴斯德把这类极小的生物称为"微生物"。并且以乳酸菌和酵母菌作为它们的代表，对其生活习性、营养状况、繁殖特征等方面进行了深入分析。1857年，巴斯德关于微生物的第一个成果《关于乳酸多酵的论文》正式发表。此文标志着一个新的生物学分支——微生物学诞生。

微生物学自诞生之日起，就立足于为生产实践服务。1863年，巴斯德发明防止葡萄酒变酸的高温密闭灭菌法，后来称之为"巴斯德灭菌法"。在研究解决丝蚕病的过程当中，他对致病菌有了进一步认识，从而在19世纪60年代末提出了病菌学理论，这引起了一些临床医学家的注意。当时的许多外科手术过程非常顺利，就是术后病人死亡率居高不下。英国名医李斯特意识到这可能与创口感染病

> **巴斯德战胜鸡霍乱**
>
> 鸡霍乱一直是困扰鸡农的一个大难题，巴斯德作为细菌专家，义不容辞地担负起克服这个难题的重任。他将霍乱菌注射到鸡体内，然后又将霍乱菌取出来，再注射到别的鸡体内，想通过这种方法减弱霍乱菌的毒性，最后让鸡产生免疫力，从而预防鸡霍乱。但是不管做了多少次实验，鸡还是一批批地死去。后来，他无意中发现了一瓶被遗忘的鸡霍乱培养液，将其注射到鸡体内后，鸡竟然产生了免疫力。原来霍乱菌放置越久，毒性就越小，巴斯德就这样找到了战胜鸡霍乱的方法，从而给全世界的鸡带来了福音。

菌有关，遂用巴斯德灭菌法对手术器械和场所消毒灭菌，此举使其术后病人死亡率从45%骤降至15%。

进入19世纪70年代以后，达内恩医师受巴斯德灭菌法的启发，发明了碘酒消毒法，后来美国的霍尔斯特德和英国的亨特又开医学戴消毒手套和口罩的先河，这些灭菌法和防菌法至今仍在外科手术领域广泛应用。

巴斯德在开创微生物学之后，更大贡献在于免疫学方面的研究。病菌侵入人体就会使人产生抗体，那么要是让失去毒性的病菌进入人体，使之产生抗体以杀灭后来侵入的有毒病菌，不就可以达到免疫效果吗？

路易·巴斯德在这方面进行大量探索，其中最值得一提的是其培育的狂犬病疫苗。1880年，巴斯德收集了一名狂犬病患者的唾液，将其兑水后注射到一只健康的兔子身上。一天以后，兔子死去，他再把这只兔子的唾液接种给另外一只健康兔，它也很快死去。巴斯德在显微镜下观察死兔的体液，发现一种新的微生物，进而用营养液加以培养，再将菌液注射到兔和其他动物体内，毒性再次发作。他在观察这些染病动物的体液时发现了与培养液中相同的微生物，巴斯德初步确认是这种病菌（其实是病毒）导致狂犬病，于是对这类病菌用低温（0～12℃）的方法减毒，后又用干燥的方法再次加以减毒。过了一段时间后，经实验发现其毒性已不能使动物致病，可以用来免疫。1885年6月，巴斯德第一次使用减毒疫苗治愈了一名患狂犬病的男孩。从此，狂犬疫苗进入实用阶段。

在战胜了狂犬病之后，巴斯德被誉为与死神抗争的英雄。为了表彰其在微生物学领域的杰出贡献，巴黎建立了巴斯德学院，该学院后来为推进微生物学的发展起了重要作用。

诺贝尔与诺贝尔奖

诺贝尔，全名阿尔弗雷德·伯纳德·诺贝尔，1833年10月21日出生在瑞典首都斯德哥尔摩。幼年的诺贝尔家境贫苦，但受作为发明家的父亲的影响，热衷于发明创造。

在诺贝尔9岁的那一年，父亲带他去了俄国，并为其聘请了家庭教师，教授小诺贝尔数、理、化方面的基础知识，为他打下了基础。同时，诺贝尔在学习之余在父亲开的工厂里帮忙，这使他的动手能力进一步增强，并具备了生产和管理方面的知识和经验。

当时由于工业革命的开展和深入，刺激了能源、铁路等基础工业部门发展。为了提高挖掘铁、煤、土石的速度，工人频繁地使用炸药，但当时的炸药无论是威力，还是安全性能都不尽人意。意大利人索布雷罗于1846年合成了威力较大的硝化甘油，可惜安全性太差。那时又盛传法国人也在研制性能优良的炸药，这一切促使诺贝尔的注意力转移到炸药上来。

1859年，在家庭教师西宁那里，诺贝尔第一次见识了硝化甘油，西宁把少许硝化甘油倒在铁砧上，再用铁锤一敲便诱发强烈的爆炸。诺贝尔对硝化甘油做了进一步分析，发现无论是高温加热还是重力冲击均可以导致其爆炸，他开始为寻求一种安全的引爆装置而努力。经过无数次实验，最后他发现若是把水银溶于浓硝酸中，再加入一定量的酒精，便可生成雷酸汞，这种物质的爆炸力和敏感度都很大，可以作为引爆硝化甘油的物质。

用雷酸汞制成的引爆装置装到硝化甘油的炸药实体上，诺贝尔亲自点燃导火索，只听"轰"的一声巨响，实验室的各种器物到处乱飞，他本人已被炸得血肉模糊。从废墟中爬出来他用尽最后一点气力说："我成功了。"然后就昏死过去。科学的进程是如此悲壮！不管怎样，雷酸汞雷管发明成功，他在1864年申请了这项专利。很快，诺贝尔的发明传播开来，用于开矿、筑路等工程项目中，大大减轻了工人们的挖掘强度，工程进度也快了许多。但世界各地的爆炸事故层出不穷，有些国家的政府为此甚至禁止制造、运输和贮藏硝化甘油，这给诺贝尔的事业带来极大的困难。经过慎重考虑，诺贝尔决定赴美国加利福尼亚就地生产硝化甘油，并研制安全炸药。在试验中，他分析了一些物质的性质，认为用多孔蓬松的物质吸收硝化甘油，可以降低危险性，最后设定25%的硅藻土吸收75%的硝化甘油就可形成安全性很高的猛炸药。

威力强劲、使用安全的炸药的出现，使黑色火药逐步退出了历史舞台，堪称炸药史上的里程碑。诺贝尔在随后的几年里，又发明了威力更大、更安全的新型炸药——炸胶。1887年，燃烧充分，极少烟雾线磴的无烟炸药在诺贝尔实验室诞生了。

循着威力更大、更安全和更符合人的需要的原则，诺贝尔为人类的进步做出了杰出的贡献，受到后人的尊敬。

1896年12月10日，伟大的科学家诺贝尔去世。遵照其遗嘱，他的大部分遗产（约900万美元）作为设立诺贝尔奖金的基金，每年提取基金的利息，重奖为人类进步事业做出重大贡献的后人。诺贝尔在他的遗嘱中明确，获奖的唯一标准是其实际成就，而不得有任何国籍、民族、肤色、信仰等方面的歧视；奖金每年颁发一次，授予前一年中在物理学、化学、医学等3个领域里"对人类做出最大贡献的人"。该

瑞典化学家诺贝尔
他发明的安全炸药为人们在生产领域提供了很大的方便。但它的另一个副作用就是促进了战争的升级。

奖于 1901 年 12 月 10 日，即诺贝尔逝世 5 周年纪念日首次颁发，至今已有超过 500 人获此殊荣。后来还增加了文学、和平等奖项。诺贝尔临终设立此奖，是其对人类科学文化事业的进步的又一重大贡献，永远值得后人景仰。

"发明大王"爱迪生

爱迪生一生只接受过 3 个月的正规教育，他成功的秘诀就是勤奋和恒心。他为了发明电灯，先后试验了 6000 种纤维材料，找到了炭化竹丝做耐热材料，最后发展到钨丝灯，前后用了近 20 年的时间。

这位发明大王是人类最伟大的发明家之一，一个人有 1000 多项发明在人类历史上实属罕见。

爱迪生，1847 年 2 月 11 日出生在美国俄亥俄州的迈兰，在家中是最小的孩子。父亲是木匠，母亲是教师，家境很差。

爱迪生在小学当了 3 个月的笨孩子之后，就被母亲带回家，开始了"半工半读"的生活，即白天跟父亲做木工活，晚上跟母亲学文化。爱迪生聪明勤奋，这样的培养方式一方面使他有一定的知识功底，另一方面还提高了动手能力。爱迪生小小年纪，就在自己家中的地窖里搞起各种小实验。

爱迪生发明的灯泡

19 世纪 70 年代，第二次科技革命已经展开。各种发明创造层出不穷，但如何记录人类的声音呢？最后爱迪生解决了这个问题——留声机。

启发爱迪生发明留声机的灵感源于他发明炭粒电话受话器的实验过程。在实验中，他偶尔发现随着人说话声的高低错落，接触在膜片上的金属针也跟着有规则地振颤。这时他突然想到把这一过程倒过来，就可以复制声音。于是爱迪生把锡箔纸卷在带螺纹的圆筒上，圆筒下有一层薄铁皮，铁皮中央装上一根短针。当他用钢针滑动锡箔纸，果然就发出了声音。爱迪生按这一原理设计制造了世界第一台"会说话的机器"，后来人们称之为留声机。

科学家是不容易满足的，爱迪生更是如此。就在留声机在博览会展出时，他又开始对另一问题着迷：用电照明。

虽说当时已出现了电弧灯，但它需要 2000 块伏打电池做电源，而且光线灼眼，照明时间也很短，不适于日常使用。于是，爱迪生开始了新一轮的攻坚战，他几乎把家搬到实验室，吃饭、睡觉都在那里。最后，他把注意力锁定在灯丝上。他先后试着将硼、钌、铬等金属和炭化的棉线做灯丝，由于氧化作用，这些灯丝均被烧断。爱迪生又实验了数千种材料做灯丝都归于失败。最后，他发现抽净灯泡中的空气以后，再用炭化竹丝做灯丝，可以维持 40 个小时。爱迪生终于在 1879 年 10 月 21 日发明家用电灯，电灯取代了煤气灯为广大民众所接受。

爱迪生发明电灯以后，一时声名鹊起，成了公众人物。他却不为所动，又开始考虑如何利用人的视觉暂留现象设计一种可以迅速连续拍照的摄影机，然后把这些照片依次迅速地展现在人的面前，给人的感觉就好像是在看运动的景物或物体。在这一思路指导下，爱迪生又利用他人发明的感光软片，很快制成了摄影机。之后，他又制成了可以连续播放胶片的放映机。至此，爱迪生又完成了他的另一发明"留影机"，电影也随之产生。

爱迪生一生的发明成果极其丰富，除了留声机、电灯、留影机之外，还有1000多项专利。爱迪生经过艰苦卓绝的努力，在发明领域做出巨大成就，为人类进步事业做出巨大贡献。

1929年10月21日，在电灯发明50周年的时候，人们为爱迪生举行了盛大的庆祝会，德国的爱因斯坦和法国的居里夫人等著名科学家纷纷向他表示祝贺。1931年10月18日，爱迪生因病逝世，享年84岁，就在他辞世之前，他还完成了苦心研究的人造橡皮。

三国同盟

进入19世纪后期，第二次工业革命开始兴起，科学技术突飞猛进，社会生产力得到了极大的提高，人类进入了电气时代。欧洲各国的工业和经济再次跨上了一个台阶，逐渐形成了垄断资本主义，各国开始向帝国主义过渡。但它们之间的发展是不平衡的，英、法等老牌资本主义国家发展速度较慢，而新兴的美国、德国发展速度很快，成为世界排名第一、第二的资本主义工业大国。由于帝

结成同盟的三国君主画像

国主义国家之间的发展不平衡，它们之间的矛盾也在加剧。各国为了自己的利益，纷纷寻找对策。

普法战争后，为了防止法国东山再起，德国首相俾斯麦勒索了法国50亿法郎的巨额赔款，并且强行割走了矿藏丰富的阿尔萨斯和洛林地区，企图让法国"流尽血"。德国凭借着这些资源和资金，迅速跃升为世界第二工业大国。但出乎俾斯麦意料的是，法国人卧薪尝胆，奋发图强，不仅没有一蹶不振，反而恢复了元气。法国人为了报仇雪耻，在不断扩充军备的同时，还四处寻找盟友，共同对付德国。

面对法国咄咄逼人的复仇计划，惊恐万分的德国人没有坐以待毙，俾斯麦也开始四处拉拢盟友，对抗法国。

恰好这时，奥匈帝国和俄国在巴尔干问题上发生了争吵。原来两国都对巴尔干半岛上的波斯尼亚和黑塞哥维纳地区垂涎三尺，俄国凭借着强大的实力，四处宣扬"大斯拉夫主义"（波斯尼亚和黑塞哥维纳的居民和俄罗斯人同属斯拉夫人），企图把奥匈帝国的势力排挤出去，独占巴尔干半岛。德国不愿意看到俄国过于强

大，害怕它威胁德国，再加上德国和奥匈帝国同属日耳曼民族，所以德国在巴尔干问题上支持奥匈帝国。两国联手，开始排挤俄国的势力，使俄国吞并波斯尼亚和黑塞哥维纳的计划落空。为此，俄国对德国怀恨在心。

1879年8～10月，德国首相俾斯麦与奥匈帝国的外交大臣安德拉西在维也纳秘密会谈，缔结秘密军事反俄条约——《德奥同盟条约》。这个条约的主要内容是如果德、奥两国中一国遭到俄国的进攻，那么另一国应以全部的军事力量进行帮助；如果其中一国遭到另一个国家（暗指法国）的进攻，那么另一缔约国应对其盟国采取中立。但如果进攻的国家得到俄国的支持，那么两国应动用全部的军事力量联合作战。如果遭到法国和俄国的联合攻击，那么双方则要共同作战。由此，德国和奥匈帝国正式结盟。

和奥匈帝国结盟后，俾斯麦还不放心，他总觉得力量还有些单薄，于是又把目光投向了意大利。意大利自从1870年统一后，资本主义得到了迅速发展，国家的实力迅速增强。为了扩大自己国家的产品销售市场，意大利急于开拓海外殖民地，首先看上了和自己一海之隔的北非明珠突尼斯。但法国人也想占领突尼斯，两国争执不下。狡猾的俾斯麦看准了这一点，找上了意大利，表示在突尼斯问题上德国支持意大利。但紧接着他又找到法国，暗示德国不反对法国人占领突尼斯。法国人喜出望外，于1881年出兵占领了突尼斯。当时在突尼斯有很多家意大利企业和两万意大利侨民，意大利政府早已经把突尼斯当成了嘴中的肥肉，不料却被法国人占领了。可是法国的实力比意大利强大，单凭自己的力量，意大利讨不到什么便宜。这时俾斯麦伸出了橄榄枝，极力拉拢意大利。为了报复法国，丧失了地中海优势的意大利同德国的关系开始密切起来。

但意大利和奥匈帝国有领土争端，两国素来不和。在德国的调解下，两国终于坐到了一张谈判桌上。1882年5月，德国、奥匈帝国和意大利三国在维也纳签订了同盟条约。条约规定，如果意大利遭到了法国的攻击，那么德国和奥匈帝国应以全部的军事力量援助；如果德国遭到了法国的进攻，那么意大利也应以全部的军事力量进行援助。如果缔约国中的一国或两国遭到了两个或两个以上的国家（暗指法国和俄国）的进攻，那么三国要动用全部的军事力量协同作战。但意大利还有一个附加条件：如果英国进攻德国或奥匈帝国，意大利则不予援助。就这样，三国同盟正式形成。

瓜分非洲的柏林会议

非洲丰富的自然资源一直吸引着欧洲殖民者。15世纪时，欧洲殖民者开始向非洲进行渗透。当在西非几内亚湾沿岸和南非发现金矿和钻石矿后，欧洲列强在贪婪欲望的驱使下，加快了向非洲渗透的步伐。

19世纪中期时，当时的殖民地只占非洲面积的10%左右，除了法、英等殖民国家在阿尔及利亚、南非建立了较大的殖民地外，欧洲其他殖民国家一般只在沿海或大河河口处建立了几个零星据点，还没有能深入到非洲内陆。这怎么能满足众殖民列强扩大殖民地的要求呢？于是，各个殖民国家都蠢蠢欲动起来。

在众多殖民国家之中，比利时首当其冲，打着"国际开发"的旗帜，在1876年成立了"国际考察和开发中非协会"（后改名为"国际刚果协会"），积极筹划非洲探险活动。

1877年，在比利时国王利奥波德二世的支持下，美籍英国探险家斯坦利完成了从东向西横贯赤道非洲的探险，并发现了刚果河河口。回到欧洲后，斯坦利在报刊上撰文，并发表了《穿过黑暗大陆》一书，描绘了他的探险经历和刚果河流域的美丽富饶。很快，斯坦利的文章引起了欧洲殖民者的极大兴趣。次年7月，利奥波德二世与斯坦利签订合同，由斯坦利率领一支比利时远征军再次远赴刚果，开辟一条可以进入刚果内地的道路。

但是，利奥波德二世的计划很快就落空了。"国际刚果协会"刚刚成立、斯坦利还没有取得实质性进展的时候，法国国王就派意大利人布拉柴率法国远征军以"法国分会"的名义进入刚果，并说服当地的帖克人国王马科科签订了"法国拥有对其全部领土保护权"的条约。1880年10月，马莱博湖右岸升起了法国的三色旗。1881年7月，当斯坦利率领的比利时远征军在距刚果河河口约400千米的马莱博湖左岸登陆时，本打算能在登陆地占领一块殖民地，却发现法国的三色旗正耀武扬威地飘扬着。斯坦利也算是见过大世面的人，他马上找到马科科国王。

法国探险者皮埃尔·布拉柴伯爵在刚果河北部的大片地区进行勘探，为法国殖民者的入侵做准备。

"尊敬的国王陛下，如果你宣布与法国签订的条约无效，比利时将给你更为优厚的待遇。"斯坦利看到马科科国王并无主见，遂诱惑道。

马科科本来是个小国，看到有这么多大的殖民国家对马科科如此青睐，国王竟表现得有些得意，他满口答应了斯坦利的要求。就这样，比利时与法国的利益在刚果河下游出现了对峙的局面。不料，葡萄牙突然向比利时政府提出抗议。葡萄牙称，早在15世纪葡萄牙就占领过刚果这片土地。

如此一来，刚果这片土地成为列强争夺的焦点。为了解决列强在刚果问题上

利文斯非洲探险

19世纪时，去非洲探险的欧洲人多数都不怀好意，要么是间谍，要么是去掠夺非洲资源。不过英国医生利文斯却是个例外，他从1840年起就开始了探险生涯，此后多次深入不毛之地，填补了很多关于非洲地理和自然环境认识上的空白。在他的探险生涯中，利文斯还用自己精湛的医术为非洲人民治病，同时也传播基督教。他对欧洲殖民者在非洲横行霸道的行径感到非常气愤，尤其反对贩卖黑奴，多次在国内呼吁禁止这种罪恶行径。虽然利文斯非洲探险的出发点是好的，但是贪婪的殖民者却把他的探险成果作为参考，用来奴役非洲人民，这是利文斯没有想到的。

的纠纷，英国提出了召开国际会议的建议。

1884年11月15日，在德国首相俾斯麦的主持下，德、英、法、美、比、葡、意、荷等14个国家在柏林召开讨论非洲事务的会议，可笑的是，这次会议竟然没有一个非洲国家参加，而会议却口口声声说是要解决非洲事务。

会上，列强唇枪舌剑，德、英、美等国在刚果未占有地盘，力主在该地区实行"自由贸易"，法、葡等则极力反对。最后，列强们同意了利奥波德二世提出的成立"刚果自由邦"的建议，并决定"刚果自由邦"成立后，利奥波德二世任该邦元首。此外，各殖民列强为了和平共处，围着会议桌在地图上划定了他们各自在热带非洲地理上的界限。

柏林会议签订的议定书洋洋洒洒6万余字，但大多是官样文章，决议条目措辞模糊，这也难怪，霸占别人的领土哪能会底气十足呢？

柏林会议是瓜分非洲的新起点。到1912年，非洲大陆除埃塞俄比亚和利比里亚两国表面上还保持着独立外，其他国家和地区已全部被瓜分完毕。并且，从瓜分非洲的形势上可以看出欧洲列强的力量对比，同时，这次会议也成了第一次世界大战一个间接的导火索。

祖鲁战争

1652年，荷兰人开始入侵南非，在开普敦建立移民定居点，并以此为中心，逐步向外扩大殖民地。随着欧洲列强的入侵，18世纪末，南非原始社会渐渐瓦解，部落联盟兴起。祖鲁人作为南非土著居民的一支，在恰卡的率领下，把3000多个分散部落统一起来，建立了祖鲁王国。祖鲁人与殖民者之间的矛盾加剧，殖民者之间也相互争斗，英国人两次将荷兰后裔布尔人赶出开普敦，占据了整个南非。布尔人被迫逃亡，对于祖鲁人来讲，却是布尔人的一次掠夺性入侵。

布尔人所到之处，不仅祖鲁的土地被抢占，人们还成为布尔人的奴隶。祖鲁人反抗的吼声越来越强烈，1838年2月，祖鲁国王丁刚为惩治布尔人野蛮残酷的行径，下令四处搜寻并袭击逮捕布尔人，处死300余人。

布尔人立即请英国殖民军援助，两支其他地方的布尔人队伍也赶来支援。愤怒而英勇的祖鲁人各个击破。援兵遭到重创，势力大为削弱，四散逃窜。

被赶跑的布尔人残部不甘心就此罢手，遂重新聚集。1838年11月20日，布尔人组织一支500人、57辆牛车和2门火炮组成的军队，在比勒陀利乌斯的带领下对祖鲁人宣战。

在南部非洲的祖鲁战争中，进攻的英军用军刀开路，刺穿祖鲁士兵。

当时，祖鲁人的武器装备还很落后，主要是以矛和盾为兵器，战斗队形以传统的密集方阵、两翼迂回敌人后方围击为战术。他们擅长白刃格斗，在几次的失败中，布尔人比勒陀利乌斯就深有感受。于是他把队伍布置在恩康姆河平阔的河套上，57 辆牛车组成一个环形的车阵，枪炮手位于阵内，牛车的防御使敌人的长矛很难刺入。

凌晨时分，排着密集队形，手持长矛、盾牌的祖鲁人向布尔人发起进攻。握有先进的火枪、火炮等武器的布尔人向人群射击，祖鲁人大片大片地倒下。祖鲁人并未被吓倒，他们一次次冲锋，一次次被猛烈的火力击退。丁刚下令两翼迂回从背后袭击，但环形的牛车阵使他们无法与敌人短兵相接，在敌人的枪炮下纷纷倒地。祖鲁人伤亡达 3000 余人，损失惨重，鲜血染红了恩康姆河。悲壮而英勇的祖鲁人终因武器的落后不得不撤退，随后遭受连连失败。

1839 年 1 月，丁刚被迫议和。在布尔人的离间下，丁刚的弟弟姆潘达发动政变，成为祖鲁国王，他把除纳塔尔最北部外的土地全部让给布尔人。1843 年，英殖民者吞并了布尔人从祖鲁人手中夺过的土地。

祖鲁人民强烈要求国家的独立和民族尊严。姆潘达之子克特奇瓦约经过政变登上王位，立志改变现状。他首先改变军队的武器装备，利用各种途径购买枪支弹药，并聘请英国专家帮助训练军队，建立骑兵和炮兵。不久，一支强大的、装备可与殖民军抗衡的军队建立起来。

祖鲁国军备的强大，使英殖民者惊恐不安，他们立即要求祖鲁国王解散军队。强硬的克特奇瓦约断然拒绝这一无理要求。英殖民者于 1879 年 1 月 11 日开始对祖鲁国发起进攻，1.3 万余殖民军在切尔姆福德勋爵的率领下渡过图格拉河，逼近祖鲁王国。

1 月 22 日，克特奇瓦约率领部队在夜色的掩护下，包围了驻守在伊桑德尔瓦纳山的殖民军。祖鲁人冲进敌营，展开肉搏战。英军因准备不足，人数处于劣势而溃败，祖鲁人趁势收复大片土地。失利的英军调集 2 万人和大量枪炮支援，7 月 4 日在乌隆迪附近与祖鲁人展开决战。这是一片开阔而平坦的战场，殖民军猛烈的炮火和弹雨使祖鲁人无法形成冲锋，一批批的士兵在枪林弹雨中倒在血泊里，阵形被炮火轰得七零八落。英军骑兵发动猛攻，祖鲁人招架不住，惨败而退，不久后，祖鲁王国被英军攻占。

祖鲁战争给殖民者以沉重打击，在非洲近代历史上和世界人民反殖民主义斗争中都谱写了光辉的篇章。战争虽然失败，但祖鲁人所呈现出的英勇顽强、前仆后继的大无畏精神赢得了全世界人民的赞誉。

马赫迪反英大起义

19 世纪时，非洲成为欧洲列强瓜分殖民地的目标。19 世纪 70 年代，名义上归属奥斯曼帝国的埃及开始受到英国的渗透，1882 年成为英国殖民地。为向非洲内陆实施武力扩张，苏丹成为英国占领埃及后的首选目标。当时，苏丹处在埃及的统治之下，英殖民者以埃及政府驻苏丹官员的名义，在苏丹实施政治控制，加紧对苏丹的经济侵略。苏丹人民受着埃及和英国殖民统治者的双重压迫，民族矛盾日益激化。

1881年，自称马赫迪的穆罕默德·艾哈默德发动了以恢复原始伊斯兰教为目的的圣战。他以救世主的名义宣传"建立普遍平等、处处公正的美好社会，要消灭不平等，消灭邪恶势力。宁拼千条命，不纳一文税"。处于社会下层、出身贫寒的人民纷纷响应。

马赫迪利用伊斯兰教义宣传抗英的消息传到英殖民者耳中，他们便派军队去镇压，遭到起义军的强烈反抗，在阿巴岛之战中，英军被打死100余名士兵。这次胜利使起义军的影响迅速扩大，队伍很快发展到近5000人。富有军事才能的马赫迪知道自己部队装备差，没有作战经验，就决定以地势险峻的卡迪尔山为根据地，凭借复杂的地形优势与英军周旋。

1881年12月，苏丹总督派拉希德率领1500名士兵尾随起义军至卡迪尔山区，追剿起义军。马赫迪设伏围歼，堵死英军进退的路口，将其全部歼灭。次年4月，英军派出第二支围剿部队。马赫迪以逸待劳，趁英军长途疲惫，立足未稳，进行夜间偷袭，再次歼灭3500人。

接二连三的反围剿胜利，使马赫迪巩固了卡迪尔根据地，起义军迅速扩大到3万余人，缴获了大批武器，军事装备大大提高，士兵抗英信心十足。

其后马赫迪率领部队走出山区，向苏丹第二大城市乌拜依德发起进攻，一举攻占该城，震惊了全苏丹。国内的反英斗争形势高涨，英统治者感到危机。英殖民调集1.2万余远征军、14门大炮、6挺机枪、500匹战马，在希克斯的率领下向乌拜依德进军。

马赫迪采取坚壁清野的战术，以疲惫敌人、阻滞敌人的前进。在乌拜依德的南面，有片希甘森林，森林中间正好有块空地，马赫迪决定在那里消灭敌人。他把部队分成三路，将主力和重武器都埋伏在希甘森林空地的四周，然后派一路小部队迎击英军，诱敌深入，另一路部队在诱敌途中负责迂回敌人后方，以夺取敌人的辎重。

11月4日，希克斯部队接近乌拜依德地区，他企图对起义军实施突袭，于是命令部队在黑暗的掩护下，连夜隐蔽行军。次日凌晨，希克斯远征军攻至乌拜依德城下，胸有成竹的马赫迪命部队按计划进行。负责诱敌的起义军开始向英军开火，英军迅速组织还击。在英军的猛攻下，起义军溃败，希克斯命部队追击。当英军追至希甘森林空地时，起义军却不见了踪迹。长途跋涉再加上紧张的追赶，使英军疲惫不堪，正要停下喘息，忽然听到四周枪炮齐鸣。希克斯知道中计，但这时他们已被起义军团团围住，以逸待劳的起义军向英军发起猛攻。希克斯在战斗中被打死，全军被歼，与大部队脱节的辎重也被起义军截获。

希甘战役的胜利，促进了苏丹各阶层人民反抗殖民统治运动的发展，起义军实力进一步扩大。1884年3月，起义军包围了苏丹首都喀土穆，并于次年8月

26日攻占该城。英国当局紧急调集大批军队镇压，由于起义军内部分化，1898年，英军镇压了起义，马赫迪起义失败。

马赫迪起义虽然失败，但它给予英殖民者以沉重的打击，使苏丹人民觉醒，促进了国内民族民主联合阵线的形成，为非洲人民反抗帝国主义殖民统治提供了丰富的经验。

中日甲午战争

日本明治维新后，开始大力发展资本主义，建立近代化国家。明治天皇具有极强的对外扩张欲望，极力鼓吹军国主义，并将侵略矛头首先指向其近邻朝鲜和中国。1874年日本侵略中国的台湾，虽未得逞，但却尝到了甜头，特别是中法战争造成的中国"不败而败"的结局，更加刺激了日本侵略中国的野心，于是伺机对中国发动大规模战争。

1894年，朝鲜南部农民起义军占领全罗南道首府全州，朝鲜政府请求清政府派兵协助镇压。日本以清军入朝为借口，大批调遣日军赴朝，迅速抢占从仁川至汉城一带的战略要地，同时设立战时大本营，作为指挥侵略战争的最高机构。8月上旬，卫汝贵、马玉崑、左宝贵和丰升阿等四部援朝清军万余人先后抵达平壤。8月中旬，日本大本营除已派第5师余部赴朝外，又增遣第3师参战，两师合编为第1集团军。同时，日方决定组建第2集团军，待机攻占中国的辽东半岛。9月15日，日军分三路进攻平壤，清军分路抗拒，左宝贵中炮牺牲，玄武门失守。叶志超指挥无方，见北门不守，即下令撤军，弃平壤逃走，渡过鸭绿江退入国境，日军轻易地占领了全部朝鲜。

日军在平壤得手后，寻机在海上消灭清政府的北洋舰队。9月17日，北洋舰队在完成护航任务后正准备由大东沟口外返航，遭到了日军联合舰队的拦截，随即爆发了著名的黄海海战。战斗历时5个多小时，北洋舰队沉毁5舰、伤4舰，日本联合舰队伤5舰。北洋海军虽然受到重创，但实力还是相当强大，但李鸿章却令北洋舰队躲在威海港中，不许出战，使日本联合舰队控制了黄海制海权，造成以后中国海军被动挨打的局面。

平壤之战和黄海海战后，由于对日军主攻方向判断失误，清廷集重兵于鸭绿江一线和奉天、辽阳之间。同时，为保卫北京，又在各省抽调兵力，驻守山海关至秦皇岛之间，以及天津、大沽、通州等地。这种部署使地处渤海门户正面的辽东半岛兵力不足，防御极其空虚。

日军第1集团军在九连城上游的安平河口突破成功，继而攻克虎山。其他

李鸿章与伊藤博文签订《马关条约》图

各部清军闻虎山失陷，不战而逃。日军未遇抵抗即占领九连城和安东（今丹东），清军鸭绿江防线崩溃。与此同时，日军第2集团军开始在旅顺的花园口登陆，意在夺取旅顺口和大连湾。11月6日，日军攻占金州（今属大连）。7日，日军分三路向大连湾进攻，大连湾守军不战而逃，日军占领大连湾。18日，日军前锋进犯旅顺口附近的土城子，除徐邦道率部奋勇抗击外，旅顺各守将毫无斗志，对徐邦道不加援助。22日，日军陷旅顺口，血洗全城，仅36人幸免于难。

日军攻占旅顺后，以陆军第2集团军为基础组建"山东作战军"，又令联合舰队协同山东作战军作战，并以陆军第1集团军在辽东战场进行佯攻，继续吸引清军主力。清廷对日军主攻方向又一次判断失误，以重兵驻守奉天、辽阳及天津至山海关一线，北洋舰队则根据李鸿章"水陆相依"的防御方针，躲藏在威海卫港内。

1895年1月20日，日"山东作战军"在荣成龙须岛登陆，占领荣成。30日，南帮炮台在日军的合围下陷落，遂即北帮炮台也为日军占领。此后，日军水陆配合，攻击刘公岛和港内北洋舰队。北洋舰队提督丁汝昌、总兵刘步蟾等先后自杀殉国。17日，威海卫海军基地陷落，北洋舰队覆灭。

2月28日，日军从海城分路出击，3月4日进攻牛庄（今海城西北），牛庄为清军后方根本，守军却极少，守军奋勇苦战，死伤被俘3000多人，牛庄失陷。7日，日军攻克营口。9日，清军在田庄台大败。至此，日军占领了辽东、辽南地区。

早在日军占领辽东半岛后，清廷便开始通过外交途径向日本请和，威海卫失陷后，清廷求和之心更切。在美国安排下，李鸿章以头等全权大臣的身份，在美国顾问科士达陪同下赴日议和。1895年4月17日，李鸿章在丧权辱国的《马关条约》上签字，甲午战争结束。

八国联军侵华

19世纪末，帝国主义列强不仅在政治、经济、文化上加紧侵华，而且不断瓜分中国领土。在民族危机日益加深的情况下，中国北方山东、直隶（今河北）一带农村爆发了群众性反帝爱国的义和团运动。1900年夏，京、津地区义和团的声势越来越大，引起了西方列强的恐惧。4月23日，英、法、德、美等国公使以外交团名义照会清政府，要求严禁团民纠党练拳，惩处办团不力人员，甚至限令清政府短期内将义和团"剿除净灭"。

5月底，各国驻华使团通知清政府总理衙门，言称要调兵入京"保护使馆"，

义和团运动

义和团的前身是义和拳，本来是流行于山东和直隶等地的民间练武结社，随着帝国主义势力的深入，农民与教会的矛盾加剧，义和拳开始了反教会运动。1898年，山东义和拳群众和当地教会发生冲突，进而演变为暴力流血事件。为了安抚义和拳，山东巡抚以抚代剿，将其改编为团练，改名义和团。八国联军入侵期间，义和团加入到了抵抗侵略者的行列。但是由于义和团依靠的是封建迷信思想，加上盲目排外，在帝国主义血腥镇压和清政府的无耻叛卖下，最终惨遭失败。

列强联军进午门

清政府被迫同意。随后，英、俄、法、日、美、意、德、奥八国联军400余人分批进入北京。帝国主义的侵略行径，使得以慈禧太后为首的后党集团对义和团的态度发生转变，企图"用拳灭洋"，以维护其统治地位，以端王载漪为首的排外势力在清政府内占据上风。各国公使眼看清政府已无法控制形势，总理衙门也"无力说服朝廷采取严厉的镇压措施"，便策划直接出兵干涉。

6月11日晚，八国联军乘火车抵达东大桥。2000名手持刀矛棍棒的义和团拳民，从铁路两侧的树丛中呐喊着杀向侵略军。义和拳民冒着枪林弹雨，勇往直前，与侵略者展开肉搏战，八国联军慌忙窜回列车。12日，八国联军头子西摩尔率军强占高点万喜煤栈，构筑"美少年炮台"。义和团拳民在倪赞清等将领率领下扑向侵略者。义和团拳民前仆后继，终于逼近八国联军，冲到炮台之下点燃煤栈木料杂物，侵略军又纷纷窜回列车。义和团拳民又用火枪、火铳等武器向敌人射击，侵略者组织密集的火力反扑。义和团拳民虽然死伤惨重，但是却把洋人军队围在车站达两天之久。

13日晨，蜗行到距廊坊车站8千米的东辛庄村的联军被迫停车，原来前方铁轨已被扒毁，洋军只得下车抢修铁路。这时，在东辛庄潜伏的大队义和团拳民和百姓突然杀出，联军猝不及防，狼狈逃走。6月18日，清将董福祥率武卫后军2000余人，奉清廷命令进驻京津铁路沿线，和义和团一起阻击八国联军向北京推进。在廊坊车站，清军骑兵从侧翼包抄攻击侵略军，步兵和义和团民从正面冲杀。西摩尔获悉廊坊战事吃紧的消息后，急派英军、奥军、意军折返廊坊。8月4日，八国联军约1.8万人自天津沿运河两岸向北京进发，5日凌晨抵北仓。驻守在这里的清军进行顽强抵抗，清军和义和团共打死打伤敌人数百名。无奈弹药用尽，只好撤退，北仓失陷，联军继续进犯。6日，清军在杨村被联军击败，清军宋庆率残部逃至通州，直隶总督裕禄自杀。

慈禧把最后的赌注押在了李秉衡身上。8月8日，李秉衡率"勤王师"共1.5万人抵河西御敌，终因武器落后，又无补给而被打败。突围出来的李秉衡含恨自杀，北京已无险可守。13日，联军攻占通州。俄军不待休整，便于晚间向东便门发起进攻，翌日凌晨2时占领东便门。俄军又攻建国门，遭到董福祥军猛烈抵抗，伤亡甚众。14日下午，俄军攻入内城。

日军也不甘落后，于14日晨攻打朝阳门，直到黄昏才夺取朝阳门。英军乘虚攻破广渠门，抄小道进入东交民巷使馆区。法、美军队也于14日晚窜入城区。清军与义和团拳民坚守不退，与侵略军展开了两天的巷战，毙敌400余人，而清军和义和团也战死600多人。

8月15日，八国联军进攻皇城东华门，慈禧太后携光绪帝仓皇逃往山西。联军

— 253 —

入城后，解除了义和团对东交民巷和西什库教堂的围攻，义和团被迫退出北京，转往外地坚持抗击侵略者。慈禧太后在流亡途中，命李鸿章为与列强议和全权代表，发布彻底铲除义和团的命令，轰轰烈烈的义和团运动被中外反动势力联合扼杀了。

八国联军占领北京后，派兵四处攻城略地，扩大侵略。9月，俄军在侵占秦皇岛、山海关同时，集中强大兵力，分5路对东北地区实行军事占领。10月中旬，德军统帅瓦德西率兵3万来华，攻占保定、张家口等地。1901年9月7日，庆亲王和李鸿章代表清政府同英、法、德、俄、美、日、意、奥及荷、比、西等11国在北京签订了丧权辱国的《辛丑条约》。从此，中国已完全沦为帝国主义的半殖民地，民族危机更加严重。

美西战争

19世纪末，美国完成对西部的开发，走向了帝国主义时期。垄断财团对原材料的需求和寻找新的市场投资场所等，迫切要求美国向海外扩张。为建立向拉丁美洲和远东及亚洲扩张的基地，美国将矛头指向西班牙。当时的西班牙是一个已衰落的殖民帝国，在国际中处于孤立的境地。古巴、波多黎各和亚洲的菲律宾均为西班牙殖民地。美国选择西班牙，欲夺取其殖民地，用来满足其对拉丁美洲和亚洲进一步扩张的战略部署。1895年2月，古巴发生反对西班牙统治的武装起义，美国借机意欲干涉，遭到西班牙的拒绝，双方矛盾激化。

美国当局加紧做好战前准备，一方面广泛地进行外交活动，一方面加强军事装备，扩建军队。为加强海军力量，美国建造了许多大型巡洋舰和战列舰。1898年2月，西班牙驻美公使攻击美国总统的信件被公开，激起了美国内部反西班牙的情绪。2月15日，以友好访问为名的美舰"缅因号"突然在古巴哈瓦那港爆炸沉没，造成美官兵260余人死亡，美国怀疑西班牙是事件的制造者。美国当局下令封锁古巴港口，并在周围海域布设水雷。4月24日，被逼无奈的西班牙只好对美宣战。次日，美国对西班牙宣战，美西战争全面爆发。

美军的作战目标极为明确：依靠强大的海军力量，先突袭菲律宾的马尼拉海湾，再打击古巴的西军，从而占领拉丁美洲及亚洲的西属殖民地。

5月1日凌晨，美海军上将乔治·杜威率领舰队，凭借良好的航海技术，乘着黎明前黑暗的掩护，率领舰队突然驶进马尼拉湾。西班牙要塞哨兵发现后开炮轰击，但均未命中。美军随即进行还击，停泊在港湾的西班牙舰队在慌乱中组织反击，但有的舰船还未起锚就被击沉。要塞上的炮火虽然猛烈，命中率却低得可怜。杜威命令美舰队火力集中向西班牙的旗舰猛攻，7时许，旗舰被击沉。失去指挥的西班牙舰队更是乱作一团，只有被动挨打。中午，西班牙舰队遭到全歼，马尼拉湾被美军封锁，西班牙在太平洋的制海权落入美军手中。

马尼拉突袭成功，极大地鼓舞了美军。6月，美国打着"帮助古巴独立"的旗号，计划从圣地亚哥港登陆。此时的古巴，反西民族革命全面爆发。

为迫使西军接受海战，美军决定海军陆战队从港口东面不远的关塔那摩湾强行登陆，从陆上对圣地亚哥港形成包围之势。6月10日，600名海军陆战队队员出发。虽然关塔那摩湾防守相对较弱，但仍遭到西军的顽强阻击，美军伤亡重大。但防线最终被突破，美军成功登陆。7月1日，美陆战队先后攻占了圣地亚哥港东北部和东部的据点埃尔卡纳和圣胡安，形成了对圣地亚哥港的包围之势。7月17日，圣地亚哥守兵投降。8月12日，美军趁势攻占了波多黎各岛。8月13日，在菲律宾人民起义军的配合下，美陆军攻占了马尼拉市，西班牙在殖民地的力量被美军彻底歼灭。

1898年12月10日，双方签订《美西巴黎和约》，美国如愿得到了古巴、波多黎各和菲律宾，西班牙仅得到美国给付的作为割让菲律宾补偿的2000万美元。

这场战争使美国走向对外扩张，标志着美国进入帝国主义时代；开始了帝国主义重新瓜分世界领土的新时期；而西班牙对拉美及太平洋殖民地的丧失，使其从帝国主义争霸的政治舞台中退却。

日俄战争

1895年中日甲午战争后，日本侵占了中国的辽东半岛、台湾和澎湖列岛，这与旨在控制中国东北的俄国产生了矛盾。俄国联合德、法出面干涉，迫使日本退出辽东半岛。日本加紧军备，制订十年扩军计划，决心以武力同沙皇再度争战。俄国在中国东北的势力也迅速扩大，到1898年，整个东北三省沦为俄国的势力范围。1900年，中国爆发义和团运动，俄国借口"保护"侨民和中东铁路为名一举占领东北三省。这引起日本和英国的强烈不满，在英国的支持下，日本开始了对俄的复仇。

1903年8月，日俄双方就重新瓜分中国东北和朝鲜问题进行谈判。已完成扩军备战的日本态度强硬，致使谈判破裂。1904年2月6日，日本断绝与俄国的外交关系。8月，日本不宣而战，海军舰队用鱼雷偷袭旅顺俄国舰队。几艘舰船被击沉后，俄舰队被迫退到港内，日军遂将旅顺港口封锁。

俄陆军司令克鲁泡特金建议主力撤出辽东半岛，在哈尔滨集结，等候俄从莫斯科来的援兵，再进行反攻，击退日本军队，解救孤军死守的旅顺俄军。但由于俄军指挥层意见分歧，于是将主力军集结点改为辽阳，然后向旅顺推进。

对于日本来说，朝鲜半岛是一条比较安全的补给线，是日本进退自如的便利基地。来自俄军的海上威胁就是驻旅顺港的俄舰队，他们足可以切断日本的海上交通，制海权对日本是极为重要的。针对这些情况，日本一面引诱俄舰队接受会战，另一方面日陆军在舰队的保护下，从仁川登陆，控制朝鲜半岛，建立稳固基地后，用3个军团的兵力从朝鲜湾的北岸登陆，向辽阳进军，以阻止俄南下支援旅顺。第4军团则围攻旅顺港，攻克后北上与前3个军团会合，在俄陆军增援未到前击败俄军。

5月初，日本在朝鲜站稳脚跟，便从朝鲜湾登陆满洲。25日，日本军攻入金州，次日，攻下南山高地，占领了大连。旅顺港完全处于日军的包围中。

旅顺港有三道防御工事，依托地势，人工构建了堡垒和碉堡，并有高压铁丝网包围，防御强度极高。日本连续发动两次总攻，均被顽强的俄军抑制住，日军损失惨重，虽也攻占了周边一些关键性的阵地，但俄军全部防御体系的总枢纽203高地仍控制在俄军手中。11月26日，日军向203高地发起第三次总攻。火力轰炸连续数天，日军付出1.1万人的代价，终于在12月5日登上203高地，旅顺港内的船只从这里尽收眼底。7日，俄舰船被全部击毁。1905年1月，日军占领旅顺，俄军投降。日军按计划北上与其他军团会合，投入对俄主力的进攻。

3月10日，日军攻克奉天，俄军向哈尔滨撤退。

5月9日，俄军波罗的海舰队缓缓进入中国海域赶来支援，27日在对马海峡被日舰队全歼。对马之战的失败，使俄国国内的人民忍无可忍，大多数城市爆发革命，沙皇专制制度接近崩溃边缘。9月，俄日双方都已力竭，在美国的说合下，双方签订和约。

日俄战争使沙皇专制走向坟墓，加速了俄国革命的到来；日本从此跻身于世界强国之列。

居里夫人和镭

玛丽·居里，1867年生于波兰的首都华沙，她在中学时代就非常优秀，不仅掌握法、英、俄、德4门外语，毕业时还获得金质奖章。1891年，玛丽进入巴黎大学学习物理，1893年获得物理学硕士学位，第二年又获得数学硕士学位。1894年，玛丽在巴黎大学索邦学院与皮埃尔相遇，为科学献身的共同理想使二人走到一起，他们于1895年结婚，从此开始新的生活。夫妻二人互助协作，相濡以沫，迎来了他们科学发现的春天。

大学讲台上的居里夫人
居里夫人作为巴黎大学索邦学院第一位女教授，于1906年11月5日登上讲台。

当时，法国物理学家贝克勒尔发现铀盐矿物能放射出一种奇妙的射线，这种射线尽管看不到，却能穿透普通光线所不能穿透的黑纸片，而使照相底片感光。但铀盐为什么会放出这种射线？经过多次的测试和检查，居里夫人敏感地意识到沥青铀矿中可能含有一种新的不为人知的放射性很强的元素！这时，皮埃尔也加入了居里夫人的研究，终于，在1897年7月，居里夫妇确认了新元素的存在。

正在夫妇俩为给该元素定名而踌躇之际，居里夫人的祖国波兰被敌国占领而灭亡。这一消息对玛丽·居里震动极大，她为了纪念祖国而将该元素命名为"钋"。从此，元素周期表的大家族又添新丁。

之后，居里夫人又着手测试各种元素，企图找出与铀一样具有辐射效应的元素，她大胆判断一定还有一种物质能够放射光线。她把这种新的物质定名为"镭"，因为在拉丁文中，它的原意就是"放射"。

可是，要提炼镭元素，必须得有足够的沥青铀矿，可这对居里夫妇来说太难了，因为这种矿不但稀少，价格还很昂贵。居里夫人要提炼"镭"的消息传到奥地利，奥地利政府决定支持她，无偿为她提供了一吨已提取过铀的沥青矿残渣。

由于居里夫人只是理论上推测但无法证明新元素镭，所以巴黎大学的董事会拒绝为她提供她所需要的实验室、实验设备和助理员，她只能在校内一个无人使用的四面透风漏雨的破旧大棚子里进行实验。

居里夫人最初做的完全是粗笨的化工厂的活儿，她把成袋的沥青矿渣倒在一口煮饭用的大铁锅里，用粗棍子不停地搅拌，再不断地溶解分离。经过1000多个日夜的辛苦工作，小山一样的矿渣最后只剩下小器皿中的一点液体。她兴奋地盯着这只玻璃器皿："再过一会儿将结晶成一小块晶体，那一定就是新元素镭！"她忐忑地在心里默念着。

可是结果却让她大失所望，因为器皿中剩下的只是一团污迹！

失望至极的居里夫人一下子感觉到了疲倦。她回到家，悻悻地躺在床上，"为什么不是一小块白色或无色晶体呢？"她翻来覆去地睡不着，一直想着那团污迹。突然，她腾的一下坐起身来：难道污迹就不能是镭吗？

她穿起衣服赶紧跑向实验室，门还没开，居里夫人就从门缝里看到了耀眼的光芒，那光芒正是镭发出的。

镭元素发现后不久，人们就发现镭射线能穿透最密的物质，杀死有病的细胞，是治疗癌症的有效武器。这一奇迹引起了世界各国，特别是企业家的兴趣。但是居里夫妇并没有申请专利权以牟利，而是无偿公布了他们的技术，尽管他们为了提取镭，曾经负债累累。1921年，居里夫人前往纽约，接受美国妇女协会赠予她的一克镭。在举行仪式的前一天晚上，居里夫人坚决要求修改赠送证书中的言辞，要求使这一克镭永远属于科学，而不至于在她死后成为女儿们的私产。最后，美国政府连夜找来律师，按照居里夫人的意见进行了修改。

镭的发现和应用，使居里夫人成了闻名世界的大科学家。她成了法国科学院的第一位女院士，巴黎大学的第一位女教授。她一生中有7个国家24次授予她奖金和奖章，担任了25个国家的100多个荣誉职位。但居里夫人始终保持着谦虚、高尚的品质。爱因斯坦在谈到她时说："在所有的世界著名人物中，玛丽·居里是唯一没有被盛名宠坏了的人。"晚年的居里夫人一直孜孜不倦地进行科学研究，但长期暴露于放射性元素之中使她患上了恶性白血病，1934年7月4日，她从实验室回到家后的当天晚上与世长辞，享年67岁。

莱特兄弟造飞机

美国的莱特兄弟梦想着像鸟儿一样飞上天空。从古至今，想飞的人绝不只他们两个，但是他们兄弟二人第一次圆了人类想飞的梦。

莱特兄弟出生在美国俄亥俄州的代顿市。哥哥威尔伯·莱特生于1867年4月16日，弟弟奥维尔·莱特生于1871年8月19日。他们的父亲密尔顿·莱特是一名牧师，收入微薄，但为人正派，心地善良，而且知识丰富。兄弟二人从小受父亲的熏陶，喜欢读书和思考问题，动手能力也很强。

一次，父亲从欧洲回来，给兄弟俩带回一件直升飞机玩具，可把他们乐坏了。他们除了读书学习和帮助母亲干活外，便一起拿着玩具飞机来到一片开阔地上玩了起来。飞机是用陀螺制作的，以橡皮筋作为动力。一般总是弟弟把飞机稳稳托在手中，哥哥则拧紧橡皮筋，然后猛地一松手，小飞机便"噗噗啦啦"地飞过头顶，向远方滑翔过去。久而久之，兄弟二人对玩具本身丧失了兴趣，而是把它拆散，两人凑在一处观察它的构造。然后不约而同地到做木匠的爷爷那里找一些边角余料和斧凿等工具，自己动手做起了玩具飞机，一架，两架……一个多月过去了，沙地上整整齐齐摆了一排"直升飞机"。

谁也没想到，从此兄弟二人与飞机结下了缘分。在他们生活的时代，已经出现热气球和飞艇等飞行工具，但都不是很理想。因为气球升空后飞行速度、方向完全取决于风力、风向；而飞艇自身虽然有动力和方向控制装置，但其体积过于庞大（有时它长达数百米，直径也在几十米），控制起来极为不便。于是人们开始研究新的飞行器。

当时在德国已有李林塔尔制造出滑翔机。消息传到美国，莱特兄弟终于按捺不住内心的激动，他们首先通过报纸、杂志和图书资料广泛搜罗有关飞机的情况，同时也学习一些空气动力学方面的知识。一段时间后，他们尝试着造了一架双翼滑翔机。这架飞机能飞到180米的高度，还可以在空中转变方向。

莱特兄弟不会满足于先进的滑翔机，他们开始考虑给这架飞机加上发动机。可是经测定，兄弟二人发现它最多能载重90千克，而当时通用的发动机最轻也得140千克。为了克服这一难题，他们找到机械师狄拉，三人一起设计制造了一台重70千克的发动机，该发动机具有12马力的功率。莱特兄弟把这台发动机安装在自己的飞机上，并且赶制了两叶推进式螺旋桨，在发动机与螺旋桨之间以链条相连。人类历史上第一架飞机初步完成。

1903年12月17日，莱特兄弟的首架飞机"飞行者Ⅰ号"试航。这天早上，他们先把飞机拖到了海滩，进行了全面的检查。然后由奥维尔登上飞机，启动了发动机。在马达的轰鸣声中，飞机向前冲去，飞机的滑行速度越来越快。终于在众人的欢呼中飞离了地面，升到空中约3米的高度，12秒钟以后，"飞行者Ⅰ号"安全着陆，飞行距离超过30米。时间太短了，距离太短了，但它标志着一个崭新时代的到来。稍后，兄弟两人又轮番驾驶"飞行者Ⅰ号"试飞了几次。其中滞空时间最长为59秒，飞行距离为260米。1904年，莱特兄弟制出了改进的"飞行者Ⅱ号"。它的滞空时间延长到5分钟，可连续飞行5千米。其后，他们在"飞行者Ⅱ号"的基础上推出"飞行者Ⅲ号"。它可以在空中连续飞行半小时，飞出40千米的距离。

莱特兄弟发明的飞机连创佳绩，逐步引起了美国军方的兴趣。军方组织了巨大的人力物力在他们的基础上研制军用飞机。其他国家也纷纷仿效，飞机的发展步入快车道。第一次世界大战前，飞机时速已达 76 千米，飞行距离已增加到 186 千米，具备实用价值。

莱特兄弟一生效力于飞行事业，甚至都未曾结婚，为人类运输工具发展做出了巨大贡献。

爱因斯坦提出相对论

一提起爱因斯坦，人们不自觉地就会想起他的那幅照片：花白的头发，像触了电似的根根向上竖着。相信凡是看过这幅照片的人一定会说：爱因斯坦一定是一个不修边幅的人，因为在人们的印象中，大科学家们多是这样。

现实中的爱因斯坦的确如此，据说爱因斯坦移民美国后不久，一天，他在纽约的街上遇到了一个朋友。那位朋友看到他穿着一件破旧的大衣，不由得提醒道："你似乎有必要添置一件新大衣了，瞧你身上这件多旧啊。"

爱因斯坦笑笑，做出无所谓的表情："这有什么关系？反正在纽约谁也不认识我。"

几年以后，爱因斯坦已经誉满天下了，一天，他在街上又遇到了那位朋友，那位朋友见他还穿着几年前那件破旧的大衣，不禁又建议他去买件新大衣："现在你可是位名人了，应该去买件新衣服了吧。"

爱因斯坦又笑笑："这又何必呢？反正这儿的每一个人都已经认识我了。"

这就是爱因斯坦，20 世纪最伟大的科学家，却是一个如此不注重自己仪表的人。

除了不修边幅，爱因斯坦还是一个风趣幽默的人，这和人们印象中的科学家的古板大相径庭。有一次，一帮青年人问爱因斯坦什么叫相对论，爱因斯坦回答说："当你和一位漂亮的姑娘坐在一起待上两个小时，你以为只有 1 分钟，可是当你在一个烧热的火炉上坐上 1 分钟时，你却以为是两小时。这就是相对论。"

爱因斯坦的公式
爱因斯坦的相对论不仅仅是关于时间和空间的，其中也包括能量。

在爱因斯坦创建了相对论之后，科学界褒贬不一，1930 年，德国出版了一本批判相对论的书《一百位教授出面证明爱因斯坦错了》。爱因斯坦知道后，禁不住哈哈大笑："100 位，没必要这么多人吧？只要能证明我真的错了，哪怕一个人出面就足够了。"

爱因斯坦不但取得的伟大成就值得我们佩服，他的人品也是让人尊重的。这个曾经被视为孤僻、迟钝、表达不清的傻孩子竟然成了千年风云人物。

1879年3月14日，阿尔伯特·爱因斯坦在德国南部乌耳姆城的一个犹太居民家中呱呱坠地。这是一个温馨、和睦的家庭，父亲精通数学，以经营电器为业，母亲温雅贤淑，倾心于艺术。小爱因斯坦的出世为全家带来喜悦和幸福，但很快又给这个幸福之家笼罩了一层忧郁。因为他与同龄的孩子比较起来，智力发育好像有些迟缓。

别家的孩子1岁多时就会说话了，缠着母亲问这问那，而小爱因斯坦只会偎依在母亲怀里呆呆地望着周围的一切，一点学说话的迹象都没有。邻居见此情形，不无担心地对他母亲说："这孩子怎么不说话呀？"母亲内心一阵酸楚，却又自我安慰："他在思考，将来我们的小爱因斯坦一定会成为教授。"一旁的邻居也不好多说什么，倒生出一丝恻隐之情。

爱因斯坦的父母确实是非常优秀的父母，深知旁人对他抱有偏见，自己不能再伤害他。他们发现儿子虽然不苟言笑，却对万事万物表现出强烈的兴趣，于是就买回许多新奇、结构复杂的玩具给他玩，小爱因斯坦更多的时间都用来"研究"这些玩具。

时光匆匆流过，爱因斯坦进入了小学，除了数学之外，其他功课平平甚至不及格，这种状况一直持续到中学。中学时他的兴趣科目多了一门物理，他不喜欢体育，更讨厌军训。由于严重偏科，爱因斯坦中学毕业都没拿到文凭。以至于为了上大学，他又补习一年才进入联邦工业大学师范系，攻读数学和物理。最后，他为自己选定了终生努力的方向：理论物理。4年之后，爱因斯坦大学毕业，尽管专业成绩异常突出，却因为性格缺陷谋不到一份差。待业期间，爱因斯坦曾做家教、代课，有时帮人清理账目。最困难的时候，他甚至以拉小提琴卖艺为生，此中疾苦，可想而知。

终于在1902年，经朋友的大力推介，爱因斯坦在瑞士专利局找到一份技术员的工作，其职责是审核一份份专利申请。这使他大开眼界，同时他夜以继日地钻研物理学，在1905年有所成就。那年，爱因斯坦在德国《物理学年鉴》上发表《论运动物体的电动力学》，从而创立了狭义相对论，开始解释牛顿经典力学所不能解释的现象。

尽管当时极少有人理解爱因斯坦的理论，但他坚信自己理论的正确性，并且将其进一步发展成为广义相对论。1916年，他发表了《广义相对论的基础》一文。这一旷世之作标志着他的研究水平已达20世纪理论物理的顶峰。爱因斯坦曾就相对论解释说："狭义相对论适用于引力之外的物理现象，广义相对论则提供了引力定律以及它与自然界其他力之间的关系。"

几乎是同时，爱因斯坦又做出了涉及光学和天文学的三大预言，这些预言日后一一应验。鉴于他的相对论和预言，人们赋予他极高的荣誉，如"20世纪的牛顿""人类历史上有头等光辉的巨星"等。但爱因斯坦淡泊名利，尽量回避吹捧他的公众集会。

1955年4月18日，爱因斯坦在美国的普林斯顿悄然而逝，并留下一份颇为特殊的遗嘱：不发布告，不举行葬礼，不建坟墓，不立纪念碑。作为20世纪最伟大的科学家如此谦逊，闻者无不肃然起敬。

世界大战时期

　　20世纪初，欧洲各主要资本主义国家相继进入了帝国主义阶段。由于资本主义的政治、经济发展不平衡，欧洲出现了两大军事集团，双方于1914~1918年进行了一场世界大战，以协约国的胜利而告终。1919年，巴黎和会召开，建立了"凡尔赛体系"，但各国依然是矛盾重重。帝国主义战争引发了革命。1917年11月，俄国爆发十月革命，无产阶级夺取了政权。随后，在欧洲和亚洲发生了一系列革命运动。20世纪30年代后期，法西斯势力猖獗一时。1939年9月1日，德国进攻波兰，引发了第二次世界大战，英、法、苏、美、中、日等世界许多国家相继参战。1945年8月，战争结束。

三国协约

随着德、意、奥三国关系日益密切，英、法、俄也随之走到了一起。

当新兴资本主义国家迅速崛起的时候，老牌资本主义国家也奋力争夺地盘，尤其是英、法两国，与德国之间的摩擦与日俱增，为此，英法两国都开始在世界范围内寻找可以并肩作战的战友。

其实，明眼人都能看出，三国同盟的主要针对对象是法国，看到三个国家的矛头直指自己，法国怎么能不着急呢？于是，心急如焚的法国开始把眼光盯上了德国的邻邦俄国。

1879年，为了对付俄国在巴尔干地区的扩张，德国与奥匈帝国在维也纳签订《德奥同盟条约》。俄国本来就对德国相当仇恨，看到德国公开与己为敌，自然气愤得很。这一切都被法国看在眼里，法国认为拥有广阔疆土的俄国足以使自己单薄的力量增加不少，于是开始对俄国进行拉拢。

1888年，法国向俄国贷款5亿法郎，次年又向俄国贷款19亿法郎，此后，又相继向俄国贷款数次。到1893年双方签订条约时止，法国已累计向俄国贷款100多亿法郎。

看到法国对自己如此仗义，俄国感激涕零，俄国也早想找一些同伴与自己一起承担德、意、奥三国联合带来的危险。在这种情况下，法、俄两国军事首领于1892年签订了秘密的军事协定，这一协定在1893年12月15日和1894年1月4日分别得到了两国政府的批准。协约规定，如果意大利或奥匈帝国在德国支持下进攻俄国，法国应与俄国并肩作战。

虽然与俄国签订了军事协定，但法国还是觉得没有安全感，于是，又开始寻找盟友。找来找去，法国觉得只有英国才算得上是一个好帮手。虽然此时的英国已经没有了昔日的辉煌，但依然是世界上数一数二的强国。而这时，英国也正遭受着来自德国的威胁。

迫于形势，不久之后，英国就对法国的拉拢做出了反应。1903年春，英王爱德华七世访法，这次访问是英、法亲善的开端。同年7月，礼尚往来，法国总统回访英国。1904年4月，英法两国在伦敦签订了一项瓜分殖民地的协约，协约规定，英国承认法国在摩洛哥有维护安全和协助改革的权力，法国也不干涉英国在埃及的行动；英国把西非的一些殖民地让给法国，法国则放弃在纽芬兰的捕鱼权。协约中，英、法两国还划定了在暹罗（今泰国）的势力范围。通过协约，英、法两国的矛盾基本解决，双方利益开始趋向一致。

法国同英国签订条约以后，想到英国与俄国之间有着很深的矛盾，怎么才能使他们两国尽释前嫌呢？没料到，不等法国出面，英国便调节了与俄国之间的关系。因为日俄战争和1905年革命，俄国在财政上越来越依赖英、法两国，虽然当时俄国在近东、中亚和远东地区都与英国有利益冲突，但要比起与德国的矛盾，

位于巴黎以沙俄亚历山大三世的名字命名的大桥，成为19世纪后半叶俄、法关系密切的历史见证。

就显得微不足道了。1907年8月，英俄两国在圣彼得堡签订了分割殖民地的协定，协定规定，俄国承认阿富汗在自己的势力范围之外，并承认英国代管阿富汗的外交；波斯（今伊朗）东南部划为英国势力范围，北部为俄国势力范围，等等。

英、法协约和英、俄协约，加上法俄同盟，标志着三国协约正式形成。三国协约没有像三国同盟那样签订一项共同条约，俄、法两国是负有军事义务的同盟国，但英国则无须承担这种军事义务。

三国同盟和三国协约两大帝国主义军事集团形成以后，扩军备战成了他们的当务之急。复杂的国际关系日趋紧张，局部战争接连发生，最后终于导致了1914年第一次世界大战的爆发。

1918年"一战"结束，德国投降后，同盟国瓦解，美、英、法、日等帝国主义国家曾以协约国的名义向苏俄发动了三次武装干涉。随着各帝国主义国家之间矛盾的不断加深，协约国也逐步瓦解。

✲ "大棒政策"与"金元外交"

西奥多·罗斯福为人熟悉的不仅仅是因为他曾是美国总统（1901～1909年），更因为他推行的"大棒政策"。

"大棒政策"源于罗斯福在下野后的一段公开演讲，在那次演讲中，他说："我在任美国总统期间，对付他国的办法是'说话要好听点，但手里要拿着大棒'"。"大棒政策"由此得名。

其实，"大棒政策"最早提出时，西奥多·罗斯福还没有当选为美国总统。1900年，罗斯福任纽约州州长，他在给朋友的一封信中，有一段关于美国外交政策的话："我非常喜欢西非的一句谚语：说话温和，手握大棒，将所向无阻。"从这句话就不难理解"大棒政策"的深义。

罗斯福是一位热衷政治、崇尚权力、勇武好斗的总统，他曾说过这么一句话："和平的胜利，不如战争的胜利伟大。"不需多言，从这句话中就能看出罗斯福的秉性。

美西战争爆发前夕，当时的罗斯福任美国助理海军部长，战争爆发后，罗斯福辞去职务，与伍德组成志愿军骑兵团，在古巴圣胡安山之役中击败西班牙军，为美国的胜利奠定了基础。此后，罗斯福声名大噪，他率领过的骑兵也因此被称为"铁骑"。

就任总统后，罗斯福主张以武力为后盾，迫使拉丁美洲国家"循规蹈矩"，听命于美国,主张凭借强大的经济军事力量,积极推行向外扩张计划,特别是对加勒比海地区的侵略,这些都是罗斯福推行"大棒政策"的表现。

罗斯福曾毫不掩饰地说:"任何一个美洲国家行为不端时,美国不能保证其不受惩罚。""在西半球,美国对于门罗主义的信念可能迫使美国履行国际警察力量的义务。"占领巴拿马运河区,是西奥多·罗斯福"大棒政策"的典型事例。

巴拿马原是哥伦比亚的一部分,美国向哥伦比亚提出要开凿巴拿马运河的要求,但遭到了哥伦比亚的拒绝。看到自己的开凿巴拿马运河的计划没有成功,美国遂于1903年11月在巴拿马组织了叛乱,支持巴拿马脱离哥伦比亚,成立了巴拿马共和国。巴拿马共和国成立后不久,便与美国签订了完全按照美国的意图拟订的条约。条约规定,巴拿马将运河区16千米宽的地带交给美国永久使用、占领和控制,美国甚至有权在运河区使用警察、陆军和海军等。1914年,巴拿马运河通航后,运河区长期由美国控制,成为了"国中之国",直到20世纪末巴拿马才收回了运河区的权利。罗斯福把开凿巴拿马运河看作是他任美国总统时期的最大成就,他在自传中说道:"没同内阁商量,我就拿下了巴拿马。"

当然,美国推行"大棒政策"的地区并不限于拉丁美洲,在解决阿拉斯加与加拿大的边界纠纷中,美国同样对英国和加拿大施加了压力。1906年,罗斯福因调停日俄战争获得了诺贝尔和平奖,其实,罗斯福调停日俄战争完全是出于美国自身的利益:如果俄国战胜,将会打乱亚洲的实力平衡;日本战胜,对维持亚洲地区的正常秩序也非常不利,只有维持两国在东亚地区的均衡,美国的利益才不至于受到威胁。

1909年,塔夫脱继西奥多·罗斯福就任美国第27任总统。塔夫脱上台后,美国的对外政策开始变为"用美元代替枪弹",即以资本输出作为对外侵略、扩张的重要手段,利用经济渗透,控制拉美各国的经济和政治,以此适应美国垄断资本主义对外扩张的需要,这种外交政策称作"金元外交"。到20世纪30年代左右,20个拉美国家中已有14个被美国资本所控制,由此可见"金元外交"的厉害。金元外交的推行,表明美国在掌握世界经济霸权的同时,力图在国际政治中占据首席地位。

无论是"金元外交"还是"大棒政策",在美国建立霸权的道路上都起到了举足轻重的作用。

1907年,罗斯福护送美国海军的"大白舰"进行全球友好巡航,以展示美国的实力。

萨拉热窝事件

1914年6月下旬，奥匈帝国的军队在波斯尼亚首府萨拉热窝附近举行军事演习，以支持当地的亲帝国分子，压制斯拉夫人的民族解放运动，并想以此威吓邻近波斯尼亚的塞尔维亚，企图把它也纳入奥匈帝国的版图。

斐迪南皇储与他的妻子正准备登车。

6月28日，这天是个晴朗的星期天，萨拉热窝热闹非凡。原来，奥匈帝国的皇储弗朗茨·斐迪南大公夫妇要来这里访问。斐迪南是个极端军国主义分子，军事演习就是他亲自指挥的，这次访问萨拉热窝也是他计划中的一部分。

28日上午10时左右，一列豪华专车驶入萨拉热窝车站。由奥匈帝国的近百名士兵组成的仪仗队分成两队，分列在车站两侧。当斐迪南及妻子索菲女公爵坐上一辆敞篷汽车后，队伍开始缓缓向萨拉热窝市政府行进。

斐迪南心里非常清楚塞尔维亚民族对奥匈帝国的仇恨，所以这次访问他只带了这部分仪仗兵，并没有带过多的军事部队，想以此博得一些被统治民族的好感。

波斯尼亚在几年前被奥匈帝国吞并，萨拉热窝市政府为了讨好奥匈帝国的皇位继承人，把这次欢迎仪式搞得相当隆重。

此时的斐迪南夫妇正坐在敞篷汽车里，看着眼前繁华热闹的街市，不由得沾沾自喜。斐迪南从敞篷汽车里频频向路边的波斯尼亚人举手示意，时不时地露出趾高气扬的神情。路旁的人们带着愤怒，但碍于政府警察挡在前方维护，只能眼巴巴地看着斐迪南对塞尔维亚人进行挑衅。

正当斐迪南大公等人游行的时候，一批埋伏在人群里的暗杀者正欲行动。这批人属于一个军人团体，当他们听说奥匈帝国的大公要访问波斯尼亚时，便制定了一个周密的暗杀计划。当斐迪南的豪华汽车从车站出来时，7个暗杀者便混入了人群之中，并随着人流一步步地向斐迪南的汽车靠近。

虽然波斯尼亚当局在街道上派置了很多警察，但由于街上的人太多，根本无从维护，有的警察甚至躲到了角落里去闲聊，这无疑是个实行暗杀计划的好机会。

斐迪南车队缓缓地向市政厅的方向行驶着，离隐没在人群中的第一个暗杀者越来越近。这个塞尔维亚青年心跳加快，双手甚至颤抖起来。

"镇静，镇静，一定拿稳枪，整个民族的希望可就掌握在我手里了啊。"尽管他一再地安慰自己，但心跳的加快还是使他的眼神忽闪不定。正当这个暗杀者将要采取行动时，一个警察不偏不倚地走到了他的面前。

"你在这里鬼鬼祟祟地干什么？没看过奥匈帝国的大人物吗？"警察并不知道他是一个暗杀者。

"长官，我只是想临近看看，眼神不是太好，我这就回家。"第一个暗杀者不得不远离了斐迪南的车队。

车队又向前行驶，不一会儿便到了市中心，这里埋伏着第二个暗杀者。这个塞尔维亚人一刻也没有考虑，在手脚发抖之前便向行驶在车队中间的斐迪南大公的汽车扔出了一颗炸弹。炸弹偏移了方向，在斐迪南随从的车

描绘斐迪南被刺场面的图画

前爆炸了，碎片击伤了几个随从。车队很快逃到了市政厅门口的广场上，这里有一大批波斯尼亚警察在等候，应该不会再有危险了。

斐迪南非常愤怒，但也为自己躲过这场劫难而庆幸。

"总督先生，难道你们就是用这种方式来欢迎我的吗？"他从车上站了起来，怒视着邻座的波斯尼亚总督。

"不是的，殿下，你没发现刚才那个人是个精神病人吗？你大可以按着原计划进行访问，我保证不会再发生这样的事了。"总督唯唯诺诺地弓着腰。

"好吧，不过在这之前，我得先去医院看看我的随从。"斐迪南想以此来表现一下他的仁慈。

于是，司机掉转车头，向医院方向开去。萨拉热窝市长和波斯尼亚总督又派了一大批宪兵和警察保护在斐迪南大公的汽车旁。

前面是一个十字路口，过了这个路口就是萨拉热窝市医院了。正在这时，斐迪南只听得身后的士兵惊叫起来，回过头一看，一个年轻人举枪直奔而来。

"有刺客！"斐迪南满以为逃过了一劫不会再出现危险了，哪里会料到这里还有仇恨他的人在等着他，不由得魂飞魄散，呆在那里一动不动。

这个暗杀者叫加夫里洛·普林齐普，只有19岁，是这次暗杀行动中最坚决最勇敢的一个。看到在场的所有人都惊慌失措，普林齐普乘机跃到斐迪南大公车的正前方，扣动了扳机，"砰砰"两声之后，斐迪南大公夫妇都被击中要害，双双死于血泊之中。

斐迪南夫妇的被刺，给奥匈帝国制造了一个吞并塞尔维亚的借口。随即，奥匈帝国向塞尔维亚政府发出通牒，以反恐怖组织的名义，要对塞尔维亚采取军事行动。德国皇帝威廉也竭力唆使奥国向塞尔维亚全面开战。

此后，奥匈帝国正式向塞尔维亚宣战，第一次世界大战由此爆发。

施蒂芬计划

萨拉热窝事件后，第一次世界大战全面爆发。其实，早在1905年时，德国就制定了大战的作战计划。这一计划由德国的总参谋长施蒂芬提出并制定，所以在历史上被称为"施蒂芬计划"。由此可见，德国发动大战是蓄谋已久的。

"施蒂芬计划"制定以后，受到了德皇的重视，后来又经过反复论证、补充、修改，遂成为了德国发动大战的基本蓝本。施蒂芬在这一方案上可谓是下了一番功夫，"施蒂芬计划"把德国的作战分为东西两线，战略重点放在了西欧，即西线，因此西方大国，如英、法等国成了德国的假想敌。在西线，采取先发制人的手段，集中优势兵力进行"闪电战"，经比利时突袭法国，然后再迂回到东线，集中力量对付俄国。按照"施蒂芬计划"，如果一切顺利的话，赢得这场战争只需要三四个月时间。但是，施蒂芬可能忘了一句话：计划赶不上变化。他所计划的一切，不久之后就成为了泡影。

毛奇作为继任的参谋总长，按"施蒂芬计划"部署了整个战争。当然，毛奇也和德皇一样，认为施蒂芬这一计划简直是上天给德国的一个机会。

1914年8月4日早晨，在埃米希将军的率领下，德国第一、第二两个集团军迅速越过比利时国境，向纵深方向挺进。"施蒂芬计划"开始实施了。

德军攻打比利时的第一站是列日要塞。这里地势险要，易守难攻，比利时派了4万人在这里驻守。比利时是一个小国，从建国以来就没有打过仗，埃米希将军自恃着强大的军队，相信比利时军一定会缴械投降的，便派了一个使者去见比利时指挥官勒芒将军。

"勒芒将军，我奉德国埃米希将军的命令来督促贵国投降。如果你们让我军通过贵国，德国将给贵国最高的荣耀。否则，我军将会踏平比利时。"使者满以为自己的一番话能恐吓住勒芒将军，可他错了。

"是吗？比利时是中立国家，你们竟敢违背国际公法来侵略我国，不要以为比利时国小势弱就会怕了你们，我们誓死要守住要塞。"勒芒将军慷慨激昂地对傲慢的使者说道。

临时组织起来的比利时军队，等待他们的是近在咫尺的战争。

临走前，使者恶狠狠地对视着勒芒将军："好吧，那你们就等着大炮和飞机的袭击吧。"

使者回到德军驻地，把勒芒将军的态度对埃米希陈述了一番，埃米希顿时火冒三丈，立即命德军大炮轰击列日要塞的炮台，并派飞机在列日要塞上方投下了十几颗炸弹。接着，德陆军像潮水一样冲向了列日炮台。但是，在比利时军队的反击之下，德军没有攻下一个列日炮台，只是白白地葬送了几千人的兵力。

最后，德军不得不调来一门巨型攻城榴弹炮，这是当时威力比较大的炮，口径要比协约国的大炮大。随着爆炸声四起，列日要塞上的炮台顿时化为一片瓦砾。埃米希立即命令德军穿过列日要塞，向法国北部挺进。

根据"施蒂芬计划"，毛奇还在阿尔萨斯、洛林地区筑起深壕，布置少数德兵，按兵不动，以逸待劳，借以吸引法国部队，迷惑法军。别看这是虚的一招，但它可是"施蒂芬计划"中的关键步骤。施蒂芬当时想出了很多应急改变战略部署的方案，唯独没有改变这里的部署，甚至在他临死时还再三嘱咐不要削弱他的右翼纵队。

不过，毛奇虽然在右翼部署了兵力，却把原本70个师兵力的设想削弱了很多，这也是"施蒂芬计划"最后破产的一个关键因素。

法军总司令霞飞将军接到德国主力向法国北部扑去的消息后，忙率法军主力从东北出击，直取阿尔萨斯和洛林地区。正当法军为收回40多年前割让给德国的土地而沾沾自喜时，英军和法第三、四集团军败退的消息传来。

按当时表面上的情况看，"施蒂芬计划"的确是像要马上成功了，但实际上，法军也正因为躲开了德军而保存了主力。毛奇将军看到眼前巨大的胜利不由得得意忘形起来，把主力分为几路进攻法国，还调出两个军去东线对付俄国，这无疑是给法军可乘之机。霞飞将军把法军主力调到左翼，造成对德军的夹击之势。

9月5日，德、法两军在马恩河遭遇，进行了为期近5天的"马恩河"大会战。此后，双方进入了对峙阶段。正是"马恩河"会战粉碎了德军速战速决的作战计划，使得"施蒂芬计划"彻底破产。

克虏伯家族

德国之所以能够成为20世纪中期以前的军事强国，和克虏伯家族是分不开的。克虏伯家族是德国的军火商家族，其创始人是阿尔弗雷德·克虏伯。他在19世纪中叶的时候发迹，向普鲁士政府提供改进后的大炮，为普鲁士统一德意志做出了贡献。"一战"时期，克虏伯家族的工厂是德国军队军火的主要来源，其中最有名的是克虏伯大炮。"一战"结束后，克虏伯家族受到压制，曾一度沉寂。后来小克虏伯加入了纳粹党，1936年，他被任命为重整军备的副经理，1939年，他成为克虏伯家族的领袖。"二战"期间，克虏伯家族为德国军队制造坦克、大炮等各种武器。由于工人都入伍上了前线，克虏伯家族开始使用战俘为他们工作，许多战俘都被活活折磨死。"二战"结束后，小克虏伯作为战犯被判处12年监禁。但仅仅关押了4年后，由于美国需要扶持德国，他又被放出来重新创业。但是由于竞争激烈，克虏伯家族的辉煌已经一去不复返，20世纪70年代，克虏伯家族的企业破产。

凡尔登"绞肉机"

1916年初，随着"施蒂芬计划"的破产，德国不敢贸然深入俄国，就将战略重点转移到法国。此时，法国军队已苦战一年半，军事力量已到极限。位于马斯交通要道上的凡尔登是法国前线中最大的交通枢纽，也是法军重要的军事要塞，德军决定在这里给法军以突然打击。这是德军新任参谋总长法金汉提出来的战略方针，他说："在这场战役中我们要让法国人把血流尽！"他认为凡尔登是法国绝不敢也不愿放弃的一个重要军事基地，对它施以攻击，法国就会向那里投入全部兵力，这样，德国才有机会使法国在军事上崩溃，从而迫使其投降。

此时的法军总司令霞飞因备战索姆河战役而无暇顾及凡尔登要塞，驻守要塞的兵力只有4个师10万人，270门大炮。凡尔登要塞的防御工事异常坚固，由4道防御阵地组成，其中前3道是战壕、掩体、土木障碍和铁丝网等野战防御工事，第4道防御阵地则由永久工事和两个堡垒地带构成。

这张明信片表明了法国人民争取胜利的决心，图中一名手持刺刀的护士守护在两位年轻士兵身旁，标语是："为了祖国。休息吧，同志。"

德军总参谋长法金汉意识到负责进攻凡尔登的德国皇太子不可能仅通过一次奇袭就能攻取要塞。于是法金汉准备在凡尔登与法军进行一场消耗战，用一场规模空前的炮袭，以最小的代价取得实质性的初步胜利，以挫败法军士气，进而剿杀法军的一切反攻。

1916年2月21日早晨，法金汉调集10个师27万兵力，近千门大炮和5000多个掷雷器，以数量和力量均压倒法军的优势分布在12千米长的前沿阵地上。7时许，德国炮兵开始实施强大的炮火攻击。铺天盖地的炮弹倾泻在法军的野战防御阵地上。德国的新式武器——大口径的攻城榴弹炮将一颗颗重磅炮弹射向坚固的工事；掷雷器发射的装有100多磅炸药和金属碎片的榴霰弹，使法军堑壕成为平地；小口径高射炮使法军惊慌失措；喷火器把法军前沿阵地变成火海。持续了8个半小时，200万发炮弹的轰炸，把要塞附近三角地带的战壕完全摧毁、森林烧光、山头削平，法军前沿完全暴露出来。炮火刚息，德军步兵便以纵深战斗队形以散兵线分梯队向法军防线冲击。虽然士气高昂的法军凭借剩余工事奋勇抵抗，击退了德军的一次次进攻，第一道阵地还是被德军占领。德军随后又进行了4天的轰炸，攻占了法军外围据点之一的杜奥蒙特堡，但德军的伤亡也远超过他们的预料。

杜奥蒙特的失守，使法军统帅霞飞如梦初醒，他一面命令守军不惜一切代价死守阵地，一面命令最优秀的将领贝当增援凡尔登。

贝当在马斯河左岸加强法军的炮火力量，用法国的新式武器轻机枪和400毫米超级重炮装备部队，重振士气。并在前沿阵地划定一条督战线，后退者格杀勿论。

整个凡尔登会战成了屠杀场，枪炮、喷火器、毒气弹成了残酷的屠夫。德军的伤亡也达到了极限，前沿阵地堆满尸体。7月份时，双方仍相持不下，德军仅前进了七八千米，但已攻下沃克斯堡。

眼看凡尔登被攻破，此时，俄军突破奥地利防线，英法联军在索姆河战役中击败德军，这迫使法金汉分兵火速去救援。

1916年10月24日，法军开始反攻。他们采用小纵队分散指挥的战术，迅速收回了杜奥蒙特和沃克斯堡，德军被迫撤退出凡尔登。

凡尔登战役，法军几乎投入了全部军力，德军也有44个师加入战斗，双方伤亡人数超过70万人，被称为战争史上的"绞肉机"。法金汉不仅使法国流尽了血，而且也使德国把血流尽了，回国后便辞去总参谋长的职务。

凡尔登战役是第一次世界大战中具有决定性的一次战役，虽说德军达到了消耗法军的目的，但自己也遭到无法弥补的人力、物力上的巨大损失。德军士气从此低落，各条战线的困境日益加重。这次战役中，德法双方竞相使用新武器。但德军的正面突击战术并没有攻破野外堑壕等防御工事，这也更使人们认识到炮兵越来越重要。

日德兰大海战

第一次世界大战期间，英国凭借着强大的海军优势对德国进行海上封锁，保护协约国的海上交通，制止德国对英国的入侵，并企图在有利的条件下与德国海军主力决战来消灭敌人。1916年4月25日，德国海军袭击了英国的大亚茅斯和洛斯托夫特港口，英国对德国的封锁更为严密。为摆脱英国海军封锁带的困境，德国海军决心与英舰队决战。

1914年至1916年初，面对英国的海军优势，德海军采取保存舰队力量，避免重大损失，同时不断制造机会削弱英舰队力量的策略。运用诱使英军部分兵力出海，

日德兰海战情形
交战中，德军射击技术和舰艇操作水平较高，"同时转向"战术运用娴熟，但舰队实力处于劣势，英军虽握有主动权，但行动不坚决，也失去歼敌良机。

战列舰

随着蒸汽动力在军舰上的应用，海军理念也发生了变化，各国开始追求大吨位的战舰，其主要体现在战列舰的大量应用上。战列舰是一种可以在远洋活动，装备大口径火炮和厚重装甲的战舰，主要靠大炮作战。这种战舰的排水量在3万吨以上，主炮和副炮加起来有100多门。由于重量惊人，所以航速较慢，但杀伤力大。战列舰是19世纪末期出现的，一度成为海军主力作战力量。但是在日德兰海战中，战列舰的缺点暴露无遗，逐渐被巡洋舰取代。尤其是"二战"时期，巨大的战列舰在航空兵的打击下几乎毫无还手之力，英国最大的战列舰"威尔士亲王号"和"反击号"的沉没给人们上了一课，从此战列舰退出了历史舞台，让位于航空母舰。

集中优势力量给予沉重打击的战术，不断袭击英军，但并没有解除英国的封锁。

1916年5月30日，英军截获了德军无线电报，破译密码后才知道德海军对英舰队有行动。原来新上任的德国大洋舰队司令冯·舍尔仍以诱敌深入的策略，意图将英舰队引至日德兰西海域，并在此设伏袭击英舰队。

英海军上将约翰·杰利科勋爵认为这是歼灭德海军主力的好机会。于是他派贝蒂率领一支诱敌舰队驶离苏格兰罗塞斯港口，自己亲率主力埋伏在奥克尼群岛斯卡帕弗洛海军基地的东南海域。

5月31日，英诱敌舰队发现德诱敌舰队，双方开始了火力轰击。英舰队利用其战舰速度快而灵活的特点，急速前进。企图插入德诱敌舰队的后方，截断其后路。殊不知德海军主力尾随在其后不远的海域，英舰队陷入了德军的南北夹击之中，英诱敌舰队急发无线电报求救。

德军舰艇采用了新式全舰统一方位射击指挥系统。所有炮火一齐发射，炮弹攻击点分布范围小，精确度高，给英舰队造成了很大麻烦，两艘英舰船相继被击沉。战势对英诱敌舰队越来越不利，加上德军主力也扑了上来，英舰队急忙后撤。

危在旦夕之际，接到求救电报的英主力舰队先后赶到。德驱逐舰分别出击迎敌，英驱逐舰为保护战列舰也冲在前面，双方轻型舰展开了搏斗，英军被动局面逐渐改变。德国凭借舰船的水密结构设计和炮塔防护的坚固防御，频频向英军发起猛攻。英军也不示弱，利用航速快的优势，从容躲过德军鱼雷的攻击，并切入德舰队和赫尔戈兰湾之间，切断德军退路，对德舰队形成包围之势。

31日深夜，英军调集大批驱逐舰和鱼雷艇对德舰队进行夜袭。为躲避英军鱼雷的攻击，德舰队全部熄灯，并不停地移动位置。在四周小艇的保护下，战列舰和驱逐舰在黑暗中向英舰队发炮。

英舰队仍陆续向日德兰海域集结援军，德国海军上将舍尔认识到，如果夜间不能突围，天明后德军会遭到毁灭性打击。于是他利用灯光和无线电密码发出突围命令，率领舰队突破英舰队炮火和鱼雷的封锁，向赫尔戈兰湾撤退，疯狂的英舰队紧追不舍。当接近赫尔戈兰湾时，前面的战舰误入水雷区，再不敢贸然向前追击，杰利科只好下令返航。

这次海战是第一次世界大战中规模最大的海战。英军损失战舰14艘，德国损失11艘。事后双方都声称自己是胜利者，但德国舰队仍被封锁在港内，英海军继续控制着北海，掌握着制海权。

日德兰海战也是历史上最大的海战之一，是大舰巨炮主义的高潮。未打破英军封锁的德国舰队不敢出海作战，名存实亡，英国进一步巩固了其在北海海域的霸主地位。这次海战也送走了铁甲舰队海战的旧时代，同时揭开了人类海战史上的新篇章。

日德兰海战使各国认识到只有注重生存力的战舰才能在海战中存活，各国军舰开始吸取德国设计的水密结构和炮塔防护等优点，研发新型海上工具武器和探索新的战术战法。日德兰海战可以说是铁甲舰队的最后一次大决战。

✹ "阿芙乐尔号"的炮声

第一次世界大战爆发后，俄国爆发了第二次资产阶级民主革命，即1917年的二月革命。二月革命推翻了沙皇的统治，但却出现了资产阶级临时政府和士兵代表苏维埃两个政权并立的局面。资产阶级临时政府成立后，指派了一名上尉军官任"阿芙乐尔号"巡洋舰的舰长。为了防止水兵起义，临时政府加紧了对"阿芙乐尔号"的监察。但是，"阿芙乐尔号"巡洋舰上的领导权还是落到了布尔什维克手里，因为军舰委员会主席别雷舍夫正是布尔什维克党人。

列宁像

1917年4月，列宁回到俄国，向俄国人民发表了《四月提纲》，提出了从资产阶级民主革命过渡到社会主义革命的任务。经过布尔什维克党人的宣传，革命形势在九十月份趋于成熟，革命运动空前高涨起来。

临时政府发觉了布尔什维克人的"阴谋"，便企图先发制人。同年11月2日（俄历10月20日），临时政府派士官生占领了彼得格勒最重要的据点，到处搜捕布尔什维克党的领导人，密令彼得格勒军分区司令派兵进攻革命军事委员会所在地斯莫尔尼宫。

11月5日，别雷舍夫来到斯莫尔尼宫。

"别雷舍夫，革命军事委员会有非常艰巨的任务交给你。"布尔什维克领导人之一的斯维尔德洛夫对别雷舍夫说道。

"能为俄国的革命出一份力，我感到很高兴，我保证出色地完成党交给我的任务，哪怕是付出生命。"别雷舍夫坚决地回答。

"好样的，按照列宁的指示，'阿芙乐尔号'在这次革命中的任务非同寻常……"斯维尔德洛夫向别雷舍夫仔细地讲解了"阿芙乐尔号"在这次革命中的任务。

11月6日，临时政府封闭了布尔什维克党中央的机关报，形势越来越严峻。根据列宁的指示，武装起义被提前到这一天举行。别雷舍夫赶紧把"阿芙乐尔号"

的全舰人员集合起来，阻止喧嚷着要进城参加起义的水兵，号召大家服从革命纪律，静候革命军事委员会的命令，做好充分的战前准备。

午夜时分，别雷舍夫收到了布尔什维克党人从斯莫尔尼宫传来的命令，要求"阿芙乐尔号"驶往尼古拉桥方向，使那里被敌人扰乱的交通得到恢复。

但是，"阿芙乐尔号"舰长却对布尔什维克党人的命令百般推托，他所听命的是临时政府，怎么能听布尔什维克的命令呢？迫不得已，别雷舍夫决定单独指挥这艘军舰。

当"阿芙乐尔号"抵达尼古拉桥时，守卫大桥的士官生早已经被倒戈的巨大巡洋舰吓得逃跑了。别雷舍夫马上命令舰上的舵手们把断开的桥梁修复好。桥刚一被修好，几千赤卫队员和士兵欢呼着跨上桥面，向冬宫冲去。

到7日上午9时许，工人赤卫队和革命士兵在布尔什维克党的领导下迅速占领了彼得格勒的主要桥梁、火车站、邮电局、国家银行和政府机关等战略要地，还占领了通往冬宫的要道。临时政府总理克伦斯基乘坐美国大使馆的汽车灰溜溜地逃跑了。

"别雷舍夫同志，列宁同志要求'阿芙乐尔号'发表这份《告工人、士兵、农民书》。"快11时的时候，别雷舍夫接到了通信兵拿来的一份文件。别雷舍夫一刻不敢耽搁，立即用"阿芙乐尔号"上的无线电向全世界进行了广播。《告工人、士兵、农民书》的大致内容是这样的：临时政府已经被推翻，国家政权已转到彼得格勒苏维埃革命军事委员会手中。听到广播的俄国人民热血沸腾，纷纷奔向街头，欢呼雀跃，有些甚至加入到起义的队伍中去。

下午5时左右，起义的工人和士兵包围了冬宫。但资产阶级临时政府不肯善罢甘休，进行着垂死挣扎，他们发出了一个又一个的求助命令，指望着能从前线调回军队，但这个希望很快就落空了，援军没有到来，起义军却捷足先登。革命军事委员会命令"阿芙乐尔号"在9点45分时发射空弹信号，那是革命军事委员会对临时政府发出通牒的最后期限。

9时45分，传来了临时政府拒绝投降的消息，别雷舍夫命令"阿芙乐尔号"巡洋舰以空炮射击，发出了开始向冬宫总攻的信号。

第二天凌晨，冬宫被赤卫队革命士兵攻占，临时政府的16名部长全部被抓获，十月革命获得了成功。

俄国二月革命

1917年1月，为了纪念1905年的流血星期日，俄国各地爆发了大罢工。由于沙皇政府在"一战"中节节失败，给俄国经济造成了很大的破坏，人民的不满越来越厉害，所以革命随时都有可能爆发。1917年3月8日（俄历2月23日），圣彼得堡工人举行罢工游行示威，不久，罢工人数已超过30万。尼古拉二世非常害怕，下令对罢工进行镇压，很多人被军警逮捕。政府的反动行为激起了群众的不满，冲突逐渐演变成武装起义。很多被调来镇压的士兵受群众的感召纷纷倒戈，首都起义取得胜利。尼古拉二世见势不妙，赶紧调拨外地的军队入京镇压。但那些军队受革命的影响也都发生兵变，尼古拉二世被迫在该年的3月15日宣布退位。就这样，罗曼诺夫王朝被推翻了，二月革命取得了胜利，成立了资产阶级临时政府。

☀ 车厢里的停战协定

当第一次世界大战进入第三个年头时，无论是同盟国方面还是协约国方面，都已经处于非常困难的境地了。在凡尔登战役之后，德、奥两国深感力量不足。1916年底，德奥集团在各条战线上连连战败，只能采取守势。德国的"无限制潜艇战"虽然为德奥扳回了些胜利的希望，但是却招来了美国的参战，使德国速战速决的希望又泡了汤。美国参战后，派遣军队开赴欧洲战场，牵制了德国很大一部分的兵力。

1917年，俄国成立了苏维埃共和国。不久，列宁便向参加第一次世界大战的各交战国提出了不割地、不赔款的和平建议。列宁的建议遭到了英、法等国的拒绝，而德国竟欣然同意与俄国举行和平谈判。难道德国真的想就此停战吗？不是的，德国只不过是想通过与俄国的停战来减轻压力，以集中兵力对付英、法等国，再者，德国想迫使还没有巩固的苏维埃政权接受屈辱的和约，从中捞取好处。1918年3月3日，德国与苏维埃共和国签订了《布列斯特和约》，俄国退出了帝国主义战争。

德国虽然减轻了东线的压力，但是，德国国内人民的反战运动却给德国统治者带来了更大的压力。1918年3月7日，德国统治者决定在西线发动最后攻势，虽然取得了一些进展，却未能取得决定性胜利。7月，协约国联军在美国大量物资的援助下，开始向德军进行反击。9月，英法美联军突破了兴登堡防线。10月下旬，奥匈帝国瓦解，捷克斯洛伐克和匈牙利宣布独立。

为了在战后国际政治中处于领导地位，也为了限制英、法，美国总统威尔逊在1918年1月8日的国会中发表演说，提出公开外交、海上自由、贸易自由、裁减军备、民族自决、成立国际联合机构等被称为"世界和平纲领"的"十四点"要求，呼吁德国政府投降。

内外交困的德国政府不得已进行了政府改组。10月，德国新任首相巴登亲王马克斯请求与协约国签订停战协定。11月4日，德国基尔爆发了水兵起义，起义军占领了基尔、汉堡、不来梅等重要城市。在基尔水兵起义的带动下，德国各地掀

《布列斯特和约》

《布列斯特和约》是十月革命以来苏俄第一个不平等的条约。十月革命胜利后，苏维埃政府不愿意继续卷入战争，于是单方面向德国提出议和。德国巴不得早日摆脱两线作战的局面，而且抓住苏维埃政权想早日摆脱战争的心理，想敲起竹杠，于是爽快地答应了。德国提出苏俄应割让15万平方千米的土地，并赔偿30亿卢布的军费，而且不肯让步。消息传到彼得格勒后，在苏维埃内部引起了一场大争论。绝大多数人都反对接受这个条件，而列宁从长远利益考虑决定接受这个条件。经过一番反复后，德国人开出了更高的价码，列宁还是决定忍痛接受。最后苏维埃内部达成一致，同意签署《布列斯特和约》。这个和约的签订虽然给苏俄带来了不小的损失，但却为苏维埃政权的巩固提供了时间。"一战"结束后的第二天，苏俄就宣布和约作废，将以前损失的利益又全部收了回来。

起了革命风潮，资产阶级政权摇摇欲坠，这更加坚定了资产阶级想要与协约国谈判的决心。

11月7日的傍晚，一辆汽车越过德法两军交战阵地向法国方向行驶，这辆汽车上插着白旗，车里坐着以德国外交大臣为首的代表团，他们正去协约国联军司令部请求和谈。

作为德国停战代表团成员，埃尔茨贝格尔只能屈服于协约国的要求，这样可以把他的部队从被歼灭的危险中拯救出来。

次日，汽车到达了巴黎东北贡比涅森林的雷通车站，此时，联军总司令福煦乘坐的火车也正好路过雷通车站。为了更有利于谈判，德国外交大臣登上车厢会见福煦。

"尊敬的福煦将军，很高兴在这里提前见到您。"德国外交大臣满脸堆笑地迎上前去。

福煦见到敌方的官员如此卑躬屈膝，竟然没一点反应："谈判的时间还没到，你们来见我干什么？"

面对福煦的质问，德国外交大臣脸上显出一丝惊恐："噢，是这样的，我们希望听听您对停战提出的建议。"

"建议？好啊，你们拿去看看吧，这里写得很清楚，如果你们想议和的话，3天后在这里签字就可以了，其实，我们很愿意继续打下去的。"福煦一边说着，一边拿出一份早已写好停战条件的文件。

德国外交大臣接过一看，顿时傻了眼，那是多么苛刻的条件啊，其中包括：德军14天内撤出占领的法国、比利时、卢森堡的领土，甚至连德国莱茵河东西各30千米的领土都交由联军管理。如果在稍早一些时候，德国绝对不会答应这样的条件，但今非昔比，国内的革命形势正在进一步扩大，如果不签订这一协定，德国政府将很快会走下历史舞台。左右衡量之后，德国政府决定签订这一协定。

11月11日，德国政府代表埃尔茨贝格尔走上福煦乘坐的火车，与福煦签订了《贡比涅森林停战协定》。6小时后，双方停火，第一次世界大战结束。

✸ "一切为了东线"

苏维埃俄国的建立严重地威胁着西方各国的利益。1918年初，英、法、美、日等协约国帝国主义国家为扼杀苏维埃政权派遣干涉军进犯苏俄。

3月9日，英军在苏俄北部的摩尔曼斯克登陆，揭开了帝国主义武装干涉苏俄的序幕。接着，法、美等国也效仿英国。在协约国的支持下，哥萨克统领克拉斯诺夫在顿河发动叛乱，白军南俄军司令邓尼金在北高加索组织"志愿军"讨伐苏维埃政权，不过，对苏维埃政权造成最大威胁的还是捷克斯洛伐克军团的叛乱。国内外反革命的联合势力使刚刚成立的苏维埃政权岌岌可危，大约3/4的领土落

战时共产主义

由于白匪叛乱，苏维埃政权面临很大的危机。为了摆脱这种危机，镇压反革命，苏维埃政权组织了强大的红军部队向白匪宣战。但是由于俄国当时经济非常糟糕，部队补给跟不上，严重影响革命的发展。于是苏维埃政权决定采取临时措施，推行战时共产主义。政府规定，各种农产品除了口粮和种子之外，全部都要上交，由政府付给一定的货币，实际上和无偿征收没有区别。日常用品和粮食凭证供应，所有成年人必须参加劳动。没收私人企业，推行国有化，实行高度集中的管理模式。这种共产主义实际上损害了农民的利益，所以在各地都受到了反抗，但都被镇压了。通过战时共产主义，苏维埃政权有了足够的物资镇压叛乱，很快就将叛军消灭了。1921年，苏维埃政权用新经济政策取代了战时共产主义。

到了国内外敌人手中。

在这种情况下，苏维埃政府提出了"一切为了前线"的口号，实行战时共产主义政策，集中全国的财力物力对敌作战。10月，英勇的苏俄红军把捷克军团和邓尼金率领的白军赶到了乌拉尔山区，解放了喀山、辛比尔斯克等城市，并粉碎了南线和东线白军实现会合的企图。随着"一战"的结束，苏俄也收复了被德军占领的土地。但是，由于没有德国的牵绊，协约国更加关注于对苏俄的武装干涉。到1918年底，在协约国支持下，干涉军达到了30万人。

1919年春，协约国把盘踞在西伯利亚的高尔察克的25万军队作为进攻的主力从东部进攻苏俄。配合进攻的还有南部的邓尼金，西部的波兰白军，北部的英、法、美干涉军，彼得格勒附近的尤登尼奇等。

高尔察克曾参加过1905年的日俄战争，但却成了日军的俘虏。获释回国后，他参加了北极探险，并于1906年发表了学术著作《科拉海和西伯利亚海积冰层研究》，因此荣获了俄国皇家地理学会最高奖赏——大君士坦丁金质奖章。后来，人们还按照他绘制的地图和航海图志开辟了北冰洋航道。"一战"中，身为波罗的海舰队军官的高尔察克阻止了德军向彼得格勒的进攻。由于高尔察克屡立战功，1916年被晋升为海军中将，并出任黑海舰队司令。如果不是十月革命，高尔察克或许能成为一名不错的沙俄海军指挥官，正是十月革命的爆发使他的这一梦想破灭了。十月革命后，高尔察克被迫流亡伊朗。不久，在协约国的支持下，高尔察克返抵西伯利亚的鄂木斯克，出任反苏维埃的"西伯利亚政府"部长，高尔察克本人沾沾自喜，自认为终于找到了可以让自己翻身的靠山。11月18日，高尔察克发动政变，建立军事独裁政权，自任"俄国最高执政"和陆海军总司令。

1919年3月，高尔察克军全线出击，迅速向西推进100多千米，一度占领了西伯利亚、乌拉尔和伏尔加河一带。随后，高尔察克军与南部和北部的干涉军、白军会合，向莫斯科进军，准备控制伏尔加河流域。苏维埃政权处于生死存亡的紧急关头。

面对东线告急，列宁在《真理报》上发出"一切为了东线""必须全力粉碎高尔察克"的号召。大批党团员积极响应，奔赴前线，奋起保卫工农政权；大批工农也纷纷加入红军支援东线，莫斯科—喀山铁路段的工人还发起了星期六义务

反击的红军
高尔察克和邓尼金率领的两支白军,一直不断从东线和南线挺进,造成战线过长,力量分散。1919年4月起,红军抓住时机,果断出击,开始进行全线反攻。

劳动来支援前线。4月,苏俄东线司令加米涅夫指挥红军开始反攻,白军节节溃败,最后被赶出了乌拉尔地区。7月,红军又打退了高尔察克军,解放了乌拉尔。年底,红军已经解放了西伯利亚,并开进了高尔察克的老巢鄂木斯克。

看到败局已定,高尔察克气急败坏,即便协约国有通天之力,也不能帮他扭转这一败局了。眼望着鄂木斯克也将落入红军之手,高尔察克除了兴叹没有他法,他吩咐部下稍事准备,就前往远东避难,目标锁定了中国哈尔滨。

天网恢恢,疏而不漏。当高尔察克一行人乘坐的火车抵达伊尔库茨克时,被在这里起义的工农兵抓获。1920年1月,高尔察克被转交给布尔什维克伊尔库茨克革命委员会,由莫斯科"契卡"(全俄肃反委员会)主持的革命法庭对其进行审判。2月5日,革命法庭对高尔察克判处死刑。

随后,高尔察克的残部也全部被歼灭。协约国组织的以高尔察克为主力的对苏维埃俄国的武装干涉遭到彻底失败。

此前,红军还击退了尤登尼奇对彼得格勒的进攻。1920年底,图哈切夫斯基指挥东南战线红军攻入北高加索,消灭了邓尼金主力。1922年10月,红军在苏俄远东地区把最后一批干涉军赶出了国门。

✹ 巴黎和会

1919年1月18日,巴黎和会——一场分赃的丑剧——在法国巴黎附近的凡尔赛宫镜厅内举行。

"法国是这次战争最大的受害者,所以我们理所当然地应该拿更多的战利品。"法国总理克列孟梭对表现出不满的其他国代表说道。

"但我们英国为这次战争出的力可不比你们法国少啊。"英国首相劳合·乔治站了起来,几乎是怒视着克列孟梭。虽然战后的法国已不如前,但大部分国家的代表还是慑于法国的力量,只有英国敢与之争锋。

克列孟梭虽然已经快 80 岁,但他"老虎总理"的作风依然不减当年,他怎么能让德国巨额的赔款外落到他国之手呢?

"你们英国一直都是在我们法国土地上作战,你们本土损失了多少呢?而你瞧瞧我们的国土,遍体鳞伤……"克列孟梭激动得似乎有些说不下去了。

劳合·乔治也不甘示弱:"可我们只要赔款的 30% 啊,这不过分吧,如果没有英国,法国单枪匹马能战胜德国吗?"

正当英、法两方争得不可开交的时候,美国总统威尔逊出来打圆场:"我们美国可是一分钱也不要,我们的那一份就分给其他国家吧。依我看,你们两国互相让一点儿。你们看这样行不行,法国得 56%,英国得 28%,利益均沾嘛。"

在美国的调停下,德国赔款的 7.14 亿美元被瓜分完毕。

克列孟梭见在赔款方面没有占到太多便宜,便又把目光转向割地上,他指着地图:"阿尔萨斯本来就是法国的,但我们希望以莱茵河为法德边界,阿尔萨斯旁边的萨尔区归法国所有。"

"绝对不行。"威尔逊与劳合·乔治异口同声地嚷道。如果把萨尔区割让给法国,法国无疑就是欧洲的霸主了,萨尔区可是重要的军事工业区啊。

"难道你不知道德国的反战情绪正在高涨吗?难道你愿意看到德国也像俄国一样建立起苏维埃吗?"劳合·乔治警告克列孟梭。

"随便你们怎么说,如果不给法国萨尔,我们将退出和会。"克列孟梭像一只野兽一样咆哮着。

巴黎和会上的各国代表

但是，威尔逊与劳合·乔治丝毫没有退让。最后，法国只好同意暂时把萨尔区交给国际联盟代管。此外，巴黎和会还要求德国在莱茵河以东50千米不准驻军，莱茵河以西由联军占领15年，同时，德国只能保留10万陆军，禁止生产军用飞机、重炮、坦克和潜艇等武器，等等。

在巴黎和会上，除了对德国的苛刻处置和勒索外，还包括其他几项议程，其中就有扼杀新生的苏维埃俄国和筹组国际联盟。

根据美国总统威尔逊的提议，和会决定对苏俄实行经济封锁，保留德国在东线的军队，并对反苏武装进行干涉。威尔逊还竭力主张建立一个"国际联盟"。

等惩罚德国的协议都准备好时，和会已经开到了5月份。5月7日，德国代表终于被召进会场，这个主要围绕德国问题召开的和会，德国竟然没有一点发言的权利，不能不说是一种讽刺。

"这就是我们拟定的各份协议，你们必须在这份文件上签字。"克列孟梭指着分赃条约草案对德国代表说。

"为什么非得要我们承认德国是战争的唯一祸首呢？这是不公平的，我怎能在这种文件上签字呢？"德国代表看到条约上苛刻的条件后站起来申诉。

但是，作为战败国，德国又能怎样呢？在英、法、美等国的一再威胁下，德国代表最终还是在和约上签了字。

6月28日，战胜国也在和约上签了字。作为战胜国的中国，因和会没能解决山东问题而拒绝签字。

巴黎和会表面上是协约国对同盟国制订和约，实际上却是英、法、美和日本等国借以从战败国中夺取领土、殖民地和榨取大量赔款的分赃会议。这次会议并没有解决帝国主义之间的矛盾，反而为第二次世界大战埋下了复仇的种子。

☀ 华盛顿会议

"废除英日同盟？我看没有那个必要吧，不如美国也参加到这个同盟中来，以三边协定来代替英日同盟。"英国外交大臣贝尔福带有商量的语气对美国国务卿休斯说。

休斯的口气更是毋庸置疑："我反对这个建议，如果法国也能加入到这个协议中来，我将对这一建议予以考虑。"

"好吧，希望这一同盟能改变各国之间的关系。"贝尔福拿起笔，在四国协定上签了字。

这一幕发生在1921年11月12日召开的华盛顿会议上，其实，英日同盟问题并没有被列为大会议程，但是，迅速崛起的美国很想通过调整列强在远东的相互关系来加强自己的地位。同时，英、日也畏惧于美国雄厚的军事实力，就这样，美、英、法、日四国签订了同盟条约。

美国是这次华盛顿会议的发起者,"一战"结束后,各帝国主义国家掀起了一场海军军备竞赛,其中以美、英、日最为突出。美国仰仗急速膨胀的工业和金融实力,向海上霸主英国发出了挑战,当时的美国海军部长丹尼尔斯曾宣称将在几年时间里建成一支世界上最强最优秀的海军。而美国如果要与老牌的英国和后起之秀日本争锋,就必须限制他国的海军军备,于是,以此为主要议题的华盛顿会议召开了。这次会议适应了各国人民要求裁军的呼声,为美国赢得了"捍卫和平"的美名,同时,还使美国在限制各方的过程中争夺自己的利益。

在讨论限制海军军备问题时,与会各国争执不休。

"我们不能再进行无止境的军备竞赛了,我提议,英、美、日主力舰吨位比例为10∶10∶6,你们觉得怎么样?"休斯又提出了他的建议。

贝尔福从座位上站起,面红耳赤:"坚决反对,大英帝国一直是海上霸主,号称日不落帝国,怎么能随便把海上的霸权拱手相让呢?"

休斯干笑了两声:"海上的安全是离不开强大的美国的。我们拥有足够的经济和军事实力来防御海洋,如果诸位不同意我的建议的话,就请继续军备竞赛吧,我国将奉陪到底。"

法国外长白里安也有点沉不住气了:"你们想把法国排除在外吗?我们可也是为世界和平出了不少力啊。"

日本海军大臣加藤友三郎更是嚣张:"我坚持美、英、日三国主力舰吨位比例为10∶10∶7。"

"好啊,如果日本坚持这种比例的话,那么,日本每造一艘军舰,美国就造4艘。"休斯威胁道。

参加华盛顿会议的各国代表在《五国海军条约》上签字。

最后，经过激烈的争吵，美、英、日、法、意签订了《五国海军条约》，该条约规定5国海军主力舰吨位的比例为5∶5∶3∶1.75∶1.75。美国取得了与英国相等的制海权，从此美、英两国并驾齐驱。

在限制潜水艇问题上5国更是吵得一团糟。英、美拥有大量商船，由于在"一战"中深受潜水战之苦，所以主张完全销毁潜水艇，在限制军备竞赛中没有占上风的法国却坚决反对。所以华盛顿会议并没有就潜水艇问题达成协议。

中国问题也是这次会议的一项重要议题。出席华盛顿会议的中国代表慑于中国人民反帝斗争的压力，在会上提出了一系列正当要求，如取消凡尔赛条约中关于山东的条款，日本放弃"二十一条"，撤销列强在中国的治外法权和"势力范围"，等等。而日本企图把中日之间的各种问题一笔勾销，提出华盛顿会议只限于一般问题的讨论，想把中日之间的这些具体问题留到会外与中国代表"直接交涉"。美、英为了打击日本在华势力，支持中国收回山东。迫于形势，日本不得不将山东的主权退还给中国。

1922年2月6日，与会代表签订了《九国公约》，这个公约表面上宣称尊重中国的主权和独立及领土与行政的完整，实际上只是打破了日本独占中国的局面，使中国又回到了列强共同宰割的局面中。

华盛顿会议是巴黎和会的继续和发展，建立了帝国主义重新瓜分世界的新秩序。

新经济政策与苏联成立

苏维埃政权得到初步稳定后，列宁曾向美国人哈默坦诚地介绍苏俄经济建设的情况，并邀请哈默到苏俄考察："虽然我们两国的政治制度不同，但是你却来到了俄国。听说你曾对战争中的我军进行医务救济，对此我代表我的人民感谢你。不过，我们最需要的还是美国商人，包括美国的资本和技术。苏俄才刚刚起步，资源丰富但却未经开发。而且，我们已经实行了新经济政策，给外商提供了很好的发展平台。所以我们欢迎美国商人来到这里推销产品，你们也可以来我们这里寻找原料，苏俄人对此十分欢迎。"

不久后，哈默成了第一个在苏俄经营租赁企业的美国人。这是苏俄新经济政策颁布后发生的一件事，而在新经济政策颁布之前，这是每一个苏维埃人都不会想到的事。

十月革命胜利后的苏俄成为了世界上第一个社会主义国家。作为新生事物，这个苏维埃国家很快引起帝国主义列强的仇视。帝国主义国家不仅对苏俄实行经济封锁，还派出军队入侵苏俄，进行直接武装干涉，企图颠覆新生的社会主义政权，苏俄国内的反动势力也纷纷寻机叛乱。在这种极端困难的条件下，苏维埃人民在布尔什维克党的领导下，开始了保家卫国的战斗。1920年，苏俄国内战争取得了胜利。

当时，苏俄的经济已处于崩溃边缘。1921年初，粮食产量只有战前的一半，广大农民处于饥荒的灾难之中，他们迫切需要政府对他们进行经济帮助。而连年战祸使工业产量仅为"一战"前的1/5，燃料、冶金、机器制造等部门几乎完全遭到了破坏，铁路运输几乎停顿，几百座铁路桥梁被毁。

在这种困难情况下，工人中的失望和不满情绪上升，有的地方还出现了罢工事件。农民的不满情绪更为严重，他们不肯再把粮食无偿地献给国家，一些中农甚至还参加了反苏维埃叛乱。

所有这些情况都说明，苏维埃政权实行的战时经济政策已不适合经济发展的需要了。以列宁为首的布尔什维克很快意识到这一点，开始寻求解决的办法。在仔细分析了国内的情况后，列宁认为恢复经济，稳定政权必须从改善国家同农民的关系入手。

1921年3月，俄共召开了第十次代表大会。会议根据列宁的报告，决定用粮食税代替余粮收集制。也就是说，特殊国情下的战时共产主义政策已经被废除，新的经济政策开始实行。这种新经济政策规定，农民不必把全部余粮交给国家，只需交纳一定的粮食税，超过税额的余粮都归农民个人所有。

粮食税的实行调动了广大农民的生产积极性，新经济政策取得了成效。于是，苏俄政府又把新经济政策扩展到其他领域。

在工业方面，除涉及国家命脉的重要厂矿企业仍然归国家所有外，那些中小企业和国家暂时无力经营的企业则允许本国和外国的资本家经营。在商业领域，恢复国内的自由贸易，允许农民和小手工业者把自己的劳动产品拿到市场上自由

宣传斯大林领导苏联人民建设社会主义的海报

买卖，等等。

新经济政策实行后，得到了广大农民和工人的拥护，也得到了其他劳动者的拥护。此后，工农联盟日益巩固，苏维埃政权不断加强。到1925年，国民经济已基本恢复。

新经济政策为苏俄从资本主义向社会主义过渡创造了有利条件。1922年12月30日，苏维埃社会主义共和国联盟成立大会在莫斯科召开，大会宣布，在自愿和平等的基础上成立"苏维埃社会主义共和国联盟"，参加联盟的4个共和国包括俄罗斯、乌克兰、白俄罗斯和外高加索联邦，简称苏联，苏联由此成立。

向罗马进军

1922年10月28日，意大利古都罗马被寒风侵袭着，狂风的呼啸声不绝于耳。就在这时，一支庞大的游行队伍走上街头。走在队伍前面的一伙人衣穿黑衫，簇拥着一束高举的木棒，木棒中间插着一把巨型的斧头。后面的游行者大多神情迷茫，跟随着黑衫人边前进边振臂高呼："我们要土地！""我们要工厂！""我们要帝国！"顿时，罗马城一片沸腾，观看的部分群众还没有弄清是怎么回事也加入到游行队伍中，结果，队伍越来越庞大。当队伍来到罗马市中心时，已经发展到五六万人，甚至望不见首尾。

这就是著名的"向罗马进军"中的一幕。

第一次世界大战爆发前，意大利参加了同盟国，但大战爆发后，它则转舵加入了协约国。作为战胜国，意大利虽然从巴黎和会上得到了奥地利和土耳其帝国的部分土地，但战争使意大利元气大伤，本来就有"贫穷的帝国主义国家"之称的意大利更加雪上加霜：经济濒临崩溃，百业凋零，民不聊生，而且劳动力在战争中损失了将近70万。意大利统治阶级为了弥补这些损失，加重了对人民的剥削。于是，意大利国内的工农革命运动迅速高涨起来：工人罢工夺取工厂，农民则夺取地主的土地。

在这种历史夹缝之中，墨索里尼凭着自己敏锐的政治嗅觉发现了夺取政权的希望。

1919年3月，墨索里尼在米兰纠集了150名退伍军人、民族主义分子和政治

"无能"的意大利军队

意大利军队在两次世界大战中的表现是非常糟糕的，"一战"时，意大利本来是同盟国一方的成员，但是一开始它并没有参战。等到同盟国败象已露时，它才加入了协约国一方，想从中捡点便宜。谁知道意军在面对已经精疲力竭的德军时，仍然不堪一击，连吃了好几个败仗，最后还是靠英法联军来收拾残局。"二战"期间，意大利军队主要负责非洲的战局，可是在武器配备充足，人数也比敌人多的情况下，仍然败仗不断，给德国添了不少麻烦。即使是在入侵落后的埃塞俄比亚的时候，意军虽然武器精良，但还是打不过埃塞俄比亚，反而闹出了不少笑话。其实，这和意大利人民厌恶战争有关，他们不愿意为独裁统治者卖命，所以才留下了"无能"这个骂名。

暴徒，建立了一个叫"法西斯战斗团"的组织。"法西斯"一词在意大利语中解释为"束棒"，即一根木棒上插上一把斧头，就是前面介绍的黑衫人簇拥的那种。

墨索里尼把拯救意大利作为战斗口号，正好迎合了国内仇视共产主义的情绪，使得法西斯党迅速壮大起来。1921年11月，墨索里尼把"法西斯战斗团"改组为"国家法西斯党"，并自封为法西斯党的领袖。

墨索里尼把自己伪装成全民利益的代表，玩弄辞藻，用甜言蜜语诱惑意大利人民。他向军队许诺增加军费，向工人许诺让他们成为工厂的主人，向农民许诺平均分配土地，等等。在墨索里尼的煽动下，法西斯党很快发展到了15万人。

墨索里尼进军罗马

1922年8月，意大利发生了全国性的政治罢工，当政府军与工人进行交涉的时候，墨索里尼指挥法西斯党徒乘乱夺取了米兰、波伦亚和北意大利许多大城市。墨索里尼还把法西斯党徒编成了4个军团，准备最后夺取政权。

10月24日，法西斯党在那不勒斯召开大会，墨索里尼在会上发表了演说。会议快结束时，墨索里尼高喊着："向罗马进军，我们一定会取得胜利的。"结果一呼百应。

27日，墨索里尼坐镇米兰，指挥法西斯党徒，由米兰徒步进军首都罗马。一路上，法西斯党徒占领了许多城镇的邮电局、火车站等重要设施。紧接着，墨索里尼就策动了开头的那一幕。

面对声势浩大的法西斯党徒的示威游行，意大利总理法吉塔要求国王签发戒严令。国王维克多·艾曼努尔见法西斯党势不可当，不但没有签令，反而解散意大利政府，任命墨索里尼组阁。就这样，墨索里尼终于实现了自己多年的梦想，登上了决定意大利命运的首相宝座。

上台成功的墨索里尼立刻撕掉了伪善的嘴脸，对意大利人民实行更为残酷的统治，甚至取消了人民的基本权利。此外，法西斯特别法庭和秘密警察局还对反法西斯人士和共产党进行逮捕和迫害。

从此时起，意大利开始坠入历史的深渊，处于法西斯专政的黑暗统治之中。

啤酒馆暴动

1923年11月8日晚上，在德国慕尼黑一个叫格勒劳凯勒的啤酒馆里举行了一场集会，巴伐利亚行政长官卡尔正在发表施政纲领演说。

"德国人民是伟大的，作为巴伐利亚邦的领导人，我将以我最大的努力来为我的人民谋福利……"由于激动，卡尔面红耳赤，他两只手挥舞着，朝着坐在粗木桌旁的人们情绪昂然地讲着话。

正在这时，一群身穿褐色制服的纳粹冲锋队员冲了进来。

"听好了，全国革命已经开始了。你们别妄想逃出这里，600多名武装人员正守在外面，想逃离这里只是做无谓的牺牲罢了。你们只需保持安静，否则的话……"

从纳粹冲锋队中走出来一个中等个头的年轻人，一副凶神恶煞的样子，他举起手中的枪朝天花板开了枪，然后仰着头看了看，说道："否则的话，我将动用机关枪了，到时你们身上会出现无数个洞，而不会是一个。"

这个人就是臭名昭著的希特勒。

希特勒崇尚权力，从一个流浪汉一跃成为纳粹党的党魁就可以说明他对政治的渴求。1923年，法国和比利时以德国不按时交纳赔款为借口，出兵占领了德国的鲁尔工业区，德国国内顿时陷入混乱之中。而这时，早已经对德国政权窥视多时的希特勒走上了历史舞台，夺取巴伐利亚邦政权是他行动的第一步。

"告诉你们，巴伐利亚邦政府和全国政府已经被推翻，临时政府已经成立了，国防军和警察营房都已经被革命军占领，你们现在唯一能做的就是服从新政府的统治。"

随后，希特勒命人把卡尔和另外两名巴伐利亚邦官员关进隔壁的一间房子。卡尔早虽然已被吓得面无血色，但还是强制自己镇静下来。

希特勒正视着卡尔，想使卡尔彻底对自己屈服："你应该和我合作，除此之外你别无选择。"

卡尔显然是被激怒了，两眼放着凶光，回视着希特勒："你别做梦了，我怎么会和你这种无耻之徒合作呢？你休想从我手中得到任何好处。"

"是吗？你们三个都得乖乖地合作，否则谁也走不出这间房子。我这把枪里还剩4颗子弹，留给你们三个人和我自己。"但是，不管希特勒如何威逼利诱，卡尔三人就是不与他合作。

气急败坏的希特勒冲出房间，对外面的人说道："现在我宣布，临时政府正式成立，你们的三位领导委托我担任政策性指导工作，我们将在明天向柏林进军，建立一个全国性的临时政府。"人们被希特勒的谎言蒙骗了，有些人甚至欢呼起来。

正在这时，在德国军队中颇有名望的鲁登道夫将军来到了啤酒馆，他也是受希特勒蒙骗的显赫人物之一。鲁登道夫对卡尔等人耐心地劝解着，最后终于勉强使卡尔三人同意与希特勒合作。正当希特勒兴奋地打算挥兵进攻柏林的时候，有人报告德国的宪兵在到处搜捕他，希特勒这才知道上了卡尔的当。但是，希特勒并没有就此放弃，他决定第二天上街游行，他

被视为"吉祥物"的"少年法西斯主义者"

> **《我的奋斗》**
>
> 希特勒在啤酒馆暴动失败后被捕入狱，在监狱里他并没有闲下来，而是由自己口述，助手赫斯记录，写成了臭名昭著的《我的奋斗》一书。在监狱里他写了第一卷，第二卷是出狱以后写的。这本书充满了反犹主义和狂热的民族主义，严格来说应该算是一部演讲录，内容极具煽动性。希特勒上台后，《我的奋斗》成为德国法西斯内外政策的思想基础和行动纲领，是纳粹党的"圣经"。"二战"结束后，《我的奋斗》成为禁书，受到全世界爱好和平的人民的一致谴责，但是法西斯残余势力和一些别有用心的人仍然把它奉为圭臬。

相信会得到更多德国人的支持。

第二天，希特勒与鲁登道夫率领纳粹冲锋队员从啤酒馆出发向慕尼黑行进，打算得到群众的支持后再夺取全市。到慕尼黑市中心时，冲锋队与100余名警察发生了冲突。在冲突中，冲锋队队长戈林受了伤，60多名冲锋队员被击倒。希特勒一看计划失败，忙跳上一辆汽车逃离了现场。

没过几天，希特勒和其他的一些纳粹头目相继被捕入狱。尽管希特勒在法庭上为自己做了激烈的辩护，但还是被判了5年徒刑。

啤酒馆暴动虽然失败了，但为希特勒挣得了政治资本，使他在德国国内很快成了头面人物。

《非战公约》

20世纪是个战争的年代，局部战争和世界性的大战不断发生。伴随着战争的，是和平主义运动在欧美兴起，各种和平方案层出不穷。

1927年3月，美国非战运动的代表人物肖特威尔访问法国，并与法国外长白里安举行会谈，提出了非战的和平方案。4月6日，是美国参加第一次世界大战纪念日，法国趁此机会在巴黎召开了纪念大会，数千名参加过"一战"的美国军人参加了纪念大会。白里安做了大会发言，在发言中，白里安建议法美两国缔结条约，永恒友好，互不作战，想以此同美国建立类似军事同盟的关系，借机加强法国在欧洲大陆的地位。6月20日，白里安又向美国驻法大使递交照会，正式提出双边条约草案，提出两点建议：放弃以战争作为执行国家政策的工具；和平解决两国间的一切争端。

对于法国的单方面的热情，美国政府并没有及时给予答复。迫于社会团体的压力，美国对白里安的草案还是进行了研究。半年后，美国决定采用白里安的草案。12月底，美国国务卿凯洛格向法国发出照会，提出非战公约不应只限于美法两国，而应由世界6大强国——美、法、英、德、意、日共同签署，然后邀请世界其他国家参加。美国的目的是想通过多边非战公约的缔结使美国居于领导地位，降低英、法操纵的国际联盟的作用。

美国的多边和平建议使法国的计划落空了。白里安虽然心里极其不满，但慑于美国势力的强大又不好拒绝。1928年1~3月，法美两国多次互换照会，但始终未能就签订多边条约还是双边条约达成一致意见。

4月,美国向英、德、意、日政府发出照会,并附上白里安关于签订非战公约的草案,争取这些国家的支持。不久,德国政府率先表示支持多边公约,并反对法国的保留意见。随即,英国也做出反应,支持多边公约,但坚持只有在不损害英国利益的基础上才接受公约。但此时的英、法两国根本不可能再像以前那样无视美国和其他各国的存在,因此,在美国的压力下,经过多次谈判后,英、法终于同意在条约上签字。

张伯伦、白里安等人在国联会议上交谈。

1928年8月27日,美、英、法、德、比、意、日、波、捷克斯洛伐克等15国的代表在巴黎签订《关于废弃战争作为国家政策工具的一般条约》,这一条约也被称为《白里安—凯洛格公约》或《非战公约》,于1929年7月25日正式生效。《非战公约》包括序言和正文,正文的主要内容是:废弃以战争作为推行国家政策的工具,反对用战争来解决国际争端;不论国际争端或冲突性质或起因如何,都只能用和平方法解决。公约规定,世界所有其他国家都可加入该公约。

签约的同一天,美国将签约照会送交除苏联以外的世界其他国家,邀请各国参加。法国则负责去邀请苏联。9月,苏联宣布正式加入这一公约,但同时也对公约里没有包含关于裁军义务的内容表示遗憾。中国于1929年在公约上签了字。截至1934年5月,加入《非战公约》的国家增加到了64个。当时全世界只有68个主权国家,只有阿根廷、玻利维亚、萨尔瓦多和乌拉圭4个拉丁美洲国家没有加入这一公约。也就是说,世界上的绝大多数国家都希望废除战争,但是,各国在加入《非战公约》时都先后发表备忘录或声明,对公约提出保留条件,声称有权根据实际情况决定是否"诉诸战争",所以公约提出的"废除战争"只能是一纸空谈,既不能解决任何国际纠纷,更不能废除帝国主义战争。但该公约在国际关系中对反对帝国主义战争的斗争有一定的作用,对国际法产生了一定影响。

罗斯福新政

1929年10月24日,美国纽约证券交易所的股票指数开盘后便一路狂跌,尽管股民们发疯似的抛售各种股票,但还是有无数的股民顷刻间倾家荡产。这一天,有

罗斯福像

1300多万股票易手，创美国历史上的最高纪录。突然发生的这一切又有谁会想到呢？在这之前的几个月里，美国通用汽车公司、钢铁公司的股票都有过大幅度的上升。就在前一个月，美国财政部长还信誓旦旦地向公众保证"这一繁荣的景象还将继续下去"。但是，一夜之间，股票从顶巅跌入深渊，而且一跌再跌。10月24日是星期四，所以这一天被称为"黑色星期四"。

纽约股票市场的崩溃宣告了一场席卷资本主义世界的经济危机的到来。"一战"后，美国聚集了大量财富，但它并没有能逃离经济危机的泥沼，以前蒸蒸日上的繁荣景象逐步被存货如山、工人失业、商店关门的凄凉景象所代替，千百万美国人多年的辛苦积蓄付诸东流：8万多家企业破产，5000多家银行倒闭，失业人数由150万猛升到1700多万，大量的牛奶倒入大海，粮食、棉花当众焚毁。

富兰克林·罗斯福就是在这种情况下当选为美国第32届总统，取代了焦头烂额的胡佛。富兰克林·罗斯福是西奥多·罗斯福的侄子，40岁时患脊髓灰质炎造成下肢瘫痪，成了一个残疾人。但是，罗斯福并没有被残酷的命运吓倒，正如他在总统就职演说时说的那样："我们唯一恐惧的只是恐惧本身，一种丧失理智的、毫无道理的恐惧心理……"

面对这场严重的经济危机，罗斯福决心领导美国人冲出低谷。他针对当时的实际情况，顺应广大人民群众的意志，大刀阔斧地实施了一系列旨在克服危机的政策措施。

由于经济危机是由金融危机触发的，所以罗斯福决定从整顿金融入手。1933年3月6日，罗斯福发布总统令，要求国会于3月9日举行特别会议审议《紧急银行法》，3月9日，国会通过《紧急银行法》，决定立即关闭所有的银行。罗斯福的这一行动犹如"黑沉沉的天空中出现的一道闪电"，对收拾残局、稳定人心起到了巨大作用。美国历史上的罗斯福新政轰轰烈烈地开始了。

在整顿银行的同时，罗斯福还采取了加强美国对外经济地位的行动。

1933年3月10日，罗斯福宣布停止黄金的对外出口，禁止私人储存黄金和黄金证券，禁止使用美钞兑换黄金，废除以黄金偿付公私债务。这些措施，对稳

柯立芝繁荣

"一战"结束后，英、法、德等战前强国元气大伤，美国得以轻松向外经济扩张。加上国内的技术革新和管理方式的改革，使得美国经济高速发展，到1929年，美国经济已经占世界经济比重的48.5%。这段时期主要是柯立芝担任总统，所以历史上把这段时期称为"柯立芝繁荣"。但是这种繁荣是虚假的，因为当时美国流行炒股票，股市一片"繁荣"，股价的上涨导致越来越多的人将钱投入股市而不是发展生产。而且美国当时繁荣的产业主要集中在一些工业部门，而另一批工业部门和农业却不怎么景气，结果导致美国社会经济发展不平衡，矛盾激化到一定时候就爆发了经济危机，大萧条时代来临。

定局势、疏导经济生活的血液循环产生了重要的作用。

在农业方面,政府与农场主签订减耕合同,限制农作物种植面积和农产品产量,维持农产品价格,避免农场主破产。

在工业方面,政府颁布《全国工业复兴法》,要求资本家们遵守"公平竞争"的规则,规定工人最高工时和最低工资,订出各企业生产的规模、价格、销售范围,以便限制垄断,减少和缓和了紧张的阶级矛盾。

新政的另一项重要内容是救济工作。1933年5月,国会通过《联邦紧急救济法》,成立联邦紧急救济署,合理划分联邦政府和各州之间的救济款使用比例,制定优惠政策鼓励地方政府用来直接救济贫民和失业者,给失业者提供从事公共事业的机会。到"二战"前夕,美国政府支出的种种工程费用及数目较小的直接救济费用达180亿美元,修建的飞机场、运动场、学校、医院等更是不计其数,是迄今为止美国政府承担执行的最宏大、最成功的救济计划。

正是在罗斯福的带领下,美国人民才度过了20世纪30年代那段最为严重的经济危机,为美国投入"二战"及战后的快速崛起奠定了坚实的基础,因此罗斯福也成为继亚伯拉罕·林肯以来最受美国和世界公众欢迎的总统。1936年,罗斯福以压倒多数的票数再度当选为美国总统,1940年、1944年又两次击败竞争对手,成为美国历史上唯一一位连任四届的总统。

"九一八"事变

自从日本明治维新后,日本很快成为一个新崛起的帝国主义国家。但日本国土狭小,资源匮乏,严重限制了日本资本主义经济的发展,于是实行军国主义政策,走上了侵略扩张的道路。1874年,日本出兵侵犯中国的领土台湾。1894年甲午战争中,日本在朝鲜半岛和中国东北击败了清朝,将朝鲜半岛和中国的台湾、澎湖变成了它的殖民地,并强迫中国赔款2.3亿两白银。1900年八国联军入侵中国时,它也派兵参加,并且出兵最多。在日俄战争中,日本击败了沙皇俄国,开始独霸东北。

1927年6月27日,日本内阁首相田中义一在东京召开以解决"满蒙(满洲和蒙古,即中国的东北和蒙古地区)问题"为中心的"东方会议",确立了以占领"满蒙",进一步吞并中国和征服世界的狂妄计划。

第一次世界大战以后,日本与同样想在东亚扩张的美国、俄国发生了激烈的冲突,因此日本把美俄两国列为头号假想敌。但是,日本是一个国土狭小、资源匮乏的小国,要想与两个强国竞

日军发动"九一八"事变,进攻沈阳。

争、作战,必须有充足的资源。而资源丰富的"满蒙"地区就成为日本垂涎的首选目标。日本关东军高级参谋板垣征四郎说:"在对俄作战上,满蒙是主要战场;在对美作战上,满蒙是补给的源泉。"可见,"满蒙"在日本侵略者心目中是何等的"重要"。

1928年,资本主义世界爆发了经济危机,严重打击了国内市场狭小的日本经济,激化了国内矛盾。为了转移国内矛盾,日本加紧了对外侵略的步伐。

1931年,板垣征四郎与日本关东军开始策划在中国东北制造事端,并以此为借口侵占东北。在他们的指使下,1931年9月18日夜10点20分,日本关东军岛本大队川岛中队的河本末守中尉带领他手下的几个士兵,来到沈阳北郊距中国东北军驻地北大营800多米远的柳条湖附近的南满铁路上,点燃炸药,炸毁了一段铁路和两根枕木。随即,河本末守等人立即将穿有中国士兵服装的3具尸体和几支中国士兵使用的枪支摆在爆炸现场,作为诬陷中国军队炸毁铁路的"证据"。这一切做完后,河本末守立即拿出随身携带的电话机与日本关东军总部和沈阳的日本特务机关通报。这时早已埋伏在铁路爆炸以北40里的日本独立守务队步兵第2大队第3中队立即炮击北大营。

当时东北边防司令长官张学良正在北平协和医院养病,得知九一八事变后立即向南京国民政府请示。蒋介石奉行不抵抗政策,让张学良"力避冲突,以免事态扩大,一切对日交涉,听候中央处理"。他把制止日本侵略的希望完全寄托于由英、法操纵的国际联盟,但国联根本无力阻止日本侵略。就这样,二十几万东北军未组织有效抵抗就撤到了关内。当晚,日军攻占北大营,19日占领了沈阳。接着,日军向辽宁、吉林和黑龙江的广大地区进攻,东北军不战自溃。1932年1月3日,日军占领锦州;2月5日,占领了哈尔滨,东北三省全部沦陷。在短短几个月的时间里,100多万平方千米的大好河山沦于敌手,3000万同胞沦为亡国奴。

1932年日本士兵在中国东北挖战壕,准备发起对中国的全面进攻。

1932年,日本扶植清废帝溥仪在长春建立"伪满洲国",长春改称"新京",东北成了日本的殖民地。1934年,改称"满洲帝国",溥仪任"皇帝"。

在日本统治东北的14年里,"伪满洲国"成了人间地狱。日本侵略者大肆掠夺东北的财富和资源,野蛮地残害中国人民,甚至拿活人进行细菌实验,东北人民受尽了苦难。

纳粹党上台

啤酒馆暴动被镇压后，魏玛政府宣布取缔纳粹党，巴伐利亚当局以阴谋推翻政府罪逮捕了希特勒和鲁登道夫等人。1924年4月1日，希特勒被判处5年徒刑，鲁登道夫、罗姆等人则被无罪释放。

在狱中，希特勒口授了《我的奋斗》一书。希特勒打着反对民族压迫的幌子，进行复仇主义的宣传，叫嚣要对外扩张，以求得生存空间。虽然书中的内容极其反动，但在希特勒等人的掩盖下，还是有一大部分不明真相的德国人对书中的希特勒佩服得五体投地，希特勒也因此有了更多追随者。

希特勒走上纳粹德国的最高统治宝座。

1924年底，希特勒假释出狱。此时的希特勒更加狡猾了，他一再向巴伐利亚政府保证，以后一定循规蹈矩，不再进行政治活动。其实，他正在策划重组纳粹党，再建冲锋队。

1929年，整个资本主义世界爆发了经济危机，德国也受到了沉重的打击。战败后的经济已经给德国人蒙上了阴影，更禁不起如此打击。经济危机刚一爆发，德国就有约800万工人失业，无数家中小企业倒闭。魏玛政府为了把危机造成的后果转嫁到劳动人民身上，采取了增加税收、削减失业救济金等措施。国内的阶级矛盾顿时被激化了。1932年，仅两个月全德就爆发了900多次罢工。内外交困的统治阶级感到，"只有剑才是德国的经济政策"，于是，一种对内镇压人民革命，对外用大炮、坦克去夺取殖民地的政府的成立成了许多人的幻想。

希特勒抓住了这一有利时机，开始在德国到处进行鼓动和宣传。他吸取了啤酒馆暴动失败的教训，决定在努力扩大纳粹党的群众基础的同时，全力争取权力集团，即垄断资产阶级、军官团和容克的支持，走合法斗争的道路。

1932年1月，希特勒在垄断资本家的会议上发表了长篇演说，宣扬纳粹的法西斯纲领，博得了资本家们的一致喝彩。希特勒还到全国各地进行"飞行演说"，他滔滔不绝地大谈人民的苦难、民族的仇恨，并向人民许下种种美妙的诺言。在他的欺骗宣传下，处于绝望状态下的失业工人、农民和学生纷纷加入纳粹党，不久之后，纳粹党成为了全国第一大党，而纳粹党的冲锋队也发展到10万余人，比当时德国政府的国防军还要庞大。

1932年2月25日，德国总统兴登堡收到了容克地主代表阿尔尼姆伯爵写来的信，阿尔尼姆伯爵在信中阐述了希特勒和纳粹党对德国的重要性，表示支持希特勒出任政府总理。1932年11月中旬，17名工业界和银行界巨头联合向兴登堡总统递交请愿书，要求任命希特勒为总理。1933年1月下旬，国防军第一军区司令勃洛姆贝格及其参谋长莱斯瑙也在兴登堡总统面前力荐希特勒为民族阵线政府总理。1月30日，经过希特勒的一番策划，才执政57天的施莱彻尔内阁倒台，兴登堡总统正式任命希特勒为总理。此后，德国陷入了法西斯的统治之下。

1933年2月27日，坐落在德国柏林共和广场旁的国会大厦突然间燃起了熊熊大火，转眼间，这座柏林城内的宏伟建筑变为灰烬。事发以后，希特勒断言这场火灾是共产党反对新政府的罪行。于是，一场搜捕共产党的运动在德国开始了。希特勒命令早已进入高度战备状态的冲锋队立即行动，根据事先拟好的名单抓获了4000多名共产党员和许多左派进步人士。德国共产党国会议员托尔格列尔，保加利亚共产党主席、共产国际西欧局领导人季米特洛夫等也同时被捕。

9月21日，纳粹法西斯在莱比锡公开审理了这起"国会纵火案"。在国际舆论的声援下，莱比锡法庭不得不宣布季米特洛夫无罪。"国会纵火案"的失败，不但没有使希特勒醒悟，反而使希特勒更加仇恨共产党，德国共产党则不屈不挠地同法西斯进行着斗争。

1934年8月，兴登堡总统去世，没有了约束的希特勒立即宣布废除总统制，自任国家元首兼总理，独揽了全部大权，由此掀开了德国历史上"第三帝国"的篇章。

希特勒掌权以后，马上撕下伪装的嘴脸，对内进行独裁统治，对外进行侵略扩张，特别是对犹太人实行的种族灭绝政策，使得600万犹太人惨遭屠杀。

绥靖政策

绥靖政策也称姑息政策，是一种对侵略不加抵制、姑息纵容、退让屈服，以牺牲别国为代价，同侵略者勾结和妥协的政策。"一战"后，各国人民革命的兴起和社会主义苏联的出现，引起了西方帝国主义国家的恐惧和仇视。他们在争夺世界霸权的斗争中，既想削弱和击败竞争对手，又想联合起来反对社会主义、镇压人民革命，这一矛盾心理处处都能得到体现。

1929～1933年的世界经济大危机使各帝国主义实力此消彼长，英、法雄霸欧洲的局面一去不复返。随着德国法西斯的崛起，英、法两国已经丧失了协调欧洲格局的外交主动权。1934年10月，法国强硬外交的代表人物——法国外交部长巴尔都在马赛遇刺身亡，标志着法国绥靖政策的开始。而在英国，张伯伦则是这一政策的代表人物。

张伯伦于1937年5月28日出任英国首相，当时正是法西斯国家疯狂扩张的时候，国际环境恶劣。张伯伦自知英国已无力改变国际形势，便决定发展其前任麦克唐纳和鲍尔温一贯推行的绥靖政策。

20世纪30年代以前，英、法、美的绥靖政策主要表现为扶植战败的德国、支持日本充当防范苏联的屏障和镇压人民革命的打手。从凡尔赛—华盛顿体系和道威斯计划、杨格计划、《洛迦诺公约》中都能找到绥靖政策的影子。1937年的经济危

道威斯计划

"一战"结束后,战胜国在巴黎和会上制定了德国的赔偿计划,但是已经被战争打得精疲力竭的德国根本没办法偿还债务,再加上各个战胜国争夺赔款的矛盾,世界政坛一片混乱。为了解决这个问题,协约国赔款委员会于1923年11月设立委员会研究德国赔款问题,由美国银行家道威斯担任主席。1924年4月9日,道威斯拿出了"道威斯计划",这个计划很快就获得了通过,其中心内容是用恢复德国经济的方法来保证德国能够及时偿付赔款。因为赔款总额并没有定下来,所以规定德国第一年偿付10亿金马克,此后逐年增加,到第五年增加到25亿金马克。1924年8月16日,道威斯计划开始实行,此后5年时间,德国偿还了110亿金马克的赔款,但却获得了210亿金马克的贷款,为德国经济的复兴和发展起了重要作用。1928年,德国借口财政问题,拒绝继续执行该计划,1930年,杨格计划将其取代。

机再一次给英国造成了经济困境和社会动荡,与此同时,苏联正逐渐强大起来,时刻威胁着英、法等大国的利益。英、法一直希望能找到一种能遏制苏联的势力。

面对德国希特勒的强硬,张伯伦企图以退让来稳定形势,以便重整军备来确保英国在欧洲乃至整个世界的霸权地位。以丘吉尔为代表的少数人反对张伯伦这种一面寻求妥协,一面重整军备的双重政策,但遭到了张伯伦的排斥。

在张伯伦的积极"努力"下,英国制定了"欧洲总解决的绥靖政策总计划",并派大臣哈利法克斯伯爵于1937年11月17日访德,向希特勒详细介绍了英国的政策,以使希特勒进攻苏联有恃无恐,妄图早日把祸水引向苏联,坐收渔翁之利。张伯伦政府还承认了意大利对埃塞俄比亚的侵占,并与法、美一起对西班牙内战实行"不干涉政策"。1937年,英、法、美对日本发动全面侵华战争视而不见,在此后的太平洋国际会议上,阴谋出卖中国,同日本妥协。

1938年3月,德军开进奥地利,张伯伦政府给予了默许。当希特勒挑起捷克境内的苏台德危机时,英国虽象征性地对德施加了压力,但依然没有放弃既定的绥靖政策。而慕尼黑会议和《慕尼黑协定》则是绥靖政策最典型的体现。1938年9月29日,英、法、德、意四国首脑在慕尼黑举行会议,四国正式签订了《关于捷克斯洛伐克割让苏台德领土给德国的协定》,即《慕尼黑协定》。会上,英、德还签订了《英德互不侵犯宣言》。捷克政府在德国的军事威胁和英、法、意的压力下,被迫接受了这个协定。英、法及幕后支持的美国,妄图以牺牲捷克斯洛伐克为代价,来求得"一代人的和平",并将"祸水东引"。但事与愿违,绥靖政策不但没有给欧洲带来张伯伦所谓的"和平新时代",反而加速了战争的到来。当希特勒以闪电战占领捷克斯洛伐克时,张伯伦开始有些坐不住了,他一边威胁德国,一边与德国进行秘密谈判,毫无意义的谈判更加坚定了希特勒发动战争的决心。

1938年,希特勒没动用闪电战即吞并了奥地利,维也纳被笼罩在纳粹旗下。

"二战"爆发后，西线出现了"奇怪战争"，英、法的"不战不和"战略使希特勒在侵略欧洲小国时忘乎所以，野心越来越大，以至于最后直取法国，进逼英国。

历史证明，绥靖政策不但无法满足法西斯国家的侵略野心，反而加速了第二次世界大战的爆发。

"二二六"兵变

当希特勒在德国建立起法西斯专政，并形成世界大战的欧洲策源地的时候，亚洲日本的法西斯势力也开始蠢蠢欲动。

在第一次世界大战中，日本和美国一样大发战争财，战后成为债权国，就经济形势这一点来说，要比德国好得多。但日本走上资本主义道路比较晚，原有的经济基础比较薄弱，在政府的大力推动下，日本才得以走向帝国主义阶段。同时，由于日本是个岛国，国土范围比较小，所以经济的发展有着先天性的缺陷：国内市场狭小，资源极度贫乏，必须依赖海外的原材料市场和商品市场才能维持生存。因此，经济危机的爆发和世界各国提高关税，对日本来说是个沉重的打击。为了转嫁经济危机，日本资本家大量裁减工人，降低工人工资，使日本国内的阶级矛盾日趋尖锐，经济危机逐渐演变成了政治危机。

1929年底和1930年4月，东京的电车和公共汽车工人举行大罢工，与之相呼应，大阪、横滨的电车、公共汽车工人与资本家发生了劳资纠纷。据统计，1931年日本国内的罢工次数比1928年增加了1.5倍。在这种情况下，日本统治阶级惶恐不安，亟须建立强权政治。

日本军部是日本统治集团内部庞大的军事官僚机构，它独立于政府、议会之外，包括政府中的陆军省、海军省、陆军最高指挥参谋本部、海军最高指挥军令部等部门。日本法西斯要求在日本天皇的名义下建立法西斯独裁政权，实行对外侵略扩张。1931年，在日本军部的策划下，爆发"九一八"事变，日本霸占中国东北，随后便进一步向中国内陆渗透。

和德、意法西斯一样，日本法西斯也公开反共，并在"防止赤化"的口号下，摧残一切进步力量。此外，还制造了一连串暗杀事件，对那些政见不合的统治集团中的个别首脑进行暗杀。于是，日本一步步走上了对内独裁、对外扩张的道路。

1936年2月26日凌晨，日本东京一片沸腾，一队士兵组成的队伍浩浩荡荡地向日本政府首脑的官邸行进。这些士兵一边走，一边挥动着手里的大字标语，高喊口号，路

法西斯军国主义与传统的武士道相结合，形成日本军人畸形而毒辣的作风，图为1932年上海的几名日军军官。

旁看热闹的群众不知道发生了什么事，被手中端着枪的士兵们吓坏了，忙躲进角落里，大气都不敢出。

这次兵变约有1400名士兵参加，由皇道派军官安藤辉三、村中孝次和栗原安秀等率领。在皇道派军官的鼓动下，士兵们冲入政府首脑官邸，杀死内阁大臣斋藤实、大藏大臣高桥是清和教育总监渡边锭太郎，占领陆军省、参谋本部、国会和总理大臣官邸、警视厅及附近地区，要求任命荒木贞夫为关东军司令官，并罢免统制派军官。

为了平息皇道派军官的叛乱，日本陆军当局颁布《戒严令》。2月29日，日本陆军部下达镇压命令，大部分叛军头目被逮捕，参加叛乱的士兵被迫回到各自的营房。

"二二六"兵变虽然因为军阀集团的内讧而未能得逞，但却使得原内阁辞职，使老牌法西斯分子广田弘毅上台组阁。广田弘毅上台后，首先恢复了军部大臣的现役武官制，规定内阁中陆、海军大臣必须由现役中将级以上的军人担任，以加强军部左右日本政局的能力。广田弘毅还以镇压叛乱、稳定时局为名，对内禁止工人罢工，限制人民的各种自由，并加紧对舆论及宣传机关的控制和收集情报的活动。此外，广田弘毅还制订了《基本国策纲要》，公开表明，不仅要继续扩大侵华战争，而且还要对亚洲、太平洋地区其他国家进行侵略扩张。与这一国策相适应，日本加紧了扩军备战，陆军提出了6年内增建41个师团、142个航空中队的计划，海军提出了5年内增建各种军舰66艘的计划。

这样，以广田弘毅上台组阁为标志，天皇和军部为核心的法西斯专政在日本建立起来了，世界大战的亚洲策源地就此形成。

"七七"事变

1937年，资本主义世界爆发了严重的经济危机。日本为了转移国内的矛盾，开始加紧侵略中国。日本的对华政策由逐步蚕食变为武力征服，企图一举灭亡中国。

1937年春夏之交，日本不断向华北增兵，令紧张局势进一步加剧。从4月下旬开始，日军就不断举行军事演习，尤其是驻守北平丰台的日军河边旅第1团，竟然以攻占宛平城和卢沟桥为目标昼夜不停地进行演习。北平已经处于日军三面包围之中，西南宛平城的卢沟桥成为与外界联系的唯一通道，战略地位十分重要，中国军队第29军第37师第110旅第219团第3营驻守于此。

为了占领这一战略要地，截断北平与外界的联系，进而控制冀、察当局，使华北完全脱离中国，日军不断在卢沟桥附近进行挑衅性军事演习。1937年7月7日下午，日本华北驻屯军第1联队第3大队第8中队由大队长清水节郎率领，来到卢沟桥附近地区。到了晚上7时30分，日军开始演习。22时40分，日军称有一叫志村菊次郎的士兵"失踪"，要求进入中国守军的驻地——宛平城进行搜查，遭到中国第29军第37师第110旅第219团严词拒绝。清水节郎立即包围了

1935年12月9日，北平学生举行抗日请愿游行，要求"停止内战，一致对外"，图为举行游行示威的学生队伍。

宛平城，并派人去丰台求援。20分钟后，因解手而离队的志村菊次郎归队，但清水节郎得知后，不但隐瞒不报，反而提出城内的中国守军向西门外撤退、日军进入城内再举行谈判的无理要求，再次遭到中国军队的拒绝。8日凌晨1时，日军援军第3营在营长一木清直的带领下赶到宛平城，并占领城外的沙岗。5时30分，日军第1团团长牟田口廉在明知失踪士兵已经归队的情况下，却下令进攻，炮轰宛平城。中国第29军司令部得知日军发起进攻后，立即命令宛平城的中国驻军："确保卢沟桥和宛平城。""卢沟桥即尔等之坟墓，应与桥共存亡，不得后退。"面对猖狂的日军，中国守军忍无可忍，第219团第3营在团长吉星文和营长金振中的指挥下奋起反击。双方激战了1小时，各有伤亡。下午5时，日军团长牟田口廉向中国守军发出最后通牒，要求中国军队在下午8时前撤到永定河西岸。但下午6时，日军就开始炮轰宛平城，城中的军民死伤很多。9日凌晨，第29军突击队乘夜袭击日军，全歼日军一个连，夺回了永定河东岸的失地。

"七七事变"的消息传到日本东京后，日本军部和内阁立即做出了增兵中国、扩大战争的决定。由于援军到达中国还需要一段时间，11日，日本中国屯驻军同中国方面达成了停战协定。

日军挑起"七七事变"后，在中国各地引起了强烈反响。"七七事变"的第二天，中共中央通电全国，呼吁："全中国的同胞们，平津危急！华北危急！中华民族危急！只有全民族实行抗战，才是我们的出路！"提出了："不让日本帝国主义占领中国寸土！""为保卫国土流最后一滴血！"的响亮口号。蒋介石也提出了"不屈服，不扩大"和"不求战，必抗战"的方针。蒋介石致电宋哲元、秦德纯（第29军副军长兼北平市市长）"宛平城应固守勿退""卢沟桥、长辛店万不可失守"。

7月17日，蒋介石在庐山发表谈话，指出"卢沟桥事变已到了退让的最后

西安事变

1936年，日本亡我之心已昭然若揭，但顽固的蒋介石仍然坚持"攘外必先安内"政策，引起全国上下一致反对。在西北镇压红军的张学良和杨虎城二人在共产党的感召下，开始悄悄和共产党联系。蒋介石见前方态度暧昧，亲自赶赴西安要张、杨二人加紧围剿。二人劝蒋介石联共抗日，但遭到了拒绝。12月12日凌晨，张、杨二人发动兵谏，将蒋介石抓获并囚禁起来。这就是震惊中外的西安事变。国民党内的亲美派试图和平解决此事，共产党也同意这一点，于是派周恩来等人赶赴西安劝说张学良。蒋介石也转变了思想，答应联共抗日。20日下午，张学良护送蒋介石离开西安。西安事变的和平解决，推动了国共第二次合作，为建立抗日民族统一战线奠定了基础。

关头""再没有妥协的机会，如果放弃尺寸土地与主权，便是中华民族的千古罪人"。如果再退让，"北平就要变成沈阳第二"，抗战的最后关头已经到来，他还宣布："如果战端一开，那就地无分南北，人无分老幼，无论何人，皆有守土抗战之责任，皆应抱定牺牲一切之决心。"

对在卢沟桥战斗中英勇战斗的第29军将士，各地民众纷纷送来慰问信、慰劳品；平津学生到前线救护伤员、运送弹药；卢沟桥附近的人民为部队送水、送饭，搬运军用物资；长辛店的人在城墙上挖防空洞、挖枪眼，协助军队守城。

7月下旬，日军的大量援军抵达华北，决定"一举歼灭中国第29军"。中国军队与侵略军展开了殊死搏斗，但在日军的优势火力下，被迫撤退，平津失守。

轴心国的形成

第一次世界大战后，帝国主义国家按国力的强弱重新划分了势力范围。在这次划分中，英、美、法是最大的受益者，这当然会招来德、意、日等国的不满。德、意、日等国都有着很强的军国主义和扩张主义的历史传统，尤其是战后刚刚崛起的日本，雄心勃勃地想占领整个东南亚，而美国却强行加以干涉，于是，这三国都妄想着有一天能以自己的意志重新瓜分世界。

强大的舆论工具和谎言，使得法西斯主义在德国迅速蔓延开来，图片中纳粹高官们正向人群挥手致意，而最右端的便是希特勒的得力助手——新闻部长戈培尔。

在"一战"后的巴黎和会上，作为战败国，德国的殖民地全部被瓜分，武装被解除，军备得到了限制，本国的领土也被划出一部分归国际联盟代管。在魏玛共和国时，这些还暂时可以容忍，而对于野心极大的希特勒来说，这些都是绝对不能忍受的。

希特勒上台执政后，一直把称雄世界作为自己的目标，为此，他还制订了一份计划：先占领东欧、中欧等有日耳曼人居住的欧洲大陆，然后向海洋发展，战胜英、美……最后夺取世界霸权。

为了消除美、英等国对德国的防范，希特勒极力主张反共，尤其是苏联。1933年10月，希特勒以"苏联威胁"，德国军备不足难以防御为借口，先后退出了裁军会议和国际联盟。两年后，希特勒宣布实行义务兵役制，重建空军。在疯狂扩军的同时，希特勒一再向英、美等国保证：德国只是出于对自身的安全考虑，绝对不会威胁到除苏联以外的其他国家。

英、美等国其实早已经看出了希特勒的野心，但出于遏制苏联的考虑，还是睁一只眼闭一只眼任其发展。

1936年3月，希特勒宣布不再遵守《凡尔赛条约》的各项条款，随后，又出兵占领了战后被分出去的莱茵非工业区。见这些行动并没有引起英、美等国的注意，希特勒的胆子越来越大了。在进行军事备战的同时，希特勒开始寻找"志同道合"的战友。

　　此时的日本在亚洲也是"踌躇满志"。自1931年把中国东北纳为殖民地后，一直想占领中国全土。日本的这种行为与英、美等国在华利益产生了矛盾。日本是亚洲的一个小国，虽然自明治维新后得到了迅猛发展，但单以自身的力量很难与强大的英、美等国抗衡，而此时的唯一出路就是寻找同盟者。于是，德、日两国开始频繁接触。

　　1936年11月，德、日两国的代表就反共问题达成了一致意见，并签订了《德日关于反共产国际协定》。在与日本结成联盟后，德、意关系也得到了调节：德国扩大对意大利的出口，支持意大利向非洲扩张；意大利在中欧、巴尔干和多瑙河流域不再与德国争夺，等等。1936年10月，德、意两国签订议定书。12月，意大利又与日本签订了议定书。次年11月，意大利加入了《反共产国际协定》。

　　此时，德、意、日三国的关系只建立在《反共产国际协定》的基础上，这还远远不够。要发动世界性的战争，还必须进一步加强三国之间的关系。

　　当意大利侵占巴尔干的阿尔巴尼亚时，与英法两国发生了冲突，意大利急需德国的支持，于是，德、意两国于1939年5月22日在柏林签订了《德意同盟条约》。按希特勒的计划，德军西线向法、英两国进攻，东线则向苏联进军，但这种计划却很容易造成两线受敌，致使兵力分散。如果稍有不慎，可能会损失殆尽。于是，德国需要意大利和日本从东西两方面对敌国进行牵制，而意大利和日本也同样需要德国对己方的敌国进行牵制。1940年9月，德、意、日在柏林签订了《德意日三国同盟条约》，这一条约的期限为10年。至此，以柏林、罗马、东京为轴心的三国同盟正式形成。

慕尼黑阴谋

　　1938年初，希特勒吞并了奥地利以后，把侵略矛头指向了捷克斯洛伐克。希特勒的计划是，先占领德捷边境的苏台德区，然后再吞并整个捷克斯洛伐克。一旦德军占领了捷克斯洛伐克，欧洲的大门就等于敞开了：向东既可以进攻苏联，向西又可以进攻英、法。

　　苏台德区虽然属捷克领土，但却居住着250万日耳曼人。希特勒上台后，极力鼓吹日耳曼人是优等民族，并拉拢苏台德地区的日耳曼人，通过他的代理人、被称为"小希特勒"的汉莱因组织了一个苏台德日耳曼人党。在希特勒的授意下，汉莱因在捷克斯洛伐克不断制造事端，要求苏台德区"自治"，以摆脱捷克斯洛伐克的统治，其实，希特勒是想以这种方式把苏台德区并入德国。捷克斯洛伐克政府早已经看出了希特勒的诡计，断然拒绝了汉莱因要求"自治"的要求。希特勒大肆叫嚣要对捷克发动战争，并向边境调集军队。

英、法两国一直对社会主义国家苏联的建立耿耿于怀。当看到德国法西斯壮大起来后，他们一直希望把德国这股祸水引向苏联。当开始注意到德国明目张胆地侵略他们的盟国捷克斯洛伐克时，感到非常不安：一旦德国侵略捷克，根据英、法与捷克订定的盟约，英、法也必须对德宣战。法国首相达拉第是个害怕战争的人，当德军集结在德捷边境时，达拉第就打电话给英国首相张伯伦，让张伯伦马上去与希特勒谈判，以"尽可能得取得最好的效果"。其实，张伯伦也不希望爆发战争，于是，他冒雨赶到慕尼黑。

希特勒与张伯伦谈判时，希特勒口若悬河，根本不给张伯伦插话的机会。

"依德军的能力是绝对能拿下苏台德区的，但考虑到邻国的感受，我们才迟迟没有动手，谁知捷克政府反倒认为我们不敢发动战争。本来我们只是支持苏台德区自治，现在看来已不只是自治的问题，而是把这一地区割让给德国的问题了，不知首相大人有没有决定权，捷克政府是否已答应把苏台德区割让给德国呢？"

希特勒的这个问题并没有出乎张伯伦的意料。在来慕尼黑之前，达拉第早就向他表达了法国的意思：同意牺牲捷克利益来换取法国的安宁。

"我个人的意思是同意苏台德区脱离捷克，但这还需要回国后做进一步的商议，我相信我的同事们也会支持我的想法的。"张伯伦回答道。

9月22日，张伯伦带着装有英法两国方案的公文包再一次来到了慕尼黑，他向希特勒转交了捷克政府签订的把苏台德区割让给德国的协议。这次的谈判出乎张伯伦的意料，希特勒已不再满足获得一个苏台德区。

"由于形势的发展，苏台德区对我来说已经没有多大用处了，我希望每一个说德语的国家都能回归德国。"

张伯伦顿时慌了手脚，但看到希特勒一副高高在上的样子，知道自己再怎么哀求也无济于事，于是灰溜溜地返回英国。

9月29日，张伯伦第三次来到慕尼黑，参加英、法、德、意4国会谈。当天夜里，张伯伦、达拉第、希特勒、墨索里尼在慕尼黑的"元首宫"里举行会谈。4国于第二天凌晨签订了《慕尼黑协定》，根据协定，捷克斯洛伐克必须在从10月1日开始的10天内，把苏台德区及其附属的一切设备无偿交给德国。

在签订《慕尼黑协定》之后，张伯伦又同希特勒签订了《英德声明》，宣布"彼此不进行战争""要共同维护世界和平"。正是英法两国这种姑息养奸的绥靖政策使得法西斯的贪欲越来越强，从侧面加速了第二次世界大战爆发的步伐。

闪击波兰

作为欧洲交通枢纽的波兰，一直以来都是法西斯德国志在必得的一块肥肉，因为占领波兰，不但能获得大量的军事经济资源，还能消除进攻英、法的后顾之

希特勒高高在上，俯视狂热的纳粹军人。

忧，并建立起袭击苏联的基地。这对于法西斯德国来说，实际是在战略地位上得到了改善。于是，在吞并奥地利和捷克斯洛伐克后，德国便把波兰定为下一步的侵略目标。

1939年3月21日，德国先向波兰提出了一系列无理要求——把但泽"归还"给德国，并将在"波兰走廊"建筑公路、铁路的权利也转让给德国，这遭到了波兰政府的拒绝。与此同时，英、法两国表态支持波兰，波兰态度更加坚决。见此情形，1939年4月3日，希特勒命令德国部队于9月1日前完成对波兰作战的准备工作。希特勒在代号为"白色方案"的秘密指令中强调："一切努力和准备工作，必须集中于发动巨大的突然袭击"。

为了赢得德国民众的支持，在闪击波兰前，希特勒政府先在报纸、广播大肆鼓噪，为德国侵略波兰制造借口：波兰扰乱了欧洲和平，以武装入侵威胁德国。《柏林日报》的大字标题警告："当心波兰！"《领袖日报》的标题："华沙扬言将轰炸但泽——极端疯狂的波兰人发动了令人难以置信的挑衅！"甚至"波兰军队推进到德国边境！""波兰全境处于战争狂热中！"等惊人的头条特大通栏标题出现在德国各大报纸上，给公众造成波兰即将进攻德国的错觉。

为了闪击成功，德国还做了另一项准备，即于8月23日与苏联签订了《苏德互不侵犯条约》，并达成了共同瓜分波兰的秘密议定书。希特勒此举目的非常明显，位于欧洲中部的德国是万不敢同时在东线和西线展开军事打击的。

一切准备停当，再无后顾之忧，希特勒下令于26日凌晨4时30分对波兰发起攻击。但在前一天夜里希特勒又取消了攻击令，原来英、波两国于25日正式签订了互助协定，而意大利拒绝站在德国一边参加战争。希特勒之所以收回进攻令，是要对局势进行重新考虑。

想不出什么好对策的希特勒决心破釜沉舟，于8月31日下达了"第一号作战指令"，命令德军于9月1日凌晨发起攻击。

1939年8月31日晚，希特勒派遣一支身穿波兰军装的德国党卫军，冒充波军，袭击了德国边境的格莱维茨电台，在广播里用波兰语辱骂德国，并丢下几具穿波兰军服的德国囚犯尸体。接着，全德各电台都广播了"德国遭到了波兰突然袭击"的消息。

1939年9月1日凌晨4时45分，德军轰炸机群向波兰境内飞去，波兰的部队、军火库、机场、铁路、公路和桥梁立即遭到毁灭性的打击。几分钟后，德陆军万炮齐鸣，炮弹呼啸着穿过德波边境倾泻到波军阵地上。1小时后，德军地面部队发起了全线进攻，从北、西、西南三面一起向波军开进。与此同时，在但泽港外的德国战舰"霍尔斯坦"号撕去友好访问的伪装也向波军基地开炮。

对于德国的闪击，波军基本上没什么准备，部队陷入一片混乱。德军趁势以装甲部队和摩托化部队为前导，很快从几个主要地段突破了波军防线。上午10时，希特勒兴奋地向国会宣布，帝国军队已攻入波兰。

而此时的波军统帅部却表现出了过分的自信，他们一方面认为自己有足够的实力对抗德国，一方面认为在关键时刻肯定会得到英、法的援助，于是，便把部队全部部署在德波边境。这样的部署毫无进退伸缩的弹性，使波军在德军高速度大纵深的推进下不是被歼灭就是被分割包围，成了德军后面的孤军。波军统帅预先设计的只要坚决抵抗就能取得胜利的梦想被德军打碎了。

其实，此时德国的西线也存在着致命弱点，在那里他们只有23个师的兵力，而在西线马奇诺防线背后的英、法联军却有110个师。可惜的是，英、法两国在盟国受到侵袭的时候，竟然宣而不战，致使波军完全陷入了被动挨打的境地。英国军事史家富勒曾就此著文写道："当波兰正被消灭之时，西线也正发生了一场令人惊奇的冲突。它很快就被称为'奇怪的战争'，而更好的名称是'静坐战'。"

1个月后即10月5日，拥有3400万人口，30.9万平方千米的波兰便被彻底击败了。波兰上空的滚滚硝烟，揭开了第二次世界大战的序幕。

法国沦陷

1939年9月1日，在希特勒的策划下，德军以闪电般的速度占领了邻国波兰。波兰被德国占领后，英、法根据法波盟约和英法互助条约，宣布对德宣战，但英、法两国并没有采取任何实际行动，这种纵容使德国更加肆无忌惮起来。

在法德边境，有一条"马奇诺防线"，这条防线长达200千米，可以称之为现代化防御工事，如果

法国维希政府的傀儡领袖贝当（居中者）

法军充分利用这道防线，"二战"的历史说不定会改写。但是，当德军入侵波兰时，法军却躲在防线后按兵不动。

1940年，德军向中立的比利时、荷兰、卢森堡进军，西线战争正式打响。1940年5月，德国突破马奇诺防线，向法国发动猛攻。一心等待希特勒向东进攻苏联的英法联军没有料到德国率先把矛头指向自己，遂在毫无准备的情况下仓促后撤。

看到溃不成军的英法联军，希特勒命令德军摧毁法国临时布置的索姆河防线，直捣巴黎，5月14日，德军未发一弹便占领了巴黎，随后向法国内陆挺进。10日的时候，意大利军队从南方也进入法国，并于15日占领凡尔登。16日，

卖国贼贝当组成新内阁，新政府不但没有组织军队抵抗德、意军队，反而准备向德意军队投降。这时，法国国防部副部长戴高乐看到贝当政府已无心抵抗，遂毅然乘飞机飞往伦敦。

戴高乐到达伦敦以后，在英国首相丘吉尔的支持下，于6月18日在英国广播电台向法国人民发表了具有历史意义的广播讲话。

"勇敢的法国人民，虽然法西斯已经占领了我们的大片土地，并有可能占领法国全境，但是，他们并没有取得最后胜利。"

"我对法国的胜利充满信心，你们也应该和我一样，相信法国一定会转败为胜。而且，不列颠英国将会永远与我们并肩作战……"

戴高乐将军的讲话通过电波传遍了法兰西的每一个角落，法国人民备受鼓舞，有一群学生甚至打着两根渔竿列队在凯旋门集会，表示他们对戴高乐号召的热烈拥护和响应。

但是，虽然法国人民做着抗敌的一切准备，贝当政府还是于6月22日正式与德国签订了投降书，贝当政府同意把法国北部及沿大西洋海岸由德国占领，法国首都由巴黎迁往维希。

贝当政府的这种投降行为遭到了戴高乐的严厉斥责。为了与贝当政府划清界限，戴高乐正式宣布成立"自由法国运动"。对于戴高乐的这种"分裂祖国"的行径，贝当政府和德国希特勒政府恨之入骨。不久，贝当的军事法庭对戴高乐进行了缺席审判，在德国当局的坚持下，戴高乐被判处死刑。

戴高乐并不理会贝当政府对自己的审判，继续以顽强的毅力宣传"自由法国运动"。戴高乐并不是孤立的，自从他发表广播讲话后，已经有数百人从法国来到英国，参加到"自由法国"的旗帜之下。到7月底，已经有7000人志愿拿起武器为"自由法国"而战。

7月21日，戴高乐组织首批"自由法国"飞行员参加了对鲁尔区的轰炸，由于将士们斗志昂扬，这次轰炸取得了胜利。随后，戴高乐又在非洲建立了一个作战基地和一个精干的行政机构，并且开始出版"自由法国"的报纸。

1941年9月，戴高乐正式成立"自由法国"的政府机构——法兰西民族委员会，很快，这个组织便得到了英、苏等大国的承认。不久，"法兰西民族解放委员会"成立，戴高乐任主席。1944年6月，"法兰西民族解放委员会"改为法兰西共和国临时政府。之后，戴高乐带领部队随英美军队返回法国与德军作战，并迅速解放了大片国土。8月25日，巴黎解放。临时政府成立后，戴高乐任总理兼国防部长。

戴高乐以其顽强的毅力和极大的热情，为反法西斯侵略和法兰西民族独立做出了杰出贡献。

不列颠之战

德国闪击西欧，法国投降后，整个西欧海岸线都被德国所控制，英国不列颠群岛陷入德军三面包围的境地。但包括希特勒在内的德国人都把对法国的胜利作为战争的结束，希特勒认为，如果打败英国，其殖民地将会落入美、日和苏联手中，而对德不利，为对付苏联应避免两面作战，希特勒提出愿与英国在瓜分世界的基础上和谈，得到美国支援承诺的英国首相丘吉尔断然拒绝。于是，诱和未遂的希特勒准备武力侵入不列颠。

1940年7月16日，希特勒发出对英登陆的"海狮作战"计划的训令。该计划以奇袭为基础，准备用39个师的兵力，在不列颠的拉姆斯盖特登陆，抵达怀特岛。其中13个师作为第一批登陆部队，并在海峡港口集结大量的各种船只，一切准备要求于8月中旬完成。

纳粹德国的空军
从8月13日到9月6日，德国空军大规模地轰炸英军机场、雷达站、飞机工厂和补给设施。从8月24日起，德军每天出动1000多架次飞机，战事进入了决定性的阶段。

德空军集结2400架战机，欲对英伦进行大规模空袭。德军一方面想从精神和意志上摧毁英国，迫使其接受和谈，另一方面为"海狮作战"的海军渡海夺取制空权，为登陆创造有利条件。

7月10日，德军开始了对英护航船队和波特兰、多佛尔等港口、军港进行空袭，以引诱英战机出战，从而查明英空军的部署、防空能力及检验自身的突防能力。德国空军在形势上处于不利地位，他们必须在海上和英国领空上作战。而英空军可以获得地面高射炮的支援，英军的喷火式飞机爬升速度要快于德战斗机，并且以防御战为主的英军还有雷达网的引导。更重要的是，英军掌握了德军无线情报的破译密码，使得德国多数战略情报被英所掌握。

8月13日，德军480余架战机升空，开始对英国雷达站等军事目标进行轰炸。15日又出动1780架飞机，使英军一些军事基地和飞机制造厂遭到摧毁。英军统帅道丁公爵也迅速命令7个"喷火式"和"旋风式"战斗机中队升空迎敌。在雷达的准确制导下，他们在德国机群中进行有效地穿插分割，将德军机群分割成若干小队，利用飞机速度快的优势实施各个击破，这是双方第一次大规模空战。德军付出了75架飞机的代价，英机只损失34架。德军"空中闪击战"一开始就未奏效。

8月24日至9月6日，德空军不分昼夜，每日出动千余架次飞机，对英西南部的机场及海峡商船进行高强度空袭，虽然德机被击落 380 架，但英机也损失 186 架。

9 月 7 日，希特勒为了报复 8 月 25 日到 26 日夜袭柏林的英国，开始了对伦敦的狂轰滥炸。企图瓦解英国人民的斗志，动摇民心。但这给了英空军以喘息之机，英军以战斗机、高射炮、雷达、探照灯和拦阻气球组成完备的防空系统。虽说大规模的轰炸使伦敦多处起火、王宫中弹、居民伤亡惨重，但在 9 月 15 日，英军抢占先机，德机还没有进入伦敦上空，就遭到数百架英战斗机的截击。英战斗机猛冲德轰炸机，失去保护的德轰炸机除少数逃跑外，其余均被击落。英战机转而围攻德战机，凶狠的英战机使德战机招架不住，转头而逃。英战机紧追不放，又击落了多架德军战机。这时，英国轰炸机开始行动，对德国集结在海峡对岸的舰队、地面部队、港口码头进行了猛烈轰炸。德国损失惨重，共损失 185 架飞机，而英军仅损失 26 架。

德军不但未击败英国空军，反而使英空军活动更频繁。希特勒感到无法取胜，被迫下令不定期推迟实施"海狮作战"计划，最终"海狮作战"计划不了了之。

不列颠空袭和反空袭之战中，德军共损失飞机 1733 架，英损失 915 架，双方飞行员损失约为 6∶1。空战受阻后，希特勒开始对英国实施封锁。

这场空战是"二战"史上历时最长、规模最大的空战，它使希特勒的侵略计划第一次未能得逞，鼓舞了国际反法西斯同盟的士气。这场空战也是人类战争史上的首次空战，它揭开了人类战争史上新的一页，同时也证明了夺取制空权在大规模空袭战争中的重要性及防空的战略意义。

❋ "巴巴罗莎"计划

1940 年 12 月，希特勒秘密地制订了一份代号为"巴巴罗莎"的进攻苏联的作战计划。"巴巴罗莎"是神圣罗马帝国皇帝腓特烈一世的绰号，意为"红胡子"。腓特烈一世曾 6 次侵入意大利，希特勒把进攻苏联的这一计划起名为"巴巴罗莎"，就是想效仿腓特烈一世，妄图以闪电战的方式击溃苏联。

1939 年 8 月莫斯科，苏德签订《苏德互不侵犯条约》，图为斯大林（右二）与德国外长冯·里宾特洛甫（右三）在条约签订仪式上。

"巴巴罗莎"计划于 1941 年 6 月 22 日执行。当 5 月下旬，德军向德苏边境调集了大批兵力时，苏联方面就已经料到了德军的攻击对象可能轮到自己了。但是，为了麻痹苏联，德军散布谣言，把德军的东移说是为了进攻英国，甚至还故意制定了代号为"鲨鱼"和"渔叉"的在英国登陆的作战计划。德国的这种欺骗手段果然有效，当时苏联情报局一直认为德国和苏联一样，始终遵守着《苏德互不侵犯条约》，连当时的苏联最高领导人斯大林也对德国表现出来的假友好深信不疑，一直到苏德战争爆发的前一晚，斯大林还在命令苏联红军"在没有接到特殊命令之前不得采取任何其他措施"。

6月21日，希特勒来到东普鲁士拉斯登堡附近的指挥所里。

"报告长官，苏联阵地上没有任何异常情况，看来他们一点准备都没有。我军将士正集结待命。"一名军官向希特勒报告。

"很好，明天一开炮，苏联方面会有什么反应呢？相信不只苏联人，全世界人都会大惊失色吧。"紧接着，希特勒一阵狂笑。

苏联方面，也早有哨兵向统帅部报告军情。

"德军方面发动机的声音突然增高了，德军还砍去了布列斯特西北边境上自己设置的铁丝网……"

但是，以斯大林为首的苏联领导人对德国法西斯的整个战略方针和部署依然估计不足，缺乏足够的认识，他们认为希特勒只不过是想以这种手段迫使苏联主动破坏《苏德互不侵犯条约》，以寻找进攻苏联的借口，所以并没有命令前线部队进入全面战斗准备。

6月22日凌晨，炮弹声划破夜空，2000多架德军轰炸机飞向东方，苏联大地上尘土飞扬，炮声隆隆，苏联边防顿时陷入一片混乱。

"以前我们习惯用明码拍电报，现在不是早禁止了吗？为什么不用密码？"一位远在莫斯科的长官正训斥着前线拍电报的士兵。

"长官，德军已经登上我们的领土了，成千上万的士兵已经被德军的大炮炸死，这已经不是什么秘密了。前线的将士们正集结待命呢，您快下达反击的命令吧。"

"不许我方的大炮开火，这就是命令。"

虽然前线的苏军一个个摩拳擦掌，但没有莫斯科的命令，他们只能坐以待毙。就这样，苏军从一开始就陷入了被动。

到22日中午为止，德军坦克已深入苏联境内50多千米。傍晚时分，莫斯科才对苏联面临的形势做了认真分析。

"莫斯科命令，我方陆军、空军火速向德军开火。"

莫斯科下达反击命令时，苏联空军已基本上没有执行命令的能力了。面对强大的德国空军，虽然苏军在中将科佩兹将军的率领下奋起回击，但还是损失了1200余架飞机，其中的800多架飞机是尚未起飞就被击毁的。

"巴巴罗莎"计划的初步胜利使希特勒欣喜若狂，希特勒忙命令德军执行下一步计划：北路攻打苏联波罗的海沿岸和列宁格勒，中路攻打莫斯科，南路攻打乌克兰。希特勒扬言：要在一个半月或两个月的时间里攻下苏联，在冬季之前结束战争。但是，希特勒的希望很快就落空了。

1941年7月3日，斯大林向全苏联人民发表了"为了祖国自由而战"的广播演说，全苏联人民积极响应斯大林的号召，纷纷举起手中的武器，投入到了反法西斯的卫国战争中去。

偷袭珍珠港

1941年12月7日凌晨，北太平洋上波涛汹涌，一支庞大的舰队向南飞速驶去，溅起的浪花飞落到船头的甲板上。这支舰队里有6艘航空母舰和14艘战舰，当这一舰队接近美国在太平洋上的海军基地珍珠港时，航空母舰上的数艘飞机带着巨型炸弹腾空而起，先是紧贴海面飞行，然后冲入港内，炸弹和鱼雷立即倾泻下来，对排列在港内的美太平洋舰队进行轰炸。

这一幕正是日本军国主义对珍珠港发动的偷袭，这次偷袭标志着太平洋战争拉开了序幕。

对珍珠港的偷袭是日本军国主义策划已久的事。早在苏德战争爆发后，日本内阁就认为建立"大东亚共荣圈"的时机已到，于是加紧了对东亚各国的侵略。日本咄咄逼人的攻势，直接威胁到美国在太平洋的利益。从1941年夏天开始，美、英等国联合对日本实行了石油禁运，即不再供给日本石油及其他原料。日本是一个岛国，资源紧缺，对于美英两国的这一做法，日本暂时选择了妥协，与美国举行谈判，但是谈判并没有达成协议。

日本储备的石油一天比一天减少，如果真的没有了石油，别说是建立"大东亚共荣圈"，恐怕连走出本土都相当困难。为此，日本"御前会议"决定暂时停止攻打苏联，改把占领中南半岛和南洋诸国作为主要目标，以夺取石油资源。

为了扫清南进道路上的障碍，日本天皇授意日本联合舰队司令山本五十六，秘密制定远渡重洋偷袭珍珠港的计划，南云中将则是这一任务的指挥者。

在偷袭珍珠港之前，日本大使来栖三郎到美国继续与美方谈判，鼓吹"要以最大的努力来防止不幸的战争"，借以掩盖日本南进的意图。对于日本军国主义者的意图，美国总统罗斯福仍以为中南半岛和东南亚是其主攻对象，并没有料到日本会把矛头首先指向珍珠港。美、日这种"和平"谈判一直持续到偷袭珍珠港的第一发炮弹爆炸之前。

11月26日，日本舰队沿着寒冷多雾的北方航线隐蔽前进，在海上秘密航行了12天，居然一直没有被发现。在距珍珠港以北230海里处，舰队停了下来。12月2日，南云中将接到了山本五十六的密电：按原定计划袭击珍珠港。于是，便出现了前面惊天动地的那一幕。

12月7日是个星期天，美国人在这一天有做礼拜的习惯。美国军舰像往常一样平静，整齐地泊在港内，飞机也密密麻麻地排在瓦胡岛的飞机场上。一部分士兵正在吃早饭，一部分则上岸度假去了，珍珠

罗斯福总统于珍珠港事件翌日，宣布对日作战。

港沉浸在一片平静的假日气氛之中。

"快看，那里有两架飞机。"一个哨兵发现雷达屏上出现了异常，慌忙向上级长官报告。

"别大惊小怪了，那是我们自己的飞机，你们对此还不熟悉吗？"一位军官把这个新来的哨兵嘲笑了一番，然后接着开始欣赏收音机里的音乐。

港内的其他美国士兵，甚至美军司令部也没有意识到这是一场真实的战争，而以为是一次"特殊的演习"。就这样，日本的轰炸机从美军眼皮底下溜进了珍珠港。

突然间，随着一阵飞机的轰鸣声，炸弹从天而降。直到发现自己的舰只起火，美国太平洋舰队司令部才发出备战的特急电报。但是，什么准备都来不及了，刹那间，珍珠港成了一片火海，港内升起一道道的冲天水柱。几分钟内，希凯姆机场、惠列尔机场、埃瓦机场和卡内欧黑机场已被炸得一片狼藉，几百架美机在没有起飞之前就被击毁。

偷袭持续了95分钟，美军损失了约40多艘舰艇、300多架飞机，另外还有3500多人死亡。美国太平洋舰队除航空母舰出港外，几乎全军覆没。

日本偷袭珍珠港的第二天，美国宣布对日本处于战争状态，太平洋战争全面爆发。

斯大林格勒保卫战

第二次世界大战中，德军在莫斯科战役中遭到惨败，被迫放弃了全面攻势。德军在各地战场面积的扩大和大规模的战役，使石油的补给量成为制约其战争进程的严重问题。若没有新的石油补给，战争将难免崩溃，希特勒遂决定获取苏联高加索油田。德军统帅部趁欧洲尚未开辟第二战场的有利时机，继续增强东线苏联境内的军事力量。1942年夏季，改为在南线实施重点进攻，企图迅速占领石油资源丰富的高加索和粮食充足的斯大林格勒。

1942年7月17日，德军精锐部队第6集团军27万人在鲍罗斯将军的指挥下，向斯大林格勒逼近。

斯大林格勒位于伏尔加河下游西岸，是连接苏联欧洲部分南北水陆的交通枢纽，也是重要的军事工业基地。该城一旦失守，将会切断莫斯科和高加索地区的联系，进而威胁到巴库的石油和库班的粮食产地。还可北上迂回莫斯科，南下切断英、美支援苏军的供给线，并染指中东和印度洋，打通日、德联系通道，它的得失将会影响到整个战局。因此，苏联决定死守该城，并在奇尔河、齐姆拉河一线布置了顽强的防御部队，迟滞德军的推进速度。

7月24日，德军接近斯大林格勒西面的顿河河岸大弯曲部，并企图对苏军进行两翼突击合围，进而从近道直逼该城。但是由于燃料和弹药的缺乏，以及第4装甲军团调往高加索战场，进攻斯大林格勒的德军只能停在卡拉赤正面的顿河岸上。30日，希特勒开始调集部队增援鲍罗斯，第4装甲军团又被调回，从西南向斯大林格勒进攻。8月3日攻占了科特尼可夫，9日，德军遭到苏军的激烈抵抗

而被迫转入防御。这时鲍罗斯在苏军的顽强阻击中攻占了顿河上的一个据点，并占领卡拉赤。23日占领了斯大林格勒城北面近郊，计划从北面沿伏尔加河实施突击

斯大林格勒巷战场面

作战，夺取该城。他派出2000架次飞机昼夜对城区进行狂轰滥炸，使整个城市变成一片火海。苏空军及防御兵也对德军进行激烈反击，击落敌机120架。苏统帅部急调预备部队对德军实施侧翼反击。德军继续增加兵力，9月底，德军已达80多个师，进攻苏联的主力都转移到斯大林格勒会战之中。

9月15日，德军全面进攻斯大林格勒。在飞机、大炮及装甲坦克的配合下，德军于23日突入城市中心，勇敢的苏军与敌人展开了巷战。一座房子，一条街道，常常是几经易手。日以继夜的激战使斯大林格勒变成了第二个凡尔登。希特勒命令变换战术，用炮火和飞机把该城变为废墟。直到11月12日，德军从该城的南部冲过伏尔加河，从7月到11月，德军在顿河、斯大林格勒却付出了70万人的惨重代价。迅速攻占该城的企图及整个战局计划被打破，苏军的疲惫消耗战为统帅部组织反击争取了时间。

9月份，两军鏖战正激之时，苏军朱可夫元帅开始组织策划反击，并隐蔽调集110万兵力集中在顿河以北的森林中，准备伺机大反攻。朱可夫兵分两路，一路以德中央集团军群为目标，以阻止其向顿河战线增援；一路则与斯大林格勒以南的攻击配合，从北面攻击德军。

11月19日，苏军反攻开始，南北两侧强大的钳形进攻包围了德军第6军团等30万人，并一举攻占了德军交通瓶颈罗斯托夫。鲍罗斯的处境艰难，储备物资早已枯竭，补给也基本中断。为解救被围德军，希特勒将全部预备部队投向斯大林格勒，但苏军的顽强阻击使解围计划破产。12月21日，欲突围的鲍罗斯却因燃料不足而无法实施机动，希特勒仍下令死守斯大林格勒，并授予鲍罗斯元帅军衔。

1943年1月底，德军在顿河上的全部正面军被苏军击溃。包围圈越缩越小，苏军南北对进，将德军分割成多个孤立的集团。31日，德军开始整团整师地陆续投降。2月2日，全歼被包围的30万德军，包括鲍罗斯在内的24位将领、2000名校级以下军官和9万残存士兵全部投降，斯大林格勒保卫战结束。

这次会战为苏德战争乃至整个第二次世界大战的根本转折，苏军从德军手中夺取了战略主动权，转入战略进攻，极大地鼓舞了世界反法西斯同盟。

中途岛海战

"报告长官,我们截获了一份日军密码电报,据破解,日本的水上飞机可能要到中途岛上加油。"译电员向美国海军司令部报告着。

美国太平洋舰队司令尼米兹是在日本偷袭珍珠港之后临危受命的,他托着腮思索片刻:"我们最好能将计就计,设下陷阱,让日本海军自投罗网。"

中途岛位于太平洋中部,是北美和亚洲之间的海上和空中交通要道。在日本偷袭珍珠港后不久,日本就利用海、空军优势,向美、英、荷在东南亚和西南太平洋的属地发动猛烈攻势,控制了东起中途岛,西至太平洋,南起澳大利亚,北至阿留申岛的广大地区。

但是,在珍珠港一战中幸免被歼的美国航空母舰的存在却成了日本法西斯的一大隐患。因此,日本决定集中优势兵力,彻底歼灭美国航空母舰。日本联合舰队总司令山本五十六制订了一个夺取中途岛的计划,山本认为,只要拿下中途岛,对美国的航空母舰围而歼之就有希望,而且也可以把中途岛作为向中太平洋和西南太平洋扩张的基地。为了这场战争,山本五十六调集了8艘航空母舰、22艘巡洋舰、11艘战列舰、66艘驱逐舰,组成了一支空前庞大的舰队。

1942年6月4日凌晨,太平洋上升起的大雾使海面上的能见度很差,但由南云中将率领的日本突击舰队还是在浓雾中起航了。这支舰队没有安装雷达系统,只能以缓慢的速度在太平洋上摸索前进。上午10点左右,大雾散去,南云中将急令日本军舰全速前行。两天后,这支突击舰队和其余8支协同作战的舰队都已驶入了预定位置。

"全体注意,开始起飞。"南云中将直盯着前方的中途岛,用扩音广播向航空母舰上的所有飞行员命令。转瞬间,排列在"赤城""加贺""飞龙""苍龙"4艘航空母舰甲板上的108架飞机腾空而起,拉出一条白烟后向中途岛方向飞去。

"第二批做好准备。"南云中将继续命令着,然后等待着第一批飞机的归来。

此时,中途岛的美军在总指挥官尼米兹上将的率领下早已经做好了应战的准备。当日本轰炸机距离中途岛还有30英里的时候,遭到了美军25架"野猫式"战斗机的拦截。在激烈的空战中,"野猫式"有17架被击落,7架被击伤。

南云中将正在指挥室里准备发出第二道命令,但是他却有些犹豫,第一批轰炸机并没有达到轰炸的预期目的,也就是说,

美国飞机正面俯冲轰炸日本舰船

中途岛海战的胜利成为太平洋战争的转折点。此战过后,美国的舰队开始向日本本土一步步靠近。

中途岛的美军并不是像山本五十六预料的那样没有任何准备，而第二批轰炸机能否顺利完成任务呢？

正当南云中将举棋不定的时候，6架美国鱼雷轰炸机和4架B－26轰炸机出现在"赤城"号航空母舰的右舷，南云中将忙命令高射炮迎战。在猛烈的炮火下，美机呼啸着朝"赤城"号扑来，但却闯入了高射炮的射程，然后落入到太平洋里。

当美军的最后3架轰炸机遍体鳞伤地朝中途岛方向飞去以后，南云中将终于下令第二批飞机在5分钟内起飞。然而就是这短短的5分钟，战局发生了根本性的变化。

3架美国"无畏式"轰炸机正从空中向"赤城"号俯冲下来。而日舰上的所有反击都不再起作用，一颗颗黑色的炸弹从空中降落，"赤城"号则只有"拥抱"炮弹的能力。很快，巨大的航空母舰成了一片火海，"赤城"号已经完全失去了作战能力。

在"赤城"号被袭击的同时，"加贺"号和"苍龙"号也遭到了袭击，最后，连同"飞龙"号在内的这4艘一直让山本五十六引以为荣的航空母舰都沉入了海底。

在几百海里外指挥作战的山本五十六得知4艘航空母舰被击沉的消息后，悲痛不已：这次战争已经以日本的失败而结束了，如果硬着头皮与美军抗争到底，只会徒劳地增加失败的成分。最后，山本五十六只得下达了撤销中途岛作战的命令。

中途岛战役是第二次世界大战太平洋战争的分水岭，之后，日本海军一蹶不振，被迫从战略进攻转入战略防御。

击溃"沙漠之狐"

第二次世界大战的北非战场，处于沙漠地带，连水都要靠后方供应，后勤保障成为胜败的关键因素。制空权又是控制地中海等海陆交通的决定因素，这就使交战双方不能离开港口和交通线，同时需要掌握制空权。1942年6月，德、意非洲军在昔兰尼加战争中取胜后，乘势追击，直抵埃及境内，到达距英地中海舰队基地亚历山大港仅110千米的阿拉曼。阿拉曼是保护埃及腹地的屏障，非洲军的攻击，无疑似一把尖刀顶住英国人胸膛。

1942年8月初，丘吉尔亲自前往开罗，调兵遣将，加强北非英军第8集团军的力量，美国支援的300辆新式薛曼式战车和100门机械炮将陆续运到，同时任命个性活跃、自信心强的蒙哥马利为第8集团军司令。

蒙哥马利上任后，开始组建一支精兵，把陆军和空军联合在一起。为了加强阿拉曼的防御能力，他在险要的地形前面布满浓密的地雷阵。以厚密地雷阵配合，对阿兰哈法岭以重兵据守，敌人从任何地方进入，都可以从侧面加以反击。

8月30日，德、意非洲军在有"沙漠之狐"之称的隆美尔的指挥下对防线发起攻击。他从北中南三面同时展开攻势，北部只做佯攻，中部也只是牵制性的进攻，他把主力放在南面，试图攻下阿兰哈法岭。对隆美尔的进攻，蒙哥马利采用坚强的守势，派飞机、大炮对非洲军阵地不间断地轰炸，消耗对方实力。对于缺乏补给且武器落后的隆美尔来说，阿兰哈法岭之战是孤注一掷。英军的坚固防御和空中攻击的猛烈，打破了隆美尔的企图。9月1日，非洲军被迫放弃大规模进攻。两天内3艘补给油船被英军击沉，严重缺乏燃料的隆美尔不得不加强防御。他在前方阵地埋下50万颗地雷、炸弹和炮弹，只用前哨据点扼守，在雷区后做防御战准备。

随后隆美尔因病情严重，将指挥权交给斯徒美将军后，于9月22日返回德国就医。蒙哥马利这时正积极准备着反击工作，他把主力的打击摆在北面，派一个装甲师盯死阵地南端，分散敌人的注意力，用13军牵制敌人右翼的辅助性进攻。

隆美尔是非洲战场的德军统帅。他受命指挥北非的两个机械化师，稳定对英战线。

从10月6日到23日的夜间，英空军加紧对敌人的交通线及运输工具的轰炸，阻断其供给。为掩盖其作战意图，隐蔽各部分兵力，诱骗敌人对于攻击日期和方向作错误的预测，蒙哥马利实施了一个用假帐幕、仓库、战车、车辆、炮位、水塔和油管做伪装的大规模掩蔽计划。

10月23日，在满月的光辉下，英军发起反攻，1000门火炮同时向德、意军阵地进行20分钟的狂轰滥炸后，英军分别从北南两个方向发起进攻。北部第30军攻占了敌人前进防御阵地后遇到了顽强抵抗，进展缓慢，南线的13军受到德军火力拦阻而受挫。但德、意军内部也乱作一团，交通网被摧毁，斯徒美将军因心脏病突发死于沙漠，燃料的缺乏使机械化部队基本丧失了运动攻击能力。

紧急返回的隆美尔命令部队进行坚决的防御。他准确地判断出英军的主攻方向，着手向北调集军队，南部只留意大利军防守。激烈的战斗持续到29日晨，隆美尔指挥部队有效地遏止了英军的进攻。

鉴于德军主力向北集中，蒙哥马利改变进攻计划，决定在德意两军的接合处，发起"增压作战"的进攻。11月2日，在猛烈炮击和轰炸机支援下，英军开始进攻，飞机和炮兵转向轰击德军防御阵地，美式薛曼式战车可远距离发炮，德军火炮却不能击毁它。隆美尔调集全部的坦克，拼命抵抗。虽然阻止住英军的长驱直入，但战车仅剩下35辆。11月4日，英军突破德意防线，意军全军覆没，知道失去交通线和制空权而无法补给，最终会输掉这场战争的隆美尔下令撤退。

然而，蒙哥马利用兵过于谨慎，没能及时察觉隆美尔的撤退行动，失去了全歼敌人的良机。9日，隆美尔退回利比亚。

阿拉曼的胜利，是反法西斯同盟在北非战场上的转折点，盟军从此掌握战略主动权，为英美联军登陆非洲奠定了基础。

德黑兰会议

美英两国本来极其痛恨社会主义国家苏联的，但是自从德国法西斯进攻苏联和日本偷袭珍珠港以后，美英两国与苏联的关系由敌对暂时转为合作：美英两国同苏联结成了反法西斯同盟，共同对德国作战。1942年1月《联合国家共同宣言》的发表，标志着世界反法西斯统一战线的形成。

随着盟国在各条战线上的顺利进军，苏、美、英三国首脑觉得有必要尽快召开高峰会议，以解决协调行动、共同作战等迫切需要解决的问题。尤其是斯大林格勒会战取得胜利以后，这一要求更加迫切了。关于会议的地点，斯大林坚持在伊朗首都德黑兰举行，因为他要亲自指挥红军作战，不能离国境太远。而且，苏、美、英三国在伊朗当时都驻有军队，安全有保障。

"二战"时苏联的领导人斯大林

1943年11月下旬，罗斯福、丘吉尔和斯大林来到德黑兰。当时的德黑兰是近东的一个间谍中心，为了防止意外，盟军情报人员建议三国首脑下榻在各自的使馆内。由于美国的使馆离苏、英使馆较远，罗斯福受斯大林的邀请下榻在苏联的使馆内。

11月28日下午3点左右，三国首脑举行正式会晤前一个小时，斯大林走进了罗斯福总统的别墅，进行礼节性的会晤。

"很高兴见到你，早就想同你见面了，今天才终于如愿以偿。"斯大林走上前去，热情地同坐在轮椅上的罗斯福握手。

罗斯福的脸上洋溢着刚毅的笑容："同你的心情一样，我也盼望着同你就当前的形势谈谈看法。"

在斯大林与罗斯福的这次会晤中，双方谈到了法国的戴高乐将军。

"虽然我很敬佩戴高乐将军的勇猛，但是，我个人认为，法国在战争结束后不应该再回到中南半岛了。他们应该为与法西斯合作付出代价。"斯大林严肃地谈道。

"我非常同意你的观点，在前些日子的开罗会议上，我同中国的蒋介石曾讨论过中南半岛托管的可能性。我想提醒你，我们最好不要同丘吉尔首相谈及印度问题，据我所知，他还没有就这一问题想出可行的办法。"

下午4时，三国领导人会议正式开始了。罗斯福主持了第一次会议。

"今天是俄国人、英国人和美国人第一次为了共同的目标相聚一堂。我们的目标就是要赢得这次战争的胜利。我们共同的敌人法西斯已经成了强弩之末，但仍在负隅顽抗。我希望通过这次会议能使我们的合作作战更加协调，我也相信不久的将来盟军就会取得胜利。"罗斯福做了热情洋溢的开幕词。

丘吉尔看了老朋友一眼，意味深长地说："这次会议是史无前例的空前大聚会。刚坐到会议桌前那一瞬，我似乎感觉到人类的幸福和命运完全掌握在我们手中。"

斯大林对罗斯福和丘吉尔的讲话表示同意，并把英国国王通过丘吉尔转交给他的宝剑视为珍宝。三国首脑的第一次会议在友好的气氛中结束了。

但是，当讨论到具体问题——如何尽快开辟欧洲第二战场的时候，三国之间产生了分歧。当时，苏联是抗击德军的主要力量，迫切需要美、英在欧洲西部开辟另一条战线，以牵制德军，缩短战争时间。其实，早在1941年，斯大林就曾向英国要求开辟第二战场，但遭到了丘吉尔的拒绝。后来，随着形势的发展，美英两国看到开辟另一条战线势在必行，才制订了代号为"霸王"的战役计划，准备在1944年从法国诺曼底登陆。

斯大林刚一提及第二战场的问题，丘吉尔马上又提出"柔软的下腹部"战略，觉得应该把重点放在地中海战役上。而斯大林则认为，意大利离德国心脏很远，对德国威胁不大，难以减轻苏军的压力，而从法国攻入德国本土则是最快也是最有效的战略。

"如果两路并进是不是更好呢？"丘吉尔思索了一会儿，算是做出了让步，但实际上丘吉尔担心的是，如果按斯大林的建议进行，苏联红军可能会进入奥地利、罗马尼亚和匈牙利，而这些对英国战后的利益将是多么不利啊。

罗斯福早就看出了丘吉尔的心思，他对丘吉尔说："难道你想把战争向后推迟几个月吗？那样将给世界带来多么大的威胁啊。如果你坚持要这么做，我将单独执行'霸王'战役。"

最后，经过反复争论，三国达成了一致协议：1944年5月，英、美将实行"霸王"战役，并进攻法国的南部。斯大林也答应同时发动攻势，阻止东线德军西调。斯大林还明确表示，在击溃德国法西斯后，苏联将参加对日作战，不过条件是苏联要得到库页岛和千岛群岛。

1943年12月1日，斯大林、罗斯福和丘吉尔签订了《苏美英三国德黑兰宣言》和《苏美英三国德黑兰总协定》（后者作为秘密文件，当时没有公布）。

德黑兰会议公报的最后写着："我们怀着希望和决心来到这里。我们作为事实上的朋友而在这里分手。"

❋ 诺曼底登陆

苏德战争爆发后，斯大林便向丘吉尔提出在欧洲开辟第二战场的要求。丘吉尔担心斯大林会代替希特勒而未置可否。美国参战后，苏、英、美三国政府多次协商攻击法西斯的战略问题。但各方就时间和地点发生分歧，各国间不同的利益与苏和英、美两种不同的社会制度交织在一起，错综复杂，争论不休。但是法西斯的扩张，又使他们不得不相互妥协。几经周折，各方求同存异，在1943年11

月的德黑兰会议上，三方最终达成开辟第二战场的协议。

1943年12月6日，美国的艾森豪威尔将军被选定为联军总统帅，近300万盟军陆海空将士在英伦三岛集结，准备横跨英吉利海峡，登上欧洲大陆，和东线苏联红军配合，夹击德军。这个大规模的作战计划代号为"霸王"行动。

1944年1月21日，艾森豪威尔及其参谋部结合各种条件，决定在法国西北部的诺曼底登陆。计划从卡昂到奥尔尼河之间占领一个立足点，并攻占不列塔尼的各港口，英第2军团在卡昂地区进行突破，吸引敌人预备队。美第一军团趁势登陆，从西面侧翼实施突破，一直向南前进到卢瓦尔河上。联军正面以卡昂为轴旋转，使右翼向东前进到塞纳河上。

1944年3月30日开始，联军对德阵地实施不间断的战略性轰炸，对铁路、公路、桥梁、车场、海防工事、雷达站、飞机场等设施进行大规模的摧毁，不仅造成德军指挥体系的瘫痪，交通运输补给线路的中断，而且最大限度地孤立联军登陆区和塞纳河与卢瓦尔河之间整个联军前进作战区的德军。

英美联军对登陆的突然性特别重视，他们制订了一个伟大的骗敌计划。在英国东南部建造了假总司令部、假铁路、假电厂、假油站、假船只等大规模的系统假象，暗示敌人联军会在英吉利海峡最窄处的加来港登陆，而且时间会更晚些。

1944年6月6日，天气条件不好，艾森豪威尔果敢决定实行登陆计划，早已做好充分准备的联军开始发动渡海攻击。海军扫除德军水雷阻碍线，并用重炮轰击敌人阵地。两个空降集团分别在圣梅尔艾格里斯和卡昂东北部地区降落，担负保卫登陆部队的任务。在舰队重炮和空军猛烈火力的配合和空降师的策应下，登陆联军在5个登陆区开始登陆。

这些突然攻击使因天气恶劣而防备松懈的德军惊恐。联军对交通线路的战略轰炸，使德军处于"铁路沙漠"之中；对制空权的绝对控制，使德军防御工事遭到摧残，联军的登陆极为顺利。凭借大西洋长城的防御，德军仍顽强抵抗，夜幕低垂时，联军终于突破防线。

6日下午，希特勒仍然认为联军的攻击只是佯攻，目的是掩护在加来方向主力的攻击，于是德军只是用步兵封锁住美军的渗透，用一个装甲军在卡昂地区与

盟军总司令艾森豪威尔及其指挥的规模宏大的盟军在诺曼底登陆的场面。

英军周旋，而精锐部队第 15 军团仍部署在安特卫普与奥尔尼河之间。

6 月 12 日，联军登陆区连成一片，开始向诺曼底中部推进。但在德军的顽强抵抗下，联军进展缓慢，直到 7 月 25 日，才推进到卡昂、科蒙、圣洛以南地带。艾森豪威尔决定发动全面进攻，部队开始向法国心脏进攻。8 月 15 日，美第 7 军团侵入法国南部，对德军造成钳形阵势。此时苏联反攻，牵制住德军的大股部队，没有预备队的德军遭到联军的痛击，损失惨重。8 月 19 日，巴黎被联军攻占，诺曼底登陆以联军的胜利而结束。

诺曼底登陆是战争史上最大的登陆战役，它突破了希特勒所吹嘘的"大西洋铁壁"，使战争进入反法西战争的最后决战阶段，加快了欧洲解放和第二次世界大战结束的进程。

雅尔塔会议

1945 年初，法西斯的失败已成定局：一个月前，德军在西线发动的最后孤注一掷的攻势被击退；苏联红军占领了波兰和东欧，并从东线向德国逼近；美国部队解放了马尼拉，并从空中轰炸日本。但是，德黑兰会议上没有解决的问题必须在战争结束之前得到解决，这些问题包括：如何处置德国、波兰的疆界问题、其他东欧国家的地位、联合国组织和远东问题，等等。

雅尔塔会议期间的丘吉尔和斯大林

1945 年 2 月 4 日，斯大林、罗斯福、丘吉尔在黑海海滨雅尔塔举行会议。

罗斯福看了看斯大林和丘吉尔，说道："我们三人已经成为了老朋友，而且我们三个国家之间的了解也在不断加深。大家都想尽快结束战争，也都赞成持久和平，所以，我觉得我们可以随时进行非正式会谈，以达成共同的目标。"

在罗斯福的感染下，会场的气氛很活跃。首先，苏联副总参谋长阿列克赛·安车诺夫将军和美国将军马歇尔分别就东线和西线战势做了汇报：苏军已占领了波兰波兹南，打开了通向柏林的大门，西线的盟军则向德国的莱茵河防线进攻，空军正对德国全境的军事目标进行轰炸，德军已经组织不起像样的撤退。

看到胜利在即，其他人也纷纷就当前的形势发表了自己的看法。最后，三方首脑就目前军事配合交换了意见。

第二天，会议就如何处置德国的问题进行了讨论。早在德黑兰会议上，三巨头曾就这个问题交换过意见，会后，成立了欧洲咨询委员会，专门研究分割德国的问题。根据英国的提议，战后的德军被划分为 3 个占领区，由美、苏、英分别占领，柏林由三国共同占领。而在这次会议上，罗斯福却建议道："在管制和占领战败的德国问题上，我认为应该统一化，不宜瓜分为各个占领区。不仅在最高层机构中行政管理应该统一，各级机构均应联合统一。"但是，罗斯福的这一建议却招致斯大林和丘吉尔的一致反对，只能作罢。

随后，丘吉尔又提出了让法国在德国占领一个区的提议。斯大林表示了强烈反对，他认为法国在打败法西斯德国的战争中并没有起到多大作用。而丘吉尔坚持己见，他认为法国在未来的欧洲将起到重要的作用，对管制德国也会有很大帮助。

正当双方争执不休的时候，罗斯福过来打圆场："美国在战后不会长久地在欧洲驻军，考虑到法国也曾为大战做出过不少贡献，丘吉尔首相提议的让法国协助英国来压制德国的提议还是可行的，阁下不如考虑一下。"斯大林看罗斯福同意了丘吉尔的提议，只好勉强表示同意。

当天下午，战败国赔款问题又引起一场激烈的争吵。斯大林说："在反法西斯特别是德国法西斯的战争中，苏联人民做出了巨大贡献，单独与德军抗衡了两年之久，死亡人的人数超过了两千万，这是一个多么庞大的数字啊。我认为德国的赔款总数不应该低于200亿美元，其中一半应该归苏联所有。如果德国没有能力偿还，可以用实物抵偿，如粮食、工厂、矿山等。"

丘吉尔对斯大林关于赔款问题的这一提议表示了反对："我认为巨大数额的赔款只会招致更大的麻烦，'一战'后的德国就是个典型例子。"但是，在斯大林的坚持下，罗斯福和丘吉尔最后还是同意了这一赔款方案。

雅尔塔会议中，由于本身的实力和在打败法西斯中的作用，美、苏成为大会的主宰，英国则不得不处于陪衬地位。在讨论对日作战的问题时，斯大林和罗斯福并没有邀请丘吉尔参加，而是用私人讨论的形式完成的，他们无视中国主权，把中国权益当作交易的筹码。斯大林同意德国战败后两三个月内对日作战，罗斯福也保证战后苏联收回对库页岛南半部和千岛群岛的主权，并允许旅顺由苏联控制，甚至同意苏联人在"满洲"得到特权以及外蒙独立等。雅尔塔会议虽然争执四起，但也基本解决了战后德国的处理问题，并划定了波兰的疆界。

雅尔塔会议对战后世界格局的形成和发展产生了重大的影响。

攻克柏林

1945年初，德国法西斯的失败已成定局。4月16日，苏军元帅朱可夫到达库斯特林附近奥得河岸的第8司令部。凌晨5时，朱可夫下达了进攻德国首都柏林的命令。

得到元帅下达的命令，苏军的几千门大炮齐吼起来。此时的德国已经没有还击之力，经过半个小时的轰击，敌军阵地上先前的几声抵抗的枪声消失了，变得死一般的沉寂。

突然，数千枚信号弹升上了天空，燃起了五彩缤纷的火花。顿时，地面上的140多部强力探照灯齐放光芒，一同照向德军阵地。在探照灯的指引下，苏联红军的步兵在坦克的协同下向柏林发起了冲锋。与此同时，苏联的轰炸机也对德军阵地进行了轮番轰炸。苏军很快突破了敌人的第一道防线，但是，在进抵德军的第二道防线时，苏军却遇到了阻碍。尽管朱可夫一而再、再而三地集结大量兵力和坦克进攻第二道防线——泽劳弗高地，却屡屡失败。

攻克柏林——苏联红军将自己的旗帜插在了柏林的废墟之上。

斯大林在得知苏军进展缓慢时，忙致电朱可夫，协助他调整了战略部署。终于，苏军攻占了泽劳弗高地。

4月25日，苏联红军完成了对柏林的包围，并与美、英联军会师，随即红军突入市区，开始了激烈的巷战。

但是，苏军对胜利即将到来的憧憬又一次落空了。在柏林城高大的砖砌楼房和各类建筑物之间，残酷的最后战争开始了。苏联人的坦克开进了柏林，这些坦克对摧毁德军工事的确起到了很大作用，但是，在狭窄的市区，这些重型武器就显得笨拙多了。在苏联红军"像辛勤园丁在花园里洒水般"倾泻炮弹的时候，德国士兵已经躲到了地下室里。而炮击一停止，他们就会爬到地面上，依托每一条街道和每一座楼房向苏军射击。在碎石垃圾成堆的柏林街道里，只要有一辆苏联坦克被击中，道路就会被堵塞，这时，德国人会用反坦克火箭弹逐个从侧面消灭敌人。德国人利用机动兵力，往往出现在苏军的背后给苏军以意想不到的打击。

但是，德国法西斯毕竟已经成了强弩之末，再多的抵抗也只不过是垂死挣扎而已。

27日，柏林的争夺战已经向市中心一带转移。在隆隆的炮声中，柏林总理府已经是一片废墟。希特勒再也没有了以前的嚣张气焰，此时的他已经成了孤家寡人，几天前，他的得力助手、空军总司令戈林挟大量的金银财宝逃到了萨尔斯堡，并声称接管帝国的全部领导权。

"快来柏林解围，你们难道没有听说苏军已经到了柏林了吗？海因里希和温克的军队都在哪里？"希特勒在离地面几十米的地下室里对着话筒狂叫着，他哪里知道，他所求助的这些部队早已经被苏联红军消灭了，柏林之围是解不了了。

易北河会师

直到"二战"进入到最后一年，苏联军队和美、英军队均在各自的战场上作战，没有碰面的机会。但是在进入德国本土之后，双方就开始准备会师了。1945年4月25日，美国第一军的一个侦察小分队和苏联第一军的先头部队在德国易北河的一座小桥上相遇，双方士兵的手紧紧握在了一起。它标志着盟军的两支主要军事力量会合在了一起，将德军拦腰截断，希特勒的覆亡之日不远了。

又打了几个没头没脑的电话后，希特勒已经筋疲力尽，他躺在沙发上，想休息一会儿，但从地面上传来的轰鸣声却使他更加烦躁不安。

头顶上的炮弹声越来越近了，夹杂着坦克碾过地面的声音。

"看来我的末日是临近了。"希特勒默默地对自己说。

坐在沙发上，他眼前浮现出墨索里尼被暴尸街头的场面，不由得打了个寒战。他转身对卫队长格林说："我和爱娃将会在这里自杀。你去准备两条羊毛毯子和足够焚烧两具尸体的汽油。我们死后，你把我们裹着抬到花园里烧掉……"格林吓了一跳，而希特勒却是相当平静。

4月29日，希特勒命人把还留在柏林的德国官员请到总理府的地下室，虽然来的人寥寥无几，但他还是摆出一副非常庄重的表情。

"很高兴各位能在大敌当前来到这里，今天我有两件事宣布。一是，海军元帅邓尼茨将完成我没有完成的任务，二是我的私事，我将与爱娃在今天夜里举行婚礼。"爱娃是希特勒的情妇。

当天夜里，希特勒与爱娃的婚礼在地下室的地图室举行，柏林市政府参议员瓦格纳主持了婚礼。

4月30日，希特勒坐在总理办公室的沙发上，爱娃蜷缩在他的脚边。他环视着四周，看了爱娃最后一眼，然后拿起预先准备好的手枪朝着自己的右太阳穴开了一枪。希特勒死后，爱娃也挣扎了片刻就停止了呼吸，她早已经服下了剧毒药品氰化钾。

也就在这一天，苏军攻占了德国国会大厦。5月2日，苏军占领了整个柏林。

第一颗原子弹

1939年8月的一天，一封由著名科学家爱因斯坦签名的信放在了美国总统罗斯福的办公室桌上：

"总统阁下：

我读到了费米和西拉德近来的研究工作手稿。这使我预计到，元素铀在最近的将来，将成为一种新的、重要的能源……

为此，我建议……和有关人士及企业界实验室建立接触，来促使实验工作加速进行……

据我所知，目前德国已停止出售它侵占的捷克铀矿的矿石。如果注意到德国外交部次长的儿子在柏林威廉皇帝研究所工作，该所目前正在进行和美国相同的对铀的研究，就不难理解德国何以会有此举了。"

罗斯福坐在轮椅上，默默地读完了这封信，开始了激烈的思想斗争：爱因斯坦是个正直的科学家，由于纳粹的迫害，爱因斯坦和一批科学家逃离德国迁居美国。1939年夏，有消息称德国正在进行一项秘密工程，即试图利用原子科学的成果，制造一种毁灭性很强的新式武器，万一德国法西斯抢先制造出原子弹，人类的命运将不堪设想。但是，这种谁也没有见过的原子弹是否真的能制造出来呢？如果美国要赶在德国之前制造出这种武器，那经费从哪里来呢？如果不慎爆炸怎么办？

罗斯福想了许久，还是理不出头绪来。

"您是否还记得，拿破仑就是因为没有采用富尔顿利用蒸汽船的建议而未能横渡英吉利海峡的。而一旦德国的研制成功，美国将会是第一批受害者。"罗斯福的科学顾问萨克斯及时提醒了他。

为了慎重起见，罗斯福与美国一些官员进行了反复地研究。

10月19日，罗斯福终于对爱因斯坦的信做了肯定的回答。按照罗斯福的指令，一个以"S-11"为代号的特别委员会成立了，这个委员会将负责核试验的研究。

1941年12月6日，美国成立了一个庞大的工程机构——曼哈顿工程管理处，它的使命就是负责设计制造原子弹。与此同时，纳粹德国也在加紧研究制造原子弹。为了不让德国制造成原子弹，英美两国想尽了一切办法来爆毁挪威的重水工厂，以切断德国的重水来源。第一次突击失败以后，英国突击队又在1943年2月17日进行了第二次突击，这就是著名的"重水之战"。这次爆破的胜利，使纳粹德国丧失了建立原子反应堆必不可少的重水，制造原子弹的计划不得不向后推迟。

1942年8月，美国陆军工程兵团建筑部副主任格罗夫斯将军主持了"S-11"委员会家、高级管理人员会议，制订了一个名为"曼哈顿"的新计划。"曼哈顿"计划规定，研究工作所有指挥权都集中在曼哈顿工程管理处，设在新墨西哥州荒原上的原子实验室由著名科学家罗伯特·奥本海姆主持，奥本海姆则每天都与坐镇华盛顿"曼哈顿"总部的格罗夫斯将军汇报情况。这项工作具有高度保密性，就连副总统杜鲁门也是在1945年4月，罗斯福去世后接任总统时才知道这一机密的。

为了能抢在德国人之前造出第一颗原子弹，美国还向欧洲战场派出了名叫"阿尔索斯"的行动小组，专门搜捕德国科学家和收集德国制造原子弹的情报。

1945年7月16日凌晨，美国新墨西哥州阿拉英戈多沙漠里正在进行着试验原子弹的准备工作。5点30分，随着一声巨响，一团巨大的火球从地面升腾而起，窜

1945年8月9日，随着日本长崎上空升起的蘑菇云，日本政府在几天后宣布无条件投降。

上 8000 米的高空。火球升起的一刹那，沙漠上尘土飞扬，大地被震得颤动起来。美国政府集资 25 亿美元，动用 40 万科技人员和工人，经过 3 年研制出来的世界上第一颗原子弹终于爆炸成功了。

第一批原子弹共有 3 颗，被试验爆炸的一颗命名为"瘦子"，另外两颗被命名为"胖子"和"小男孩"。

第一颗原子弹爆炸成功的时候，杜鲁门正在德国波茨坦参加会议。为了对付日本和抑制苏联，杜鲁门在 8 月 2 日的回国途中决定对日本投掷原子弹。

8 月 6 日和 8 日，美军先后在日本的广岛和长崎投下了两颗原子弹，加速了日本投降的进程。

日本投降

1945 年 7 月 26 日，中、美、英三国发表了《波茨坦公告》，公告的主要内容是督促日本必须立即无条件投降。

8 月 6 日，美军第 509 混合大队奉命向日本广岛投掷了一颗原子弹，原子弹爆炸的威力造成了广岛 6 万多建筑物被毁，9 万多人死亡，3.7 万多人负伤，13 万人患上了放射病。第二天，美国总统杜鲁门向全世界发表声明，敦促日本政府赶快投降，否则就将遭到"来自空中的毁灭"。在美国广播之后，日本的海军统帅部才接到设在广岛的日本第二军总司令部的报告："美军使用了一种破坏力极强的炸弹，据推断可能是原子弹。"但是，广岛的悲剧并没有使日本立即同意接受《波茨坦公告》的最后通牒，而是把希望寄托在苏联的调停上。

8 月 9 日，苏联出兵中国东北，盘踞在此的关东军土崩瓦解。同时，美国又在长崎投下了第二颗原子弹，长崎全城的 27 万人中，有 6 万在当日就死去了。中国共产党主席毛泽东发表了《对日寇的最后一战》的声明，由中国共产党领导的新四军、八路军向日寇展开了大反攻。朝鲜、越南、菲律宾、马来亚、泰国、印度尼西亚等许多国家的军民也对日军发起了最后反攻，日本侵略者被打得焦头烂额。

就在日本法西斯四面楚歌、陷入绝境之际，一群日本军政要人聚集在防空洞里就是否接受《波茨坦公告》展开了激烈的争论。

"盟国正在督促我国投降，我想听听大家的意见。"铃木首相一副疲惫的样子，把身子靠在沙发上，等着听其他军政要人的意见。

1945 年 8 月 9 日，日本天皇裕仁召开御前会议，10 日决定接受《波茨坦公告》。8 月 15 日，日本宣布无条件投降。

《波茨坦公告》

1945年7月26日，中、美、英三国在波茨坦会议期间联合发表了《波茨坦公告》，苏联于8月8日加入。公告敦促日本尽快无条件投降，永久铲除日本军国主义，归还所有侵占的领土并将战犯交给盟国审判，战后不准日本保留可以发展武装重工业的产业。《波茨坦公告》发表后，盟军飞机空投了数百万份给日本人民，期望日本可以投降。但是顽固的日本军国主义者却对此置之不理，并将武器发给本土人民，拼凑出了一支720万人的乌合之众，叫嚣"一亿玉碎"。经过盟军参谋部的推测，如果进攻日本本土的话，盟军可能会蒙受多达200万人的伤亡，为了加快战争结束进程和减少盟军伤亡，美国最终使用了原子弹。

"从现在的情况来看，我们只能投降了，我想盟国会同意我们维护国体、保存天皇制度的。"外相东乡茂德垂头丧气地说，显然，他已经没有其他的办法了。

海军司令部总长丰田副武似乎有些不甘心："投降可以，但除了维护国体外，盟国还必须答应我们三个条件：我们要自行处理战犯，自主地解除武装，最重要的是我们不能让盟国占领日本本土。"

"大日本帝国怎么能无条件投降呢？不如我们实行本土决战，说不定我们可以击退敌军呢。"陆相阿南惟几一直是个顽固的抵抗派。

在争论半天毫无结果的情况下，铃木首相决定上奏天皇。此时的天皇裕仁早已经没有刚开战时的锐气，他有气无力地说："这几天的情况大家也看到了，即使我们有足够的精神去重新投入战争，但胜利的希望已经没有了。依我看，还是接受《波茨坦公告》吧。"

8月10日，日本接受《波茨坦公告》的广播传到美国，美国总统杜鲁门征询了英、苏、中三方的意见，向日本政府发出了一道复文："自投降之时起，日本天皇必须听命于美国最高司令官……日本政府之最后形式，将依日本人民自身表示之意愿确定之。"

两天后，美国飞机越过太平洋飞抵日本东京上空，从飞机上向下散发日语传单，其中包括日本政府接受《波茨坦公告》的电文和同盟国复文。8月14日，日本又召开了御前会议。会上，陆相阿南惟几再恳请天皇向盟国提出照会：如果盟国不允许保护天皇制，那日本只有背水一战。阿南惟几的请求并没有使天皇无条件投降的决心改变，天皇不但下令起草了无条件投降的诏书，还将诏书录了音。阿南惟几声泪俱下地离开了会场。

8月15日，日本天皇以广播"停战诏书"的形式，向盟国宣布无条件投降。28日，美国空军在东京降落，接着，大批的盟军在日本登陆。

9月2日，是日本向盟国举行签降仪式的日子。这天上午，停泊在东京湾的美国战列舰"密苏里"号见证了这一历史性的时刻。日本新任外相重光葵和参谋总长梅津美治郎首先在投降书上签了字，接着，同盟国代表、盟军最高统帅麦克阿瑟，美国代表尼米兹，中国代表徐永昌，英国代表福莱塞，苏联代表杰列维亚科等也依次在投降书上签了字。

至此，日本帝国主义15年的侵略战争以彻底失败告终。

纽伦堡审判和东京审判

"二战"后，如何处理战败的德国和日本的问题，成为国际关系中一个重要的问题。为了彻底肃清法西斯势力，实现民主化和非军国主义化，防止军国主义和法西斯主义死灰复燃，维护世界和平，盟国对德、日法西斯战犯进行了审判，这就是纽伦堡审判和东京审判。

1943年10月，苏、美、英三国莫斯科宣言规定，战争结束后，将对战争罪犯进行审判。1945年8月，上述三国和法国在伦敦签订协定，拟定欧洲国际军事法庭宪章，规定由四国指派检察官组成委员会进行起诉，由四国指派的法官组成国际军事法庭进行审判。1945年10月18日，国际军事法庭第一次审判在柏林举行。从11月20日开始，审判移至德国南部城市纽伦堡举行，至1946年10月1日结束，历时近一年。包括纳粹第二、三号人物戈林、赫斯和外长里宾特洛甫在内的20多名战犯被提起公诉。法庭进行了403次公审，以大量确凿的证据揭露了德国法西斯的种种滔天罪行。法庭根据四条罪行对战犯进行起诉和定罪：策划、准备、发动、进行战争罪；参与实施战争的共同计划罪；战争罪（指违反战争法规或战争惯例）；违反人道罪（指对平民的屠杀、灭绝和奴役等）。前两条合起来称为破坏和平罪。1946年10月1日，法庭做出了最后判决，判处戈林等12人绞刑，3人无期徒刑，4人有期徒刑。

死刑判决于1946年10月16日执行，戈林在处决前一天服毒自杀。与此同时，法庭还宣布了4个犯罪组织，它们是：纳粹党领导机构、秘密警察（盖世太保）、保安处和党卫队。对这几个犯罪组织的成员，各国可以判以参与犯罪组织罪直接判处死刑。此后，在美、英、法、苏各个占领区以及后来的联邦德国和民主德国各法庭，又对众多的战争期间的犯罪分子进行了后续审判，他们大多是法西斯医生、法官、工业家、外交人员、国防军最高司令部人员、军事骨干以及党卫军高级干部等。

纽伦堡审判基本上是一次公正的审判，是人类有史以来对侵略战争发动者的第一次法律制裁，有利于防止历史悲剧的重演。它为以后对破坏和平罪的审判奠定了基础，标志着国际法的重大发展。

在第二次世界大战进行之时，盟国就认为，日本战犯也应受到与德国战犯同样的处理。1945年12月16日至26日，苏、美、英外长决定实施《波茨坦公告》中的日本投降条文，包括惩办日本战犯。根据《波茨坦公告》、日本投降书、盟国的《特别通告》以及《远东国际军事法庭宪章》，盟国决定在东京设立法庭审判日本战犯。

根据宪章规定，法庭将审判及惩罚被控以个人身份或团体成员身份犯有以下三种罪行的战犯：破坏和平罪（策划、准备、发动或进行侵略战争）；战争罪（违反战争法规或战争惯例）；违反人道罪（对平民进行杀害、奴役和放逐，或以政治、种族和宗教为理由对平民进行迫害的行为）。盟军最高统帅麦克阿瑟于1946年2月18日任命澳大利亚的韦伯为首席法官，中国、苏联、美国、英国、法国、荷兰、菲律宾、加拿大、新西兰和印度10国各派一名代表为法官，美国的约瑟夫·B.凯南为首席检察官。

战后的纽伦堡审判

1946年4月29日，东条英机等28名战犯正式被起诉。1946年5月3日，远东国际军事法庭正式开庭。首席检察官历数了28名战犯在战争中的罪行，列举了55项罪状，指控他们犯有破坏和平罪、战争罪、违反人道罪。

1948年11月4日，法庭宣读判决书，对25名出庭战犯判决如下：判处东条英机等7人绞刑；16人被判处无期徒刑；其余判处有期徒刑。

1948年11月12日，远东国际军事法庭闭庭。1948年12月23日，东条英机等7名战犯在东京巢鸭监狱被绞死，尸体被火化。其余战犯入狱服刑。

对日本战犯做出的严正判决，受到了世界舆论的欢迎。这次审判，使全世界人民进一步了解了日本帝国主义从"九一八事变"到太平洋战争期间的侵略真相和罪恶的事实，是对日本法西斯分子的一次全面清算和重大打击。但是，一些应该受到审判的战犯并未成为被告，一些罪大恶极的战犯并未受到严惩，给深受其害的各国人民留下了不良的印象。

联合国的成立

1945年4月25日，美国旧金山市中心的大歌剧院里一片沸腾，来自世界各国的人们兴奋地谈论着即将开幕的大会。是什么重要的大会让世界各国的人们聚集到了一起呢？原来，今天在这里举行的大会将要讨论联合国的成立，并制定《联合国宪章》。

下午4点左右，美、中、英、苏4个发起国和其他国家的代表先后走入歌剧院。紧接着，1800多名各国记者也进入会场，他们将成为这一历史性时刻的见证人。

联合国是在第二次世界大战期间开始筹备创立的，它是世界人民渴望和平的产物。第二次世界大战的战火燃烧到世界60多个国家和地区，有近20亿人被卷入战争，其中有5000万人死亡，全部交战国直接战费总额计11540亿美元。蒙受战争苦难的世界各国人民是多么渴望实现持久的和平啊。早在1941年英美两国发表的《大西洋宪章》里，两国首脑就提出了要在战争结束后建立一个"广泛而永久的普遍安全制度"，道出了饱受战争之苦的人们的心声。

1943年10月，中、美、英、苏代表在莫斯科举行会议，并签订了《四国关于普遍安全的宣言》，这是呼吁建立国际安全机构的开端。

1943年11月的开罗会议中，中、美、英三国代表商讨了战胜日本及战后的共同策略。不久，美、英、苏又在德黑兰举行会议，在这次会议期间，罗斯福与斯大林提出了战后成立联合国的建议，但这次会议并没有提出建立联合国的各个细节，这些细节是在一年后提出来的。1944年8月至10月，苏、美、英三国代表和中、美、英三国代表分别举行会议，讨论并拟定了《关于建立普遍性国际组织建议》，它规定了联合国的宗旨、原则和各机构的组成。

尽管世界各国在维护世界和平方面的宗旨一致，但却也存在着很大的分歧，尤其是美国和苏联。作为两种社会制度的代表，美国和苏联永远都是针锋相对。美国的目标是想建立一个战后世界各国的协调机构，而苏联却以防止德、日法西斯侵略力量的再起为目标。此外，苏联代表提出的苏、美、中、英、法五大国享有否决权的问题也遭到了美、英的反对。

在1945年2月召开的雅尔塔会议上，罗斯福和丘吉尔终于与斯大林达成了协议，接受了苏联关于联合国的组织方案，同意五大国拥有否决权，并把乌克兰和白俄罗斯列为联合国会员国。于是，几个大国才在举行制定联合国宪章的会议问题上取得了一致意见，并决定"制宪会议"在旧金山召开。

参加"制宪会议"的中国代表是宋子文，当宋子文带领中国代表团成员步入旧金山歌剧院时，早已经在剧场外等候的华侨们激动地跑上前去向代表们献花，并高呼着"中国，中国！"几个月后，当日本法西斯在投降书上签字的时候，世界各地的中国人的喜悦更是无以言表。

大会的开幕式上，美国代表发表了简短的讲话，接着是新继任的美国总统杜鲁门的讲话，杜鲁门在讲话中强调了联合国对世界和平与人类发展的意义，并一再强调"和平"与"合作"是此次大会的两大主题。开幕式洋溢在一种和谐友好的气氛中。

"制宪会议"持续了整整两个月，这时的会员国已增至到51个。各国代表都先后在大会上发了言，研讨了会议的组织工作，并确定了英、俄、法、汉和西班牙语为大会正式工作语言。6月26日，大会一致通过了《联合国宪章》，51个国家的代表在《联合国宪章》上签了字。宋子文和胡适因病缺席，所以中国只有8名代表签了字，其中包括中国共产党的代表董必武。为了纪念《联合国宪章》的签订，6月26日这天又被称为"宪章日"。

1945年10月24日，联合国正式宣布成立，并把总部设在美国东海岸纽约市的曼哈顿区。

联合国总部大楼

冷战时期

"二战"结束后,美苏双方冲突不断,美国为了争夺世界霸权,于1947年推出了"杜鲁门主义",标志着"冷战"的开始。为了进一步控制欧洲,1949年,在美国的主导下,成立了北大西洋公约组织。1955年,苏联与一些东欧国家建立了华沙条约组织。这两大集团在欧洲尖锐对立。"二战"后,美国处于鼎盛时期,四处插手,干涉别国事务。20世纪50年代,美国卷入了朝鲜战争;20世纪60年代到70年代初,美国又发动了越南战争,但惨败而归。

丘吉尔的"铁幕"演说

1946年3月,美国密苏里州富尔敦城里的威斯敏斯特学院热闹非凡。学院门口车水马龙,院内的草坪上密密麻麻地排列着座椅,3000多名观众陆陆续续地进场,并不断地兴奋高昂地讨论着。原来,英国前首相丘吉尔将在这里进行一次演讲。

在众目睽睽之下,美国总统杜鲁门走上了讲台,他首先对丘吉尔来美访问致了欢迎辞。紧接着,丘吉尔在一片掌声中迈着稳健的步子走上了讲台,他满面微笑,向听众们挥动着手里白色的礼帽,发表了题为《和平砥柱》的演讲。

1946年3月,丘吉尔在杜鲁门陪同下,在富尔敦的威斯敏斯特学院发表了著名的"铁幕"演说。

在演讲中,丘吉尔首先对美国进行了吹捧,称其为"正高踞在世界权力的顶峰",随即话锋一转,提醒听众新的战争和暴政正日益威胁着世界,而根源就是苏联和国际共产主义运动。为了表示他本人对世界和平的担忧,丘吉尔沉默了许久,然后带着激动的声音说道:"从波罗的海边的海斯德丁到亚得里亚海边的的里雅斯特,已经拉下了一张巨大的铁幕。这张铁幕后面坐落着中欧、东欧古老国家的城市——华沙、柏林、布达佩斯、布拉格、维也纳、贝尔格莱德、布加勒斯特等。这些著名的都市和居民都处于苏联势力范围之内了。这些都市不是以这样就是以那样的形式屈服于苏联的势力范围,而且越来越强烈地受到来自莫斯科的高压控制。

"在这张铁幕外面,共产党的'第五纵队'遍布各国,刚被盟国的胜利照亮的大地,又被罩上了阴影,到处构成对基督教文明的日益严重的挑衅和危险。没有人知道,苏联和它的共产主义国际组织打算在将来干些什么……

"如果我们不趁现在还来得及的时候正视这些事实,而任苏联继续扩大它的势力范围,那么我们的危险会越来越大,所以,现在是我们该做出决定的时候了……"

丘吉尔呼吁英美联合起来,建立"特殊关系",推动西方民主国家"团结一致"。并建议在军事上"继续保持密切的联系,以便共同研究潜在的危险",用实力反

冷战

"冷战"一词最早由美国议员伯纳德·巴鲁克提出,指的是国际间进行的除战争之外的所有敌对形式,又称"没有硝烟的战争"。1946年丘吉尔的"铁幕"演说和1947年杜鲁门的国情咨文标志着西方国家冷战政策和美苏之间冷战的开始。目前冷战特指从20世纪40年代末到90年代初这段时间,资本主义国家和社会主义国家之间的敌对形式,表现为组织军事集团、进行军备竞赛、破坏国与国之间的正常经济关系并干涉他国内政、在国内镇压共产党等进步组织。1991年底,苏联解体,冷战彻底结束,世界由两极格局转变为多极格局。

对苏联。

坐在台下的杜鲁门带头鼓起了掌，他与丘吉尔的想法是非常一致的。自从他接任总统后，马上就表示要对苏联采取强硬政策。尤其是日本投降后，他公开宣称"已厌倦了笼络苏联人"，开始推行一种以苏联为主要对手，以欧洲为重点，以谋求世界霸权为目标的战略。而苏联也不甘示弱，在波兰、罗马尼亚、匈牙利、保加利亚等国建立了人民民主政权，同美国进行直接对峙。1946年2月9日，斯大林发表演说时指出"战争是现代垄断资本主义发展的必然结果"。杜鲁门正为找不到反击苏联的理由而苦恼，于是，马上把这篇演说污蔑为"第三次世界大战的宣言"，并表示赞成美国驻苏联大使馆代办乔治·凯南提出的必须对苏联采取"遏制"政策的建议。

当时国际国内舆论对苏联普遍持有好感，如果一意孤行对苏联采取"遏制"政策，肯定会招来不必要的麻烦，于是，杜鲁门开始寻找志同道合的反共斗士，他首先把目标锁定在英国前首相丘吉尔身上。

丘吉尔发表如此言辞激烈的演说也并非是一时心血来潮，而是当时国际形势与英国的利益、自身的反共情结使然。"二战"后，昔日的日不落帝国风光不再，沦为二流强国，美、苏转而成为世界一流强国，美国始终是维护资本主义国家利益的，就算它在全世界发号施令，英国也还能接受，而作为社会主义国家代表的苏联却也位居其上，很是让英国不服气。于是，丘吉尔在杜鲁门的邀请下欣然来到美国访问，并发表了旨在反苏反共的这一演讲。

丘吉尔的"铁幕"演说是第二次世界大战之后西方政界一位最有身份的人对苏联进行的最公开、最大胆的指责，也是美国统治当局借别人之口发出的对以苏联为首的社会主义阵营开始"冷战"的最初信号。1947年3月12日，美国提出了要求遏制苏联和共产主义的杜鲁门主义，冷战正式开始。

"铁幕"一词不是丘吉尔的首创，但自从丘吉尔这次演说后，"铁幕"便成为了战后国际关系中有关东西方对抗的专有名词。

欧洲复兴计划

每年的哈佛大学毕业典礼上，都会有一位政界要人或是工商巨子来到学校对即将离开学校的学子们发表演讲。1947年6月5日，又是哈佛每年一度的毕业典礼的日子，今年请来的知名人士会是谁呢？

随着学生们的一片喧哗声，美国国务卿乔治·马歇尔走上了讲台，他频频挥手，向台下的同学们致意，然后用他富有感染力的声音开始了演讲。在这次演讲中，马歇尔描绘了欧洲

美国国务卿马歇尔

杜鲁门主义

1947年3月12日，杜鲁门在向国会提交的咨文中提到要将遏制共产主义作为国家的政治意识形态和外交指导思想，该咨文被称为"杜鲁门主义"。杜鲁门在咨文中宣称世界已经被分成两大部分——极权政体和自由国家，每个国家都面临着这两个选择。而美国要做的是承担起自由世界抗拒共产主义渗透的使命，实际上就是为了控制资本主义世界，遏制社会主义。他认为，目前希腊和土耳其的民族解放运动会危害自由国家的安全，如果不把它们拉到自己这边来，很可能会危及整个中东地区以至于西方，这就是多米诺骨牌的早期理论。杜鲁门主义和马歇尔计划共同组成当时美国的对外政策，这是美国第一次将冷战作为国策，此后杜鲁门主义支配美国外交达25年之久。

面临的困难局面，提出了美国对欧洲进行援助的计划，即"欧洲复兴计划"。马歇尔说："在以后的几年中，欧洲的需要大大超过了它的支持能力，而美国应尽最大努力帮助恢复世界正常的经济繁荣……我们的目的就是恢复世界上行之有效的经济制度，从而使自由制度赖以生存的政治和社会条件能够出现……"

马歇尔用15分钟就把这一计划叙述得淋漓尽致，他非常投入，台下的学生们也听得入了神。其实，马歇尔计划并不是他心血来潮的结果，而是当时美国对外政策的一个重要组成部分，也是自杜鲁门主义出笼以来的第一次大规模运用。

第二次世界大战期间，美国已经开始扮演世界领袖的角色，企图充当未来世界的霸主。由于美国在战争中本土没有受到攻击，工业基础未遭到破坏，生产力继续提高，而且美国在战争中大发战争财，使其战后成为西方最强大的国家。美国一方面为英、法、德等资本主义殖民国家的没落而暗自高兴，一边又怕动荡不安的西欧落入到当时以苏联为首的社会主义阵营的势力范围当中。于是，美国政府认为在经济、政治、军事上全面控制西欧的时机到来了，而必须找一个时机恰如其分地抛出所谓的"欧洲复兴计划"，以作为美国全面控制西欧、抗衡苏联、充当霸主的战略的一个部分。哈佛大学是世界上知名学府，在这个学府发表演讲就是美国政府认为最恰当的时机。

"欧洲复兴计划"虽然是马歇尔正式提出来的，但在马歇尔提出之前，美国政府早已经把这一计划的雏形进行了多次宣传。

1947年2月22日，马歇尔刚刚上任，便在普林斯顿大学发表了对外政策演说，强调鉴于西欧各国经济处于困难，美国应给予各国强有力的援助。3月6日，美国总统杜鲁门在得克萨斯州贝纳大学发表演说时，声称美国将决定世界经济关系的格局，进一步明确表现出了美国称霸世界的野心。5月8日，受杜鲁门的委托，美国副国务卿艾奇逊在克利夫兰一个集会上发表了对外政策演说，强调欧洲重建要作为一个整体来考虑，要通过贷款或赠予方式解决，以此来保持欧洲的繁荣。艾奇逊的演说其实是马歇尔这次"欧洲复兴计划"的序幕。

马歇尔在哈佛大学的演讲刚一发表，立即在世界范围内引起关注。英、法两国率先响应，6月17日至18日，英、法就"欧洲复兴计划"问题在巴黎举行会谈，19日两国发表公报，对这一计划表示欢迎，并按照美国政府的意思，邀请苏联外长莫洛托夫前来参加讨论。6月27日，苏联派遣了庞大的代表团参加了在巴黎召开的讨论"欧洲复兴计划"的会议。英、法建议欧洲各国就各自的经济资源提出报告，然后拟出欧洲国家统一的经济复兴大纲，这一要求遭到了苏联代表的拒绝。7月2日，莫洛托夫发表声明表示欢迎基于民主的国际合作，但谴责西方各国的做法将导致某些国家对另一些国家内部事务的干涉，并宣布退出会谈。7月12日，英、法等西欧16国在巴黎继续举行会议，决定成立"欧洲经济合作委员会"。实际上，"欧洲复兴计划"应该叫作"西欧复兴计划"。

"欧洲复兴计划"在西欧得到热烈欢迎后，美国加紧将该计划的各项准备工作予以落实。首先，成立了直属总统的对外援助委员会，并制定了具体的方针、政策。作为复兴欧洲的有机组成部分，美国于6月20日给予希腊3亿美元援助，8月14日停止对意大利在美财产的冻结，等等。

1948年4月3日，杜鲁门正式签署了国会通过的《对外援助法》。该法案规定各个参加"欧洲复兴计划"的受援国必须与美国就援助条件签订双边条约，并相对削减同社会主义国家的贸易额。为此，美国还特别成立了经济合作署，开始正式实施"欧洲复兴计划"。

1951年12月31日，"欧洲复兴计划"执行完毕。在这一计划中，美国共向西欧各国援助了131.5亿美元，欧洲16个受援国分别都不同程度地获得了援助。

"欧洲复兴计划"稳定了资本主义社会的秩序，推动了欧洲经济的一体化。然而，让美国始料不及的是，这一计划不但没有遏制住苏联，反而进一步加剧了冷战。

柏林危机

1948年2月，美、英、法、荷、比利时、卢森堡6国在伦敦召开外长级会议。在这次会议上，美国代表提议在德国西方占领区建立德意志国家。由于美国在德国问题上的主导地位，他的这一主张得到了其他5国的赞同。这次会议完全是在美国的操控之下进行的，持续了近4个月。6月7日，伦敦会议才告一段落，参会的国家在会后发表公告，决定在德国西区拟定"基本法"，召开"制宪会议"，把美、英、法等国的占领区合并成统一的德意志国家，在建立的"西德"进行币制改革，"西德"的工业生产由6国组成的国际管理机构进行管理，等等。伦敦会议为什么没有苏联参加呢？原来，

拆除柏林墙
1989年，随着国际形势的改变，柏林墙被拆除。

美国召开这次伦敦会议的主要目的就是想排斥苏联在德国问题上的发言权,试图单独解决德国问题,在德国西部建立一个国家,以此为反苏的前沿阵地。

在"二战"前夕的雅尔塔会议和波茨坦会议上,众参会国达成了在战争结束后由苏、美、英、法4国分管德国的协议。德国投降后,苏、美、英、法将德国领土分区占领:苏联占据东区,英国占据西北区,美国占据西南区,法国占据西区,而首都柏林由4个国家共同管理。1945年以后,4国曾举行过数次外长会议。但是,4国在各自的占领区内实行军事管制,只按照本国政府的政策行事,对本国政府负责,所以各国之间出现的分歧越来越多,很难就同一个问题取得一致的意见,这就使得盟国管制委员会形同虚设。

1946年底,美、英签订了双方对德国占领区合并的协定。第二年初,苏、美、英、法4国外长在莫斯科讨论德国问题,苏联代表在会上提出的建立德国临时中央政府的主张遭到了其他3国的反对。同一年,美国开始推行杜鲁门主义和马歇尔计划,加紧了对西欧的控制。尤其是在1948年的伦敦会议之后,美国蓄意分裂德国的意图越来越明显。

1948年3月20日,对美国行为极度不满的苏联宣布退出盟国管制委员会。6月19日,苏联针对美国宣布将于20日在德国西区进行币制改革的消息发表了政府声明,指出柏林是苏占区的一部分,并警告西方国家,如果其对苏占区货币流通进行破坏,苏联将采取措施加强管理,进一步控制西方国家进入柏林的通道。柏林危机由此开始。

美国把苏联的警告当作了耳旁风。6月21日,在美国的坚持下,美、英、法3国在德境西占区实行了单独的币制改革,发行了新的德国马克。苏联对美、英等国的上述活动一再提出抗议和反对,美国依然我行我素。

22日,苏、美、英、法4国代表在柏林召开会议,讨论柏林货币问题。针对德国西区的情况,苏联代表在会上宣布:苏联决定在柏林发行新货币,并拒绝了美国提出的西方3国管理柏林货币的要求。由于柏林是由4国分管的,美、苏关于柏林货币的问题一时争执不下,双方都声称有权在柏林推行新的货币政策。最后,柏林当局采取了折中方案,允许美国在西柏林执行其货币政策,在东柏林则执行苏联的货币政策。

柏林是苏联红军最先占领的,在攻克柏林的战役中,无论是从兵力还是财力上,苏联的损失都是巨大的。而用这么大代价换来的成果却白白地被美国占去了一半,苏联不能不为之恼火。24日,苏联封锁了柏林,中断了西柏林与西方占领区之间的水陆交通。美、英则对苏占区实行交通和贸易限制,并向西柏林空运物资。此时,柏林苏占区和德境西区关系非常紧张,市政管理陷入混乱之中,战争一触即发。

尽管柏林局势非常紧张,但美、苏双方都不愿最先使用武力。1949年1月31日,斯大林表示,如果美、英、法3国同意把建立单独的西德国家推迟到研究整个德国问题的外长会议召开时,苏联将会取消对柏林的交通管制。经过谈判,双方于5月12日解除了对德国各占领区和柏林之间的交通限制。双方还决定于5月23日在巴黎召开4国外长会议，继续就德国问题进行讨论。

5月23日，德意志联邦共和国在西占区宣布成立，10月7日，德意志民主共和国在苏占区也宣布成立。至此，德国被分裂成两个国家。

☀ 北大西洋公约组织

第二次世界大战结束后，以美国为首的西方资本主义国家极力遏制社会主义国家苏联。美国在欧洲复兴过程中，不断向外扩张势力。冷战开始后，国际政治出现了新一轮分化，分别形成了以美国为首的西方阵营和以苏联为首的东方阵营。自此，这两大阵营开始在政治、经济、军事和文化等方面都展开了对峙。

1948年2月，共产党掌握了捷克斯洛伐克政权，捷克政府宣布退出西方阵营，加入到东方的社会主义阵营中。以美国为首的资本主义国家被捷克的这一政变吓得惶惶不可终日，更是把苏联看成了眼中钉。英国外交大臣贝文的呼吁表现了整个资本主义社会的心声：西欧面临被苏联倾覆的危险，西欧各国应该联合起来，建立一个能保卫西欧的联盟。很快，这一呼吁便表现在了行动上。

1948年3月，美国、加拿大、英国3国代表在华盛顿举行会谈，通过了美国草拟的《五角大楼文件》。随后，英国、法国、比利时、荷兰、卢森堡5国在比利时首都布鲁塞尔签署了《经济、社会、文化合作和集体防御条约》，这一条约简称《布鲁塞尔条约》。

但是，西欧各国的不安并没有随着《布鲁塞尔条约》的签署而减轻，反而越来越重了。其实，西欧各国的担心也并不是多余的。当时，苏联与东欧已连成一片，拥有210个师的大军，而整个西欧只有14个师的兵力，其中还包括美国的两个师。西欧各国都意识到，单凭自己的这点力量是很难与苏联抗衡的，所以他们急需寻找一个能与苏联相对峙的力量加入到他们的队伍中来，而在西欧各国眼中，只有给予他们援助的美国才有这个能力。同样，美国也正寻

曾任北约第一任军方总司令的艾森豪威尔在卸职后于1953年登上美国总统的宝座，并继续扩大美国对北约的控制。

找着具有相同利益的伙伴与其联盟。1948年6月,柏林危机爆发,美国和西欧各国联合的决心更加坚定了。

1948年7月6日,美国、英国、法国、加拿大、比利时、荷兰、卢森堡7国在华盛顿举行会议,讨论建立北大西洋安全体系问题。虽然各国的最终目的一致,但他们在会议中还是为了多为己国争得一些利益而争吵不休。最后,参会各国通过了《北大西洋公约》,这一公约除了序言外,还包括14项条款。为了吸引更多的国家参加到这个公约中来,各国并没有在这一公约上签字。

1949年4月,在美国的提议下,美、英、法、意、比、荷、卢、丹、挪、加、葡和冰岛在内的12国外长在华盛顿再次集会,签订了《北大西洋公约》。公约规定:各国"进行集体防御",当一国遭到"武装进攻"时,其他缔约国应"采取视为必要之行动,包括武力之使用,协助被攻击之一国或数国以恢复并维持北大西洋区域之安全"。西方各国还根据《北大西洋公约》成立了北大西洋公约组织,该组织有统一的军队,司令部设在比利时的布鲁塞尔,首届司令官由美国将军艾森豪威尔担任。北约的最高权力机构是北约理事会,由成员国国家元首、外长或是国防部长组成。此外,北约的主要组织机构还有防务计划委员会、常设代表理事会、军事委员会、国际秘书处等。

北约是一个政治联盟,最终的目的是遏制苏联。而美国总统杜鲁门在出席签字仪式上的讲话却把这一组织的建立形容成是"一种反侵略的盾牌",甚至美其名曰"希望用它来防止第三次世界大战,如果在1914年和1939年有这样的公约存在,那么曾把世界推入两次战争浩劫的侵略行为就不会发生了"。

北大西洋公约组织成立后,西方一些国家又相继加入,其中,希腊、土耳其于1952年,联邦德国、西班牙分别于1955年、1982年加入北约。1999年,波兰、捷克、匈牙利3国也加入北约。

华沙条约组织

北约组织的成立使苏联感到自身面临着严重的威胁。1949年1月29日,苏联外交部针对美国国务院的声明进行严厉谴责,把北约称作"美国和英国统治集团推行侵略政策的主要工具"。此后,苏联在各种场合都猛烈地抨击北约组织,并向联合国大会上诉。1954年10月23日,西方国家签订了《巴黎协定》,允许联邦德国建立正规军,并加入北大西洋公约组织,公开重新武装德国。11月13日,苏联政府立即向以美国为首的西方国家发布照会,要求他们不要批准《巴黎协定》,并建议召开全欧洲会议,讨论防止德国军国主义的复活问题,但遭到西方国家拒绝。11月29日至12月2日,苏联召集阿尔巴尼亚、保加利亚、匈牙利、波兰、民主德国、捷克斯洛伐克和罗马尼亚等东欧七国政府代表在莫斯科汇聚,警告西方国家,一旦《巴黎协定》被批准,苏联与东欧国家将采取共同措施,组建联合武装。但西方国家对苏联的警告置若罔闻。1955年5月5日,《巴黎协定》正式生效。5月14日,苏联与东欧七国在波兰华沙签订了友好互助合作条约,称为《华沙条约》,简称"华约"。

华约组织具有军事同盟的性质。条约规定:当缔约国之一遇到武装威胁时,其他缔约国应采取一切必要的方式给予援助;设立统一的武装部队司令部和政治协商委员会;缔约国不参加与华约相反的任何联盟或同盟,不缔结与华约相反的任何协定。华约还欢迎一切赞同该条约的国家参加。华约组织的主要机构有政治协商委员会和联合武装部队司令部。前者由缔约国各派一名政府成员或一名特派代表参加,负责审议一切重要的政治、军事问题。从1960年以后,政治协商委员会一般由各缔约国执政党的第一书记或总书记以及政府首脑、外交部长、国防部长和华约联合武装部队总司令参加。联合武装部队司令部负责统率根据缔约国各方协议拨归其指挥的各国武装部队。上述两机构总部均设在莫斯科。

华沙条约组织的前期行动完全是在赫鲁晓夫的授意下进行的,图为1957年他出访捷克斯洛伐克时的场面。

华约的建立使东、西方最终形成了两个对立的军事集团,使两大阵营带有强烈的军事对抗色彩,从而使冷战的气氛更加凝重。

华约组织后来成为苏联控制东欧的工具。1968年8月,苏联以华沙条约组织名义,出兵侵占了捷克斯洛伐克。同年9月阿尔巴尼亚退出该组织。1990年10月,民主德国并入联邦德国,民主德国不复存在。1991年3月31日,华约组织宣布解散其军事机构,7月1日,华约6个成员国领导人在布拉格签署议定书,宣布华约结束。至此,华沙条约组织正式解散,两大阵营的对峙宣告结束。

经济互助委员会

简称经互会,1949年苏、罗、捷、保、匈、波六国在莫斯科成立的国际经济组织。此后,阿尔巴尼亚、民主德国、蒙古、古巴、越南陆续加入。经互会基本任务是:促成会员国之间经济合作;交流经济经验;相互给予技术援助;在原料、粮食、机器装备等方面相互协助。主要组织机构有经互会会议、执行委员会、常设委员会、秘书处等,还有若干专业性的经济组织。总部设在莫斯科。经互会的成立标志着欧洲经济上的分裂。其经济合作经历了进行商品交换和科技资料交换、推行生产的"国际分工"、实行"经济一体化"三个发展阶段。经互会对打破西方经济封锁、促进各成员国经济发展起到一定的积极作用,但受到苏联的控制,苏联与其他成员国之间关系不够平等。1991年随着东欧剧变、华约解散、苏联解体,经互会正式解散。

欧洲共同体

欧洲共同体是一个联合的政治和经济集团，包括欧洲煤钢共同体、欧洲经济共同体和欧洲原子能共同体，其中以欧洲经济共同体最为重要。

20世纪50年代中期，资本主义经济迅速发展，美国与西欧国家的力量对比发生了变化：西欧一些国家利用"美援"和美资，进行了大规模经济重建工作，使经济迅速恢复和发展起来，而此时美国的经济则开始衰退。

自"二战"后，美国一直把西欧作为主要销售市场，西欧国家经济恢复和发展后，力求摆脱美国控制，维护自己的市场。要实现这种目的，建立一个排他性经济集团势在必行。大垄断集团之间也相互结合，彼此渗透，建立起了一些跨国垄断组织。同时，它们也要求各国资本、劳动力和技术互相流通，打破国界，扩大市场。应这种形势的要求，欧洲共同体得以建立。

1950年5月9日，法国外长舒曼主张把法国和联邦德国的煤炭与钢铁工业置于一个"超国家"机构领导下，形成一个一体化国际组织，即建立欧洲煤钢共同体，还欢迎欧洲其他国家加入该组织。舒曼的倡议很快得到了联邦德国和西欧一些国家的响应。1951年4月18日，法国、联邦德国、意大利、荷兰、比利时、卢森堡6国外长在巴黎签订《欧洲煤钢共同体条约》，条约规定，建立6国煤钢共同市场，取消各种关税限制，调整各类煤、铁及钢的生产和销售。《欧洲煤钢共同

20世纪70年代前期，有更多的国家加入欧洲共同体。

体条约》于 1952 年 7 月 25 日生效，有效期 50 年。随着《欧洲煤钢共同体条约》的生效，欧洲煤钢共同体问世了。

欧洲煤钢共同体建立后，建立一个更为完整和广泛的经济共同体被提上了议事日程。1956 年 10 月 21 日，欧洲煤钢共同体 6 个成员国外长再一次齐聚巴黎，讨论成立"欧洲原子能共同体"和建立欧洲"共同市场"等问题。1957 年 3 月 25 日，6 国外长在意大利罗马签订《欧洲原子能共同体条约》和《欧洲经济共同体条约》。这两款条约于 1958 年 1 月 1 日生效，同时，欧洲经济共同体和欧洲原子能共同体成立。《欧洲经济共同体条约》的主要内容包括：各成员国间建立关税同盟，逐步建立起统一的对外关税率和贸易政策；制定共同竞争规则，消除各种限制和歧视竞争的协定和制度；实现共同市场内部商品、劳动力和资本的自由流通，等等。条约还规定设立欧洲投资银行，设立欧洲社会基金。

1965 年 4 月 8 日，上述 6 国在布鲁塞尔召开会议，签订了《布鲁塞尔条约》，决定将欧洲煤钢共同体、欧洲原子能共同体和欧洲经济共同体合并为统一的机构，统称欧洲共同体。

欧洲共同体的总部设在比利时首都布鲁塞尔，欧洲议会秘书处和欧洲法院设在卢森堡。欧洲共同体的主要机构有：部长理事会、欧洲理事会、欧洲议会、执行委员会、欧洲共同体法院、审计院、经济社会委员会、欧洲投资银行等。其中，部长理事会是最高的决策机构，欧洲议会是监督和咨询机构。

欧洲共同体成立后，于 1973 年接纳英国、爱尔兰、丹麦为正式成员国，1981 年和 1986 年又接纳了希腊和西班牙、葡萄牙为正式成员国，1995 年，瑞典、奥地利和芬兰也加入欧洲共同体。此后，又相继有欧洲国家加入。

欧洲共同体作为一个经济、政治实体，同世界上 130 多个国家和地区建立了正式关系。在不少国家和国际组织中派驻了代表团，各国也派遣外交官驻欧洲共同体。中国与欧洲共同体于 1983 年 11 月全面建立正式关系，并派驻了大使。

欧洲共同体已经成为当代国际关系中一支重要的经济、政治力量。欧洲共同体在实施经济一体化和政治一体化方面的主要活动包括：建立工业品关税同盟和实行统一的外贸政策，实施共同的农业政策，走向经济和货币联盟，统一对外渔业政策，统一预算，加强政治领域的合作，等等。

1993 年，《欧洲联盟条约》的签订标志着欧共体的发展进入了一个新时期，根据内外发展的需要，欧洲共同体正式易名为欧洲联盟。

日内瓦会议

1954 年 2 月 28 日，苏、美、英、法 4 国外长在柏林会议上达成协议，决定于同年 4 月在瑞士的日内瓦举行会议，主要讨论朝鲜问题和中南半岛问题。

4 月 26 日，除苏、美、英、法、中五大国的代表外，还有有关国家的代表参加。中国代表团由总理周恩来率领，日内瓦会议是中国首次以五大国之一的地位和身份参加讨论国际问题的一次重要会议。

日内瓦会议的第一项议事日程是讨论朝鲜问题。参加这次讨论的有朝鲜半岛两国、澳大利亚、加拿大、比利时、希腊、哥伦比亚、荷兰、新西兰、菲律宾、土耳其等国的代表。

1953年7月27日，随着朝鲜停战协定的签订，朝鲜战争结束了，但朝鲜问题仍悬而未决。根据停战协议的规定，停战3个月内应召开双方高一级的政治会谈，但美国政府丝毫没有解决朝鲜问题的诚意，根本不想召开政治会谈，采取一拖再拖的手法，并于12月12日宣布中断板门店会谈。即使把和平解决朝鲜问题提到了日内瓦会议上，美国还是百般阻挠。

会议一开始，朝鲜民主主义人民共和国代表提出了"恢复朝鲜统一和组织全朝鲜自由选举"的方案。韩国代表却提出"在选举前1个月，中国军队应全部撤出朝鲜，联合国军队作为监督方，则在选举和完成统一后撤退"的无理建议，美国代表马上对韩国代表的建议表示了支持。很明显，美、韩是想把整个朝鲜划归旗下，用假和平吞并朝鲜民主主义人民共和国。

周恩来代表中国同朝鲜、苏联代表团协商后指出："联合国是朝鲜战争中的交战方，不能由交战方来监督朝鲜的选举，而应该对选举进行国际监督，成立中立国监督委员会，对全朝鲜选举进行监督。"

澳大利亚、加拿大和苏联代表对周恩来的这一建议表示了赞同。但是，美国还是不甘心，纠合了属于"联合国军"一方的16个代表团于6月15日在会上宣读了"十六国宣言"，决意要破坏和谈。周恩来不肯放过一线和平解决朝鲜问题的

苏、美、英、法四国领导人在日内瓦会晤，试图解决东西方并存中所遇到的问题，但大会并没有取得实质性成果。图为与会四巨头（左起）：布尔加宁、艾森豪威尔、福尔和艾登。

希望，他又提出："日内瓦与会国家将继续努力，以期在建立统一、独立和民主的朝鲜国家的基础上达成和平解决朝鲜问题的协议……如果这样一个建议都不能被有关国家通过，那这种反和平的精神将为国际会议留下一个极不良的影响。"但是，美国还是以各种理由阻止了这一最低限度、最具有和解性的建议，致使朝鲜问题在日内瓦会议上的讨论没有取得任何结果。

日内瓦会议对朝鲜问题和中南半岛问题的讨论是交叉进行的。从5月8日起，各国代表就开始讨论中南半岛问题，参加者除五大国外，还有越南民主共和国、柬埔寨、南越、老挝的代表。

中南半岛问题主要讨论包括：停战后一段时期内为越南交战双方武装力量划分集结区，停战的监督和保证，中南半岛3国的政治前途等。越、中、苏3国代表主张印支全境停火，政治解决中南半岛问题，但法、美等国则坚持军事停火只限于越南，拒绝承认中南半岛3国的民族权利。美国的目的很明显，企图延长或扩大中南半岛战争。在这种情况下，中国代表团同苏联和越南代表团紧密合作，尽力争取与会国的多数，包括法国，集中反对美国的破坏，推动了会议的发展。

在解决老挝和柬埔寨问题上，中国代表及时折中了有关国家的意见，使与会国就两国的停战问题达成了一些协议。在解决如何划分越南交战双方的集结区问题上，中国代表团也发挥了重要作用。周恩来总理专门与越南胡志明主席和法国新总理孟戴斯·弗朗斯交换意见，进一步协调了越、中、苏的看法，打破了在划分谈判中的僵局，扫除了会议达成协议的最后也是最大的一个障碍。

7月21日，会议通过《日内瓦会议最后宣言》，签订了关于在中南半岛三国交战双方停战的协定，结束了法国在这个地区多年的殖民战争和统治，确定了中南半岛三国的民族权利。

日内瓦会议表明，国际争端是可以用和平协商的方法求得解决的，不同制度的国家是可以和平共处的。持续了8年之久的中南半岛战争通过协定停止下来是日内瓦会议的重大成就，这次会议对维护世界和平起到了巨大作用。

万隆会议

1955年4月18日，印度尼西亚的万隆沉浸在一片喜气之中。市礼堂前，一阵礼炮声过后，操着各种语言的代表们步入礼堂，举手投足之间尽是喜悦。原来，这里将举行一场国际盛会，这是历史上第一次由亚非国家自行发起召开而没有帝国主义国家参加与操纵的国际会议，这次会议由于在万隆召开，因此被称为万隆会议。

"二战"后，亚非的许多国家都摆脱了帝国主义国家的殖民统治，赢得了政治上的独立。但是，由于长期的奴役，这些国家在经济上与帝国主义存在着千丝万缕的联系。为了彻底摆脱帝国主义的控制，将命运真正掌握到自己手中，许多

周恩来总理抵达万隆时受到各界人士的热烈欢迎。

亚非国家认识到，只有制定一个针对帝国主义和殖民主义的共同纲领，才能保卫民族解放运动的胜利成果。

1954年4月，印尼总理沙斯特罗·阿米佐约在南亚5国（印尼、缅甸、印度、斯里兰卡、巴基斯坦）总理会议上提出了"举行一次更广泛的亚非国家会议的可能性"的建议，与会代表对此表示支持。此后，印尼、印度、缅甸、中国等国都为召开亚非国家代表会议做着努力。1954年6月，中国总理周恩来访问缅甸和印度时，在中印、中缅的联合声明中提出了互相尊重领土主权、互不侵犯、互不干涉、平等互利、和平共处的五项原则，并认为这五项原则同样适用于国际关系准则。12月底，南亚5国总理在印尼茂物举行会议，决定联合发起亚非会议，邀请一些新独立的亚非国家和地区参加，并把反对殖民主义、争取和保障民族独立、促进世界和平、推动亚非国家的团结与合作、维护民族自主权等作为会议宗旨。

但是，帝国主义反对势力不会轻易放弃亚非这块肥肉，他们对亚非的独立进行了阻挠。看到独立趋势不可阻挡，他们便又对亚非国家的团结进行破坏。

1955年4月15日，美国总统艾森豪威尔向亚非国家宣布，在他的建议下，美国国会将通过新的"援助"计划，妄图以经济援助为诱饵对某些参与国施加影响，但万隆会议还是如期举行了。

参加这次会议的除5个发起国和中国外，还有阿富汗、柬埔寨、老挝、约旦、苏丹、泰国、土耳其、伊朗等共计29个国家和地区的代表参加。美国虽然没有被邀，但却派遣了一个庞大的记者团参会。

印尼总统苏加诺致开幕词说："这是人类有史以来第一次有色人种的洲际会议。为了反对殖民主义和种族主义，亚非国家应该联合起来。我们并不是要建立反对其他集团的集团，而是为亚非各国乃至全人类找出一条通向和平的道路。亚非国家在世界政治舞台上发出呼声的时刻已经到来了……"

苏加诺激昂的情绪把与会代表的热情都带动了起来，会议在友好的气氛中进行着。但是，美国利用各国代表间存在的分歧进行挑拨离间、制造纠纷，鼓动一些国家代表"反对共产主义"，把矛头直指中国。

面对越来越紧张的会议气氛，中国总理周恩来于4月19日做了回应各国的精彩发言：

"中国参加这个会议是来求同而不是立异的……在亚非国家中存在着不同的思想意识和社会制度，但这并不妨碍我们的求同和团结……"

周恩来坚定而真诚地阐明了中国政府的立场和政策，"求同存异"的方针也为与会各国普遍接受，笼罩在会议上空的乌云终于被驱散了。

4月24日，万隆会议举行了最后一次全体会议，通过了《亚非会议最后公报》，就亚非国家共同关心的问题达成了协议。公报还提出和平共处和友好合作的"十项原则"。

在万隆会议之后，亚非各国争取和维护民族独立的斗争更加深入，越来越多的国家奉行和平中立的外交政策。

非洲独立运动

第二次世界大战前，非洲的土地上只有3个名义上的独立的国家，它们是埃塞俄比亚、利比里亚和埃及。"二战"后，长期受奴役的非洲国家由于经济发展水平低下，民族独立运动一直不如亚洲进展得快。

就整个非洲来说，民族独立运动发展的状况，北部非洲要比南部非洲发展得早。从20世纪50年代中期开始，非洲北部和东北部的民族解放运动迅速展开。1956年，摩洛哥和突尼斯从法国殖民者的统治下获得独立，面积最大的苏丹也冲破了半个多世纪的英国殖民统治，迎来了独立。

1957年独立的加纳是"二战"后撒哈拉沙漠以南非洲黑人国家中最早摆脱殖民统治的一个国家。

加纳在独立前被称为黄金海岸，于20世纪初沦为英国殖民地。"二战"前，黄金海岸的人民就已经开始了反对英国殖民者的斗争。"二战"后，独立的呼声在黄金海岸越来越高。为了缓和与殖民地的矛盾，英国殖民当局推行"宪法改革"，并表示要在立法会议的选举中增加非洲人的名额。实际上，这种做法并没有改变黄金海岸殖民地的地位。

1947年，黄金海岸民族主义者成立了黄金海岸统一大会党，恩克鲁玛当选为总书记。统一大会党一面抵制英国扶植的傀儡政府，一面组织和发动群众，壮大自己的力量。

1948年2月，统一大会党参加了在黄金海岸首都阿克拉爆发的大规模群众抗

1952年，非洲独立运动中著名的茅茅运动领袖、未来的肯尼亚总统肯雅塔由两名英国雇佣军押至监狱。

议运动。在英国殖民当局的武装镇压下，有260多人死伤，恩克鲁玛被逮捕。英国殖民当局的这种做法激起了广大人民更强烈的反抗，更大规模的运动开始了。一个多月后，恩克鲁玛被释放。这时候，英国殖民当局又想出了另一个方法，通过利诱的方式把统一大会党不坚定的一部分人拉拢到了自己一方。1949年6月，恩克鲁玛成立人民大会党，继续领导黄金海岸的独立斗争。

第二年春，在人民大会党的发动下，黄金海岸开展运动反对英殖民当局公布的"库赛宪法草案"，要求实现自治。英国殖民当局在强大的人民斗争浪潮下，不得不向黄金海岸人民做出让步，允许黄金海岸举行历史上的第一次大选，人民大会党在选举中获得多数席位。1952年3月，恩克鲁玛任内阁总理。1957年3月，黄金海岸宣布独立，改国名为加纳。

加纳的独立，有力地推动了非洲民族独立运动的深入发展。1958年10月，几内亚在几内亚民主党和塞古·杜尔的领导下摆脱法国的殖民统治宣告独立，并成立共和国，杜尔当选为首任总统。

1960年6月14日，非洲独立国家第二次会议在埃塞俄比亚首都亚的斯亚贝巴举行。会议就支持阿尔及利亚人民的斗争、谴责南非的种族歧视政策等问题进行了讨论，并决定建立一笔基金，以援助非洲殖民地的民族解放运动。此后，非洲民族独立潮流汹涌澎湃。仅1960年这一年，就有17个国家获得独立，其中包括喀麦隆、马达加斯加、扎伊尔、索马里、加蓬、尼日利亚、毛里塔尼亚、多哥等。人们通常把这一年称为"非洲独立年"。

鉴于民族解放运动轰轰烈烈的发展形势，1961年3月25日，第三届全非人民大会在埃及开罗召开。来自非洲32个国家的67个代表团围绕着遏止新殖民主义、清除帝国主义最后的老根这一主要问题进行了激烈讨论，通过了"关于新殖民主义和联合国""关于附属国的解放""关于非洲统一和团结"等决议。此外，大会还通过了支持肯尼亚、安哥拉、尼亚萨兰、莫桑比克等殖民地人民反对殖民统治和争取民族独立斗争的决议。

在第三届全非人民大会的指引下，从1961年到1968年，又有15个国家赢得了民族独立。这些取得独立的新兴国家，在同殖民主义残余势力斗争的同时，努力发展本国的民族经济，反对帝国主义和新殖民主义的侵略，争取实行独立自主外交政策，并给未取得独立的国家以各种支持。

20世纪70～80年代，非洲9国获得独立，90年代，纳米比亚独立，至此，非洲民族独立运动取得最终胜利。

猪湾事件

古巴的猪湾景色秀丽，一片片茂密的红杉树显得极外抢眼，游客们在海滩上缓缓地散着步，一派悠闲之态。而40多年前的春天，这里曾发生过震惊世界的猪湾事件。

1959年，菲德尔·卡斯特罗领导古巴人民推翻了亲美的巴蒂斯塔独裁政权，摆脱了美国长达60年的控制。随后，卡斯特罗宣布成立古巴临时革命政府，并出任古巴总理兼军队总司令。为了摆脱国内严重的经济困难，卡斯特罗很希望得到美国的经济援助。1959年4月，卡斯特罗曾以私人身份访问了美国，当他提出要求后，遭到了美方的拒绝。5月，在美洲国家组织的经济委员会议上，卡斯特罗的这一要求再次遭到了美国的拒绝。在得不到外援的情况下，卡斯特罗便在古巴大刀阔斧地实行社会主义改革：没收外国资本，实行经济独立，对外坚持独立自主，并发展和社会主义国家的友好关系。一向骄横的美国不甘心自己在拉丁美洲的利益受到威胁，想方设法地推翻卡斯特罗政权。

1960年，美国政府宣布停止进口古巴食糖。古巴是产糖大国，要靠食糖的出口来换取进口物资和外汇，而美国则占了古巴出口食糖的60%。美国以为以此就能逼卡斯特罗乖乖就范，但是，卡斯特罗也并非等闲之辈，他向社会主义大国苏联伸出了求助之手。

苏联大批的食糖订单使美国的计划破产了。其实，苏联也早就想扩大自己在西半球的影响，只是一直没有找到机会，古巴的求助正好给苏联制造了一个向古巴渗透的借口。美国政府看到卡斯特罗同苏联关系密切，怒火中烧。10月，美国宣布对古巴实行全面禁运，古巴则宣布将美国在古巴的财产收归国有，两国关系严重恶化。

1960年底，美国总统艾森豪威尔接受美国中央情报局的提议，招募流亡在海外的古巴人，把这些流亡者送到危地马拉的一个偏僻山谷，对他们进行训练并提供装备，组成"古巴旅"，随时准备对古巴发动突然袭击。

1961年1月，新总统肯尼迪刚一上台，就加紧了对古巴的颠覆行动。4月17日，美国中央情报局实施了一项代号为"猫鼬行动"的旨在推翻卡斯特罗的计划。黎明时分，由1400名古巴流亡分子组成的"古巴旅"在美国飞机和军舰的掩护下，于古巴南端的猪湾登陆，并继续向北推进，试图在古巴制造内乱，推翻卡斯特罗政府。

然而，"古巴旅"对猪湾的突然袭击并没有使古巴出现混乱局面。相反，在卡斯特罗的指挥下，古巴军队和民兵与入侵的敌人展开了殊死搏斗。卡斯特罗把猪湾附近一座制糖厂改成了临时指挥部，他高声对他的战友们喊道："击沉所有的船只！胜利是属于我们的！"卡斯特罗非常镇静，古巴军民也异常英勇。而美国雇佣军方面则相形见绌：停泊在猪湾的船只被古巴方面的轰炸机炸沉，4架B-26轰炸机被击落，前去进行空袭的6架B-26轰炸机由于天气原因没有成功。

为了挽救陷在猪湾的"古巴旅"，美国政府命令驻扎在加勒比海地区的美国空军掩护从尼加拉瓜起飞的B-26轰炸机对古巴进行轰炸。但这并没有改变"古巴旅"失败的命运，4月19日，即"古巴旅"登上猪湾72小时之后，便遭到了全军覆没的惨败。

猪湾事件的第二天，苏联领导人赫鲁晓夫就写信给美国总统肯尼迪，呼吁美国停止对古巴的侵略，并向美国政府发出警告，如果美国继续侵略行为，苏联将向古巴提供反击侵略所需要的一切帮助。猪湾事件发生后，古巴政府也对美国提出了强烈的抗议。然而，美国政府却一再声明美国并没有参与策划和发动猪湾事件，并声称这一事件只不过是"古巴爱国者的杰作"。

不过，美国中央情报局局长艾伦·杜勒斯的辞职向世人昭示了这一事件的真相。

古巴导弹危机

卡斯特罗领导的古巴新政府成立后，美国政府担心距离美国佛罗里达南端只有90多千米的古巴将成为苏联威胁美国的桥头堡。所以，美国中情局一直秘密训练古巴流亡分子，准备登陆古巴，推翻卡斯特罗政权。1961年初，在美国中央情报局的策划下，1400名古巴流亡分子组成"古巴旅"，在美国飞机和战舰的掩护下在猪湾登陆，企图颠覆古巴政权。但"古巴旅"刚一登陆，便遭到了古巴革命军事武装的迎头痛击。

美国不肯就此罢休，又先后多次派遣间谍潜入古巴暗杀卡斯特罗，但卡斯特罗对美国的态度一如既往的强硬。1962年7月，古巴国防部长前往莫斯科请求苏联对古巴实行军事援助。苏联方面立即应允，并秘密地与古巴达成协议：苏联提供的军事援助中，常规武器归古巴所有，导弹、核弹由苏联掌握。古巴开始在极其保密的情况下建立导弹发射基地。

美国总统肯尼迪早就对古巴与苏联的关系心生疑虑，恰在这时，美国中央情报局侦察到苏联正用货船向古巴运送导弹。肯尼迪意识到问题的严重性，立即召集由国务院、国防部、中央情报局、参谋长联席会议等方面的负责人和一批顾问参加的紧急会议。会上，有的人主张实行海上封锁，有的人主张采取进行军事打击。最后，肯尼迪考虑到苏联实力的强大，决定对古巴实行海上封锁，为了避免与国际上的其他国家产生摩擦，美国对外宣称这次行动为"海上隔离"。此外，美国还在佛罗里达集结重兵，数百架战略轰炸机随时待命。

10月22日，肯尼迪发表电视讲话，向全世界宣布了苏联在古巴建立进攻性导弹发射场的消息。肯尼迪称，苏联的这种做法极大地威胁到了包括美国在内的西半球，为安全着想，美国会采取相应行动，迫使苏联把导弹撤出西半球，而"海上隔离"

只是行动的第一步。与此同时,肯尼迪还命令部署在加勒比海域的 180 艘美国舰只,对前往古巴的船只进行拦截和检查。美国海外的军事基地以及潜艇上的导弹也进入了戒备状态,并通过卫星追踪站密切监视苏联在古巴境内的一切军事活动。

苏联领导人赫鲁晓夫看到建设导弹基地的计划已经被美国人识破,忙下令加快向古巴运送导弹,并发表声明,如果苏联船只遭到拦截,苏联将会予以回击。此刻,在赫鲁晓夫的命令下,一支由 25 条商船和战舰组成的苏联船队正向美国海军的警戒线冲来。随着双方距离的拉近,战争一触即发。

10 月 24 日,美国对古巴实施的"海上隔离"正式开始。美军舰队在执行任务的时候,与两艘苏联货船相遇,双方在海上形成了对峙。

最终,肯尼迪的强硬态度还是使赫鲁晓夫退却了。当苏联船只在即将到达美国警戒线时,突然停了下来,即而掉头返航。

10 月 25 日,在联合国的调停之下,赫鲁晓夫表示愿意停止向古巴运送武装。赫鲁晓夫还致信肯尼迪,要求美国解除对古巴的封锁,并保证不再入侵古巴,防止危机升级。肯尼迪思量再三,表示同意赫鲁晓夫的建议。

10 月 28 日,莫斯科电台广播了赫鲁晓夫的决定:苏联已经停止在古巴的导弹发射场施工,下令撤除这些武器并包装运回苏联,等等。随着这一消息的发布,古巴导弹危机最严重和最危险的时刻终于过去了。12 月 6 日,苏联运走了在古巴的全部导弹和轰炸机。经过核实后,美国也宣布解除对古巴的海上封锁。

古巴导弹危机是美、苏争夺霸权的结果,也是战后美苏关系的一个转折点。

不结盟运动

第二次世界大战后,殖民地、半殖民地人民开始觉醒,民族解放运动和各国人民反帝、反殖民主义革命运动蓬勃发展,特别是中国解放战争的胜利和 1955 年万隆会议的召开,把亚、非民族解放运动推向了新的高潮。到 20 世纪 60 年代初期,已经有 40 多个国家先后摆脱殖民枷锁赢得了独立。仅 1960 年一年的时间,撒哈拉以南非洲就有 17 个国家宣告独立,这些新独立的国家大都选择了独立自主、和平中立、不结盟的发展道路。与此同时,西方帝国主义之间和与苏联的对抗对新兴国家的独立、主权和安全形成越来越大的威胁。在这种形势下,一些有声望的民族独立运动的领袖萌发了建立不结盟国家组织的想法。

1956 年 7 月 18 日,印度总理尼赫鲁、埃及总统纳赛尔和南斯拉夫总统铁托在布里俄尼举行政治会晤。20 日,三国领导人发表了一项《联合声明》,表示拥护万隆会议提出的和平共处五项原则,坚持民族独立,反对加入军事集团,主张"继续并且鼓励奉行不同政策的各国领袖之间的接触和意见交换"。此后,三国领导人进行了长达 4 年的酝酿和讨论,并在 1960 年第 15 届联合国大会期间,与加纳总统恩克鲁玛和印度尼西亚总统苏加诺协商召开不结盟会议事宜。1961 年上半年,铁托对非洲 9 个第三世界国家进行了访问,提出关于举行不结盟国家首脑会议的建议。

七十七国集团

发展中国家在国际经济领域反帝、反霸和维护自己经济权益的斗争中逐步形成和发展起来的,以建立新的国际经济秩序为目标的世界性国家集团。1964年4月,第一届联合国贸易和发展会议在日内瓦举行,亚、非、拉发展中国家联合发表了《七十七国联合声明》,从此被称为"七十七国集团"。此后,在每次联合国贸发会召开之前,七十七国集团都要举行部长会议,进行协商,研究对策,以采取联合行动。其宗旨是,协调发展中国家在国际经济和贸易领域中的立场,增强发展中国家的团结与合作,在贸易和经济发展方面确定共同的目标,制定适合行动的纲领,采取集体谈判策略,加强发展中国家的谈判地位,促进建立国际经济新秩序的斗争,加速发展中国家的经济发展进程。现有成员国120余个,但仍沿用"七十七国集团"的名称。

在第三世界国家领导人的积极努力下,1961年6月,20个国家的代表参加了在埃及首都开罗召开的不结盟国家首脑会议的筹备会。在这次会议上,代表们各抒己见,最后一致通过了参加不结盟国家首脑会议的5项标准,其中包括:执行以和平共处和不结盟基础上的独立政策;支持民族解放运动;不参加大国军事同盟;不与大国缔结双边军事条约;不在本国领土上建立外国军事基地,等等。这5项规定使万隆会议的精神从深度和广度上都得到了发扬。

9月1日,南斯拉夫首都贝尔格莱德张灯结彩,沉浸在一片欢腾之中。不同肤色的人们聚集一堂,参加首届不结盟国家和政府首脑会议。参加这次会议的有25个正式成员国家,此外还有3个国家作为观察员列席会议,与会国家一致通过了《不结盟国家的国家元首和政府首脑宣言》。宣言指出:"只有根除殖民主义、帝国主义和新殖民主义的各种表现形式之后,持久和平才能实现",呼吁"与会各国全力支持阿尔及利亚、安哥拉、突尼斯、古巴以及其他为争取和维护民族

南南合作促进了发展中国家经济的发展,提高了同发达国家的谈判地位,对建立国际经济新秩序起了积极作用。图为设在埃及开罗解放广场的阿拉伯总部,阿拉伯国家合作委员会正在举行会议。

独立而斗争的各国人民"，要求"各大国签订全面彻底的裁军条约"以缓和国际紧张形势，认为"不结盟国家应该参与有关世界和平与安全"的国际问题的解决，强调"各国之间的经济合作"。此外，会议还要求恢复中华人民共和国在联合国的合法权利。这次不结盟国家和政府首脑会议的召开，标志着不结盟运动的正式形成，促进了第三世界的兴起和壮大。

不结盟运动形成以后，得到了亚非拉国家的积极响应，运动规模也越来越大，自1961年至1990年，先后召开了9次首脑会议。在1964年的第二次会议上，通过了关于不结盟运动的宗旨和《和平和国际合作纲领》。宗旨共有11条，其中包括反对种族歧视和种族隔离政策、尊重各国主权及领土完整、不以武力相威胁或使用武力解决国际争端、禁止一切核武器试验、推动经济发展和加强合作，等等。

此后，不结盟运动逐渐走向制度化，规定每隔3年召开一次首脑会议，由会议东道国领导人任首脑会议主席，任期3年。会议主席还可以代表不结盟运动向联合国提出不结盟国家的决议。20世纪60年代时，参加不结盟运动的大都是亚、非国家，欧洲只有南斯拉夫，拉美只有古巴。但到1979年，非洲国家（除南非外）全部加入到不结盟行列。1983年，已有119个国家加入不结盟运动，占当年联合国158个成员国中的3/4。

不结盟运动反映了第三世界国家人民要求掌握自己的命运、维护和平、致力于发展的历史潮流，具有强大的生命力，在国际舞台上发挥着越来越重要的作用。

1992年9月，中国正式成为不结盟运动观察员国。

布拉格之春

1968年8月20日晚11时，捷克斯洛伐克首都布拉格的鲁津机场值班人员突然收到一架苏联客机发来的信号：飞机发生故障，希望在鲁津机场紧急降落。值班人员没有丝毫犹豫，立即向苏客机发出命令，同意迫降，并采取措施，引导苏联飞机在机场降落。苏联客机安全降落后，并没有停在跑道上，而是直接开到机场指挥塔附近。从飞机上下来的是几十名穿着统一服装、提着统一样式行李箱的"乘客"，鲁津机场上的工作人员并没有表示怀疑。突然，这些"乘客"从行李箱中拿出武器，迅速控制了机场的指挥系统，机场的工作人员来不及做出任何反应，就成了苏军的俘虏。随后，装载着坦克和苏军部队的大型运输机一架接一架地降落在鲁津机场，荷枪实弹的苏军开着坦克和装甲车向布拉格冲去，占领了布拉格的各个战略要地，并包围了捷共中央大厦、布拉格广播电台和总统府等。

与此同时，苏、波、匈、保、民主德国5个国家的30多万军队从各个方向开入捷克境内，24小时内，捷克全境被外国军队占领。

苏联不是与捷克斯洛伐克一直处于友好状态吗？为什么苏联会用如此的手段突袭捷克呢？

在东欧国家中，捷克斯洛伐克的工业基础原本比较发达，但"二战"后走上了苏联模式的社会主义道路，国内建设方面照搬苏联经验，对外政策方面也追随苏联，造成了严重的社会弊端，使原来的优势日趋衰退。1956年苏共二十大以后，东欧各国追随苏联开始纠正斯大林主义在本国造成的偏失，但捷共中央第一书记诺沃提尼却极力维护斯大林模式。到20世纪60年代，捷克斯洛伐克的经济形势恶化，群众纷纷表示不满，要求改革的呼声也越来越高。

1968年1月，在捷共中央全会上，担任捷克第一书记14年之久的诺沃提尼在选举中落败，他的职位由杜布切克接任，杜布切克的上台预示着捷克斯洛伐克内外政策的重大变动。诺沃提尼不甘心失败，企图策划军事政变，事情败露后被迫辞去总统职务。

杜布切克上台后，积极倡导改革，发展捷克斯洛伐克的经济。1968年4月，捷共中央全会通过了指导捷克斯洛伐克进行全面改革的《行动纲领》，宣布"将进行试验""建立一种十分民主的、适合捷克斯洛伐克条件的社会主义新模式"。

在经济体制改革方面，《行动纲领》强调，除了继续扩大企业权限，使企业成为独立的经营单位外，还要成立"工人委员会"，以行使企业自主权；在政治体制改革方面，《行动纲领》确认国民议会为国家的最高权力机关和唯一的立法机构，实行党政分开，并使人民群众享有充分的言论自由。《行动纲领》把政治体制改革同经济体制改革结合起来，在当时的东欧国家中独树一帜，表现出创新和探索精神，捷克人民把随之出现的改革局面亲切地称为"布拉格之春"。

捷克斯洛伐克进行的这场轰轰烈烈的改革，使苏联感到了惶惶不安。苏联方面认为，捷克的改革背离了苏联共产主义正统的道路，是反苏的自由化运动。为了防止东欧其他社会主义国家加以效仿，以勃列日涅夫为首的苏联领导人决心对捷克改革加以扼杀。

1968年3月至8月，勃列日涅夫及华沙条约国家其他领导人先后同杜布切克举行过5次"高层会谈"，试图说服杜布切克改变方针，放弃改革。面对各方面的压力，杜布切克没有屈服。恼羞成怒的勃列日涅夫决定以华约军事演习为名，对捷克进行军事干涉。

面对苏联的这一粗暴行为，捷共中央发表了杜布切克起草的《告全国人民书》，谴责苏联"这种入侵不但违反了社会主义国家之间关系的基本原则，还破坏了国际法的基本准则"，号召人民保持冷静，不要抵抗前进中的外国军队。

但是，苏联的行径激起了捷克人民的愤慨，他们已经无法保持冷静。布拉格的市民涌上街头，举行游行示威，并高呼"我们不愿屈膝求生""我们要真理"等口号。有些青年还向入侵者投掷石块，把汽油倒到坦克上，然后点燃。顿时，大街上火光冲天，爆炸声不断。

苏军冲进捷共中央大厦，逮捕了杜布切克等捷共领导人，并押解到莫斯科。

苏军侵捷后原想组织一个亲苏政府以取代现政府，但一时又没有找到合适的人选，于是只能继续同现政府的领导人打交道。8月25日，苏联与被捕的捷克领导人举行谈判，苏方向捷克提出了16点要求，并逼迫捷方领导人签字。在苏联的高压下，杜布切克等人被迫做出了让步，先后在《苏捷会谈公报》和《关于暂驻捷克斯洛伐克社会主义共和国境内的条约》使苏军对捷克的占领合法化。

就这样，"布拉格之春"在来自克里姆林宫的凛冽寒风中夭折了。

❋ 越南战争

第二次世界大战后，越南领袖胡志明宣布越南独立，1954年，在由中、美、苏、英、法等23个国家参加的日内瓦会议上，法国承认了中南半岛三国的独立、主权和统一的地位，并同意从三国撤军。而美国出于在远东的利益和其全球性战略考虑，一心想在该地区取代法国，因此拒绝在日内瓦协议上签字，只表示不会使用武力威胁来妨碍协议的实施，暗中却指使吴庭艳在南越成立南越共和国傀儡政权。

吴庭艳上台后，5年内残害革命者8万余人。在越共的领导组织下，1960年12月20日，以越共为核心的人民解放武装力量组建起来。

1961年5月，为保护吴庭艳政府，美国出钱、出枪、出装备，武装南越伪军，并派遣一支特种部队作为顾问，对越南人民解放武装军队进行剿杀，开始了美国利用越南人打越南人的"特种战争"。1962年2月，美国在西贡设立军事司令部，由保罗·哈金斯将军指挥。南越伪军在美国的指使下，在南方建立1.7万个"战略村"，周围用带刺的铁丝网和碉堡围圈，将整个南部划分成为较小的若干地区，使越共很难渗透到村里，群众也全部被囚禁在村里，"战略村"成了变相的集中营。游击队针对敌人的战略村计划，想方设法与群众联系，将战略村变成战斗村。

1963年1月，美荻省丐礼县北村对敌人的扫荡进行勇猛的反击，击伤击落美直升机15架，粉碎了敌人的扫荡。到年底，南方游击队共打死打伤美军2000余人，南方大部分地区获得解放。

南越的军事受挫，使美国统治者愤怒。1963年11月，美国策划政变，杀死吴庭艳。1964年初，"特种战争"宣告结束。

1964年8月5日，美国借口其驱逐舰"马多克斯号"在越南领海被北越鱼雷袭击，制造了"北部湾事件"。美军开始对北越义安、清化、鸿基等地进行连续空中轰炸。企图以"逐步升级"的局部战争取代原来的"特种战争"，以挽回败局。接着，美军实行焦土政策，对北方进行大规模的轰炸，对南方不断增兵。

越南群众极其愤怒，他们积极参加民族解放军和游击队，采用奇袭战、游击运动战、伏击战，围点打援，给美军及伪军沉重打击，歼灭美军6000余人。

1968年1月30日，南方军民开始对大中城镇进行攻击，对西贡、岘港、顺化等64个城市展开全面的"新春攻势"。45昼夜的激战，歼灭敌军15万余人，赢得了新春大捷。美军虽然拥有各种兵种54.5万人，伪军110余万人，但在战场上完全陷入被动防御。

1968年3月11日，美国被迫提出和谈。企图一面和谈，一面继续增兵，搞战争升级。越南军民的顽强反击，使计划屡遭失败。美国总统尼克松上台后，迫于国内及国际压力，不得不调整侵越政策。不甘心失败的美国政府决定实行"战争越南化"，一面从越南撤军，一面由南越伪军承担作战任务。

1973 年 1 月 27 日，美国被迫签订《关于越南结束战争、恢复和平的协定》，宣告结束其在越南的军事行动。但变相地使两万余名军事顾问和相当规模的海空部队留守越南，支援南越伪军。

1975 年 3 月，在越南共产党的领导下，越南民族解放军和游击队展开了大规模的自卫反击战，在顺化、岘港、西贡会战中，全歼阮文绍伪军，彻底解放了整个越南，结束了越南战争，实现了全国的统一。

越南战争使美国遭到惨重失败，从此美国的霸权开始衰落。越南虽然赢得胜利并实现了统一，但战争的残酷，尤其是美国在越南使用的大量除草剂、除叶剂等生态武器，给当地群众带来了极为深重的灾难。

中东战争

阿拉伯人和犹太人在中东地区的民族矛盾由来已久。"二战"后，双方矛盾在新条件下变得日益尖锐，加上新、老殖民主义和帝国主义、霸权主义在这一地区的争夺，中东地区的战争一触即发。

1948 年 5 月 15 日，也就是犹太人宣布成立以色列国的第二天，埃及、伊拉克、叙利亚等阿拉伯国家出动 4 万军队，联合进攻以色列。这次战争持续了一年，阿拉伯各国分别与以色列签订停战协定，巴勒斯坦除加沙和约旦河西岸部分地区外，均被以军占领。这就是第一次中东战争。

1956 年 10 月和 1967 年 6 月，在西方帝国主义的支持下，以色列两次向阿拉伯国家发起进攻，占领了部分阿拉伯领土。三次中东战争后，阿、以对抗继续发展。

1970 年，萨达特出任埃及总统。萨达特刚一上台，就发誓要收复在第三次中东战争（又称为六五战争）中失去的领土。

自从以色列控制了苏伊士运河以东的西奈半岛后，修筑了长 123 千米的"巴列夫防线"。为了确保万无一失，以军还沿运河修筑了 31 个核心堡垒，在半岛上配置坦克、飞机和导弹，随时准备进入下一场战争。在戈兰高地上，以军也构筑了防线，转攻为守。

1973 年 8 月，萨达特与叙利亚总统阿萨德经过协商达成共识，埃及收复被占领的运河东岸部分失地和西奈半岛，叙利亚收复戈兰高地，两国还决定于 10 月 6 日向以色列发起进攻。选在 10 月 6 日开战，是因为这一天是伊斯兰教的斋戒日，也是犹太教的赎罪日，犹太人会在这一天停止一切公务活动，如果这天进行突袭，一定会给以军一个措手不及。

正如萨达特所料，10 月 6 日那天，苏伊士运河东岸的巴列夫防御工事里静悄悄的，突然，巴列夫防线上浓烟滚滚，部分以军还没弄明白是怎么回事就已经命丧黄泉，这是埃及军队布置在运河西岸的几千门大炮在向巴列夫防线发出猛烈袭击。与此同时,叙利亚军队也对以军阵地发起了猛烈的进攻。埃、叙军队对以开战不久,伊拉克、约旦、阿尔及利亚、利比亚、摩洛哥、沙特阿拉伯等国家和组织也派部队或飞机参战。

以军自恃有强大的空军、坦克部队和情报侦察系统,骄横麻痹,疏于戒备。就在双方开战前不久,以色列总统梅厄还认为埃、叙不敢发动进攻,只在西奈半岛驻了4个旅,在戈兰高地驻3个旅,根本敌不过早有准备的埃、叙军队。

炮轰之后,埃军突击队员登上运河东岸,摧毁了一些以军工事,并掩护后续部队登陆。傍晚时分,埃军的大部队成功地渡过了苏伊士运河,向以军发动猛攻,固若金汤的巴列夫防线落入了埃军手中。埃军在西奈半岛上势如破竹,到13日,埃军占领了以军在运河区的最后一个据点。

在戈兰高地,叙利亚军队在伊拉克、约旦等阿拉伯军队的协助下,很快收复了戈兰高地的部分领土。

以色列在损失惨重、极为被动的情况下,迅速动员预备役军队,先在北线遏制叙军进攻并实施局部反攻,集中使用空军主力向叙军地面部队和防空导弹阵地展开攻击,并空袭叙后方城市。在军事失利的情况下,以色列还向美国发出了呼救,一向支持以色列的美国则紧急运送武器装备,这次中东战争发生了转变。

以军使用美国最先进的反坦克导弹,于10月14日击毁埃及坦克200多辆,埃军遭到了重创。次日,埃军更是损失惨重。

苏联一直都是阿拉伯各国家的后盾,但埃以双方交战后,苏联担心起战争升级问题,敦促埃及、叙利亚停火,并连续施加压力。

在美、苏的干涉下,联合国安理会于10月22日通过第338号决议,要求交战双方停火,以色列在接受安理会停火的当天侵占了大片埃、叙领土。25日,联合国安理会决定建立一支联合国紧急部队,监督实施停火,第四次中东战争结束。

阿富汗抗苏战争

阿富汗位于亚洲中南部,虽然经济落后,土地贫瘠,但它是连接亚欧大陆和印度洋的枢纽。20世纪70年代,苏联加紧了与美国争夺世界霸权的步伐,积极推行全球战略。阿富汗在苏联的全球战略中具有特殊的地位,从1973年起,苏联便对阿富汗从政治、经济、文化和军事等方面进行渗透,在阿富汗内部培植亲苏势力。阿富汗政局动荡,军事政变不断发生,苏联趁机以支援为名向阿境内派军。1979年9月,试图摆脱苏联控制的阿明发动政变,夺取了政权。苏联担心失去对阿富汗的控制,决定采取军事行动。

1979年12月中旬,苏军把军队集结在预定区域。26日,280架大型运输机在喀布尔国际机场和巴格兰空军基地降落,5000余名苏军和大量军事装备运抵。27日,空降部队兵分三路向阿首脑机关、电台和国防部进发,入侵阿富汗的战争拉开序幕。苏军的闪击行动,使阿明猝不及防,他本人被杀,苏军控制了首都喀布尔。

苏联坦克开进阿富汗山区。

随后集结在边境的苏军6个师,以阿富汗发生政变、受新上台的卡尔迈德之邀的名义,分东西两路进攻阿富汗。8.5万苏军在亲苏派的支持下,进展顺利。次年1月2日,两路大军在坎大哈会合,不久苏军占领了阿富汗的主要城市和交通要道。

苏军的入侵激起了阿富汗人民的愤怒,全国相继出现200多个抵抗组织袭击苏军。他们利用对地形的熟悉,以游击战、运动战为主,不断奇袭苏军和政府伪军。妄想速战速决,一举征服阿富汗的苏军陷入了阿富汗人民游击战的泥潭之中。

1980年2月,苏军将战略转移到扫荡、清剿反政府的游击队上来,但是阿富汗的地形复杂,苏联现代化机械部队受到严重限制,扫荡并没有收到成效。于是,苏军全面封锁游击队的根据地,切断其对外联系,随后集中优势兵力,分进合击,空降突袭,利用飞机、大炮、坦克对游击队根据地进行猛烈轰炸,清剿根据地的游击队。

出乎苏军意料的是,扫荡和清剿并没有给游击队造成重创,相反,游击队伍迅速壮大到10万余人。他们充分采用机动灵活的战术,破坏苏军交通线,频繁向大城市发起攻击,给苏军和政府军造成很大麻烦。1985年,各战场上的游击队进入相互策应、协同作战的新阶段。6年战争中,苏军共伤亡3.5万余人、耗资400亿美元,苏联不但看不到胜利的希望,而且背上了沉重的战争包袱,还遭到国际社会的纷纷谴责。

阿富汗人民的勇敢抵抗,使苏联在政治、经济、外交、军事上都承受着巨大的压力。1985年,刚上任的苏共总书记戈尔巴乔夫改变侵阿政策,将清剿起义军的任务移交阿政府军,苏军只控制重要城市和交通要道。

为把苏军赶出国土,推翻现政权,游击队采用奇袭、破坏交通线、迂回包抄等战术,攻击苏军已被孤立的据点,对城市进行围困打援。游击队虽给苏军和政府军造成了很大威胁,但没能改变苏军控制城市和交通线的局面。

在旷日持久的战争僵持和国际舆论的压力下，1988年4月14日，苏联被迫接受了日内瓦会议上达成的协议，从5月15日开始至1989年2月15日，从阿富汗撤出全部军队，苏联侵阿战争结束。

苏联入侵阿富汗，改变了苏联的全球战略，对国际战略格局产生深远影响，也表明苏联的扩张进入了新的阶段。这场战争不仅使苏联付出了巨大的人力、财力，而且其国际声誉也大大降低，为苏联的解体埋下了重重的一笔。

马岛之战

在南美洲的最南端，有一块星罗棋布的群岛——马尔维纳斯群岛，简称马岛。英国人把马岛称为福克兰群岛，认为英国人约翰·斯特朗在1690年就曾到过此岛。但是，英国人的说法并没有得到世人的认可，马岛曾被法国、西班牙等国占有。1816年，独立后的阿根廷把马岛变成了自己的第24个省。几年后，马岛上的阿根廷人与到该岛捕猎的美国人发生冲突。在美国人和阿根廷人进行争执的时候，英国人乘机占领马岛。此后，马岛一直为英国所占。

"二战"后，阿根廷多次就马岛问题向联合国提起申诉。1965年和1973年，联合国大会也两次通过敦促英、阿通过和平谈判解决马岛问题的决议，但英阿谈判却丝毫没有进展，不过矛盾也没有激化。

随着科学技术的发展，昔日荒凉的马岛被发现埋藏有丰富的石油、天然气和其他矿藏。再加上航运技术的突飞猛进，马岛的地理位置也越来越重要起来。出于对资源的需要，英阿谈判终止。在美国的调停下，不久谈判又得以恢复。1980年，英国虽然同意将马岛主权移交阿根廷，但却要求长期租借马岛。英国的这一无理要求被阿根廷毅然拒绝，此后，英阿两国的矛盾越来越深。1981年，军人出身的加尔铁里被选为阿根廷总统。加尔铁里刚一上台，便开始制订用武力收复马岛的计划。

"马岛是阿根廷的一座宝库，英国人却强行将它占领。100多年过去了，我们实在忍无可忍，我们必须要夺回马岛的主权，把英国人赶出去。"加尔铁里在讲话中表达了他收复马岛的决心。随后，加尔铁里命令军方制订了代号为"罗萨里奥"的行动计划。

1982年4月2日凌晨，4000名阿根廷海军陆战队队员在航空母舰"五月花号"统领下，乘坐数艘军舰浩浩荡荡地奔赴马岛，经过精心策划的阿军登陆马岛后攻占了机场和港口。英国对马岛已经占领了100多年，没有料到阿根廷军队会进行突袭，所以只在岛上留驻了80名守军，其余英军被调到南乔治亚岛同阿根廷军队交战。世界各国的目光马上被聚集到马岛上，在被英国占领149年后突然又升起了阿根廷的国旗，难道这不意味着一场战争的到来吗？

初战告捷的阿根廷人举国欢庆，士气高涨，加尔铁里也因此成了民族英雄。而此时的英国国内则一片议论，一种蒙羞的感觉正在迅速蔓延，官员们则为丧失"领土"而相互指责，任英国首相的撒切尔夫人更是如坐针毡。

为了稳住国内阵脚，撒切尔夫人于4月3日召开紧急会议，并发表了激烈的讲话："英国的领土主权多年以来第一次受到了侵犯，福克兰群岛是英国发现的，岛上居民的生活方式是英式的，而阿根廷人却占领了它，这是对大英帝国的侮辱，我们必须把它夺回来。"随后，英国议会决定派出一支由英国海军少将约翰·伍德沃德为统帅的特混舰队开赴马岛。看到英军势在必得的架势，美国国务卿黑格又想通过外交方式来调解英阿的矛盾，但这一次没有成功，有"铁娘子"之称的撒切尔夫人不会像"二战"时期的张伯伦一样听由别人摆布。

4月25日，英军击毁了阿根廷数艘潜艇、巡洋舰，马岛在英战斗机的疯狂轰炸下一片狼藉。30日，英军完成了对马岛周围200海里范围的海上和空中封锁部署，阿军也进入了最高戒备状态。5月2日下午，英国的"征服者号"核潜艇在马岛200海里禁区外36海里处击毁了阿海军旗舰"贝尔格诺将军号"巡洋舰。第二天，在马岛北侧，英军用"海鸥"式导弹击沉了阿军的"索布拉尔号"巡逻艇。面对接连的胜利，英军开始沾沾自喜起来，但一场噩梦正悄悄地向他们袭来。

面对英军咄咄逼人的攻势，加尔铁里把目光投向了从法国购得的5枚"飞鱼"导弹上。5月4日，英国花费两亿多美元最新建造的"谢菲尔德号"军舰被阿根廷"超级军旗"战斗轰炸机携带的两枚"飞鱼"导弹击中了。不久，英国当作"第三艘航空母舰"用的大型运输商船——"大西洋运送者号"也被"飞鱼"导弹击中。这对骄傲自大的英军是一个沉重的打击。

但是，阿根廷在总体实力上毕竟不能与老牌资本主义英国相抗衡，当最后一枚"飞鱼"导弹发射出去后，阿根廷再也拿不出任何足以抵抗英国的力量了。6月8日，3000名英军乘坐"伊丽莎白二世女王"号客轮登上马岛，使岛上的英军人数增加到了8000人。英军仗着人多势众，牢牢地掌握着马岛的海空控制权，并封锁了马岛。

6月13日，英军调集火力，飞机、导弹、大炮等一齐向马岛进行了最后轰炸，阿军阵地瞬间被夷为平地。次日晚7时，马岛阿军司令梅内迪斯将军向英军投降，为期74天的马岛之战终于结束了。

✵ 海湾战争

1990年8月2日凌晨，伊拉克突然出动了10多万兵力，以迅雷不及掩耳之势进攻邻国科威特。科威特是一个小国，只有2万人的部队根本禁不住伊拉克军队潮水般的进攻。次日，伊拉克军队攻入科威特王宫，随后占领科威特全境，并宣布科威特政府被推翻，将成为伊拉克的第19个省。

伊拉克的这种侵略行为很快激起了国际社会的强烈谴责。联合国安理会先后

12次通过决议要求伊拉克恢复科威特的主权与独立，尽快从科威特撤军，并对伊拉克实行经济封锁和武器禁运。其他国际组织也相继与伊拉克方面接触，试图说服伊拉克领导人结束这场侵略战争。但是，处于内外交困中的伊拉克总统萨达姆·侯赛因却对此置若罔闻。萨达姆心里有自己的如意算盘，他知道国际社会正把眼光盯在忙于和平演变的苏联身上，中东地区根本不会引起太大注意。伊拉克的近邻科威特是海湾地区一个盛产石油的阿拉伯国家，在奥斯曼土耳其时期，这里是伊拉克巴士拉省的一部分，虽然伊拉克于1961年承认了科威特的独立，但从未正式承认过两国间的边界，这为以后的战争埋下了祸根。

伊拉克入侵科威特使美国等西方国家在海湾的利益受到了威胁。为了保证在海湾地区的石油利益和战略地位，为了防止伊拉克操纵石油输出国组织进而控制西方国家经济命脉，也为了维持中东地区的稳定和势力均衡，显示在世界事务中的作用，美国与部分西方国家制定了代号为"沙漠盾牌"的军事行动计划，随后便以联合国的名义开始了在海湾地区的大规模的军事集结。

11月29日，联合国安理会通过了授权使用武力将伊拉克军队赶出科威特的678号决议，规定1991年1月15日为伊拉克从科威特撤军的最后期限。萨达姆根本无视国际社会的和平努力与联合国的最后通牒，依然加紧扩军备战。在积极进行军事部署的同时，还打出了"人质盾牌"作为对"沙漠盾牌"的反应：禁止所有敌视伊拉克国家的外国公民离开伊拉克和科威特，一旦战争爆发，这批滞留在伊拉克和科威特的外国人将成为第一批牺牲品。同时，以美国为首的8个国家派往海湾地区的军队已经达到了70万人左右，组成了以美军将领斯瓦茨科夫为总司令的多国部队，进行好了随时发起军事行动的准备。海湾地区剑拔弩张，一场恶战已不可避免。

1991年1月17日，以美国为首的驻海湾多国部队向伊拉克发动了大规模的空袭，开始执行"沙漠风暴"军事计划，720多架飞机从不同的方向向伊拉克的60多个目标发起攻击。由于此前采取了迷惑伊拉克的措施，多国部队的军事行动并没有被伊拉克方面察觉。当巴格达市民还处在甜美的睡梦中时，一枚枚炸弹临近了他们。代表美国最先进技术的F-117隐形轰炸机把一颗激光制导炸弹投到了位于巴格达闹市区的电话电报公司大楼的正中，在剧烈的爆炸声中，大楼周围火光冲天，而负责守卫大楼的伊拉克士兵还不明白到底发生了什么事情。顷刻间，密集的炸弹从天而降，铺天盖地地落下，爆炸声不绝于耳。总统府大楼、国防部大楼、空军指挥部大楼及近郊的萨达姆国际机场等军事目标先后被击中。很快，整个巴格达处于一片火光之中。在连续不断地进行狂轰滥炸的同时，驻守在波斯湾海域的多国部队的军舰，向伊拉克及科威特也发射了近百枚载有重磅弹头的"战斧"式巡航导弹。

伊拉克虽然对多国部队强大的空袭进行了还击，但却收效甚微。80%的"飞毛腿"导弹被美国的"爱国者"导弹拦截，伊拉克的反击能力被削弱了。

经过一个多月的空中打击，伊拉克的指挥系统、导弹基地、军工厂等均遭到了严重的毁坏和损伤。2月，多国部队统帅部决定执行代号为"沙漠军刀"的作战计划，转入地面进攻阶段。在多国部队强大的攻势下,伊拉克最精锐的共和国卫队伤亡惨重。

2月26日,萨达姆被迫下令驻在科威特的伊拉克军队撤离科威特。28日,萨达姆宣布无条件接受安理会关于伊拉克的决议。至此,历时42天的海湾战争结束了。

世界新格局

20世纪80年代以来,世界局势很不稳定。苏联和东欧的剧变,彻底打破了以雅尔塔体系为基础的两极格局,世界进入了新旧国际格局的大转换时期。人类历史又一次进入重大转折时期,政治、经济、文化等各领域都呈现出鲜明的特点。随着两极格局的终结,世界格局开始朝着多极化方向发展。

东欧剧变

1989年12月,波兰修改了宪法,将国名由"波兰人民共和国"改名为"波兰共和国"。这样,在东欧国家中出现了第一个非社会主义国家。

波兰是东欧诸国中局势最不稳定的一个国家。"二战"后,尤其是华沙组织成立之后,波兰的经济大多采用苏联的模式和管理体制,实行中央高度集权,限制商品经济,强化指令性计划,片面强调重工业,使农、轻、重工业比例严重失调。20世纪70年代,波兰政府不顾实际情况,推行"高速度、高积累、高消费"的政策,大量举借外债,以此来提高人民生活水平。

1980年7月,波兰政府举借的外债已高达近300亿美元,波兰政府不得不采取冻结工资、提高商品价格的措施来偿还外债。对政府的这种做法,群众极为不满,以各种活动进行抗议,波兰经济顿时陷入混乱。

政府宣布肉类价格上涨40%~60%的当天,一座小城里的交通设备厂的工人举行了罢工。很快,罢工浪潮席卷各地。这次罢工成为波兰战后规模最大、持续时间最长的群众抗议活动。在罢工中,有一个叫瓦文萨的年轻人脱颖而出,他原是格但斯克造船厂的电工,由于无法忍受波兰政府的政策,他四处奔走,广泛联络,成立了"团结工会",他本人担任工会主席。在瓦文萨的宣传下,团结工会很快壮大起来,在总人口不足3700万的波兰有950万人成为了工会的会员,而且,政府部门也有大批官员加入了团结工会。

1981年9月,团结工会召开了第一次代表大会。会上通过了《纲领决议》,决议明确指出,"不承认波兰统一工人党的领导和社会主义",宣布要"改造国家机构",并公开提出要夺取国家政权。会后,瓦文萨开始准备武装夺权的各项工作,建立了武装工人卫队。

在团结工会的策划下,波兰全国进行了无休止的罢工,全国经济陷入瘫痪状态,使人们本来就困难的生活更加雪上加霜。没多久,人们对团结工会也产生了怀疑。

在这种情况之下,雅鲁泽尔

随着东欧政局的剧变,苏联的军队开始撤出这一地区。

> ### 罗马尼亚政变
>
> 罗马尼亚总统齐奥塞斯库生活堕落腐化,加上罗马尼亚经济一直衰退,社会危机一触即发。1989年12月,匈牙利族神甫特凯什·拉斯特因为持不同政见而被当局逮捕,引发了大规模抗议活动,并很快发展为暴动。12月16日晚上,齐奥塞斯库命令国防部长将装甲部队开进城里镇压示威者,第二天,军队和警察对群众展开了血腥镇压,很快就平息了暴动。齐奥塞斯库得意忘形,在12月21日时安排了一次群众集会,以粉饰太平。但是在他演讲的时候,事先经过精心挑选的群众却发出了反对的声音,又一次暴动开始了。22日中午,军方表示不愿意对群众开枪,并成立了救国阵线委员会,接管了全部权力,将齐奥塞斯库夫妇逮捕。12月25日,齐奥塞斯库夫妇被特别法庭审判后被执行枪决,罗马尼亚建立了资产阶级政权。

斯基将军出任统一工人党第一书记。雅鲁泽尔斯基是一个手段强硬的人,他并没有被接手的烂摊子吓倒,而是宣布从12月13日零时起在全国实行军事管制,取缔团结工会,并且逮捕了瓦文萨等团结工会的领导人。这次罢工浪潮总算被遏制下去了,波兰经济开始复苏。可惜好景不长,1988年,波兰再次出现了财政危机,物价暴涨,罢工浪潮再度掀起。在这种形势下,美、英等国政府也开始向波兰政府施加压力,要求波兰政府恢复团结工会的合法地位。

在内外交困的情况下,统一工人党于1988年12月举行十届十中全会,决定在波兰实行政治多元化和工会多元化,有条件地承认团结工会为合法组织。

东山再起的瓦文萨吸取之前的经验教训,表示不再以"推翻当局"而是以"帮助政府摆脱困境"为主要目的。次年2月,波兰政府与团结工会及其他反对派举行圆桌会议,统一工人党向团结工会做了原则性的让步,同意实行立法、行政、司法三权分立,实行总统制和议会制,进行议会和参议院的大选。

按照圆桌会议达成的协议,1989年6月,波兰举行议会选举。在选举中,统一工人党虽然获得了议会中的299个席位,但在参议院中未获一席,而团结工会则获得了参议院100个席位中的99个。团结工会一跃成为控制两院的第一大党。

在议会投票中,雅鲁泽尔斯基以一票的微弱优势当选为波兰总统,而新政府则由团结工会的成员为主。出任总理的是团结工会顾问马佐耶茨基,此外,在23名内阁成员中,团结工会占12席,统一工人党仅占4席。就这样,统一工人党节节败退,在不久后波兰议会通过的宪法修正案中,又删去了统一工人党在国家中起领导作用和波兰是社会主义国家的条文,将国名由"波兰人民共和国"改为"波兰共和国"。在1990年12月的大选中,在美、英等国的支持下,瓦文萨当选为波兰共和国总统。

波兰是东欧国家出现的第一个非共产党领导的政府。紧接着,东欧各国相继发生剧烈的政治变动,匈牙利、保加利亚、捷克斯洛伐克、罗马尼亚、东德、阿尔巴尼亚等国的共产党失去政权,宪法中也都删除了"共产党领导作用"和"无产阶级专政"的条文。

总体来看,东欧剧变是以美国为首的西方国家实施和平演变战略的结果。

苏联解体

1991年12月25日，在克里姆林宫上空飘扬了69年之久的有着镰刀和锤子图案的苏联国旗徐徐落下，取而代之的是一面蓝白红三色的俄罗斯国旗，世界上第一个社会主义国家苏联就这样消逝在历史之中了。

苏联是无产阶级革命导师列宁亲手缔造的，建国之初，面对以美国为首的西方帝国主义的干涉，苏联人民给予了坚决反击。"二战"后，苏联开始了与美国争夺世界霸权的明争暗斗。20世纪70年代末，苏联的政治、经济与民族关系出现了严重的危机。但是，苏联领导人认为依然有必要与美国抗衡，只相当于美国经济实力1/3的苏联就这样维持着与美国不相上下的庞大的军费开支。1979年，苏联入侵阿富汗，这不仅使苏联陷入了经济泥潭之中，还使苏联共产党的威信一落再落。

在这种情况下，54岁的戈尔巴乔夫于1985年出任苏共中央总书记。

戈尔巴乔夫出生于俄罗斯联邦南部的斯塔夫罗波尔边疆区的一户农民家庭，他从小就聪明过人。1950年，戈尔巴乔夫进入莫斯科大学法律系学习，毕业后，戈尔巴乔夫从事共青团工作，曾任边疆区团委宣传部副部长、第二书记、第一书记，一路青云直上，直到成为契尔年科时期的第二把手。随着外交活动的增多，西方世界普遍认为戈尔巴乔夫是一个平易近人又思辨超群的人。

戈尔巴乔夫上台后，大刀阔斧地进行了改革。他主张进行深刻的经济体制改革，以提高人民生活水平为重要任务。重视科技发展，强调在科技进步的基础上提高生产效率，把社会主义民主和人民自治提上议事日程。在对外关系上，他主张缓和矛盾和和平共处。此外，他还进行了重大的人事调整，提拔年轻干部，以保证共产党的年轻化，新的上层领导核心基本形成了。

1987年，戈尔巴乔夫在《改革与新思维》一书中阐述了政治改革的民主社会主义的思想倾向，强调"新思维的核心就是承认全人类的价值观的优先地位"。在苏共代表大会上，戈尔巴乔夫明确地提出了"人道的、民主的社会主义"的概念。《改革与新思维》书中以"公开性""民主化""多元化""全人类的价值高于一切"等所谓新观点取代了马克思主义的一系列基本原理。他对西方干预东欧各国的所谓"自由化"改革不加干涉，最终加速了东欧剧变。所有这些都使得苏联在国际上的地位下降，许多人开始对戈尔巴乔夫表示不满。

随着改革的加深，苏联的政治和经济局面不但没有好转，反而越来越糟糕，社会出现了混乱和动荡。无政府状态迅速蔓延，罢工、犯罪事件不断，反对党公开反对社会主义。民族主义趁机抬头，矛盾斗争激化。

1989年8月，民族分离主义势力组织的"人民阵线"在波罗的海沿岸举行抗议活动，提出"脱离苏联"。1990年3月，苏共的法定领导地位被取消，多党制和总统制开始实行，戈尔巴乔夫当选为苏联首任总统。同月，立陶宛宣布独立，紧接着，爱沙尼亚、拉脱维亚、亚美尼亚也先后宣布独立。

面对失控的政局，戈尔巴乔夫于1990年11月提出了新联盟条约草案，草案规定，除国防、外交和关系全国经济命脉的部门仍由联盟中央掌握外，其余主权均归各共和国所有。将"苏维埃社会主义共和国联盟"改名为"苏维埃主权共和国联盟"，不再强调社会主义。但是，苏联再一次统一的最后希望还是破灭了。

1985年崛起的戈尔巴乔夫，一上台即着手缓和与西方国家的关系，图为他访问巴黎期间与法国总统密特朗举行会谈。

1991年8月19日，副总统亚纳耶夫向外宣布，正在黑海克里米亚度假的总统戈尔巴乔夫"因健康状况无法继续履行苏联总统职责"，他本人即日起"履行总统使命"，并宣布实行紧急状态，成立苏联紧急状态委员会，呼吁全国人民支持他们"采取重大措施，使国家和社会尽快摆脱危机"。尽管戈尔巴乔夫在"八一九"事件中被叶利钦等人解救出来，但他已无法继续留在领导职位上。8月24日，戈氏宣布辞去苏共中央总书记职务，于12月25日辞去苏联总统职务。12月1日，苏联的15个加盟共和国全都宣布独立。21日，除格鲁吉亚外的原苏联11个加盟共和国签署了《关于建立独立国家联合体协议议定书》。26日，苏维埃举行最后一次会议，从法律上宣布苏联解体。

波黑战争

从1991年6月至1992年4月，原南斯拉夫社会主义联邦各共和国相继宣布独立。其中，波斯尼亚和黑塞哥维那即波黑由穆斯林、塞尔维亚、克罗地亚3个主体民族组成，这3个民族分别占波黑总人口的44%、31%、17%。其实，早在历史上，穆、塞、克三族就积聚了很深的矛盾，波黑独立后，这种历史遗留的矛盾越来越深。

在波黑未独立之前，3个主要民族曾就波黑的前途问题进行过讨论：穆斯林主张建立统一的中央集权国家，克罗地亚希望建立松散的联邦制国家，塞尔维亚则坚决反对独立。1992年3月3日，波黑议会在塞族议员反对的情况下毅然宣布波黑独立，这无疑给塞族人火上浇油，塞族随即宣布成立"波黑塞尔维亚共和国"，脱离波黑独立。顿时，穆、克、塞三族间的矛盾以战争的形式爆发了。

1992年4月，塞尔维亚和与其宿怨极深的克罗地亚交战。塞族拥有一支装备精良的原南斯拉夫人民军，而弱小的克族只能请求穆斯林的援助。穆、克两族在利益分配、作战方案上都存在着很大分歧，交战三方趋于混战，波黑局势变得更加复杂。与此同时，国际上的一些国家纷纷给各自支持的一方以经济或军备上的援助，伊斯兰国家更是向穆斯林伸出了援助之手，甚至派出志愿者加入战争。混战一开始，三方都率先抢夺本族居民占多数的地区，后来逐渐把争夺的对象扩大到塞、克族之间在北部靠近克罗地亚边界的地区，塞、穆族之间在东部的塞尔维亚与波黑边界一线、西北地区及首府萨拉热窝。交战三方共投入兵力20多万，战火波及波黑3/4的土地。

由于塞族得到了南斯拉夫联盟共和国的支持，军事装备也较穆、克两族先进，有坦克、大炮、飞机等重武器，所以交战不久就显出了优势。到 1993 年底，塞族控制了波黑约 70% 的领土，而克族和穆族只占 20% 和 10%。为迫使占人口最多的穆斯林接受现状，塞、克两族转而联手对付穆族。

为制止波黑战争，早在波黑战争一开始的 1992 年 5 月，联合国安理会就通过了对波黑塞族和南联盟实施全面制裁、在波黑建立"禁飞区"、向波黑派驻维和部队、为穆族设立"安全区"等一系列决议，北约还为穆族的"安全区"提供空中保护。国际上的其他各组织也多次在波黑三族之间进行调节，但均没有收到多大效果。波黑局势处于一种不战不和、边谈边打的僵持状态。

1994 年 2 月之后，由于西方各国加强了对波黑的干预，战争进入相持阶段。

看到三方谈判始终没有结果，以美国为首的北约开始拼凑穆克联邦，使波黑战场再度出现穆、克两族联合对付塞族的新态势。1994 年 4 月，穆族从"安全区"主动出击，试图收复被塞族占领的失地。塞族也不甘示弱，攻入穆斯林"安全区"戈拉日代。北约迅速将对塞族进行的军事威胁升级到实施空中打击，以遏制塞族的攻势。

8 月，美、俄、英、法、德五国向波黑三族提出了《五国和平方案》，遭到了塞族的拒绝。为了摆脱国际舆论的压力，南斯拉夫联盟共和国与塞族断绝了一切联系，使塞族陷入了孤立无援的境地。年底，穆、塞双方达成停火协议。1995 年年 3 月，穆、塞两族之间战事又起。8 月，北约出动 3400 余架次飞机对塞族阵地实施空中突击，使塞族的指挥、控制、通信系统陷入瘫痪，克族也乘机在波黑西部向塞族发动进攻。到 9 月下旬，塞族已经丧失了大规模进攻的能力，被迫同意由南斯拉夫联盟共和国代表塞族参加由美国主持的波黑和谈。12 月 14 日，《波黑和平框架协议》正式生效。协议规定，波黑作为统一的主权国家将继续存在，由穆克联邦和塞族共和国两个实体组成。

波黑战争是第二次世界大战后在欧洲爆发的规模最大的一次局部战争。

北约东扩

苏联解体后，西方国家看到扩大北约有利可图，同时，为迎合中东欧国家"回归欧洲"的愿望，开始制订和实施北约东扩的计划。北约东扩的进程大致经历了 3 个阶段。

第一阶段，建立北大西洋合作委员会。1991 年 11 月苏联解体前夕，北约在罗马召开首脑会议，决定组建有北约和前华约成员国参加的北大西洋合作委员会。由于其宗旨是致力于在北约和苏联及中东欧国家之间建立一种"真正的伙伴关系"，所以北约的这一提议立即得到苏联和中东欧国家的响应。1991 年 12 月该委员会正式成立时，共有北约成员国、苏联和中东欧国家等 25 个国家参加。

北约之船驶向东欧

第二阶段，推行北约和平伙伴计划。西方迈出第一步后不久，感到北大西洋合作委员会难以担当演变和融合中东欧和苏联地区国家的重任，于是决定敞开北约的大门，接纳这些国家进入。1993年上半年，美国和北约公开表示，应尽快吸收中东欧国家加入北约。但是，考虑到这些国家问题众多、情况复杂，立即接纳会给北约自身带来许多麻烦，同时也会遭到俄罗斯的反对，便想出了一个过渡的办法：先吸收中东欧和苏联各加盟共和国加入和平伙伴计划，作为它们加入北约之前的热身，待条件成熟后再吸收它们加入北约。这样既稳住了俄罗斯国内的民族情绪，又能让急于加入北约的国家有更多的时间调整自己的内政与经济，尽快地向北约国家的政治、经济模式转化。

第三阶段，北约稳步向东扩展。"和平伙伴计划"提出后，中东欧国家的踊跃加入大大刺激了西方扩大北约的欲望。同时，俄罗斯民族主义和左翼力量的增强，更促使西方产生了防范、遏制念头。于是，西方决定加快北约东扩的步伐。1995年9月，北约常设理事会批准了《关于北约东扩的研究报告》。报告就北约东扩的方式、申请加入国的条件、东扩后北约组织的地位以及与俄罗斯之间的关系等问题进行了阐述。

1996年上半年，西方国家考虑到俄罗斯正在进行总统大选，决定在俄政局未稳的情况下，为了避免激怒俄罗斯国内的民族情绪，把北约东扩一事稍稍放松了一些。叶利钦再次当选总统后，北约便宣布加快东扩的步伐。1996年年底，北约理事会决定：1997年7月，在北约马德里会议上确定第一批扩员名单。此后，随即与第一批扩员国进行了谈判。1997年7月8日，北约东扩的第三阶段达到高潮，波、匈、捷三国被正式确定为北约东扩的第一批国家。1999年3月12日，波、匈、捷三国正式加入北约。

北约东扩已经迈出了实质性的一步，从世界范围来看，它已经加速了大国战略关系的调整步伐，大国之间相互制衡、互联互动的关系格局更加明显。从欧洲范围看，北约的东扩侵犯了俄罗斯在欧洲的利益，严重威胁了俄罗斯的政治、军事和经济安全。因此，俄加快独联体一体化特别是军事一体化的进程。北约一定要东扩，俄罗斯一定会抵制，这两种趋势在一定时期内都难以避免，它们之间的这种较量将影响欧洲新均势的形成，也会给世界格局的变化带来许多不确定的因素。

从北约东扩的进程来看，美国在其中起了决定性的推动作用。实质上，美国想通过北约东扩扩大其在西欧的影响，继续在欧洲发挥领导作用。

纳尔逊·曼德拉

南非位于非洲大陆的最南端，是一个由印度洋和大西洋环抱着的三面临海的岛国。南非有着丰富的地下矿藏，被称为"钻石王国"，历来都是欧美各国争夺的对象。1961年，南非宣布退出英联邦，成立南非联邦共和国。南非联邦不断推行种族隔离政策，广大黑人深受其害。为了夺得自由，占南非人口 75% 的黑人与白人统治者进行了不屈不挠的斗争。而曼德拉则是南非争取独立运动的见证人。

曼德拉，1918 年出生在南非东南部特兰斯凯的一个部落酋长家庭。9 岁那年，曼德拉的父亲得了一场重病，在临终前把年幼的曼德拉交给部落大酋长照顾。好心的大酋长像对待自己亲生儿子一样对待曼德拉，并让曼德拉接受良好的教育。1938 年，曼德拉进入大学读书。在大学里，他一面读书，一面参加学生运动。1941 年，来到约翰内斯堡的曼德拉感到种族歧视越来越严重，于是投身到反抗种族主义的斗争中。1944 年，曼德拉参加了非洲人国民大会，之后当选为非国大青年联盟全国书记。由于曼德拉领导黑人以非暴力方式对抗政府的 6 项种族歧视法令，南非政府指控他犯有"叛国罪"。1956 年 12 月，南非政府出动了 1000 名警察在全国范围内对黑人解放运动积极分子进行突击性大搜捕，曼德拉与其他非国大领导人相继被捕。

纳尔逊·曼德拉像

曼德拉在法庭上为自己进行了无罪辩护，但白人政府却一直没有放过对他的迫害，从 1962 年到 1990 年，曼德拉在狱中度过了 28 个春秋。曼德拉虽然人在监狱，但他的心永远和黑人同胞在一起。他在法庭上所做的辩护词是让南非人民永远难忘的："我把大声疾呼反对各族歧视看成我的责任。我与白人统治进行斗争，也反对黑人专利。我珍视民主社会的理想，也准备为这种社会献出生命……"

曼德拉在服刑期间，始终坚持为黑人的解放事业而努力。他在监狱里不但积极地学习，还经常向犯人进行宣传鼓励，并密切观察南非黑人斗争的新动向。

随着国际形势的变化，南非人民的正义斗争得到了国际社会的同情和支持，要求释放曼德拉和其他政治犯的呼声越来越高。

1989 年，德克勒克继任南非总统。为了摆脱政治经济困境，德克勒克发表重要声明，解除对一些黑人解放组织的禁令，宣布无条件释放曼德拉，被囚禁了 28 年的曼德拉终于获得了自由。出狱后的曼德拉仍然以旺盛的精力投入到消除南非各族歧视等重大问题的工作中去。1991 年 6 月 30 日，南非种族隔离制度宣布结束。几天后，曼德拉当选为非国大主席。1993 年，曼德拉与德克勒克总统共同获得了当年的"诺贝尔和平奖"。

1994 年 4 月 27 日，南非人民兴高采烈，他们穿着节日的盛装，在温暖的阳光下跳着欢快的舞蹈。这一天是南非大选日，许多政党都参加了这次选举。而且，这次大举是南非有史以来第一次不分各族的全民选举。

3 天后，选举结果揭晓，曼德拉领导的非国大在这次选举中获得了 62.5% 的选票。5 月 10 日，曼德拉在比勒陀利亚的政府大楼广场上宣誓就职："我们保证，我们的人民一定会从贫困、苦难、歧视中解放出来。"

非国大执政宣告着南非进入了一个新的时期。当时曼德拉面临的挑战是严峻的，但他却以不屈不挠的精神和南非人民一起挺了过来，努力实现民族和解，提高人民的生活水平。1999年，非国大在南非第二次不分种族的全民选举中再次获胜，曼德拉毅然拒绝了再次蝉联总统的机会，把总统职位让给了新一代领导人姆贝基。

科索沃战争

科索沃是南斯拉夫联盟塞尔维亚共和国的一个自治省，其居民90%以上是阿尔巴尼亚人，其余是塞尔维亚和黑山人。历史上，阿族和塞族长期不和。20世纪80年代末，阿族人要求建立"科索沃共和国"，从塞尔维亚共和国脱离出来。一直视科索沃为家园和宗教圣地的塞族人不愿放弃，两族矛盾激化，阿族极端分子组建了"科索沃解放军"，暴力冲突愈演愈烈。1998年2月，南联盟总统米洛舍维奇派军队对阿武装进行镇压，科索沃局势急剧恶化。

科索沃危机伊始，以美国为首的北约就积极卷入，使其国际化，以便利用科索沃民族矛盾来扩大北约的影响，实现在科索沃驻军，进而控制巴尔干地区，完成东扩目标，并从该地区排挤俄罗斯的传统势力。1999年1月，在美国的操纵下，冲突双方进行谈判，但谈判最终破裂。3月24日，北约以保护人权为名，对南联盟开始了代号为"盟军"的大规模空袭行动。

3月24日19时，以美国为首，拥有19个成员国的北约盟军，在其最高司令兼美军驻欧洲部队总司令韦斯利·克拉克上将的指挥下，一批接一批的北约战斗机、轰炸机向南联盟军营、防空设施、电厂、通信设施实施猛烈轰炸，科索沃战争由此开始。

27日前，北约空军先后进行4轮空袭，旨在摧毁南联盟的防空体系、指挥和控制中心、军工厂和在科索沃的塞族部队。但南联盟军民并没有屈服，纷纷拿起武器，对北约的入侵进行顽强的抵抗。美国最先进的、拥有不可战胜神话的F-117隐形飞机在贝尔格莱德以西60千米的上空被击中，坠落在布贾诺夫齐村附近。在海湾战争中显赫一时的"战斧"巡航导弹命中率仅为20%，多次被南军防空武器截击。

3月28日，美军对南联盟开始了新一阶段的空袭。对南部的南联盟地面军队和军用物资进行疯狂轰炸，试图摧毁南军的军事装备，迫使南联盟屈服。南联盟军队充分利用山多、地形复杂的有利条件和当时多雨多雾的有利天气，分散

塞尔维亚人焚烧带有纳粹标记的英国国旗，抗议北约的轰炸。

队形，隐藏弹药等军需物品，不失时机创造局部优势，采用藏、打、运动、迂回相结合的战术，不断使北约的飞机、导弹部队受到突袭。

南联盟军民的反抗，给北约军造成严重损失。4月13日，美国总统克林顿宣布对南联盟扩大空袭范围、增加空袭强度，实施24小时不间断轰炸。轰炸开始变得惨无人道、丧心病狂，民用设施的桥梁、铁路、公路、工厂、电视台、通信系统、电力系统、供水系统、医院、商店，甚至居民楼都遭到狂轰滥炸。灭绝人性的轰炸，使南联盟1800多名平民丧生，6000多人受伤，近百万人沦为难民，20多家医院被毁，300多所学校遭到破坏，交通干线、民用机场、广播电视基本瘫痪。

北约的野蛮行径遭到国际社会的强烈反对，5月7日，中国驻南联盟大使馆遭到北约战略轰炸机的袭击，3名记者死亡，20多名外交人员受伤，馆舍严重毁坏，引起中国人民及世界人民的极大愤怒，北约在国际社会中越来越孤立。

6月5日，在中、俄及联合国秘书长安南的斡旋下，北约和南联盟在马其顿举行谈判。10日，双方签署了南军撤退协议书，北约结束了对南联盟的轰炸。

科索沃战争是20世纪末世界格局转型进程中的一个重要的阶段性标志，这场战争使南斯拉夫人民遭受巨大灾难，联合国宪章和国际法准则遭到践踏，世界和平与发展受到严重威胁。通过这场战争，美国独霸全球的战略野心暴露无遗，美国及其西方盟国利用北约组织在推进欧洲地区的整合、实现其主导世界新格局的战略目标方面又迈进了一步。

"9·11"事件

2001年9月11日，美国东部地区发生一系列严重恐怖袭击事件，纽约的世界贸易中心和位于华盛顿的美国国防部所在地五角大楼等重要建筑遭到恐怖分子的袭击，并造成重大人员伤亡。这一事件必将载入美利坚民族的史册，也必将长存于人类的记忆之中。

9月11日，纽约当地时间上午8时25分，一架由波士顿开往洛杉矶的美国美洲航空公司第11次航班飞机，突然与空管中心失去了联系。空管中心马上意识到该架飞机遭到了劫持，立即与北美防空司令部取得联系。当防空司令部想做出一些应对措施时，被劫持的飞机已经撞上了纽约曼哈顿世界贸易中心的北侧大楼。十几分钟以后，一架由华盛顿飞往洛杉矶的第77次航班客机撞击世贸中心南侧大楼。两架飞机撞入楼内，喷出一团巨大的火球。当时是美国人上班高峰时期，听到巨响后，在世贸大楼附近的行人和住户忙抬头观望，眼前的景象使他们惊呆了。

就在人们还没明白过来发生什么事时，一辆辆警车长鸣而来。虽然消防队员和救护人员克服千难万险进入大楼对困在里面的人员进行抢救，但却无法挽回爆炸吞噬的生命。据幸存者之一的德维塔回忆："当北楼被撞以后，人群才陷入了恐慌……最令人难过的是，当我们一步一步摆脱死亡纠缠的时候，一些年轻的生命（与他们相向而行的救护人员和消防员们）正陷入到了绝境之中……"

世界贸易中心由两座塔楼组成，分居南北，高110层，是曼哈顿地区的标志性建筑。当初在建造世贸中心时，动用了1万多名工人，历经了8年时间。楼内有世界著名的银行6家，著名的投资公司5家，还有大大小小的公司数千家。每天约有3.5万名雇员在楼内工作，有5万名内工从事服务工作。可想而知，世贸中心两座大楼的倒塌会造成多大的损失。

"9·11"事件使本·拉登成为世界风云人物。

数以千计的生命被坍塌的大楼吞噬，曾经辉煌壮丽的世贸大楼顷刻间灰飞烟灭，成为了历史。

当惊魂未定的人们还处在痛苦的哀叹中时，从华盛顿也传来了噩耗。当地时间上午9时45分左右，美国联合航空公司的第175次航班客机从华盛顿杜勒斯机场起飞后不久，被劫持并撞在了五角大楼西南端。紧接着，美国国务院大楼、国会山附近相继发生炸弹爆炸事件，美国总统府白宫附近发生大火。在宾夕法尼亚州，当地时间上午10点左右，从新泽西州纽瓦克飞往旧金山的联合航空公司的第93次航班客机在距匹兹堡东南130千米处坠毁，机上40名乘客和机组成员遇难……

灾难发生后，刚刚上任的美国总统小布什正在佛罗里达的萨拉索培。当他惊悉恐怖袭击事件后，于9时15分发表声明："我们国家发生了一起全国性的悲剧。显然是由于恐怖分子的袭击……我已和副总统、纽约市市长以及联邦调查局通过电话，命令动用联邦政府的所有资源来帮助遇难者，已经采取了一切适当的安全防范措施来保护美国人民。并彻底调查追捕策划发动恐怖袭击的人，对我们国家的恐怖主义再也不能继续下去了……"

当日，美国联邦航空局宣布美国有史以来首次关闭领空。与此同时，政府各部门、各大公司等机构的工作人员也都从办公地点紧急疏散，战斗机开始在空中巡逻。

"9·11"这一系列恐怖袭击事件共造成3200多人死亡或失踪，造成的直接和间接的经济损失达数千亿美元，是迄今世界上策划最周密、造成损失最大的恐怖袭击事件。

"9·11"造成重大伤亡的消息迅速传遍全世界，世界各国纷纷发表声明谴责恐怖主义分子惨无人道的袭击。

9月14日，美国参众两院通过决议，授权总统动用武力对恐怖袭击进行报复。15日，小布什表示，美国"正在准备一场对恐怖分子的全面战争"，并认定藏匿在阿富汗并受到塔利班庇护的本·拉登是"9·11"恐怖事件的主谋，决定从10

月7日起对阿富汗实施大规模的军事打击。到12月初，在美国和阿富汗北部联盟的共同打击下，塔利班完全放弃抵抗。

"9·11"事件之后，不但美国视恐怖主义为当前头号大敌，世界各国也都把恐怖主义对世界和平与发展的威胁提上了议事日程。

伊拉克战争

海湾战争后，联合国第687号决议规定，派遣武器核查小组进驻巴格达。美国企图利用核查小组牵制伊拉克，但核查小组一再受挫，美对伊的政策开始转变。"9·11"恐怖事件爆发后，美国对世界恐怖主义保持高度警惕，并把伊拉克看作是继阿富汗塔利班和基地组织后全球反恐怖战争的打击对象。在联合国核查小组再次对伊进行调查而未发现其拥有核武器和化学武器的情况下，美军以清除伊大规模杀伤性武器为名，发动了旨在推翻萨达姆政权的战争。

2003年2月20日，美国在海湾地区集结海、陆、空军队近20万，英军也有4万余人调向这里。美英联军将部队部署在伊拉克周边的沙特、巴林、阿曼、埃及、土耳其等国，并控制住各战略通道。

一直与美国对抗的萨达姆也做好了战争准备，除部署在边疆地区的部队外，他还以巴格达为中心构建了严密的防御体系，准备多层阻击和抵抗敌人。

3月20日，美军制订的代号为"斩首行动"的计划开始实施，美F-117隐形轰炸机和导弹对巴格达进行轰炸，拉开了伊拉克战争序幕。在这次空袭中，美军使用"电子炸弹"攻击伊拉克，这种新式武器产生的高能电磁波可使伊军及萨达姆卫队拥有的各类电话、无线电通信和电子计算机等电子设备立刻失灵，并用精确的制导导弹准确地打击伊指挥和控制中心。

为避开美英联军的优势空军和导弹袭击，萨达姆分散兵力，将实力最强的9万共和国卫队、4个特别旅、2个特种部队部署在巴格达周围。并在巴格达周围筑建野战工事，开挖战壕、沟堑，在飞机跑道上放置水泥等障碍物，阻击美英空降部队着陆。

美英联军对伊拉克首都巴格达和其高层领导人的住所等要害部门进行连续三轮的狂轰滥炸。20日晚21时05分，美英地面部队在战斗机、直升机的掩护下，凭借配备尖端的夜视作战设备，兵分几路对巴格达进行合围，欲以迅雷不及掩耳之势深入巴格达，俘虏或击毙萨达姆。顽强的伊

美军航空母舰上的飞机起飞，准备执行轰炸任务。

完成轰炸任务的F-18战斗机返回游弋在波斯湾的美军航母。

军凭借坚固的防御工事，给美、英造成了一定的损失，虽然发射的导弹部分被美国的"爱国者"导弹截击，仍有效地阻滞了敌人的攻势。

次日，联军以惊人的速度突进，准备以闪电式进攻在短时间内赢得战争，萨达姆的精心布防和顽强的共和国卫队粉碎了美英的"斩首行动"。

4月4日，战争形势发生急剧变化，美英联军经过一番调整，大批的后续援兵到位，又开始重新发动大规模进攻，对巴格达西南的萨达姆机场实施争夺。5日，巴格达周围的守兵与敌人进行激烈的短兵相接。6日，联军在巴格达上空进行24小时不间断空中巡逻，对市内目标继续轰炸，加强对巴格达外围的控制，力图合围。8日，联军连连突破伊军防线，开始从北南两方向巴格达市区推进。次日，美军进入市中心。15日，美军宣布萨达姆政权垮台，大规模的伊军抵抗行动结束。之后，萨达姆的故乡提克里特市也被联军所控制。

美英联军控制的伊拉克，局势至今一直动荡不安，虽然美军使用了精确制导武器，但也造成大量平民伤亡，伊拉克"石油换食品"的计划也因战争而中断，伊拉克平民受到饥饿的严重威胁。

伊拉克战争彻底摧毁了萨达姆的专制统治，也给伊拉克人民带来了深重灾难和重大生命与财产损失。战争结束后，伊拉克局势一直动荡不安，国内混乱不堪，不利于伊拉克的社会经济发展。此外，伊拉克战争是人类历史上第一次全程媒体直播的战争，让全世界人民了解了现代化战争。

克隆羊多莉

克隆羊多莉诞生于1996年7月5日，1997年首次向公众披露。它是当年最引人注目的国际新闻之一，曾被美国《科学》杂志评为1997年世界10大科技进步的第一项。科学家认为，多莉的诞生标志着生物技术新时代的来临。

"克隆"是英文clone一词的音译，原意为通过体细胞进行无性生殖，从而使后代个体的基因型与母体完全相同。这一技术名称先是出现在科幻小说中，如《侏罗纪公园》就叙述了一些思想单纯的科学家被不法商人所利用，克隆出7000万年前的恐龙的故事。不过这种科学幻想真的变成了现实。

克隆多莉羊的项目是由伊恩·威尔莫特和基思·坎贝尔领导下的罗斯林研究所完成的。威尔莫特等人先利用化学制剂促使一只成年母羊排卵，之后将该卵子小心取出，放入一个极细的与羊体同温的试管，再用特制的注射器刺破卵膜，吸出其中的染色体物质。这时原来的卵原细胞仅剩一个空壳。接下来他们又从另外一只6岁母羊的乳腺中取出一个细胞，并抽去细胞核，然后将其与先前的空壳卵细胞融合，生成新的卵细胞。最后，工作人员对这一新细胞进行间断的电击。奇妙的事情终于发生了，这一细胞竟以来乳腺细胞的遗传物质作为基础，开始分裂、繁殖、形成胚胎。威尔莫特和坎贝尔在对胚胎培育一段时间后，将其移植到第三只成年母羊的子宫内。5个月之后，这头绵羊生下了一只由体细胞合成胚胎发育成的小羊羔。

小家伙生下来时白白胖胖，一身卷毛，煞是可人。它在出生后7个月体重就超过40千克，而且活泼好动，威尔莫特以乡村歌手多莉·帕帕的名字为之命名。

多莉的诞生，一时间成了世界关注的焦点，关于克隆技术的争论也随之而来。从生物学的角度来讲，绵羊和人同属于哺乳动物。

用"克隆"技术繁育出的多莉羊

克隆羊成功了，那么克隆人也就不远了。但我们是不是要克隆人呢？答案出现分歧。

多数人认为不要。这些人的论据是克隆人的出现违背了自然常理，会形成对旧有社会道德、伦理关系的冲击，甚至使之崩溃。他们举例说，父亲的体细胞核可以与女儿的去核卵组合形成新的卵细胞并在女儿的子宫着床发育，最终生出翻版的"父亲"，这显然有悖人伦。而反对者则强调，即便是没有克隆技术，乱伦事件也不是就可以杜绝。该技术出现以后，这类事情完全可以由道德和法律去约束。

伦理问题还没有解决，生育模式的问题又出来了。克隆技术完全可以打破传统的生育模式（即精子和卵子相配形成受精卵），它只需要体细胞和卵细胞浆。照此推理，单身女子或女同性恋者也可实现名正言顺的生育。有人认为这会带来一系列社会问题，而有人则说这是人权的进步。孰是孰非，至今也不见个分晓。

除了以上谈到的两个问题，还有一个更棘手的难题：即人权罪恶、历史罪恶问题。身体安全不受侵犯是最基本的人权。而一些人在克隆人还没有出现就开始计划把他们作为人体器官的供应者应用于医疗领域。克隆人也是人类的一员，这样做显然是对人权最严重的亵渎和践踏。至于历史罪恶，则指别有用心的人恶意克隆历史上的罪人，如希特勒、东条英机等，以使他们再度为恶人间。但这种想法变成现实的几率很小，因为一个人的思想、能力、所作所为是要受到历史条件制约的，单纯生物个体的复制不会达到复制历史的目的。

也有人十分憧憬克隆人的出现。比如不能结婚生育的人要求克隆自己，一对不能再生的夫妇要求克隆他们夭折的孩子，还有家人要求克隆被突发性事故或灾难夺去生命的亲人。这些要求看起来都是合理的，某些科学家也表示，坚决要克隆人。

就在人们就该不该克隆人这一话题争论不休时，多莉的过早夭折更加火上浇

克隆技术的发展

美国曾经有教授将单个的胡萝卜细胞培育成性状一模一样的胡萝卜，虽然胡萝卜是植物，复制比较简单，不过他却开辟了一条全新的道路。在他之后，科学家又相继在青蛙、金鱼等较低级的生物上进行了各种细胞遗传实验。1970年，英国科学家约翰·格登用细胞核移植的方法克隆出蝌蚪，这是人类历史上第一次克隆出动物。1979年，英国的威拉德森把绵羊的细胞胚分成4份，克隆出4只一模一样的小羊羔，不过他用的细胞是卵细胞，还不能算是真正的克隆。后来他用细胞核技术克隆出了一头牛，这才算真正克隆出的哺乳动物。

油地使争论变得更加激烈,并且还由一个话题转向了另一个话题。

据罗斯林研究所透露,多莉先是不停地咳嗽,大约持续一周后被确诊为进行性肺病。所谓"进行性"疾病是指患者病情不断发展恶化,生命危在旦夕。2003年2月14日,研究所因为不忍心看着多莉郁郁而终,就对它实施了"安乐死"。多莉的过早夭折再次引发了关于克隆动物是否会"早衰"的争论。因为"进行性"疾病多发生在高龄动物身上,如今却发生在多莉身上,人们不得不怀疑克隆技术自身的完善程度。人们普遍认为,目前克隆技术水平已经对克隆动物的健康造成了危害,所以就更不能克隆人了。但是,科学界对此还没有最后的结论。

不管争论的结果如何,多莉是人类首次利用成年动物体细胞克隆成功的第一个生命,这是毋庸置疑的。抛开该不该克隆人这个话题,多莉诞生的积极意义是不可否认的,它不但揭开了分子生物学领域崭新的一页,也为将来从培育细胞的角度治愈帕金森症等疑难病症提供了可行的思路。

✹ 神奇的火星车

2004年1月3日,美国宇航局就"勇气"号火星探测器即将登陆火星举行了一次新闻发布会。

"对于'勇气'号能平稳降落在火星上的古谢夫环形山上,我们没有表示过怀疑,成功概率高达99%,原因之一就是'勇气'号有安全气囊的保护。而且,宇航局将在'勇气'号登陆10分钟内得到它登陆的消息,'勇气'号登陆的第一个信息将在当地时间4日凌晨获得……"美国宇航局官员介绍道。

"在穿过火星大气层的6分钟过程中,由于摩擦将产生高温,过程如同炼狱一样。"美国国家宇航局太空科学研究负责人威勒介绍着。

负责本次火星探索计划的专家马克·阿德勒补充道:"据刚才发来的消息称,'勇气'号火星探测器状况良好,并做好了登陆准备。"

国内外的数名记者又询问了很多关于'勇气'号登上火星的消息,在场的每一个人都为将目睹这激动人心的一刻而感到激动。

其实,火星车登上火星并不是首次。40多年来,各国共筹划了30多次火星探测,其中20多次以失败告终。前苏联1971年的"火星3号"首次登陆火星,但只从火星表面发回了20秒钟的数据后就没有了消息。之后发射的"火星4号"未能进入火星轨道,"火星5号"和"火星6号"也出现了各种故障而归于失败。

1997年,美国"火星探路者"探测器携带的第一代火星车"旅居者"(又叫索杰那)首次在火星大地上行驶。7年后,"勇气"号和"机遇"号再次登上火星,这一代火星车的性能远远高于第一代。与第一代相比,"勇气"号和"机遇"号的设计寿命是"旅居者"设计寿命的3倍。

与"旅居者"相比,"勇气"号和"机遇"号在个头和能力等许多方面都高出一筹。例如,"勇气"号和"机遇"号存储器的容量是"旅居者"的1000多倍;"勇气"号和"机遇"号均长 1.6 米、宽 2.3 米、高 1.5 米，重 174 千克，而"旅居者"只有 65 厘米长，重仅 10 千克；"勇气"号和"机遇"号装有 9 台相机，分辨率高，而"旅居者"只携带了 3 台相机，分辨率也较低，等等。

"勇气"号和"机遇"号火星探测器分别于 2003 年 6 月和 7 月发射升空，并计划于 2004 年 1 月 3 日和 24 日登陆火星。

2004 年 1 月 3 日 20 时 35 分，"勇气"号终于在火星表面成功着陆，并于 20 时 52 分向地球发回了第一个信息。监测登陆过程的数百名工作人员在收到这一信息后一片欢腾，人们期待着"勇气"号能在火星上发现水和生命存在的迹象。

"现在已经按预计的时间打开了降落伞，实际上比我们预测的时间稍晚一些。"

"雷达已经开始捕捉地面的图像了，我们的减速火箭会在 20 多秒钟以后打开。"

"雷达已经捕捉到地面的情况了。"

帕萨迪纳的宇航局喷气推进实验室里一片沸腾。

从实验室里的大屏幕上可以看到，"勇气"号先是在耐高温表层的保护下，以大约 1.9 万千米的时速冲入 130 千米厚的火星大气层，由于空气阻力的作用，在距火星表面 8 千米左右时，时速降至 1600 千米，此时直径 10 多米的降落伞自动打开。当"勇气"号连同降落伞一起接近火星地面时，它的外层气囊弹出。在距地面约 12 米时，降落伞自动断开，"勇气"号被气囊包裹得严严实实。登陆时，被气囊包裹的"勇气"号像皮球一样在火星表面进行长达数分钟的弹跳、翻滚，直到最后落稳。此时，气囊内的气体自动放出，原来鼓鼓囊囊的火星车这时候像是被一层帆布包着。

"勇气"号着陆的古谢夫环形山区域地势平缓，有利于火星车的弹跳。着陆后的"勇气"号进行了一星期的设备自检，在地面人员的操纵下，它在火星表面考察数日，并把相机所拍摄的图像发回地球。

"勇气"号和"机遇"号共耗资 2 亿美元，是自"哥伦比亚"号航天飞机失事后美国宇航局最大的一项太空计划。

7 年前的"旅居者"在火星上共移动了约 105 米，而"勇气"号和"机遇"号分别在火星表面行驶了 4000 米和 5000 米。同时，美国宇航局第三代火星车——"火星科学实验室"也计划将于 2011 年发射。

比尔·盖茨

一位哈佛大学的高才生参加比尔·盖茨的面试。比尔·盖茨问："你是哈佛大学毕业的吗？"他回答说："是的，未来的老板。"比尔·盖茨又问："你很聪明吗？"他说："我是以第一名的成绩毕业的，智商应该不错。""你既然这么聪明的话，那亚马孙河有多长？"那位高才生愣在那里答不上来。比尔·盖茨微微一笑说："显然你不够聪明。"他建议这位哈佛大学的高才生多读一些书再来面试。

可见，在比尔·盖茨心目中，读书是至关重要的一件事，否则就谈不上聪明，更谈不上会取得什么大的成就。盖茨本人就是一个酷爱读书的人，很小的时候，他喜欢读《世界图书百科全书》，经常一看就是几个小时，后来又喜欢上了名人传记和文学作品。广泛的阅读为他积累了丰富的知识营养，再加上良好的家庭教育，因此他从小就表现出了与同龄人不同的超常智慧。他幼时的同学曾经回忆说，盖茨绝不是那种在同学中无足轻重的角色，而他的超常聪明也是大家公认的。

盖茨的超常聪明，不只是从书本上来，还得益于他执着于自己的爱好，只要是自己喜欢的东西就一定要学精学透，这一点在他学习编程上就可以看得出来。

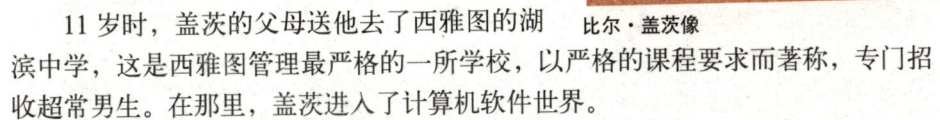

11岁时，盖茨的父母送他去了西雅图的湖滨中学，这是西雅图管理最严格的一所学校，以严格的课程要求而著称，专门招收超常男生。在那里，盖茨进入了计算机软件世界。

比尔·盖茨像

盖茨和他的一个好朋友保罗·艾伦疯狂地迷上了计算机，他们热衷于解决难题，获得了越来越多的计算机知识。13岁时，盖茨就已经会自编软件程序了，只不过在当时是为了游戏。1972年，盖茨和保罗搞到了英特尔的8008微处理器芯片，摆弄出了一台机器，成立了交通数据公司。1973年，盖茨从湖滨中学毕业，进入了哈佛大学。在哈佛上学的两年时间里，盖茨的大部分时间都用在了编程序和打扑克上面，他还在那里结识了同样爱好计算机的史蒂夫·鲍尔默，后者以后成为了微软公司的总裁。1974年，世界上第一台微型计算机阿尔塔诞生，这给盖茨和艾伦的交通数据公司提供了编写BASIC的机会，经过两个多月的艰苦奋战，他们编写的BASIC语言在阿尔塔计算机上运行成功！1975年，盖茨对自己未来的发展前途已经明了于心，他最终说服了父母，从哈佛大学退学，和艾伦在新墨西哥州的阿尔伯克基建立了微软（Microsoft）公司。当时，盖茨20岁，艾伦22岁。微软是微型计算机（Microcomputer）和软件（Soft）的缩写，它明确地指明了公司的发展方向就是专门为微型计算机编写软件。如今，微软是世界软件业的霸主。微软公司的第一次重大发展机遇出现在1980年，当时盖茨与IBM公司签订协议，为IBM公司新生产的个人电脑编写操作系统软件，即后来举世闻名的MS-DOS。

天道酬勤，比尔·盖茨超于常人的付出，也得到了超于常人的回报。1982年，盖茨27岁，他在软件开发方面取得的成功已经为世人瞩目，这一年，美国著名的《金钱》杂志用他的照片做了封面。1986年3月，微软公司的股票上市发行，一年后，微软股价急剧飙升至每股90.75美元，而且还有继续向上攀升的趋势。当年，美国《福布斯》杂志将盖茨列入美国400名富翁中的第29位，当时，年仅31岁的盖茨拥有的股票价值超过10亿美元。1990年，微软推出了视窗3.0。1992年，盖茨成为美国最富有的人，拥有60亿美元的股票价值。2000年，盖茨任命鲍尔默为微软首席执行官，而自己则为"首席软件设计师"。